DIREITOS FUNDAMENTAIS
DO DIREITO DE FAMÍLIA

D598   Direitos fundamentais do Direito de Família / Adalgisa Wiedemann Chaves ... [*et al.*]; coord. Belmiro Pedro Welter, Rolf Hanssen Madaleno. — Porto Alegre: Livraria do Advogado Editora, 2004.
438 p.; 16 x 23 cm.

ISBN 85-7348-322-9

1. Direito de Família 2. Direitos e garantias individuais. I. Chaves, Adalgisa Wiedemann. II. Welter, Belmiro Pedro. III. Madaleno, Rolf Hanssen.

CDU – 347.6

Índices para o catálogo sistemático:
Direito de Família
Direitos e garantias individuais

(Bibliotecária responsável: Marta Roberto, CRB-10/652)

Belmiro Pedro Welter
Rolf Hanssen Madaleno
Coordenadores

Direitos Fundamentais do Direito de Família

Adalgisa Wiedemann Chaves
Anete Trachtenberg
Arnaldo Rizzardo
Belmiro Pedro Welter
Fabiana Marion Spengler
Jamil Andraus Hanna Bannura
José Carlos Teixeira Giorgis
Karin Wolf
Lia Palazzo Rodrigues
Luiz Felipe Brasil Santos
Maria Aracy Menezes da Costa
Maria Berenice Dias
Maria Cláudia Crespo Brauner
Maria Regina Fay de Azambuja
Marilene Silveira Guimarães
Mônica Guazzelli Estrougo
Rolf Hanssen Madaleno
Ruy Rosado de Aguiar Júnior
Sérgio Fernando de V. Chaves
Sérgio Gilberto Porto
Sérgio Gischkow Pereira

livraria
DO ADVOGADO
editora

Porto Alegre 2004

©
Belmiro Pedro Welter e Rolf Hanssen Madaleno (coordenadores);
Adalgisa Wiedemann Chaves; Anete Trachtenberg; Arnaldo Rizzardo;
Fabiana Marion Spengler; Jamil Andraus Hanna Bannura;
José Carlos Teixeira Giorgis; Karin Wolf, Lia Palazzo Rodrigues;
Luiz Felipe Brasil Santos; Maria Aracy Menezes da Costa;
Maria Berenice Dias; Maria Cláudia Crespo Brauner;
Maria Regina Fay de Azambuja; Marilene Silveira Guimarães;
Mônica Guazzelli Estrougo; Ruy Rosado de Aguiar Júnior;
Sérgio Fernando de Vasconcellos Chaves; Sérgio Gilberto Porto;
Sérgio Gischkow Pereira.
2004

Capa de
Ana Carolina Carpes Madaleno

Projeto gráfico e composição de
Livraria do Advogado Editora

Revisão de
Rosane Marques Borba

Direitos desta edição reservados por
Livraria do Advogado Editora Ltda.
Rua Riachuelo, 1338
90010-273 Porto Alegre RS
Fone/fax: 0800-51-7522
livraria@doadvogado.com.br
www.doadvogado.com.br

Impresso no Brasil / Printed in Brazil

Sumário

Apresentação 7

1. Efeitos da coisa julgada: as demandas para o reconhecimento da filiação e o avanço da técnica pericial
Adalgisa Wiedemann Chaves 11

2. Procura-se um pai, hoje! Reflexões sobre a utilização das características antropométricas na determinação de paternidade e no casamento preferencial
Anete Trachtenberg 29

3. Casamento e efeitos da participação social do cônjuge na sociedade
Arnaldo Rizzardo 39

4. Inconstitucionalidade do processo de adoção judicial
Belmiro Pedro Welter (Coord.) 59

5. A secularização do Direito de Família
Belmiro Pedro Welter (Coord.) 87

6. Os transexuais e a possibilidade de casamento
Fabiana Marion Spengler 103

7. Pela extinção dos alimentos entre cônjuges
Jamil Andraus Hanna Bannura 121

8. O Direito de Família e as provas ilícitas
José Carlos Teixeira Giorgis 139

9. Casamento e relação concomitante sob o prisma da unicidade relacional
Karin Wolf 171

10. Algumas considerações sobre o Direito de Família no novo Código Civil e seus reflexos no regime supletivo de bens
Lia Palazzo Rodrigues 189

11. Autonomia de vontade e os regimes matrimoniais de bens
Luiz Felipe Brasil Santos 211

12. A obrigação alimentar dos avós
Maria Aracy Menezes da Costa 223

13. O fim do fim sem fim
Maria Berenice Dias 235

14. O pluralismo no Direito de Família brasileiro: realidade social e reinvenção da família
    Maria Cláudia Crespo Brauner 255
15. A criança no novo Direito de Família
    Maria Regina Fay de Azambuja 279
16. O patrimônio na união estável - na constância da união e na sucessão
    Marilene Silveira Guimarães 297
17. O princípio da igualdade aplicado à família
    Mônica Guazzelli Estrougo 321
18. A guarda compartilhada pela ótica dos direitos fundamentais
    Rolf Hanssen Madaleno (Coord.) 341
19. Responsabilidade Civil no Direito de Família
    Ruy Rosado de Aguiar Júnior 359
20. A família e a união estável no novo Código Civil e na Constituição Federal
    Sérgio Fernando de Vasconcellos Chaves 373
21. Ação Revisional de Alimentos - Conteúdo e eficácia temporal das sentenças
    Sérgio Gilberto Porto 403
22. A imprescritibilidade das ações de Estado e a socioafetividade: repercussões do tema no pertinente aos artigos 1.601 e 1.614 do Código Civil
    Sérgio Gischkow Pereira 425

Apresentação

Certamente, faltava ao cenário jurídico a edição de uma obra capaz de reunir, num único livro, o talento cultural e a visão pragmática dos mais expressivos juristas gaúchos, e que têm contribuído de modo operoso no realinhamento das relações familiares de afeto e de parentesco, vistas sob a ótica do moderno Direito de Família. Mais especialmente, verteu o ideal de publicar um livro que pudesse contextualizar o pensamento do Rio Grande do Sul sobre alguns direitos fundamentais no Direito de Família. No III Congresso de Direito de Família, realizado em setembro de 2003, em Belo Horizonte, Minas Gerais, os Coordenadores resolveram colocar em prática esse acalentado sonho. Empreendeu-se a longa jornada de contatos telefônicos e eletrônicos com os juristas gaúchos, e, em menos de um ano, *vinte e um* autores lavraram os seus ensaios científicos, entre eles, Ministro do Superior Tribunal de Justiça, Desembargadores, Procuradores de Justiça, Magistrados, Promotores de Justiça, Professores Universitários e Advogados.

A Promotora de Justiça ADALGISA WIEDEMANN CHAVES analisa os efeitos da coisa julgada na investigação de paternidade.

A bióloga ANETE TRACHTENBERG lança reflexões sobre a utilização das características antropométricas na determinação de paternidade e no casamento preferencial.

O advogado, ex-Desembargador, e jurista ARNALDO RIZZARDO disserta sobre a possibilidade do ingresso do cônjuge separado na sociedade em decorrência da partilha das quotas que tinha o outro cônjuge, ou do ingresso em face da sucessão nas quotas por morte, envolvendo, na hipótese, também os demais herdeiros e sobre a teoria da desestimação da personalidade jurídica.

O Promotor de Justça e Mestre em Direito Público BELMIRO PEDRO WELTER traz duas idéias: a primeira, busca revolucionar o processo de adoção judicial, sustentando a sua inconstitucionalidade, com base nos princípios da igualdade entre as filiações biológica e socioafetiva, da cidadania, da proteção integral e absoluta da perfilhação, da convivência em abrigo familiar e na dignidade da pessoa humana; a segunda, com base no princípio da secularização, sustenta o afastamento da culpa, em qualquer circunstância, no Direito de Família.

A Professora FABIANA MARION SPENGLER leciona sobre *os transexuais e a possibilidade de casamento*, advertindo que, antes de se falar sobre os seus direitos, deve-se rastrear a diferença entre homossexuais e transexuais.

O Professor JAMIL ANDRAUS HANNA BANNURA acalenta a tese da extinção dos alimentos entre os cônjuges e companheiros.

O Desembargador JOSÉ CARLOS TEIXEIRA GIORGIS faz anotações sobre as provas (i)lícitas no Direito de Família.

A advogada familista KARIN WOLF faz referência ao casamento e relação concomitante sob o prisma da unicidade relacional.

A Professora, Diretora da Faculdade de Direito da Universidade Federal de Pelotas, LIA PALAZZO RODRIGUES registra considerações sobre o Direito de Família no novo Código Civil e seus reflexos no regime supletivo de bens.

O Desembargador, Presidente do IBDFAM, seção RS, LUIZ FELIPE BRASIL SANTOS professa sobre a autonomia de vontade e os regimes matrimoniais de bens.

A ex-Magistrada, advogada e Professora MARIA ARACY MENEZES DA COSTA propõe alterações na doutrina e na jurisprudência acerca da obrigação alimentar dos avós.

A Desembargadora MARIA BERENICE DIAS, com seu *fim do fim sem fim*, justifica a alteração do atual pensamento sobre o Direito de Família.

A Professora Doutora MARIA CLÁUDIA CRESPO BRAUNER lembra o pluralismo no Direito de Família brasileiro.

A Procuradora de Justiça MARIA REGINA FAY DE AZAMBUJA incursiona no tema sobra a criança no novo Direito de Família.

A advogada MARILENE SILVEIRA GUIMARÃES faz referência ao patrimônio na união estável - na constância da união e na sucessão.

A advogada e Mestre em Direito MÔNICA GUAZZELLI ESTROUGO manifesta-se sobre o princípio da igualdade aplicado à família.

O advogado familista e Professor ROLF HANSSEN MADALENO revoluciona o Direito de Família com a guarda compartilha analisada sob a ótica dos direitos fundamentais.

O advogado e ex-Ministro do STJ RUY ROSADO DE AGUIAR JÚNIOR medita sobre a responsabilidade civil no Direito de Família.

O Desembargador SÉRGIO FERNANDO DE VASCONCELLOS CHAVES, com olhar garantista, analisa a família e a união estável no novo Código Civil e na Constituição Federal.

O advogado e ex-Procurador-Geral de Justiça SÉRGIO GILBERTO PORTO escreve sobre a revisão de alimentos e o conteúdo e eficácia das sentenças.

O advogado e ex-Desembargador SÉRGIO GISCHKOW PEREIRA navega na imprescritibilidade das ações de estado e a socioafetividade.

Todas as idéias lançadas são inéditas e analisadas com profundidade e elevado teor científico. Cuida-se, assim, de obra de leitura obrigatória por todos os operadores jurídicos, em vista do renome dos autores, dos temas abordados, do conceito nacional da doutrina do Rio Grande do Sul e da habitual legitimidade na edificação de teses inéditas, inovadoras, revolucionárias e avançadas, trazidas com o único desejo de contribuir, e sempre, para a evolução do Direito de Família.

Porto Alegre, junho de 2004.

Belmiro Pedro Welter

Rolf Hanssen Madaleno

— 1 —

Efeitos da coisa julgada: as demandas para o reconhecimento da filiação e o avanço da técnica pericial

ADALGISA WIEDEMANN CHAVES

Promotora de Justiça no Rio Grande do Sul, tendo ingressado na carreira do Ministério Público em 1995. Atuou nas Comarcas de São José do Ouro, Sananduva e Estrela, estando atualmente classificada, desde 2002, junto ao 3º cargo da Promotoria de Justiça de Família e Sucessões de Porto Alegre.

Sumário: I. Apresentação da discussão. Coisa julgada. II. O fundamento do pedido e a produção de prova em Ações Investigatórias. III. Sobre a flexibilização da coisa julgada. Posicionamentos. IV. Entendimentos pela flexibilização da coisa julgada. Análise. V. Posições contrárias à flexibilização da coisa julgada. Análise. VI. Certeza Jurídica *x* Certeza Biológica. VII. Socioafetividade e Paternidade. VIII. Conclusão.

I. Apresentação da discussão. Coisa julgada

O ordenamento jurídico pátrio, como é a regra, alicerça-se na segurança das relações jurídicas. Este alicerce está declarado na Constituição Federal em seu artigo 5º, inciso XXXVI, que expressa a proteção ao ato jurídico perfeito e à coisa julgada. Este dispositivo refere-se à proteção da coisa julgada material (*auctoritas rei judicatae*), entendida esta como a qualidade que torna imutável e indiscutível o comando que emerge da parte dispositiva da sentença. É de se mencionar que a coisa julgada formal (imutabilidade da decisão no mesmo processo em que foi lançada) não recebeu proteção constitucional. O conceito de coisa julgada já foi aclarado por Pontes de Miranda, segundo quem a "coisa julgada é formal quando não mais se pode discutir no processo o que se decidiu. A coisa julgada material é a que impede discutir-se, noutro processo". Este instituto também recebeu proteção infraconstitucional, consoante se verifica do teor do artigo 467 do Código de Processo Civil.

A coisa julgada material tem o efeito de consolidar uma situação jurídica, pois a lide, entendida esta como o pedido deduzido na exordial, torna-se imutável e indiscutível, em qualquer processo, seja no mesmo onde a decisão foi proferida, seja em feito futuro. Como é óbvio, se a composição dada pelo Poder Judiciário à lide torna-se imutável, apenas aquelas decisões que adentraram no mérito da causa[1] são atingidas pela coisa julgada material. As decisões que, inobstante tenham posto termo ao processo, não adentraram no mérito da demanda proposta,[2] não são cobertas pela coisa julgada material; tais decisões apenas transitam formalmente em julgado, ou seja, somente são atingidas pela preclusão *pro judicato*, não podendo ser alteradas naquele feito, nada impedindo que venham a ser novamente propostas, retornando o caso para análise judicial.

Vale mencionar que, em ocorrendo o trânsito em julgado material da decisão, torna-se imutável o conteúdo da sentença, sendo que tal "imutabilidade reveste todo o conteúdo decisório e não apenas o elemento declaratório", como bem frisou José Maria Rosa Tesheiner;[3] o mesmo autor lembra que "a coisa julgada impede a renovação da mesma ação (mesmas partes, mesmo pedido, mesma causa de pedir). Mas não só. Também impede ação contrária,... Razão, pois, tem Vicente Greco Filho ao repelir a idéia de existência de vínculo necessário entre o instituto da coisa julgada e a identidade de ações. ... Não se trata,..., de ampliação, *ope legis*, do objeto do processo... O fato de uma questão de fato ou de direito, que constitui premissa necessária da conclusão, tornar-se indiscutível em outro processo é efeito anexo da sentença....", logo, tem-se que a autoridade da coisa julgada "consiste na imutabilidade da norma jurídica concreta nela contida".[4]

Tais conceitos são aparentemente claros e, a princípio, parece não haver maior discussão em sua análise. No entanto, esta suposta tranqüilidade foi abalada no Direito de Família com a evolução das técnicas periciais, especialmente aquelas destinadas à identificação da origem genética dos seres humanos. Especificamente, tem-se que em ações para o reconhecimento da filiação, os efeitos materiais da coisa julgada, outrora questão pacífica, foram colocados em xeque com a popularização dos exames genéticos. Esta situação está a exigir uma análise dos limites e efeitos da coisa julgada material, havendo uma forte tendência para a sua flexibilização, como forma de se buscar a justiça efetiva e concreta, entendida esta como a coincidência entre a verdade real e a verdade formal. Ou melhor

---

[1] Artigo 269 do Código de Processo Civil.

[2] Artigo 267 do Código de Processo Civil.

[3] TESHEINER, José Maria Rosa. *Elementos para uma teoria geral do processo*. São Paulo: Saraiva, 1993, p. 182.

[4] Idem, p. 180/1.

dizendo, é de se lembrar que o puro e simples afastamento dos efeitos de imutabilidade da coisa julgada, nesta espécie de ação, pode acarretar um tumulto de proporções consideráveis, o que viria a comprometer a segurança das relações jurídicas, que é, como já foi dito, alicerce do Estado Democrático de Direito.

O ponto nodal hoje é verificar *quanto* e *quando* se pode (ou se deve) afastar os efeitos materiais da coisa julgada, sem que isso represente um risco para a segurança das relações jurídicas, atentando também para o compromisso com a justiça. Aqueles que sustentam a possibilidade de afastamento dos efeitos da coisa julgada material alicerçam suas teses principalmente na questão da obrigatoriedade do exame genético (que seria pressuposto necessário para o desenvolvimento válido e regular do processo) e no respeito à dignidade humana (que seria um fundamento transindividual, pois do interesse de toda a coletividade); já os defensores da manutenção da coisa julgada, entendendo que não seria possível rediscutir a matéria, inobstante os avanços técnicos verificados, alicerçam sua tese na segurança das relações jurídicas e em princípios constitucionais que alicerçam o Estado Democrático de Direito. Necessário se faz analisar os diversos pontos de discussão, como forma de se chegar, senão a uma conclusão, pelo menos a um estágio onde os fundamentos e as diversas correntes estão aclaradas, permitindo a cada operador do direito que assuma sua posição, conhecendo os prós e os contras de tal entendimento.

II. Fundamento do pedido e produção de prova em ações investigatórias

Como toda a questão que envolve matéria fática, em princípio, a prova a ser produzida em demandas para o reconhecimento da filiação era apenas testemunhal e documental. Dada a origem privada e pessoal do fato constitutivo do direito do autor, qual seja a concepção havida em congresso sexual, muito dificultada restava a comprovação do direito alegado, pois geralmente tais atos são praticados longe dos olhos de testemunhas, bem como não há documentação escrita que as comprove.

Vale lembrar que embora a legislação civil de 1917 previsse três hipóteses para o ajuizamento de ação de investigação de paternidade,[5] a toda evidência, o fato constitutivo do direito do autor é só um, qual seja

---

[5] Artigo 363, inciso I (se ao tempo da concepção a mãe estava concubinada com o pretendido pai), II (se a concepção do filho reclamante coincidiu com o rapto da mãe pelo suposto pai, ou suas relações sexuais com ele) e III (se existir escrito daquele a quem se atribui a paternidade, reconhecendo-a expressamente).

a coincidência entre o período da concepção do autor e o relacionamento sexual mantido entre sua genitora e o indigitado pai. Já a legislação substantiva civil hoje vigente (Lei nº 10.406/2002), que regula a matéria no Livro IV – Direito de Família, Título I (Do Direito Pessoal), Subtítulo II (Das Relações de Parentesco), Capítulo III (Do Reconhecimento da Filiação), não estabelece qualquer limitação para o ajuizamento desta demanda, provavelmente em razão da maior elasticidade dos conceitos morais e dos regramentos comportamentais hoje vigentes na sociedade.

Não se pode olvidar que, ante a flexibilização dos costumes sociais e sexuais, freqüentemente chegam aos Foros demandas para o reconhecimento da filiação onde a genitora e o suposto pai não mantiveram relacionamento afetivo, mas tão-somente um contato sexual casual, do qual resultou a concepção do autor. Em tais demandas, não é raro o varão sequer se lembrar do ocorrido, pois, para ele, foi um evento sem maior importância; para a mulher, que resultou grávida de tal encontro, o evento não foi esquecido. Esta situação fática, mais comum do que em princípio se pode supor, não se enquadra completamente em nenhuma das circunstâncias previstas na legislação civil de 1917, mas costumava ser inserida no inciso II do artigo 363 do Código Civil, pois havia lá referência a relacionamento sexual. Consigne-se que o fato de a genitora e o pai biológico terem mantido um relacionamento fugaz não pode ser impeditivo a que o filho venha a buscar a identificação de sua origem genética, especialmente se não possuiu uma figura paterna ao longo de sua vida;[6] o filho somente foi gerado em razão da união do espermatozóide e do óvulo, de maneira que a responsabilidade pela concepção é de ambos os genitores, independentemente da espécie de relacionamento mantido entre estes.

A comprovação da paternidade alegada, em casos como o antes mencionado, fica extremamente dificultada quando se pensa em provas tradicionais como a testemunhal e a documental. A identificação do vínculo biológico (pode-se mesmo dizer) somente se tornou possível, após a identificação dos grupos sangüíneos e a popularização dos exames hematológicos (v.g. sistema ABO, sistema MN, Sistema fator Rh). Com tais exames, passou a ser possível a realização de uma prova técnica que poderia excluir aquele que não fosse ascendente em demandas onde se pretendida o reconhecimento da filiação; tal prova, no entanto, não permitia ainda um juízo de certeza quanto à condição de pai-filho alegada na exordial, mas ao menos trazia alguma luz para o caso.

É evidente que a prova, em tais casos, ainda era bastante difícil, mas, ao menos, havia um elemento técnico que permitia uma dúvida razoável

---

[6] Esta questão envolve a discussão a respeito de paternidade socioafetiva, que será referida oportunamente.

em prol da versão dada pelo autor na exordial. Estes indícios probatórios eram (e ainda são) extremamente relevantes, pois permitiram aos operadores do direito que tivessem um dado técnico para permitir a composição de uma questão extremamente pessoal e íntima dos envolvidos.

Com o avanço das técnicas periciais, especialmente a difusão dos exames de DNA, tem-se hoje a possibilidade de se realizar um exame pericial que permite um juízo de certeza quanto à paternidade alegada na petição inicial. Tal exame fornece a certeza biológica do vínculo de filiação alegado, dando aos operadores do direito uma prova da qual, atualmente, não se pode prescindir. Com tal prova é possível ter a certeza de que a verdade biológica estará de acordo com a verdade formal declarada nos autos do processo das demandas investigatórias; desta maneira, aquele que o Poder Judiciário afirmar ser pai, de fato e geneticamente o será.

Há cerca de dez anos a doutrina ainda entendia que a prova técnica, embora preponderante, não era definitiva, não se podendo desmerecer os elementos indiciários e a inquirição de testemunhas que, em diversos casos, mostrava-se suficiente. Arnaldo Rizzardo, em sua obra sobre Direito de Família, publicada em 1994, definiu o exame de DNA como um "sistema não muito difundido e bem mais complicado que os anteriores" (exames sangüíneos), o que demonstra o quão recentes são as evoluções técnicas com as quais hoje convivemos.[7]

No dia-a-dia das Varas de Família, o que se tem observado é que as próprias partes preferem aclarar a questão com um exame genético, pois cientes do juízo de certeza sobre a questão discutida, em lugar de produzir ampla e inconclusiva prova testemunhal. Não há motivo ou mesmo vontade de trazer ao processo a discussão da intimidade dos genitores do autor, trazendo testemunhas que, em regra constrangidas, irão depor sobre temas extremamente pessoais da vida da mãe do autor e do requerido.

Sabe-se que, antes do advento dos exames de DNA, a defesa geralmente se cingia a enxovalhar a reputação da mãe do autor, nada esclarecendo a respeito da paternidade afirmada na peça inicial da ação, chegando, às vezes, a infamá-la como prostituta. Esquecia que mesmo as prostitutas, na condição de mulheres que são, podem ser mães, seus filhos obrigatoriamente possuirão um pai genético, tendo, portanto, direito de ver regularizada esta situação, possuindo também um pai formalmente. Embora pareça claro que comportamento sexual desregrado ou livre da genitora não pudesse servir de impeditivo para na apuração da paternidade do filho, este era o caminho seguido, quando não havia provas técnicas que permitissem aclarar os vínculos genéticos.

---

[7] RIZZARDO, Arnaldo. *Direito de Família*. Rio de Janeiro: Aide, 1994, vol. II, p. 636.

Linhas de defesa alicerçadas em conceitos morais de antanho hoje não são eficazes em discussões atinentes à verificação da paternidade, pois os avanços da técnica pericial permitem a certeza da aferição da paternidade. O acesso das mulheres à educação e ao mercado de trabalho, aliada à liberação sexual e à popularização dos exames genéticos, permitiu que se caminhasse a passos largos rumo a uma mais efetiva igualdade entre os sexos; também inviabilizou a continuidade de posturas preconceituosas que outrora vicejavam em demandas desta natureza, fazendo com que a responsabilidade pela concepção dos filhos, uma vez evidenciada em juízo, fosse dividida entre os genitores, sejam eles quem forem e tenham o comportamento que tiverem.

Se o avanço da técnica pericial é, como já foi dito, muitíssimo recente, mais recente ainda é sua popularização e o barateamento dos custos, o que permite que, hoje, o exame seja peça praticamente indispensável para a conclusão das lides. É de se lembrar que o exame se tornou acessível até mesmo àqueles que litigam sob o pálio da gratuidade judiciária, pois são custeados pelo Estado,[8] embora em tais casos exista demora na entrega dos resultados. Ademais, diversos laboratórios idôneos estão oportunizando às partes o pagamento parcelado, de maneira que atualmente pode-se dizer que somente quem não quer é que não realiza o exame genético.

III. Sobre a flexibilização da coisa julgada. Posicionamentos

Tais avanços trouxeram aos operadores do direito a necessidade de enfrentar a questão da rediscussão de ações já anteriormente propostas, pois aqueles que se sentiram prejudicados com decisões proferidas em processos onde não foram feitos exames genéticos estão, agora, buscando o Poder Judiciário para realizar tal prova a fim de tentar comprovar o direito alegado. Ocorre que, como já foi mencionado, as decisões proferidas nos feitos originais estavam, em princípio, cobertas pelo manto da coisa julgada (acreditava-se) material. Em razão disso, os intérpretes do direito estão se vendo na iminência de relativizar a coisa julgada, fazendo raciocínios alicerçados na Constituição Federal e princípios da dignidade humana, de maneira a não conflitar a segurança das relações jurídicas e o garantismo previsto na Carta Constitucional.

---

[8] Hoje, em princípios de 2004, a possibilidade de realização do exame de forma gratuita depende de agendamento e possui um número limite de exames a serem feitos mensalmente, o que tem gerado uma lista de espera de mais de um ano e meio, entre a requisição judicial e a efetiva entrega do laudo.

O presente artigo não pretende exaurir a matéria, tampouco pretende apresentar idéias revolucionárias e inovadoras. O objetivo é analisar o que tem sido escrito sobre a questão, analisando pontos positivos das teses defendidas, apontando os aspectos frágeis na argumentação adotada, mas sempre reconhecendo a relevância dos ensinamentos daqueles que se dispõem a analisar a questão, com o objetivo de assegurar que a verdade jurídica e a verdade biológica preferencialmente coincidam.

IV. Entendimentos pela flexibilização da coisa julgada. Análise

Maria Berenice Dias, sempre atenta a temas controvertidos e inovadores, escreveu interessante artigo onde sustenta que as decisões de improcedência proferidas em ações de investigação de paternidade onde não foi produzido o exame de DNA não estariam protegidas pela coisa julgada, pois ausente pressuposto para o desenvolvimento válido e regular do processo.[9] Afirma a autora que "a omissão do próprio demandado ou do Estado em viabilizar a realização da prova não permite a formação de um juízo de convicção, a ser selado pelo manto da imutabilidade, de não ser o réu o pai do autor. O que houve foi a impossibilidade de identificar a existência ou concluir pela inexistência do direito invocado na inicial, omissão probatória, no entanto, que, não podendo ser imputada ao investigante, não pode apena-lo com uma sentença definitiva". Na conclusão, afirma que se impunha a extinção do processo nos precisos termos do inciso IV do artigo 267 do Código de Processo Civil, e não a improcedência da ação.

O principal obstáculo a esta tese envolve a circunstância de estarmos analisando decisões já proferidas; estamos nos defrontando no dia-a-dia forense com a propositura de ações de investigação de paternidade referente a casos que já foram objeto de ações anteriores, onde houve decisão de improcedência, forte no que dispõe o artigo 269, inciso I, do Código de Processo Civil, ou seja, com julgamento de mérito, pois rejeitado o pedido do autor. As decisões que precisam ter sua sentença rediscutida já foram lançadas na forma que, na época, entendia-se correta, qual seja, com análise do mérito da demanda.

Data maxima venia, não é possível examinar-se hoje uma sentença onde o julgador monocrático (ou as instâncias superiores, ao reexamina-

---

[9] DIAS, Maria Berenice. "Investigação de Paternidade, Prova e Ausência de Coisa Julgada Material", *Revista Brasileira de Direito de Família - IBDFAM*, Ano I, volume 1, Porto Alegre: Síntese, 1999, fls. 18/21.

rem a questão) decidiu que era improcedente o pedido do autor (ainda que por falta de provas) e entender que, onde se lê "improcedente", o magistrado quis dizer "que julgava extinto o feito por falta de pressuposto para seu desenvolvimento válido e regular". Os magistrados que analisaram estas ações antes do advento do exame pericial pelo DNA adentravam no mérito, pois não havia motivo para não fazê-lo; na maioria dos casos, o exame pericial ainda não existia (ou sequer era feito no país), logo, não havia como ser produzida tal prova na época em que a demanda foi proposta. Em não sendo possível a produção da prova, não se pode dizer que ela era um elemento necessário para o desenvolvimento válido e regular do processo, pois tais requisitos devem ser verificados durante a tramitação da lide.

Embora se reconheça a importância da tese defendida por Maria Berenice Dias, pede-se vênia para dela discordar, visto que não aponta para a uma solução ao impasse vivido, embora traga uma luz para o caminho a ser seguido por aqueles que entendem pela flexibilização da coisa julgada. Ademais, tal posicionamento permite que se evolua para a certeza da importância da prova pericial, bem como autoriza a busca de soluções para contemporizar princípios como os da dignidade humana, segurança nas relações jurídicas e coisa julgada.

Belmiro Pedro Welter também se inclina no sentido de que exista uma obrigatoriedade na realização do exame genético, indicando como fundamentação para seu posicionamento um precedente do Tribunal de Justiça do Rio Grande do Sul, da lavra do desembargador Antônio Carlos Stangler Pereira.[10] A partir de tal convicção, entende que somente após produzidas todas as provas, inclusive o exame genético, é que a decisão poderia ser resguardada pela coisa julgada, sob pena de estar-se ferindo a dignidade da pessoa humana.[11] Demandas judiciais como aquelas nas quais se busca o reconhecimento da filiação, por serem ações que lidam com os aspectos mais profundos da identificação de um ser humano, envolvem diretamente a dignidade da pessoa, que também é uma garantia constitucionalmente reconhecida (artigo 1º, inciso I), sendo igualmente alicerce do Estado Democrático de Direito.

O objetivo de tais demandas é, a toda evidência, reconhecer a ascendência do autor, estabelecer com quem são seus vínculos biológicos e, a partir daí, fixar-se qual o patronímico a ser usado pelo autor a fim de que ele possa fazer parte de uma família. Em razão disso, há quem argumente que o objeto em ações desta natureza não seria uma criação do direito,

---

[10] WELTER, Belmiro Pedro. *Direito de família: questões controvertidas*. Porto Alegre: Síntese, 2000, p. 62.
[11] WELTER, Belmiro Pedro, *ob. cit.*, p. 71.

mas sim um valor intrínseco do ser humano,[12] reconhecido expressamente na Declaração Universal dos Direitos do Homem da ONU; desta forma, o objeto da ação é universal, tendo uma amplitude de interesse coletivo, pois iria além do aspecto íntimo e familiar, envolvendo toda a coletividade, sendo portanto um valor em si mesmo. A par disso e ante o monopólio estatal da prestação jurisdicional, aliado a princípios de segurança nas relações jurídicas, está a se demandar análise profunda sobre até que ponto pode-se discutir e rediscutir tal tema sem macular a dignidade humana.

Pode parecer reducionismo vincular a dignidade da pessoa humana à identificação de sua ascendência; *a contrario sensu*, poder-se-ia entender que aqueles que não possuem "pai registral" são menos dignos que os outros. Na verdade, a dignidade é mais ampla que a simples identificação de um pai; tal questão envolve identificação dos elementos que geraram aquele ser humano, tanto genética quanto emocional e intelectualmente, permitindo que a pessoa se conheça melhor, por ter um indicativo de quais foram os alicerces para sua geração e formação. A questão da dignidade da pessoa humana é tão ampla que é objeto de análise de inúmeros ramos do conhecimento, dentre eles psicologia, medicina, religião, ciências jurídicas e filosofia. Inviável discutir no curto espaço deste artigo todos os elementos que levam à identificação da dignidade humana, mas é inquestionável que tal diretriz é que tem servido de norte para toda a discussão a respeito da flexibilização da coisa julgada. De fato, o que se vê é uma forte tendência da jurisprudência e da doutrina no sentido de mitigar a coisa julgada para permitir a produção de provas técnicas mais evoluídas, como maneira de tentar adequar a realidade registral à realidade biológica, justificando o entendimento como um respeito à dignidade humana.

Em decisão da 2ª Câmara Especial Cível do Tribunal de Justiça do Rio Grande do Sul, apelação nº 70005745625, o desembargador-relator, Ícaro Carvalho de Bem Osório, aponta para a existência de um direito natural do homem de ver reconhecida sua ascendência. Refere que "é evidente que não se pode fazer justiça sem que com segurança se traga ao órgão judicante um quadro fático que possa dar suporte à pretensão do litígio, a solução do mesmo ficará a cargo da apreciação das questões de fato, trazidas à tona pela prova. Ao juiz, como participante ativo na evolução do processo, cabe formar seu julgamento com base em um raciocínio lógico, alcançado graças às provas trazidas aos autos. À verdade formal sucedeu a verdade real, como propósito do processo e fundamento da sentença. Passa a ser o elemento de convicção o conceito jurídico de

---

[12] PORTO, Ederson Garin. "Coisa julgada inconstitucional nas ações de investigação de paternidade", in *Tendências Constitucionais do Direito de Família*; estudos em homenagem ao Professor José Carlos Teixeira Giorgis / Adriane Donadel ... (*et al.*); orgs. Sérgio Gilberto Porto, Daniel Ustárroz, Porto Alegre: Livraria do Advogado Editora, 2003, p. 89.

prova. Sendo assim, só haverá prova se o magistrado se convencer diante do meio probatório produzido. *Busca-se a verdade real* porque *o processo não é mais meio de solução de um conflito privado, mas apresenta-se, hoje, com caráter de elevada missão de ordem pública na pacificação social sob o comando da lei.* Sob essa ótica a todos interessa uma composição justa de um litígio".

Prossegue afirmando que "é nesta ótica que o juiz quando determina a produção de provas, está tentando chegar à prova real, ou seja, aquela que determinará seu convencimento acerca dos fatos que interessam à justa solução do litígio. Ora, relativo às ações de investigação de paternidade após as presunções e ficções perderem sua força e a evolução dos meio científicos para determinação da paternidade biológica, por meio da perícia médica, não pode se admitir que o juiz deixe de usar essa prova pericial, porque seria como desprezar o princípio da verdade real tão caro ao regime atual de tutela da filiação.".

Assim, conclui o desembargador pelo afastamento da imutabilidade da sentença, pois seria um "despropósito que a verdade real fosse afastada pela coisa julgada material, é evidente que o instituto existe para dar segurança às relações jurídicas, mas *a justiça deve se sobrepor a segurança*". Éderson Garin Porto, a respeito do tema, cita expressão célebre do Ministro do Superior Tribunal de Justiça Sálvio Teixeira de Figueiredo, segundo a qual "Não se pode olvidar, todavia, que uma sociedade de homens livres, a Justiça tem de estar acima da segurança, porque sem Justiça não há liberdade".[13]

No mesmo sentido está o entendimento adotado pela 7ª Câmara Cível do Tribunal de Justiça do Rio Grande do Sul, consoante demonstram as seguintes decisões: "Investigação de paternidade. Coisa Julgada. Possível a renovação de demanda investigatória quando a ação anterior foi julgada improcedente por falta de provas e não foi realizado o exame de DNA. Os preceitos constitucionais e da legislação de proteção ao menor se sobrepõem ao instituto da coisa julgada, pois não há como negar a busca da origem biológica. Agravo desprovido, por maioria".[14] Igualmente: "Agravo de Instrumento. Investigatória de Paternidade. Possibilidade de propositura de nova ação quando precária a prova, produzindo a coisa julgada formal e não material. Mitigação da interpretação quanto à coisa julgada para atendimento dos fins sociais do processo e das exigências do bem comum. Recurso desprovido, por maioria, vencido o Relator".[15]

---

[13] PORTO, Ederson Garin, *ob. cit.*, p. 101.

[14] Apelação Cível nº 70006683817, Rel. Des. Maria Berenice Dias, julgado em 1º.10.2003.

[15] Apelação Cível nº 70006874564, Rel. Juíza Convocada Walda Maria Melo Pierro, julgado em 24.09.2004.

V. Posições contrárias à flexibilização da coisa julgada. Análise

É de se mencionar que em ambos os acórdãos antes referidos, o desembargador Sérgio Fernando Vasconcellos Chaves foi voto vencido, sendo que em ambos advogou a extinção do feito em razão de haver coisa julgada material resguardando a decisão lançada em outro feito. Asseverou no primeiro feito que

"É certo que o desenvolvimento das técnicas investigativas de paternidade encontraram no exame de DNA precioso elemento de prova, capaz de trazer ponderável grau de certeza do vínculo de paternidade, mas não se pode ignorar que é mais um meio de prova, e inúmeros processos foram e são julgados diariamente sem que se tenha acesso a tal instrumento probatório".

"O simples fato de não ter sido possível, na época, realizar tal prova pericial não autoriza agora a repetição da ação anterior, sob pena de jamais uma questão transitar em julgado, já que, em tese, então, sempre seria possível reabrir a instrução de processos já findos pois a cada dia pode surgir algum elemento novo de prova, mormente considerando o avanço inexorável da ciência...".

"Além disso, se é verdade que os modernos métodos científicos de perícia podem levar a probabilidades elevadíssimas, capazes de inspirar uma certeza jurídica da paternidade, *não é menos verdade que a existência de novos meios de prova não podem conduzir à negação dos postulados dogmáticos do direito*, que foram criados para assegurar a segurança jurídica e o estabelecimento de uma situação de tranqüilidade social, como é o instituto da coisa julgada".[16]

No mesmo sentido está a posição adotada pelo magistrado Luiz Roberto Imperatore de Assis Brasil, segundo quem "se instauraria verdadeiro caos jurídico e social se deixássemos de reconhecer o instituto da coisa julgada a cada progresso científico e tecnológico, afinal seu objetivo, ou melhor, seu fundamento de ordem política reside justamente em garantir a segurança jurídica e a tranqüilidade social".[17]

Prossegue o julgador lembrando que é "importante frisar, que é justamente o caráter dogmático da coisa julgada, que garante a ordem jurídica e social e não a sua relativização, como diz o Des. José Tesheiner, alertando contra o erro de considerar-se inexistente a *res iudicata* nas ações de investigação de paternidade.[18]

---

[16] Agravo de Instrumento nº 70006683817, 7ª Câm. Cível do TJRS, Declaração de Voto (vencido).

[17] Agravo de Instrumento nº 70005745625, 2ª Câm. Esp. Cível do TJRS, Declaração de Voto (vencido).

[18] "Relativização da Coisa Julgada" – *in Rev. Nacional de Direito e Jurisprudência* – nov. 2001.

No mesmo sentido, estão diversas decisões da 8ª Câmara Cível do Tribunal de Justiça do Rio Grande do Sul, onde a idéia principal é de resguardar o princípio da segurança jurídica, necessário à paz social, tornando imutáveis as decisões proferidas após decurso de lapso recursal. Neste sentido:

"APELAÇÃO CÍVEL. INVESTIGATÓRIA DE PATERNIDADE. COISA JULGADA. Não merece prosperar a insurgência do apelante, uma vez que evidente a ocorrência de coisa julgada pelo ajuizamento de outras duas investigatórias de paternidade, devendo ser mantida a decisão de primeiro grau que extinguiu o feito, forte no art. 267, V, do CPC. Apelo improvido".[19]

Da mesma forma:

"APELAÇÃO CÍVEL. Ação de Investigação de Paternidade cumulada com pedido de petição de herança e com pedido de antecipação de tutela jurisdicional julgada improcedente, tendo em vista a verificação da coisa julgada, sendo que o exame de DNA realizado após o julgamento de anterior ação não tem o condão de desfazê-la. Recurso Desprovido".[20]

É de se referir que, neste caso concreto, o sedizente filho possuía um exame de DNA feito com irmãos do suposto pai, visto já ser falecido, que apontava como viável a paternidade alegada. Inobstante isso, foi negada a possibilidade de rediscussão da questão.

Esta linha de raciocínio, contrária à flexibilização da coisa julgada, ataca especialmente o fundamento apontado por Belmiro Pedro Welter e por Maria Berenice Dias, qual seja, aquele segundo o qual, como não foi produzido um tipo de prova (no caso, o exame de DNA), não seriam aplicáveis os efeitos da coisa julgada por falta de pressuposto para o desenvolvimento válido e regular do processo. Afinal, afirmam seus defensores que se a prova não existia na época (ou não estava disponível para ser produzida), não era exigível sua produção, logo, era um pressuposto que na época em que o ato se concretizou, não era necessário. A produção de novas provas não inova na forma da ação, pois o pedido, as partes e a causa de pedir continuam sendo os mesmos; assim, seria inviável a nova análise da ação, pois inafastável a imutabilidade imposta pela coisa julgada. Neste sentido: "se a parte repropõe ação idêntica, onde já houve coisa julgada material, ainda que invoque novas provas não produzidas na

---

[19] Apelação Cível nº 70003488350, Rel. Des. Antônio Carlos Stangler Pereira, julgada em 18.09.2002.
[20] Apelação Cível nº 70005573530, Rel. Des. Alfredo Guilherme Englert, 28.08.2003.

primeira, deve ser a segunda ação extinta sem julgamento de mérito (C.P.C. 267 V) (RTJ 94/829)".[21]

Pessoalmente, entendemos que é correto tal argumento, pois não se pode considerar como pressuposto necessário para o desenvolvimento válido e regular do processo algo que não era disponível na época em que o ato processual ocorreu. No entanto, mesmo assim é possível defender-se a flexibilização da coisa julgada em determinados casos, ante a importância do esclarecimento das origens genéticas de uma pessoa.

VI. Certeza Jurídica x Certeza Biológica

Apesar dos posicionamentos contrários, pode-se dizer que o entendimento pelo abrandamento da coisa julgada é considerado ligeiramente majoritário, sendo que o principal fundamento está em que a justiça – entendida esta como a coincidência entre verdade real e formal – deve se sobrepor à segurança jurídica. De fato, parece preferível afastar-se o dogma da indiscutibilidade e permitir a produção de uma prova definitiva, do que conviver com a dúvida biológica a par da certeza jurídica.

Não se pode deixar de comentar que este raciocínio, em regra, vem sendo aplicado em prol do filho, e não do pai; nos casos que vieram aos Tribunais pretendendo a rediscussão de ações de investigação de paternidade julgadas procedentes, especificamente para a produção do exame pericial pelo sistema DNA, de uma forma geral, foi rechaçada a pretensão do autor (pai) sob o argumento de que a discussão feriria a coisa julgada material.

Em caso específico julgado pelo Superior Tribunal de Justiça, o genitor/autor e o filho/requerido haviam se submetido a exame genético, que afastou o vínculo de descendência, após o trânsito em julgado da decisão que reconheceu a paternidade; neste caso, havia prova pré-constituída da não-filiação, mas a Corte Superior, ao analisar o Recurso Especial, afastou a possibilidade de reabertura da discussão do feito em razão de a demanda original ter transitado em julgado.[22]

A pergunta que surge da leitura de tal decisão é óbvia: não se estaria violando a dignidade humana do réu na ação original? Afinal, está ele obrigado a manter um vínculo meramente registral com alguém com ele não possui vínculo biológico (afastado pelo DNA feito após o processo

---

[21] NERY JUNIOR, Nelson. *Código de processo civil comentado e legislação extravagante em vigor.* 2ª edição revista e ampliada. São Paulo: Revista dos Tribunais, 1996, p. 838.
[22] STJ, Recurso Especial 107248, Processo: 199600571295/GO, 3ª Turma, data 07/05/1998, Rel. Min. Carlos Alberto Menezes.

original), nem afetivo (pois do contrário não teria ajuizado a ação negatória, pretendendo afastar a vinculação registral). Frise-se que não se pode equiparar tal situação à dos pais adotivos, onde estes voluntariamente assumem a responsabilidade de criar um filho que não guarda vinculação genética, mas com quem irão criar vínculos afetivos. O pai na referida ação foi obrigado a reconhecer a paternidade em razão de uma decisão judicial, não possuindo vínculo afetivo com o "filho"; neste processo, a verdade formal sobrepôs-se à verdade real, não tendo a superior instância atentado, salvo melhor juízo, para a "dignidade da pessoa humana" do autor da negatória.

Manter-se, neste caso, uma situação formal comprovadamente distinta da situação biológica não seria, além de uma *injustiça*, uma violação aos direitos do cidadão? Afinal, estão-se modificando os direitos de uma pessoa em relação à sociedade com a qual convive em desacordo com sua vontade e contrariando o teor de um exame pericial que, hoje, permite juízo de certeza quanto ao afirmado. "O interesse sobre a origem genética não diz respeito apenas ao indivíduo, mas ao grupo familiar dele e do indigitado pai. O estágio atual da ciência médica indica a imprescindibilidade da origem biológica para prevenção de doenças, tornando-se matéria de saúde pública, *a fortiori* de interesse social.", afirma Paulo Luiz Netto Lôbo.[23]

Praticamente todos os argumentos usados em prol da mitigação da coisa julgada nas ações de investigação de paternidade julgadas improcedentes podem ser usados, *a contrario sensu*, nos casos das ações julgadas procedentes. Em ambos os casos, somente se atingiria a verdade real após se esgotar as provas que possibilitassem apurar com grande margem de certeza a paternidade investigada; assim, somente após tal exaurimento é que a decisão se tornaria imutável. No entanto, a doutrina e a jurisprudência fazem tal interpretação somente em prol do filho que não possui pai registral, afastando a possibilidade daquele que "recebeu" um filho em uma ação procedente de ver esclarecida a verdade real e genética da situação.

VII. Socioafetividade e Paternidade

Talvez a solução esteja na posição adotada por Luiz Edson Fachin, segundo o qual "não haverá cidadania na família sem a plena cidadania

---

[23] LÔBO, Paulo Luiz Netto. "O exame de DNA e o princípio da dignidade da pessoa humana", *Revista Brasileira de Direito de Família - IBDFAM*, Ano I, volume 1, Porto Alegre: Síntese, 1999, p. 70.

social. *Advogamos a formação de conceitos sempre a posteriori*, especialmente *para não enjaular*, em *numeros clausus, a arquitetura que, com base no afeto, pode fazer emergir uma família.* A jurisprudência deve se abrir para compreender e empreender novos desafios, sem preconceitos ou visões preconcebidas".

"Resistir ao triunfo de uma superficial filosofia de vida que 'entroniza o egoísmo como lei superior, porque é o instrumento da busca da ascensão social' e que 'privilegia os meios materiais e se despreocupa com os aspectos finalistas da existência, como escreveu Milton Santos".[24]

Por esta linha de raciocínio, seria inviável a fixação de forma taxativa de *quando* seria possível flexibilizar a coisa julgada, sendo necessário uma análise caso a caso, que é, de fato, o que vem ocorrendo. Contra tal entendimento tem-se um certo grau de incerteza jurídica, pois a parte que procurar a defesa do seu direito em Juízo não saberá ao certo o que esperar; Isso, de fato, é uma contingência das relações pessoais, onde nada é tão matemático e fixo que se possa antever, com precisão, qual o posicionamento/entendimento que será seguido. A base dos inter-relacionamentos são as pessoas, e cada uma é única, dotada de atributos e qualidades próprios e distintos dos demais; logo, tal diversidade acarreta uma multiplicidade de possibilidades de relacionamentos interpessoais, que, por óbvio, necessitarão de composições distintas sempre que levadas ao Poder Judiciário.

Diga-se, à guisa de esclarecimento, que essa análise caso a caso, com variabilidade prática quanto às possibilidades de flexibilização da coisa julgada, corresponde plenamente aos postulados contemporâneos da hermenêutica jurídica. Trata-se de aferir uma situação concreta, na qual os participantes estão localizados e socializados, repudiando, desse modo, quaisquer juízos generalizantes, noções aprioristicas ou entendimentos hipostasiados. Contra a objetificação metafísica dos conceitos jurídicos e dos métodos de interpretação, impõe-se a busca de uma solução *justa* para o caso prático, explorando-se – conforme exigir a situação contida no processo – todas as potencialidades do ordenamento jurídico. Essa hermenêutica aberta não só é possível como também desejável, pois com ela, segundo leciona Lenio Luiz Streck, "recupera-se o sentido-possível-de-um-determinado-texto e não a re-construção do texto advindo de um significante-primordial-fundante".[25] Daí a inviabilidade de fixação taxativa das ocasiões em que seria possível flexibilizar a coisa julgada em matéria

---

[24] FACHIN, Luiz Edson. *Direito de Família: elementos críticos à luz do novo Código Civil brasileiro.* 2ª ed. Rio de Janeiro: Renovar, 2003, p. 9.
[25] STRECK, Lenio Luiz. *Hermenêutica jurídica e(m) crise: uma exploração hermenêutica da construção do Direito.* Porto Alegre: Livraria do Advogado, 1999, p. 200.

atinente à investigação de paternidade, restando tal tarefa ao hermeneuta/intérprete.

Além disso, outro aspecto relevantíssimo que tem sido considerado pela jurisprudência e que, no nosso entender, deve pautar toda a questão da relativização ou não da coisa julgada, é que a paternidade é muito mais que um vínculo genético. "A paternidade não é apenas um mero fato, um dado biológico, e sim, uma relação construída na vida pelos vínculos que se formam entre o filho e seu genitor. (...) a relação socioafetiva que deve ser preservada",[26] afirma o desembargador Luiz Felipe Brasil Santos.

Se a verdade biológica está a impedir a formação de um vínculo socioafetivo, não seria melhor permitir às partes que elucidem a questão genética? Após tais esclarecimentos ficará, com certeza, mais fácil para os envolvidos poderem construir um relacionamento alicerçado na verdade biológica ou, se for o caso, romperem definitivamente qualquer contato, cada um seguindo seu rumo.

É de se admitir que o número de ações desta natureza julgadas procedentes é enormemente superior ao das julgadas improcedentes; logo, permitir-se a rediscussão em todos os casos causaria tumultos cujas dimensões não se pode nem imaginar, quanto mais precisar. Para solucionar tal impasse, tem-se que há um rumo sugerido em acórdão do Tribunal de Justiça do Rio Grande do Sul, da lavra da desembargadora Maria Berenice Dias, que aponta para o dúplice fundamento das ações de investigação de paternidade, qual seja o *liame genético* aliado *à ausência de paternidade socioafetiva*.[27] Afinal, "ser pai" não é apenas ter contribuído geneticamente para a formação de um novo ser; do contrário, "ser pai" envolve comprometimento e vinculação afetiva, a qual pode ou não estar ligada ao vínculo genético. Não se pode dizer que um pai socioafetivo seja menos pai do que um pai biológico, do contrário, aquele merece tanta ou mais proteção do que este.

Partindo-se de tal raciocínio, novamente *a contrario sensu*, somente seria possível rediscutir uma decisão de procedência em ação de investigação de paternidade se aquela decisão não tivesse oportunizado a formação de um liame afetivo entre pai e filho. Melhor dizendo: seria possível rediscutir a situação, permitindo-se a perícia genética se, após a decisão de procedência e o reconhecimento formal da filiação, pai e filho não tivessem se vinculado de forma afetiva, mantendo-se tão distantes quanto dois estranhos. A sociedade está estruturada em suas famílias, as quais são

---

[26] Apelação Cível nº 70000849349, 7ª Câmara Cível, relator Des. José Carlos Teixeira Giorgis - voto vencido; revisor Des. Luiz Felipe Brasil Santos - Voto Vencedor.
[27] Neste sentido, Apelação Cível nº 70005458484, relatora Des. Maria Berenice Dias, RTRJRS 221/334.

(ou ao menos deveriam ser) unidas por vínculos afetivos; os dissídios entre as famílias biológica e geneticamente ligadas já são muitos, não sendo necessário incentivar desacertos entre aqueles que somente possuem um liame jurídico (vínculo registral), que foi criado por decisão judicial proferida em feito onde não foram exauridas as provas possíveis.

VIII. Conclusão

Lembra-se, por derradeiro, que "a família, como dado de realidade e modelo adotado na Constituição, não é mais a biológica. Sua finalidade é a realização de interesses afetivos, a comunhão de amor entre seus membros. A relação de pai e filho é fundada na afetividade, na relação de afeto que se fortalece no dia-a-dia, e não necessariamente na origem biológica. (...) O afeto, como demonstram a experiência e as ciências psicológicas, não é fruto da origem biológica. Em muitos casos, a consangüinidade tem servido à desagregação, à violência entre grupos familiares, à primazia do interesse patrimonial, não sendo causa necessária da construção do mais nobre dos sentimentos humanos, a solidariedade. Os laços de afeto e de solidariedade derivam da convivência e não do sangue".[28]

Não se diga que apurar a existência de afeto é criar novo dificultador no feito. Afinal, tal apuração vem sendo feita de forma rotineira pela jurisprudência, ante a valorização de tais vínculos pelos tribunais pátrios. Ademais, o afeto pode ser verificado por meio da posse do estado de filho,[29] qual seja, o reconhecimento social da vinculação entre ascendente e descendente. Para a caracterização deste instituto, algumas situações devem estar presentes, especificamente que seja uma situação constatável no ambiente social, bem como que tenha certa duração, pois "fatos notórios e contínuos não devem gerar equívocos acerca da filiação".[30]

Assim, estaremos reforçando o que deve ser a base de uma família, qual seja, o vínculo afetivo. Existindo isso, não se discutirá a paternidade. Em não havendo tal vínculo, é de se permitir a realização de exame genético, afastando-se, se for o caso, os efeitos da coisa julgada material, para, atentando a princípios de dignidade humana e aos interesses de pacificação social, buscar-se a esperada coincidência entre a paternidade afetiva-genética-registral.

---

[28] LÔBO, Paulo Luiz Netto, *ob. cit.*, p. 70/1.

[29] Sobre o tema, consultar BOEIRA, José Bernardo Ramos. *Investigação de paternidade: posse de estado de filho: paternidade socioafetiva*. Porto Alegre: Livraria do Advogado, 1999.

[30] FACHIN, Luiz Edson, *ob. cit.*, p. 26.

Bibliografia

BOEIRA, José Bernardo Ramos. *Investigação de paternidade: posse de estado de filho: paternidade socioafetiva*. Porto Alegre: Livraria do Advogado, 1999.

DIAS, Maria Berenice. "Investigação de Paternidade, Prova e Ausência de Coisa Julgada Material", *Revista Brasileira de Direito de Família - IBDFAM*, Ano I, volume 1, Porto Alegre: Síntese, 1999.

FACHIN, Luiz Edson. *Direito de Família: elementos críticos à luz do novo código civil brasileiro*. 2ª ed. Rio de Janeiro: Renovar, 2003.

LÔBO, Paulo Luiz Netto. "O exame de DNA e o princípio da dignidade da pessoa humana", *Revista Brasileira de Direito de Família - IBDFAM*, Ano I, volume 1, Porto Alegre: Síntese, 1999.

NERY JUNIOR, Nelson. *Código de processo civil comentado e legislação extravagante em vigor*. 2ª edição revista e ampliada. São Paulo: Revista dos Tribunais, 1996.

PORTO, Ederson Garin. "Coisa julgada inconstitucional nas ações de investigação de paternidade". *Tendências Constitucionais do Direito de Família*: estudos em homenagem ao Prof. José Carlos Teixeira Giorgis / Adirne Donadel ... (*et al.*); orgs. Sérgio Gilberto Porto, Daniel Ustárroz. - Porto Alegre: Livraria do Advogado, 2003.

RIZZARDO, Arnaldo. *Direito de Família*. Rio de Janeiro: Aide, 1994, vol. II.

STRECK, Lenio Luiz. *Hermenêutica jurídica e(m) crise: uma exploração hermenêutica da construção do Direito*. Porto Alegre: Livraria do Advogado, 1999.

TESHEINER, José Maria Rosa. *Elementos para uma teoria geral do processo*. São Paulo: Saraiva, 1993.

WELTER, Belmiro Pedro. *Direito de Família: questões controvertidas*. Porto Alegre: Síntese, 2000.

— 2 —

Procura-se um pai, hoje!
Reflexões sobre a utilização das características antropométricas na determinação de paternidade e no casamento preferencial

ANETE TRACHTENBERG

Diretora da Genoma Consultoria, Bióloga, Professora e Mestre em Genética, Doutora em Ciências, Especialização em Terapia de Família e Mediação Familiar; Perita Judicial e Consultora em Determinação de Paternidade

Sumário: Introdução; O casamento não é casual; Características antropométricas e casamentos preferenciais; Com quem Eu me pareço?; Identificação judiciária; A fotografia como método de identificação - exame prosopográfico; A sobrevivência do DNA e o sucesso reprodutivo; Conclusão; Bibliografia.

"Muitos homens vão pescando por todas as suas vidas sem saber que não é peixe aquilo que eles procuram."

Henry David Thoreau

Introdução

As correlações entre as características antropométricas (morfológicas) com a determinação de paternidade e com o casamento preferencial (não casual) já foram informações valiosas antes do teste de DNA (Trachtenberg, 1995 e 2000). Mas o foco nas características morfológicas dá uma composição amostral de variáveis que podem ajudar a clarear o comportamento envolvido na escolha do parceiro e na utilização da prova prosopográfica (forma de buscar a identidade judiciária de uma pessoa).

O tema desenvolvido neste capítulo teve origem na solicitação de um advogado de São Paulo, em 2000, para ser utilizado num caso judicial, como parecer técnico-científico, uma vez que o suposto pai se negou a realizar o teste de DNA, o que foi aceito pelo juiz, sendo então solicitada a prova prosopográfica, entre a criança e o suposto pai, como complementação (Trachtenberg, 2000).

Descrição do caso, fictício - *Tema:* procura-se um pai, hoje! *Cenário:* cidade do interior do Brasil, um bar onde homens e mulheres bebem e fumam. *Personagens:* (1) homem casado e bem-sucedido nos negócios, gosta de conhecer mulheres jovens quando está viajando e fazer sexo sem compromisso; (2) mulher jovem, com poucos recursos financeiros, resolve se divertir numa casa noturna onde sabe que encontrará homens que podem pagar a sua bebida. Sabe que está em seu período fértil. *Final:* nasce uma criança.

Somos cerca de seis bilhões de homens, mulheres e crianças espalhados nos cinco continentes do planeta e, apesar das diferenças, temos quase tudo em comum. O imenso progresso da Biologia permite, de fato, afirmar hoje, que todos os humanos têm uma origem comum bastante recente na escala da evolução. Compartilhamos de uma mesma genealogia bastante complicada e constituímos uma só e mesma família, apesar de nossas diferenças físicas e educacionais. Em resumo, somos todos parentes uns dos outros (Langaney e cols., 1992).

Quanto à escolha do parceiro, seguimos ainda alguns mecanismos biológicos dos nossos ancestrais, interligados à sobrevivência da espécie. Mas a nova ciência prega que se estamos aqui, é porque cada um de nós é formado de uma seqüência ininterrupta de DNA, que herdamos de nossos pais, e que já dura milhões de anos, fruto de relacionamentos bem-sucedidos entre homens e mulheres, gerando filhos férteis e saudáveis.

Se somos o que somos, é para melhor nos acasalarmos. Para homens e mulheres, isso significa combinar seus genes ao que houver de melhor à disposição no mercado. Para as mulheres, mais do que para os homens, significa também que é preciso achar uma maneira de que a prole sobreviva até o ponto de passar essa combinação privilegiada adiante. E estes impulsos mesclam biologia, comportamento e sentimento num tal grau que é quase impossível distinguir onde uma coisa termina e a outra começa. Aqueles que sobrevivem saudáveis, mas não geram filhos, por escolha ou infertilidade, estão representados entre nós, parcialmente, através de seus sobrinhos, resultando daí a responsabilidade de cuidá-los, para que eles possam passar adiante seus genes (Dawkins, 1996).

Assim sendo, a meta da evolução parece ser a procriação, onde o sexo ocupa o topo do processo. Alguns cientistas já propõem que o cérebro humano é na verdade uma "máquina de cortejar", sendo ele considerado o melhor ornamento sexual da espécie humana, o que nos torna uma espécie única.

Com a revolução cultural, nossas preferências estão interligadas com padrões de beleza que variam conforme a época e região. E o estereótipo da atratividade "beleza é bom" é um fenômeno atual (Eagly e cols., 1991).

O efeito "beleza é bom" é mais forte para as medidas de competência social, intelectual e desembaraço interpessoal. O cerne do estereótipo da atratividade física é a vitalidade social ou extroversão. E, na cultura americana, o estudo demonstrou uma associação entre a beleza com coisas "boas" e a feiúra com coisas "ruins". Acreditam que pessoas que parecem boas possuem quase todas as virtudes conhecidas da humanidade.

O visual de um indivíduo é uma mistura daquilo que ele é naturalmente, daquilo que ele gostaria de ser e daquilo que ele e os outros fazem dele, utilizando todos os artifícios que os humanos inventaram. Culturalmente somos o que vestimos, pensamos e sentimos.

Em um estudo brasileiro recente de uma agência de relacionamentos virtual chamado www.comovai.com, a maioria dos candidatos que queriam um relacionamento mais sério era composta de homens com mais de 40 anos a procura de mulheres na faixa dos 20 aos 30 anos, o que demonstra que os brasileiros tambem não querem saber das feias e das mais velhas (Revista Veja, 2003).

O casamento não é casual

O casamento não casual é o mais freqüente entre os humanos, e no momento em que passamos a estudar casamentos ao nível fenotípico, o enfoque é - casamentos preferenciais - que são comumentes atribuídos ao "exercício de escolha" do cônjuge.

Estudos científicos demonstram que, além de diferentes graus de "livre escolha" do cônjuge, há uma limitação na variação total dentro do chamado "campo de candidatos elegíveis a cônjuges", pois certas relações genéticas estão envolvidas, o que interfere nos casamentos ao acaso, levando a diferentes modelos de casamentos preferenciais (DeYoung e Fleischer, 1976).

Vários trabalhos já foram publicados dando ênfase à questão de existir ou não uma tendência para selecionar o parceiro pela similaridade ou dissimilaridade, em relação a uma série de características físicas, demográficas e sociais (Trachtenbreg, 1976; Trachtenberg e cols, 1985). Existem relatos de tendências em direção à similaridade entre os pares que constituem o casal (casamento preferencial positivo ou homogamia) com relação a variáveis demográficas como raça (cor da pele, dos cabelos e dos olhos), religião e classe social. Também a proximidade geográfica, preferências políticas e musicais, inteligência e características da personalidade: ansiedade, emotividade, desejo de realização e respeito. Também foi relatada na literatura a ocorrência de casamentos preferenciais no que se refere aos seguintes fatores: metabolismo basal e total de nitrogênio no sangue, pressão sanguínea, grupo sanguíneo e Rh e características psicomotoras, tomando como exemplo a maneira de entrelaçar os dedos.

Características antropométricas e casamentos preferenciais

Quanto às características antropométricas e casamentos preferenciais, as correlações positivas são mais encontradas para peso e estatura, pois os demais caracteres morfológicos são complexos, por envolverem uma variação na população de caráter quantitativo, não sendo possível identificar com precisão seu controle genético e, difícil de julgar a influência relativa dos diferentes fatores sobre a variação fenotípica. Mas existe um componente hereditário, já que indivíduos geneticamente relacionados tendem a ser mais semelhantes com relação a um dado caráter do que indivíduos não relacionados.

Com o objetivo de investigar o grau de casamento preferencial e sua correlação com a fertilidade, analisei 160 casais do Rio Grande do Sul, quanto a quinze características antropométricas. As medidas utilizadas foram: peso, estatura, altura tronco-cefálica, altura morfológica da face, comprimento e largura do nariz, espessura dos lábios, comprimento e largura da cabeça, frontal mínimo, bizigomático, bigonial, perímetro da cabeça, perímetro da perna e perímetro torácico (Trachtenberg, 1976; Trachtenberg e cols, 1985).

Os resultados observados neste trabalho confirmaram que os casamentos são preferenciais e positivos (homogamia) em determinadas características. Em alguns casos, a escolha parece ser consciente como, por exemplo, estatura, peso e idade dos cônjuges. Como a maioria das medidas utilizada no trabalho estava relacionada com o tamanho e a forma da cabeça e da face, não se pode deixar de considerar a seleção do cônjuge quanto a características fisionômicas, pois, segundo alguns pesquisadores, essa seleção atua em alguns casos em primeiro lugar, talvez inconscientemente, ou por similaridade com nossos pais ou por similaridade com nós mesmos.

A escolha destas medidas ocorreu por vários fatores: 1° - a facilidade de comparação com outros trabalhos publicados na literatura; 2° - a relativa facilidade de mensuração, levando o pesquisador a minimizar o erro;

3º - neste conjunto de medidas, algumas apresentam um alto grau de herdabilidade, entre as quais podemos salientar a estatura, altura tronco-cefálica, comprimento e largura da cabeça. Outras medidas, no entanto, embora não apresentando alta herdabilidade, são indicativas do grau de nutrição e outras variáveis biológicas.

Com quem Eu me pareço?

A reprodução sexual entre os humanos, antes mesmo que as nossas histórias nos tornem diferentes, já fabrica seres diferentes, e cada um de nós é feito de dezenas de milhares de caracteres que são como que escolhidos ao acaso entre quatro possibilidades: parecido com o pai, com a mãe, com os dois ao mesmo tempo ou então, nem a um nem a outro.

Quando um casal tem dois filhos ou duas filhas, cada uma das crianças é constituída por uma série de características genéticas obtidas como numa verdadeira loteria, onde existiriam milhares de bolinhas que seriam retiradas ao acaso do fundo de um saco. Nós sabemos que é muito difícil ganhar na loto ou na sena com uma tiragem de seis bolinhas, e é ainda inimaginável tirar duas vezes uma seqüência de mesmo número.

Na loteria do sexo, que comporta milhares de bolinhas, é impossível produzir duas vezes o mesmo indivíduo. O sexo não fabrica jamais os mesmos patrimônios genéticos, salvo se ele produzir gêmeos idênticos. Todos os óvulos produzidos pela mãe e todos os espermatozóides produzidos pelo pai são geneticamente diferentes. Toda fecundação é um encontro ao acaso entre duas células tiradas ao acaso de dentro de um saco onde há apenas dois favorecidos. O número de combinações genéticas possíveis para uma criança nascer é então praticamente ilimitada.

Estudos genéticos em gêmeos idênticos (univitelinos) mostram que existem semelhanças surpreendentes que se atenuam com a idade, seus gostos, comportamento e desenvolvimento de cada um dos dois irmãos ou irmãs e, de uma maneira geral, diferenças ambientais podem produzir diferenças na estatura e outras características métricas. É interessante salientar que a identidade do patrimônio genético entre estes gêmeos não cria indivíduos idênticos sob todos os pontos de vista, apesar da aparência muitas vezes nos confundir (Langaney e cols., 1992).

Identificação judiciária

Antigamente, a identificação judiciária visava a assinalar malfeitores e criminosos, sobretudo reincidentes, marcando a fronte ou o braço de um indivíduo com o ferro em brasa, ou então cortando a orelha ou seccionando as narinas.

Hoje, também existe uma preocupação em identificar as pessoas por motivos de ordem civil, policial, militar, política e administrativa, sendo que as impressões digitais (dactiloscopia) e o teste de DNA são menos invasivos, mais pessoais e inconfundíveis. Todos os demais meios de que o homem se utilize para averiguar a identidade de seu semelhante serão sempre indícios e jamais prova segura (Gomes,1965; Salzano, 1983; Trachtenberg,1995).

A fotografia como método de identificação - exame prosopográfico

A fotografia e a antropometria são alguns dos métodos de identificação judiciária aceitos cientificamente para averiguar a identidade e o reconhecimento de uma pessoa, pois utilizam um conjunto de sinais físicos que conferem ao indivíduo investigado um registro próprio e único. As regras utilizadas foram definidas por Afonso Bertillon, em 1893, e a orelha direita, nariz e fronte são alguns dos elementos mais utilizados na confrontação entre fotografias.

Ao se analisar diferentes fotografias de um mesmo indivíduo, obtidas em épocas diferentes, os sinais considerados devem estar sempre presentes (perenes) e jamais alterados (imutáveis). Por isso não podemos utilizar dados que se alterem no tempo, como cabelo, barba, bigode, ou sinais e tatuagens, pois poderão ocorrer divergências entre o primeiro e o segundo registro, referentes à mesma pessoa, o que resultaria em falha na identidade.

O exame prosopográfico utilizado na determinação da paternidade consiste em se fotografar o rosto do filho e do suposto pai, de frente e de perfil direito, fazendo depois uma redução (ou ampliação) fixa de 1/7, para verificar semelhanças físicas como: olhos, nariz e orelhas (Simonin, 1966, Fávero,1973).

Com estas fotografias se fazem também comparações, utilizando elementos que se superpõem e estudando pormenores fixos da cabeça, como certas medidas antropométricas que apresentam alto grau de herdabilidade, prescindindo-se daquelas que à vontade do indivíduo podem-se modificar. Tais anotações também podem ser obtidas por exame direto nos indivíduos investigados.

Por outro lado, o exame antropométrico utiliza medidas corporais comuns, mas deve estar de acordo com as regras estabelecidas por Bertillon (Gallante-Filho, 1999). "Críticas a fotografia é um 'testemunho mudo que se diz que não mente', mas é um método que já foi abandonado, pois inspira pouca confiança, uma vez que não é fiel das várias etapas da vida, além de ser suscetível de falseamento por truques e técnicas especiais. Alterações nas características podem ocorrer devido ao sexo e idade, sendo também difícil analisá-las pois apresentam uma herança genética do tipo multifatorial com freqüências populacionais pouco definidas".

Por outro lado, não é fácil a tomada das medidas com precisão, e as mensurações obtidas de um mesmo indivíduo, na mesma ocasião, por dois operadores diferentes, nem sempre se correspondem. Quando os operadores trabalham em épocas um pouco distanciadas, as diferenças nos resultados se tornam, às vezes, impressionantes.

Portanto, o exame prosopográfico é uma prova que foi eliminada e hoje tem mais valor histórico.

A sobrevivência do DNA e o sucesso reprodutivo

Como o DNA é um filamento bioquímico preso ao corpo vivo, ele não flutua livremente, e para sua sobrevivência, é necessário o sucesso reprodutivo. Todos os indivíduos nascidos têm inquestionavelmente uma mãe e um pai. Portanto, o sucesso reprodutivo total, medido pelos descendentes distantes, de todos os homens vivos deve ser igual àquele das mulheres vivas.

Mas alguns indivíduos têm mais sucesso do que outros. Homens altos ainda figuram lá em cima na lista das preferências femininas. E outras características são decisivas para o homem ser o vencedor, como sucesso, dinheiro ou poder.

Sem levar em conta as variações culturais, pelo menos um atributo das mulheres sempre foi fundamental aos olhos de seus pretendentes: a proporção entre cintura e quadris. Um acúmulo de gordura na medida certa nessa região do corpo, em que a circunferência da cintura equivale a 70% dos quadris, é um indicador ancestral de saúde e fertilidade.

Sexo e dinheiro já andavam juntos, mas a moeda corrente na pré-história era a proteína. Os homens não tardaram a descobrir que, para agradar a uma mulher e predispô-la a uma noite romântica, um bom truque era dar-lhe um filé de presente. A força física do homem era um atributo indispensável: significava melhores chances de trazer para a caverna aquela providencial coxa de mastodonte, e também de derrotar outros homens nos eventuais duelos. "Há mulheres que se rendem por qualquer cesta básica. Mas as mais cobiçadas requerem, para começar, flores, jantar, bombons e palavras doces. A tática funciona também nas relações estáveis: estudos mostram que, quando a mulher está na fase fértil (e, portanto, mais propensa ao sexo), é que o parceiro se mostra mais atencioso e cheio de mimos. Em sua busca ancestral pelo melhor material genético, as mulheres podem buscar outros parceiros (Revista Veja, 2003). Estudos feitos nos Estados Unidos, antes da era do DNA, indicam que em média 10% das crianças não são filhos biológicos dos maridos de suas mães, e sim fruto de relações extraconjugais".

Conclusão

A seleção sexual pode ser a mais antiga e primitiva de nossos instintos, mas é ela que nos faz civilizados. Se somos o que somos, é para melhor nos acasalarmos. Para homens e mulheres, isso significa combinar seus genes ou DNA ao que houver de melhor à disposição no mercado. A beleza é apenas desfrutada para o deleite humano, e os genes que tornam os homens atraentes para as mulheres acham-se automaticamente selecionados e transmitidos para o futuro. Há apenas uma função de utilidade para estas belezas que faz sentido: é a sobrevivência do DNA.

Nada pode impedir a disseminação do DNA que não tem efeito benéfico. A beleza não é uma virtude absoluta em si mesma. Mas, inevitavelmente, se alguns genes realmente conferem aos homens quaisquer qualidades que as mulheres acham desejáveis, estes genes, forçosamente, sobreviverão. O DNA não sabe e nem se importa. O DNA apenas é. E nós dançamos de acordo com a sua música (Dawkins, 1996).

Bibliografia

DAWKINS, R. *O rio que saia do Éden*. Rio de Janeiro: Rocco, 1996.

DeYOUNG, G. E.; FLEISCHER, B. M*otivational and personality trait relationships in mate selection*. Behavior Genetics, 1976.

EAGLY, A.; ASHMORE, R; MAKHIJANI, M.; Longo, L. *What is beautiful is good, but...: a meta-analytic review of research on the physical attractiveness stereotype*. Psychological Bulletin, 1991.

FÁVERO, F. *Identificação judiciária em medicina legal*. 9 ed. São Paulo: Martins, 1973.

GALANTE-FILHO, H. *Sistema antropométrico de Bertillon em Identificação Humana*. Porto Alegre: Sagra Luzzato, 1999.

GOMES, H. *Identidade judiciária em medicina legal*. Rio de Janeiro: Freitas Bastos, 1965.

LANGANEY, A.; BLIJENBURGH, H.; MAZAS, A. *Tous parents. Tous differents.* Museum National D'Histoire Naturelle, Laboratoire d'Anthropologie Biologique, Musée de L'Homme, Paris: Ed. Raymond Chabaud, 1992.

REVISTA VEJA. *Como nossos ancestrais.* São Paulo: Abril: 2003, 29, p. 69, 1812 ed.

SALZANO, F. *A genética e a lei: aplicações à medicina legal e à biologia social.* São Paulo: Ed. Universidade de São Paulo, 1983.

SIMONIN, C. *Medicina legal criminalística em medicina legal judicial.* 2 ed. Barcelona: Jims, 1966.

TRACHTENBERG, A. *Características Antropométricas: casamentos preferenciais e fertilidade na população de Porto Alegre, RGS.* Tese de Mestrado. Curso de Pós-graduação em Genética da Universidade Federal do Rio Grande do Sul, Porto Alegre, RS, 1976.

——; STARK, A.; SALZANO, F.; ROCHA, F. *Canonical Correlation Analysis of Assortative Mating in Two Groups of Brazilians.* J. Biosoc. Sci., 17: 389-403, 1985.

——. *O poder e as limitações dos testes sangüíneos na determinação de paternidade.* Associação dos Juízes do Rio Grande do Sul, Porto Alegre, RS. AJURIS, 63, 1995.

——. O poder e as limitações dos testes sangüíneos na determinação de paternidade - II. IN: LEITE, E. O. *Grandes temas da atualidade – DNA como meio de prova da filiação.* Rio de Janeiro: Forense, 2000.

——. *O Teste de Paternidade - quo vadis?* Parecer técnico-científico. Não publicado. Porto Alegre, 2000.

——. *Com quem eu me pareço?* Parecer técnico-científico. Não publicado. *Porto Alegre, 2000.*

— 3 —

Casamento e efeitos da participação social do cônjuge na sociedade

ARNALDO RIZZARDO
Advogado

Sumário: 1. A formação de sociedades jurídicas por cônjuges; 2. Sociedades empresárias e sociedades simples. Sociedades não personificadas e sociedades personificadas; 3. A cessão de quota de um cônjuge a outro; 4. Partilha da participação social e o ingresso de cônjuge na sociedade; 5. A participação do ex-cônjuge ou dos herdeiros na quota do sócio; 6. Apuração de haveres do condômino da quota ou da participação social; 7. Efeitos da união estável na participação social do sócio; 8. O *disregard* no direito de família.

1. A formação de sociedades jurídicas por cônjuges

Profundas as mudanças trazidas no Código Civil aprovado pela Lei n. 10.406, de 10 de janeiro de 2002, relativamente ao direito societário, que retirou a disciplina que vinha no Código Comercial de 1850. De acordo com o art. 2.045, ficou revogada a Parte Primeira do citado Código, a qual compreendia o art. 1º ao art. 456.

A matéria passou a integrar o Direito de Empresa, regulamentada no Livro II, que está incluída a partir do art. 966 e vai até o art. 1.195, compondo o Título II do Código Civil.

Constitui esta uma das maiores inovações de nosso sistema jurídico, embora, substancialmente, tenham sido mantidos os princípios básicos e as linhas que constavam tratados no Código Comercial e pela Lei n. 3.708, de 10.01.1919.

Algumas normas de direito societário devem ser destacadas, em vista do assunto que se abordará, e que dizem mais especificamente com o casamento, no pertinente à formação da sociedade por cônjuges, ao ingresso em uma sociedade por um dos cônjuges, à partilha das quotas ao cônjuge que se separou, à participação do cônjuge sobrevivente na sociedade da qual participava o cônjuge falecido, e à desconsideração da personalidade jurídica da sociedade para garantir os direitos de crédito de um dos cônjuges.

Para tanto, alguns dispositivos do Código Civil devem ser observados, e que se colocam como premissas para as abordagens que se desenvolverão.

Quanto à constituição de sociedade entre cônjuges, a diretriz encontra-se no art. 977 do vigente Código Civil, que a permite em termos: "Faculta-se aos cônjuges contratar sociedade, entre si ou com terceiros, desde que não tenham casado no regime da comunhão universal de bens, ou no da separação obrigatória".

De sorte que a vedação restringe-se aos regimes de comunhão universal e de separação obrigatória.

Para viabilizar a formação da sociedade, nestas situações, o caminho assenta-se na mudança de regime, que vem pautado no § 2º do art. 1.639: "É admissível alteração do regime de bens, mediante autorização judicial em pedido motivado de ambos os cônjuges, apurada a procedência das razões invocadas e ressalvados os direitos de terceiros".

Parece que o motivo fulcrado na formação de uma sociedade empresária justifica a procedência do pedido de alteração do regime.

2. Sociedades empresárias e sociedades simples. Sociedades não personificadas e sociedades personificadas

Para a finalidade de delimitar o presente estudo, conveniente a distinção das espécies acima.

Quanto às sociedades empresárias e simples:

Mister se esclareça a diferença entre umas e outras, observando que interessam, para o caso, relativamente aos cônjuges, as sociedades de fins econômicos.

Empresárias são aquelas sociedades que visam a algum fim econômico, que se alcança através da produção ou circulação de bens ou serviços. É o que se depreende da leitura dos arts. 982 e 966 do Código Civil. Encerra o primeiro: "Salvo as exceções expressas, considera-se empresária a sociedade que tem por objeto o exercício de atividade própria de empresário sujeito a registro (art. 967); e simples, as demais". O segundo dispositivo explicita a atividade do empresário: "Considera-se empresário quem exerce profissionalmente atividade econômica organizada para a produção de bens ou de serviços".

Por conseguinte, toda a sociedade criada para a execução de atividade econômica, seja na produção ou na circulação de bens, seja na prestação de serviços, enquadra-se como empresária. Está-se diante das antigas sociedades comerciais, que compreendiam a atividade comercial e industrial, e das sociedades de prestação de serviços, como os escritórios de profissionais liberais, os consultórios de pessoas ligadas à prática da medicina ou da saúde, as oficinas de concertos, as agências das mais diversas atividades, e outras infinidades de funções, cujas sociedades eram e se denominavam civis.

Incluem-se como empresárias a sociedade em nome coletivo (arts. 1.039 a 1.044), a sociedade em comandita simples (arts. 1.045 a 1.051), a sociedade limitada (arts. 1.052 a 1.087), a sociedade anônima (arts. 1.088 e 1.089 do Código Civil, e a Lei n. 6.404, de 15.12.1976), e a sociedade em comandita por ações (arts. 1.090 a 1.092 do Código Civil, e a Lei n. 6.404, de 15.12.1976).

As sociedades simples, contempladas no mesmo art. 982, correspondem às antigas sociedades civis sem qualquer finalidade econômica, como as de finalidade artística, científica, esportiva, literária), cujo registro não se fazia nas juntas de comércio, mas no Registro Civil das Pessoas Jurídicas, assim continuando a se proceder.

Quanto às sociedades não personificadas e personificadas:

As primeiras se dividem em sociedades em comum e em conta de participação. De modo geral, são aquelas que não possuem inscritos seus atos constitutivos (sociedades em comum), ou têm o registro de somente um sócio, mas não constituindo esse dado um elemento obrigatório, participando os demais apenas dos resultados (sociedades em contra de participação). Encontram-se reguladas nos artigos 986 a 996 do Código Civil.

A sociedade em comum tem a caraterização delineada no art. 986: "Enquanto não inscritos os atos constitutivos, reger-se-á a sociedade, exceto por ações em organização, pelo disposto neste Capítulo, observadas, subsidiariamente e no que com ele forem compatíveis, as normas da sociedade simples". Trata-se da sociedade outrora conhecida como de fato, e mesmo irregular, pois não organizada ou carente de elementos próprios para o registro.

Aquela em conta de participação aparece explicada no art. 991: "Na sociedade em conta de participação, a atividade constitutiva do objeto social é exercida unicamente pelo sócio ostensivo, em seu nome individual e sob sua própria e exclusiva responsabilidade, participando os demais dos resultados correspondentes". Não existe a sociedade nos seus efeitos em relação a terceiros, pois atua unicamente um sócio, que é o contratante ou aquele que em cujo nome se realizam todas as relações de cunho social e econômico. Circunscrevem-se as obrigações sociais apenas entre os sócios.

As sociedades personificadas são as organizadas através de contratos ou estatutos, os quais são devidamente registrados ou inscritos, vindo classificadas nas várias formas previstas na lei, com regramentos próprios a cada tipo, e descortinando-se as seguintes espécies: a sociedade simples, e as sociedades empresárias, ou seja, a em nome coletivo, a comandita simples, a de responsabilidade limitada, a por ações, a em comandita por ações e a sociedade cooperativa. Incluem-se, na especificação do Código, embora possam ter uma finalidade nem sempre econômica ou lucrativa, as cooperativas.

Retira-se do exposto que a sociedade empresária pode estar entre as não personificadas e as personificadas, o mesmo ocorrendo quanto às simples. Neste caso, a sociedade que não visa ao exercício de atividade própria de empresário ou se apresenta sem ato regularmente constituído, ou mediante contrato social.

Quanto aos cônjuges, revelam interesse as sociedades personificadas empresárias, mas não deixando de surtirem efeitos as não personificadas simples, embora mais raramente.

3. A cessão de quota de um cônjuge a outro

A regulamentação do assunto consta delineada nos capítulos do Código que versam sobre a sociedade simples e a sociedade limitada.

Entrementes, por referência expressa de dispositivos que tratam de outras sociedades, estendem-se as regras da sociedade simples às sociedades empresárias em nome coletivo e em comandita simples, conforme se retira dos arts. 1.040 e 1.046, enquanto nas sociedades por ações e em comandita por ações incidem sobretudo as normas da Lei n. 6.404, de 15.12.1976.

A cessão total ou parcial da quota exige a concordância dos demais sócios para surtir eficácia, exceto em relação a terceiros, em obediência ao art. 1.003: "A cessão total ou parcial de quota, sem a correspondente modificação do contrato social com o consentimento dos demais sócios, não terá eficácia quanto a estes e à sociedade".

Se a sociedade tiver por objeto matéria indicada no art. 997, as modificações do contrato social dependem do consentimento de todos os sócios; já no pertinente a outras matérias, decide-se por maioria absoluta de votos, se não impuser o contrato a decisão unânime, dentro das linhas do art. 999: "As modificações do contrato social, que tenham por objeto matéria indicada no art. 997, dependem do consentimento de todos os sócios; as demais podem ser decididas por maioria absoluta de votos, se o contrato não determinar a necessidade de deliberação unânime".

As matérias do art. 997 envolvem os seguintes aspectos:

"I – nome, nacionalidade, estado civil, profissão e residência dos sócios, se pessoas naturais, e a firma ou a denominação, nacionalidade e sede dos sócios, se jurídicas;
II – denominação, objeto, sede e prazo da sociedade;
III – capital da sociedade, expresso em moeda corrente, podendo compreender qualquer espécie de bens, suscetíveis de avaliação pecuniária;
IV – a quota de cada sócio no capital, e o modo de realizá-la;
V – as prestações a que se obriga o sócio, cuja contribuição consista em serviços;
VI – as pessoas naturais incumbidas da administração, e seus poderes e atribuições;
VII – a participação de cada sócio nos lucros e nas perdas;
VIII – se os sócios respondem, ou não, subsidiariamente, pelas obrigações sociais".

Assim, em face do inc. I acima, o ingresso de novo sócio, através da cessão de quotas, seja ou não cônjuge do cedente, por importar em modificação do contrato social, sujeita-se à aprovação de todos os sócios, por exigência também do art. 999.

No pertinente à sociedade limitada, cessão das quotas de um cônjuge ao que não se encontra na sociedade é permitida desde que não manifestada oposição no equivalente a mais de um quarto do capital social, segundo regra geral do art. 1.057: "Na omissão do contrato, o sócio pode ceder sua quota, total ou parcialmente, a quem seja sócio, independentemente de audiência dos outros, ou a estranho, se não houver oposição dos titulares de mais de (um quarto) do capital social".

4. Partilha da participação social e o ingresso de cônjuge na sociedade

O exame envolve a dissolução da sociedade conjugal pela separação judicial e por morte do cônjuge que integrava a sociedade empresária ou mesmo a simples. Interessa o exame da possibilidade do ingresso do cônjuge separado na sociedade em decorrência da partilha das quotas que tinha o outro cônjuge, ou do ingresso em face da sucessão nas quotas por morte, envolvendo, na hipótese, também os demais herdeiros.

A disciplina encontra sua regência no art. 999, c/c. o art. 997, no pertinente à sociedade simples; no art. 1.040, relativamente à sociedade em nome coletivo; e no art. 1.046, quanto à sociedade em comandita simples, dispositivos que impõem a obediência à forma que regulamenta a alteração da sociedade simples. Em relação à sociedade limitada, seguem-se os arts. 1.053, 1.071, inc. V, e 1.076, inc. I, exigindo a aprovação, para a modificação do contrato social, que ocorre quando se dá a entrada de novo sócio. No pertinente às sociedades por ações, opera-se o ingresso através da venda de ações, não havendo impedimentos.

Sobreleva notar a obrigatoriedade da alteração do contrato social, o que somente se viabiliza mediante o consentimento da totalidade dos sócios, exceto quanto à sociedade limitada, quando é suficiente a aprovação por três quartos do capital social.

A matéria relativa ao ingresso de cônjuge na sociedade, e também dos herdeiros do sócio falecido, foi palco de longos debates, provocando acirradas discussões na doutrina e na jurisprudência, destacando-se em realce a sociedade de responsabilidade limitada, onde maior a oposição ao ingresso, por se tratar de sociedade de pessoas.

Disserta, a respeito, Rubens Requião: "Sem dúvida, a doutrina brasileira e a jurisprudência de nossos Tribunais propendem a considerar a sociedade por quotas uma sociedade com *intuitu personae*. Disso dá testemunho o prof. Fran Martins, quando afirma que, 'na doutrina brasileira, a maior tendência é, sem dúvida, para dar às sociedades por quotas o caráter de sociedades de pessoas' (*Sociedade por Cotas no Direito Brasileiro e Estrangeiro*, 1º Vol., n. 114, p. 317)... Temos, para nós, que a sociedade por quotas de responsabilidade limitada constitui sociedade de pessoas: não podemos, porém, deixar de nos impressionar com a circunstância de que os sócios, na elaboração do contrato social, lhe podem dar um cunho capitalístico, quando permitem a cessão de quotas a estranhos, sem a necessária anuência dos demais" (*Curso de Direito Comercial*, 1º Vol., Editora Saraiva, São Paulo, 19ª ed., 1989, p. 336 e 338).

Mesmo se admitindo o cunho capitalístico, alerta-se para a imprescindibilidade da permissão dos demais sócios para a transferência de quotas pelo contrato, diante da imposição da lei.

Mas, sobressaindo justamente o caráter personalista dessas sociedades, não se permite a introdução forçada de novos sócios, ou a cessão forçada das quotas do capital dos sócios. José Edwaldo Tavares Borba trata da matéria na situação correlata de falecimento do sócio: "O falecimento do sócio poderá acarretar a partilha de suas cotas entre os herdeiros ou a apuração dos respectivos haveres em favor do espólio. O contrato social deverá disciplinar essa matéria. Não o fazendo, a sucessão nas cotas ocorreria apenas nas sociedades de capitais. Nas sociedades de pessoas, salvo determinação contratual no sentido da partilha das cotas, a solução a ser adotada será a da apuração de haveres" (*Direito Societário*, Editora Renovar, 5ª ed., RJ, p. 52).

Sem a previsão no contrato social, ou a sua alteração, não pode o estranho ingressar na sociedade, e muito menos impor a alteração do capital social da sociedade.

Yussef Said Cahali segue nessa corrente: "Tratando-se de partilha de quota de sociedade de responsabilidade limitada, o recebimento pelo ex-cônjuge de sócio de quotas na partilha dos bens do casal em ação de divórcio não o faz sócio da empresa, pois haveria necessidade para a sua integração na sociedade do consentimento de todos os sócios" (*Divórcio e Separação*, p. 888/889, Ed. Revista dos Tribunais, 1994, São Paulo).

A jurisprudência tem adotado essa posição, o que se verifica na *Apelação Cível* n. 598363737, julgada em 18.05.2000, pela 8ª Câmara Cível do Tribunal de Justiça do RS, figurando como Relator o Des. Antônio Carlos Stangler Pereira, com a seguinte ementa: "Separação Judicial. Arrolamento de bens. Não assiste direito ao cônjuge feminino em ver arrolados os bens da empresa da qual participa o marido como sócio. Com a separação do casal, somente terá direito ao produto do capital social".

No curso do voto, desenvolvem-se os seguintes argumentos: "... Assim como é lícito a qualquer sócio, mesmo sem o consentimento explícito dos outros, interessar terceiro na sua parte na sociedade, criando-se, então, o que se sói chamar sócio de sócio (Código Comercial, art. 334), esta mesma compartição poderá ocorrer, já agora, não como ato de vontade, mas sim *ministerio legis*. Se, por exemplo, em virtude da extinção da comunhão conjugal, um dos cônjuges tiver direito à quota de capital de seu consorte, ou, ainda, se em conseqüência de sucessão *causa mortis*, o valor dessa quota tiver de ser inventariada, num e noutro desses casos, ter-se-á criado situação análoga àquela prevista no art. 334 precitado. À semelhança do que se passa com o terceiro (sócio de sócio) que é completamente estranho à sociedade, também o cônjuge de sócio ou os seus herdeiros ficam colocados como comunheiros em relação à quota social. Esta comunhão incidente necessária perdurará, normalmente, enquanto a sociedade comercial subsistir...". "... Entretanto, tudo o que o juiz do processo de separação judicial ou de dissolução do concubinato não pode ordenar, é a correlata dissolução da sociedade comercial para efeito de partilha e, nem mesmo, a inclusão do cônjuge ou companheiro prejudicado como sócio da empresa ... O sócio sujeita-se às condições do respectivo contrato social e este *status* de sócio é conferido ao cônjuge admitido pela sociedade, e este caráter personalíssimo não se comunica ao seu cônjuge ou companheiro".

Eis o teor do art. 334 do CCom., que não está reproduzido literalmente pelo Código Civil vigorante, mas cujo conteúdo está subsumido nos seus vários dispositivos antes citados: "A nenhum sócio é lícito ceder a um terceiro, que não seja sócio, a parte que tiver na sociedade, nem fazer-se substituir no exercício das funções que nela exercer sem expresso consentimento de todos os outros sócios..."

O art. 1.388 do CC anterior, também apropriado o conteúdo pelos arts. 999, c/c. o art. 997, 1.040, 1.046, 1.053, 1.071, inc. V, e 1.076, inc. I, encerrava: "Para associar um estranho ao seu quinhão social, não necessita o sócio do concurso dos outros; mas não pode, sem aquiescência deles, associá-lo a sociedade"

Em suma, unicamente por deliberação da totalidade do capital (sociedades empresárias em geral), ou por maioria do capital (sociedade de responsabilidade limitada) permite-se a alteração na participação social.

5. A participação do ex-cônjuge ou dos herdeiros na quota do sócio

Conforme examinado nos itens precedentes, para a cessão ou a partilha da participação social torna-se mister o consentimento dos demais sócios e a alteração do contrato social, dentro da proporção do quadro social também vista. Não conseguida a aprovação para o ingresso, qual a solução?

Ao que se depreende do ordenamento introduzido pelo Código Civil em vigor, na sociedade de responsabilidade limitada o caminho consiste em se tornar o cônjuge sócio do ex-cônjuge sócio, formando um condomínio, eis que indivisível a quota em relação à sociedade. Assim está no art. 1.056 do Código: "A quota é indivisível em relação à sociedade, salvo para efeito de transferência, caso em que se observará o disposto no artigo seguinte".

O referido artigo seguinte cuida da cessão da quota, matéria já vista. Se admitido o condomínio, não se veda que o cônjuge participe da quota do sócio. Idêntica solução se estende aos herdeiros do sócio falecido que figurava na sociedade. Na hipótese, haverá um único representante na sociedade, que será o sócio antes existente (na situação de separação conjugal), ou o inventariante (no inventário por morte do sócio). Esta a solução que se extrai do § 1º do artigo por último transcrito, que encerra: "No caso de condomínio de quota, os direitos a ela inerentes somente podem ser exercidos pelo condômino representante, ou pelo inventariante do espólio de sócio falecido".

Os direitos que advierem da participação serão exercidos pelo representante, que é sócio (no caso de separação conjugal), ou pelo inventariante (obviamente na sucessão), mas que não figurará como sócio. Nota-se que o regramento restringe o exercício quanto aos direitos, não se prevendo que haja o ingresso na sociedade.

Isto quanto à sociedade de responsabilidade limitada, como se extrai do art. 1.056, posto que inviável a divisibilidade da quota em relação à sociedade.

Em relação aos demais tipos de sociedade, dada a omissão de normas a respeito, por analogia aplica-se a mesma solução.

A doutrina antiga defendia essa linha, representada por Ernani Estrella: "À semelhança do que se passa com o terceiro (sócio de sócio), que é completamente estranho à sociedade, também o cônjuge de sócio ou os seus herdeiros ficam colocados como comunheiros em relação à quota social. Esta comunhão incidente necessária perdurará, normalmente, enquanto a entidade comercial subsistir, e até que o seu passivo esteja inteiramente solvido (...). Até então, e a menos que não convenham outros sócios, alterando-se para tal efeito o pacto social, a quota se conservará em nome do cônjuge desquitado ou viúvo, com todos os direitos e obrigações em face da sociedade e de terceiros (...).

Todavia, os lucros e vantagens que venham, a partir daí, a caber a esse sócio, deverão ser entregues, no que couber, ao outro cônjuge, ou aos seus herdeiros" (*Apuração dos Haveres de Sócio*, José Konfino Editor, Rio de Janeiro, 1960, p. 277.

A jurisprudência, formada ao tempo da legislação anterior ao vigente Código, apontava para tal caminho, embora tratando da possibilidade de o sócio dividir ou estender a titularidade de sua quota a outras pessoas, o que não mais permite o atual Código. Se assim vinha permitido, com mais razão nos casos de separação conjugal ou inventário por morte, diante do Código de 2002, que trouxe previsão nesse sentido. Eis o seguinte paradigma: "Sócio de sociedade de responsabilidade limitada pode ceder parte de suas quotas a terceiros parentes ou estranhos, estabelecendo com eles a compropriedade das quotas, à revelia da sociedade. Todavia, não podem tais condôminos erigirem-se à condição de sócios, à revelia dos demais quotistas. Nulo o ato judicial que tal averbou no Cartório de Registro de Pessoas Jurídicas que 50% das quotas dos sócios foram transferidos a seus filhos menores por força de partilha decorrente de separação judicial, em respeito à integridade do princípio da *affectio societatis* (arts. 1.388 do Código Civil e 334 do Código Comercial)".

No voto do relator, Ministro Waldemar Zveiter, são aduzidas as mais razões: "De fato, têm razão, *permissa venia*, os Recorrentes, no particular. Assim, a despeito de alguma excitação jurisprudencial, a teor do disposto no Código Civil, art. 1.388, e no Código Comercial, art. 334, nada obsta a constituição de eventual condomínio nas quotas de um dos sócios com terceiros, parentes ou estranhos, sem que os demais sócios se manifestem. Outra coisa, todavia, é compelir estes a admitirem, na sociedade, pessoas que não querem como tais, exatamente o caso dos autos"

O relator busca fundamento nos primórdios da doutrina, no caso de Waldemar Ferreira (*Tratado de Direito Comercial*, 3º Vol., Saraiva, 1961, p. 442): "Afora nessa hipótese, o sócio poderá transferir a terceiro parte de sua própria quota, estabelecendo com ele a compropriedade da mesma quota, à revelia da sociedade. Nesse caso, expresso é o art. 6º do Decreto n. 3.708, devem exercer em comum os direitos respectivos os comproprietários da quota indivisa; e estes designarão entre si um que os represente no exercício dos direitos do sócio" (*RMS n. 2.559-7/MT*, 3ª Turma do STJ, j. em 28.11.1994, DJU de 06.03.95).

Nota-se da viabilidade legal da co-propriedade, sem alterar a estrutura da sociedade jurídica.

Tratando do direito de partilhar as quotas, mas sem atribuir o *status* de sócio, e sem alterar a sociedade, eis mais o seguinte aresto, também do STJ: "... As quotas de sociedade limitada, enquanto representando direito patrimonial de participar dos lucros e da partilha do acervo líquido, em caso de dissolução integram, em princípio, a comunhão, nada importando que figurem em nome de um dos cônjuges. O que não se comunica é o *status* de sócio. Falecendo o marido, devem ser trazidas a inventário as quotas que estejam em nome da mulher, só se procedendo à exclusão caso demonstrado que presente alguma das causas que a justifica".

No voto, com respaldo na consolidada doutrina de Carvalho de Mendonça, dá-se destaque ao direito patrimonial e ao direito pessoal das quotas: "As quotas sociais, segundo autorizada doutrina, constituem um direito patrimonial e um direito pessoal. O primeiro correspondendo ao direito de participar dos lucros e da divisão do patrimônio social líquido em caso de dissolução; o segundo, conferindo o *status* de sócio. Nesse sentido Requião que se filia ao entendimento de Carvalho de Mendonça (*Curso de Direito Comercial*, Saraiva, 19ª ed., p. 346)" (*REsp. n. 248.269/RGS*, 3ª Turma, Relator Min. Eduardo Ribeiro, j. em 02.05.2000, DJU de 19.06.2000).

Mesmo que haja a partilha de quotas ou da participação social, não se faculta ao que foi contemplado o direito de pedir a dissolução da sociedade ou a apuração de haveres, e nem se dá o ingresso na sociedade, torna a realçar o STJ: "Comercial. Sociedade por quotas de responsabilidade limitada. Aquisição de quotas. Apuração de haveres. Direito do sócio. A ação de apuração de haveres em sociedade comercial por quotas de responsabilidade limitada cabe somente a quem dela seja sócio, não se equiparando a tal quem adquire quotas de outro sócio, ainda que por partilha em dissolução de casamento pelo regime da comunhão de bens" (*RESp. n.º 29.897-4/RJ*, 3ª Turma, Relator Ministro Dias Trindade, j. em 14.12.1992, DJU de 01.03.1993).

Em seu voto, o Relator aprofunda a matéria: "O fato da partilha, contudo, não faz sócio o ex-marido da sócia, dado que não é apenas a aquisição de quotas que impõe a admissão societária, pois que necessário se apresenta o consentimento dos demais sócios e, em complementação, o arquivamento na Junta Comercial da alteração do contrato. O negócio resultante da aquisição, por qualquer modo, seria de ser considerado entre o sócio de que foram adquiridas as quotas e o adquirente, sendo, assim, *inter alios*".

Acompanhando a conclusão do Relator, o Ministro Cláudio Santos, após discorrer sobre a classificação das sociedades de quotas por responsabilidade limitada, ponderou: "O fato é que esta classificação de sociedade em sociedade de pessoas e capitais, é o critério menos jurídico de todos, porque, na verdade, a constituição de uma sociedade depende sempre de pessoas naturais e para eles devem fluir capitais. Por outro lado, a sociedade por cota de responsabilidade limitada jamais poderia ser considerada uma sociedade exclusivamente de capitais, sobretudo porque é constituída de contratos e para a prática desses atos, logicamente, há de haver a convergência de vontade das pessoas que participam do ato".

6. Apuração de haveres do condômino da quota ou da participação social

Sendo o tratamento legal o acima desenvolvido, isto é, não se permitindo a cessão ou a partilha das quotas ou da participação social sem a alteração do contrato e o consentimento dos demais sócios, viabilizando-se somente que o ex-cônjuge ou os herdeiros figurem como sócio do sócio, ou formem um condomínio na quota ou participação social, qual o caminho para apurar o crédito dos sócios do sócio ou condôminos, com o posterior recebimento do montante correspondente?

Consoante já discorrido, o estranho à sociedade não tem legitimidade para pedir a dissolução parcial ou apuração de haveres.

Não se cuida, aqui, da dissolução da sociedade em si, mas da resolução da sociedade em relação a um sócio, ou da resolução da participação social, o que se dá pela sua retirada.

Quanto à sociedade simples, a regulamentação está sobretudo no art. 1.028 do Código Civil, mas unicamente em face da morte do sócio. Eis seus dizeres: "No caso de morte de sócio, liquidar-se-á sua quota, salvo: I – se o contrato dispuser diferentemente; II – se os sócios remanescentes optarem pela dissolução da sociedade; III – se, por acordo com os herdeiros, regular-se a substituição do sócio falecido".

Por conseguinte, os herdeiros do sócio estão autorizados a buscar a resolução da sociedade quanto à quota que herdaram. Não se lhes faculta o ingresso na sociedade, sem a alteração do contrato social e o consentimento na devida proporção exigida pelo Código, a menos que venha a permissão no contrato social.

Outras hipóteses aparecem de resolução, mas por iniciativa do próprio sócio, ou por imposição legal, as quais não interessa ao assunto em exame.

Os demais tipos de sociedade oferecem idêntico tratamento, em face dos arts. 1.040, 1.053 e 1.090 do Código Civil, que remetem para a incidência das normas dirigidas para a sociedade simples. No pertinente à sociedade em comandita simples, porém, se a morte for do sócio comanditário (aquele obrigado somente pelo valor de sua quota), seus herdeiros, a menos que diferentemente se tenha estabelecido, passam a integrar a sociedade, em consonância com o art. 1.050: "No caso de morte de sócio comanditário, a sociedade, salvo disposição do contrato, continuará com os seus sucessores, que designarão quem os represente".

No caso de o ex-cônjuge tornar-se sócio do sócio, e não lhe interessando o condomínio, como proceder-se para a apuração de seu crédito ou de seus haveres, dada a omissão do Código a respeito da matéria?

Não cabe impor a permanência na condição de sócio do sócio, até em função da faculdade assegurada ao sócio de retirar-se da sociedade, contemplada no art. 1.029, com o seguinte texto: "Além dos casos previstos na lei, ou no contrato, qualquer sócio pode retirar-se da sociedade; se de prazo indeterminado, mediante notificação aos demais sócios, com antecedência mínima de 60 (sessenta) dias; se de prazo determinado, provando judicialmente justa causa".

Se ao sócio não se impõe a permanência indefinida, com mais razão não se pode obrigar que estranho fique sócio do sócio enquanto perdurar a sociedade. Assegura-se-lhe a liquidação de sua porção na participação, buscando em valores monetários ou outros bens o montante de que é titular. Para conseguir esse intento, ingressará com a ação de apuração de haveres em quota ou participação social contra o sócio, e não contra a sociedade, a qual poderá, no entanto, ser chamada a integrar o processo como interessada assistencial. Ernani Estrella comunga desse pensamento: "Em tais casos, e porque o contingente de capital do sócio viúvo ou desquitado deva permanecer integrado no fundo comum da sociedade, até a dissolução desta, a apuração de haveres tem um escopo limitado. Dela não deriva nenhum crédito exigível contra a sociedade, em relação à qual é *res inter alios*. A adjunção que se forma entre os cônjuges ou co-herdeiros, tendo como objeto a quota de capital do sócio, vem a constituir, entre estes, uma simples comunhão ou co-propriedade, de que é de todo em todo estranha à sociedade. Para esta continua a existir unicamente o sócio que fez a contribuição e nesta qualidade se acha inscrito no contrato" (*Apuração dos Haveres de Sócio*, ob. cit., p. 277 e 278).

Procedida a apuração do valor, buscará o sócio do sócio o recebimento do crédito, já mediante execução de sentença.

No caso do ex-cônjuge, torna-se ele credor particular do sócio.

Para o recebimento do crédito, primeiramente busca-se a satisfação do valor em outros bens particulares do devedor, e não na quota, seguindo a ordem do art. 1.026 do Código Civil em vigor: "O credor particular de sócio pode, na insuficiência de outros bens do devedor, fazer recair a execução sobre o que couber nos lucros da sociedade, ou na parte que lhe tocar em liquidação". Desponta, pois, a viabilidade, embora em momento sucessivo, de recair a execução na quota que se reservar ao sócio, o que se apura na liquidação.

Não se encontrando dissolvida a sociedade, liquida-se a quota, segundo o trâmite do parágrafo único: "Se a sociedade não estiver dissolvida, pode o credor requerer a liquidação da quota do devedor, cujo valor, apurado na forma do art. 1.031, será depositado em dinheiro, no juízo da execução, até noventa dias após aquela liquidação".

O art. 1.031 mencionado prevê que a liquidação far-se-á, salvo disposição em contrário, com base na situação patrimonial da sociedade, à data da resolução, verificada em balanço especialmente levantado.

O caminho acima aparece como o mais apropriado para a liquidação e o pagamento da importância que cabe ao ex-cônjuge, em sua retirada da participação social do sócio.

No entanto, o art. 1.027, em redação não muito conclusiva e, no que se torna mais grave, inclusive violadora do direito patrimonial, limita a satisfação do crédito do ex-cônjuge à participação periódica nos lucros reservados ao sócio: "Os herdeiros do cônjuge de sócio, ou o cônjuge do que se separou judicialmente, não podem exigir desde logo a parte que lhes couber na quota social, mas concorrer à divisão periódica dos lucros, até que se liquide a sociedade".

Além de não precisar o momento da permissão para a satisfação plena do crédito, viola normas que facultam a saída do sócio na sociedade. Por formar o ex-cônjuge uma sub-sociedade com o sócio efetivo, não se descarta ofensa ao inc. XX do art. 5º da Carta Federal, proclamando que "ninguém poderá ser compelido a associar-se ou a permanecer associado".

A apuração do significado econômico da quota, para fins de se apropriar do valor da participação, já veio admitida na jurisprudência: "... Não sendo viável a imposição aos sócios de uma empresa por quotas de responsabilidade limitada da inclusão de um sócio, no caso, a ex-cônjuge, devem as quotas sociais pertencentes ao casal ser avaliadas, considerando-se o patrimônio da empresa na data em que ocorreu a separação fática, ou, na impossibilidade, o ano fiscal em que a mesma ocorreu" (*Apelação Cível n. 598 061 273*, 8ª Câmara Cível, j. em 10.06.1999).

No voto, pontifica: "Não havendo como, simplesmente, partilhar as cotas sociais, conferindo a meação à divorcianda, o que implicaria a sua transformação em sócia das empresas, ferindo o princípio da *affectio societatis*, deve ser apurado o valor patrimonial das cotas sociais...".

7. Efeitos da união estável na participação social do sócio

É induvidoso que todas as repercussões acima examinadas têm aplicação na união estável.

Parte-se do princípio básico extraído do art. 1.725 da lei civil, quanto aos efeitos patrimoniais que exsurgem de tal união: "Na união estável, salvo contrato escrito entre os companheiros, aplica-se às relações patrimoniais, no que couber, o regime de comunhão parcial de bens". Ou seja, torna-se patrimônio comum os bens que sobrevierem aos conviventes na constância da união, com as exceções de alguns bens, como os adquiridos com valores exclusivamente pertencentes a um deles, em sub-rogação dos bens particulares, que foram incorporados ao patrimônio pessoal antes da união; os recebidos por doação ou sucessão, e os sub-rogados em seu lugar; e os proventos do trabalho pessoal de cada cônjuge (arts. 1.658, 1.659 e 1.660).

De sorte que as eventuais participações societárias de um dos conviventes, ocorridas durante a sociedade conjugal de fato, e dando-se a resolução ou desfazimento da união, nasce o direito do companheiro que não era ao sócio à participação nos direitos e resultados.

De igual sorte na herança do companheiro falecido, em virtude do art. 1.790 do diploma civil: "A companheira ou o companheiro participará da sucessão do outro, quanto aos bens adquiridos onerosamente na vigência da união estável, nas condições seguintes: I – se concorrer com filhos comuns, terá direito a uma quota equivalente à que por lei for atribuída ao filho; II – se concorrer com os descendentes só do autor da herança, tocar-lhe-á a metade do que couber a cada um daqueles; III – se concorrer com outros parentes sucessíveis, terá direito a 1/3 (um terço) da herança;

III – não havendo parentes sucessíveis, terá direito à totalidade da herança".

Daí se retira que, comprovada a união estável e declarada judicialmente, se não admitida de forma unânime pelos demais parentes sucessíveis, resulta a participação na herança, inclusive na participação social do companheiro falecido.

Entrementes, tanto em razão da separação ou desfazimento, como por direito hereditário, para a cessão de quota ou de participação na sociedade, ou para a sua transferência, há os pressupostos ou requisitos impostos na separação conjugal ou na sucessão hereditária. Não se dispensa a aprovação dos demais sócios, se o contrário não constar nos atos constitutivos, com a alteração do contrato social.

Recordando, mais exemplificativamente, incide o art. 1.003: "A cessão total ou parcial de quota, sem a correspondente modificação do contrato social com o consentimento dos demais sócios, não terá eficácia quanto a estes e à sociedade".

Na partilha da participação social, unicamente por deliberação da totalidade do capital (sociedades empresárias em geral), ou por maioria do capital (sociedade de responsabilidade limitada) permite-se a alteração na participação social.

A solução, na sociedade de responsabilidade limitada, o caminho consiste em se tornar o companheiro sócio do ex-companheiro sócio, formando um condomínio, eis que indivisível a quota em relação à sociedade, em acato ao art. 1.056 do Código Civil.

Não desejando continuar sócio do sócio, assegura-se-lhe a liquidação de sua porção na participação, buscando em valores monetários ou outros bens o montante de que é titular. Para conseguir esse intento, ingressará com a ação de apuração de haveres em quota ou participação social contra o sócio. Se não conseguir buscar o crédito que lhe cabe na participação em bens particulares do sócio, procurará liquidar a própria quota.

Finalmente, aduz-se que não se apresenta óbice na formação de sociedade entre companheiros, dada a aplicação do regime de comunhão parcial de bens, segundo diretriz que se retira do art. 1.725 da lei civil.

Por derradeiro, os efeitos patrimoniais originados das relações não-eventuais entre homem e mulher impedidos de casar, caracterizadoras do concubinato, limitam-se aos bens eventualmente adquiridos em conjunto durante a união, que serão divididos entre ambos, mas sem qualquer direito na sucessão por morte de um deles. Constituído o acervo patrimonial de participação societária, a solução segue os rumos acima versados.

8. O *disregard* no Direito de Família

Em princípio, como lecionava Carvalho Santos, "as pessoas jurídicas têm existência distinta da de seus membros, como conseqüência imediata da personificação da sociedade, que passa a ser uma unidade, não obstante a pluralidade de membros; havendo, portanto, uma individualidade, de um lado, e muitas individualidades isoladas, de outro lado, as quais congregadas formam aquela outra unidade". Frisa que a característica fundamental da pessoa jurídica encontra-se na separação da *universitas* do particular... É dessa separação que resulta a constituição de um patrimônio, que não pertence aos particulares, mas à *universitas*. Vale dizer que se a sociedade tem personalidade distinta da dos seus membros, os bens dela serão da sociedade e não dos seus membros isoladamente" (*Código Civil Brasileiro Interpretado*, Vol. I, 10ª ed., 1963, Livraria e Editora Freitas Bastos, p. 389 e 390).

Realmente, a sociedade tem existência e personalidade distintas das pessoas físicas que a compõem. Os sócios não respondem com seus bens particulares pelas obrigações da sociedade, senão após executado todo o patrimônio da mesma, e restritamente em situações especiais, como nos comportamentos desviados da gerência, de fraude contra credores, de prática de atos contrários à lei, de obtenção de vantagens ilícitas e de infringência aos termos do contrato ou estatuto social.

O direito inglês foi o pioneiro em implantar a responsabilidade dos sócios nos casos acima. Realmente, desde o Século XIX, adotou a chamada teoria do *disregard of legal entity*, ou da desconsideração da personalidade jurídica, para fazer frente aos desmandos dos sócios. Ante suspeitas fundadas de que o administrador agiu de má-fé, com fraude a interesses de credores e com prova de abuso de direito, desconsidera-se, embora momentaneamente, a personalidade jurídica da empresa, permitindo-se a apropriação de bens particulares para atender as dívidas contraídas por uma das formas acima.

Difundido o instituto no direito ocidental, veio a ser acolhido no direito positivo brasileiro, primeiramente pelo Código de Defesa do Consumidor (Lei n. 8.078, de 11.09.1990), em seu art. 28: "O juiz poderá desconsiderar a personalidade jurídica da sociedade quando, em detrimento do consumidor, houver abuso de direito, excesso de poder, infração da lei, fato ou ato ilícito ou violação dos estatutos ou contrato social. A desconsideração também será efetivada quando houver falência, estado de insolvência, encerramento ou inatividade da pessoa jurídica provocada por má administração".

O Código Civil de 2002 introduziu a espécie em seu art. 50, com o seguinte teor, embora elencando as hipóteses de verificação, não se podendo, no entanto, concluir que não existam outras: "Em caso de abuso da personalidade jurídica, caracterizado pelo desvio de finalidade, ou pela confusão patrimonial, pode o juiz decidir, a requerimento da parte, ou do Ministério Público quando lhe couber intervir no processo, que os efeitos de certas e determinadas relações de obrigações sejam estendidos aos bens particulares dos administradores ou sócios da pessoa jurídica".

Rolf Madaleno foi quem sistematizou e mais desenvolveu a matéria na doutrina brasileira, em ampla abordagem, explicando como se opera a desconsideração da personalidade nas questões que envolvem Direito de Família, mormente em matéria de alimentos e separação judicial: "O usual, dentro da teoria da despersonalização, é equiparar o sócio à sociedade e que dentro dela se esconde, para desconsiderar seu ato ou negócio fraudulento ou abusivo e, destarte, alcançar seu patrimônio pessoal, por obrigação da sociedade. Já no Direito de Família, sua utilização dar-se-á, de hábito, na via inversa, desconsiderando o ato, para alcançar bem da sociedade, para pagamento do cônjuge ou credor familial, principalmente frente à diuturna constatação nas disputas matrimoniais, de o cônjuge empresário esconder-se sob as vestes da sociedade, para a qual faz despejar, senão todo, ao menos o rol mais significativo dos bens comuns" (*A Disregard e a sua Efetivação no Juízo de Família*, Livraria do Advogado Editora, Porto Alegre, 1999, p. 98 e 99). Ou seja, em vez de buscar o patrimônio particular do sócio, para fazer frente a obrigações de natureza familiar ou alimentar, procura-se o patrimônio na sociedade da qual ele faz parte, justamente ou porque houve a transferência de patrimônio individual para a sua participação social, ou porque encetou manobras de esvaziamento de sua presença patrimonial na sociedade.

Não há propriamente a despersonalização, mas a desconsideração da personalidade, ou não se considera a pessoa jurídica para o efeito de atingir os bens sob seus mantos colocados.

A aplicação da teoria da desestimulação da personalidade jurídica tornou-se uma imposição para evitar que os direitos de um dos cônjuges e dos alimentandos resultem em uma inútil e lírica postulação, sem nada conseguir na prática, pois todas as tentativas de conseguir a parte dos bens e os alimentos tornam-se infrutíferas, embora o obrigado ou devedor ostensivamente revele um nível de vida e uma apresentação que induzem a existência de condições.

Várias as situações e as condutas que caracterizam o desvio de bens, com a finalidade de subtrair o patrimônio na partilha em separação judicial, ou de evitar a penhora e outras medidas constritivas na satisfação de obrigação alimentar, em que o cônjuge procura esconder-se sob as vestes da sociedade. Apontam-se as mais comuns:

– a aparente retirada do cônjuge da sociedade da qual faz parte, às vésperas da separação conjugal;
– a transferência da participação societária a outro sócio, ou mesmo a estranho, com o retorno depois da separação;
– a alteração do estatuto social, com a redução das quotas ou patrimônio da sociedade;
– transformação de um tipo de sociedade em outro, como de sociedade por quotas para a anônima;
– a redução do valor das ações ou das quotas, para uma estimativa acentuadamente menor que a dos bens levados à sociedade, quando da constituição ou do ingresso em seu quadro;
– a transferência de bens particulares ou do casal para a sociedade, como de veículos, escritórios, apartamentos;
– a cisão da sociedade, dando-se a transferência de parte do patrimônio para outra sociedade;
– a extinção da sociedade através da dissolução parcial ou total, seja judicialmente ou meramente de fato;
– a repentina redução do *prolabore* dos sócios;
– a sonegação dos rendimentos, através de omissões nos lançamentos contábeis, ou o aumento injustificado e sem elementos comprovados de obrigações sociais;
– a reduzida participação social do alimentante, em contrapartida à absorção da maioria do capital por outros sócios, embora a sua notória importância no funcionamento da sociedade;
– a sua presença na sociedade como procurador ou mandatário com plenos poderes, sem participar de quotas, exercendo o comando geral, e constando ínfimo pagamento pela atividade que exerce.

Tais atos constituem manobras para ocultar o patrimônio, subtraindo-o da partilha, oum para inviabilizar a execução de alimentos.

A jurisprudência tem aceito a desconsideração. Serve de exemplo o seguinte caso, colhido do *Agravo de Instrumento n. 70001001072*, da 7ª Câm. Cível do Tribunal de Justiça do RS, proferida em data de 21.06.2000, figurando como relatora a Desa. Maria Berenice Dias: "Execução de Alimentos. Penhora. Cabível a constrição dos rendimentos de empresa da qual participa o devedor, merecendo desconsiderar-se a pessoa jurídica, solução que mais se harmoniza ao caráter da dívida. Agravo conhecido e improvido".

No voto, lembra a Relatora: "Já é pacífica a orientação desta Corte reconhecendo a possibilidade de desconsiderar a autonomia da pessoa jurídica quando desta participa devedor de alimentos. Em sendo o alimentante sócio de empresa - ainda que sócio minoritário e sem poder de gerência - que aufere lucros, não pode o devedor escudar-se na personificação do ente societário como meio de inadimplir obrigação que tem caráter de sobrevivência".

Rolf Madaleno, em sua obra já citada, p. 74 e 75, exemplifica situações de reconhecimento da desconsideração da pessoa jurídica, valendo lembrar as seguintes: "Embargos de terceiro. *Disregard* ou desconsideração da personalidade jurídica. Sociedade por quotas formada por concubinos... É típico o caso em exame, pois que, com a separação do casal, invoca o varão a personalidade jurídica própria da sociedade por quotas, formada apenas por ele e pela companheira, para embargar como se terceiro fosse. Em verdade, age em nome próprio. Assim, tem-se que bem andou o magistrado ao indeferir a liminar na ação de embargos e manter o arrolamento de bens. Bem de ver que a medida, por si só, não causou prejuízos à agravante que, através de seu representante legal, continua na posse dos mesmos, podendo usá-los no interesse da sociedade" (*AI n. 593074602*, do TJ do RS, *in* RJTJRGS 160/286).

"Mandado de segurança. Aplicação da doutrina da *disregard*. Em se tratando de empresas em que o controlador tem quase o poder absoluto sobre elas, por ser sócio majoritário, se juntarmos as suas quotas, pode ser confundida a pessoa jurídica com a pessoa física dele, eis que, se entendermos que há intangibilidade dos bens das empresas, por se tratar de uma pessoa jurídica, estaremos atingindo, por via oblíqua, a meação da mulher, ao permitir que esses bens sejam alienados e, assim, seja esvaziado o capital das empresas. Concessão parcial da ordem, para restaurar a segunda decisão proferida pelo juiz, que mandou averbar o ingresso da ação à margem de todos os bens das empresas, por maioria" (*MS n. 593116601*, da 8ª Câm. Cível do TJ do RS).

— 4 —

Inconstitucionalidade do processo de adoção judicial

BELMIRO PEDRO WELTER

Promotor de Justiça no Rio Grande do Sul, Mestre em Direito Público pela UNISINOS, Professor de Direito de Família e de Pós-Graduação na URI (Santo Ângelo, RS), Professor de Pós-Graduação do curso JusPODIVM e Faculdades Jorge Amado (Salvador, Bahia). Coordenador de Promotorias de Justiça, palestrante e autor de vários livros*

Sumário: 1) Considerações iniciais; 2) O ideal, a vontade, o desejo da paternidade e da maternidade como fundamento do vínculo da filiação; 3) Espécies de filiação socioafetiva; 3-a) Filiação afetiva na adoção judicial; 3-b) Filiação sociológica do filho de criação; 3-c) Filiação afetiva na "adoção à brasileira"; 3-d) Filiação eudemonista no reconhecimento voluntário ou judicial da paternidade e da maternidade; 4) Paternidade e/ou maternidade sociológica; 5) O prazo para a edificação da filiação sociológica; 6) O nome-do-pai; 7) Breves considerações sobre a adoção judicial; 8) Desnecessidade do processo de adoção judicial, em vista da possibilidade do reconhecimento voluntário da paternidade e/ou da maternidade socioafetiva; 9) Considerações finais; 10) Bibliografia.

---

* O autor publicou dezenas de artigos jurídicos e os seguintes livros: a) Pela Editora Síntese: 1) *Fraude de execução*, 4ª ed., 2000; 2) *Alimentos na união estável*, 3ª ed., 1999; 3) *Temas polêmicos do direito moderno*, 1998; 4) *Direito de Família: questões controvertidas*, 2000; 5) *Investigação de paternidade*, tomos I e II, 2000; 6) *Separação e Divórcio*, 2000; 7) *Coisa julgada na investigação de paternidade*, 2ª ed., 2002; 8) *Estatuto da união estável*, 2ª ed., 2003; 9) *Alimentos no Código Civil*, 2003; b) Pela Editora Revista dos Tribunais: 10) *Igualdade entre as filiações biológica e socioafetiva*, 2003; c) Pela Editora Del Rey: 11) *Alimentos no direito brasileiro* (em co-autoria), Editora Del Rey (no prelo); d) Pela Editora JusPODIVM: 12) *A filiação socioafetiva no Direito brasileiro*, em co-autoria (no prelo); e) Pela Editora Síntese: 13) Curso de *Direito de Família* (no prelo); f) 14) Pela Editora Livraria do Advogado: *Direitos fundamentais no Direito de Família*.

1) Considerações iniciais

A Constituição Federal de 1988 revelou princípios constitucionais,[1] como os da igualdade[2] e da proibição de discriminação entre a filiação,[3] da supremacia dos interesses dos filhos,[4] da cidadania[5] e da dignidade da pessoa humana,[6] os dois últimos hasteados a fundamento da República Federativa do Brasil[7] e do Estado Democrático de Direito,[8] que afiançam

---

[1] CANOTILHO, José Joaquim Gomes. *Direito Constitucional e Teoria da Constituição*. 3.ed. Coimbra – Portugal: Livraria Almedina, 1999, p. 1177, as "*regras são normas que, verificados determinados pressupostos, exigem, proíbem ou permitem algo em termos definitivos, sem qualquer excepção (direito definitivo). Princípios são normas que exigem a realização de algo, da melhor forma possível, de acordo com as possibilidades fácticas e jurídica*".

[2] MIRANDA, Jorge. *Manual de Direito Constitucional*. 2.ed. Coimbra – Portugal: Coimbra Editora Limitada, 1993, p. 216. Tomo IV, "igualdade e proporcionalidade não se coincidem, embora se sobreponham largamente. A igualdade tem que ver com a distribuição de direitos e deveres, de vantagens e de encargos, de benefícios e de custos inerentes à pertença à mesma comunidade ou à vivência da mesma situação. A proporcionalidade é um dos critérios que lhe presidem ou uma das situações imprescindíveis, como acaba de se indicar; é uma medida de valor a partir da qual se procede a uma ponderação".

[3] CERQUEIRA FILHO, Giságlio. *Estatuto da Criança e do Adolescente Comentado: comentários jurídicos e sociais*. 2.ed. Munir Cury et al. (coord.). São Paulo: Malheiros, 1992, p.88. Nosso País não mais permite que se revisite a histórica e odiosa discriminação imputada aos filhos, já que "essas tristes lembranças, além de ilegais e imorais, são fruto de conhecidos interesses de propriedade e de herança".

[4] CAHALI, Yussef Said. *Divórcio e Separação*. 9.ed. São Paulo: Editora Revista dos Tribunais, 2000, p.931, "os direitos inerentes ao pátrio poder, no concernente à guarda da prole, cedem passo perante solução desenganadamente exigida pelo bem dos menores" (artigos 227 da CF, 4º e 7º do ECA).

[5] WELTER, Belmiro Pedro. (Des)velamento da cidadania na democracia constitucional. *Revista de Direito de Família da Universidade Regional Integrada do Alto Uruguai e das Missões*, Santo Ângelo, nº 01, ago. 2002. No mesmo sentido, CORRÊA, Darcísio. *A construção da cidadania: reflexões histórico-políticas*. Ijuí: Editora UNIJUÍ, 1999, p. 216 a 218, a cidadania confunde-se praticamente com os direitos humanos, sendo "uma representação universal do homem emancipado, fazendo emergir a autonomia de cada sujeito histórico, como a luta por espaços públicos na sociedade a partir da identidade de cada sujeito".

[6] FERRAZ JÚNIOR, Tercio Sampaio. *Constituição de 1988: legitimidade, vigência e eficácia, supremacia*. São Paulo: Atlas, 1989, p. 36, "o sentido da dignidade humana alcança, assim, a própria distinção entre Estado e Sociedade Civil, ao configurar o espaço de cidadania, que não se vê absorvida nem por um nem por outro, mas deve ser reconhecida como um pressuposto de ambos. Significa que, constitucionalmente, está reconhecido que o homem tem um lugar no mundo político em que age".

[7] BOFF, Salete Oro. *Federalismo e Federação brasileira: aspectos básicos*. Ijuí: Editora UNIJUÍ, 1995, p. 5, 7 e 8, lembrando que "a idéia de Federalismo e de República já estava presente antes da independência do País (...). Em 1889, foi proclamada a República, e o Federalismo afigura-se (...). A Monarquia transforma-se em República; a forma de Estado Unitário passa a Federal. A Federação foi instituída no Brasil através do Decreto nº 01, de 15 de novembro de 1989 (...) Federação é a unidade das corporações políticas da Nação, afastando qualquer conceito que implique divisão ou dissolubilidade da unidade brasileira".

[8] STRECK, Lenio Luiz; MORAIS, José Luis Bolzan de. *Ciência Política e Teoria Geral do Estado*. Porto Alegre: Livraria do Advogado, 2000, p. 90, os princípios do Estado Democrático de Direito são: "a) *Constitucionalidade*; b) *Organização Democrática da Sociedade*; c) *Sistema de direitos fundamentais individuais e coletivos*; d) *Justiça Social*; e) *Igualdade*; f) *Divisão de Poderes ou de Funções*; g) *Legalidade*; h) *Segurança e Certeza Jurídicas*". Conforme SILVA, José Afonso da. *Curso de Direito Constitucional Positivo*. 10.ed. São Paulo: Malheiros, 1995, p. 122-123, os princípios são:

a igualdade entre as filiações biológica e socioafetiva,[9] não importando se de reprodução humana natural (sexual, corporal) ou medicamente assistida (assexual, extracorporal, laboratorial, artificial, científica). Gravada no texto constitucional a igualdade jurídica entre os laços de sangue e de afeto,[10] resta sem objeto a discussão acerca da existência das três verdades da perfilhação: formal,[11] biológica[12] e sociológica.[13] A filiação formal, ficção jurídica, mera presunção, foi banida do ordenamento jurídico brasileiro pela unidade da perfilhação e da certeza científica da paternidade e da maternidade, com a produção do exame genético em DNA. Permanecem no ordenamento jurídico as filiações genética e socioafetiva, em vista dos princípios da igualdade entre a perfilhação, da convivência em família e da ascensão do afeto a valor jurídico, a direito fundamental, um direito à cidadania e à dignidade da pessoa humana. Atribuindo-se às duas paternidades os mesmos direitos, não se pode argumentar, sob pena de incidir em inconstitucionalidade, que a adoção é a única espécie de família afetiva e, sobretudo, conceituada como substituta,

---

"a) *Princípio da constitucionalidade*; b) *princípio democrático*; c) *sistema de direitos fundamentais*; d) *princípio da justiça social*; e) *princípio da igualdade*; f) *princípios da divisão de poderes* e da *independência do juiz*; g) *princípio da legalidade*; h) *princípio da segurança jurídica*".

[9] Importa anotar a diferenciação entre as expressões filiação sócio-afetiva e socioafetiva. Gramaticalmente, o termo correto é sócio-afetiva (com acento e hífen). Contudo, entendo que a interpretação sincrônica recomenda o uso do termo filiação *socioafetiva* (sem acento e sem hífen), por várias razões: a primeira, o hífen causa uma ruptura gráfica, retirando a identidade do termo, estando ainda apegado à idéia de cisão cartesiana; a segunda, *socioafetivo* dá a entender unidade de filiação, isto é, igualdade entre filhos biológicos e sociológicos, cujo pensamento está-se enraizando no plenário jurídico e social não só brasileiro, mas em vários países; a terceira, *socioafetivo* denota a existência de *um pai*, e não *o pai* (biológico), já que, para a filiação, modernamente, não importa tanto a biologia, mas, sim, a afetividade; a quarta, a grafia *socioafetivo* alia à idéia de sagrado, que pertence ao espírito, e não unicamente à perfilhação biológica, a qual, aliás, também deve ser afetiva; a quinta, ao aplicar a grafia *socioafetivo*, estar-se-á aplicando uma interpretação originária do contexto social; a sexta, a convenção da gramática, no caso do termo *sócio-afetivo*, causa cisão do social, do espírito, da alma, do sacro, pelo que, para se manter a unidade da perfilhação biológica e sociológica, que reclama o tratamento e função de *pai*, sem discriminação entre biológico ou sociológico, deve ser empregada apenas a expressão filiação *socioafetiva(o)*.

[10] WELTER, Belmiro Pedro. *Igualdade entre as filiações biológica e socioafetiva*. São Paulo: Revista dos Tribunais, 2003.

[11] Consta do artigo 1.597. Presumem-se concebidos na constância do casamento os filhos: *I - nascidos cento e oitenta dias, pelo menos, depois de estabelecida a convivência conjugal; II - nascidos nos trezentos dias subseqüentes à dissolução da sociedade conjugal, por morte, separação judicial, nulidade e anulação do casamento; III - havidos por fecundação artificial homóloga, mesmo que falecido o marido; IV - havidos, a qualquer tempo, quando se tratar de embriões excedentários, decorrentes de concepção artificial homóloga; V - havidos por inseminação artificial heteróloga, desde que tenha prévia autorização do marido.*

[12] Conforme o artigo 227, § 6º, da Constituição Federal: *Os filhos havidos ou não da relação do casamento, ou por adoção, terão os mesmos direitos e qualificações, proibidas quaisquer designações discriminatórias relativas à filiação.*

[13] Artigo 226, cabeço e § 6º, da Constituição Federal, e artigos 1.593, 1.596, 1.597, V, 1.603 e 1.605, II, do Código Civil.

conforme deixam entrever o artigo 227, § 6°, da Constituição Federal, e o artigo 28 do Estatuto da Criança e do Adolescente,[14] amplamente apadrinhados pela doutrina[15] e jurisprudência.[16]

Analisarei as espécies de filiação sociológica, a (des)necessidade de lapso prazal para a edificação dessa perfilhação, as exigências contidas no processo de adoção judicial, sustentando a inconstitucionalidade dos artigos 28 e 39 a 52 do Estatuto da Criança e do Adolescente (ECA), dos artigos 1.618 a 1.628 e 1.596 do Código Civil e a releitura do artigo 227, § 6°, da Constituição Federal. Isso porque, ante o direito constitucional à convivência *em família* e a igualdade entre as filiações biológica e afetiva (artigos 227, cabeço e parágrafo 6°, da CF), desaconselhável a afirmação de que existem famílias naturais, civis, (i)legítimas e substitutas e que apenas a adoção é espécie de filiação socioafetiva.

2. O ideal, a vontade, o desejo da paternidade e da maternidade como fundamento do vínculo da filiação

Além da verdade biológica, habita no Brasil a verdade afetiva, pelo que não basta a simples procriação, a voz do sangue, a origem, a ancestralidade, e sim "um nascimento fisiológico e, por assim dizer, um nascimento emocional",[17] pois a filiação "que se quer revelar e prestigiar não é a verdade do sangue, mas a verdade que brota exuberante dos sentimentos, dos brados da alma e dos apelos do coração",[18] enfim, "o ideal é que os filhos sejam planejados e desejados por seus pais e que estes possam garantir-lhes a sobrevivência nas condições adequadas".[19]

A questão que atormenta constantemente os estudiosos da matéria, lembra Eduardo de Oliveira Leite, é a de saber se "a vontade de ter um

---

[14] Artigo 28 do Estatuto da Criança e do Adolescente: *A colocação em família substituta far-se-á mediante guarda, tutela e ou adoção, independentemente da situação jurídica da criança ou adolescente, nos termos desta Lei.*

[15] BRAUNER, Maria Cláudia Crespo; AZAMBUJA, Maria Regina Fay de. A releitura da adoção sob a perspectiva da doutrina da proteção integral à infância e adolescência. *Revista Brasileira de Direito de Família*, Porto Alegre: Síntese, n° 18, p. 37, jun./jul. 2003.

[16] SÃO PAULO. Tribunal de Justiça. Relator: Yussef Cahali. AC 043.685-0 – São José do Rio Preto – C.Esp. – nov. 1999.

[17] FACHIN, Luiz Edson. *Estabelecimento da filiação e paternidade presumida*, Porto Alegre, Fabris, 1992. pp. 159 e 163, citando João Baptista Villela, acerca da posse de estado de filho.

[18] VELOSO, Zeno. *A sacralização do DNA na investigação de paternidade*, in Grandes Temas da Atualidade, DNA como meio de prova da filiação, op. cit., p. 389.

[19] CINTRA, Maria do Rosário Leite. *Estatuto da Criança e do Adolescente Comentado: comentários jurídicos e sociais*, 2ª ed., Cury, Munir/Silva, Antônio Fernando do Amaral e/Mendez, Emílio García. (Coordenadores), São Paulo, Malheiros Editores, 1992, p. 84.

filho é suficiente, ou o único fundamento do vínculo da filiação". Acrescenta o autor que "a verdadeira filiação - esta a mais moderna tendência do direito internacional - só pode vingar no terreno da afetividade, da intensidade das relações que unem pais e filhos, independente da origem biológico-genética". Mais adiante, noticia que:

> "O papel da afetividade, da vontade manifestada pelo casal, nos obriga a raciocinar a filiação em termos diversos dos, até hoje, repetidos pelo mundo jurídico. Nos abre horizontes mais amplos daqueles meramente estabelecidos pelo esquema rígido e, por vezes, pouco humano, das fórmulas infalíveis de prazos ridículos (pensa-se, neste momento, no art. 338 do Código Civil Brasileiro de 1916)".[20]

As técnicas de reprodução humana medicamente assistidas, por exemplo, "tenderão a fazer da paternidade, rigorosamente, um ato de opção. A autonomia da vontade, nesses dois casos, reina soberana",[21] cuja manifestação é irretratável, irrevogável, uma vez que, com a encomenda do material genético, são estabelecidas a paternidade e a maternidade.[22] Algumas legislações contemporâneas estão sendo modificadas exatamente com a finalidade de regulamentar as novas técnicas da engenharia genética, como "a criação de vínculo jurídico entre a criança fruto da reprodução assistida e as pessoas que desejaram a concepção", esclarece Guilherme Calmon Nogueira da Gama. Aduz o autor que, por isso, o consentimento do marido, na inseminação artificial heteróloga, é tido como uma adoção antenatal do filho, na medida em que "contém o elemento anímico que é o desejo de vir a constituir e manter vínculo de paternidade com a criança, associado à renúncia quanto à possibilidade de se retratar acerca da vontade declarada".[23]

Isso significa que os filhos gerados mediante reprodução humana medicamente assistida não alteram a estrutura da relação sexual, visto que "ela continua a existir no ato de vontade de gerar um ser humano",[24] pelo que concordo com a idéia de que o ato de decidir "que el niño naciera y

---

[20] LEITE, Eduardo de Oliveira. *Temas de Direito de Família*, São Paulo, Editora Revista dos Tribunais, 1994, p. 121-2.

[21] SILVA, Reinaldo Pereira e. *Ascendência biológica e descendência afetiva: indagações biojurídicas sobre a ação de investigação de paternidade,* in Direitos de Família, uma abordagem interdisciplinar, Silva, Reinaldo Pereira e. Azevedo, Jackson Chaves de (Coordenadores), São Paulo, Editora LTr Ltda., 1999, p. 171, e citando Villela, João Baptista. *Desbiologização da paternidade,* Rio de Janeiro, Revista Forense, v. 271, ano 76, julho a setembro de 1980, p. 45.

[22] OLIVEIRA FILHO, Bertoldo Mateus de. *Alimentos e Investigação de Paternidade*, 3ª ed., Belo Horizonte, Ed. Del Rey, 1999, p. 195.

[23] GAMA, Guilherme Calmon Nogueira da. *Filiação e reprodução assistida: introdução ao tema sob a perspectiva do direito comparado,* in Revista dos Tribunais nº 776, ano 2000, p. 80.

[24] COMEL, Nelsina Elizena Damo. *Paternidade Responsável: o papel do pai na sociedade brasileira e na educação familiar*, Curitiba, Juruá, 1998, nota de rodapé, p. 89.

el deseo de asumir la responsabilidad afectiva y material de la filiación, puede ser más noble que muchos nascimientos próductos de un proceso natural".[25] Significa que a biotecnologia faz (re)pensar a idéia de filiação, nascendo a chamada filiação cultural, "dando lugar à manifestação de vontade das partes, o exame das circunstâncias em que a criança veio ao mundo, quem a cria, educa, dá amor e aparece para a sociedade como pai e mãe".[26] Com isso, é construído um estado de filho para o futuro, levando em consideração na concessão da paternidade e da maternidade os fatos verificados antes, durante e depois da externação do ideal paternal e maternal, acudindo, assim, "aos casos em que o pretenso filho nasceu morto ou faleceu alguns dias após o nascimento".[27]

Paternidade só é paternidade quando se funda num ato preciso de vontade, isso porque o nascido deve ser filho "daquela mulher que, tendo colaborado, decidiu e quis toda a operação, é ela, substancialmente, quem quis aquele nascimento".[28] Em outros termos, na legislação comparada, a paternidade socioafetiva, sob a noção do estado de filho afetivo (posse de estado de filho), está recebendo proteção, de vez que "não se funda com o nascimento, mas num ato de vontade, que se sedimenta no terreno da afetividade, colocando em xeque tanto a verdade jurídica como a certeza científica, no estabelecimento da filiação".[29]

3. Espécies de filiação socioafetiva

Com o defraldamento do afeto a direito fundamental, resta enfraquecida a resistência dos juristas que não admitem a igualdade entre as filiações biológica e socioafetiva, havendo a necessidade de ser formatada uma parceria, um espaço de convivência recíproca.[30] São quatro as espécies de

---

[25] RIZZARDO, Arnaldo. *Direito de Família*, vol. I, Rio de Janeiro, Aide Ed., 1994, p. 251, citando Rivero, Francisco Fernández. *La investigación de la Mera Relación Biológica em la Filiación Derivada de Fecundación Artificial,* em II Congresso Mundial Vasco, 'La Filiación a Finales del Sigilo XX', p.41, em Biogenética, Filiación y Delito, Editorial Astrea, Buenos Aires, 1990, p.76, de Lamadrid, Miguel Ángel Sotto.

[26] ALMEIDA, Aline Mignon de. *Bioética e Biodireito*, Rio de Janeiro, Editora Lumen Juris, 2000, p. 33.

[27] DELINSKI, Julie Cristine. *O Novo Direito da Filiação*, São Paulo, Dialética, 1997, nota de rodapé, p. 48, citando o autor português Pimenta, José da Costa. *Filiação,* Coimbra, 1986, p.165.

[28] VERCELLON, Paolo. *As Novas Famílias, Direito de Família e do Menor - inovações e tendências - doutrina e jurisprudência,* 3ª ed., Sálvio de Figueiredo Teixeira (coordenador), Belo Horizonte, Del Rey, 1993, p. 31.

[29] NOGUEIRA, Jacqueline Filgueras. *A filiação que se constrói: o reconhecimento do afeto como valor jurídico*, São Paulo, Memória Jurídica Editora, 2001, p. 85.

[30] FACHIN, Luiz Edson. Paternidade e ascendência genética. In: *Grandes Temas da Atualidade. DNA como meio de prova da filiação.* Rio de Janeiro: Forense, 2000, p. 172.

filiação socioafetiva:[31] a adoção judicial; o filho de criação; a adoção *à brasileira* e o reconhecimento voluntário ou judicial da paternidade e/ou da maternidade. Nesses casos, é edificado o estado de filho afetivo (posse de estado de filho), na forma do artigo 226, §§ 4º e 7º, artigo 227, cabeço e § 6º, da Constituição Federal de 1988, e artigos 1.593, 1.596, 1.597, V, 1.603 e 1.605, II, do Código Civil, cuja declaração de vontade torna-se irrevogável, salvo erro ou falsidade do registro de nascimento (artigo 1.604 do CC).[32]

3-a. A filiação afetiva na adoção judicial

Quando do surgimento da família primitiva, já se falava em adoção, que tinha a finalidade de eternizar o culto doméstico, direito concedido somente a alguém que não tivesse filhos, para que não cessassem as cerimônias fúnebres. O novo vínculo do culto substituía o parentesco, mas o gesto de adotar não estava ligado à afetividade.[33] Hoje, adoção (o afeto) é um ato jurídico, de vontade,[34] de amor e de solidariedade, sendo essa família tão real como a que une o pai ao seu filho de sangue.[35]

3-b. Filiação sociológica do filho de criação

A filiação afetiva se corporifica naqueles casos em que, mesmo não havendo vínculo biológico, alguém educa uma criança ou adolescente por mera opção, denominado filho de criação, abrigando em um lar, tendo por fundamento *o amor entre seus integrantes; uma família, cujo único vínculo probatório é o afeto*.[36] É dizer, quando uma pessoa, *constante e publicamente, tratou um filho como seu, quando o apresentou como tal em sua família e na sociedade, quando na qualidade de pai proveu sempre suas necessidades, sua manutenção e sua educação, é impossível não dizer que o reconheceu.*[37]

---

[31] PEREIRA, Lafayette Rodrigues. *Direitos de Família: anotações e adaptações ao Código Civil por José Bonifácio de Andrada e Silva*. 5.ed. Rio de Janeiro: Livraria Freitas Bastos, 1956, p.266, a "posse de estado de filho induz virtualmente e, portanto, supre a prova do nascimento, a da paternidade e da maternidade".

[32] VELOSO, Zeno. Negatória de paternidade – vício de consentimento. *Revista Brasileira de Direito de Família*, Porto Alegre, nº 3, outubro/novembro/dezembro de 1999, somente "poderá amanhã invalidá-la se demonstrar, por exemplo, que sua manifestação não foi livre, senão coacta ou produzida por erro, ainda que seja, efetivamente, o procriador genético".

[33] COULANGES, Fustel de. *A cidade antiga*. São Paulo: Martins Fontes, 2000, p. 50-1.

[34] LEITE, Eduardo de Oliveira. *Temas de Direito de Família*. São Paulo: Editora Revista dos Tribunais, 1994, p. 122.

[35] CHAVES, Antônio. *Adoção*. Belo Horizonte: Del Rey, 1995, p. 47.

[36] NOGUEIRA, Jacqueline Filgueras. *Op. cit.*, p. 56.

[37] BEVILAQUA, Clovis. *Direito da Família*. 7.ed. Rio de Janeiro: Ed. Freitas Bastos, 1943, p. 346-7.

3-c. Filiação afetiva na "adoção à brasileira"

A terceira espécie de filiação sociológica decorre da conhecida *adoção à brasileira*, em que a criança, ao nascer, é registrada diretamente em nome dos pais afetivos, como se fossem biológicos, descabendo, em tese, a ulterior pretensão anulatória do registro de nascimento.[38] Como exemplo, cita-se o caso da gestante que entrega seu filho, voluntariamente, a um casal, o qual faz o registro de nascimento do recém-nascido em seus nomes, como se fossem os pais genéticos.

3-d. Filiação eudemonista no reconhecimento voluntário e judicial da paternidade e da maternidade

Quem comparece no Cartório de Registro Civil, de forma livre e espontânea, solicitando o registro de alguém como seu filho, não necessita de qualquer comprovação genética.[39] É dizer, *aquele que toma o lugar dos pais pratica, por assim dizer, uma 'adoção de fato*.[40] Nesse caso, quando da aceitação voluntária ou judicial da paternidade ou da maternidade, é estabelecido o estado de filho afetivo (posse de estado de filho),[41] com a atribuição de todos os direitos e deveres do filho biológico.[42]

---

[38] RIO GRANDE DO SUL. Tribunal de Justiça. EMI 70002036994 – 4º G.C.Cív. – Relator: José Ataides Siqueira Trindade. Maio de 2001.

[39] VILLELA, João Baptista. O modelo constitucional da filiação: verdades & superstições. *Revista Brasileira de Direito de Família*, nº 2, julho/agosto/setembro de 1999.

[40] FACHIN, Luiz Edson. *Da Paternidade: relação biológica e afetiva*. Belo Horizonte: Del Rey, 1996, p. 124, citando RICHER, Danielle. *Les enfants qui ne sont pas les miens*: développements récents en droit familial. Québec: Yvon Blais, 1992, p. 169.

[41] Discordo da doutrina e da jurisprudência que ainda tratam a relação paterno-filial como *posse de estado de filho*, sobretudo, quando faz analogia entre a posse de estado de filho e a posse dos direitos reais, pelas seguintes razões: a primeira, não se trata de *posse de estado de filho,* mas, sim, de *estado de filho afetivo,* cujo vínculo entre pais e filho, com o advento da Constituição Federal de 1988, não é de posse e de domínio, e sim de amor, de ternura, de respeito, de solidariedade, na busca da felicidade mútua, em cuja convivência não há mais nenhuma hierarquia; a segunda, equiparar a posse dos direitos reais à de estado de filho, inclusive com os mesmos requisitos do artigo 550 do Código Civil (de 1916), é demonstrar o firme propósito de manter a antiga coisificação do filho, a mesma estrutura familiar do medievo, da família patriarcal, principalmente da família romana, em que o pai detinha a posse e a propriedade do filho, da mulher e dos escravos, com poderes sobre eles de vida e de morte; a terceira, a família afetiva está inundada pelos mesmos propósitos da família biológica. É uma imagem bifronte, uma refletindo a outra, com comunhão plena de vida entre ambas as famílias, porque a família sociológica é constituída à imagem e semelhança da família genética, porquanto o que importa é a manutenção contínua dos vínculos do amor, carinho, desvelo, ternura, solidariedade, que sustentam, efetivamente, o grupo familiar.

[42] LEITE, Eduardo de Oliveira. *Temas de Direito de Família*. São Paulo: Editora Revista dos Tribunais, 1994, p. 115.

4. Paternidade e/ou maternidade sociológica

A filiação socioafetiva é fruto do ideal da paternidade e da maternidade responsável, hasteando o véu impenetrável que encobre as relações sociais, regozijando-se com o nascimento emocional e espiritual do filho, conectando a família pelo cordão umbilical do amor, do afeto, do desvelo, da solidariedade, subscrevendo a declaração do estado de filho afetivo. Pais são aqueles que amam e dedicam sua vida a uma criança ou adolescente, que recebe afeto, atenção, conforto, enfim, um *porto seguro*, cujo vínculo nem a lei e nem o sangue garantem.[43] É dizer, no fundamento do estado de filho afetivo é possível encontrar a genuína paternidade, *que reside antes no serviço e no amor que na procriação.*[44] Com razão a doutrina,[45] quando assevera que houve a desencarnação da família, consistente na substituição do elemento carnal ou biológico pelo elemento afetivo, sendo a verdadeira paternidade fato da cultura, e não da biologia.[46]

A verdadeira filiação, na mais moderna tendência do direito internacional, *só pode vingar no terreno da afetividade, da intensidade das relações que unem pais e filhos, independente da origem biológico-genética.*[47] Por isso, imponderável a idealização da diferença jurídica entre os filhos biológico e afetivo, porquanto são identificados como membros de uma família, os quais, perante a Constituição Federal de 1988, são iguais em direitos e obrigações.[48] Há idêntica criação, educação, destinação de carinho e amor entre os filhos sociológicos e biológicos, não se devendo conferir efeitos jurídicos desiguais em relação a quem vive em igualdade de condições, sob pena de revisitar a odiosa discriminação, o que seria, sem dúvida, inconstitucional, à medida que toda a filiação deve ser afetiva, sendo *necessário o ato de aceitação da criança como filho para que exista realmente essa vinculação afetiva entre mãe e filho ou pai e filho.*[49]

---

[43] NOGUEIRA, Jacqueline Filgueras. *Op. cit.*, p. 84 e 115.
[44] FACHIN, Luiz Edson. *Estabelecimento da filiação e paternidade presumida.* Porto Alegre: Sergio Fabris Editor, 1992, p. 159 e 163.
[45] LEITE, Eduardo de Oliveira. *Síntese de Direito Civil. Direito de Família.* Curitiba: JM Editora, 1997, p. 19, citando CARBONNIER, Jean. Flexible Droit, p. 187-209.
[46] FACHIN, Luiz Edson. Família hoje. In: *A Nova Família: problemas e perspectivas.* Vicente Barretto (org.). Rio de Janeiro: Renovar, 1997, p. 85.
[47] LEITE, Eduardo de Oliveira. *Op. cit.*, p. 121.
[48] WELTER, Belmiro Pedro. *Estatuto da união estável.* 2.ed. Porto Alegre: Síntese, 2003.
[49] BRAUNER, Maria Cláudia Crespo. Nascer com dignidade frente à crescente instrumentalização da reprodução humana. *Revista do Direito - Programa de Pós-Graduação em Direito-Mestrado*, Santa Cruz do Sul: Editora UNISC, nº 14, p. 15, julho/dezembro de 2000.

Portanto, no Brasil, desde o texto constitucional de 1988, a finalidade da família é a concretização e a (re)fundação do amor e dos interesses afetivos entre os seus membros, pois *o afeto, como demonstram a experiência e as ciências psicológicas, não é fruto da origem biológica.*[50] Significa dizer que, atualmente, promove-se a (re)personalização das entidades familiares e o cultivo do afeto, a solidariedade, a alegria, a união, o respeito, a confiança, o amor, um *projeto de vida comum, permitindo o pleno desenvolvimento pessoal e social de cada partícipe, com base em ideais pluralistas, solidaristas, democráticos e humanistas.*[51]

5. O prazo para a edificação da filiação sociológica

O doutrina[52] debate-se contra a fixação de prazo mínimo para a configuração do estado de filho afetivo (posse de estado de filho), respectivamente, de dez, três e quatro anos, estabelecido pelos legisladores franceses, luxemburgueses e espanhóis, reconhecendo, inclusive, que se trata de um passo arbitrário. O Direito, contudo, deve ser compreendido "não como um conjunto de normas com sentidos em-si-mesmos, latentes, pré-construídos, mas, sim, como um conjunto de normas que, permanentemente, (re)clamam sentidos, onde o processo de produção de sentido é assumido como inexorável".[53] A atribuição de sentido a ser realizada, quando da outorga da paternidade e/ou maternidade biológica ou sociológica, deve passar, necessariamente, por uma visão garantista/garantidora do Direito de Família e do processo. Ora, se nos planos legislativo e hermenêutico é possível estabelecer vários prazos para o (re)conhecimento do estado de filho afetivo, a opção do operador do Direito deve levar em

---

[50] LÔBO, Paulo Luiz Netto. O exame de DNA e o princípio da dignidade da pessoa humana. *Revista Brasileira de Direito de Família*, Porto Alegre, nº 01, jun. 1999, e BRASÍLIA. Superior Tribunal de Justiça. a 01, (Rev. STJ-06):16-23, julho 1999, CD-STJ, 11.2000.

[51] GAMA, Guilherme Calmon Nogueira da. Filiação e reprodução assistida: introdução ao tema sob a perspectiva do direito comparado. *Revista dos Tribunais*, nº 776, p. 65, 2000.

[52] OLIVEIRA, Guilherme de. *Critério Jurídico da Paternidade*, Coimbra, Livraria Almedina, 1998, pp. 446-447.

[53] STRECK, Lenio Luiz. *A revelação das 'obviedades' do sentido comum e o sentido (in)comum das 'obviedades' reveladas*, Afonso de Julios Campuzano [*et al.*]. José Alcebíades de Oliveira Junior (org.). *O Poder das Metáforas: homenagem aos 35 anos de docência de Luis Alberto Warat*, Porto Alegre, Livraria do Advogado, 1998, p. 54. No mesmo sentido, STRECK, Lenio Luiz. *Súmulas no Direito Brasileiro: eficácia, poder e função*, Porto Alegre, Livraria do Advogado, 1995, p. 251, certificando que, "em nosso sistema jurídico, os precedentes jurisprudenciais - dos quais a Súmula é o corolário maior - exercem, dia a dia, maior influência no agir e pensar dos juristas. Essa influência não pode ser exagerada, sob pena de se impedir, de par com as mutações sociais, que o Direito evolua em harmonia com a evolução da própria vida, além de limitar-se a liberdade do juiz, vinculando-se sua ciência e sua consciência".

conta uma visão utilitarista do processo de família, isto é, o mínimo de sacrifício para os pais e o máximo de benefício para o filho (princípios da prioridade e da prevalência absoluta). Por isso, a necessidade de ser examinada a singularidade do caso, pois "tomar aquilo que 'é' por uma presença constante e consistente, considerado em sua generalidade, é resvalar em direção à metafísica",[54] devendo-se interpretar o texto não com pensamento voltado na lei e nem captando o seu sentido, e sim "mergulhado no rio de sua história, deslizando até o presente de sua aplicação, ou seja, não é possível interpretar sem ter em conta um caso concreto (nas suas especificidades)".[55]

O direito garantista se apresenta "(...) como saber crítico e questionador, como instrumento de defesa radical e intransigente dos direitos humanos e da democracia contra todas as deformações do direito e do Estado...",[56] com o que não pode ser estabelecido qualquer lapso prazal para a configuração da paternidade e da maternidade, porque, com isso, se estará, na verdade, ocultando, e não (re)velando, a verdadeira filiação, que somente pode ser vislumbrada na singularidade do caso, no momento em que a questão é posta em juízo, debruçando-se nos fatos postos no agora, na hora, no instante em que são debatidos.

Ao ser prolatada decisão judicial, acerca do momento em que se instala a verdade socioafetiva, o julgador deve levar em conta três tempos: o tempo passado, o presente e o futuro, pois "podemos conceber o tempo sem acontecimentos, mas não um acontecimento sem o tempo":[57] 1) o tempo passado é a manifestação do ideal, da vontade, do desejo da paternidade e da maternidade; 2) o tempo presente, levando-se em consideração os fatos existentes quando do julgamento da demanda, como: 2-a) se quem desejou o filho está vivo, morto, se houve casamento, separação, divórcio, se nasceu um filho ou se desistiu do ideal, do desejo e da vontade procria-

---

[54] STRECK, Lenio Luiz, citando Heidegger, in *Vorträge und Aufsätze*, em manifestação no processo-crime nº 70001588300, da 5ª Câmara Criminal do TJRS, em 01.11.2000, rel. Amilton Bueno de Carvalho.

[55] STRECK, Lenio Luiz. *O "crime de porte de arma" à luz da principiologia constitucional e do controle de constitucionalidade: três soluções à luz da hermenêutica*, in Revista de Estudos Criminais nº 1, 2001, p. 54-5.

[56] CARVALHO, Salo de. *Pena e garantias: uma leitura do garantismo de Luigi Ferrajoli no Brasil*, RJ, Editora Lumen Juris, 2001, p. 83.

[57] COBRA, Rubem Q. - Immanuel Kant. Página de Filosofia Moderna, Geocities, Internet, 1997. Críticas e correções são benvindas: filmod@mymail.com.br, agosto de 2001, Kant sustenta ainda: "As coisas e os fatos não existem sem o tempo, mas o tempo existe sem as coisas. Também o tempo é "a priori", ou seja, independente da experiência. Algo acontece porque no decurso do tempo esse algo vem a ser. Podemos conceber o tempo sem acontecimentos, mas não um acontecimento sem o tempo. O tempo também não é conceito, porque não existem muitos tempos: o tempo, como o espaço, é intuição. Espaço e tempo seriam, assim, duas condições sem as quais é impossível conhecer, mas são formas de sensibilidade, por isso Kant os trata na Estética Transcendental".

cional; 2-b) se a gestante substituta tenha reconsiderado a decisão da renúncia à maternidade; 2-c) se entre as partes litigantes ocorreram mudanças na saúde, econômico-financeiras, morais, intelectuais, culturais etc; 3) o tempo futuro, a paternidade e a maternidade reclamam imensa responsabilidade dos pais, da sociedade e do Estado (artigo 227 da CF), pelo que não se concebe que a alguém seja atribuída uma filiação sem que seja vislumbrado um futuro com dignidade para o filho.

Além do exame dessas circunstâncias fáticas, deverão ser levados em consideração os seguintes aspectos: a) o carinho, o desvelo, ambiente tranqüilo que possa propiciar à criança desenvolvimento sadio físico e moral, com segurança e equilíbrio emocional dos pais;[58] b) a habitualidade de dar amor, orientação, comida, abrigo, vestuário, assistência médica, escola, relacionamento na comunidade e laços religiosos; c) a boa formação moral, social e psicológica, a busca da saúde mental ou a preservação da sua estrutura emocional;[59] d) o tratamento respeitoso e digno;[60] e) a idade, circunstâncias em que vive a criança, o seu bem-estar e concepções educativas dos pais;[61] f) examinar o grau de conflito entre as partes, promovendo diálogo entre os pais biológicos e afetivos;[62] g) saúde, sentimentos do filho, necessidade de estabilidade, disponibilidade educativa e afetiva, equilíbrio psicológico, moralidade da vida, condições materiais, presença de avós, novo casamento ou união estável.[63]

6. O nome-do-pai

A psicanálise, ao estudar as relações familiares, atesta que a família não se constitui só por um homem e/ou mulher e descendente, mas, sim, de uma edificação psíquica, em que cada membro ocupa um lugar/função de pai, de mãe, de filho, sem que haja a necessidade de vínculo biológico.

---

[58] CRUZ, Darclé de Oliveira. Parecer in *A filiação que se constrói: o reconhecimento do afeto como valor jurídico*, de Nogueira, Jacqueline Filgueras, São Paulo, Memória Jurídica, 2001, p. 294.

[59] BAPTISTA, Sílvio Neves. *Guarda e Direito de Visita,* Direito de Família: a família na travessia do milênio, Anais do II Congresso Brasileiro de Direito de Família, Rodrigo da Cunha Pereira (coordenador), Belo Horizonte, IBDFAM, OAB - MG, Del Rey, 2000, p. 293.

[60] FISCHER, Marília Filgueras. Parecer in *A filiação que se constrói: o reconhecimento do afeto como valor jurídico. Op. cit.*, p. 301.

[61] MÄDCHE, Flávia Clarici. Parecer in *A filiação que se constrói: o reconhecimento do afeto como valor jurídico. Op. cit.,* p. 297.

[62] SILVA, Janira Aparecida da. Parecer in *A filiação que se constrói: o reconhecimento do afeto como valor jurídico. Op. cit.*, p. 298.

[63] LEITE, Eduardo de Oliveira. *O Direito (Não Sagrado) de Visita*, Repertório de Jurisprudência e Doutrina sobre Direito de Família, coordenadores: Teresa Arruda Alvim Wambier e Alexandre Alves Lazzarini, Vol. 3, São Paulo, Editora Revista dos Tribunais, 1996, p. 82.

Com efeito, o pai pode ser uma série de pessoas ou personagens, como o genitor, o marido ou companheiro da mãe, o amante oficial, o protetor da mulher durante a gravidez, os tios, os avôs, os professores, os terapeutas, quem cria a criança ou o adolescente, dá o seu nome, reconhecendo legal ou ritualmente, enfim, quem exerce uma função de pai,[64] seja do sexo masculino ou do feminino, alguém que possa ser referido como entidade e apoio no encontro e descobrimento do filho como sujeito.[65] A ausência de alguém que exerça a função de pai pode acarretar ao filho gravíssimos problemas, entre os quais a tendência à delinqüência.[66]

O criador do conceito psicanalítico *o nome-do-pai*, Jacques Lacan,[67] enfatiza que um dos princípios fundamentais em psicanálise é que

> "o pai é, em primeiro lugar, um nome – um significante – e apenas secundariamente uma pessoa (um homem, na maioria dos casos). Assim, o pai não pode ser encontrado na natureza, porque o animal que gerou outro é apenas um meio contingente para o nome que se dá a ele. Em outras palavras, os animais, falando estritamente, não têm pais".

Em decorrência, está na hora de ser relativizado o paradigma da paternidade e da maternidade biológica, tendo em vista que o filho precisa da figura de um pai, e não tão-somente de um genitor, para contribuir no desenvolvimento intrapsíquico, isso porque faz parte da natureza humana o desejo de ser amado e protegido.[68] Não se está confinando o liame biológico da relação paterno-filial, mas, sim, buscando os critérios hermenêuticos da razoabilidade dos laços de sangue e de afeto,[69] em vista da

---

[64] PEREIRA, Rodrigo da Cunha. *Direito de Família: uma abordagem psicanalítica*. 2.ed. Belo Horizonte: Del Rey, 1999. pp. 36 e 148, citando LACAN, Jacques. *Os complexos familiares*. Traduzido por Marco Antônio Coutinho *et al*. Rio de Janeiro: Jorge Zahar, 1990, p.13. PEREIRA, Tânia da Silva. O Estatuto da Criança e do Adolescente inovando o direito de família. In: Repensando o direito de família - I Congresso Brasileiro de Direito de Família,1999, Belo Horizonte. *Anais*. Rodrigo da Cunha Pereira (coord.). Belo Horizonte: Del Rey, 1999, p.229, quando se fala em lugar de pai, de mãe e de filho, "estamos falando, também, de políticas públicas de colocação familiar. Não podemos deixar de recorrer a outras ciências, abrindo novos espaços, uma vez que o Direito não esgota mais todas as possibilidades de regulação social".

[65] VILLELA, João Baptista. *Desbiologização da Paternidade*, in Boletim IBDFAM, nº 11, ano 02, setembro/outubro de 2001, p. 4.

[66] PEREIRA, Rodrigo da Cunha. *A criança não existe*. In: Direito de Família e Psicanálise. Giselle Câmara Groeninga e Rodrigo da Cunha Pereira (Coordenadores).Rio de Janeiro: Editora Imago, 2003, p. 206.

[67] LACAN, Jacques. *Para ler o seminário 11 de Lacan*. Tradução: Dulce Duque Estrada. Richard Feldstein, Bruce Fink e Maire Jaanus (org). Rio de Janeiro: Jorge Zahar Editor, 1997, p. 81.

[68] CATTANI, Aloysio Raphael et al. O Nome e a Investigação de Paternidade: uma nova proposta interdisciplinar. In: *Direito de Família e Ciências Humanas*. Eliana Riberti Nazareth et al. (cord.). Caderno de Estudos, nº 2. São Paulo: Editora Jurídica Brasileira, 1998, p. 30.

[69] BONAVIDES, Paulo. *Curso de Direito Constitucional*. 11.ed. São Paulo: Malheiros, 2001, p.369, citando L. Hirschberg, *Der Grundsatz der Verhältnismässigkeit*. Göttingen, 1981, p. 250-1, o princípio da proporcionalidade é proporção, razoabilidade, adequação, validade, validade de fim, exigibi-

constituição da família pelo vínculo da afetividade,[70] alçado a valor jurídico.[71] Aliás, sequer haveria necessidade de lançar os fundamentos jurídicos para justificar que numa família se respira o afeto, o amor, o desvelo, já que elemento essencial nas relações interpessoais.[72]

7. Breves considerações sobre a adoção judicial

Quando da adoção judicial, é exigido o cumprimento de dezenas de requisitos, como: a) pedido de habilitação; b) certidões negativas policiais e criminais; c) atestado médico de saúde física e mental; d) estudo social; e) comprovação de residência; f) prova da idoneidade moral e financeira e demais exigências constantes dos artigos 1.618 a 1.629 do Código Civil e dos artigos 39 a 52 do Estatuto da Criança e do Adolescente.

O anacrônico processo de adoção não tem surtido os efeitos desejados, havendo premente necessidade de mudança de paradigma, no sentido de hastear as verdades biológica e socioafetiva como família (natural e legítima), evitando a proliferação dos seguintes problemas, entre outros:[73] a) a fragmentação da comunicação entre Conselho Tutelar, Ministério Público e Poder Judiciário; b) a morosidade na tramitação dos processos de adoção; e) carência de laudos interdisciplinares; d) a ausência de programas de atendimentos à família em situação de vulnerabilidade; e) a dificuldade de encontrar advogados, defensores públicos ou estagiários, no sentido de promover a defesa dos direitos da criança e do adolescente que se encontram em Instituição de abrigo; f) a discriminação entre os filhos biológico e socioafetivo; g) a insuportabilidade social do processo

---

lidade, necessidade, menor interferência possível, mínimo de intervenção, meio mais suave, meio mais moderado, subsidiariedade, conformidade e proibição de excesso. Nesse sentido, STEINMETZ, Wilson Antônio. *Colisão de Direitos Fundamentais e princípio da proporcionalidade*. Porto Alegre: Livraria do Advogado, 2001, p. 147, o princípio da proporção "é um princípio universal no âmbito de vigência das constituições dos Estados Democráticos de Direito".

[70] ALMEIDA, Maria Cristina de. *Investigação de Paternidade e DNA: aspectos polêmicos*. Porto Alegre: Livraria do Advogado, 2001, p. 159-160.

[71] NOGUEIRA, Jacqueline Filgueras. *A filiação que se constrói: o reconhecimento do afeto como valor jurídico*. São Paulo: Memória Jurídica Editora, 2001, p. 194.

[72] CARBONERA, Silvana Maria. O papel jurídico do afeto nas relações de família. In: Repensando o Direito de Família - I Congresso Brasileiro de Direito de Família, 1999, Belo Horizonte. *Anais*. Rodrigo da Cunha Pereira (coord.). Belo Horizonte: Del Rey, 1999, p. 492. Conforme Irlene Peixoto Morais de Azevedo (Transformações familiares. In: Repensando o Direito de Família - I Congresso Brasileiro de Direito de Família, 1999, Belo Horizonte. *Anais*. Rodrigo da Cunha Pereira (coord.). Belo Horizonte: Del Rey, 1999, p.30) "o amor é também da ordem do jurídico quando trata da família e de seus desdobramentos"

[73] BRAUNER, Maria Cláudia Crespo. AZAMBUJA, Maria Regina Fay de. A releitura da adoção sob a perspectiva da doutrina da proteção integral à infância e adolescência. *Revista Brasileira de Direito de Família*, Porto Alegre: Síntese, nº 18, p. 46, junho e julho de 2003.

de adoção judicial,[74] pois *é degradante para a sociedade saber que uma parcela de suas crianças vive no abandono.*[75]

8. Desnecessidade do processo de adoção judicial, em vista da possibilidade de reconhecimento voluntário da paternidade e/ou da maternidade socioafetiva

O paradigma da perfilhação biológica está em momento de transição com a constitucionalização da filiação sociológica, e toda passagem para um novo paradigma é uma revolução científica.[76] Essa substituição do predomínio genético por elementos afetivos reclama uma paternidade mais ampla,[77] livre de discriminações e preconceitos, já que essa nova perfilhação constitui direito fundamental à cidadania e à dignidade da pessoa humana.

Na Constituição Federal de 1988 não reside sequer um dispositivo legal que exige o registro de pessoas naturais somente com relação aos fatos da biologia,[78] até porque *não se concebe um sistema jurídico que, embora não o diga, não conceda um lugar à verdade sociológica.*[79] Por

---

[74] SPENGLER, Fabiana Marion. In: e-mail remetido em 12.12.2003, às 09h55min, nos termos: "Professor Belmiro: Acabei de ler um artigo seu, que acredito seja inédito, intitulado inconstitucionalidade do processo de adoção, e me senti reconfortada. Finalmente, alguém grita que a adoção é lenta, que os filhos adotivos são discriminados e que suas novas famílias (chamadas substitutas) também. Explico-lhe, porque: tenho dois filhos biológicos e um filho do coração (fruto do primeiro casamento do meu marido). Agora, estamos inscritos no cadastro de adotantes (na nossa cidade e em outras 10 cidades vizinhas, no cadastro estadual, e em mais três cidades do Paraná), esperando por nossa menininha. Há mais de um ano esperamos. Só a inscrição levou três meses para ocorrer e a previsão de adoção, segundo as assistentes sociais, é de, no mínimo, 2 anos e meio. Seria bem mais fácil se pudéssemos receber uma criança e reconhece-la como filha, conforme sugerem suas palavras. Mais fácil e menos traumático. Se, para mim, que opero junto ao mundo do direito, essas questões são compreensíveis, o mesmo não acontece para as pessoas leigas. Talvez por isso a adoção seja um procedimento tão desacreditado. De qualquer maneira, gostaria de registrar minha satisfação ao ler suas palavras e minha esperança que elas se transformem em procedimento rotineiro no intuito de exterminar a desigualdade de filiação".

[75] Jornal *Pioneiro*, Caxias do Sul, 31 de dezembro de 2003, p. 2, *O amor é a melhor herança*, alertando sobre a *principal bandeira institucional da RBS-RS, em 2003, a campanha editorial e publicitária, idealizada para envolver gaúchos e catarinenses numa grande rede de proteção à infância e de combate à violência contra a criança.*

[76] KUHN, Thomas S. *A estrutura das revoluções científicas.* 5.ed. São Paulo: Editora Perspectiva, 2000, p. 122 e 116.

[77] LEITE, Eduardo de Oliveira. Exame de DNA, ou o limite entre o genitor e o pai. In: *Grandes Temas da Atualidade: DNA como meio de prova da filiação*, p. 63- 65, 66 e 80, citando Jean Hauser e Huet-Weiller. *Traité de Droit Civil. La Famille*, p. 186.

[78] VILLELA, João Baptista. *O modelo constitucional da filiação. Op. cit.*

[79] OLIVEIRA, Guilherme. *Critério Jurídico da Paternidade.* Coimbra – Portugal: Editora Almedina, 1998, p. 421, citando CARBONNIER, Jean. *Droit Civil.* 11.ed. Paris: P.U.F., 1979, p. 317-8. T. II.

isso, cabíveis as seguintes afirmações: a) a igualdade entre as filiações biológica e sociológica vem sendo sustentada em praticamente todos os quadrantes do País;[80] b) a adoção, em sendo uma das formas de filiação afetiva, não deve ser (des)tratada como família substituta, mas, sim, como corpo integrante de uma família (natural e legítima); c) a igualdade reside entre as filiações genética e todas as espécies de filiação sociológica (reconhecimento voluntário ou judicial da paternidade afetiva, filho de criação, *adoção à brasileira* e adoção judicial); d) o registro livre e espontâneo de filho não necessita de comprovação genética, podendo também ocorrer com o nascimento afetivo do filho; e) o Estado Democrático de Direito[81] reclama a outorga ao filho afetivo de todas as formas de (re)conhecimento voluntário e judicial da paternidade e da maternidade.

Na leitura da doutrina,[82] o direito à perfilhação tem *todo aquele, e somente aquele, a quem falte o pai juridicamente estabelecido*. Por pai jurídico entende-se o biológico e/ou o afetivo, em vista da igualdade constitucional entre a biologia e a afetividade, pelo que a declaração do estado de filho não é tão-só biológica, mas, principalmente, afetiva. Logo, os pais afetivos, para obterem o registro do filho, não precisam de processo de adoção, podendo ajuizar ação de investigação de paternidade socioafetiva (tendo o afeto como causa de pedir) ou admitir, voluntariamente, a paternidade e/ou a maternidade, por escritura pública, escrito particular, testamento, manifestação direta e expressa perante o juiz (artigo 1.609 do Código Civil), exercendo os mesmos direitos da filiação genética.

Da mesma forma que a Constituição Federal de 1988 coibiu a desigualdade entre os filhos biológicos (legítimos, legitimados, ilegítimos, naturais, espúrios, adulterinos, incestuosos etc),[83] veda a designação discriminatória e vexatória do conceito de família natural, civil e substituta (artigos 25 a 32 do ECA e artigo 227, § 6º, da CF). A idéia aqui esposada, embora se choque frontalmente contra o Estatuto da Criança e do Adolescente e o Código Civil, vem ao encontro do texto constitucional (artigo 227, cabeço). Há, pois, razão jurídico-social para se agasalhar a manifestação consensual ou judicial da paternidade e da maternidade socioafetiva, nos exatos termos deferidos à filiação sangüínea, garantindo, assim, a igualdade entre as filiações genética e sociológica e a finalidade do insti-

---

[80] Nesse sentido, ver os temas em debate no IV Congresso Nacional do Direito de Família, promovido pelo IBDFAM, em setembro de 2003.

[81] LOBATO, Anderson Cavalcante. *Para uma nova compreensão do sistema misto de controle de constitucionalidade: a aceitação do controle preventivo*, in Cadernos de Direito Constitucional e Ciência Política nº 6, São Paulo, 1994, p. 35, ao proclamar que a função primordial de uma Constituição *é impor limites ao poder político do Estado, pelo que nenhuma autoridade, nenhum poder do Estado pode deixar de respeitar as regras e os princípios fixados pela Constituição.*

[82] VILLELA, João Baptista. *O modelo constitucional da filiação.* Op. cit.

[83] TEPEDINO, Gustavo. *Temas de Direito Civil.* 2.ed. Rio de Janeiro: Renovar, 2001, p. 399.

tuto da adoção (uma das quatro espécies de filiação afetiva), que é acolher a criança e o adolescente em uma família socioafetiva).

Doutra parte, pode ser argumentado que, sem a produção do estudo social, do lançamento dos antecedentes policiais e judiciais, dos atestados de saúde física, mental e financeira dos adotantes, e demais exigências do processo de adoção judicial, estar-se-á descumprindo o princípio da proteção integral e absoluta da infância e da juventude.

Contudo, há que se observar a contradição jurídico-social dessas exigências, tendo em vista que, quando se cuida do reconhecimento de filho biológico, que se encontra em estado de vulnerabilidade social, a lei não determina a formação de processo judicial ou o cumprimento de requisitos pessoais. Dificultar a igualdade entre as filiações biológica e afetiva tem como conseqüência a negação, a milhões de crianças e adolescentes, ao direito fundamental à convivência familiar e ao afeto. Deve-se compreender que, ao contrário do alegado, o princípio da proteção integral e absoluta não será observado com um longo e traumático processo de adoção, e sim com a outorga imediata de uma família ao filho afetivo, tendo em vista: a) a concessão de uma família, em igualdade de direitos com a biológica; b) o afastamento do estigma do conceito de *filho adotado*; c) a exclusão da discriminação entre a filiação sociológica, pois, para as três demais formas de filiação afetiva (reconhecimento voluntário ou judicial da paternidade, adoção *à brasileira* e filho de criação), é admitida a declaração do estado de filho afetivo, sem qualquer exigência de processo judicial, estudo social, antecedentes criminais, saúde física, mental e financeira; d) que os pais e o filho não sofrerão o desgaste emocional,[84] como ocorre com o penoso processo de adoção, (re)velando-se ao filho que ele nasceu pelo consórcio afetivo voluntário e/ou judicial da paternidade e da maternidade; e) a efetivação da igualdade constitucional entre as filiações biológica e socioafetiva, concedendo a toda e qualquer criança ou adolescente a proteção do Estado, que permitirá a declaração afetiva, livre de discriminações, formalismos, morosidade e burocracia, estimulando o acolhimento de filhos sociais nos lares familiares; f) a não-aplicação, no processo de adoção judicial, do princípio da efetividade, que representa a mais notável transformação do constitucionalismo, estando *ligado ao fenômeno da jurisdicização da Constituição e ao reconhecimento de sua*

---

[84] GRUNSPUN, Haim. *Distúrbios neuróticos da criança*. 5.ed. São Paulo: Ed. Athenem, 2003, p.269, afirma que a psicanálise aconselha que à criança biológica não se revele que ela nasceu por meio de uma intervenção cirúrgica (cesariana), visto que isso significa uma agressão ao corpo da mãe, o que pode vir a ser um fator traumático para a criança, principalmente do sexo feminino. A psicanálise recomenda que à criança se esclareça que ela nasceu com facilidade, sem trauma, sem estigma, de forma livre e espontânea.

força normativa (...) A efetividade é a realização concreta, no mundo dos fatos, dos comandos abstratos contidos na norma.

A inconstitucionalidade do processo de adoção judicial decorre da aplicação dos princípios da convivência em família, da cidadania, da dignidade da pessoa humana, da igualdade entre as perfilhações e da unidade da Constituição Federal. Com efeito, a Carta Magna, embora composta por várias unidades, como o preâmbulo, os títulos I a IX e as disposições constitucionais transitórias, não permite a interpretação isolada dos humanos direitos fundamentais, entre os quais se inclui o afeto e a convivência em família. Ante o princípio da constitucionalidade das normas constitucionais, o artigo 227, § 6º, deve ser considerado constitucional, mas a compreensão da unidade, da universalidade e do sistema de valores do texto constitucional revela a necessidade de sua releitura, porque: a) discrimina os filhos, ao limitar as filiações em biológica e adotiva, excluindo as demais espécies de filiações sociológicas (adoção *à brasileira*, reconhecimento voluntário e judicial da paternidade e o filho de criação); b) não concede ao filho afetivo os mesmos direitos do genético, como a declaração voluntária ou judicial da paternidade sociológica, exigindo, nesses casos, um processo de adoção; c) permite que os filhos de sangue sejam postos numa *primeira classe*, ditos *legítimos* (artigo 25 do ECA), enquanto os filhos socioafetivos são (des)classificados para uma *segunda classe*, ditos substitutos (artigo 28 dessa mesma Lei).

Para o reconhecimento voluntário ou judicial da paternidade ou da maternidade, à família afetiva está reservada o tortuoso, moroso e desacreditado processo de adoção judicial, o que não ocorre com a família genética, em manifesto e repugnante ato discriminatório, porquanto, por força do princípio da unidade da perfilhação, a via jurisdicional do processo de adoção é descartável, bastando-se aplicar, a ambas as filiações, o artigo 1.609 do Código Civil.[85]

Ademais, na época da promulgação da Constituição Federal, em 05.10.1988, ainda não havia sido efetivada a unidade entre as filiações biológica e social (afetiva, sociológica, socioafetiva), justificando-se a dicotomia entre os princípios constitucionais da igualdade da perfilhação genética e afetiva, da convivência em família, da cidadania e da dignidade da pessoa humana e o § 6º do artigo 227.[86] Atualmente, porém, não mais

---

[85] Artigo 1.609 do CC: O reconhecimento dos filhos havidos fora do casamento é irrevogável e será feito: I - no registro do nascimento; II - por escritura pública ou escrito particular, a ser arquivado em cartório; III - por testamento, ainda que incidentalmente manifestado; IV - por manifestação direta e expressa perante o juiz, ainda que o reconhecimento não haja sido o objeto único e principal do ato que o contém.

[86] Artigo 227, cabeço, da CF: É dever da família, da sociedade e do Estado assegurar à criança e ao adolescente, com absoluta prioridade, o direito à vida, à saúde, à alimentação, à educação, ao lazer, à profissionalização, à cultura, à dignidade, ao respeito, à liberdade e à convivência familiar e

se admite essa discriminação, porquanto a Constituição deve estar condicionada à realidade histórica,[87] na conjuntura que abrange os fatos de cada época,[88] interpretando-a com o princípio da unidade do texto constitucional, que consiste em unificar e compreender ao máximo a compatibilidade de todas as normas, principalmente com base nos princípios albergados pela República Federativa do Brasil (artigo 1º, incisos I a V).[89] Esse pensamento harmoniza-se com o princípio da presunção de constitucionalidade das normas constitucionais, pois, da Carta Magna, emanam princípios elementares e decisões do Constituinte, que não podem ser ignorados, pelo que o artigo 227, § 6º, e artigos 25 a 32 do ECA e artigos 1.618 a 1.628 e 1.596 do Código Civil necessitam adequar-se aos princípios constitucionais[90] do Estado Democrático de Direito.

O artigo 227, § 6º, da Constituição Federal de 1988, juntamente com o artigo 1.596 do Código Civil, e artigos 25 a 32 do Estatuto da Criança e do Adolescente, com âncora nos princípios constitucionais da unidade e da interpretação conforme a Constituição, da convivência *em família*, da igualdade entre as filiações biológica e afetiva, da cidadania e da dignidade da pessoa humana, hão de ser lidos no sentido de que os filhos biológico e socioafetivo, havidos ou não da relação do casamento ou da união estável, terão os mesmos direitos e qualificações, proibidas quaisquer designações discriminatórias, podendo ser reconhecidos conjunta, separada e/ou voluntariamente, no próprio termo de nascimento, na averiguação oficiosa de paternidade, por testamento, escritura pública, escrito particular ou por manifestação direta e expressa perante qualquer Magistrado, ou mediante processo judicial de investigação de paternidade e/ou de maternidade biológica ou sociológica.

Parte da doutrina[91] discorda desta tese, anotando que, para o nascimento da relação paterno-filial na filiação afetiva, é *condictio sine qua non* o trâmite de processo de adoção, no qual *devem ser aferidas e confirmadas as reais vantagens ao adotando, estágio de convivência ou a demonstração de que já convivem adotantes e adotando durante tempo*

---

comunitário, além de colocá-los a salvo de toda forma de negligência, discriminação, exploração, violência, crueldade e opressão.

[87] MORAES, Alexandre de. *Constituição do Brasil interpretada*. 2.ed. São Paulo: Atlas, 2003, p. 81.

[88] BARROSO, Luís Roberto. *Interpretação e aplicação da Constituição*. 5.ed. São Paulo: Saraiva, 2003, p. 1.

[89] Artigo 1º: A República Federativa do Brasil, formada pela união indissolúvel dos Estados e Municípios e do Distrito Federal, constitui-se em Estado Democrático de Direito e tem como fundamentos: I- a soberania; II- a cidadania; III- a dignidade da pessoa humana; IV- os valores sociais do trabalho e da livre iniciativa; V- o pluralismo político.

[90] BONAVIDES, Paulo. *Curso de Direito Constitucional*. 11.ed. São Paulo: Malheiros, 2001, p. 474.

[91] Ofício nº 487/2003, de 13 de novembro de 2003, noticiando o indeferimento do pedido de inclusão desse artigo no site do Ministério Público do RS.

suficiente para se poder avaliar a conveniência da constituição do vínculo, com efetiva participação do Ministério Público e do Poder Judiciário. Além disso, é dito que, sem processo, pode ser estimulado o tráfico de crianças e adolescentes, assim como o reconhecimento da paternidade por homossexual, pessoa enferma, com antecedentes criminais etc.

Ora, no Direito de Família aplicam-se os fundamentos do Estado Democrático de Direito, especialmente os direitos fundamentais e os princípios da cidadania e da dignidade da pessoa humana. Por isso, valorizar as normas infraconstitucionais (Código Civil e ECA) mais do que a Constituição Federal, a qual ainda constitui,[92] acarretaria numa *baixa constitucionalidade* do texto constitucional. Indaga-se, pois: por que, para o reconhecimento voluntário da paternidade do *filho biológico*, não são exigidos estudo social, bons antecedentes, comprovantes de residência e de renda e atestados de saúde física e mental? Por que ao homossexual, ao portador de antecedentes criminais, ao apenado, ao idoso, ao enfermo é outorgado o direito de reconhecer voluntariamente a paternidade *biológica*, mas não a *sociológica*, quando ambas as filiações ostentam os mesmos direitos e obrigações?

O jurista que aceitar a constitucionalização do afeto, há de concordar, necessariamente, com a igualdade entre as filiações biológica e socioafetiva e, em decorrência, da aplicação dos direitos e deveres dos filhos biológicos aos sociológicos, entre os quais a possibilidade de o filho afetivo ser voluntariamente reconhecido no próprio termo de nascimento, na averiguação oficiosa de paternidade, por testamento, escritura pública, escrito particular ou por manifestação direta e expressa perante qualquer Magistrado, ou mediante processo judicial de investigação de paternidade e/ou de maternidade sociológica.

Por fim, a análise com relação à necessidade de intervenção do Ministério Público e do Poder Judiciário no reconhecimento voluntário da paternidade sociológica. Em primeiro lugar, convém lembrar que o reconhecimento consensual da paternidade genética pode ser efetivado diretamente no Cartório de Registro Civil, pelo que, aplicando-se o princípio da igualdade entre as filiações biológica e socioafetiva, a declaração do estado de filho afetivo pode ocorrer diretamente nesse Cartório. Em segundo lugar, não há dúvida de que é extremamente difícil afastar-se o paradigma da intervenção judicial, mesmo nos casos em que há consenso, pois a sociedade acostumou-se à endeusada *segurança jurídica*. Entretanto, a função primordial do Poder Judiciário é dirimir conflitos, e não homologar a consensualidade. E o reconhecimento de filho afetivo é consensual,

---

[92] STRECK, Lenio Luiz. *Jurisdição constitucional e hermenêutica – uma nova crítica do Direito.* Porto Alegre: Livraria do Advogado, 2002.

voluntário, pelo que desnecessária a via judicial. Mas, se a comunidade jurídica não consegue viver em sociedade sem a intervenção judicial e ministerial, e enquanto está sendo assimilada a idéia do afastamento do processo de adoção e, via de conseqüência, do Ministério Público e do Poder Judiciário, essa intervenção poderá ocorrer, por exemplo, em momento posterior ao reconhecimento voluntário da paternidade afetiva, determinando-se ao Oficial do Registro Civil a remessa da certidão de nascimento e do termo de declaração da paternidade afetiva ao Poder Judiciário. Depois de ouvido o Ministério Público, e visando à tão sonhada segurança jurídica, caberia a realização de estudos sociais, de quatro em quatro meses, durante os dois primeiros anos do estágio de convivência, entre outras precauções que podem ser adotadas.

9. Considerações finais

No direito brasileiro, a contar da Constituição Cidadã de 1988, a família é edificada pelo casamento, união estável ou pela comunidade formada por qualquer dos pais e seus descendentes, denominada família monoparental, nuclear, pós-nuclear, unilinear ou sociológica, na qual é professada a reciprocidade do ideal da felicidade, do desvelo, do carinho e da comunhão plena de vida e de afeto. O texto constitucional de 1988 trouxe ao ordenamento jurídico brasileiro a filiação socioafetiva, dividindo o espaço social e jurídico com a filiação biológica (artigo 227, cabeço e § 6º, da Carta Magna, e artigos 1.593, 1.596, 1.597, V, 1603 e 1.605, II, do Código Civil).

Não se pode esquecer o artigo 2º da Constituição Federal de 1988, que cuida da independência e harmonia entre os três Poderes da República. A função constitucional do Poder Judiciário é a aplicação do princípio da justiça, acimentado no artigo 3º, inciso I, da Magna Carta de 1988,[93] e que diz "com a própria condição humana, traduzindo-se na busca de uma existência digna e livre, vez que a liberdade se conquista pela justiça social".[94] E isso é constitucionalmente possível, porque "no Estado Democrático de Direito há um sensível deslocamento da esfera de tensão do Poder Executivo e do Poder Legislativo para o Poder Judiciário".[95] Nesse tempo de mudança, o Ministério Público e o Poder Judiciário têm essencial

---

[93] Artigo 3º, I, CF: *Constituem objetivos fundamentais da República Federativa do Brasil: I – construir uma sociedade livre, justa e solidária.*

[94] PALHARES, Cinara. Princípios constitucionais e consumeristas informadores do direito bancário. *Revista Jurídica*, nº 267, p. 47, jan./ 2000.

[95] STRECK, Lenio Luiz *et al*. *Ciência Política e Teoria Geral do Estado*. Porto Alegre: Livraria do Advogado, 2000, p. 95.

função, devendo atuar com mais ousadia, para hastear a coragem no afastamento do formalismo exagerado, passando a conceder a paternidade e a maternidade afetiva não por meio de processo de adoção, e sim da mesma forma em que é outorgada aos filhos biológicos, ou seja, na averiguação oficiosa de paternidade afetiva, no registro do nascimento, por escritura pública ou escrito particular, a ser arquivado em cartório, por testamento, ainda que incidentalmente manifestado, e por manifestação direta e expressa perante o juiz, ainda que o reconhecimento não haja sido o objeto único e principal do ato que o contém (artigo 1.609 do Código Civil).

Os princípios constitucionais da unidade e da interpretação conforme a Constituição, da convivência *em família*, da igualdade entre as filiações biológica e afetiva, da cidadania e da dignidade da pessoa humana são o sustentáculo legal da inconstitucionalidade do milenar e impróprio processo de adoção, que discrimina a filiação, porque: a) não agasalha as demais espécies de socioafetividade, mas, tão-só, a adoção judicial; b) classifica a adoção como *família substituta*, quando, na verdade, existem apenas duas espécies de família (biológica e/ou afetiva, ambas naturais e legítimas); c) exige à família afetiva um processo de adoção, não previsto à família genética, para o reconhecimento voluntário e judicial da paternidade.

O Magistrado que adotar essa idéia, ouvido o Ministério Público, poderá extinguir os processos de adoção em curso, em que não haja litígio ou nos casos em que os pais já tenham sido destituídos do poder familiar, homologando a vontade externada pelos pais afetivos (adotantes), determinando o registro da sentença no Cartório de Registro Civil. Nas novas ações de adoção, enquanto a comunidade jurídica não se familiarizar com o pensamento da socioafetividade, e constatada a ausência de pai jurídico (biológico ou afetivo), ou se for o caso de infante em estado de vulnerabilidade social,[96] após a manifestação do fiscal da lei, caberá a imediata homologação do ideal da paternidade. Em ambos os casos, após o registro de nascimento, a criança ou o adolescente poderá ser entregue ao recanto familiar dos pais afetivos, sem qualquer realização de estudo social, antecedentes criminais, atestados médicos ou produção de outras provas, na forma dos artigos 1.593, 1.596, 1.597, V, 1.603, 1.605, II, e 1.609 do Código Civil, e artigo 227, cabeço, da Constituição Federal.

Caso a criança ou o adolescente encontrar-se abrigado, cujos pais tenham sido destituídos do poder familiar, bastará que os pais afetivos

---

[96] PEREIRA, Sérgio Gischkow. O Direito de Família e o novo Código Civil: alguns aspectos polêmicos ou inovadores. *Revista brasileira do Direito de Família*, Porto Alegre: Síntese, nº 18, junho e julho de 2003, *não se exige a destituição de poder familiar nas situações de infante exposto, pais ou outros representantes legais desconhecidos e pais ou outros representantes legais desaparecidos, além do óbvio caso de orfandade.*

assinem declaração da paternidade e da maternidade, cujo documento padrão poderá ser obtido na Instituição de abrigamento, e, com o ulterior reconhecimento da firma, por autenticidade, poderá ser lavrado novo registro de nascimento, com a entrega da criança ou do adolescente aos pais sociológicos. Além desse escrito particular, a aclamação da paternidade e da maternidade, como diz o artigo 1.609 do Código Civil, poderá ser formatada por escritura pública, testamento ou perante qualquer Magistrado. Esse procedimento administrativo afastará a incidência da via jurisdicional (processo de adoção), atendendo, assim, ao princípio da proteção integral e absoluta da infância e da juventude.

Para acolher o argumento da segurança jurídica, a intervenção do Ministério Público e do Poder Judiciário poderá ocorrer em momento ulterior ao reconhecimento voluntário da paternidade afetiva, determinando-se ao Oficial do Registro Civil a remessa da certidão de nascimento e do termo de declaração da paternidade afetiva ao Poder Judiciário, por analogia à Investigação oficiosa de paternidade, prevista na Lei nº 8.560/92. Depois de ouvido o Ministério Público, seria o caso de realizar estudos sociais, de quatro em quatro meses, durante os dois primeiros anos do estágio de convivência.

Para as hipóteses em que houver a necessidade de oitiva dos pais e/ou do filho biológicos, aos pais afetivos é facultado o ingresso, ao invés da ação de adoção, do processo de investigação de paternidade afetiva cumulada com destituição do poder familiar, porquanto o afeto foi hasteado a valor jurídico, a direito fundamental, constituindo-se em causa de pedir, lado a lado com a relação sexual (reprodução humana natural) e assexual (reprodução humana medicamente assistida, inseminação artificial). Com esse pensamento, será exigida uma maior participação do Ministério Público, no sentido de ajuizar a ação de destituição do poder familiar, para que seja dispensada a ação de investigação judicial (litigiosa) de investigação de paternidade e/ou de maternidade sociológica. Inexistindo pai jurídico (biológico ou afetivo), a proclamação da paternidade não reclama o consentimento do filho, salvo se contar mais de 12 anos.[97]

---

[97] O reconhecimento voluntário da paternidade, *sem a oitiva do filho*, somente pode dar-se até os 12 anos incompletos. É dizer, enquanto criança, os pais podem reconhecer, à revelia do filho, a paternidade e a maternidade. Contudo, a contar da adolescência, aos 12 anos de idade, há necessidade de aquiescência do filho, tendo em vista os seguintes fundamentos jurídicos: o primeiro, de acordo com o artigo 45, § 2º, do ECA, o adolescente, a contar dos 12 (doze) anos de idade, tem o direito de ser ouvido quando de sua adoção, cujo consentimento não poderá ser suprido pelos pais ou responsáveis, porque direito exclusivo, inalienável e intangível do adotado; o segundo, o artigo 1.621 do Código Civil dispõe que *a adoção depende de consentimento dos pais ou dos representantes legais, de quem se deseja adotar, e da concordância deste, se contar mais de doze anos*; o terceiro, o artigo 1.740, inciso III, do Código Civil estabelece que *incumbe ao tutor, quanto à pessoa do menor, adimplir os demais deveres que normalmente cabem aos pais, ouvida a opinião do menor, se este já contar doze anos de idade*. Ora, o ordenamento jurídico deve ser interpretado com lógica, coerência, com unidade

Essa idéia faz com que os personagens do processo de adoção (filho adotado e pais adotantes) não sejam mais rotulados, discriminados, excluídos e estigmatizados, em vista da inclusão unicamente dos adotados na família afetiva, os quais, de quebra, são exilados em família substituta. Os pais, invocando o evangelho de São João, dirão ao filho afetivo: *não fostes vós que me escolhestes, mas fui eu que vos escolhi a vós*, e que ele não está abrigado em uma família substituta, nascido de um traumático processo de adoção judicial, e sim desejado, idealizado, gestado e nascido pelo cordão umbilical do amor, do afeto, da solidariedade, vivendo em uma comunhão plena de vida, de responsabilidade, de liberdade e de felicidade.

A colocação desse novo paradigma da perfilhação afetiva está na fase gestacional, carecendo do devido aprimoramento dos juristas, aos quais se roga para não volverem seu olhar unicamente à milenar família consangüínea, mas, primordialmente, à nascente família afetiva, que é de elevada relevância social, merecendo ser interpretada, fomentada, incentivada, reforçada, facilitada, efetivada e idolatrada sob a égide do supremo princípio da proteção integral e absoluta da perfilhação, que inadmite corte vertical entre as filiações (biológica e sociológica). Ter um pai, ainda mais afetivo, é exercer o direito fundamental ao afeto, à solidariedade, à felicidade, à convivência familiar, à cidadania e à dignidade humana, fundantes do ser humano como sujeito[98] e que fazem amortecer a pergunta, que não quer calar, ao pai genético: *pai, por que me abandonaste?*

10. Bibliografia

ALMEIDA, Aline Mignon de. *Bioética e Biodireito*, Rio de Janeiro, Editora Lumen Juris, 2000.

ALMEIDA, Maria Cristina de. *Investigação de Paternidade e DNA: aspectos polêmicos*. Porto Alegre: Livraria do Advogado, 2001.

BAPTISTA, Sílvio Neves. *Guarda e Direito de Visita,* Direito de Família: a família na travessia do milênio, Anais do II Congresso Brasileiro de Direito de Família, Rodrigo da Cunha Pereira (coordenador), Belo Horizonte, IBDFAM, OAB - MG, Del Rey, 2000.

---

constitucional, principalmente com base no superprincípio da proteção integral e absoluta da criança e do adolescente. É dizer, não pode a Lei, em um momento, determinar que o adolescente seja ouvido para ser adotado e administrar sua pessoa e seus bens, quando órfão, mas, por outro lado, a mesma Lei não autorizar a sua oitiva quando do reconhecimento voluntário da paternidade e/ou da maternidade, em que se verificam os mesmos efeitos jurídicos da adoção. Não se deve esquecer que o reconhecimento voluntário ou judicial da paternidade e/ou da maternidade é irrevogável, motivo por que não se deve violentar a consciência do adolescente, obrigando-o a aceitar uma paternidade e/ou maternidade que não mais poderá ser revogada.

[98] Expressão utilizada por PEREIRA, Rodrigo da Cunha (Coord.). *Pai, por que me abandonaste?*. In: Direito de Família e Psicanálise. Rio de Janeiro: Ed. Imago, 2003, p.227, *in fine*.

BARROSO, Luís Roberto. *Interpretação e aplicação da Constituição.* 5.ed. São Paulo: Saraiva, 2003.

BEVILAQUA, Clovis. *Direito da Família.* 7.ed. Rio de Janeiro: Ed. Freitas Bastos, 1943.

BOFF, Salete Oro. *Federalismo e Federação brasileira: aspectos básicos.* Ijuí: Editora Unijuí, 1995.

BONAVIDES, Paulo. *Curso de Direito Constitucional.* 11.ed. São Paulo: Malheiros, 2001.

BRAUNER, Maria Cláudia Crespo. Nascer com dignidade frente à crescente instrumentalização da reprodução humana. *Revista do Direito - Programa de Pós-Graduação em Direito-Mestrado*, Santa Cruz do Sul: Editora UNISC, n° 14, p. 15, julho/dezembro de 2000.

——; AZAMBUJA, Maria Regina Fay de. A releitura da adoção sob a perspectiva da doutrina da proteção integral à infância e adolescência. *Revista Brasileira de Direito de Família*, Porto Alegre: Síntese, n° 18, p. 46, junho e julho de 2003.

CAHALI, Yussef Said. *Divórcio e Separação.* 9.ed. São Paulo: Editora Revista dos Tribunais, 2000.

CANOTILHO, José Joaquim Gomes. *Direito Constitucional e Teoria da Constituição.* 3.ed. Coimbra – Portugal: Livraria Almedina, 1999.

CARBONERA, Silvana Maria. O papel jurídico do afeto nas relações de família. In: Repensando o direito de família - I Congresso Brasileiro de Direito de Família, 1999, Belo Horizonte. *Anais.* Rodrigo da Cunha Pereira (coord.). Belo Horizonte: Del Rey, 1999.

CARVALHO, Salo de. *Pena e garantias: uma leitura do garantismo de Luigi Ferrajoli no Brasil.* Rio de Janeiro: Lumen Juris, 2001.

CATTANI, Aloysio Raphael *et al.* O Nome e a Investigação de Paternidade: uma nova proposta interdisciplinar. In: *Direito de Família e Ciências Humanas.* Eliana Riberti Nazareth *et al.* (cord.). Caderno de Estudos, n° 2. São Paulo: Editora Jurídica Brasileira, 1998.

CERQUEIRA FILHO, Giságlio. *Estatuto da Criança e do Adolescente Comentado: comentários jurídicos e sociais.* 2.ed. Munir Cury *et al.* (coord.). São Paulo: Malheiros, 1992.

CHAVES, Antônio. *Adoção.* Belo Horizonte: Del Rey, 1995.

CINTRA, Maria do Rosário Leite. *Estatuto da Criança e do Adolescente Comentado: comentários jurídicos e sociais*, 2ª ed., Cury, Munir/Silva, Antônio Fernando do Amaral e/Mendez, Emílio García. (Coordenadores), São Paulo: Malheiros, 1992.

COBRA, Rubem Q. - Immanuel Kant. Página de Filosofia Moderna, Geocities, Internet, 1997. filmod@mymail.com.br, agosto de 2001.

COMEL, Nelsina Elizena Damo. *Paternidade Responsável: o papel do pai na sociedade brasileira e na educação familiar.* Curitiba: Juruá, 1998.

CORRÊA, Darcísio. *A construção da cidadania: reflexões histórico-políticas.* Ijuí: Editora Unijuí, 1999.

COULANGES, Fustel de. *A cidade antiga.* São Paulo: Martins Fontes, 2000.

CRUZ, Darclé de Oliveira. Parecer in *A filiação que se constrói: o reconhecimento do afeto como valor jurídico*, de Nogueira, Jacqueline Filgueras. São Paulo: Memória Jurídica, 2001.

DELINSKI, Julie Cristine. *O Novo Direito da Filiação.* São Paulo: Dialética, 1997.

FACHIN, Luiz Edson. *Da Paternidade: relação biológica e afetiva.* Belo Horizonte: Del Rey, 1996.

——. *Estabelecimento da filiação e paternidade presumida*, Porto Alegre: Fabris, 1992.

———. Família hoje. In: *A Nova Família: problemas e perspectivas*. Vicente Barretto (org.). Rio de Janeiro: Renovar, 1997.

———. Paternidade e ascendência genética. In: *Grandes Temas da Atualidade. DNA como meio de prova da filiação*. Rio de Janeiro: Forense, 2000.

FERRAZ JÚNIOR, Tercio Sampaio. *Constituição de 1988: legitimidade, vigência e eficácia, supremacia*. São Paulo: Atlas, 1989.

FISCHER, Marília Filgueras. Parecer in *A filiação que se constrói: o reconhecimento do afeto como valor jurídico*, de Nogueira, Jacqueline Filgueras. São Paulo: Memória Jurídica, 2001.

GAMA, Guilherme Calmon Nogueira da. Filiação e reprodução assistida: introdução ao tema sob a perspectiva do direito comparado, *in Revista dos Tribunais* n° 776, ano 2000.

GRUNSPUN, Haim. *Distúrbios neuróticos da criança*. 5.ed. São Paulo: Athenem, 2003.

IRLENE Peixoto Morais de Azevedo. Transformações familiares. *In: Repensando o direito de família* - I Congresso Brasileiro de Direito de Família, 1999. Belo Horizonte. *Anais*. Rodrigo da Cunha Pereira (coord.). Belo Horizonte: Del Rey, 1999.

KUHN, Thomas S. *A estrutura das revoluções científicas*. 5.ed. São Paulo: Editora Perspectiva, 2000.

LACAN, Jacques. *Para ler o seminário 11 de Lacan*. Traduzido por Dulce Duque Estrada. Richard Feldstein, Bruce Fink e Maire Jaanus (org). Rio de Janeiro: Jorge Zahar Editor, 1997.

LEITE, Eduardo de Oliveira. Exame de DNA, ou o limite entre o genitor e o pai. In: *Grandes Temas da Atualidade. DNA como meio de prova da filiação*. Rio de Janeiro: Forense, 2000.

———. *O Direito (Não Sagrado) de Visita*, Repertório de Jurisprudência e Doutrina sobre Direito de Família, coordenadores: Teresa Arruda Alvim Wambier e Alexandre Alves Lazzarini, Vol. 3, São Paulo: Editora Revista dos Tribunais, 1996.

———. *Síntese de Direito Civil. Direito de Família*. Curitiba: JM Editora, 1997.

———. *Temas de Direito de Família*, São Paulo: Editora Revista dos Tribunais, 1994.

LOBATO, Anderson Cavalcante. *Para uma nova compreensão do sistema misto de controle de constitucionalidade: a aceitação do controle preventivo,* in Cadernos de Direito Constitucional e Ciência Política n° 06, São Paulo, 1994.

LÔBO, Paulo Luiz Netto. O exame de DNA e o princípio da dignidade da pessoa humana. *Revista Brasileira de Direito de Família*, Porto Alegre, n° 01, jun. 1999, e BRASÍLIA. Superior Tribunal de Justiça. a 01, (Rev. STJ-06):16-23, julho 1999, CD-STJ, 11.2000.

MÄDCHE, Flávia Clarici. Parecer in *A filiação que se constrói: o reconhecimento do afeto como valor jurídico*, de Nogueira, Jacqueline Filgueras. São Paulo: Memória Jurídica, 2001.

MIRANDA, Jorge. *Manual de Direito Constitucional*. 2.ed. Coimbra – Portugal: Coimbra Editora Limitada, 1993.

MORAES, Alexandre de. *Constituição do Brasil interpretada*. 2.ed. São Paulo: Atlas, 2003.

NOGUEIRA, Jacqueline Filgueras. *A filiação que se constrói: o reconhecimento do afeto como valor jurídico*. São Paulo: Memória Jurídica, 2001.

OLIVEIRA Filho, Bertoldo Mateus de. *Alimentos e Investigação de Paternidade*, 3ª ed., Belo Horizonte: Ed. Del Rey, 1999.

OLIVEIRA, Guilherme de. *Critério Jurídico da Paternidade*. Coimbra: Livraria Almedina, 1998.

PALHARES, Cinara. Princípios constitucionais e consumeristas informadores do direito bancário. *Revista Jurídica*, nº 267, p.47, jan./ 2000.

PEREIRA, Lafayette Rodrigues. *Direitos de Família: anotações e adaptações ao Código Civil por José Bonifácio de Andrada e Silva*. 5.ed. Rio de Janeiro: Livraria Freitas Bastos, 1956.

PEREIRA, Rodrigo da Cunha. A criança não existe. In: Direito de Família e Psicanálise. Giselle Câmara Groeninga e Rodrigo da Cunha Pereira (Coordenadores).Rio de Janeiro: Editora Imago, 2003.

———. *Direito de Família: uma abordagem psicanalítica*. 2.ed. Belo Horizonte: Del Rey, 1999, p. 36 e 148, citando LACAN, Jacques. *Os complexos familiares*. Traduzido por Marco Antônio Coutinho *et al*. Rio de Janeiro: Jorge Zahar, 1990.

———. (Coord.). *Pai, por que me abandonaste?*. In: Direito de Família e Psicanálise. Rio de Janeiro: Ed. Imago, 2003.

PEREIRA, Sérgio Gischkow. O direito de família e o novo Código Civil: alguns aspectos polêmicos ou inovadores. *Revista brasileira do Direito de Família*. Porto Alegre: Síntese, nº 18, junho e julho de 2003.

PEREIRA, Tânia da Silva. O estatuto da criança e do adolescente inovando o direito de família. In: Repensando o direito de família - I Congresso Brasileiro de Direito de Família,1999, Belo Horizonte. *Anais*. Rodrigo da Cunha Pereira (coord.). Belo Horizonte: Del Rey, 1999.

RIZZARDO, Arnaldo. *Direito de Família*, vol. I. Rio de Janeiro: Aide, 1994.

SILVA, Janira Aparecida da. Parecer in *A filiação que se constrói: o reconhecimento do afeto como valor jurídico*, de Nogueira, Jacqueline Filgueras. São Paulo: Memória Jurídica, 2001.

SILVA, José Afonso da. *Curso de Direito Constitucional Positivo*. 10.ed. São Paulo: Malheiros, 1995.

SILVA, Reinaldo Pereira e. *Ascendência biológica e descendência afetiva: indagações biojurídicas sobre a ação de investigação de paternidade,* in Direitos de Família, uma abordagem interdisciplinar, Silva, Reinaldo Pereira e. Azevedo, Jackson Chaves de (Coordenadores). São Paulo: LTr, 1999.

STEINMETZ, Wilson Antônio. *Colisão de Direitos Fundamentais e princípio da proporcionalidade*. Porto Alegre: Livraria do Advogado, 2001.

STRECK, Lenio Luiz. *A revelação das 'obviedades' do sentido comum e o sentido (in)comum das 'obviedades' reveladas*, Afonso de Julios Campuzano [et al.]. José Alcebíades de Oliveira Junior (org.). *O Poder das Metáforas: homenagem aos 35 anos de docência de Luis Alberto Warat,* Porto Alegre, Livraria do Advogado, 1998.

———. *Jurisdição constitucional e hermenêutica – uma nova crítica do Direito*. Porto Alegre: Livraria do Advogado, 2002.

———. O "crime de porte de arma" à luz da principiologia constitucional e do controle de constitucionalidade: três soluções à luz da hermenêutica, *in Revista de Estudos Criminais* nº 01, 2001, pp.54-5

———. *Súmulas no Direito Brasileiro: eficácia, poder e função*. Porto Alegre: Livraria do Advogado, 1995.

———; MORAIS, José Luis Bolzan de. *Ciência Política e Teoria Geral do Estado*. Porto Alegre: Livraria do Advogado, 2000.

TEPEDINO, Gustavo. *Temas de Direito Civil*. 2.ed. Rio de Janeiro: Renovar, 2001.

VELOSO, Zeno. *A sacralização do DNA na investigação de paternidade*. In: *Grandes Temas da Atualidade. DNA como meio de prova da filiação*. Rio de Janeiro: Forense, 2000.

——. Negatória de paternidade – vício de consentimento. *Revista Brasileira de Direito de Família*, Porto Alegre, n° 3, outubro/novembro/dezembro de 1999.

VERCELLON, Paolo. *As Novas Famílias, Direito de Família e do Menor - inovações e tendências - doutrina e jurisprudência,* 3ª ed., Sálvio de Figueiredo Teixeira (coordenador). Belo Horizonte, Del Rey, 1993.

VILLELA, João Baptista. *Desbiologização da Paternidade*, *in* Boletim IBDFAM, n° 11, ano 02, setembro/outubro de 2001.

——. O modelo constitucional da filiação: verdades & superstições. *Revista Brasileira de Direito de Família*, n° 2, julho/agosto/setembro de 1999.

WELTER, Belmiro Pedro. (Des)velamento da cidadania na democracia constitucional. *Revista de Direito de Família da Universidade Regional Integrada do Alto Uruguai e das Missões*, Santo Ângelo, n° 01, ago. 2002.

——. *Estatuto da união estável*. 2.ed. Porto Alegre: Síntese, 2003.

——. *Igualdade entre as filiações biológica e socioafetiva*. São Paulo: Revista dos Tribunais, 2003.

— 5 —

A secularização do Direito de Família

BELMIRO PEDRO WELTER

Promotor de Justiça no Rio Grande do Sul, Mestre em Direito Público pela UNISINOS, Professor de Direito de Família e de Pós-Graduação na URI (Santo Ângelo, RS), Professor de Pós-Graduação do curso JusPODIVM e Faculdades Jorge Amado (Salvador, Bahia). Coordenador de Promotorias de Justiça, palestrante e autor de vários livros

Sumário: 1) Considerações iniciais; 2) Influência do Direito Canônico; 3) O Processo de secularização no Direito de Família; 4) O processo de secularização no Estado de Direito; 5) Considerações finais; 6) Bibliografia.

1. Considerações iniciais

Mesmo com a promulgação da Constituição Federal de 1988 e do Código Civil de 2002, constata-se que a norma posta pelo Estado ainda está impregnada pelas características do Direito Canônico, especialmente o Direito de Família, o que se infere nos seguintes casos: 1) na (in)dissolubilidade do casamento, em que há exigência legal de prévia separação judicial (art. 1.571, III, do CC); 2) na audiência de tentativa de reconciliação dos cônjuges ou companheiros (Lei nº 6.515/77); 3) na busca de um culpado pelo fim do casamento ou da união estável; 4) na perda do nome de casado pelo cônjuge culpado (art. 1.578 do CC); 5) no recebimento de alimentos naturais pelo cônjuge ou companheiro culpado (artigo 1.694, § 2º, do CC); 6) na herança ao cônjuge ou companheiro sobrevivente que não tenha sido considerado culpado pela separação judicial, separação de fato ou dissolução da união estável (art. 1.830 do CC); 7) na (im)possibilidade da indenização por dano moral;[1] 8) na reversão dos bens e da meação ao cônjuge ou convivente enfermo, que não houver pedido a separação judicial ou dissolução da união estável, nos casos permitidos pelo regime de bens (art. 1.572, § 3º, do Código Civil).

O Direito Canônico imiscuiu-se em todos os setores da atividade humana, mas o Estado de Direito excluiu a interferência divina. A pesquisa tem a finalidade de (re)velar o processo de secularização (laicização),[2] que representou a separação entre o Estado e a Religião.

2. Influência do Direito Canônico

Com o desmembramento do Império Romano, em Ocidente e Oriente, a contar do século V, e com o decorrente desaparecimento de uma ordem secular estável, houve um deslocamento de autoridade e poder de Roma ao Chefe da Igreja Católica Romana. Esta, por sua vez, desenvolveu o

---

[1] 1) A favor da indenização: MADALENO, Rolf. *Divórcio e Dano Moral*. *Revista Brasileira de Direito de Família*, n. 2, p. 60-5. No mesmo sentido: 2) CAHALI, Yussef Said. *Divórcio e Separação*. 8.ed. São Paulo: Editora Revista dos Tribunais, 1995, p. 953; 3) BITTAR, Carlos Alberto. *Reparação civil por danos morais*. 3.ed. São Paulo: Editora Revista dos Tribunais, 1998, p. 188-9; 4) CRISPINO, Nicolau Eládio Bassalo. Responsabilidade Civil dos Conviventes. *In: A Família na Travessia do Milênio* – II Congresso Brasileiro de Direito de Família, 2000, Belo Horizonte. Anais. (coord.) Rodrigo da Cunha Pereira. Belo Horizonte: Del Rey, 2000, p. 116-7; 5) SANTOS, Regina Beatriz Tavares da Silva Papa dos. *Reparação civil na separação e no divórcio*. São Paulo: Saraiva, 1999, p. 153-154; 6) REI, Cláudio Alexandre Sena. Danos morais entre cônjuges. Disponível em: www.jus. navigandi.com.br. Acesso em: 03.03.2001; 7) CAHALI, Yussef Said. *Dano Moral*. 2.ed. São Paulo: Editora Revista dos Tribunais, 1999, p. 670; 8) AGUIAR, Dias. *Da Responsabilidade Civil*. 3.ed. 1954. Tomo II/409, § 160, *apud* Ap. Cível nº 36.016, da 1ª CCv. do TJRS. Relator: Des. Cristovam Daiello Moreira. 17.03.1981. *In: RT* 560/178-185; 09) PORTO, Mário Moacyr; BIGI, José de Castro. HADDAD, Luiz Felipe; *apud* CAHALI, Yussef Said. *Dano moral*. Op. cit., p. 668 a 670; 10) RIO GRANDE DO SUL. Tribunal de Justiça. Ap. cível nº 36.016, da 1ª CCv. Relator: Des. Cristovam Daiello Moreira. 17.03.1981. *In: RT* 560/178-185; 11) BRASÍLIA. Superior Tribunal de Justiça. Recurso Especial nº 37051, 3ª Turma. Relator: Min. Nilson Naves. 17.04.2001; 12) SANTOS, Regina Beatriz Tavares da Silva Papa dos. Responsabilidade Civil dos conviventes. *Revista brasileira de direito de família*, nº 3, ano I, p. 39, out/dez/1999, citando acórdão da 10ª Câmara de Direito Privado do Tribunal de Justiça do Estado de São Paulo, 23.04.1996. Relator: Desembargador Quaglia Barbosa, e acórdão da 2ª Câmara de Direito Privado. Relator: Desembargador Ênio Santarelli Zuliani. 23.02.1999; 13) RIO DE JANEIRO. Tribunal de Justiça. Ap. Cível nº 8.323/98, 9ª CCv. Relator: Des. Jorge de Miranda Magalhães; DJE 19.10.98. In: Revista Jurídica 257, p. 74-2; 02) Contra a indenização: RIO DE JANEIRO. Tribunal de Justiça. Apelação Cível nº 14156/98, 14ª Câmara Cível. Relator: Des. Marlan de Moraes Marinho. 13.05.99. No mesmo sentido: 14) RIO GRANDE DO SUL. Tribunal de Justiça. Ap. 597.155.167 – 7ª CCv. Relator: Des. Eliseu Gomes Torres. 11.02.1998. In: RT 752/344; 02) PEREIRA, Sérgio Gischkow. Dano moral e Direito de Família: o perigo de monetarizar as relações familiares. Disponível em: http://www.gontijo-familia.adv.br.

[2] FERREIRA, Aurélio Buarque de Holanda. *Novo Dicionário Aurélio da Língua Portuguesa*. 2.ed. Rio de Janeiro: Editora Nova Fronteira, 1986. Laicizar (laicificar) significa tornar laico ou leigo; excluir o elemento religioso ou eclesiástico de (organização estatal, ensino etc); laicificar. Laico: que vive no, ou é próprio do mundo, do século; secular (por oposição a eclesiástico). Secularizar: tornar secular ou leigo (o que era eclesiástico), sujeitar à lei civil: secularizar instituições.

direito canônico, estruturado num *conjunto normativo dualista – laico e religioso – que irá se manter até o século XX*.³ Como conseqüência, na Idade Média, o Direito, confundido com a Justiça, era ditado pela Igreja Católica, que, possuindo autoridade e poder, se dizia *intérprete de Deus na terra*.⁴

A Reforma Gregoriana (1073-1085) proclamou a superioridade Papal sobre toda a cristandade, nascendo o Direito Canônico, que passou a ditar normas. Na parte ocidental da Europa foram impostos os dogmas católicos, massacrando e expulsando *hereges*, principalmente Judeus, queimando bruxas e perseguindo grupos que não comungavam a doutrina da Igreja, tudo sob a égide Papal, que significava o centro do poder político da época.⁵

Contudo, a partir do século XIV, as divergências entre o Estado e a Igreja tornaram-se cada vez mais acirradas e, paulatinamente, começaram a se firmar as teorias contrárias aos interesses dos Papas, pelo que, ambos, Igreja e Império, *poderes universais, vão enfrentar uma limitação cada vez maior, e a tendência dominante da época vai ser a de uma gradativa secularização da mentalidade, com reflexos em todos os setores da atividade humana*,⁶ cujo processo de laicização alastrou-se pelos países ocidentais.

3. O processo de secularização no Direito de Família

A humanidade, que se encontrava no estado da natureza, sem qualquer regra de convivência social, firmou um contrato social, surgindo, então, o Estado de Direito, criação artificial da razão humana, que passa a ditar as leis positivas, acarretando o fim do estado natural e o início do Estado Social e Político, que *nasceu sob a forma de monarquias absolutas (...), como um Estado monárquico, nacional, soberano e secularizado.*⁷

As teorias contratualistas, sustentadas, basicamente, por Hobbes,⁸

---

³ PHILIPPI, Jeanine Nicolazzi. *A Lei: uma abordagem a partir da leitura cruzada entre Direito e Psicanálise*. Belo Horizonte: Del Rey, 2001, p. 89, 90, 91, 99 e 101.

⁴ CORRÊA, Darcísio. *A construção da cidadania*. Ijuí: Editora Unijuí, 1999.

⁵ LIANO JR. Nelson. *Bruxas: as Habitante do Ar. apud*, CAIRO, Cristina. *Linguagem do corpo*. São Paulo: Editora Mercuryo, 2003, p. 18.

⁶ SARLET, Ingo Wolfgang. *Maquiavel, "o príncipe" e a formação do Estado moderno*. In: CD juris plenum, edição 72, vol. 2, agosto de 2003.

⁷ Idem.

⁸ Acreditava Thomas Hobbes que, no estado de natureza, o homem era lobo do homem, sendo necessário que fosse realizado "(...) um pacto de cada homem com todos os homens, de modo que é como se cada homem dissesse a cada homem: *cedo e transfiro meu direito de governar-me a mim mesmo a este homem, ou a esta assembléia de homens (...)*. Feito isso, à multidão assim unida numa só pessoa se chama Estado"(Thomas Hobbes, *Leviathan, apud* RIBEIRO, Renato Janine. Hobbes: o medo e a esperança. In: *Os Clássicos da Política*. 12.ed. Francisco C. Weffort (org.). São Paulo: Editora Ática, 1999, p. 62. Vol. I).

John Locke[9] e Jean Jacques Rousseau,[10] com a influência de Kant, Pufendorf e Leibniz,[11] decorreram do movimento Renascentista,[12] como forma de justificar a criação de um Estado secular, laico, desconsagrado, degredado, dessacralizado, desdramatizado e autônomo, com poderes limitados e livre das influências eclesiásticas.

No Brasil, a laicificação foi implantada com a Proclamação da República, *na qual ficou proibida a intervenção da autoridade federal e dos Estados Federais em matéria religiosa, conforme Decreto nº 119-A, de 07 de janeiro de 1890.*[13] Em outras partes do mundo, a laicização encontrava-se em andamento desde a baixa Idade Média, principalmente a partir do século XIV, em que houve a intensificação dos conflitos entre o Estado e a Igreja, com a gradativa modificação da mentalidade em todos os setores da atividade humana (política, religião, regime de governo, família etc) e, ainda, com a decrescente autoridade Religiosa e, via de conseqüência, a crescente autoridade da ciência, da razão, do homem secular.[14]

A secularização é a ruptura entre a cultura eclesiástica e a doutrina filosófica, especialmente entre a moral do clero e a forma de produção da ciência. A moral, a contar da separação entre a Religião e o Estado, não é mais um mandato das alturas, não é mais sacra, e sim profana.[15]

Há vários séculos, a Igreja Católica instituiu a noção de culpa no casamento, em vista do cometimento e absorção da mácula do pecado

---

[9] Entendia John Locke, conforme lições de Darcísio Corrêa, que "(...) para o estado de natureza ser perfeito, só faltava um juiz imparcial para dirimir eventuais conflitos, restando para o Estado e o direito a finalidade única de proteger (e não transformar) os indivíduos" (*A Construção da Cidadania: reflexões histórico-políticas*. Ijuí: Editora Unijuí, 1999, p. 53).

[10] Doutra parte, para Jean Jacques Rousseau, o mais democrático dos contratualistas, o *Contrato Social* objetivava justificar o liberalismo e a república, assegurando "(...) a igualdade, a liberdade e o governo submetido a leis ditadas pela vontade geral" (GUSMÃO, Paulo Dourado de. *Introdução ao Estudo do Direito*. 19.ed. Rio de Janeiro: Forense, 1996, p. 390).

[11] Nesse sentido, conferir CORRÊA, Darcísio. *A Construção da Cidadania: reflexões histórico-políticas*. Ijuí: Editora Unijuí, 1999, p. 47 a 57.

[12] O Renascimento, movimento científico e cultural, iniciado no século XIV, atingindo seu apogeu nos séculos XV, XVI e início do século XVII "(...) pretendia ser um retorno à Antigüidade Clássica" (FERREIRA, Aurélio Buarque de Holanda. *Novo Dicionário Brasileiro da Língua Portuguesa*. 2.ed. São Paulo: Editora Nova Fronteira, 1994, p. 1484). Característica marcante do pensamento renascentista é a valorização do homem, sendo que "(...) essa nova maneira de pensar o homem era totalmente contrária à visão do homem medieval, que pregava o Teocentrismo (Deus como centro do universo). No Renascimento a figura do homem foi extremamente valorizada, pois acreditava-se que o homem era o ser capaz de transformar a sociedade, e não Deus" (*Manual Dinâmico do Estudante*. São Paulo: Difusão Cultural do Livro, 1999, p. 208-209).

[13] EUZÉBIO, Silvio Roberto Matos. Os cemitérios municipais – uma concepção de regulamentação jurídica e a atuação do Ministério Público. *In: CD juris plenum*, edição 72, vol.2, agosto de 2003.

[14] SARLET, Ingo Wolfgang. Maquiavel, "o príncipe" e a formação do Estado moderno. *In: CD juris plenum*, edição 72, vol.2, agosto de 2003.

[15] CARVALHO, Amilton Bueno de; CARVALHO, Salo de. *Aplicação da Pena e Garantismo*. Rio de Janeiro: Lumen Juris, 2001, p. 1 e 9.

original por Adão e Eva, que foram expulsos do paraíso. Em decorrência, surge o *princípio da culpa canônica*,[16] como forma de manter edificado o casamento, que somente poderia ser desfeito mediante a comprovação de um culpado, que deveria ser punido.[17] O Direito de Família brasileiro aceitou a influência da legislação eclesiástica, nas Constituições de 1934, 1937, 1946, 1967 e 1969, ao preconizarem que o casamento indissolúvel era a única forma de se constituir família.[18]

Não obstante a dessacralização do Estado de Direito (séculos IV a XX), ainda pendem resquícios do Direito Eclesiástico. E isso ocorre porque, pelo Direito Canônico, o casamento deve ser indissolúvel, um sacramento, ser eterno - *até que a morte os separe*. O divórcio canônico era admitido em raríssimas hipóteses, como no adultério, abandono ou sevícias, isto é, quando do cometimento de ilícito penal. Nesse sentido, há um paradoxo, porque, de um lado, o legislador brasileiro adota a culpa no Direito de Família, mas, por outro lado, já aceitou a separação entre o Estado e a Religião, nos seguintes casos, por exemplo: a) na introdução do divórcio no País, em 1977, após longos anos de discussão e resistência por parte dos Religiosos, afastando o princípio da indissolubilidade do casamento; b) ao permitir a guarda de filho pelo cônjuge ou companheiro culpado pela dissolução da entidade familiar (artigo 1.584 do Código Civil); c) com o reconhecimento de outras formas de constituição de família, como a união estável e a monoparentalidade (artigo 226, §§ 3º e 4º, da Constituição Federal, e artigo 1.723 e 1.597, IV, do Código Civil); d) com a igualdade entre os cônjuges (artigo 226, § 5º, da Constituição Federal, e artigo 1.511 do Código Civil); e) com a igualdade entre os filhos havidos ou não do casamento e da união estável (artigos 227, § 6º, da Constituição Federal, e 1.596 do Código Civil).

Por isso, são inconstitucionais as leis que adotam o critério da culpa no âmbito familiar, pelas seguintes razões: a primeira, o Estado de Direito laicizou, tornou leigo, secularizou, desconsagrou, degredou, dessacralizou, desdramatizou, afastando a culpa originária do Direito Canônico, e em um Estado Constitucional, que deve seguir critérios jurídicos e não morais, a *Constituição (ainda) constitui*.[19] Com a separação entre o Estado

---

[16] Ato de contrição: Meu bom Jesus, crucificado por minha culpa, estou muito arrependido por ter feito pecado, pois ofendi a vós que sois tão bom e mereci ser castigado neste mundo e no outro; mas perdoai-me, Senhor, não quero mais pecar. Amém.

[17] KLEIN, Fabiane. A polêmica sobre a abstração da culpa na separação judicial litigiosa. *In: O Direito de Família descobrindo novos caminhos*. (org.) Maria Cláudia Crespo Brauner. Canoas: Editora La Sale, 2001, p. 47-8.

[18] PEREIRA, Rodrigo da Cunha. *Direito de Família: uma abordagem psicanalítica*. 2.ed. Belo Horizonte: Del Rey, 1999, p. 33.

[19] STRECK, Lenio Luiz. *Jurisdição constitucional e hermenêutica – uma nova crítica do Direito*. Porto Alegre: Livraria do Advogado, 2002.

de Direito e a Religião,[20] o elemento moral, há vários séculos, não é mais um mandato das alturas, não é mais sacra, e sim secular, enfim, *tudo aquilo que não pertence à igreja, tudo o que se identifica como contrário, estranho ou alheio a tudo o que é sagrado*;[21] a segunda, as leis infraconstitucionais não têm o poder de limitar a liberdade concedida pela Carta Magna,[22] sob pena de incidir em retrocesso social, o que é inadmissível, segundo a doutrina[23] e a jurisprudência,[24] e renunciar à liberdade é o mesmo que abdicar de um direito próprio da humanidade.[25] O princípio da liberdade é que outorga o direito ao cônjuge ou ao companheiro de entrar e de sair do casamento e da união estável, representando o esteio,

---

[20] Para não ser interpretado equivocadamente, lembro que, embora sustente a aplicação do princípio da secularização no Estado de Direito, concordo com ROUANET, Sergio Paulo (*A volta de Deus*. Disponível em http://www.cienciaefe.org.br/OnLine/jul02/volta.htm acesso em 04.02.04), ao afirmar que *nenhuma sociedade pode sobreviver sem a religião, de que a maioria dos homens considera insatisfatórias as respostas dadas pela ciência às perguntas existenciais sobre a vida e a morte*.

[21] *O perigo da secularização da Igreja*. Disponível em http://www.iebf.org.br/estudos/secularizacao.html

[22] LOCKE, John. Segundo tratado sobre o governo. Traduzido por Jacy Monteiro. 2.ed. São Paulo: Abril Cultural, 1978, p. 122, *apud* PHILIPPI, Jeanine Nicolazzi. *A Lei, uma abordagem a partir da leitura cruzada entre Direito e Psicanálise*. Belo Horizonte: Del Rey, 2001, p. 268.

[23] BONAVIDES, Paulo. *Curso de Direito Constitucional*. 11.ed. São Paulo: Malheiros, 2001, p. 503-4, "a garantia constitucional de primeiro grau, dentro ou fora do art. 60, § 4º, d, protege o espírito da Constituição. Está fora do poder de emenda. Sobre ela não tem jurisdição o titular do poder constituinte constituído. Esse poder se insere unicamente na esfera jurídica de permissibilidade de emenda, estabelecida pela Constituição (...) As garantias constitucionais de segundo grau são, de conseguinte, aquelas que não conferem aos preceitos constitucionais uma proteção de eficácia idêntica àquelas de primeiro grau, porquanto os resguardam apenas contra o legislador ordinário, mas não prevalecem contra o legislador constituinte que exerce, nos limites da Constituição, o poder de emenda constitucional". STRECK, Luiz. *Hermenêutica e(m) crise*. 2.ed, porto Alegre: Editora Livraria do Advogado, 2000, p. 97, o Estado Social está assegurado pelo caráter intervencionista/regulador da Constituição, sendo "evidente que qualquer texto proveniente do constituinte originário não pode sofrer um retrocesso que lhe dê um alcance jurídico/social inferior ao que tinha originariamente, proporcionando um retorno ao estado pré-constituinte". Nesse sentido: 1) MARTINS, Ives Gandra da Silva. O exame do DNA como meio de prova – aspectos constitucionais. In: Grandes Temas da atualidade: DNA como meio de prova da filiação. (coord.) Eduardo de Oliveira Leite. Rio de Janeiro: Forense, 2000, p.128; 2) SILVEIRA, José Néri da. A reforma constitucional e o controle de sua constitucionalidade. *Revista do Ministério Público Estadual do Rio Grande do Sul*, Porto Alegre, nº 35, p. 15, 1995; 03) CARVALHO, Amilton Bueno; CARVALHO, Salo de. *Aplicação da Pena e Garantismo*. Rio de Janeiro: Lumen Juris, 2001, p. 6; 4) CANOTILHO, José Joaquim Gomes. *Direito Constitucional e Teoria da Constituição*. 3.ed. Coimbra – Portugal: Livraria Almedina, 1999, p. 326-7; 5) RUBIN, Daniel Sperb. Direito privado e Constituição – contratos e direitos fundamentais. *Revista do Ministério Público Estadual do Rio Grande do Sul*, Porto Alegre, nº 40, p. 107, mai./2001; 6) PEIXOTO, Cid. *Princípios elementares de Direito Público Constitucional*. 2.ed. São Paulo: Companhia editora nacional, Biblioteca de estudos comerciais e econômicos, 1942, p. 9. Volume 22.

[24] PORTUGAL. Tribunal Constitucional. Acórdão 39/84, 3º volume, de 11.04.84, processo nº 6/83. In: Diário da República, 1ª série, de 5 de Maio de 1984.

[25] ROUSSEAU, Jean-Jacques. *O contrato social*. Traduzido por Rolando Roque da Silva. São Paulo: Cultrix, 1936, p. 22, *apud* PHILIPPI, Jeanine Nicolazzi. A Lei, uma abordagem a partir da leitura cruzada entre Direito e Psicanálise. Belo Horizonte: Del Rey, 2001, p. 277.

o pilar, a âncora da democracia,[26] que não existe sem dignidade;[27] a terceira, em um Estado Constitucional hão de ser cumpridos os princípios constitucionais da secularização, da prevalência dos interesses dos cônjuges e companheiros, da cidadania, do afeto, da solidariedade, da privacidade, da liberdade e da dignidade da pessoa humana, não se admitindo que norma (infra)constitucional possa contrariar princípios.

Vê-se, pois, que, com o princípio da secularização, a manutenção no ordenamento jurídico do elemento subjetivo (culpa) representa indevida *interferência estatal, obstaculizando a vontade das partes, a configurar verdadeira afronta ao princípio da liberdade e negativa de vigência da regra maior da Constituição Federal, que é a da preservação da dignidade da pessoa humana*[28] e o princípio da separação entre o Estado e a Religião, pelo que não há necessidade de ser declarado um culpado e um inocente na dissolução da entidade familiar.[29]

4. O processo de secularização no Estado de Direito

O Direito Canônico interferiu em praticamente todas as áreas da sociedade, mas o processo de separação entre Estado e Religião, que teve início com as teorias renascentistas dos séculos XV e XVI, propondo um novo modelo de homem e Estado secular, começa a afastar as normas canônicas, pelo que se pode dizer que o processo de laicização deve ser aplicado nas seguintes áreas, por exemplo:

No direito penal: O acusado não deve ser julgado por sua periculosidade – como ocorria na Idade Média, em que o infrator era tido como herege, feiticeiro, bruxo -, com o aumento da pena devido a sua personalidade ou da reincidência em fato delituoso, já que prestou contas com relação ao fato pretérito.[30] Isso quer dizer que o Estado laicizado deve proibir a valoração do elemento subjetivo (imoralidade, personalidade) do

---

[26] CARVALHO, Salo de. *Pena e Garantias: uma leitura do garantismo de Luigi Ferrajoli no Brasil*. Rio de Janeiro: Lumen Juris, 2001, p. 174.

[27] WARAT, Luis Alberto. *Introdução Geral ao Direito*: o Direito não estudado pela teoria jurídica moderna. Porto Alegre: Sergio Antonio Fabris Editor, 1997, p. 61. Volume III.

[28] DIAS, Maria Berenice. O fim do fim sem fim. *In: Direitos fundamentais do Direito de Família*. Belmiro Pedro Welter e Rolf Hanssen Madaleno (Coordenadores), Porto Alegre: Livraria do Advogado, 2004.

[29] RIO DE JANEIRO. Tribunal de Justiça. Ap. 14.156/98, da 14ª CCv., unânime. Relator: Des. Marlan de Moraes Marinho, em 13.05.99. *In: Revista de Direito de Família* nº 2, jul./set./99, Porto Alegre: Editora Síntese, p. 59.

[30] Lições de Luigi Ferrajoli, Modesto Saavedra, Perfecto Ibañes e Eugênio Raul Zaffaroni. – Apelo parcialmente procedente. Unânime. (TJRS – ACr 70004496725 – 5ª C.Crim. – Rel. Des. Amilton Bueno de Carvalho – J. 07.08.2002)

acusado, quando da aplicação da pena, examinando tão-só os fatos coligidos aos autos, *isso porque são os únicos que podem ser empiricamente provados pela acusação e refutados pela defesa. Não é a alma do réu o objeto do juízo - já afirmava John Locke -, já que o julgamento recai sobre o que aquele fez, e não sobre o que aquele é.*[31]

Na execução penal: O direito não (re)produz, *nem tem a missão de reproduzir, os ditames da moral, sendo só produto de convenções legais não predeterminadas ontológica nem axiologicamente, e, ao inverso, os juízos morais não se baseiam no direito, senão só na autonomia da consciência individual.*[32] Por isso, o Estado *não deve se imiscuir coercitivamente na vida moral dos cidadãos e nem tampouco promover coativamente sua moralidade, mas apenas tutelar sua segurança, impedindo que se lesem uns aos outros,*[33] à medida que as estruturas políticas, a contar da criação do Estado de Direito, são obras dos homens, não da natureza ou de Deus.[34]

Significa dizer que o Estado de Direito está impedido de modificar a personalidade da pessoa malvada, *seja almejando reeducar, redimir, recuperar, ressocializar, etc. -, mas, sim, somente, de evitar que se lesem entre si. Ao lado do dever de não delinqüir existe o direito de ser malvado. As penas, assim, não devem perseguir fins pedagógicos ou correcionais, senão que devem consistir em sanções taxativamente predeterminadas e não agraváveis com tratamentos diferenciados e personalizados do tipo ético ou terapêutico.*[35]

Com isso, o direito estatal e a moral cristã devem estar separados, pelo que não é lícito que o Juiz da execução penal emita veredictos morais sobre a alma do apenado, buscando a sua eventual ressocialização, porquanto a pena deve ser cumprida conforme a conduta praticada, nos estreitos limites do comando judicial, e não, como no juízo moral, pelo que é ou pelo que se pode tornar o acusado.[36] Nesse aspecto, aliás, a execução penal sofreu a ingerência da Religião, pois, *para a Igreja, todos os homens eram pecadores e, portanto, inerentemente maus. Aos governos cabia a*

---

[31] SCHMIDT, Andrei Zenkner. Concurso aparente de normas penais. *CD Juris plenum*, volume 2, edição 72, outubro de 2003, citando John Locke, seguido, também, por Anselm Feuerbach, John Stuart Mill e Francesco Carrara.

[32] SCHMIDT, Andrei Zenkner. Ibidem.

[33] CARVALHO, Amilton Bueno de; CARVALHO, Salo de. *Aplicação da Pena e Garantismo*. Rio de Janeiro: Lumen Juris, 2001, p. 1 e 9.

[34] SALDANHA, Nelson. *Secularização e Democracia*. Rio de Janeiro: Renovar, 2003, p. 173.

[35] SCHMIDT, Andrei Zenkner. Concurso aparente de normas penais. *CD Juris plenum. Op. cit.*

[36] CARVALHO, Salo; CARVALHO, Amilton Bueno de. *Op. cit.*, p. 9. *In*: Ap. criminal nº 70004388724, 5ª CCr. 26.06.2002. Relator: Des. Amilton Bueno de Carvalho. RJTJRS 215, dezembro de 2002.

função de manter os homens longe do pecado, punindo com severidade os que eram considerados maus.[37] É por isso que na Lei de Execução Penal constam inúmeros benefícios, como a remição dos dias trabalhados, trabalho externo, saída temporária, progressão de regime, comutação da pena, indulto natalino, livramento condicional etc., buscando a *ressocialização* do apenado, mas, que, na verdade, representam tão-só indulgências divinas, ainda não secularizadas.

Contudo, o legislador brasileiro de 2003 acolheu o princípio da secularização, ao promulgar a Lei Federal nº 10.792, de 1º de dezembro de 2003, que alterou parcialmente a Lei de Execução Penal, afastando o elemento subjetivo (exame criminológico) na concessão do livramento condicional. Laicizada a ressocialização do apenado, inconstitucional será a decisão que conceder os benefícios da Lei de Execução Penal, à medida que *não podem vigorar princípios teológicos na prática dos governantes ou legisladores, pois cabe ao Estado Laico garantir, a todos os cidadãos e cidadãs, o exercício da liberdade de consciência e o direito de tomar decisões livres e responsáveis.*[38] Numa só palavra, em tendo o apenado o direito constitucional de ser malvado (liberdade de ser mau), o Estado não tem o direito de buscar a sua ressocialização, demonstrando, assim, que as áreas penal e de execução da pena precisam ser profanadas, aplicando-se o princípio da secularização.

Na hermenêutica, na filosofia, na pesquisa científica e literária e na educação: A descristianização da comercialização, publicação e socialização dos livros deu-se antes do século XIV, à medida que as bibliotecas eram destinadas exclusivamente a uma pequena minoria de sábios e estudiosos (confinados aos mosteiros no início da Idade Média), cujos livros eram escritos unicamente em latim ou em grego. Com o intercâmbio comercial europeu, em fins do século XIV, *burgueses e comerciantes passaram a integrar o mercado livreiro da época. A erudição laicizou-se, e o número de escritores aumentou, surgindo também as primeiras obras escritas em línguas que não o latim e o grego.*[39] As revoluções cultural e filosófica foram desconsagradas, em vista do grande interesse pela epistemologia (teoria do conhecimento), baseando-se na razão e na ciência moderna.

---

[37] KOSHIBA, Luiz. *História: origens, estruturas e processos*. São Paulo: Atual, 2000, p. 284.

[38] *Estado Laico e o Direito ao Aborto*. Disponível em http://www.cfemea.org.br/noticias/detalhes.asp?IDNoticia=128, acesso em 04.02.04.

[39] HOBBES, Thomas. *Leviatã*. Tradução Alex Marins. São Paulo: Editora Martin Claret, 2003, p. 8.

Na política: A política, antes do século XIV, era entendida como um poder que provinha das alturas, cujo destino dos homens era prescrito por Deus, pois os valores espirituais eram considerados superiores aos valores humanos.[40] Prova disso é que *a Igreja não hesitava em intervir no mundo profano: sacralizava as relações políticas, tornando-se, assim, fator imprescrindível de legitimidade, como no caso da sagração dos reis, ou da cavalaria, em que transformava uma categoria social numa espécie de ordem religiosa.*[41] A moral cristã era, assim, o pensamento *entre o bem e o mal, do justo e do injusto, que transcende e preexiste à autoridade do Estado.* Porém, Nicolau Maquiavel,[42] embora não tenha invocado o princípio da separação entre Estado e Religião, *percebeu que o poder político de fato é tudo, menos divino.*[43]

Na liberdade: Com a semente da laicização, as pessoas libertam-se dos dogmas religiosos, refazendo-se, pois, a imagem do poder, antes emanado de Deus, mas, agora, fixado num ente chamado Estado de Direito. É a influência do liberalismo, ao cunhar a liberdade como sua pedra angular.[44] Na sociedade secularizada, a pessoa passa à condição de humana, ensejando a criação do Estado, sem qualquer ingerência divina. É uma verdadeira revolução da razão contra a dogmática da Religião, com a *conseqüente negação das ambições por parte da Igreja sobre o poder temporal.*[45]

Na economia: A laicização fez com que as concepções de vida passassem a ter origem na razão e na liberdade do homem, com o reconhecimento do humanismo científico, literário e o advento da *economia monetária, as expansões marítimas, as novas técnicas e a gradual secularização da mentalidade que, basicamente, constituiu numa substituição gradativa dos padrões religiosos por padrões leigos e racionais.*[46] Dessa forma, deu-se início à *revolução econômica, por meio do capitalismo mercantil, do comércio, da manufatura e das cidades.*[47]

---

[40] SARLET, Ingo Wolfgang. Maquiavel, "o príncipe" e a formação do Estado moderno. *In: CD juris plenum*, edição 72, vol.2, agosto de 2003.

[41] KOSHIBA, Luiz. *História: origens, estruturas e processos*. São Paulo: Atual, 2000, p. 191.

[42] MAQUIAVEL, Nicolau. *O Príncipe. Comentários de Napoleão Bonaparte.* 12.ed. São Paulo: Hemus Editora Limitada, 1996.

[43] SARLET, Ingo Wolfgang. Maquiavel, "o príncipe" ... Op. cit.

[44] BOMFIM, Benedito Calheiros. Liberalismo e os direitos dos trabalhadores. *In: Síntese Trabalhista* nº 67 – janeiro de 1995, p. 7.

[45] SARLET, Ingo Wolfgang. Maquiavel, "o príncipe" ... Op. cit.

[46] Idem.

[47] CORRÊA, Darcísio. *A construção da cidadania*. Ijuí: Editora Unijuí, 1999.

*Na bioética,*⁴⁸ *no biodireito*⁴⁹ *e na intangibilidade da vida*: Está sendo recepcionado o princípio da dessacralização da vida que, pela Religião, é considerada sacra, propriedade de Deus, sendo o homem seu mero administrador. Entretanto, *o moderno pensamento teológico defende que o próprio Deus delega o governo da vida à autodeterminação do ser humano, e isto não fere e muito menos se traduz numa afronta à sua soberania. Dispor da vida humana e intervir nela não fere o senhorio de Deus.*⁵⁰ É o caso da clonagem terapêutica, destinada à produção de órgãos humanos para transplantes,⁵¹ harmonizando-se, de forma efetiva, o progresso científico com a dignidade da pessoa humana⁵² (art. 1º, inciso III, da Constituição Federal) e com a garantia de um meio ambiente equilibrado que preserva a diversidade e a integridade do patrimônio genético do País.⁵³ Por isso, concordo com a doutrina que sufraga a idéia da licitude na retirada de *uma célula do embrião para diagnóstico da presença de gene patogênico,*⁵⁴ possibilitando a cura de inúmeras doenças.⁵⁵

5. Considerações finais

A doutrina teológica contagiou e, infelizmente, continua a influenciar na edição de normas, pelo que é o momento de (re)pensar essa indevida

---

[48] LEITE, Eduardo de Oliveira. Procriações artificiais: bioética e biodireito, in *Repensando o Direito de Família*, Anais do I Congresso Brasileiro de Direito de Família, Pereira, Rodrigo da Cunha (Coord.), IBDFAM, OAB-MG, Belo Horizonte: Ed. Del Rey, 1999, p. 147, bioética é "o direito de intervir na vida de outra pessoa ou na vida de uma comunidade dada, procurando lhe imprimir uma nova orientação, ou simplesmente desviar seu rumo natural, não é tão óbvio como poderia parecer numa primeira abordagem".

[49] ALMEIDA, Aline Mignon de. *Bioética e biodireito*. Rio de Janeiro: Lumen Juris, 2000, p. XVII, "em relação à vida humana, a ética e o direito nunca estiveram tão próximos como agora, e daqui para frente, sempre que se falar em Biodireito, teremos que tratar da Bioética e vice-versa, na medida em que estão intimamente ligados".

[50] PESSINI, Léo. *Distanásia: Até quando investir sem agredir*. Disponível em http://www.cfm.org.br/revista/411996/dist8.htm, acesso em 04.02.04.

[51] GOMES, Celeste Pereira. Modernidade Obscura, Os Limites da Criação – Biotecnologia. São Paulo: *Revista dos Tribunais*, Ano III - Nº 14 - julho/agosto 2001, RT, 2001, p. 5.

[52] GRAU, Eros Roberto. *A Ordem Econômica na Constituição de 1988: interpretação e crítica*. 2.ed. São Paulo: RT, 1991, p. 216, "embora assuma concreção como direito individual, a dignidade da pessoa humana, enquanto princípio, constitui, ao lado do direito à vida, o núcleo essencial dos direitos humanos".

[53] FARIAS, Paulo José Leite. *A manipulação do patrimônio genético do contexto do ordenamento jurídico vigente,* texto contido na internet, www.jus.com.br., confirmado pelo autor por e-mail, em 02.05.01.

[54] PESSOA, Oswaldo Frota. *Fronteiras do Biopoder*, Disponível em http://200.239.45.3/cfm/espelho/revista/bio2v5/fronteirasbiopoder.htm, acesso em 09.06.99.

[55] ALMEIDA, Aline Mignon de. *Bioética e Biodireito*. Rio de Janeiro, Editora Lumen Juris, 2000, p. 26.

intromissão, já que o Estado não precisa que suas relações políticas sejam sacralizadas. Em outras palavras, dai à Religião as normas de Deus e ao homem as normas do Estado de Direito, elaboradas conforme a realidade vivenciada pela sociedade, e não por um Direito supostamente ditado por Deus.[56]

Da análise do processo de secularização, iniciado no século XIV, constata-se que, não obstante o transcurso do lapso temporal de vários séculos, ainda não foram profanados todos os setores da atividade humana, para se afastar a doutrina Religiosa do Estado de Direito. Em decorrência, a culpa no Direito de Família necessita ser laicizada, visto que o mundo moderno – secularizado-democrático-globalizado – deixou de comportar as estruturas do Direito Divino, não sendo mais o Pai do Céu quem diz o Direito Estatal, e sim o Estado Democrático de Direito, que não é um Estado *confessional, atemporal ou espiritual*, desaparecendo, com isso, a idéia de pecado.[57] A culpa, perquirida como forma de impor sanção ao cônjuge que tenha sido julgado culpado, não condiz com o moderno Direito de Família, que se fundamenta na Constituição Federal de 1988, que, por sua vez, acolheu os princípios da cidadania, da igualdade de direitos e deveres entre homens e mulheres, da igualdade jurídica entre casamento e união estável, da proibição de discriminação dos filhos, do afeto como valor jurídico, absorvendo os mesmos direitos e deveres entre as famílias biológica e socioafetiva, elevando a cidadania e a dignidade da pessoa humana a fundamento da República Federativa do Brasil e do Estado Democrático de Direito.

Com o reconhecimento do princípio da secularização, várias inconstitucionalidades podem ser apontadas no Direito de Família: a) a necessidade de prévia separação judicial, que é resquício do Direito Divino, que sustenta a indissolubilidade do casamento, devendo-se conceder o divórcio direto, sem qualquer comprovação de prazo, visto que *as partes nada mais querem do que o fim do casamento;*[58] b) a inclusão da culpa nas seguintes hipóteses: b.1) nas ações de separação judicial, divórcio ou dissolução da união estável; b.2) na perda do nome de casado(a) pelo cônjuge culpado pela dissolução da sociedade conjugal; b.3) na fixação de alimentos somente naturais ao cônjuge ou convivente culpado; b.4) na reversão dos bens e da meação ao cônjuge enfermo, que não houver pedido a separação

---

[56] SALDANHA, Nelson. *Secularização e Democracia*. São Paulo: Renovar, 2003, p. 12, afirma que o padrão teológico permanece, permanecem traços e verbos, que complicam as coisas, mas enriquecem a experiência e aumentam o desafio que se apresenta ao intérprete da história.

[57] SALDANHA, Nelson. *Secularização e Democracia*. Rio de Janeiro: Renovar, 2003, p. 41.

[58] DIAS, Maria Berenice. O fim do fim sem fim. In: *Direitos fundamentais do Direito de Família*. Belmiro Pedro Welter e Rolf Hanssen Madaleno (Coordenadores), Porto Alegre: Livraria do Advogado, 2004.

judicial ou a quebra da entidade familiar; b.5) na concessão do direito de herança ao cônjuge e ao companheiro sobrevivente que não tenha sido considerado culpado pela separação judicial, separação de fato ou dissolução da união estável.

Além disso, em vista dos princípios da separação entre o Estado e a Religião, da dessacralização do casamento, da liberdade, da igualdade, da prevalência dos interesses dos cônjuges e dos companheiros,[59] da felicidade, da solidariedade, do afeto, da cidadania[60] e da dignidade da pessoa humana,[61] leigo será o pedido de indenização por danos morais,[62] à medida que a responsabilidade imposta no Direito de Família é apenas o *direito de ser feliz e o dever de fazer o outro feliz*.[63] O amor é estrada de mão dupla, na qual os cônjuges ou companheiros são responsáveis pelos seus

---

[59] Faz algum tempo que prevalecia o princípio da unidade familiar em detrimento do princípio da prevalência dos interesses dos cônjuges, companheiros e filhos. Entretanto, a contar do texto constitucional de 1988, houve a inversão desses princípios, isto é, prepondera o princípio da prevalência dos interesses dos cônjuges, companheiros e dos filhos, mesmo em prejuízo dos interesses do casamento e da entidade familiar (união estável e comunidade formada por qualquer dos pais e o filho). Exemplificando, quando estiverem em conflito os princípios constitucionais de proteção dos interesses dos companheiros e dos filhos e os da unidade familiar (casamento e união estável), o texto constitucional não opta mais pela manutenção do casamento e da união estável em prejuízo do bem-estar, da felicidade, do afeto, da solidariedade dos cônjuges, companheiros e filhos, pelo contrário, nesse caso, ocorre a relativização do princípio da unidade familiar, preferindo-se, se for o caso, a extinção do casamento ou da união estável, para manter-se incólume os interesses dos cônjuges, conviventes e filhos.

[60] A nova cidadania está implantada na democracia constitucional como um direito a ter direitos, um direito a ter consciência dos direitos, um direito a ser informado de seus direitos e garantias fundamentais, um direito de acesso aos seus direitos, um direito de não ser discriminado em seus direitos, enfim, um direito à dignidade humana.

[61] O princípio da dignidade da pessoa humana, que não se aplica apenas ao Direito de Família, mas em todas as áreas do Direito, foi alçado, juntamente com a soberania, a cidadania, os valores sociais do trabalho, da livre iniciativa e do pluralismo político, a fundamento, a alicerce, a sustentáculo, à indissolubilidade, à intangibilidade do Estado Democrático de Direito (artigo 1º, III, da CF/1988). A inobservância desses princípios pode gerar a dissolução da Constituição Federativa do Brasil, porque, sem esses princípios, não há que se falar em Estado Democrático e de Direito.

[62] FARIAS, Cristiano Chaves de. A proclamação da liberdade de permanecer casado. Porto Alegre: Síntese. In: *Revista brasileira do Direito de Família* nº 18, de junho e julho de 2003, p. 50, citando a Ap. Cível nº 70005834916, da 7ª CCv. do TJRS, 02.04.2003, relator: Des. José Carlos Teixeira Giorgis, nos termos: É remansoso o entendimento de que descabe a discussão da culpa para investigação do responsável pela erosão da sociedade conjugal. A vitimização de um dos cônjuges não produz qualquer seqüela prática, seja quanto à guarda dos filhos, partilha dos bens ou alimentos, apenas objetivando a satisfação pessoal, mesmo porque difícil definir o verdadeiro responsável pela deterioração da arquitetura matrimonial, não sendo razoável que o Estado invada a privacidade do casal para apontar aquele que, muitas vezes, nem é o autor da fragilização do afeto. A análise dos restos de um consórcio amoroso, pelo Judiciário, não deve levar à degradação pública de um dos parceiros, pois os fatos íntimos que caracterizam o casamento se abrigam na preservação da dignidade humana, princípio solar que sustenta o ordenamento nacional.

[63] DIAS, Maria Berenice. *Amor proibido.* Disponível em: www.mariaberenice.com.br, citando Saint Exupéry.

atos e suas escolhas,⁶⁴ pelo que não se pode discutir a culpa.⁶⁵ No Direito de Família não há responsabilidade civil, e sim a responsabilidade pessoal, em vista da liberdade de escolha do consorte, da situação em que o cônjuge ou companheiro se encontra, ao optar pela dissolução da entidade familiar, e pela saída desse conflito,⁶⁶ enfim, *se é direito da pessoa humana constituir núcleo familiar, também é direito seu não manter a entidade formada, sob pena de comprometer-lhe a existência digna.*⁶⁷ Isso não significa que o dano moral deve ser alijado do Direito de Família,⁶⁸ porque se os consortes, na constância do casamento ou da união estável, praticarem, entre si, ilícito penal, esse dano deve ser indenizado, não porque o fato ocorreu durante a sociedade conjugal ou entidade familiar, e sim porque o amor não escusa o delito.⁶⁹

6. Bibliografia

ALMEIDA, Aline Mignon de. *Bioética e biodireito*. Rio de Janeiro: Lumen Juris, 2000.

BITTAR, Carlos Alberto. *Reparação civil por danos morais*. 3.ed. São Paulo: Editora Revista dos Tribunais, 1998.

BOMFIM, Benedito Calheiros. *Liberalismo e os direitos dos trabalhadores*. In: Síntese Trabalhista nº 67 – janeiro de 1995.

BONAVIDES, Paulo. *Curso de Direito Constitucional*. 11.ed. São Paulo: Malheiros, 2001.

CAHALI, Yussef Said. *Dano Moral*. 2.ed. São Paulo: Editora Revista dos Tribunais, 1999.

———. *Divórcio e Separação*. 8.ed. São Paulo: Editora Revista dos Tribunais, 1995.

CAIRO, Cristina. *Linguagem do corpo*. São Paulo: Editora Mercuryo, 2003.

CANOTILHO, José Joaquim Gomes. *Direito Constitucional e Teoria da Constituição*. 3.ed. Coimbra – Portugal: Livraria Almedina, 1999.

CARVALHO, Amilton Bueno de; CARVALHO, Salo de. *Aplicação da Pena e Garantismo*. Rio de Janeiro: Lumen Juris, 2001.

CARVALHO, Salo de. *Pena e Garantias: uma leitura do garantismo de Luigi Ferrajoli no Brasil*. Rio de Janeiro: Lumen Juris, 2001.

CORRÊA, Darcísio. A construção da cidadania. Ijuí: Editora Unijuí.1999.

---

⁶⁴ PEREIRA, Rodrigo da Cunha. Da União Estável. *In: Direito de Família e o novo Código Civil*. Maria Berenice Dias e Rodrigo da Cunha Pereira (coord.). Belo Horizonte: Del Rey, 2002, p. 223.

⁶⁵ RIO GRANDE DO SUL. Tribunal de Justiça. Ap. 70000922427, da 7ª CCv. Relatora: Desembargadora Maria Berenice Dias. 09.08.00.

⁶⁶ PEREIRA, Rodrigo da Cunha. A Vitória da Ética Sobre a Moral. *In: Revista Jurídica. Afeto, a ética no Direito de Família*, Belo Horizonte, nº 8, Ano IV, p. 8, mai./2002.

⁶⁷ FARIAS, Cristiano Chaves de. *A proclamação da liberdade de permanecer casado*. Porto Alegre: Ed. Síntese. In: Revista brasileira do Direito de Família nº 18, de junho e julho de 2003, p. 69.

⁶⁸ WELTER, Belmiro Pedro. *Estatuto da união estável*. 2.ed, Porto Alegre: Editora Síntese, 2003.

⁶⁹ MIRANDA, Pontes. *Tratado de Direito de Família*. 1.ed. Atualizado por Vilson Rodrigues Alves. São Paulo: Ed. Bookseller, 2001, p. 467. Volume I.

CRISPINO, Nicolau Eládio Bassalo. Responsabilidade Civil dos Conviventes. *In: A Família na Travessia do Milênio* – II Congresso Brasileiro de Direito de Família, 2000, Belo Horizonte. Anais. (coord.) Rodrigo da Cunha Pereira. Belo Horizonte: Del Rey, 2000.

DIAS, Maria Berenice Dias. *Amor proibido.* Disponível em: www.mariaberenice.com.br.

——. "O fim do fim sem fim". Belmiro Pedro Welter e Rolf Hanssen Madaleno (Coordenadores). *In. Direitos Fundamentais do Direito de Família.* Porto Alegre: Livraria do Advogado, 2004.

EUZÉBIO, Silvio Roberto Matos. Os cemitérios municipais – uma concepção de regulamentação jurídica e a atuação do Ministério Público. *In: CD juris plenum,* edição 72, vol.2, agosto de 2003.

FARIAS, Cristiano Chaves de. A proclamação da liberdade de permanecer casado. Porto Alegre: Ed. Síntese. *In: Revista brasileira do Direito de Família* n° 18, de junho e julho de 2003.

FARIAS, Paulo José Leite, *A manipulação do patrimônio genético do contexto do ordenamento jurídico vigente,* texto contido na internet, www.jus.com.br., confirmado pelo autor por e-mail, em 02.05.01.

FERRAJOLI, Luigi. Derecho y razón: teoria del garantismo penal. Traduzido por Perfecto Andrés Ibánez *et al.* 4.ed. Madrid: Editorial Trotta, 2000. p. 218. Tradução de Diritto e ragione - Teoria del garantismo penale.

GOMES, Celeste Pereira. Modernidade Obscura, Os Limites da Criação – Biotecnologia. São Paulo: *Revista dos Tribunais,* Ano III - N° 14 - julho/agosto 2001, Editora Revista dos Tribunais, 2001. p. 5.

GRAU, Eros Roberto. *A Ordem Econômica na Constituição de 1988: interpretação e crítica.* 2.ed. São Paulo: Editora Revista dos Tribunais, 1991.

GUSMÃO, Paulo Dourado de. *Introdução ao Estudo do Direito.* 19.ed. Rio de Janeiro: Forense, 1996.

HOBBES, Thomas. *Leviatã.* Tradução Alex Marins. São Paulo: Editora Martin Claret, 2003.

KLEIN, Fabiane. *A polêmica sobre a abstração da culpa na separação judicial litigiosa.* In: O Direito de Família descobrindo novos caminhos. Maria Cláudia Crespo Brauner (org.). Canoas: Editora La Sale, 2001.

KOSHIBA, Luiz. *História: origens, estruturas e processos.* São Paulo: Atual, 2000. p.284.

LEITE, Eduardo de Oliveira. *Procriações artificiais: bioética e biodireito,* in Repensando o direito de família, Anais do I Congresso Brasileiro de Direito de Família, Pereira, Rodrigo da Cunha (Coord.), IBDFAM, OAB-MG, Belo Horizonte: Ed. Del Rey, 1999.

LOCKE, John. *Segundo tratado sobre o governo.* Traduzido por Jacy Monteiro. 2.ed. São Paulo: Abril Cultural, 1978. p.122, apud PHILIPPI, Jeanine Nicolazzi. A Lei, uma abordagem a partir da leitura cruzada entre Direito e Psicanálise. Belo Horizonte: Del Rey, 2001.

MADALENO, Rolf. *Divórcio e Dano Moral.* Revista Brasileira de Direito de Família 01, n. 02.

MAQUIAVEL, Nicolau. *O Príncipe. Comentários de Napoleão Bonaparte.* 12.ed.São Paulo: Hemus Editora Limitada, 1996.

MARTINS, Ives Gandra da Silva. O exame do DNA como meio de prova – aspectos constitucionais. *In: Grandes Temas da atualidade: DNA como meio de prova da filiação.* Eduardo de Oliveira Leite (coord.). Rio de Janeiro: Ed. Forense, 2000.

MIRANDA, Pontes. *Tratado de Direito de Família*. Atualizado por Vilson Rodrigues Alves. São Paulo: Ed. Bookseller, 2001. Volume I.

PEIXOTO, Cid. *Princípios elementares de Direito Público Constitucional*. 2.ed. São Paulo: Companhia editora nacional, Biblioteca de estudos comerciais e econômicos, 1942. Volume 22.

PEREIRA, Rodrigo da Cunha. A Vitória da Ética Sobre a Moral. I*n: Revista Jurídica. Afeto, a ética no Direito de Família*, Belo Horizonte, n° 8, Ano IV, mai./2002.

——. *Da União Estável*. In: Direito de Família e o novo Código Civil. (coord.) Maria Berenice Dias e Rodrigo da Cunha Pereira. Belo Horizonte: Del Rey, 2002.

——. *Direito de Família: uma abordagem psicanalítica*. 2.ed. Belo Horizonte: Del Rey, 1999.

PEREIRA, Sérgio Gischkow. *Dano moral e Direito de Família: o perigo de monetarizar as relações familiares*. Disponível em: http://www.gontijo-familia.adv.br.

PESSINI, Léo. *Distanásia: Até quando investir sem agredir*. Disponível em http://www.cfm.org.br/revista/411996/dist8.htm, acesso em 04.02.04.

PESSOA, Oswaldo Frota. *Fronteiras do Biopoder,* disponível em http://200.239.45.3/cfm/espelho/revista/bio2v5/fronteirasbiopoder.htm, acesso em 09.06.99.

PHILIPPI, Jeanine Nicolazzi. *A Lei: uma abordagem a partir da leitura cruzada entre Direito e Psicanálise*. Belo Horizonte: Del Rey, 2001.

REI, Cláudio Alexandre Sena. *Danos morais entre cônjuges*. Disponível em: www.jus.navigandi.com.br. Acesso em: 03.03.2001;

ROUANET, Sergio Paulo. *A volta de Deus*. Disponível em http://www.cienciaefe.org.br/OnLine/jul02/volta.htm, acesso em 04.02.04.

RUBIN, Daniel Sperb. Direito privado e Constituição – contratos e direitos fundamentais. *Revista do Ministério Público Estadual do Rio Grande do Sul*, Porto Alegre, n° 40, mai./2001.

SALDANHA, Nelson. *Secularização e Democracia*. São Paulo: Renovar, 2003.

SANTOS, Regina Beatriz Tavares da Silva Papa dos. *Reparação civil na separação e no divórcio*. São Paulo: Saraiva, 1999.

SARLET, Ingo Wolfgang. Maquiavel, "o príncipe" e a formação do Estado moderno. *In: CD juris plenum*, edição 72, vol.2, agosto de 2003.

SCHMIDT, Andrei Zenkner. Concurso aparente de normas penais. *CD Juris plenum*, volume 2, edição 72, outubro de 2003.

SILVEIRA, José Néri da. A reforma constitucional e o controle de sua constitucionalidade. *Revista do Ministério Público Estadual do Rio Grande do Sul*, Porto Alegre, n° 35.

STRECK, Lenio Luiz. *Jurisdição constitucional e hermenêutica – uma nova crítica do Direito*. Porto Alegre: Livraria do Advogado, 2002.

——. *Hermenêutica e(m) crise*. 2.ed. Porto Alegre: Editora Livraria do Advogado, 2000.

WARAT, Luis Alberto. *Introdução Geral ao Direito: o Direito não estudado pela teoria jurídica moderna*. Porto Alegre: Sergio Antonio Fabris Editor, 1997. p. 61. Volume III.

WELTER, Belmiro Pedro. *Estatuto da união estável*. 2.ed. Porto Algre: Síntese, 2003.

WELTER, Sandra Regina Morais. *A secularização da culpa no Direito de Família*. In: Monografia do Curso de Direito, URI, Santo Ângelo, RS, 2004.

— 6 —

Os transexuais e a possibilidade de casamento

FABIANA MARION SPENGLER

Doutoranda em Direito pela UNISINOS, mestre pelo programa de Mestrado em Desenvolvimento Regional da UNISC na área Político-Institucional, docente dessa instituição no Curso de Direito, lecionando a disciplina de Direito de Família, supervisora de Estágio no Núcleo de Prática Jurídica da UNISC atuando junto às disciplinas de Prática Jurídica II, III e IV, Coordenadora do Programa de Pós-Graduação *lato sensu* em Direito de Família e em Direito Civil, advogada.

Sumário: 1. Sexo biológico e sexo psicológico; 2. A cirurgia de transexualismo; 3. Possibilidade de alteração do registro civil; 4. Ação e foro competente; 5. A garantia de direito de terceiros; 6. Diversidade de sexos no casamento; 7. O transexual e o casamento; 8. Considerações finais; Referências bibliográficas.

A afetividade entre as pessoas é matéria que sempre suscitou e ainda suscita muita polêmica, sendo motivo de amores e, por vezes, de dissabores, especialmente nos casos em que o relacionamento chega ao fim. Nestes, não raras são as vezes em que as partes precisam recorrer à tutela jurisdicional do Estado para resolver o litígio.

Durante longo período, a sociedade encarou como forma única de casamento aquela em que os nubentes, de sexos distintos, se encaminhavam para o altar ou então dirigiam-se ao juiz de paz no intuito de jurar fidelidade e afeto mútuos até que a morte os separasse. Com a evolução dos costumes, passou a aceitar a união estável como entidade familiar. No entanto, tal flexibilidade e aceitação não existe quando o assunto diz respeito à união afetiva entre pessoas do mesmo sexo, ou seja, uniões homossexuais ou transexuais nas quais os parceiros ou parceiras vivem sob o mesmo teto, como se casados fossem. Mas, ignorando o preconceito erigido pela sociedade e a forma nada amistosa pela qual são vistas, a cada dia pipocam mais e mais uniões afetivas homossexuais e transexuais.[1]

Justamente nesta seara esbarra-se no maior problema brasileiro quando se fala a respeito de transexualidade: a lei se cala, não existe legislação a respeito do tema, impossibilitando que as decisões sejam tomadas todas conforme a mesma linha de raciocínio, resultando em sentenças e julgamentos, com embasamento e argumentação completamente desencontrados.

Outro aspecto de real importância e que merece abordagem diz respeito ao transexualismo e suas principais conseqüências, desde a cirurgia para redesignação sexual até a alteração de registro civil para fins de tornar condizente a aparência física genital do transexual ao seu reconhecimento jurídico como pertencente a um ou outro sexo.

Por conseguinte, investigar as especificidades das situações descritas anteriormente e apontar soluções para possíveis litígios entre as partes envolvidas é trabalho importante, visto que diz respeito à composição de um dos assuntos mais polêmicos encontrados atualmente no direito brasileiro: o casamento e os transexuais.

1. Sexo biológico e sexo psicológico

O indivíduo tem seu sexo definido em seu registro civil pela observação de seus órgãos genitais externos, no momento de seu nascimento. No entanto, com o seu crescimento, podem ocorrer disparidades entre o sexo revelado por seus órgãos genitais e o sexo psicológico, ou seja, aquele que gostaria de ter e que entende como o que realmente deveria possuir. Esse aspecto causa polêmica porque muitas vezes envolve casos de transexualismo, em que o indivíduo recorre à cirurgia para troca de sexo, adequando, assim, seu sexo biológico ao psicológico.

A própria expressão transexualismo é bastante nova, somente ganhando notoriedade e sendo utilizada, na medicina ou em qualquer outra área, depois que Harry Benjamin passou a empregá-la desde 1953.[2] Para Lucarelli,[3] a transexualidade consiste numa inversão da identidade psicos-

---

[1] Sobre homossexualidade e transexualidade ver: SPENGLER, Fabiana Marion. *União homoafetiva: o fim do preconceito*. Santa Cruz do Sul: EDUNISC, 2003.

[2] BENJAMIN, Harry. Tranvestims and transexualism, International Journal of Sexology, nº 7, 12, em sua obra fundamental sobre o tema, publicada em 1966: The transexual Phenomenon, New York, Juliam Press, *apud* Processo nº 2098-2/89 – Vara de Família de Pernambuco, j. 21/4/89.

[3] LUCARELLI, Luiz Roberto. Aspectos jurídicos da mudança de sexo. *Revista da Procuradoria Geral do Estado de São Paulo*. Junho de 1991, p. 213-229.

social, com um incontrolável anseio de total reversão sexual. O transexual não se conforma com a própria condição, sentindo-se fora do meio social, possuindo disposição psíquica e afetiva do sexo oposto. Assim, encontramos um indivíduo com genitália externa masculina, uma personalidade eminentemente feminina ou vice-versa.

Nessa mesma seara, Roberto Farina salienta que o transexual "é uma verdadeira mulher, tendo horror à sua genitália, que procura esconder através dos mais variados artifícios, até o ponto de atrofiá-la".[4] A necessidade de adequação do sexo biológico ao sexo psicológico é tão grande que alguns chegam ao ponto de extirpar pessoalmente seus órgão genitais em ato de completo desatino e de automutilação.

Ainda, existem diferenças entre o comportamento homossexual e o comportamento transexual. O homossexual convive de forma satisfatória com seu próprio sexo. Em muitas vezes possue momentos de remissão em que volta a manter aquele comportamento considerado "normal" para a sociedade e que condiz com seu registro civil e seu sexo biológico. Já o transexual não, esse vive completamente insatisfeito com seu sexo biológico, veste-se conforme o sexo psicológico que possui. Na verdade, constrói uma nova identidade psicossocial para si de acordo com o sexo que no seu entendimento deveria possuir, burlando de forma inequívoca aquele que a natureza lhe deu.

Por outro lado, conforme salienta Dias,[5] além desse conflito individual, ocorrem, também, repercussões nas áreas médica e jurídica, pois o transexual tem a sensação de que a biologia se equivocou com ele,[6] pois o sexo que possui não é aquele que gostaria de ter, nem aquele que seu psicológico determina como adequado ao seu comportamento e a sua pessoa.

Da mesma forma, o processo de transformação e, por que não dizer, de aceitação da verdadeira identidade psicológica sexual é muitas vezes longo e penoso. Nesse ensejo, a transformação do sexo biológico para adequação ao sexo psicológico da pessoa passa por várias fases, começando por o vestir-se como o outro sexo, passa por tratamento hormonal, terapia e termina em cirurgia. *Não é um processo passageiro. É a busca consistente de integração física, emocional, social, espiritual e sexual, conquistada com muito esforço e sacrifícios por pessoas que vivem infelizes e muitas vezes depressivas quanto ao próprio sexo.* Psicanalistas

---

[4] FARINA, Roberto. *Direito à vida e ao Próprio Corpo*. São Paulo: RT, 1992, p. 144.

[5] DIAS, Maria Berenice. *União Homossexual:* o preconceito & a justiça. Porto Alegre: Livraria do Advogado, 2000.

[6] MORICI, Silvia. Homossexuailidade: um lugar na história da intolerância social, um lugar na clínica. *In Homossexualidade. Formulações psicanalíticas atuais.* Porto Alegre: Artmed, 1998, p. 169.

norte-americanos consideram a cirurgia corretiva do sexo como *a forma de buscar a felicidade a um invertido condenado pela anatomia.*[7]

Assim, a cirurgia torna-se a única esperança de adequação entre o que pensa alguém sobre si mesmo (em termos de sexualidade) e sua identidade sexual biológica. Conseqüentemente, hoje existem técnicas cirúrgicas que permitem mudar a morfologia sexual externa, adequando o sexo biológico ao sexo psicológico. No entanto, a cirurgia, bem como suas conseqüências, são bastante polêmicas, sendo esse, justamente, o assunto que será discutido adiante.

2. A cirurgia de transexualismo

A cirurgia de alteração de sexo é hoje uma realidade. Milhares de pessoas já se submeteram a ela em todo o mundo. No entanto, no Brasil inexiste legislação sobre o assunto, pipocando algumas decisões favoráveis e outras contrárias junto às ações ajuizadas que têm por objetivo tal procedimento.

A cirurgia de mudança de sexo, como é popularmente chamada, ocorre através da ablação dos órgãos genitais masculinos, aproveitando-se parte desses mesmos órgãos para implantar, em seu lugar, órgãos femininos. Perícia de procedimento cirúrgico já realizado refere que "o intróito vaginal tem abertura e profundidade suficientes para introdução de um pênis normal, o que possibilita o relacionamento sexual entre homem e mulher".[8]

Resumindo o procedimento cirúrgico, Peres[9] discorre sobre ele ressaltando que pode ser realizado em transexuais de qualquer sexo:

> "Os homens têm seus órgãos sexuais amputados, sendo a pele sensível do pênis aproveitada para a feitura de uma vagina artificial, aumentando-se ainda os seios. Nas mulheres, a cirurgia consiste em realizar uma histerectomia. Remove-se parte da pele da região abdominal ou inguinal, preparando-se, assim, o novo pênis (faloneoplastia), conseguindo-se, muitas vezes, segundo relatos médicos, um pênis de dimensões normais e funções também quase normais."

---

[7] DIAS, op. cit., p. 107, também citando COUTO, Edvaldo Souza. *Transexualidade – o corpo em mutação.* Salvador: Grupo gay da Bahia, 1999, p. 20.

[8] Processo nº 2098-2/89, Juízo da Vara de Família de Pernambuco, Juiz José Fernandes de Lemos, Autor S.R.A. Julgamento 21/4/89.

[9] PERES, Ana Paula Ariston Barion. *Transexualismo o direito a uma nova identidade sexual.* Rio de Janeiro: Renovar, 2001, p. 160/161.

Ocorre que dita cirurgia sofre críticas ferrenhas, pois, segundo Matilde Hojda, "uma amputação de falo e de testículos pode permitir a produção de uma neovagina". E vai além ao afirmar que essa "não será exatamente como uma vagina comum, será revestida de pele e não de mucosa, o que impedirá a elasticidade normal." Nesse mesmo sentido refere dificuldades no relacionamento sexual ao apontar o fato de que a "falta de lubrificação natural importa em utilização de substância lubrificante antes da conjunção, e de higiene interna depois". Por fim, salienta que "o diâmetro do falo do parceiro deverá ser proporcional, pois se demasiadamente grande a relação será dolorosa, e se pequeno, insensível".[10]

Se consideradas as últimas informações, percebe-se que a cirurgia, não obstante a alteração de sexo, pode não alcançar todos os resultados esperados, dentre eles o relacionamento prazeroso e satisfativo. Da mesma forma, através dela não se alcança, por exemplo, um útero, ovários e trompas, de modo que não permite a procriação, ou seja, o aparelho reprodutor só vai alterado em seus órgãos externos, na genitália propriamente dita, ficando seus órgãos internos intactos.

Não obstante isso, o procedimento cirúrgico permite o relacionamento sexual dentro de aproximadamente dois meses e dá a aparência de sexo oposto. Muitos desses procedimentos são complementados com altas doses de hormônios sexuais que objetivam justamente "estimular as características do sexo adotado. Para os que passam a ser homens, ministra-se testosterona e para os que passam a ser mulheres, estrógeno".[11]

Em face das diversas restrições existentes, quanto à cirurgia de redesignação sexual, principalmente por parte da classe médica, os transexuais passaram a optar entre dois caminhos: ou realizavam a cirurgia fora do país, fugindo das conseqüências penais do seu ato, ou então passaram a se socorrer da via judicial, formulando pedido de autorização por meio de procedimento de jurisdição voluntária para realizar a cirurgia.

No entanto, as duas alternativas mencionadas possuem desdobramentos. No primeiro caso, se a cirurgia é realizada fora do país, o transexual corre o risco de ter seu pedido judicial de alteração de registro civil indeferido e, conseqüentemente, sua aparência deixar de condizer, definitivamente, com seu sexo jurídico. Por outro lado, se buscar primeiro a permissão judicial para a realização do procedimento cirúrgico para só posteriormente realizá-lo, corre o risco de vê-lo indeferido, uma vez que os posicionamentos a esse respeito são contrários, inexistindo legislação.

---

[10] Ap. nº 4425/93, 8ª CC TJRJ, Rel. Des. Luiz Carlos Guimarães, apelante: MP, apelado: L.R.G.M., julgamento: 10/05/94.
[11] PERES, 2001, p. 162.

A questão é de difícil solução. No entanto, as decisões que versam sobre a alteração do registro civil de pessoas que já se submeteram ao procedimento para redesignação sexual são objeto da próxima análise.

3. Possibilidade de alteração do registro civil

Feita a cirurgia de transformação de sexo, o indivíduo depara-se com outro grande problema que também reclama solução, agora não mais médica ou cirúrgica, mas jurídica: o sexo que possui (transformado por força do procedimento cirúrgico) já não é o mesmo que se encontra assentado em seus documentos e em seus registros.

Esse é fator determinante para que o transexual busque, através de ação judicial própria, a adequação de sua genitália ao seu registro e, conseqüentemente, aos documentos que a partir dele confeccionou e que o identificam. Maria Berenice Dias,[12] ao defender a possibilidade de que essa alteração aconteça, afirma:

> "A razoabilidade é a busca da adequação da norma jurídica e da solução encontrada à realidade concreta e seus valores. Para afastar a hipocrisia de uma sociedade na qual transformamos transexuais em símbolo sexual feminino, mas não lhes damos o direito a documentos de mulher."

Assim, o juiz Marco Antônio Ibrahin deferiu o pedido de alteração de registro civil referente ao sexo e ao prenome de um transexual masculino que havia se submetido à cirurgia de transformação de sua genitália. A sentença, datada de 30 de junho de 1989, firmou-se nos arts 3º, IV, e 5º, X, da Constituição Federal de 1988, no art. 1.109 do CPC, no art. 5º da Lei 6.697/79 (Código de Menores, no art. 55, parágrafo único, da Lei 6.015/63 (Lei dos Registro Públicos) e no art. 5º do Decreto-Lei nº 4.657/42 (Lei de Introdução ao CC). Ao embasar sua decisão, o juiz ressalta que não existe no direito brasileiro norma proibitiva de tal pedido, estando inclusive disposta essa alteração no art. 58 da Lei 6.015/63.[13] É parte da sentença:

---

[12] DIAS, 2000, p. 110.

[13] Outra decisão favorável a alteração de registro público de transexual e baseada também no artigo 58 da Lei 6015/63 é aquela que refere: "Cabeleireiro transexual ganha nome de mulher. Um cabeleireiro (S.F.G.R.), de Esteio, teve reconhecido pela 8ª Câmara Cível do TJRS o direito a alterar seu nome no registro civil, porque 'é uma pessoa que sempre adotou comportamento de mulher, sendo reconhecido em todos os círculos a que pertence pelo nome de C...'". (Agravo regimental nº 85.517-7). (Jornal do Comércio, página 2, Terça-feira, 10 de outubro de 2000, Marco Antonio Birnfeld).

"Com efeito, se demonstra que circunstâncias supervenientes ao nascimento e, portanto, ao registro, implicam em que o prenome do requerendo exponha a óbvio ridículo não há, evidentemente, qualquer óbice à retificação.[14] A medida se adequa integralmente ao espírito da lei que, às expressas, quis evitar que uma pessoa fosse exposta ao ridículo ou à execração pública pelo simples fato de ter um prenome".[15]

Porém, o art. 348 do CC de 1916 afirma que ninguém poderia vindicar estado contrário ao que resulta do registro de nascimento, salvo provando-se erro ou falsidade do registro. Talvez baseado nessa norma legal que o entendimento favorável à alteração de registro civil para os transexuais nunca se fez pacífico, existindo muitos posicionamentos contrários, como é o caso da Apelação Cível cuja ementa refere:

"REGISTRO PÚBLICO. ALTERAÇÃO DO REGISTRO DE NASCIMENTO. NOME E SEXO. TRANSEXUALISMO. SENTENÇA INDEFERITÓRIA DO PEDIDO.
Embora sendo transexual e tendo-se submetido a operação para mudança de suas características sexuais, com a extirpação dos órgãos genitais masculinos, biológicos e somaticamente continua sendo do sexo masculino. Inviabilidade da alteração, face a inexistência de qualquer erro ou falsidade no registro e porque não se pode cogitar dessa retificação para solucionar eventual conflito psíquico com o somático. Apelação não-provida. Voto vencido...".[16]

Decisão inovadora foi pronunciada no início do mês de agosto de 2002, em São Paulo, mais precisamente da 1ª Vara Cível do Foro de Jales, que reconheceu a mudança de sexo de um transexual, possibilitando-lhe passar oficialmente para o sexo oposto (nesse caso, o feminino), em função da angústia por ter aparência feminina mas nome e documentos masculinos. O pedido baseou-se nessa assertiva e obteve parecer favorável do Ministério Público.[17]

Concluindo, parece que nada é pacífico a respeito do assunto: para alguns, a alteração de registro deve ser deferida para evitar que se exponha ao vexame o transexual. Para outros, ela deve ser evitada como meio de se garantir e proteger direito de terceiros, espelhando o sexo biológico,

---

[14] Nessa mesma seara: Apelação Cível nº 70000585836 - 7ª Câmara Cível - Esteio - Rel. Des. Sérgio Fernando de Vasconcellos Chaves - Julgada em 31-05-00. RJTJRS Fevereiro de 2001 Ano XXXVI Nº 204 p. 396 e 397.

[15] Sentença proveniente da Comarca de Mangaratiba – RJ, publicada no Instituto dos Magistrados Brasileiros – Direito Comparado, n. 08. Também citada por PERES, p. 166/167.

[16] RJTJRS, Abril de 1998, Ano XXXIII, Nº 187, p. 274 até 282. Apelação Cível nº 597134964 - 3ª Câmara Cível – São José do Norte.

[17] Disponível em http://www.espacovital.com.br/asmaisnovas06082002.htm. Acessado em 06 de agosto de 2002.

independentemente de qualquer alteração que ele possa ter sofrido posteriormente. Se a alteração de registro civil não é assunto tranqüilo, também não é aquele que diz respeito à competência para a propositura da ação. É esse, pois, o assunto que será discutido a seguir.

4. Ação e foro competente

Quando as alterações no registro civil do transexual são requeridas, outra grande polêmica se instala, pois ainda não é pacífica a questão da competência para que o feito seja ajuizado. Para alguns, os processos deveriam tramitar nas Varas de Família, para outros, junto às Varas de Registros Públicos. Assim aponta-nos Maria Berenice Dias ao lembrar que "A inexistência de via administrativa, judicial ou legislativa leva, com freqüência, a aflorar na Vara dos Registros Públicos procedimentos retificativos na busca da alteração do nome e da identificação do sexo no registro civil".[18]

Mas, conforme já salientado, a competência ainda gera polêmica, existindo posicionamentos jurisprudenciais que entendem ser a Vara de Registros Públicos incompetente para processar tais litígios. Decisão que serve de exemplo aqui é aquela proferida na apelação cível nº 203.347 da comarca de São Paulo, que determina:

> "A competência da Vara de Registros Públicos limita-se a processar e julgar os feitos contenciosos ou administrativos, principais, acessórios e seus incidentes relativos aos registros públicos, inclusive os de loteamento de imóveis, bens de família, casamentos nuncupativos e usucapião, que, como põe em relevo o apelante, entende-se que a competência se refere apenas a processo versando exclusivamente matéria de registros. No caso o requerente pretende, na verdade, a alteração de seu registro em razão da transformação de sexo resultante de operação a que foi submetido e mudança de nome. A ação, portanto, é relativa a estado, que, como resulta da doutrina e jurisprudência citada pelo apelante, é toda ação que envolva a modificação de qualquer aspecto da qualificação da pessoa".[19]

Nessa mesma seara é também o posicionamento de Maria Berenice Dias ao referir que:

---

[18] DIAS, 2000, p. 110.
[19] Neste processo, por decisão unânime foi acolhida a preliminar de incompetência absoluta do juízo processante (que neste caso era a Vara de Registros Públicos). Apelação publicada no IMB – Direito Comparado nº 8, p. 239 e citada por PERES, 2001, p. 169/170.

"Descabe fazer uso das Varas dos Registros Públicos. A pretensão é de que seja alterado o estado individual, que diz com a inserção do sujeito na categoria correspondente à sua identidade sexual. Trata-se, pois, de uma ação de estado, que deve ser proposta perante a Vara de Família, como sustentam José Maria Leoni Lopes de Oliveira e Luiz Roberto Lucarelli".[20]

Mas, independentemente da competência para dirimir o litígio, o certo é que os transexuais continuam a buscar seus direitos, procurando primeiramente adequar o sexo biológico ao sexo psicológico que possuem, através da cirurgia de transformação sexual. Posteriormente, através da ação de alteração de registro civil, procuram readequar o que foi alterado pela cirurgia. Ocorre que, muitas vezes, o pedido de alteração do registro civil é indeferido ante a intenção do estado de proteger eventuais direitos de terceiros que possam vir a ser maculados pela transformação sexual e pela alteração registral pretendida pelo transexual. É lícito então fazer constar em seu registro a transformação ocorrida? Disso trata-se a seguir.

5. A garantia de direito de terceiros

A Constituição Federal de 1988 previu a igualdade perante a lei, determinando a promoção do bem de todos, sem qualquer preconceito de origem, raça, sexo, cor, idade e quaisquer outras formas de desigualdade. Porém, dentre todas as formas de discriminação acima referidas, uma das mais veladas e mais prejudicial é aquela que diz respeito à averbação, no assento de nascimento, do fato de a criança não possuir pai ou mãe, ou então a menção de ser adotiva.

Atualmente, todas essas averbações à margem do assentamento de registro civil deixaram de ser utilizadas porque eram formas de rotular e discriminar, ferindo preceito constitucional. Assim, hoje não se encontram mais crianças ou adultos rotulados de filhos de "pais ignorados" ou filhos "adotivos".

No entanto, o assunto não encontra decisão pacífica quando se trata de alteração de registro civil de transexual que, após a cirurgia de transformação de seus órgãos genitais, depara-se com a possibilidade de alteração, mas também vislumbra o rótulo de transexual que se lhe impõe com a averbação.

O que se percebe é a mão do Estado na proteção do direito de terceiros, servindo de exemplo o fato de que, segundo Maria Berenice Dias

---

[20] DIAS, 2000, p. 112.

"Não é difícil figurar a hipótese de alguém que, desconhecendo a condição de transexualismo de seu parceiro – tendo-o como pertencente ao sexo registral, e não ao sexo genético –, venha com ele a contrair matrimônio. Merece questionar-se a própria existência do casamento e sua higidez, bem como a possibilidade de o ato ser anulado sob o fundamento de ter ocorrido erro essencial sobre a pessoa ou mesmo fraude".[21]

Deixando de lado a discussão sobre a possibilidade de o casamento ser anulado ou ser inexistente por falta de um dos seus requisitos, e centrando a mesma no fato de que o casamento teria ocorrido com desconhecimento da cirurgia de transformação sexual realizada, teríamos um exemplo claro de terceira pessoa enganada por desconhecer o sexo biológico do parceiro.

Assim, ao mesmo tempo em que possibilitam a alteração do registro civil, algumas decisões se calam sobre a publicidade que deva ser dada à retificação; outras, porém, determinam que haja meios de torná-la pública. Tais meios podem ser representados pela averbação da palavra "transexual" para demonstrar que os órgãos sexuais daquela pessoa foram construídos a partir de uma cirurgia transformadora e não são obras da natureza. Assim, é parte da argumentação de sentença que determina a averbação supra-referida:

"... Se o Judiciário colaborar para tornar preto o que era branco, ou noite o que era dia e, com essa mistificação, propiciar que alguém seja ludibriado, franqueando para o casamento com um homem que esteja convencido de que ela é uma mulher, poderá até ser responsabilizado, porque sempre o varão poderá alegar que acreditou nos registros públicos e tomou como esposa uma mulher que era ficção jurídica ... Se, contudo, ele de nada sabe, aí a situação é ainda muito pior, porque a ausência de qualquer restrição no registro levará o prometido certamente à posição de um ser enganado. E com a colaboração do Poder Judiciário brasileiro!...".[22]

Por outro lado, o Desembargador Tael João Selistre, em seu voto na apelação cível nº 597 156 728, discorre sobre o papel e a importância do registro público ao afirmar que "além do efeito constitutivo tem também efeitos comprobatórios, assim se entendendo que ele prova a existência e a veracidade do ato ao qual se reporta, e publicitários, assim entendendo

---

[21] DIAS, 2000, p. 113/114.
[22] RJTJRS, Agosto de 1999, Ano XXXIV, Nº 195, p. 356/360. Apelação Cível nº 598404887 - 7ª Câmara Cível - Porto Alegre.

que, com raras exceções, é acessível ao conhecimento de todos, interessados ou não ...".[23]

Ainda não se chegou a um consenso quanto à melhor maneira de encaminhar e resolver tais conflitos. Se por um lado discrimina-se, por outro pensa-se na responsabilidade civil do Estado em permitir que terceira pessoa possa ser enganada ou ludibriada, por desconhecer os fatos.

Por outro lado, para muitos, possibilitar a averbação da condição de transexual junto ao registro civil e possibilitar a expedição de certidão de inteiro teor a pedido da parte ou de terceiro é infringir o direito à privacidade e à identidade da pessoa. Nesse contexto, segundo Tereza Rodrigues Vieira, "não basta simplesmente proteger a identidade. Há que se tutelar também a modificação sofrida nos caracteres sexuais. A identidade do transexual só será assegurada quando representar de modo fiel a realidade".[24]

Então, estando o transexual com sua genitália alterada, passando a integrar, pelo menos externamente, sexo oposto ao seu sexo biológico, poderia esse casar-se? Seria possível (existente) tal união? Este é, pois, o tema que será debatido a seguir.

6. Diversidade de sexos no casamento

O casamento sempre foi considerado uma das mais poderosas e importantes instituições[25] da sociedade, sendo até bem pouco tempo atrás a única forma legítima de constituição da família, o que posteriormente foi alterado quando do reconhecimento da união estável e da possibilidade de organização familiar monoparental.

No entanto, mesmo não sendo a única forma atual de constituição familiar, o casamento continua sendo um ato solene de grande importância, essa assertiva pode ser confirmada pelo artigo 1.511 do novo Código Civil Brasileiro ao referir que o casamento estabelece plena comunhão de vida, baseado em direitos e deveres entre os cônjuges.

---

[23] Apelação Cível nº 597 156 728, 3ª CC do TJRS, apelante MP e apelado A F Z, julgamento em 18/12/97.

[24] VIEIRA, Tereza Rodrigues. Natureza jurídica do direito à mudança de sexo e os direitos da personalidade. Repertório IOB de Jurisprudência - 1ª quinzena de setembro de 1988, nº 14/96, p. 354.

[25] Vale ressaltar aqui que a natureza do casamento é alvo de muita polêmica, sendo para alguns considerado um contrato, dentre eles Sìlvio Rodrigues e Maria Helena Diniz; para outros, como Washington de Barros Monteiro e Carlos Orcesi da Costa, uma instituição social, e finalmente, para uma terceira corrente, chamada de eclética ou mista, o casamento é um contrato na sua formação e uma instituição no seu conteúdo. (RIZZARDO, Arnaldo. *Direito de Família*. Vol. I. Rio de Janeiro: Aide, 1994, p. 27)

O casamento é conceituado como sendo o "vínculo jurídico entre o homem e a mulher que visa auxílio mútuo material, e espiritual, de modo que haja uma integração fisiopsíquica e a constituição de uma família".[26] Para Arnaldo Rizzardo, o "casamento vem a ser um contrato solene pelo qual duas pessoas de sexo diferente se unem para constituir uma família e viver plena comunhão de vida. Na celebração do ato, prometem mútua fidelidade, assistência recíproca, e a criação e educação dos filhos".[27]

Através de uma análise mais parcimoniosa dos conceitos apresentados percebe-se que ambos fazem referência à distinção de sexo entre os nubentes. O primeiro ao referir de forma expressa as palavras "homem e mulher", e o segundo ao sustentar que se trata de união entre pessoas de "sexos diferentes". Aqui nos deparamos, então, com o principal entrave para que ocorra o casamento entre pessoas do mesmo sexo: é um dos seus requisitos a diversidade de sexos. Assim, "todo o sistema regulador do casamento civil acolhe a diversidade de sexo como pressuposto existencial".[28]

Nesta mesma seara, percebe-se que toda a legislação concernente ao casamento faz menção à existência de diversidade de sexos. Exemplo claro disto é o artigo 1.514 do Código Civil, diz que o casamento se realiza no momento em que o homem e a mulher manifestam, perante o juiz, sua vontade de estabelecer vínculo conjugal, sendo então declarados casados.

Mas, por outro lado, se para alguns o casamento é, por definição, ato entre homem e mulher, para outros este posicionamento pode ser revisto se o casamento for "articulado mais além desse decreto circular, então o motivo de ser exclusivo a um homem e uma mulher desaparece. O cerne do contrato público é um vínculo emocional, financeiro e psicológico entre duas pessoas, neste aspectos, héteros e homos são idênticos".[29]

Da mesma forma, como um dos fins do matrimônio, ao lado da instituição da família matrimonial, da legalização das relações sexuais, da prestação de auxílio mútuo, do estabelecimento dos deveres, sejam eles patrimoniais ou não, da atribuição do nome ao cônjuge, está a procriação dos filhos, seguido da educação da prole.[30]

---

[26] Conceito baseado em Gangi, Orlando Gomes, Caio Mário da Silva Pereira e outros, *apud* DINIZ, Maria Helena. *Curso de Direito Civil Brasileiro – Teoria Geral do Direito Civil*. 1º vol. 18 ed. São Paulo: Saraiva, 2002, p. 39.

[27] RIZZARDO, op. cit., p. 27.

[28] AZEVEDO, Álvaro Villaça de. *Estatuto da família de fato*. São Paulo: Editora Jurídica Brasileira, 2001, p. 467.

[29] Tribunal Regional Federal da 4ª Região/RS, Apel. Cível nº 96.04.55333-0/RS, relatora juíza Marga Barth Tessler, apelante FEF e CEF e apelados R.P.C. e outro, data do julgamento 20/08/98.

[30] DINIZ, Maria Helena. *Curso de Direito Civil Brasileiro – Teoria Geral do Direito Civil*. 1º vol. 18 ed. São Paulo: Saraiva, 2002.

Certo é que, mesmo sendo possível o casamento entre pessoas do mesmo sexo, essas não poderiam "procriar" (utilizando a mesma terminologia da autora) por limitações impostas pela própria natureza, estando, portanto desatendido, nesse item, um dos fins do matrimônio. Mas, o que dizer, então, daqueles casais que mesmo estéreis ou com idade avançada constituem matrimônio? Esses por certo também não poderão gerar prole, mas lhes é permitido casar.

Parece-nos que o conceito de casamento como princípio basilar da reprodução humana não é o principal obstáculo para a vedação do matrimônio entre transexuais. Apenas para a Igreja o relacionamento sexual deve ocorrer somente após o matrimônio, e a concepção não deve ser evitada para fins de obedecer à determinação divina "crescei-vos e multiplicai-vos."

Evidente, então, que o principal entrave legal (senão único) para que o casamento entre transexuais seja permitido é o fato de que a lei é clara ao impor a diversidade de sexos para que o mesmo exista. É importante ressaltar, aqui, a decisão tomada pelo Tribunal de Justiça do Estado de Minas Gerais, por sua 1ª Câmara, sendo relator o Desembargador Paulo Tinoco, sobre o casamento entre duas pessoas do mesmo sexo:

> "'É ato inexistente o casamento de duas pessoas do sexo feminino'[31] e não nulo. Admite esse decisório que deve existir a declaração de inexistência do casamento, pois existiu o ato, não o casamento, daí porque 'o ato é nulo', considerando ato 'a realização, formalidade e registro nos livros cartorários. A seu turno roborou o Desembargador Oliveira Leite, em seu voto, que a sentença contém impropriedade principalmente porque declarou nulo o casamento inexistente." (RT 572/189)[32]

Perfeito o posicionamento principalmente se observado que a não-diversidade de sexos fere um dos pressupostos para que o casamento seja

---

[31] Neste mesmo sentido: CASAMENTO – Ato inexistente – União de Pessoas do mesmo sexo – Utilização de falso registro de nascimento – Sentença que declara a inexistência do matrimônio confirmada.
Inexistente é o casamento levado a efeito por pessoas do mesmo sexo, tendo sido utilizado falso registro de nascimento para a consumação do ato.
Ocorreu o registro de casamento que diz respeito à união de duas pessoas do sexo feminino. O casamento objeto de registro é inexistente. Com efeito, 'A', como ressaltado na sentença, valendo-se de falso registro de nascimento, fez-se passar por homem, com o nome de..., iludiu 'B', obtendo o consentimento desta para o casamento. Esta, inclusive propôs ação de nulidade do casamento, onde a litispendência foi reconhecida, 'A' foi condenada como incursa no art. 229 do CP pela falsidade cometida no registro de nascimento com o nome de ...
Assim, a sentença recorrida deu a única solução cabível.
Nega-se, pois provimento ao reexame necessário. Ap. 71.597-1 (reexame – segredo de justiça) – 6ª C. – J. 21.8.86 – Rel. Des. Roque Kamatsu.
[32] AZEVEDO, 2001, p, 467/468.

considerado existente. Dessa forma, a interpretação oferecida pela norma legal estabelece a necessidade, através de palavras textuais, de que o matrimônio exista entre o "homem" e a "mulher". Possíveis mudanças precisariam ocorrer desde a legislação que trata do casamento para que possam posteriormente refletir nas uniões homoafetivas. Mas a resistência é gigantesca.

7. O transexual e o casamento

Em sendo possível a alteração do registro civil do transexual, esse passaria a ter então, além de sua genitália alterada, seu assentamento no registro civil para fins de lá fazer constar o sexo condizente, agora, com a nova realidade trazida pela cirurgia.

A alteração possibilitaria o casamento ao transexual? Poderia vir a se casar, diante do fato de que o enlace não correria o risco de ser inexistente? No Brasil esse aspecto ainda é polêmico e na Espanha, conforme Stefano Rodotà, a "Corte Suprema numa decisão datada de 1991 determinou que esse reconhecimento não chega a conferir ao transexual o direito ao casamento". A Corte Européia tomou igual posicionamento, em dezembro de 1986, no caso Rees, baseando-se na afirmativa de que "aos olhos da Corte, garantindo o direito de se casar o art. 12 visa ao casamento tradicional entre duas pessoas de sexo biologicamente diferente"[33]

Já no Brasil, temos, conforme já mencionado anteriormente, um casamento inexistente se realizado entre duas pessoas do mesmo sexo. Mas, a partir da cirurgia, se alterado o registro civil do transexual esse teria outro sexo, seu sexo biológico seria alterado, juntamente com sua genitália. Nesse caso, à luz da Constituição de 1988, Gustavo Tepedino adverte que a dignidade da pessoa humana deve prevalecer sobre qualquer estrutura institucional. Mesmo sem ter a certeza de que tal argumento serviria para o casamento entre homossexuais, conforme Ana Paula Peres.[34]

Poder-se-ia, aqui, tecer maiores comentários sobre o fato de que muitas vezes o casamento é considerado uma instituição que visa à procriação e, conseqüentemente, à manutenção da espécie, ou então sobre as transformações da família moderna. De outra banda, pode-se citar parte de acórdão que pondera no sentido de eliminar a restrição ao matrimônio para transexual que teve sua genitália alterada:

---

[33] PERES, 2001, p. 207/208.
[34] Ibidem, p. 210.

"... É que, tem razão o(a) apelante, quando sustenta que, tendo sido alterado seu sexo (além do nome), tal alteração implica a possibilidade de casar. É uma mulher com muitas deficiências já salientadas, mas mulher. E, convém registrar, há mulheres como tal nascidas, que também são estéreis, outras não tem ovários e já extirparam o útero. Nem por isso deixam de ser mulheres. Logo, pondero que deve ser eliminada a restrição contida à alínea a, parte dispositiva da sentença, para que não conste do registro a restrição ao matrimônio".[35]

Por outro lado, Antonio Chaves[36] corrobora a afirmação anterior quando diz que o casamento é o próximo passo a ser trilhado pelo transexual que realizou a cirurgia, alterou seu registro civil e que agora pretende casar-se com pessoa que, segundo seu assento registral, possui sexo diferente do seu, pois, se

"... a doutrina e a jurisprudência têm tendência a reconhecer que um ex-homem tornou-se mulher para todos os efeitos, a tal ponto que pôde obter retificação do registro civil, se admitem tacitamente todos que ele possa unir-se a pessoa de sexo diferente daquele obtido artificialmente, não se poderá negar, por uma questão de coerência, que mais cedo ou mais tarde chegará o momento de reconhecer que o casamento será possível, por maiores que ainda possam ser os preconceitos, por mais acaloradas que possam ser as discussões e as controvérsias que se travarem sobre o tema."

Para muitos doutrinadores, quando se fala em casamento entre transexuais, ou seja, entre pessoas de sexo registral diferente, não haveria mais um casamento inexistente, conforme quer Álvaro Vilaça de Azevedo,[37] mas sim um casamento que pode vir a ser anulado, com base no erro essencial quanto à pessoa do cônjuge, artigo 1.557 do CC, inciso I, que diz respeito à identidade, honra e boa fama. Mas, para que tal anulação ocorra, é preciso que o conhecimento do fato seja posterior ao casamento e que esse torne insuportável a vida em comum.

Segundo Maria Helena Diniz, "ainda que bem-sucedida a cirurgia, dificilmente passarão despercebidas as marcas e cicatrizes que subsistem ao ato operatório quando dos contatos sexuais".[38] Conseqüentemente, apenas em raras exceções, sendo o noivo(a) muito ingênuo e inocente, e não tendo ainda mantido relações sexuais com o futuro cônjuge (o que é raro

---

[35] RJTJRS, Agosto de 1999, Ano XXXIV, N° 195, p. 356/360. Apelação Cível n° 598404887 - 7ª Câmara Cível - Porto Alegre.

[36] CHAVES, Antonio. Castração – esterilização – mudança artificial de sexo. *Revista dos Tribunais*, v. 542, p. 18.

[37] AZEVEDO, 2001.

[38] DIAS, 2000, p. 117.

hoje), poderia vir a alegar erro essencial quanto à pessoa do outro para fins de, com base em tal afirmação, anular o matrimônio realizado.

E no caso de transexual casado que, depois do matrimônio realizado e consumado busca a alteração de seu sexo biológico através da cirurgia? Como resolver tal impasse se não existe concordância do cônjuge para que o procedimento cirúrgico aconteça?

Diante de tal possibilidade, Elimar Szaniawski[39] se posiciona no sentido de exigir o expresso consentimento do cônjuge para a realização da cirurgia. Em caso de inexistência de concordância, a única solução seria a extinção da sociedade conjugal e posteriormente do vínculo matrimonial, através da separação e/ou divórcio. Tais procedimentos, contidos na Lei 6.515/77, prevêem a forma consensual e a forma litigiosa, pressupondo-se para a existência do litígio a falta de acerto entre os cônjuges quanto ao término do casamento. Nesse caso, deverá existir um fato motivador para o fim do matrimônio. Tal fato, então, poderá ser representado pela conduta desonrosa ou pela grave violação dos deveres do casamento de um dos cônjuges.

8. Considerações finais

Do texto exposto, observa-se que é polêmica a discussão sobre a transexualidade e a grande angústia daqueles que vêm o seu sexo biológico e o seu sexo psicológico completamente dissociados e descolados entre si. Na verdade, aqui reside a grande diferença entre homossexuais e transexuais. Os primeiros encontram-se satisfeitos com sua genitália, possuindo interesse por pessoas do mesmo sexo; já os transexuais não se conformam em terem nascido de sexo oposto àquele que acreditam pertencer, vestindo-se e portando-se como tais e repudiando sua genitália a tal ponto de vir a atrofiá-la ou decepá-la em casos mais graves.

A angústia se concentra justamente na necessidade de transformar a natureza. Nessa seara, a cirurgia de redesignação sexual pode ser a solução e aos poucos vem ganhando terreno. Mas, pode também criar outro grande problema: a completa dissociação entre o registro civil do transexual e o seu sexo redesignado pela cirurgia em comento.

Ajuizada ação de alteração de registro civil com resultado procedente, o transexual muda de sexo juridicamente, o que não traz mais os impedimentos elencados no texto para que o casamento ocorra com pes-

---

[39] SZANIAWSKI, Elimar. *Limites e possibilidades do direito de redesignação sexual*. São Paulo: Revista dos Tribunais, 1998.

soa, agora, de sexo oposto ao seu. No entanto, é preciso que se observe a possibilidade de anulação do casamento, baseada no erro essencial quanto à pessoa do outro cônjuge se este descobrir, somente depois das núpcias, que seu cônjuge é um transexual que realizou à cirurgia de redesignação sexual. Essa possibilidade está intimamente ligada a publicidade da cirurgia através de averbações junto ao registro civil alterado, o que, por óbvio, causaria constrangimento e discriminaria o transexual.

Por outro lado, em tempos de total liberdade sexual, e diante do fato de que a cirurgia inevitavelmente deixa marcas e cicatrizes, é pouco provável que alguém venha a se casar sem antes ter mantido relacionamento sexual com o parceiro, quando então (se ainda não soubesse) poderia tomar conhecimento do procedimento realizado.

Então, observa-se o quanto é polêmico o assunto e quão importante é a sua discussão na busca de soluções, pois de um lado, pretende-se proteger o direito de terceiros, evitando que alguém se case equivocado quanto à pessoa de seu futuro cônjuge, de outro lado, não se quer expor o transexual que por força de uma cirurgia adequou seu sexo biológico ao seu sexo psicológico. Permeando tais afirmativas, existe o fato de que a partir da cirurgia e da alteração registral, os impedimentos para o casamento deixariam de existir.

Concluindo, a única hipótese de solução ainda parecer ser aquela que não determina a averbação junto ao registro civil por ser contrária aos ditames constitucionais, possibilitando apenas a extração de certidões em casos excepcionais, como a habilitação para o casamento, que poderia ocorrer depois de ser dado ciência ao cônjuge do procedimento cirúrgico ao qual o outro foi submetido. Tal posicionamento pretende fazer com que nossa justiça deixe de ser cega aos anseios dos transexuais, garantindo-lhes a dignidade de amarem e serem amados, sem que para isso precisem se esconder ou se envergonhar.

Referências bibliográficas

AZEVEDO, Álvaro Villaça de. *Estatuto da família de fato*. São Paulo: Editora Jurídica Brasileira, 2001, p, 467.

BENJAMIN, Harry. Tranvestims and transexualism, International Journal of Sexology, n° 7, 12. In: *The transexual Phenomenon*. New York: Juliam Press, 1966.

CHAVES, Antonio. Castração – esterilização – mudança artificial de sexo. São Paulo. *Revista dos Tribunais*, v. 542, p. 18.

COUTO, Edvaldo Souza. *Transexualidade – o corpo em mutação*. Salvador: Grupo gay da Bahia, 1999, p. 20.

DIAS, Maria Berenice. *União Homossexual:* o preconceito & a justiça. Porto Alegre: Livraria do Advogado, 2000.

DINIZ, Maria Helena. *Curso de Direito Civil Brasileiro – Teoria Geral do Direito Civil.* 1º vol. 18 ed. São Paulo: Saraiva, 2002, p. 39.

FARINA, Roberto. *Direito à vida e ao Próprio Corpo.* São Paulo: RT, 1992, p. 144.

BIRNFELD, Marco Antônio. *Jornal do Comércio*, Porto Alegre, 10 de out. 2000 p. 2.

LUCARELLI, Luiz Roberto. Aspectos jurídicos da mudança de sexo. *Revista da Procuradoria Geral do Estado de São Paulo.* Junho de 1991, p. 213-229

MORICI, Silvia. Homossexuailidade: um lugar na história da intolerância social, um lugar na clínica. *In Homossexualidade. Formulações psicanalíticas atuais.* Porto Alegre: Artmed, 1998, p. 169.

PERES, Ana Paula Ariston Barion. *Transexualismo o direito a uma nova identidade sexual.* Rio de Janeiro: Renovar, 2001, p. 160/161.

RIZZARDO, Arnaldo. *Direito de Família.* Vol. I. Rio de Janeiro: Aide, 1994.p. 27.

SPENGLER, Fabiana Marion. *União homoafetiva: o fim do preconceito.* Santa Cruz do Sul: EDUNISC, 2003.

SZANIAWSKI, Elimar. *Limites e possibilidades do direito de redesignação do estado sexual.* São Paulo: Revista dos Tribunais, 1998.

VIEIRA, Tereza Rodrigues. Natureza jurídica do direito à mudança de sexo e os direitos da personalidade. *Repertório IOB de Jurisprudência* - 1ª quinzena de setembro de 1988, nº 14/96, p. 354.

— 7 —
Pela extinção dos alimentos entre cônjuges

JAMIL ANDRAUS HANNA BANNURA
Professor de Direito de Família e Sucessões dos cursos de
graduação e pós-graduação (especialização) UFRGS.
Advogado Militante. jamil@poa.zumnet.com.br

Sumário: Introdução; 1. Mudanças sociais; 2. Espécies de casamentos e suas motivações; 3. O fim da dependência econômica da mulher durante e após o casamento; Conclusão; Bibliografia.

A manutenção dos alimentos entre ex-cônjuges não se justifica mais na sociedade pós-moderna, diante da motivação preponderante no casamento atual, da independência patrimonial dos cônjuges e especialmente pelas conquistas femininas nas últimas décadas, que tornam incoerente a idéia da dependência econômica.

Introdução

O pagamento de alimentos entre ex-cônjuges em decorrência do dever de mútua assistência, que permanece após a dissolução da sociedade conjugal, não atende mais a expectativa de independência pessoal e social dos consortes.

Ainda que não se discuta a reciprocidade do dever de alimentos entre o casal, é por certo em relação à mulher que o tema afeta diretamente, haja vista que o pedido de alimentos em favor do varão constitui medida excepcional no Judiciário.[1]

---
[1] Embora tais casos sejam cada vez mais noticiados, justamente ganham destaque pela excepcionalidade da medida que, em regra, não é utilizada, muito menos pela efetiva necessidade de alimentos do homem após a separação e muito mais pelo preconceito que ainda atinge os homens que se tornam dependentes financeiramente da mulher.

O modelo comportamental de família e os papéis assumidos por seus integrantes alteraram o modelo existente do casamento sob dependência exclusiva do marido, com duração eterna e com carga estigmatizante para a mulher separada.

De igual foco, a rotina das separações entre casais não permite a continuidade do dever de mútua assistência, especialmente em favor de pessoa capaz, que pode produzir e se sustentar.[2]

É verdade que ainda existem famílias tradicionais que merecem tratamento diferenciado,[3] pois não é estranho ao ordenamento a adaptação da legislação ao caso em exame, realizando a verdadeira justiça, que é tratar os diferentes de forma também distinta.[4]

Entretanto, os paradigmas são outros, e o pagamento de alimentos choca-se com a libertação econômica da mulher e com a finalidade do próprio casamento, forçando a alteração nas causas de sua formação e permitindo a existência de casamento baseado exclusivamente nos interesses afetivos.

O debate da situação permitirá um posicionamento jurisprudencial mais incisivo, especialmente em relação à fixação temporária de alimentos com a garantia de que não serão prorrogados, e a improcedência de ações que tenham por finalidade garantir uma vida confortável a pessoas que podem ingressar no mercado de trabalho e produzir de acordo com sua própria capacidade.[5]

1. Mudanças Sociais

Ao analisarmos o comportamento da sociedade brasileira, verificamos que, até aproximadamente meados da década de 70, a sociedade caracterizava-se pela marcante presença do homem como chefe da sociedade conjugal, reunindo, entre outras obrigações, o dever de sustento da família.

---

[2] Antes que a interpretação seja distorcida, o presente artigo refere-se apenas às situações em que nenhum dos cônjuges abandonou integralmente seus projetos pessoais e profissionais em virtude do casamento, portanto trata do modelo da nova família.

[3] Ou a manutenção do tratamento atual (ou antigo) atribuído aos alimentos entre cônjuges.

[4] Rui Barbosa.

[5] Embora o Código Civil de 2002 não tenha caminhado em tal direção, ao contrário, não só manteve claramente o dever de alimentos entre cônjuges, como ainda criou uma subespécie alimentar destinada ao cônjuge culpado, e introduziu no sistema normativo (artigo 1694 *caput*) a manutenção do padrão social do indivíduo como parâmetro para a fixação da verba alimentar sem restringir tal hipótese apenas aos filhos menores, como seria, no meu entender, o mais adequado.

De igual forma, a mulher assumia passivamente, com o casamento, a obrigação de abandonar seus projetos profissionais para criar os filhos, cuidar da casa e do marido.

Paulo Luiz Netto Lôbo[6] refere claramente a situação vivida pela mulher na época, quando identifica que:

"No Direito de Família sempre repercutiu a estratificação histórica da desigualdade. Desigualdade entre filhos e, principalmente, entre os cônjuges. É impressionante, para um olhar retrospectivo, como preconceitos arraigados converteram-se em regras de direito indiscutíveis. Mais impressionante é haver ainda vozes que lastimam a evolução dos tempos, augurando o fim da família, ou da única entidade familiar que concebem: patriarcal, hierarquizada e desigual, que vive em função do chefe masculino.
Ao contrário da igualdade formal nas relações sociais e econômicas, conquistada pelo liberalismo, na viragem do Século XVIII para o Século XIX, no mundo ocidental, a desigualdade familiar permaneceu intocada, em uma fase que poder considerada pré-iluminista; era a liberdade de ter mas não a liberdade de ser. E assim permaneceu até recentemente. Lembre-se que, no Brasil, o Estatuto da Mulher Casada apenas veio a lume no ano de 1962, quase duzentos anos após a revolução liberal; somente a partir dele, a mulher casada deixou de ser considerada civilmente incapaz."

No modelo, sinteticamente apresentado, não havia dúvida alguma de que, com o desquite, a mulher restava no completo desamparo financeiro, pois não tendo cuidado da sua vida profissional durante o casamento, já não tinha mais condições de retomar seus estudos e se ver inserida no mercado de trabalho.

Entretanto, já com o advento da Lei do Divórcio, desenhava-se outra intenção para o núcleo familiar, fruto da observação da transformação social vista especialmente no Brasil, precursor na mudança do comportamento da mulher na América Latina.[7]

Referida mudança de comportamento[8] transformou a família patriarcal em família nuclear, atribuindo a ambos os cônjuges as rédeas da relação conjugal, da guarda, do sustento e da educação dos filhos.

---

[6] Igualdade Conjugal – Direitos e Deveres, in *Direito de Família Contemporâneo*, Ed. Del Rey, 1997, Coordenador: Rodrigo da Cunha Pereira, p. 221.

[7] Embora alguns países tenham adotado o divórcio muito tempo antes do Brasil (Uruguai, por exemplo), é em nosso país que assistimos a mudança verdadeira do comportamento da mulher, com a conquista do mercado de trabalho e a liberação sexual inexistente em outras décadas.

[8] Em que pese a existência ainda de famílias desenhadas no modelo patriarcal, normalmente sexagenários, ou famílias híbridas, constituídas no modelo patriarcal e em fase de transição. Nesta última hipótese, a mulher acumula dois papéis fundamentais na vida conjugal, pois trabalha fora de casa,

A Constituição Federal de 1988 ratificou em seu texto tais alterações sociais inserindo comandos expressos no artigo 5º, I, e no artigo 226, § 5º *verbis*:

"Art. 5º. – Todos são iguais perante a lei, (...)
I - homens e mulheres são iguais em direitos e obrigações, nos termos desta Constituição;
Art. 226. – A família, (...)
§ 5º. – Os direitos e deveres referentes à sociedade conjugal são exercidos igualmente pelo homem e pela mulher."

O reconhecimento claro das famílias monoparentais[9] pelo texto constitucional[10] reduz qualquer dúvida que se tenha sobre a mudança do comportamento do legislador em reflexo da sociedade.

Inegavelmente, o número de demandas de separação e divórcio aumentou vertiginosamente,[11] pois enquanto a formação de casais no início do século passado decorria também e especialmente de interesses econômicos,[12] a independência financeira da mulher permitiu a escolha de seus parceiros quase exclusivamente em decorrência do afeto, da paixão e do amor incondicional.

Findo o amor, terminavam as relações, já que a dependência econômica do marido[13] não existia, o que ofereceu maior autenticidade à relação.

Nessa mesma linha de raciocínio, a mulher que começava a casar na década de 80, já não abandonava mais sua vida profissional ou seus projetos para cuidar da casa e dos filhos, dividindo tais tarefas com o homem, creche, empregada doméstica, etc.

A vida profissional da mulher passou a ser projeto do núcleo familiar, razão de decidir sobre a vida de ambos, concretizando no plano real o esboço da Constituição Federal e do novo Código Civil Brasileiro.

---

produzindo renda igual ao marido, porém quando ambos retornam ao lar ele dirige-se até a sala para ver TV, enquanto ela recomeça a rotina de cozinha e filhos que abandonou pela manhã antes de sair ao trabalho.

[9] Veja por todos LEITE, Eduardo de Oliveira. *Família Monoparentais*. São Paulo: RT, 1997.

[10] Artigo 226, § 4º, CF/88.

[11] Somente a diferença do ano de 2001 para 2002 já indica claramente a alta no número de separações e divórcios: De 49042 em 2001, para 53575 em 2002, no Poder Judiciário do Rio Grande do Sul. Fonte: SERAJ, janeiro de 2003.

[12] Simbolizado pela escolha do "melhor partido", daquele que "possa garantir o meu futuro", ou que "seja de uma boa família", na maior parte das vezes com a pressão dos pais da pretendente.

[13] Causa, muitas vezes, da manutenção de relação indesejada, pois se já era difícil para a mulher viver com seus filhos utilizando toda a renda do marido, pior ainda viver com seus filhos apenas com um percentual da renda do marido.

2. Espécies de casamentos e suas motivações

Para que a análise alcance mais a realidade brasileira há que se diferenciar, em espécies, os casamentos mantidos em nossa sociedade.

O primeiro modelo – antiquado – pode ser caracterizado pelo abandono da mulher aos seus estudos e sua carreira profissional, por exigência do homem,[14] para cuidar da casa e dos filhos. Nesta situação, a mulher se tornava refém do seu cônjuge, na medida em que toda a destinação da renda e administração do numerário era necessariamente feita pelo homem. A mulher, muitas vezes, sequer conhecia os "negócios do marido", sendo convidada apenas para assinar escrituras de venda de imóveis,[15] o que fazia pelo constrangimento à ordem, e não pela ciência plena das razões do negócio.

Em um segundo modelo – de transição – a mulher buscava trabalho, entretanto seus interesses eram considerados secundários em relação aos projetos profissionais do marido, até porque sua renda era inferior. Ocasião em que a mulher acompanhava as transferências de domicílio profissional[16] do seu cônjuge, adaptando-se sempre à nova situação e acumulando duas funções: a de profissional e a de dona de casa.

O terceiro modelo – moderno – encontra na mulher os mesmos interesses do marido, a manutenção de seus projetos pessoais e profissionais, o aperfeiçoamento e a divisão das tarefas domésticas. Entretanto, tal referência é realizada em uma sociedade que ainda não acredita na possibilidade de o homem ser sustentado pela mulher durante o casamento pelas mesmas causas que justificavam a situação contrária,[17] vendo no homem ainda o dever de sustento da família e na mulher a indicação precisa para o cuidado com os filhos.[18]

---

[14] Tal abandono além da exigência do homem, poderia decorrer da impossibilidade de a mulher continuar trabalhando em vista da comparação entre o custo de pagar uma empregada, babá ou creche e o salário recebido pela mulher que não possua alta qualificação, o que redundaria em prejuízo à renda do casal.

[15] Exigência legal do Código Civil de 1916 a todos os regimes de bens.

[16] Nota-se na carreira jurídica interessante comportamento dos aprovados em concurso público, pois quando o homem consegue aprovação a família inteira transfere seu domicílio, enquanto no caso da mulher, raramente o homem irá abandonar seu trabalho para acompanhá-la.

[17] Renda superior de um em relação ao outro, prejuízo financeiro no pagamento de empregada, babá, creche, etc, embora não se ignore que em famílias de baixa renda, a mulher, preponderantemente, sustenta o lar conjugal.

[18] Tal comportamento pode ser visto no âmbito da propaganda comercial, onde todos os produtos para o lar são direcionados para a mulher e todos os produtos para executivos são direcionados aos homens. Igualmente verifica-se esse comportamento em pequenos detalhes da vida cotidiana, entre eles citamos v.g. a falta da empregada doméstica ou mesmo quando o filho apresenta febre ou qualquer outra intercorrência no âmbito escolar, situação em que a mulher fica em casa aguardando a empregada ou mesmo resolvendo a situação, ou ainda a mulher que é chamada pela escola, abandona o seu serviço em cuidado dos filhos.

O último modelo apresentado – pós-moderno – decorre não só da ratificação do comportamento feminino, mas da mudança do pensamento da sociedade em relação ao casamento. Vê-se o casamento não mais como uma divisão de tarefas, mas sim como uma verdadeira comunhão de esforços pela sobrevivência da família, onde a mulher é essencialmente responsável, em conjunto com o marido, pelo padrão social da família e pela educação destinada aos filhos, incluindo o conforto material. Parte-se de pressuposto distinto, pois a mulher não complementa apenas a renda familiar, mas produz a renda, através de sua atividade profissional, empresarial, etc. A vida econômica e financeira dos partícipes é completamente independente, não existe a conta bancária conjunta, mas a conta e administração individual das rendas exclusivas, em prol da família, segundo consenso estabelecido pelo casal. O casamento em nada muda a condição social dos cônjuges que não alteram o padrão econômico e, portanto, com sua dissolução, continuam mantendo a mesma renda e condição social.[19]

Evidentemente que o modelo de casamento é escolhido previamente pelos nubentes no processo de adaptação nas fases que antecedem à união, como namoro e noivado, salvo nos casos em que um deles consegue mascarar a verdadeira personalidade, revelada apenas após ao casamento, dando início ao martírio inesperado da relação.

Tal escolha, que também pode ser alterada com a maturidade dos nubentes durante a relação, não é ajustada expressamente, mas decorre dos projetos que os noivos estejam estabelecendo para o futuro, com a troca de informações e conhecimento real do parceiro.

Por óbvio que o parceiro ou parceira que exige do outro a dedicação exclusiva ao lar ou ao seu sustento, já está escolhendo o tipo de vida que pretende levar, assumindo a responsabilidade pelas conseqüências inevitáveis após a separação, entre elas o dever de sustentar o outro.

Igualmente a mulher que abandona espontaneamente[20] sua formação profissional sob a ilusão de um casamento com conforto material por conta da situação financeira de seu consorte, não pode exigir, ao final desse relacionamento, alimentos vitalícios, sendo mais justo que assuma a conseqüência de sua opção de vida, devendo a sociedade (e o Judiciário) desestimular tal escolha, impedindo o deferimento de alimentos a quem não quis trabalhar ou estudar durante a relação.

---

[19] A inclusão do regime de participação final dos aqüestos no sistema brasileiro, incorporado originalmente no Projeto 634 de 1975, com a redação conferida pelo Prof. Clóvis V. do Couto e Silva, atende justamente o modelo pós-moderno incorporado no sistema jurídico alemão como o regime legal de bens através da Lei de Igualdade de Direitos com eficácia a partir de 01.07.1958, como informa Wilfried Schlüter, Código Civil Alemão. *Direito de Família*, 9ª edição, tradução de Elisete Anoniuk, Ed. Fabris, Porto Alegre, 2002, p. 165.

[20] Ou por promessa leviana.

Como se vê, há nítida vinculação entre o modelo familiar escolhido e os reflexos no dever de alimentos; ou entre eles e a dependência econômica da mulher.

3. O fim da dependência econômica da mulher durante e após o casamento

Pontes de Miranda[21] já referia que a obrigação alimentar somente pode ser deferida nos casos em que a pessoa não possui bens, nem pode prover, por seu trabalho, a própria mantença.

A análise que deve ser feita é se o ex-cônjuge possui aptidão para o trabalho e se está procurando por esse trabalho ou pretende permanecer na condição dócil de manteúdo. Neste caso, revertendo à demandante o ônus da prova de que está procurando emprego e que por fatores alheios não consegue a colocação pretendida.

E mais, tal trabalho, diante do quadro apresentado, não pode ser exigido apenas na área de formação profissional, mas em todas as áreas, especialmente aquelas que já laborou, que já possui experiência, como aliás se comporta qualquer cidadão que está desempregado e não consegue colocação inicial na sua atividade principal.

Raciocínio inverso permitiria a comodidade onerada ao outro cônjuge até que *v.g.* se pudesse conseguir vaga de diretor-presidente de empresa multinacional, o que por todo é inadmissível.

No relacionamento havido, há que se perceber se a mulher abdicou ou não de sua vida própria em decorrência da família. Se tais circunstâncias não ocorreram, não há falar em prejuízo ao consorte em decorrência da separação.

A dissolução da sociedade conjugal moderna determina claramente o rumo individual da vida de cada um dos cônjuges, não havendo mais fundamento para manutenção do vínculo de assistência material que só é aceitável em outros modelos sociais, como visto anteriormente. E justamente o dever de assistência material após o término da relação é que deve ser desjurisdicizado.

Em verdade, a obrigação alimentar entre cônjuges deve ser enfrentada como exceção no plano jurídico,[22] onde a regra deve ser a ausência de

---

[21] *Tratado de Direito de Família*. Ed. Bookseller, 2001, 1ª Edição atualizada por Vilson Rodrigues Alves, p. 255.
[22] Ao contrário dos alimentos em favor dos filhos, que é regra, cuja necessidade decorre de presunção tratando-se de filhos menores.

obrigação alimentar entre cônjuges, salvo nos casos de absoluta necessidade devidamente comprovada por situações excepcionais.

Nesse sentido, mantém a opinião Pontes de Miranda,[23] especialmente quando leciona que:

> "Não há dever e obrigação de alimentos entre cônjuges separados judicialmente, nem entre divorciados, salvo se fixados em sentença ou acordo, (...) a circunstância de vir a necessitar deles posteriormente não lhe confere o direito de exigi-los do ex-cônjuge, salvo se a renúncia assentou em erro de sua parte ou em dolo da parte do marido, caso em que se lhe dá ação para anular o ato assim eivado de nulidade. (...) No desquite consensual, os cônjuges podem regular, a seu bel-prazer, as condições de dissolução da sociedade conjugal. Os alimentos do desquite communi consensu não podem ser senão os do acordo."

Tanto é assim que as partes podem, de comum acordo, firmar termo judicial ou extrajudicial pela não necessidade da verba alimentar ou, alternativamente, a fixação de valor temporário, transitório, confirmando a renúncia[24] após o referido período.

O que não pode ocorrer é a perpetuação de tal situação, como se o consorte nunca pretendesse o retorno ao campo de trabalho ou estivesse aguardando o emprego ideal para suas aptidões. Tal pretensão é de todo incompatível com o modelo social e com a igualdade entre os cônjuges, assentada na Constituição Federal.

Arnaldo Marmitt[25] já demonstrava a preocupação com o tema, especialmente a possibilidade de a mulher, em lamentável atitude, manter-se inerte na busca do trabalho, apenas com o intuito de ser sustentada pelo ex-cônjuge. Assim refere o autor sobre o tema:

> "Quanto à mulher, o texto[26] robustece o entendimento de que, sem sendo ela jovem, capaz para o trabalho ou auto-suficiente economicamente, não faz jus a alimentos. Não mais depende do marido. (...)
> A nova orientação constitucional também diminui o alcance da obrigação alimentar entre cônjuges, quanto à indefinição no tempo. Denota-se hoje uma propensão de limitar no tempo a concessão, só enquanto necessários forem os alimentos, como no casamento de pouca duração, até que mulher receba o primeiro salário referente ao emprego previsto, ou só conceder pensão com o mesmo nível do casamento, por algum

---

[23] Ob. cit., p. 256.

[24] Ou dispensa para os que não aceitam a renúncia mesmo entre cônjuges em decorrência do texto do novo Código Civil.

[25] *Pensão alimentícia*. Aide, 1993, p. 126/127.

[26] Referindo-se ao texto constitucional.

tempo, tudo com o fim de exonerar o ex-marido, e de impulsionar a ex-esposa a empregar-se. A desigualdade obrigacional entre sexos importa em capitis dimininutio do cônjuge que pretende favores do outro, com pretensões alimentares desnecessárias."

Como se percebe do referido autor, é clara a posição doutrinária de não incentivar o ócio, permitindo excepcionalmente a fixação temporária de alimentos, levando-se em consideração igualmente a meação, seu valor e os frutos possíveis na exploração de tais riquezas.

Repugna o desejo de manutenção de dependência, incompatível com as aspirações de um ser livre, e humilhante para a mulher que não esquece a luta que travou na libertação das amarras.

Em casos tais, o Judiciário não pode e não deve incentivar a manutenção de tal situação, ao contrário, como já vem ocorrendo nos melhores Tribunais do país, deve pressionar a demandante para que tenha sua vida própria, autônoma, exclusiva, longe do enlace que já não mais existe, como única forma de seguir o curso normal.

O trabalho é obrigação de qualquer ser humano que pretenda sobreviver, ainda mais se for pessoa jovem, com instrução e plenamente capaz de trabalhar em inúmeras funções, justamente o que o sistema espera que ocorra em situações semelhantes, como leciona Eduardo de Oliveira Leite,[27] *verbis*:

"Daí porque, após o advento no novo texto constitucional é perfeitamente perceptível a tendência – num primeiro momento tímida e, paulatinamente, firme – de restringir a pensão alimentícia entre os cônjuges, de fomentar o trabalho da mulher, reduzindo o tempo de concessão dos alimentos,(...)".

Não se olvide que a fixação de alimentos temporários atende situação com termo final definido e que não pode ser prorrogado, como única forma de efetivamente pressionar a busca pela sobrevivência, salvo casos excepcionais.

Em análise dos alimentos temporários, João Batista Arruda Giordano[28] exige que a mulher esteja impedida de exercer atividade laborativa:

"Tal é o caso, por exemplo, da jovem que colará grau em curso superior dentro de meses. Ou o da moça, cujo estado de gravidez não lhe permite trabalhar. Depois da formatura, no primeiro caso, e algum tempo após dar à luz o filho, neste último, é razoável supor que uma

---

[27] Os Alimentos e o Novo Texto Constitucional, *in Direito de Família Contemporâneo*, Ed. Del Rey, 1997, Coordenador: Rodrigo da Cunha Pereira, p. 695.
[28] Alimentos. *In Nova Realidade do Direito de Família*, Tomo 2, Ed. COAD, Coordenação Sérgio Couto, p. 44.

e outra logo poderão prover a própria mantença, justificando-se nesses casos a imposição de alimentos a tempo certo."

O que não se pode admitir é a fixação definitiva de alimentos, incentivando a acomodação de pessoa que pode trabalhar normalmente como qualquer outra, especialmente nos casos de ausência de prole menor que pudesse limitar seu tempo ou espaço.[29]

A pessoa jovem, capaz, habilitada, sem filhos menores que exijam cuidados personalíssimos, por que deveria permanecer na dependência indefinida de seu ex-marido? Qual o fundamento para se acreditar na dependência eterna? Ora, o casamento não pode refletir indefinidamente na vida das pessoas, especialmente diante da possibilidade clara de se iniciar um novo relacionamento em qualquer estágio da vida.

Na matéria, o mestre Yussef Said Cahali,[30] por todos, em sua obra magistral sobre o tema, adota decisão da corte do Pará que sintetiza a necessidade de consciência do ex-cônjuge da sua nova vida após a separação e de que não tendo nascido em dependência de seu ex-cônjuge, agora igualmente deve continuar sua própria vida com o rompimento definitivo de qualquer vínculo daquela relação que não foi exitosa. Assim transcreve:

"Em razão da separação do casal, a mulher terá de entender dever se adaptar a uma nova realidade, não podendo exigir permanência do status quo ante, com o mesmo padrão de vida que suportaria se separada não fosse do cônjuge, pois isto é fruto da própria contingência."

No mesmo sentido, refere Eduardo de Oliveira Leite:[31]

"A partir de 1989, um ano após a promulgação da Constituição, os julgados tomam um rumo bem definido e de acordo com a nova concepção da mulher na sociedade conjugal e no meio social, a saber, a necessidade do trabalho como dever social, e a conseqüente inadmissibilidade de alimentos quanto a mulher tem condições de prover sua própria subsistência através do trabalho."

Não bastassem as citações doutrinárias como fundamento da tese que ora se esboça, as mais recentes decisões do Tribunal de Justiça do Rio Grande do Sul relatam com clareza a mudança da jurisprudência a respeito da matéria, identificando claramente a vida autônoma do casal que se desfaz, com o dever de se auto-sustentar.

Igualmente as decisões colacionadas demonstram que o término do prazo fixado nos alimentos transitórios ou temporários importa em renún-

---

[29] Ainda que se admita claramente a possibilidade de cuidados da prole através de empregada, babá ou creche sob ônus de ambos.

[30] *Dos Alimentos*. 2ª ed. São Paulo: RT, 1993, p. 557.

[31] Op. cit., p. 723.

cia, e por conseqüência, em carência de ação.[32] Renúncia que pode ser firmada através do acordo de alimentos temporários, pois ao se determinar termo final da obrigação, expressamente estão os cônjuges renunciando à verba após o período fixado.[33]

Tais são as decisões que merecem cuidadoso exame:

"Alimentos. Renúncia caracterizada. A renúncia aos alimentos, quando da separação do casal, impede o cônjuge de pleiteá-los futuramente. Impossibilidade jurídica do pedido caracterizada. Desproveram, por maioria." (TJRS, APC 70004792511, 7ª Câm. Cível. J. 18.09.02)".

Assim refere o voto:

"Diz que convolou núpcias com o demandado em janeiro de 1976, resultando desta união dois filhos. Com o desgaste da vida comum, viu-se compelida a aceitar a separação judicial proposta pelo varão, onde ficou acordado, em 13.10.1999, que 'a separanda será pensionada pelo separando por período certo e determinado de um ano a contar desta data, com quantia de R$500,00 mensais, extinguindo-se em definitivo o pensionamento após este período.'
Des. Luiz Felipe Brasil Santos (Relator) – Não obstante o superado teor da Súmula 379 do STF, tenho por válida a renúncia a alimentos entre cônjuges, por entender que a característica da indisponibilidade do direito aos alimentos, estampada no art. 404 do CCB, refere-se, exclusivamente, à obrigação alimentar entre parentes, e não alcança aquela oriunda da relação conjugal, que decorre do dever de mútua assistência entre cônjuges (art. 231, inc. III, CCB).
(...)
Muito embora por vezes seja árdua a distinção entre cláusula de dispensa dos alimentos e cláusula de renúncia aos alimentos, no caso em exame é clara a intenção da virago em *renunciar* os alimentos, ao acordar que, após o prazo de um ano, a obrigação alimentar extinguir-se-ia 'em definitivo'."

E ainda cita decisões do E. STJ:

"Civil e Processual Civil – Recurso ordinário em *habeas corpus* – Ação de execução – Alimentos – Acordo – Renúncia – Pleito ulterior – Impossibilidade – Tendo sido homologado acordo no qual a parte renunciou ao direito de alimentos, inadmissível seu ulterior compare-

---

[32] Contrariando algumas decisões recentes do STJ.

[33] Importa destacar que o artigo 1.707 do Código Civil em vigor é taxativo ao vedar a renúncia ao direito de alimentos. Em que pese este autor entender que tal vedação só se aplica aos menores, e não aos capazes, cujo direito é patrimonial e portanto disponível, o presente ensaio propõe essencialmente o fim do direito a alimentos, e não mero direito à renúncia.

cimento em juízo para pleiteá-los. Precedentes. (STJ – RHC – 11690 – DF – 3ª T. – Rel. Mina. Nancy Andrighi – DJU 19.11.2001 – p.00259)".

"Civil – Família – Separação consensual – Alimentos renúncia – Sendo o acordo celebrado na separação judicial consensual devidamente homologado, não pode o cônjuge posteriormente pretender receber alimentos do outro, quando a tanto renunciara, por dispor de meios próprios para o seu sustento. Recurso conhecido e provido. (STJ – REsp 254392 – MT – 4ª T. – Rel. Min. César Asfor Rocha – DJU 28.05.2001 – p. 00163)".

Como se percebe da decisão transcrita, o acordo de fixação de alimentos temporários com termo final da obrigação deve ser interpretado com renúncia aos alimentos em período posterior, o que leva a carência de ação da demandante.

Nesse mesmo sentido, já escreveu o Des. Luiz Felipe Brasil Santos,[34] *verbis*:

"A jurisprudência do STJ – inobstante a Súmula 379, do STF – é pacífica no sentido de que os alimentos devidos em razão do casamento não desfrutam da característica da indisponibilidade. Assim, entre inúmeros outros, vale referir os seguintes julgados recentes: 1) REsp. 70.630/SP (4ª Turma, Rel. Min. Aldir Passarinho Junior); 2) REsp. 254.392/MT (4ª Turma, Rel. Min. César Asfor Rocha); 3) REsp. 221.216/MG (3ª Turma, Rel. Min. Carlos Alberto Menezes Direito); 4) RHC 11.690/DF (3ª Turma, Relª Min. Nancy Andrighi). Assim também se posiciona a jurisprudência do Tribunal de Justiça do Rio Grande do Sul, do que é exemplo o seguinte aresto: 'Alimentos – Renúncia ou dispensa em divórcio – Impossibilidade de novo pedido – O divórcio rompe, salvante expressas exceções, todos os vínculos entre os ex-cônjuges – Inaplicabilidade da Súmula 379 – O dever de assistência, somente persiste quando as partes o convencionam no acordo do divórcio, ou nos casos do art. 26, da Lei nº 6.515/77 – Se a ex-esposa não fez atuar o direito a alimentos enquanto cônjuge, e se tal direito não foi ressalvado expressamente no acordo de divórcio, após desfeito o casamento já não cabe sequer indagar da ocorrência de renúncia ou dispensa – Carência de ação por parte da ex-esposa para pedir alimentos ao ex-marido – Apelação improvida.' (Apelação Cível nº 599276409, 8ª Câmara Cível, Tribunal de Justiça do RS, Rel. Des. José Ataídes Siqueira Trindade, J. 10.06.1999) Na doutrina, conserva atualidade a lição de Sílvio Rodrigues: Em primeiro lugar, há

---

[34] A Separação Judicial e o Divórcio no Novo Código Civil Brasileiro, *Rev. Bras de Direito de Família*, Síntese, IBDFAM, vol. 12, p. 159, nota 3.

que se ter em vista que o acordo havido em processo de desquite por mútuo consentimento é negócio jurídico bilateral, que se aperfeiçoa pela conjunção da vontade livre e consciente de duas pessoas maiores. Se as partes são maiores, se foi obedecida a forma prescrita em lei e não foi demonstrada a existência de vício de vontade, aquele negócio deve gerar todos os efeitos almejados pelas partes, valendo, assim, a renúncia aos alimentos por parte da mulher. Ademais, o acordo no desquite se apresenta como um todo, em que cada cônjuge dá sua concordância, tendo em vista as cláusulas básicas que o compõem. É possível que se o marido soubesse que havia de ser compelido a sustentar sua ex-esposa não concordaria em subscrever a petição de desquite; afinal, o desquite é um distrato, que tira sua seiva da vontade das partes. Em segundo lugar, porque, homologado o acordo de desquite, desaparece o dever de mútua assistência entre os cônjuges, não havendo mais razão para impor-se ao homem o dever de sustentar sua ex-mulher". (Direito Civil, vol. VI, Direito de Família, Ed. Saraiva, 18. ed., p. 228).[35]

Idêntica decisão do 4º Grupo de Câmaras Cíveis do Tribunal de Justiça do Rio Grande do Sul, nos embargos infringentes nº 70004918819, j. em 11.10.02 sob o relato do Des. Sérgio Fernando de Vasconcellos Chaves. *Verbis*:

"Embargos infringentes. Alimentos. Requerente divorciada. Carência de ação. Quando ocorre a ruptura do casamento e fica estabelecida a pensão de alimentos, o dever de mútua assistência se projeta como efeito residual do matrimônio, ainda que sobrevenha o divórcio. Mas se a mulher dispensou os alimentos quando do divórcio *ou foi mantida por prazo certo a obrigação, que se extinguiu*, não poderá reclamá-los depois de desconstituído o vínculo, pois inexiste entre eles o liame obrigacional. A mulher divorciada é carecedora de ação de alimentos contra o ex-marido. Embargos acolhidos."

Outras decisões similares merecem destaque:

"Separação. Alimentos. A agravada é pessoa plenamente capaz, jovem (29 anos) e que está, temporariamente fora do mercado de trabalho, ainda que informalmente exerça atividade laboral na agência lotérica de seu namorado, recebendo dele alguma ajuda. O casal encontra-se separado cautelarmente há dois anos não se cogitando sequer da admitida hipótese de pensionamento destinado a prover o sustento durante um período de adaptação à nova situação pessoal da alimentada.

---

[35] Entendimento, a meu ver, que não merece ser alterado em função da interpretação literal do artigo 1.707 do CCB.

Observe-se que, quando da separação, a agravada estava empregada. *A regra da vida em sociedade é de que cada um, sendo maior e capaz, deve prover seu sustento pelo trabalho, sendo a busca de auxílio alheio uma exceção.* Proveram por maioria. (TJRS AI 70004117305, 7ª Câm. Cível. Rel. Des. Luiz Felipe Brasil Santos, j. 05.06.02)."

"Alimentos. Mulher jovem e apta para o trabalho. Que já desenvolvia atividade laboral antes do relacionamento, que durou menos de dois anos. Existência de prova de que, depois da separação, o agravado ajudou a agravante a firmar-se profissionalmente, com aquisição, para ela de quotas sociais de empresa, descabimento da fixação de alimentos, em razão da desnecessidade da verba. Desproveram unânime. (TJRS, APC 70004127122, 7ª Câm. Cível, Rel. Des. Luiz Felipe Brasil Santos, j. 05.06.02)."

Afirmou o relator em seu voto:

"Assim, considerando-se o fato de que a agravada tem condições de prover o próprio sustento, não tendo comprovado[36] sua incapacidade física ou mental para o trabalho, descaracterizada a necessidade, o que impõe seja desconstituída a decisão que arbitrou alimentos provisórios em seu favor, dada a característica da irrestituibilidade dos alimentos."

Em outra decisão de Embargos, a reafirmação do Tribunal de que a aptidão para o trabalho deve determinar a desnecessidade de alimentos, posto que a parte não pode se ocultar sob o desemprego notório para dizer que não tem condições de trabalho, quando sequer demonstra que esteve procurando algum serviço dentro de suas várias aptidões.

"Embargos infringentes. Separação judicial. Alimentos à mulher. Descabimento. O dever de mútua-assistência entre os cônjuges existe para amparar aqueles que efetivamente necessitem dos alimentos. Sendo o cônjuge mulher jovem e apta para o trabalho, inclusive desempenhando atividade laboral, não faz jus ao pensionamento alimentar. Embargos infringentes desacolhidos por maioria." (TJRS, EI nº 70002863116, 4º Grupo de Câm. Cíveis. Rel. Des. José S. Trindade, j. 19.10.01).

Assim destaca o voto:

"Contudo, o dever de mútua-assistência existe para amparar aqueles que efetivamente necessitem dos alimentos, e a *prova nesse sentido deve ser robusta*. Nesse sentido é a AC nº 597 082 437 – 8ª Câm Cível – TJRS Rel. Des. Breno Moreira Mussi, e tantas outras.

---

[36] Deixando claro que o ônus da prova da incapacidade é do pretenso credor de alimentos, e não do demandado, não valendo a simples presunção de necessidade dos alimentos ou impossibilidade para o trabalho como se aplica no caso dos alimentos a filhos menores.

Mesmo na separação judicial litigiosa com prova da culpa (o que inocorreu no caso em julgamento), o cônjuge responsável pela separação prestará ao outro a pensão que o juiz fixar, se houve a necessidade (Lei do Divórcio, art. 19). (...)
Dentro da cognição que os autos apresentam, não há qualquer elemento que justifique o pensionamento alimentar da embargante, uma vez que ela é mulher absolutamente jovem (conta atualmente 36 anos de idade – fl.23) e *apta para o trabalho*, tendo plenas condições de prover o seu próprio sustento."

Idêntico o entendimento da 8ª Câmara Cível, sob relato do Des. José S. Trindade,[37] deixa claro o ônus da prova em relação à necessidade dos alimentos, especialmente quando se trata de pessoa jovem, capacitada e apta para o trabalho, com se observa do voto condutor:

"A apelante é mulher jovem, contando 39 anos de idade, e, apesar de afirmar sua necessidade de ser pensionada, *não se desincumbiu do ônus que só ela competia: provar sua incapacidade laboral* ou a efetiva precisão do auxílio. Até por que somente quando da reconvenção externou tal assertiva.
Quanto a este ponto, tem-se que é assente na prática jurisprudencial hodierna que, em casos como este, em se tratando de mulher jovem e saudável, está esta plenamente em condições de integrar o mercado de trabalho e prover o próprio sustento.
Nessa perspectiva, tem-se que não se pode atribuir ao recorrido a obrigação de pensionar a apelante, se esta dispõe das mesmas condições de trabalho que ele. Não é só pelo simples fato de terem entretido convívio marital que a recorrente deverá, a partir de agora, se eximir de prover o próprio sustento, porque, conforme já foi dito inúmeras vezes em julgamentos similares, o marido não é 'órgão previdenciário'.
Nesse sentido, tem-se que o dever de mútua assistência existe para amparar aqueles que efetivamente necessitem dos alimentos, e a prova nesse sentido deve ser robusta. Desse mister não se desvencilhou a contento a postulante."

Certo é que além de o marido não ser "órgão previdenciário", como firmou o ilustre relator, não há como se permitir que profissional acomode-se com o recebimento de pensão sem buscar no mercado de trabalho sua colocação.

Nesse sentido, as últimas decisões transcritas:

---

[37] TJRS, APC 70003568870, j. 21.02.02.

"Alimentos para a separanda. Valor provisório. Mulher jovem e com qualificação profissional de psicóloga, *tem o dever de buscar o próprio sustento na sua atividade*. A fixação deve contemplar o atendimento das necessidades essenciais, de forma a permitir condição de vida digna e estimular o concurso da alimentanda no mercado de trabalho. Recurso provido em parte." (TJRS AI 597 105 899 7ª CC, Rel. Des. Sérgio Fernando de Vasconcellos Chaves, j. 13.08.97).

"Alimentos. Mulher jovem e válida para o trabalho. A igualdade jurídica dos cônjuges, prevista na Constituição Federal, revogou o art. 233, inciso IV, do Código Civil. Só há alimentos para a mulher casada quando esta deles necessite, o que não sucede no atinente à mulher com 30 anos, apta para o trabalho, com curso superior e sem filhos. Hipótese em que ainda não se pode raciocinar com o art. 4º, parágrafo único, da Lei nº 5.478/68, pois o Magistrado não deliberou a respeito em primeira instância." (TJRS, AI nº 596 030 742, 8ª CC. Rel. Des. Sérgio Gischkow Pereira, j. 27.06.96).

Assim refere o ex-Desembargador Gischkow, que marcou a história recente do Tribunal de Justiça do RS por força da sabedoria expressada em seus arestos.

" Parece haver esquecimento de que o art. 233, inciso IV, do Código Civil, não foi recepcionado pela Constituição Federal de 1988, quando esta, em seu art. 226, § 5º, determinou igualdade de direitos e deveres no casamento. A mulher casada não mais tem automaticamente direito a alimentos; tudo depende de sua necessidade. Este novo rumo da matéria foi bem colocado em acórdão do Tribunal de Justiça de São Paulo: RT 647/86. Aliás, forçoso reconhecer que de há muito havia reação jurisprudencial, no sentido de estabelecer que *mulher jovem e válida para o trabalho não deveria receber alimentos*; exemplo: RT 597/189, em aresto do Tribunal de Justiça de Minas Gerais; outro exemplo: em RJTJRS 146/171 foi argumentado que mulher jovem e apta para o trabalho não pode requerer alimentos, *mais ainda diante de casamento de curta duração*; também se disse que os alimentos *não podem estimular o ócio* e que o casamento não é previdência social. O parecer do Dr. Procurador de Justiça mostra que a agravada é jovem (30 anos), com saúde e se formou em jornalismo na PUC, além do que o casamento durou apenas 10 meses e *não há filhos*! Em um quadro como este, tenho que de maneira alguma pode a mulher almejar o recebimento de alimentos.

Nem se há de raciocinar com a figura dos alimentos transitórios (não confundir com provisionais ou provisórios), que visariam o sustento do alimentado enquanto busca um emprego. *O número de meses já transcorrido, desde a ruptura fática entre as partes, foi suficiente para que a agravada buscasse um emprego.*"

E finaliza com a maestria que sempre lhe foi peculiar.

"(...) Ocorre que, no caso concreto, não vejo inferioridade, na medida em que envolvida mulher nova, educada dentro dos atuais parâmetros e com bom nível intelectual, visto que com curso superior. *Inegável que as mulheres não obterão a real e efetiva igualdade se desejarem continuar sustentadas pelos homens, quando evidentemente desnecessário.*"

Como se observa o direito a alimentos, ou a ausência dele, deve ser criteriosamente analisado ao caso concreto, excluindo dos deveres absolutos da relação.

Conclusão

A mulher moderna não pode optar por viver em dependência de seu marido, especialmente diante da ausência de filhos, detendo obrigação de buscar seu espaço profissional já durante o casamento, muito mais após a dissolução da sociedade conjugal.

Estranhos antes de se conhecerem, estranhos devem permanecer após o fim do amor. Pensar no casamento como recurso financeiro para a vida eterna sequer poderia ser cogitado, e uma vez reprimido no Judiciário, por certo criará nova mentalidade aos dissociados dos modelos que vigoram especialmente nos grandes centros urbanos.

Deferir alimentos em favor de mulher jovem, capaz, além de incentivar a manutenção de modelo social inaceitável, é, em verdade, colocar a mulher em grau de inferioridade, como se fosse incapaz de viver sozinha sem auxílio do ex-marido.

O termo judicial ou extrajudicial que fixe alimentos transitórios deve ser considerado como termo final da necessidade e, portanto, termo do direito a alimentos, sob pena de manter, na justificativa verdadeira das dificuldades para o trabalho que atingem a todos, situação que não se coaduna com a posição da mulher.

A liberação econômica da mulher com a manutenção do casamento apenas pelo interesse afetivo é contraditório com a continuidade do dever de alimentos nas situações descritas.

A almejada e conquistada igualdade entre os cônjuges importa nos ônus decorrentes de tal posicionamento social, entre eles, o dever do nubente de preparar sua vida profissional e produtiva antes do casamento, sob nenhum pretexto abandonar seus projetos durante o casamento, e viver, após sua dissolução, de acordo com sua capacidade produtiva, extinguindo, junto com o sobrenome, a relação que não merece sobrevida.

Bibliografia

CAHALI, Yussef Said. *Dos Alimentos*. 2ª ed. São Paulo: RT, 1993.

GIORDANO, João Batista Arruda. *Alimentos*, in Nova Realidade do Direito de Família, Tomo 2, Ed. COAD, Coordenação Sérgio Couto.

LEITE, Eduardo de Oliveira. *Famílias Monoparentais*. São Paulo: RT, 1997.

———. Os Alimentos e o Novo Texto Constitucional, i*n Direito de Família Contemporâneo*, Rodrigo da Cunha Pereira (coord.). Belo Horizonte: Del Rey, 1997,

LÔBO, Paulo Luiz Netto. Igualdade Conjugal – Direitos e Deveres, *in Direito de Família Contemporâneo*. Rodrigo da Cunha Pereira (coord.). Belo Horizonte: Del Rey, 1997.

MARMITT, Arnaldo. *Pensão Alimentícia*. Rio de Janeiro: Aide, 1993.

MIRANDA, Pontes de. *Tratado de Direito de Família*, atualizada por Vilson Rodrigues Alves. São Paulo: Bookseller, 2001.

SANTOS, Luiz Felipe Brasil. A Separação Judicial e o Divórcio no Novo Código Civil Brasileiro. *Revista Brasileira de Direito de Família* vol. 12/159, Ed. Síntese, IBDFAM.

SCHLÜTER, Wilfried. *Código Civil Alemão – Direito de Família*, 9 ªed., trauziso por Elisete Anoniuk. Porto Alegre: Fabris, 2002.

— 8 —

O Direito de Família e as provas ilícitas

JOSÉ CARLOS TEIXEIRA GIORGIS
Desembargador, RS. Professor das Escolas Superiores da Magistratura e do Ministério Público. Professor Emérito da URCAMP. Mestrando, PUC. Sócio do IBDFAM e do IARGS.

Sumário: 1. Notas iniciais; 2. Breve teoria sobre a prova; 2.1. Noção; 2.2. Princípios relativos à prova; 2.3. Fontes e meios de prova; 2.4. Momentos da prova; 2.5. Sistema de avaliação da prova; 3. A prova no Direito de Família; 3.1. Meditação prévia; 3.2. A intervenção do juiz de família; 4. A prova ilícita no Direito de Família; 4.1. Apostila preliminar; 4.2. Tendências sobre o aproveitamento da prova ilícita; 4.2.1. Posição obstativa; 4.2.2. Posição permissiva; 4.3.3. Posição intermediária; 5. Exame compulsório do DNA e prova ilícita; 6. Conclusões.

1. Notas iniciais

A harmonia social exige a composição dos conflitos entre as pessoas através da discórdia processual com obrigatória intervenção do Estado, atento à paz comunitária.

Para tanto, procura-se identificar a norma adequada ao caso concreto e se busca reproduzir o fato cuja existência seja afirmado ou negado pelas partes, impondo-se o pronunciamento judicial, que é inafastável, diversamente do que ocorria com o juiz romano.

A reconstrução do fato é uma atitude histórica e investigativa, que se achega à possível realidade, como forma de invocar os acontecimentos perante o magistrado que os deve decidir.

Assim, indivíduos e objetos intervenientes no fato são postos em movimento, de forma simultânea e coordenada, seguindo-se as etapas como se admita que tudo tenha sucedido, como uma representação simulada da conduta que observaram os protagonistas do que se intenta recriar.[1]

As afirmações de fatos feitas pelos litigantes se dirigem ao juiz que quer saber a verdade quanto aos mesmos, para formar sua convicção, como destinatário principal e direto,[2] e que está obrigado a optar por uma delas ou construir uma terceira com base em sua manobra reconstrutiva nos elementos fornecidos pelos contendores,[3] o que se obtém através da *prova*.

2. Breve teoria sobre a prova

2.1. Noção

A prova, pois, é a reorganização dos fatos perante o juiz para deslindar a controvérsia, é um fato supostamente verdadeiro que se presume deva servir de motivo de crença sobre a existência ou inexistência de outro fato.

Há um *fato principal,* cuja existência ou não se cuida demonstrar e o *fato probatório* empregado para demonstrar a afirmação ou a negação do acontecimento principal, sendo um meio encaminhado a um fim, pois através de um fato cuida-se de concluir-se a existência de outro.[4]

Como dito antes, o juiz considera dois pontos, a *questão de fato* e a *questão de direito*, ou seja, o primeiro consiste em assegurar-se que tal fato existiu num determinado lugar ou em certo tempo; e, depois, em constatar que a lei contenha um dispositivo aplicável ao fato individual.[5]

2.2. Princípios relativos à prova

Como qualquer instituto, também a prova se encontra informada por numerosos princípios, que se constituem em pilares axiomáticos de uma ciência, tendo assento muitos deles nos paradigmas constitucionais.

Tais são os princípios do contraditório, da ampla defesa, da oralidade, da imediatidade, da identidade física do juiz, da concentração, da publicidade, da verdade real, do livre convencimento motivado, da comunhão, da imaculação, entre outros.

O princípio da imaculação correspondente reitera o compromisso do processo com a ética e a dignidade do Direito e da Justiça, e se encontra

---

[1] NORES, Cafferata. *La prueba en el proceso penal.* Buenos Aires: Ediciones Depalma, 1994, p. 133.

[2] SANTOS, Moacyr Amaral. *Primeiras linhas de direito processual civil.* São Paulo: Saraiva, 1977, v. II, p. 287.

[3] DELLEPIANE, Antonio. *Nueva teoria de la prueba judicial.* Bogotá: Editorial Temis, 1977, p. 10/11.

[4] BENTHAM, Jeremias. *Tratado de las pruebas judiciales.* Buenos Aires: Ediciones Jurídicas Europa-América, 1971, p. 20/21.

[5] Idem, p. 25.

esculpido na regra da Carta Magna que abomina a admissibilidade da prova ilícita no processo (CF, artigo 5°, LVI).

É consabido que a prova tem importância fundamental no processo, pois constitui elemento integrador do convencimento do juiz com os fatos da causa.

Afigura-se como melhor opção a liberdade probatória, apenas limitada pela dignidade da pessoa humana e respeito aos valores fundamentais, havendo, pois, necessidade de interpor limites à utilização de provas que atentem contra estes princípios, vedações estas que restringem o direito à prova, também garantido constitucionalmente.[6]

O método probatório judiciário, na verdade, se constitui de um conjunto de regras mais amplo, cuja função garantidora dos direitos das partes e da própria legitimação da jurisdição implica limitações ao objeto da prova, aos meios através dos quais os dados são introduzidos no processo, assim havendo, em suma, um direito à prova e outro a sua exclusão quando contrarie o ordenamento.[7]

Anote-se a possibilidade de superação e relativização da garantia constitucional quando colida com o princípio da proporcionalidade, como se verá.

2.3. Fontes e meios de prova

Como se vê, a atividade processual se opera com a incidência de uma determinada regra jurídica a um caso concreto calcado em fato da vida, havendo destarte uma verdadeira *jurisdicização* destes eventos vitais.

Por inspirar o direito, a vida é *a fonte substantiva das normas.*

Portanto, as *fontes de prova* estão impregnadas de substantividade, de vida, de fatos ainda não trazidos ao processo, pois, embora sejam fatos jurídicos em si mesmos, ainda não se constituem em fatos jurídicos típicos processuais por estarem no campo do direito substantivo.

As fontes de prova residem no mundo dos fatos e são *anteriores* ao processo, competindo aos interessados encaminhá-los aos autos, depois de averiguados e selecionados devidamente pelas partes.

Em resumo, as fontes de prova antecedem o processo e independem dele, tal o documento de uma forma geral, a coisa litigiosa, o testemunho.[8]

---

[6] AVOLIO, Luiz Francisco Torquato. *Provas ilícitas, interceptações telefônicas, ambientais e gravações clandestinas.* 3ª edição, São Paulo: Revista dos Tribunais, 2003, p. 146.

[7] GOMES FILHO, Antonio Magalhães. *Direito à prova no Processo Penal.* São Paulo: Revista dos Tribunais, 1997, p. 92/93.

[8] SILVA, Eduardo Silva da. Fontes e meios de prova na perspectiva do microssistema da arbitragem, in A prova cível, Carlos Alberto Alvaro de Oliveira (org.). Rio de Janeiro: Forense, 1999, p. 178/180.

Em vista de as fontes constituírem uma ordem imanente ao sistema jurídico, é preciso que a este aspecto substantivo da prova corresponda também sua feição instrumental, daí os *meios de prova*.

Meios de prova são os instrumentos que tornam possível verificar a veracidade (verossimilhança) de um fato, permitindo a persuasão judicial.

Enquanto a averiguação das fontes de prova compete às partes, cabe ao juiz uma atividade verificadora sobre as alegações deduzidas: o litigante afirma, o juiz verifica e decide.

O percurso da verificação judicial ou extrajudicial observa um trabalho do juiz que, para verificar as afirmações dos contendores, utiliza-se das fontes conhecidas pelas partes e trazidas ao processo pelos meios legais.

A dialética entre direito e instrumento, substantividade e forma, essa passagem do mundo dos fatos ao mundo jurídico, ou de fora para o interior do processo, dá-se com a observância de princípios bem definidos e claros, através da rigorosa observância do devido processo legal.[9]

Os meios de prova estão agendados na bíblia processual, como o depoimento pessoal, a confissão, a exibição de documento ou coisa, a testemunha, a perícia, etc.

Não obstante, somente são hábeis para provar a verdade dos fatos em que se fundar a ação ou a defesa apenas os meios legais e *moralmente legítimos*, ainda que não especificados no código (CPC, artigo 332).

2.4. Momentos da prova

Como acontece em outros ramos jurídicos, a prova também segue um périplo, percorrendo etapas que têm lugar antes e durante o processo.

A *obtenção* é o momento extraprocessual e consiste na aquisição exterior na prova, em sua captação externa, aqui radicando importante elemento para identificar a prova como ilícita.

A fase processual se inicia com a *proposição*, que é a indicação da prova, é a referência genérica à prova que a parte pretende ver deduzida, que se dá, em regra, com a petição inicial, a contestação ou a reconvenção, podendo haver temperamento do instante no âmbito do Direito de Família, pela especificidade do interesse vertido.

Segue-se a *admissão*, juízo prévio de cabimento, pertinência, relevância ou necessidade da prova que se materializa no saneamento do processo, em termos.

---

[9] SILVA, op. cit. p. 180/181.

A *produção* é o instante em que a prova ganha concretude processual, viabilizando a estimativa da parte, dando vivência à abstração da proposta feita no vestíbulo da causa.

As provas arroladas no diploma instrumental observam alguns lindes topográficos em sua produção, assim a prova oral, na audiência de instrução e julgamento; a perícia depois do despacho de saneamento, etc.

O ciclo probatório culmina com a *avaliação* da prova feita pelo juiz, manifestada pelo veredicto que desata a controvérsia posta, em observância ao sistema adotado.

Para ajustar a distinção entre provas ilícitas e ilegítimas, relevam considerar-se apenas os conceitos de obtenção e produção probatórias.

2.5. Sistema de avaliação da prova

O ordenamento instrumental adota o sistema da *persuasão motivada* ou *persuasão racional*, segundo prescrição codificada (CPC, artigo 131).

Nele o juiz é livre para formar sua convicção desde que se limite ao conteúdo de provas ventrado aos autos pelas partes e justifique sua conclusão, através de raciocínio razoável.

Cláusula pétrea constitucional, a motivação é meio para verificar se a decisão está paramentada aos elementos do processo, servindo ainda como maneira de controle judicial, pois qualquer do povo, ao ler a sentença, deve desembocar na mesma conclusão que o decisor.

Embora seja difundida a tendência de se reduzir a atividade cognoscitiva do juiz a um fenômeno de pura consciência, a se exaurir no plano íntimo e imperscrutável da subjetividade, tal elemento pode conduzir a aspectos negativos, exatamente porque pode considerar a valoração da prova como um fenômeno misterioso e indizível, não sujeito a análise e controle, impenetrável por conseqüência a qualquer tipo de investigação.

Essa constatação conduz a uma insuprimível dialética entre lei e juiz, no fundo incapaz de ser resolvida em termos meramente abstratos e cuja solução só pode ser encaminhada levando-se em conta concretos parâmetros históricos, sociais e econômicos, pois o legalismo pode ser um freio contra o despotismo ou degenerar em autoritarismo do Estado: a ampla liberdade do juiz no exame da prova ou conduz a uma decisão mais da verdade ou redunda num arbítrio exasperado e incontrolável, chancelador de uma imagem equivocada e falsa.[10]

---

[10] OLIVEIRA, Carlos Alberto Alvaro de (org.). Problemas atuais da livre apreciação da prova, *in A Prova cível*, Rio de Janeiro: Editora Forense, 1999, p. 53/54.

3. A prova no Direito de Família

3.1. Meditação prévia

A prova no Direito de Família, como implícito, observa tratamento especial, em vista da peculiaridade do bem da vida que se encontra em litígio.[11]

Embora o estatuto canônico proclame que podem depor como testemunhas todas as pessoas (CPC, artigo 405), trata de excepcionar com o impedimento do cônjuge, ascendente e descendente em qualquer grau, ou colateral até o terceiro grau, de alguma das partes por consangüinidade ou afinidade, salvo se o exigir o interesse público, ou, *tratando-se de causa relativa ao estado da pessoa, não se puder obter de outro modo a prova, que o juiz repute necessária ao julgamento do mérito* (§ 2º).

Disto dessume que, em princípio, tais sujeitos não podem ser ouvidos, mas logo após, vem a exceção, ordenando que, se necessário, o juiz poderá ouvir as testemunhas impedidas ou suspeitas (§ 4º), sendo seus depoimentos tomados sem compromisso (CPC, artigo 415), o que não inibe o magistrado de lhes atribuir o valor que possuam.

Adverte Daniel Ustárroz que não é plausível que pessoas que tenham amplo conhecimento da matéria controvertida, por suas posições, restem impedidas de depor em juízo, como se as mesmas sempre tivessem interesse no desenlace do litígio, a ponto de abusar da figura penal do falso testemunho. No que toca ao Direito de Família e sua relação com a prova testemunhal, a influência perniciosa do princípio da prova legal é manifesta e não se coaduna com o espírito do Direito moderno e com o interesse público subjacente, daí a conveniência de realizar seriamente o princípio constitucional do devido processo legal, o que, no caso em tela, impõe permitir a oitiva de todas as pessoas que tenham conhecimento dos fatos discutidos, facultando ao juiz deles extrair a verossimilhança possível.[12]

Veja-se que em ação de alimentos, é irrelevante a circunstância de os nomes das testemunhas ouvidas na solenidade processual não constarem na inicial, pois tanto autor como réu têm direito de comparecer à aludida audiência acompanhadas de suas testemunhas.[13]

E, em precedente ainda oriundo da extinta ação de desquite, já se disse que, em demanda sobre o estado das pessoas, tanto a doutrina e

---

[11] PORTO, Sérgio Gilberto. Prova: generalidades da teoria e particularidades do Direito de Família, in *Revista da Associação dos Juízes do RS* nº 39, 1987, p. 113.

[12] USTÁRROZ, Daniel (org.); Porto, Sérgio Gilberto (org.). A efetividade dos Direitos Fundamentais e a prova no Direito de Família, in *Tendências Constitucionais no Direito de Família*. Porto Alegre: Livraria do Advogado, 2003, p. 77.

[13] TJSP, RT 489/88.

jurisprudência são unânimes em admitir a tomada de depoimento de pessoas que noutras ações estariam impedidas de depor,[14] pois tais pessoas, em regra, são as únicas testemunhas possíveis sobre os fatos da vida íntima do casal.[15]

Quanto ao depoimento dos descendentes, lembra Pontes de Miranda que, às vezes, por modo tal estão entrelaçados os fatos, que são pressupostos do desquite, e a situação dos filhos, tendo-se de apurar com o depoimento deles o que a eles se refira, que se não pode prescindir do que informem, confirmem ou assentem.[16]

É atividade que tem recolhido resistência, pelo natural constrangimento dos descendentes e os efeitos decorrentes para a guarda dos filhos envolvidos.

A interdição se funda no respeito com os genitores e o enfraquecimento da autoridade e o prestígio dos pais, quando um filho toma partido de um contra o outro; em ações de separação do casal, notadamente quando se cuida de menores, estes acabam por sofrer toda a sorte de seqüelas emocionais; mas são indispensáveis, nestas ocasiões, para a elucidação do evento posto.

O mesmo se diga com a oitiva de empregados, pois os serviçais e criados são pessoas que desfrutam da intimidade dos lares e que se tornam assistentes privilegiados dos dissídios conjugais, pois os incidentes se operam no recesso das casas, podendo eles prestar esclarecimentos relevantes sobre a vida dos cônjuges.

Desta forma, para que a testemunha, empregado de uma das partes, possa ser impedida de depor é necessário que fique demonstrado ter efetivo interesse no deslinde da questão, pois a simples circunstância de ser subordinado ou dependente não erige causa bastante para torná-lo suspeito;[17] por outro lado, o fato de ser empregado de uma das partes não constitui impedimento para a testemunha depor, não o sendo, ainda, o interesse direto no desfecho da ação.[18]

Ainda, embora o código estabeleça que o juiz pode, de ofício, em qualquer estado do processo, determinar o comparecimento pessoal das partes, a fim de interrogá-las sobre os fatos da causa (CPC, artigo 342), o que faz para aclarar pontos do processo, podendo sobrevir a confissão do litigante, o que está em seu poder (CPC, artigo 130), a parte não está obrigada a depor sobre fatos criminosos ou torpes, que lhe forem imputa-

---

[14] TJRS, RTJRS 49/249.
[15] RT 478/67.
[16] MIRANDA, Pontes de. *Tratado de Direito privado*. Rio de Janeiro: Forense, Tomo VIII, p. 838.
[17] TAPR, RT 526/219.
[18] TJSP, RT 536/117.

dos ou a cujo respeito, por estado ou profissão, deva guardar sigilo, salvo ações de filiação, de desquite ou de anulação de casamento (CPC, artigo 347, I, II e par. único).

Daí justificar-se a conveniência de um procedimento secreto, ou melhor, privado, que se apóia em razões excepcionais, tratando-se de limitar a publicidade, mas não excluí-la, não se admitindo ouvintes a não ser com o consentimento das partes ou do juiz.

Tal vedação não se aplica às demandas pecuniárias ou de sucessão, mas aos processos entre marido e mulher, pai e filho, ao adultério e ao segredo de alcova, pois *se a justiça cura uma ferida, a publicidade abre uma chaga tão dolorosa como incurável.*[19]

A publicidade nas disputas de família pode ser prejudicial de uma ou de outra maneira. Um pai ou um tutor podem cometer erros que não sejam suficientemente graves para privá-los de sua autoridade, mas infringir-lhes uma censura pública representa ofensa a sua reputação, anulando os sentimentos de respeito do jovem antagonista.[20]

As particularidades do Direito de Família, por obrar com direitos indisponíveis, exigem trato discriminatório em relação aos procedimentos em outras áreas.

3.2. A intervenção do juiz de família

Em geral, provar é investigar como ocorrem determinados fatos, confirmando sua exatidão; entretanto, no processo civil, há uma mitigação desta atividade, por que o juiz não devassa, mas verifica os elementos trazidos pelos litigantes, embora orientação recente aconselhe maior intervenção, principalmente quando se cuide de direitos indisponíveis, como no Direito de Família.

Os poderes do juiz se ampliam, ou seja, de simples diretor ou condutor do processo (sistema dispositivo), assume índole investigatória, partindo para uma atuação mais firme e direta no esclarecimento da verdade dos fatos controvertidos.

O juiz moderno não pode ser um expectador inerte, um *convidado de pedra,* atento somente à elucidação do acontecimento.

A imediação permite ao juiz uma melhor apreciação da prova, especialmente quanto às testemunhas, inspeções judiciais, indícios, depoimentos das partes ou dos peritos, *mas também o princípio significa que o juiz não deve permanecer apático, nem fazer o papel de um simples órgão receptor, mas sim que deve estar munido de faculdades para intervir*

---

[19] BENTHAM, op. cit. p. 159/160.
[20] Idem, p. 161.

ativamente e para ordenar outras, de ofício, pois somente assim se poderá dizer que o juiz é o diretor do debate probatório.[21]

A transição do liberalismo individualista para o Estado Social de Direito assinala-se por substancial incremento da participação dos órgãos públicos na vida da sociedade.

Projetado no plano processual, o fenômeno se traduz pela intensificação da atividade do juiz, cuja imagem já não se pode conter no arquétipo do observador distante e impassível das partes, simples fiscal incumbido de vigiar seus comportamentos, para a garantir a observância das regras do jogo e, no fim, proclamar o vencedor.

Ao juiz continua vedado, como tradição, dar partida na máquina judiciária sem provocação; no entanto, instaurada a demanda, desenvolve-se o feito por impulso oficial (CPC, artigo 125).

Entretanto, o mais valioso instrumento corretivo, para o juiz, consiste na possibilidade de adotar, de ofício, iniciativas relacionadas com a instrução do feito.

Os poderes instrutórios, a bem dizer, devem reputar-se inerentes à função do órgão judicial, que, ao exercê-los, não se substitui às partes, como leva a supor uma visão distorcida do fenômeno.

Mas é inquestionável que o uso hábil e diligente desses poderes, na medida em que logre iluminar aspectos da situação fática, até então deixados na sombra por deficiência da atuação deste ou daquele litigante, contribui, do ponto de vista prático, para suprir inferioridades ligadas à carência de recursos e de informações, ou à dificuldade de obter o patrocínio de advogados mais capazes e experientes.[22]

A permissão, no caso, encontra apoio na bíblia instrumental (CPC, artigo 130), mas o juiz, no exercício de sua função jurisdicional, não deve concorrer para a intangibilidade das relações jurídicas entre as partes.[23]

Em processos dominados pela oficiosidade, desde logo é certo que neles o juiz dispõe de amplos poderes para formar seu convencimento, e, por conseguinte, tocará, eventualmente, ordenar de ofício diligências instrutórias, em medida mais espaçosa, mas se não atingir, por tal via, um grau de persuasão suficiente para sentenciar, virá a lei em seu auxílio, adotando um critério de decisão, eventualmente diferente em cada processo legal, importando sublinhar que o juiz deverá julgar sempre, mesmo

---

[21] ECHANDIA, Hernando Devis. *Teoría general de la prueba judicial*. Buenos Aires: Victor P.de Zavalla Editor, 1976, v. I, p. 128.

[22] MOREIRA, José Carlos Barbosa. A função social do processo civil moderno e o papel do juiz e das partes na direção e na instrução do processo. *Revista de Processo*, v. 37/145, passim.

[23] STJ, Revista dos Tribunais v. 692/ 182.

que seja por *ex informatta conscientia*, e não apenas segundo os *allegata et probata partium*.[24]

Recorde-se, todavia, que se cuida, segundo uma determinada corrente, de poder *excepcional*, revestindo-se a atividade de complementaridade em relação às partes, a quem incumbe o encargo de produzir as provas; verificando o juiz que as provas oferecidas pelas partes mostram-se insuficientes para sua convicção, formação esta necessária para o ato de decidir, pode suplementá-las, ordenando de ofício outras necessárias, sem substituir os litigantes no campo de demonstração.

Daí se segue, para alguns, que não pode ele, no âmbito probatório, *entregar-se totalmente à pesquisa da verdade dos fatos alegados, como se fosse parte suplicante ou suplicada, mas manterá sua imparcialidade, que constitui a essência do ato de julgar, pois se tentasse substituir as partes na pesquisa e na demonstração da verdade, correria o risco de proferir decisões parciais e apaixonadas.*[25] Ou seja, quando a prova gerasse perplexidade ou dúvida no espírito do julgador, tocaria a ele determinar providências para sua complementação.

Mas, depois, em vista da crescente *publicização* do processo, da defesa da instrumentalidade e efetividade, verificou-se forte reação contra tais teorias tradicionais, no que resultou movimento de fortalecimento dos poderes do juiz.

Daí defender-se o que chama de *direção material do processo,* em substituição à simples direção formal, posição que se sintetiza nas seguintes afirmações: a) o princípio dispositivo em sua moderna configuração significa apenas que a iniciativa das alegações e dos pedidos incumbe às partes, e não ao juiz; b) a iniciativa das provas não é privativa das partes, podendo o juiz determinar diligências necessárias à integral apuração dos fatos; c) o juiz, além de diretor formal do processo, exerce o poder de intervenção, de solicitação e de estímulo no sentido de permitir que as partes esclareçam suas alegações e petições, a fim de assegurar uma igualdade substancial entre elas.

A tônica da nova ciência processual centra-se na idéia do *acesso à justiça*, e o direito de ação passou a ser vislumbrado não mais como direito ao processo, mas como garantia cívica da justiça, assumindo a missão de buscar resultados práticos e efetivos que não apenas realizassem a vontade da lei, mas que a ela dessem o máximo de aspiração de justiça.

---

[24] MICHELLI, Gian Antonio. *La carga de la prueba*. Bogotá: Editorial Temis, 1989, p. 167.
[25] MIRANDA, Vicente. *Poderes instrutórios do juiz no processo civil brasileiro*. São Paulo: Saraiva, 1993, p. 216/217.

O processo assume o compromisso de ultrapassar a noção de devido processo legal para atingir a meta do processo justo, aliado aos desígnios sociais e políticos, e que não aceita um juiz neutro, inteiramente entregue às partes, mas atento ao resultado da demanda.

O processo moderno busca conciliar o princípio dispositivo e inquisitivo, mantendo a postura inerte do Judiciário à abertura do pleito e limitando a jurisdição ao pedido, mas reforçando os poderes na condução da causa em provimento da apuração da verdade.

Assim, o acesso à justiça transmuda-se no *acesso à ordem jurídica justa.*[26]

O fenômeno da *constitucionalização do processo civil,* que aconselha a releitura de institutos fundamentais à luz da Carta Federal, veio a contribuir para o fortalecimento dos poderes do juiz na direção e instrução do processo, pois, para se lograr a efetividade, é de rigor que tais atribuições sejam endereçadas.

Com efeito, a postura burocrática e protocolar do juiz, que tecnicamente não se assemelha a qualquer outro funcionário ou servidor público, pois detém parcela do poder do Estado e o representa perante a sociedade, entra em conflito aberto com as tendências atuais do processo civil, devendo ser afastada, *já que não se concebe que a parte seja prejudicada pelo apego ao fetichismo das formas e à dogmática tradicional.*[27]

Neste sentido, proclamou o Superior Tribunal de Justiça que *na fase atual da evolução do Direito de Família, é injustificável o fetichismo de normas ultrapassadas em detrimento da verdade real, sobretudo quando em prejuízo de legítimo interesse do menor, tendo o julgador iniciativa probatória, quando presentes razões de ordem pública e igualitária, como, por exemplo, quando esteja diante de causa que tenha por objetivo direito indisponível(ações de estado), ou quando o julgador, em face das provas produzidas, se encontre em estado de perplexidade ou, ainda, quando haja significativa desproporção econômica ou sócio-cultural entre as partes.*[28]

A atividade probatória do juiz é plena em ação que versa sobre direitos indisponíveis, podendo determinar a realização de provas *ex officio,* independentemente de requerimento da parte ou interessado e até mesmo contra a vontade daquela.[29]

---

[26] THEODORO JÚNIOR, Humberto. Prova: princípio da verdade real, poderes do juiz, ônus da prova e sua eventual inversão, provas ilícitas, prova e coisa julgada nas ações relativas à paternidade (DNA). *Revista de Direito de Família*, nº 3, Porto Alegre: Editora Síntese, 1999, p. 7.

[27] LOPES, João Batista. *A prova no direito processual civil.* São Paulo: RT, 1999, p. 162/163.

[28] STJ, Quarta Turma, Resp 43.467, Rel. Min. Sálvio Teixeira. j. 12.12.95.

[29] NERY JUNIOR, Nelson. *Código de Processo Civil Comentado.* São Paulo: RT, 1996, p. 555.

Todavia, embora aceite o fortalecimento dos poderes do juiz, João Batista Lopes lembra que isso deve limitar-se aos fatos controvertidos, não lhe sendo lícito alterar a causa de pedir, introduzindo fatos ou fundamentos novos, não se devendo superestimar o comando do artigo 130 para converter o julgador em investigador ou juiz de instrução, substituindo as partes na tarefa que lhes é atribuída, premiando sua omissão e descaso; mas também não se deve subestimar a força do preceito, que se insere nas modernas tendências do processo civil, presentes a função social dele e os ideais da justiça.[30]

Enfim, *diante do cada vez maior sentido publicista que se tem atribuído ao processo contemporâneo, o juiz deixou de ser mero expectador inerte da batalha judicial, passando a assumir posição ativa, que lhe permite, dentre outras prerrogativas, determinar a produção de provas, desde que o faça com imparcialidade e resguardo do princípio do contraditório.*[31]

4. A prova ilícita no Direito de Família

4.1. Apostila preliminar

A literatura anterior sobre a prova vedada costuma chamá-la de *prova ilegítima, prova ilegal, prova inadmissível, prova proibida* ou outras denominações, que assim continuaram até a importação da terminologia cunhada por Pietro Nuvolone, depois levada à Constituição, para quem a distinção repousa em dois critérios, *a fase probatória* e o *ordenamento jurídico* afetado.

Assim, *prova ilícita* é a *obtida* com violação das *garantias constitucionais e do direito material;* e *prova ilegítima* é a *produzida* com transgressão das *regras processuais.*

Quando a prova é feita em violação a uma norma de caráter material, essa prova é denominada de *prova ilícita,* mas quando, ao contrário, é produzida com infringência de uma norma de caráter processual, usa-se o termo *prova ilegítima,* vendo-se daí que a diferença se faz em dois planos.

No primeiro enfoque, a distinção diz com a natureza da norma afrontada e sendo esta de caráter material, a prova será ilícita; no segundo plano, a distinção é estabelecida quanto ao momento em que se dá a violação, isso porque a prova será ilícita, infringindo, portanto, norma

---

[30] LOPES, João Batista. *A prova no Direito processual Civil.* São Paulo: RT, 2000, p. 69/70.
[31] STJ, Quarta Turma, Resp nº 222.445-PR, Rel. Min. Sálvio Teixeira, j. 07.03.02.

material, quando for *colhida* de forma que transgrida regra posta no direito material, e ilegítima, desrespeitando norma de caráter instrumental, quando for *produzida* no processo.³²

Em resumo, a diversidade radica no momento extraprocessual da colheita da prova, o que se dá com quebra da harmonia constitucional e material, daí *prova ilícita;* ou já na incursão processual da prova, então *prova ilegítima.*

A produção de um documento obtido com sacrifício do sigilo da correspondência é uma prova ilícita, mas o depoimento do cônjuge, quando possível conseguir-se a prova por outra maneira, por atacar o artigo 405 do CPC, é prova ilegítima.

O uso da prova ilícita cria apreciável dissenso doutrinário e divergência pelágica nos tribunais, quando o juiz se indaga sobre o defenestramento de prova relevante e eficaz para a descoberta da verdade, mas que se acha revestida de censurável labéu de origem.

É o que se busca discutir, aqui no âmbito familiarista, onde o problema da prova ilícita torna-se mais delicado por envolver relações familiares, a individualidade de cada membro, sua dignidade e intimidade, cuja importância é objeto de previsão legal (CPC, artigo 155, II).³³

4.2. Tendências sobre o aproveitamento da prova ilícita

A doutrina encontra três correntes sobre a produção da prova ilícita, uma *obstativa*, que considera inadmissível a prova obtida por meio ilícito, em qualquer hipótese e sob qualquer argumento, não cedendo mesmo quando o direito em debate mostra elevada resistência, daqui derivando a aplicação da *teoria do fruto da árvore envenenada,* que proclama a contaminação do resultado obtido pelo vício de origem; outra, *permissiva*, que aceita a prova assim obtida, por entender que o ilícito se refere ao meio de obtenção, e não a seu conteúdo; finalmente, a corrente *intermediária,* que aceita a prova ilícita, dependendo dos valores jurídicos e morais em jogo, aplicando-se o princípio da proporcionalidade.

Esta última parece ser a que melhor se coaduna com o aspecto publicístico do processo, mesmo que a prova ilícita deva ser sempre tratada com reserva.³⁴

---

³² GRINOVER, Ada Pellegrini. *Provas ilícitas.* São Paulo: Revista da Procuradoria Geral do Estado de São Paulo, junho de 1980, v. 16/97.

³³ SOUSA, Lourival de Jesus Serejo. *As provas ilícitas e as questões de Direito de Família.* Porto Alegre: Revista Brasileira de Direito de Família, 1999, n. 2/10.

³⁴ WAMBIER, Luiz Rodrigues. *Teoria da prova.* Curso de Direito Civil, p. 483.

4.2.1. Posição obstativa

Essa visão funda-se, em primeiro lugar, numa visão unitária do ordenamento jurídico, que não sendo construído de departamentos estanques, não admite ato ilícito no processo, ainda que a norma violada não seja de natureza processual, já que a ilicitude, como conceito geral do direito, faz com que tudo que é nulo deva ser inválido no plano geral e portanto ineficaz no plano processual.[35]

Logo, o que é ilícito na esfera civil, também o é nos campos penal, tributário, processual, não se aceitando uma posição de privilégio ante a simetria que ordena o cenário jurídico.

Argumenta-se, ainda, com o plano constitucional onde se prescreve a proibição (CF, artigo 5°, LVI), consectária ao princípio do devido processo legal e que tem fulcro na ofensa a direitos fundamentais do indivíduo, como o direito de ação e contraditório, entre outros, situação que já era perseguida pelos pretórios mesmo antes da vigência da Carta Federal, que apenas constitucionalizou uma tendência que possivelmente já se consagrara como majoritária,[36] e assentada em paradigmas da Excelsa Corte.

Deste modo, inadmissível a utilização em processo judicial de gravação, feita clandestinamente pelo marido, de ligações telefônicas da mulher, por não ser meio legal nem moralmente legítimo, pois contrário aos princípios constitucionais da inviolabilidade da casa da recorrente e de sua comunicação telefônica.[37]

Na mesma linha, inaceitável o deferimento de redução a escrito de conversa telefônica captada clandestinamente, por ofensa ao direito ao recato ou à intimidade, feita à revelia do comunicante, e com divulgação em audiência de processo onde sequer é parte, impondo-se o trancamento da prova e o seu desentranhamento dos autos.[38]

A explicitação das garantias fundamentais derivadas do devido processo legal (*due process of law*), que seria suficiente por si e tornaria despiciendos os incisos do artigo 5°, constitui uma forma de enfatizar a importância delas, norteando a administração pública, o Legislativo e o Judiciário para que possam aplicar a cláusula sem maiores indagações.[39]

---

[35] GRINOVER, op.cit. p. 100.

[36] BASTOS, Celso Ribeiro; MARTINS, Ives Gandra. *Comentários à Constituição do Brasil*. São Paulo: Saraiva, 1989, v. II, p. 273.

[37] STF, Segunda Turma, RE 85.439-RJ, Rel. Min. Xavier de Albuquerque, j.11.11.77, RTJ 84/609. Registre-se, todavia, que no acórdão se profetiza a possibilidade da prova, caso a gravação houvesse se produzido entre os dois interlocutores; no caso, a gravação fora feita pelo marido, um terceiro na comunicação.

[38] STF, Primeira Turma, RE 100.094-5-PR, Rel. Min. Rafael Mayer, j. 28.06.84.

[39] NERY JÚNIOR, Nelson. *Princípios do processo civil na Constituição Federal*. São Paulo: RT, 2ª edição, 1995, p. 38.

Outro raciocínio utilizado, embora mais adequado ao recinto criminal, tem como alicerce o princípio da moralidade dos atos praticados pelo Estado, que se obriga a conduzir-se dentro da legalidade na repressão ao delito.

Existe uma presunção de moralidade a favor do Estado, não se aplaudindo que os agentes públicos empreguem meios condenáveis como marginais, ou se aceite que os fins justifiquem os meios para se invocar o bem-estar público ou o fim público do processo, para admitir uma prova conseguida mediante coação física ou obtida com violação dos direitos humanos.[40]

Ainda aqui se insere a vedação da *prova ilícita por derivação,* arquitetada pela jurisprudência norte-americana através da *teoria dos frutos da árvore envenenada* ou dos *fruits of the poisoned tree,* que consiste em alijar também àquela oriunda da prova viciada, pois a peçonha do tronco se transmite aos galhos e aos frutos.

Imperativo o afastamento da prova obtida a partir de outra investigação onde captada a prova originária maculada, posição mais sensível às garantias da pessoa humana e mais intransigente com os princípios e normas constitucionais, embora a Constituição não tome partido na discussão sobre a admissibilidade das provas derivadas, deixando espaço para a construção da doutrina e da jurisprudência;[41] enfim, não é verdadeiro supor um eventual abrandamento do mandamento constitucional proibitivo do uso da prova ilícita, mesmo porque não há sequer disposição constitucional que autorize tal ilação.[42]

Desta forma, se a prova ilícita tomada como referência comprometer a proteção dos valores fundamentais, como a vida, a integridade física, a privacidade ou a liberdade, essa ilicitude há de contaminar a prova dela referida, tornando-a ilícita por derivação, e por isso inadmissível no processo, pouco importando que lei ordinária venha ou não prever expressamente a cominação de inadmissibilidade ou nulidade das provas ilícitas por derivação, pois se está na ponte que possibilita deduzi-la a partir da ilicitude material, sendo preferível que jamais se fizesse tal regulamentação: a questão de fundo não difere em se tratando de prova ilícita ou de prova ilícita por derivação, sempre havendo uma referência constitucional, cujo enfoque devem ser as liberdades públicas, superada qualquer concep-

---

[40] VESCOVI, Enrique. Provas ilícitas, *in Revista da Procuradoria Geral do Estado de São Paulo*, 979/79, v. 13/15, p.379.

[41] GRINOVER, Ada Pellegrini. As provas ilícitas na Constituição, *in Livro de estudos jurídicos*, 1989, p. 28.

[42] WAMBIER, Luiz Rodrigues. Prova. Gravação magnética. Conduta moral e ilegal. *Revista Forense*, Rio de Janeiro, 310/310.

ção atrelada ao dogma da verdade real, pois divorciada de uma visão político-constitucional do processo.[43]

Antes da Constituição de 1988, o Supremo Tribunal Federal já estigmatizara a produção de prova por derivação em sede penal,[44] achando, ainda hoje, que a doutrina da proscrição da teoria dos frutos da árvore envenenada é não apenas orientação capaz de dar eficácia à proibição constitucional da admissão da prova ilícita, mas, também, a única que realiza o princípio de que, no Estado de Direito, não é possível sobrepor o interesse na apuração da verdade real à salvaguarda dos direitos, garantias e liberdades fundamentais, que tem seu pressuposto na exigência da legitimidade jurídica da ação de toda autoridade pública.[45]

Enfatiza Danilo Knijnik, contudo, que a vigência da doutrina referida não é absoluta e irrestrita, havendo algumas limitações postas pelos tribunais americanos, como a *limitação da fonte independente*, que admite a prova produzida por outro meio independente não afetada pela violação respectiva; ainda, a *limitação da descoberta inevitável,* que acolhe a prova obtida com violação constitucional, desde que descoberta, inevitavelmente por meios jurídicos, a *limitação por descontaminação,* quando no processo ocorra alguma intervenção que imunize o veneno original, como confissão posterior havida licitamente ou, finalmente, *a limitação da boa-fé,* quando a prova fora colhida na crença de que observou os preceitos legais, esta última bastante contestada.[46]

O Supremo Tribunal brasileiro absorve a doutrina apontada também com as restrições que lhes são próprias, rejeitando a ponderação e festejando a opção constitucional,[47] afastando a teoria quando a prova ilícita não for a única produzida, não comprometendo a validade de outras provas, que não foram por ela contaminadas e delas decorrentes, formem o conjunto probatório.[48]

Nas instâncias ordinárias são iterativos os julgados que abominam a produção da prova ilícita no acampamento do Direito de Família.

Então, evidenciado que a prova consubstanciada em fita magnética de conversação telefônica fora obtida clandestinamente, sem conhecimen-

---

[43] AVOLIO, op. cit., p.73.

[44] STF, Segunda Turma, HC 63.834-SP, Rel. Min. Aldir Passarinho, j.18.12.86, RTJ 122/47.

[45] STF, PrimeiraTurma, HC 75.545-3-SP, Rel. Min. Sepúlveda Pertence, j.17.02.98, Lex 247/256.

[46] KNIJNIK, Danilo. A doutrina dos frutos da árvore venenosa e os discursos da Suprema Corte na decisão de 16.12.1993. *Revista da Associação dos Juízes do RS*, Porto Alegre, 66/81.

[47] KNIJNIK, op. cit. p. 84.

[48] STF, Primeira Turma, HC 73.461-8-SP, Rel. Min. Octávio Gallotti, j. 11.06.96, em que se considerou escuta telefônica prova inexpressiva perante outros elementos autônomos e suficientes; no mesmo sentido, STF, Segunda Turma, HC 74.081-SP, Rel. Min. Maurício Correa, j.22.04.97, RTJ 164/975, além de outros precedentes.

to de nenhum dos interlocutores, inadmissível se torna a sua utilização no processo judicial, porque não se compadece com o preceito inserto no artigo 332 do CPC (meios legais e moralmente legítimos) e desrespeita os princípios constitucionais consagrados pelo artigo 5º, X, XII e LVI, da CF de 1988.[49]

A admissão de gravações inconsentidas de comunicação telefônica, como meio de prova, não se constitui novidade no moderno sistema processual, que tem por finalidade a busca da chamada verdade real, mas é com reserva que vem sendo feita essa admissão, diante da norma constitucional que preserva o sigilo dessas comunicações, e, assim, somente em situações excepcionais nas quais se faça imprescindível a produção dessa prova para o deslinde da contenda judicial, pode ser a mesma deferida, mas não no caso versado, onde consta o andamento de prova pericial que pode fornecer valioso subsídio para comprovar as condições da parte para a guarda do filho, embora vivendo no exterior.[50]

Em voto vencido, pronunciado no Superior Tribunal de Justiça, se disse que viola o artigo 332 do Código de Processo Civil a admissibilidade de prova contida em gravação de comunicação telefônica, obtida sem a ciência do outro interlocutor; *a contrário sensu* do citado dispositivo legal não são hábeis os meios de prova não previstos em lei revestidos de ilegitimidade moral, como aqueles obtidos com violação da lei, pois embora a reprodução fonográfica esteja entre ditos meios, deve ser obtida com legitimidade; portanto, admitir-se a gravação de maneira furtiva, é mutilar-se a garantia da inviolabilidade do sigilo das comunicações telefônicas.[51]

E ali, embora o colegiado já se houvesse manifestado pela relatividade do inciso XII (última parte) do artigo 5º da CF, no caso concreto, o marido não poderia ter gravado a conversa ao arrepio de seu cônjuge, pois, ainda que impulsionado por motivo relevante, acabou por violar a intimidade individual de sua esposa, direito garantido constitucionalmente,[52] sendo a quebra do sigilo da comunicação uma infração de norma fundamental da Constituição, não podendo servir de prova contra qualquer dos nela envolvidos e por ofender uma garantia estabelecida na Carta Magna não pode ser levada em consideração para o convencimento do julgador.[53]

---

[49] TJPR, Terceira Câmara Cível, AI 14.407-8, Rel. Des. Silva Wolff, j. 16.04.91, RT 687/139.

[50] TJRJ, Oitava Câmara Cível, AI 4.557/2002, Rel. Desa. Helena Bekhor, j. 28.11.02, COAD/ADV, 34/2003, p.541; ainda desconsiderando a gravação clandestina como prova em separação judicial, TJRS, Oitava Câmara Cível, APC 597014075, Rel. Des. Ivan Leomar Bruxel, j. 20.02.97 e Terceira Câmara Cível, APC 588009921, Rel. Des. Flávio Pâncaro da Silva, j. 20.04.89.

[51] STJ, Terceira Turma, REsp. 9012-0-RJ, Rel. Min. Cláudio Santos, j. 24.02.97, voto minoritário.

[52] RSTJ 90/359.

[53] TRF, Nona Região, Repertório IOB de Jurisprudência, 2/5.648.

Finalmente, não pode alegar cerceamento de defesa o marido cuja prova de injúria e infidelidade na separação judicial fora conseguida com gravação clandestina da conversa da esposa com o suposto amante,[54] ou a conversa clandestina entre pai e filha e de carta enviada pela menor, em ação de guarda.[55]

A admissão de prova fixada em fita magnética deixou de se situar, como dispõe o Código de Processo Civil, no âmbito da autenticidade da reprodução, para alcançar a própria forma de obtenção de sua gravação e sua legitimidade e ilicitude, pois a nova Constituição alargou a proteção e o resguardo da intimidade, fazendo questão de enfatizar que são inadmissíveis no processo as provas obtidas por meios ilícitos; tais provas somente podem ser usadas para fins de investigação criminal ou instrução processual penal, nos termos e condições do artigo 5º, XII, da CF.[56]

Como se conclui, é abundante o repertório favorável à inadmissibilidade da prova ilícita, por ferir garantias constitucionais.

Como a prova ilícita não se afeiçoa ao molde constitucional, é tida como um *ato inexistente*, um *não-ato*, uma *não-prova*, um *nada jurídico*, que não chega a encarnar-se no mundo dos autos, pois timbrada por uma *atipicidade constitucional*.

Como se trata de um ato inexistente, não produz conseqüências no plano processual, é ineficaz desde seu nascedouro, importando em *nulidade absoluta*, por falta de vocabulário apropriado no diploma instrumental para invalidá-la como não-ato.

Assim, flagrada em qualquer etapa, a prova ilícita deve ser evacuada do processo, e o juiz, que restou impregnado pelo teor da prova, a fim de não pronunciar édito injusto, deve remeter os autos a seu substituto, considerando-se impedido.

A melhor solução, todavia, é tentar conciliar os dois valores opostos, pois da mesma forma que a orientação predominante visa à defesa de princípios fundamentais e direitos fundamentais da pessoa, a efetividade do processo atende a um interesse público relevantíssimo, e, com a rejeição de um prova obtida irregularmente, poderá o julgador ficar sem elementos suficientes para proferir uma decisão justa, atuando na esfera dos direitos da pessoa que nada teve a ver com a ilicitude cometida.[57]

---

[54] TJSP, Oitava Câmara Cível, RT 704/110; no mesmo sentido, TJRS, Sétima Câmara Cível, AGI 70004415451, Rel. Desa. Maria Berenice Dias, j. 21.08.02.
[55] TJRS, Sétima Câmara Cível, APC 70003203155, Rel. Des. José Carlos Teixeira Giorgis, j.21.11.01.
[56] TJSP, RT 649/66; no mesmo sentido, RT 674/109.
[57] BEDAQUE, José Roberto dos Santos. *Poderes instrutórios do juiz*. São Paulo: RT, 2ª edição, 1994, p. 105.

4.2.2. Posição permissiva

Essa tendência se inclina para a admissibilidade da prova ilícita, sustentando-se que somente se pode afastá-la do processo, desde que o próprio ordenamento processual assim o determine, eis que o momento da colheita da prova diz respeito ao direito material, e o momento de sua produção em juízo concerne ao direito processual, daí por que se conclui que a prova ilícita, que não seja também ilegítima, há de ser admitida, apenas punindo-se seu responsável pelo ato cometido.[58]

Adota-se o brocardo *male captum, bene retentum*, ou seja, o que foi mal colhido no instante material fora bem conservado no momento processual, corrente a que se filiam Carnelutti, Rosenberg e outros conceituados juristas, como Schönke, Guasp, Fleming e Cardozo, para quem o interesse da coletividade deve prevalecer sobre uma formalidade antijurídica do procedimento, reputando-se eficaz a prova ilícita, sem prejuízo da aplicação das sanções civis, penais ou disciplinares aos responsáveis, todos autores devotados à concepção da busca da verdade real, colocando a reconstrução da realidade como princípio inspirador do processo e obtenção de justo resultado do processo.[59]

Alude Alcides de Mendonça Lima, ao examinar o cânone que trata da reprodução mecânica, que faz prova dos fatos ou das coisas representadas, se aquele contra quem for produzido lhe admitir a conformidade (CPC, artigo 383), que o dispositivo não prevê a impugnação de um daqueles meios fundado, na obtenção imoral, mas apenas que não esteja conforme ou não haja *conformidade* com a realidade que representa.

Assim sendo, se, em que pese ao modo como foi obtido, o meio representa o fato ou a coisa, de forma verdadeira, isso é, que seja a expressão da realidade, o mesmo não se pode deixar de admitir e ser objeto de apreciação judicial, servindo no conjunto da prova ou, até, como único, se outro não existir para atestar o fato ou a coisa.[60]

O juiz não pode abstrair-se de conhecer o fato e julgar conforme possa influir, isoladamente ou no conjunto de provas, porque sua obtenção foi considerada *imoral*, por transgredir certos postulados ou certas normas que amparam os indivíduos, e, portanto, somente por isso, deixa de ser eficaz para ser o litígio solvido, pois se a parte dispuser apenas daquela prova, sem possibilidade de outra, sobre o fato, que pela sua natureza não enseja, normalmente outro meio (v.g. corrupção, adultério, chantagem, sempre realizados com *recato* ou *sigilo*, com a preocupação de ocultar o

---

[58] GRINOVER, op. cit. p. 100.

[59] AVOLIO, op. cit., p. 44, referindo texto de Jacobo Lopez Barja de Quiroga.

[60] LIMA, Alcides de Mendonça. A eficácia do meio de prova ilícito no Código de Processo Civil *Brasileiro*. Rio de Janeiro, *Revista de Processo* nº 43/139.

mais possível), a repulsa pelo juiz poderá determinar uma sentença injusta e imoral, negando razão ao que usou de meio de prova obtido *imoralmente* e dando razão ao que praticou o ato imoral e ilegal, mas cuja prova foi considerada ineficaz por ter sido conseguida fora da moral, o que é a negação da justiça.[61]

Em muitos casos, o réu que violou preceitos de direito material, que são a base da luta judiciária, para dar vitória à parte que merece, mas cuja infringência não pode ser "moralmente" provada, ganhou a causa contra todos os postulados éticos que devem nortear a proteção jurisdicional, colocando o aspecto formal em segundo plano desde que o objetivo é fazer justiça; ora, se o ato foi ilegal, como invasão da privacidade, então que o infrator seja responsável civil ou até criminal, por seu ato ilícito ou delituoso, conforme o ordenamento aplicável.

Os direitos assegurados pela Constituição não podem ter o dom, e não foi objeto do legislador, de colocar obstáculo invencível ao que possa ser favorecido por meio de prova que, aparentemente, atente contra tais princípios básicos, e, por via de conseqüência, favorecer o que somente levanta a "imoralidade" na obtenção do meio, mas nada opõe à autenticidade e veracidade dos fatos que o mesmo atesta, pois um direito não pode servir para ser uma injustiça cometida.

Prossegue o jurista asseverando que o juiz deverá dar valor ao conteúdo do meio de prova, indiferentemente do meio como foi obtida, ainda que com violação de certos direitos conferidos em lei ordinária ou mesmo da Constituição, se isto puder resultar sentença injusta, vencido o infrator, que ficou sem prova, e vencedor o ímprobo pela transgressão da norma e preceitos de direito material.[62]

O magistério de Yussef Said Cahali, apoiado em Washington de Barros Monteiro e Pontes de Miranda, afirma a incondicional posição favorável à admissibilidade da gravação telefônica obtida pelo cônjuge inocente de conversa do cônjuge culpado com terceira pessoa, isso em sede de separação judicial, pois no divórcio direto a questão perdera interesse pela eliminação do divórcio-sanção, sedimentando-se no artigo 332 do CPC, que ao indigitar os meios de prova, não faz qualquer consideração quanto às circunstâncias em que tenha sido obtida a respectiva captação.

Uma coisa é a gravação em si e seu conteúdo, como meio de prova tendente à formação do convencimento do juiz e outra, distinta, a forma eventualmente imoral ou ilícita com que foi obtida fora dos autos, sabido que o agente incide nas sanções do diploma penal por, indevidamente,

---

[61] LIMA, op. cit., p. 139/140.
[62] Idem, p. 140.

divulgar conversa telefônica entre outras pessoas que, abusivamente, gravara.⁶³

Vive o juiz um cruciante problema ao decidir entre a *verdade* e a *segurança jurídica*, pois para um setor da doutrina e da jurisprudência resulta patente que o legislador entraria em contradição consigo mesmo se consentisse a valoração de uma prova de origem ilícita e, por outro lado, argumenta-se que dita produção afeta o respeito que merece a dignidade humana como bem protegido pela ordem constitucional.

É indubitável que o único modo de fazer válidas as teses que se opõem à prova ilícita será mediante seu controle na fase de admissão, e não na de valoração, pois, de outro modo, levada a prova ao conhecimento do julgador, não mais poderão ser descartados os efeitos de uma convicção psicológica sobrepondo-se a toda inferência lógica; uma vez mais se verá obrigado o juiz, a fim de não violentar sua consciência, a revestir com argumentos tomados de outras fontes seu convencimento formado através da prova aparentemente rechaçada; não há nenhum inconveniente em que o juiz aplique uma lei que em seu foro íntimo considere injusta, porque a lei não é obra sua, mas do legislador.

Todavia, quando de cuide de buscar a verdade dos fatos, trabalho exclusivo de sua sadia crítica, pretender que o julgador automutile sua própria convicção, declarando não ser verdade o que é verdade, resulta em algo que rompe com os cânones da submissão ou concordância.

Como corolário desta visão fenomênica, se, por qualquer causa, a prova ilícita burlar as barreiras da admissão e vem para os autos, o juiz deve valorá-la como qualquer outra prova, sem prejuízo das providências de direito, caso a produção da referida prova revelar a existência de algum delito.

Em outros termos, não é dado ao juiz na separação judicial autorizar ou determinar a produção da prova através da interceptação das conversas telefônicas de qualquer dos cônjuges com terceiros, mas, obtida a prova pela parte interessada, qualquer que tenha sido o meio, e apresentada àquela nos autos, cumpre ao juiz considerá-la na formação de seu convencimento de maneira expressa, sabido que, pelas regras de experiência, tais gravações, ainda que eventualmente desentranhadas, inevitavelmente, deixam resíduo na convicção do julgador.⁶⁴

Ora, não há razão para uma interpretação rígida do texto constitucional, especialmente quando a própria Carta ressalva a possibilidade de ordem judicial para quebra do sigilo telefônico em investigação criminal ou instrução processual penal, o que se aproveita a semelhança quando se trate de aplicação de pena em sede de infração grave de deveres conjugais,

---

⁶³ CAHALI, Yussef Said. *Divórcio e separação*. São Paulo: RT, 2002, p. 658/659.
⁶⁴ Cf. CAHALI, op.cit. p. 659/660, repetindo lição de Munhoz Sabaté.

em causa de separação ou divórcio litigioso; e, se ao juiz se faculta ordená-la previamente, permite-se também aproveitar-se daquela que já foi produzida, ratificando-se assim entender fazê-lo; é o entendimento mais correto aceitar como prova a gravação feita através da fita magnética da conversação mantida com terceiro, cumprindo ao juiz apreciar o valor do documento através de perícia aferitória de sua autenticidade, ante a possibilidade de distorções através de expedientes técnicos conhecidos e cada vez mais sofisticados.[65]

Entre os valores de proteção da intimidade das pessoas e a busca da verdade nos processos, o valor mais nobre é o segundo, pois se foi o tempo em que o processo civil se contentava com a verdade formal, devendo, agora, preocupar-se com a verdade material e a ela se chega através da prova, cujo ônus incumbe ao autor quanto ao fato constitutivo de seu direito; impedir que alguém a produza através de gravação de conversa telefônica é um mal maior, embora isto não queira dizer que os fins justifiquem os meios.[66]

Em suma, não se tolera é a indevida escuta de conversa telefônica alheia, não a divulgação por quem participou de uma ou foi destinatário da outra; e se a divulgação, em regra, é tolerável, mais vale se faça de modo a garantir a fidelidade ao que efetivamente ocorre.[67]

Deste modo, o *moralmente ilícito* previsto na legislação processual, é a *interferência* de terceiro, pois a escolha do interlocutor é livre pelo emissor da mensagem e a ele poderá expender todo o seu pensamento, e o interlocutor poderá gravá-la, podendo utilizá-la como prova no processo, uma vez que houve expressa vontade de manifestar o pensamento; poderá, também, ceder a gravação da mensagem a terceiro, para uso no processo, porque recebeu a gravação ou efetuou-a de forma lícita.

O que não tem sentido é a interferência, é a intervenção no diálogo alheio, colhendo de forma insidiosa e ilícita a comunicação de que não faz parte, nada impedindo seja a fita magnética verificada por técnico, a fim de que produza prova em juízo.[68]

Neste sentido, a conversa telefônica gravada por um dos protagonistas sem conhecimento do outro é válida como prova, pois não é obtida ilicitamente,[69] pois não se trata de interceptação.

---

[65] VIEGAS, João Francisco Moreira. *Gravações telefônicas como prova de infração dos deveres conjugais*. São Paulo, *Justitia,* 1995, nº 57/69-76.
[66] STJ, Terceira Turma, Resp. 9012-0-RJ, voto vencedor do Min. Nilson Naves, j. 24.02.97.
[67] STJ, Terceira Turma, Resp. 9012-0-RJ, voto vencedor do Min. Eduardo Ribeiro, j. 24.02.97.
[68] 1º TACSP, Sétima Câmara, AGI 390.784, Rel. Juiz Regis de Oliveira, j. 10.05.88, RT 111/155.
[69] RTJ 122/47, 110/798 e RT 620/151.

A gravação por quem recebe a mensagem não difere do uso da carta ou telegrama, meios de comunicação cujo sigilo igualmente se tutela pela garantia constitucional e que, no entanto, são utilizáveis como prova lícita, conforme os artigos 374 e 376 do CPC; o que, enfim, se proíbe é a *interceptação clandestina,* que só se opera quando ocorre a gravação não consentida da conversa telefônica alheia, nunca a conversa própria, ainda que sem assentimento do interlocutor.[70]

Nesta mesma senda, não se classificam como imoral eis que sem interferência de terceiro, a gravação de conversa em secretária eletrônica[71] ou a gravação telefônica de diálogo entre o réu e vítima, sem intervenção de outrem.[72]

Tais enfoques ganham similitude com a área criminal, onde se admite a apreciação em juízo de confissão extrajudicial obtida mediante coação ou sevícia, devendo-se punir o autor do ilícito, mas validando-se a prova, desde que confirmado o seu teor pelas outras evidências colhidas na instrução judicial: é que, entre os direitos humanos, não se encontra o direito de assegurar impunidade dos próprios crimes, ainda que provados por outro modo nos autos, só porque o agente da autoridade se excedeu no cumprimento do dever e deva ser responsabilizado.[73]

Os tribunais têm de julgar conforme as provas que lhes são apresentadas e não lhes compete investigar se elas foram bem ou mal adquiridas pelo respectivo litigante, investigação que é estranha ao processo, exorbitando de suas atribuições processuais o juiz que a fizer,[74] daí admitir-se a prova através de fita gravada sigilosamente, dado permitir o Código de Processo Civil todos os meios modernos de captação de prova na pesquisa e demonstração dos fatos articulados em juízo.[75]

A controvérsia encontra solução em antigo acórdão gaúcho, mas já sob a égide da Constituição vigente e que ao cuidar de gravação clandestina e sua juntada aos autos de processo judicial, achou que a só gravação de conversa familiar por pessoa do próprio grupo, não envolvendo, *prima facie*, assuntos íntimos, mas negócios restritos ao âmbito familiar, não caracteriza violação da intimidade ou privacidade dos participantes do diálogo.

---

[70] THEODORO JÚNIOR, op. cit. p. 16, reproduzindo entendimento de Ada Pellegrini Grinover.
[71] TJSP, RT 689/160.
[72] TJSP, RT 693/341.
[73] GUERRA, Cordeiro.*Valor probante das confissões extrajudiciais*. Rio de Janeiro, RF 285/5.
[74] TJSP, Segundo Grupo de Câmaras Cíveis, E. 46.223, Rel. Des. Raphael de Barros Monteiro, j. 14.06.51, RT 194/157.
[75] TJRJ, Terceira Câmara Cível, AGI 91, Rel. Des. Goulart Pires, j. 07.08.75, RP 4/403.

A norma constitucional consagra direito que diz com a dignidade pessoal, valor personalíssimo, insuscetível de ser objeto de leilão, por interesse de outrem ou do próprio Estado, vedando o modo-de-ser do cidadão, do indivíduo, a publicização de seu jeito de ser; e garantia constitucional se amplia para o núcleo familiar, inviolável suas reuniões, por terceiros, estranhos à entidade familiar, eis que dita regra visa à preservação da *aexistimatio* própria ou familiar.[76]

Anote-se que esta orientação já teve respaldo, quando admite a juntada de gravação feita por um dos interlocutores, sem conversa alheia, procedimento que não foi achado ilegal,[77] ou de gravação de diálogo de sócios, mesmo que um deles ignore que a conversa esteja sendo impressa e que a utilização tenha sido feita por um dos interlocutores.[78]

Também há de esclarecer a confusão entre a interceptação telefônica, que cuida da intercessão de terceiro no diálogo entre dois interlocutores, sem que nenhum saiba do procedimento, hoje apenas regulado na esfera penal, e a gravação clandestina, que é a captação pessoal ou ambiental, feita por terceiro ou pela própria pessoa, com ou sem conhecimento de um dos interlocutores.

4.2.3. Posição intermediária

Como sublinhado, cuida-se de entendimento simpático que releva a ponderação dos valores em conflito com emprego do princípio da proporcionalidade.

A solução está bem exemplificada em acórdão paradigmático relatado por Barbosa Moreira no pretório fluminense quando examinou a legalidade de gravação feita pelo marido, de diálogo entre sua mulher e terceiro, e que merece reprodução.

Ali se mencionou que não é dado ao juiz autorizar ou determinar a produção de prova através da interceptação das conversas telefônicas de qualquer dos cônjuges com terceiros, mas, obtida aquela prova pela parte interessada, qualquer que tenha sido o meio, e apresentada nos autos, *cumpre ao juiz considerá-la na formação de seu convencimento de maneira expressa, sabido que, pelas regras de experiência, tais gravações, ainda que eventualmente desentranhadas dos autos, inevitavelmente deixam resíduos na convicção do julgador.*

---

[76] TJRS, 5ª Câmara Cível, AGI 590 019 089, Rel .Des. Lio Cezar Schimidt, j. 17.04.90.
[77] TJRS, 2ª Câmara Especial Cível, AGI 70001315340, Rel. Desa. Marilene Bonzanini Bernardi, j. 18.10.2000.
[78] TJRS, 3º Grupo de Câmaras Cíveis, Resc. 596.190 116, Rel. Des. Décio Antonio Erpen, j.03.09.99.

O direito de que se trata, como qualquer outro, é limitado, e não pode sobrepor-se de maneira absoluta a todos os restantes dignos de tutela jurídica, por mais relevantes que se mostrem.

Aqui tem igualmente lugar a valoração comparativa dos interesses em conflito e a aplicação do princípio da proporcionalidade (*verhälnismässigkeitsprinzip*).

Não pode haver dúvida acerca da posição fundamental do ordenamento em face do conflito de interesses que se desenha e sobre o interesse na preservação da intimidade prevalecem, em linha de princípio, os interesses ligados à reta administração da justiça, onde aquele não pode ter a virtude de obstar ao pleno atendimento destes, mas atuar, aqui e alhures, o princípio de que os meios proporcionam de modo necessário os fins colimados.

O direito à preservação da intimidade sujeita-se ao sacrifício na medida em que sua proteção seja incompatível com a realização dos objetivos que se têm primariamente em vista e, nessa medida, o ordenamento o tolera ou mesmo o impõe; além dela, não.

Cumpre observar um critério de proporcionalidade, com auxílio do qual se possa estabelecer adequado "sistema de limites" à atuação das normas suscetíveis de pôr em xeque a integridade da esfera íntima de alguém, participante ou não do processo, tendo em mente que o direito de uma das partes à preservação de sua intimidade, se "absolutizado", pode mutilar ou mesmo nulificar, sob certas circunstâncias, o direito de outra à prova, que é elemento integrante do direito de ação.

A proteção constitucional do direito de ação abrange, pois, o direito de provar em juízo os fatos em que se baseia o pedido e, conquanto sujeito a restrições, esse direito não deve ser sistematicamente sacrificado todas as vezes que o respectivo exercício porventura entre o conflito com o interesse do adversário na preservação de sua intimidade.

Resta verificado, continua o grande processualista pátrio, se a prova obtida pela captação e gravação de conversas telefônicas decorre de comportamento "moralmente legítimo", impondo-se distinguir que a indagação não se pode responder de modo razoável, nem com uma afirmativa categórica, nem com uma negativa peremptória.

A moral, como ciência, não é nem pode ser casuística, estabelece princípios gerais, mas não ministra ao homem tabela alguma pela qual seja sempre aferível, *in concreto,* o valor ou desvalor ético desse ou daquele ato, na quase infinita variabilidade das circunstâncias que o especificam. A adoção de medidas de vigilância de um cônjuge em relação ao outro pode, sem dúvida, revelar-se moralmente reprovável, quando não se constitua mero sintoma de estado mental patológico e até configurar injúria grave ao cônjuge "espionado", se resolve em inútil e arbitrária imposição ao vexame, que nenhum dado objetivo justifica, mas a valoração mudará se houver motivos sérios para que se suspeite de prática de atos incompatíveis com o resguardo da fé conjugal. Em tais casos, não repugna forçosamente à ética a utilização pelo cônjuge que receia, com algum fundamento, estar sendo ofendido ou na iminência de o ser, dos expedientes a seu alcance para inteirar-se da verdade e registrá-la.

Se os fatos se passaram ou não como narrado, isso unicamente os resultados da instrução vão permitir dizer.

O máximo que, por enquanto, cabe adiantar, arremata Barbosa Moreira, é que a narrativa não se afigura inverossímil ou de tão remota possibilidade de vir a configurar-se que mereça ser desprezada *a priori*, tanto bastando para fazer admissível a prova impugnada.[79]

Como se vê, ao juiz cabe ponderar entre os interesses em jogo, validando aqui um pelo outro, segundo as circunstâncias do caso concreto, joeirando-se a proporcionalidade entre o direito constitucional da intimidade e o também direito à prova consignado na Carta Magna, ressaltando-se a especificidade da sede familiarista, onde prova da violação dos direitos do casamento é sempre difícil de se obter, seja por sua clandestinidade, seja pela sutileza da conduta utilizada por algum dos consortes.

O direito à prova sempre instigou a doutrina, e Taruffo o considera como o direito de a parte utilizar todas as provas de que dispõe, de forma a demonstrar a verdade dos fatos em que sua pretensão se funda, direito que seria inútil e ilusório, se a ele não se ligasse o direito de aquisição das mesmas, uma vez consideradas admissíveis e relevantes.

Ainda como implicação, há de se ter em conta o dever do juiz de valorar todas as provas adquiridas por iniciativa das partes, ao qual não constitui obstáculo o princípio da livre apreciação da prova, daí surgindo a obrigatoriedade da motivação da decisão.

E para o doutrinador peninsular, a relevância da prova define e circunscreve exatamente o objeto do direito à prova, que se configura, assim, como um direito à prova relevante;[80] embora se tenha este entendimento sobre o direito à prova, é fácil verificar que muitos ordenamentos jurídicos que o consagram estabelecem outros limites para além dos referidos, colocando-se o problema de saber em que medida tais restrições violam o direito em causa ou, simplesmente o limitam.

Observam Cappelletti e Vigoriti que mesmo uma moderna concepção do direito probatório, assente na idéia de que todos os meios de prova devem ser submetidos à livre valoração do juiz, admite cedências do

---

[79] TJRJ, 5ª Câmara Cível, j. 28.11.83, Revista de Direito do TJRJ 1/89.
[80] TARUFFO, Michele. *Il diritto ala prova nel processo civile*. Rivista.di diritto.processuale, 1984, p. 512-513.

direito à prova relativamente a outros direitos, especialmente direitos fundamentais, limites consignados ou na Lei fundamental ou na regra ordinária.[81]

Embora se possa entender que as regras que vedam a utilização de certos meios de prova em casos específicos não impedem as partes de utilizar outros meios de prova, para demonstrarem o fundamento de sua pretensão, não se pode esquecer o perigo alertado por Taruffo, já que, embora tais limitações legais surjam, em abstrato, como relativas, em concreto podem tornar-se absolutas, se a parte não dispuser de outra prova.

Assim, em vez de se presumir que todos os limites probatórios são justificados, salvo de comprimirem o direito à prova, deve-se partir do princípio oposto, de acordo com o qual nenhum limite é justificado, salvo se existirem razões especiais e relevantes a impô-lo.[82]

E as limitações apenas se justificam quando, cumulativamente, tiverem os requisitos da necessidade de salvaguardar um interesse público preponderante, o respeito ao princípio da proporcionalidade e a manutenção do núcleo intangível do direito à prova.[83]

Em conclusão, é sabido que opiniões respeitáveis, bem como os tribunais franceses e ingleses têm entendido que o fundamento se encontra essencialmente na compatibilidade entre *verdade* e *segurança jurídica,* já que no processo deve prevalecer o interesse na descoberta da verdade.

O interesse da coletividade em assegurar-se contra a obtenção ilícita de prova se preserva fazendo sujeitar-se o autor que agiu antijuridicamente em obtê-la às responsabilidades civil ou penal, posição que sustentam Schonke, Toth, Cappelletti, Micheli e Cordero.[84]

Lembra Gustavo Bohrer Paim que para se admitir a prova obtida por meios ilícitos, cumpre verificar se a transgressão explica-se por autêntica necessidade, suficiente para tornar escusável o comportamento da parte e se esta se manterá nos limites determinados pela necessidade; perquire-se, ainda, se exista a chance de provar a alegação por meios regulares e se a infração gerou dano inferior ao benefício trazido à instrução do processo, escolhendo-se o menor mal.

Ainda rememora que os tribunais alemães têm admitido excepcionalmente as provas ilícitas desde que sejam a única forma possível e razoável para a preservação de outros valores fundamentais, considerados de maior relevância no caso concreto segundo a avaliação do julgador, utilizando-se

---

[81] ALEXANDRE, Isabel. *Provas ilícitas em processo civil.* Coimbra: Livraria Almedina, 1998, p. 74.

[82] TARUFFO, op.cit. p. 80.

[83] GERHARDT, Walter. *Il diritto alla prova in Svizzera.* Revista trimestrale di diritto processuale, 1991, p. 1198-1199.

[84] CAHALI, p. cit. p. 736.

tal prova para afastar possíveis distorções ou para evitar resultados desproporcionais, estabelecendo o equilíbrio de todo o sistema jurídico.[85]

A jurisprudência não é avessa em achar que a gravação feita através de fita magnética da própria conversa com terceiro e mediante o emprego de meios comuns, deve ser admitida como prova, uma vez que não há quebra da privacidade de quem quer que seja, pois se trata da gravação da própria conversação, pouco ou nada importando que a pessoa com quem se fala desconheça a existência do sistema eletrônico,[86] já que não se setá cuidando de interceptação telefônica ou de outro meio ilegal ou moralmente ilícito, mas simplesmente de reprodução de conversa mantida pelas partes e gravada por uma delas, há de ser a mesma admitida como prova em juízo, independente a admissibilidade da referida prova do conhecimento de sua formação pela outra parte.[87]

É verdade que se opõe a proibição constitucional que não acolhe abrandamento, mas é sabido que as normas da Constituição aceitam relativização, notadamente quando se usa o princípio da proporcionalidade, tal como emanado da Corte Magna em sede criminal.

E no juízo familiarista, a aplicação do dever da proporcionalidade deve ocorrer com amplo tempero, de modo a não permitir que o processo seja tumultuado pela introdução de provas que em nada, ou pouco, possam ajudar na justa composição da lide, pois inexistem direitos absolutos, necessitando, para conviverem, uma relativização para que os demais encontrem proteção.[88]

As provas ilícitas tornam-se assunto delicado no Direito de Família, em que repousam relações familiares, a individualidade de cada membro, sua dignidade e intimidade, e que não abonam este tipo de demonstração.

Mas se o direito posto é relevante, como já se viu alhures, envolvendo questões de alta carga valorativa, é possível aceitar-se a eficácia desta prova, como é o caso da gravação telefônica clandestina, que para alguns não serve para separação, mas se admite quando se cuida da guarda de filhos.[89]

Afirma-se ser possível, em alguns casos, a utilização deste meio de prova, principalmente quando foi produzida mais para proteger o filho que assistia às conversas maternas, mas não para responsabilizar a mulher pelo

---

[85] PAIM, Gustavo Bohrer. A garantia da ilicitude das provas e o princípio da proporcionalidade no Direito Brasileiro. *In As garantias do cidadão no processo civil*, Porto Alegre: Livraria do Advogado, 2003, p. 179.
[86] TJSP, RT 573/110.
[87] RT 620/151.
[88] USTÁRROZ, op. cit., p. 82.
[89] WAMBIER, op. cit., p. 483.

fim do casamento, pois violava a privacidade da demandada e em nada contribuía para o desenlace do feito.[90]

Como se vê, o entendimento doutrinário e jurisprudencial se mantém pendular, sendo razoável que se use a prova ilícita, quando não houver outra maneira de demonstrar o fato, e o interesse for relevante, com genuflexão ao princípio da proporcionalidade.

Recentemente, ao analisar decisão que indeferiu a juntada de gravação sônica a uma ação pauliana, em que a mulher registrara a conversa tida com o marido sobre o destino do patrimônio que ele havia transferido a parentes para alijá-la da partilha do acervo, proclamou-se que

> "A preservação da garantia constitucional da privacidade, por não ser absoluta, não pode servir para cometimento de injustiça, nem obstáculo invencível que venha a favorecer quem violou o direito material que alicerça a pretensão contraposta, cabendo ao juiz dar valor ao conteúdo da prova, independente do meio com que foi obtida, ainda que com superação de certos direitos consignados na Lei Magna ou na legislação ordinária.
> No âmbito do Direito de Família a prova tem singularidades que impõem um tratamento específico diversamente dos outros campos jurídicos, e que decorrem da natureza da relação conjugal, onde as violações do dever são clandestinas, embaraçando a sua visibilidade e constatação.
> O direito à intimidade, como qualquer outro, não pode sobrepor-se de maneira absoluta a outros dignos da tutela judiciária, podendo submeter-se ao direito à prova, também constitucionalmente assegurado, aplicando-se o princípio da proporcionalidade, aqui se ponderando favoravelmente os interesses ligados à reta administração da justiça e sacrificando-se a privacidade.
> O direito à prova é o direito da parte em utilizar todas as provas de que dispõe para demonstrar a veracidade dos fatos em que se funda a pretensão e que seria inútil se não se vinculasse ao direito de aquisição da prova, desde que admissíveis e relevantes.
> Assim, o objeto do direito à prova é o direito da parte à prova relevante, que cede aos direitos fundamentais, desde que ela não detenha outra forma de comprovação.
> Desta forma prevalecem os interesses da verdade e da segurança jurídica, restando à coletividade assegurar-se contra a obtenção ilícita com o manejo da responsabilidade civil ou penal para o autor que mal-feriu a moral.
> É razoável a produção de prova oriunda de gravação de conversa entre marido e mulher, em que se utilizaram meios comuns, mesmo que um

---

[90] TJRS, 7ª Câmara Cível, AGI 70004415451, rel. Desa. Maria Berenice Dias, j. 21.08.02.

deles desconheça a existência da impressão sônica, uma vez que não há quebra da privacidade.[91]

Ao contrário, contudo, é de duvidosa licitude a prova de culpa produzida com aparato eletrônico, quando não consistia no único meio capaz de demonstrar a transgressão do companheiro, aqui não valendo o critério da proporcionalidade".[92]

5. Exame compulsório do DNA e prova ilícita

É questão recorrente a conseqüência processual da recusa ao exame pelo DNA na investigação de paternidade, como ainda a negativa da parte em submeter-se à perícia referida de modo compulsório.

Quanto ao primeiro aspecto e atento à lição dos tribunais que vinham sendo constantemente instigados, o novo Código Civil acrescentou preceito afirmando que não pode se aproveitar da recusa a parte que se nega a submeter-se a exame médico necessário (CC, artigo 231).

Em breve memória recorde-se que os juízes, inicialmente, consideravam a recusa em fornecer o material como uma *confissão da paternidade*, sob o argumento de que a parte que se opunha furtava-se a um resultado desfavorável, o que equivalia a confessar de modo implícito.

Depois, avançou-se para ter a negativa como uma forma de *presunção da paternidade* invocada, pois se o indigitado não era o pai do autor, não existia motivo para temer qualquer tipo de exame, demonstrando com tal atitude a intenção de esconder a verdade: é que as regras de experiência apontam que o exame técnico, principalmente o DNA, só favorece quem verdadeiramente não é o pai natural.

Como óbvio, ter-se como presunção como interpretação legítima da recusa equivaleria a tolher as garantias constitucionais, e acarretaria uma inversão do ônus da prova.

Mais atualmente achava-se a rejeição ao exame como sendo um *indício da paternidade*, sabendo-se que o fato gerador dele devia ser incontestável quanto à sua veracidade, para originar tais circunstâncias, o que também corroía tal entendimento.[93]

---

[91] TJRS, Sétima Câmara Cível, AGI 70005183561, Rel. Des. José Carlos Teixeira Giorgis, j. 12.03.03; no mesmo sentido, AGI 70005967740, do mesmo Relator, j. 28.05.03.

[92] TJRS, Sétima Câmara Cível, APC 70006974711, Rel. Des. José Carlos Teixeira Giorgis, j. 17.12.03.

[93] SANTOS, Daniel Carlos Mariz; VASCONCELOS, Pedro Robson Quariguasi. Exame de DNA na ação investigatória de paternidade: obrigatoriedade, facultatividade e efeitos da recusa. Fortaleza, *Revista da OAB*/Ceará, nº 6, p. 215/223.

Aqui se tem a recusa ao exame como mais *um elemento de prova*, que deve ser confortado por outros, em que o comportamento é valorado, até mesmo para impor a multa pela litigância de má-fé, quando evidente a procrastinação ou preliminar de recurso em que se sustente exame a que se negou.

Na mesma linha a repulsa à condução coercitiva ao exame era condenada pela jurisprudência e com a utilização do princípio da proporcionalidade, eis que se punham em conflito dois direitos constitucionalmente protegidos, a filiação e a intimidade, dando-se mais azo ao primeiro que ao último: enquanto o primeiro é direito personalíssimo, indisponível e imprescritível (ECA, artigo 27), o segundo contém o direito da intangibilidade corporal *(inspectio corporis),* a ser ferido pela atividade invasiva.

Como exemplo, argumentava-se que a paternidade, como laço de parentesco que une imediatamente a pessoa a um ascendente, constitui, sem sombra de dúvida, núcleo fundamental da origem de direitos a se agregarem ao patrimônio do filho, sejam eles direitos da personalidade ou até mesmo direitos de natureza real e obrigacional.

E, como direito da personalidade, a paternidade não pode deixar de ser investigada da forma mais ampla possível, respeitando os princípios fundamentais da bioética.

A defesa dos direitos da personalidade, se é objetivo da permanente preocupação do Estado, através de seus órgãos próprios, visualizados em suas três funções, não pode ser concebida como princípio absoluto, devendo ser flexibilizado o individualismo extremado se o exercício da prática científica segura e confiável não atentar contra a saúde, a vida ou a debilidade de órgão, sentido ou função da pessoa natural, para dar lugar, excepcionalmente, aos avanços da ciência, quando estes, sem qualquer degradação moral ou física, puderem ser úteis ao homem também na área da Justiça.

Não se pode mais, em certos casos, mormente na investigação de paternidade, quando existe choque de dois interesses, ambos situados na esfera dos direitos da personalidade - direito à inviolabilidade do próprio corpo e o direito à identificação paterna – propender-se no sentido da corrente que erige como dogma a não-obrigatoriedade da submissão do investigado ao teste de impressões digitais de DNA.

A tendência internacional na esfera da jurisdição é o recurso a essa perícia, para indicação correta da verdade biológica, desatendendo-se, inclusive, a solução preconizada largamente na doutrina e na jurisprudência da improcedência da ação em caso da *exceptio plurium concumbencium,* porque os avanços da ciência permitem até nesta hipótese indicar a relação paterna.

Enfim, o exame não chega a comprometer o princípio da inviolabilidade corporal, que, aliás, evidencia outros direitos da personalidade, que é o da paternidade, do qual resultam ainda entre outros direitos, o direito ao patronímico paterno e o direito aos alimentos.[94]

A possibilidade de condução coercitiva do investigado, ou *debaixo de vara,* foi excomungada pelo Supremo Tribunal Federal que entendeu dita diligência como ofensiva à preservação da dignidade humana, da intimidade, da intangibilidade do corpo, do império da lei e da inexecução de obrigação de fazer, pois ninguém está obrigado a produzir provas contra si, já que o patrimônio físico do indivíduo é assegurado constitucionalmente, não se podendo recolher célula, fragmento, líquido ou órgão, sem autorização da pessoa a invadir.

Inferiu a Suprema Corte, todavia, que a recusa se resolve no plano jurídico-instrumental, consideradas a dogmática, a doutrina e a jurisprudência, no que voltadas ao deslinde das questões ligadas às provas dos fatos.[95]

Logo, a condução compulsória de alguém para retirar sangue para o teste do DNA emoldura ultraje à dignidade humana, e a produção desta perícia constitui prova ilícita a ser expungida da demanda.

6. Conclusões

6.1. A prova é a reprodução histórica dos fatos relevantes, perante o juiz, para que haja a *jurisdicização de um evento vital e solução para a controvérsia intersubjetiva posta.*

6.2. No Direito de Família, a prova merece tratamento especial, temperando-se os rigores de suas formalidades legais, frente à peculiaridade do bem da vida em testilha e a presença de direitos indisponíveis.

6.3. Aqui o juiz não é um expectador inerte, mas em vista do caráter cada vez mais publicístico que se atribui ao processo, passa a assumir posição ativa, que lhe permite determinar a produção de provas, desde que no resguardo do contraditório.

6.4. A prova ilícita é a que se obtém com a violação das garantias constitucionais e o direito material, estando proscrita pela Carta Magna que substrata o princípio da imaculação da prova.

6.5. Todavia, em respeito ao direito à prova, também assegurado pela Constituição, e com o uso do critério da proporcionalidade, pode ser admitida em situações teratológicas, quando relevante para o deslinde da causa e única maneira da parte produzir sua pretensão.

---

[94] TJSC, Segunda Câmara Cível, AGI 8.137, Rel. Des. Napoleão Amarante, j.19.04.94, RT 720/220.
[95] STF, HC 71.373-4-RS, Rel. Min. Marco Aurélio, j.10.11.94, DJU 22.11.96.

— 9 —

Casamento e relação concomitante sob o prisma da unicidade relacional

KARIN WOLF
Advogada especializada em Direito de Família e membro do
Instituto Brasileiro de Direito de Família - IBDFAM.

Sumário: 1. Do conceito de Família; 2. Do conceito de Casamento; 3. Da União Estável; 4. Uma noção da diferenciação de concubinato puro e impuro; 5. Casamento e relação concomitante; 6. Referências Bibliográficas.

1. Do conceito de Família

Com o passar do tempo e ao encontro da evolução da própria sociedade, a humanidade modifica seus costumes, como decorrência da cultura, da moral e da religião, o que, normalmente, acaba resultando em um desprendimento dos antigos conceitos e princípios herdados no histórico de sua evolução.

Contudo, a proteção estatal ao organismo familiar trata de regra que permanece intacta e relevante, cuja importância está expressamente sacramentada pelo próprio texto constitucional de 1988, em seu artigo 226, *caput:* "A família, base da sociedade, tem especial proteção do Estado."

E esta proteção não se restringe apenas à formação da família, mas também à manutenção do grupo familiar, pois a família como base da sociedade se mostra sobretudo fundamental para a própria sobrevivência do ser humano.

Daí a indiscutível relevância do conceito de família, pois, na medida em que os hábitos são alterados com a evolução dos tempos, necessariamente resulta em uma adaptação de conduta do ser humano às modificações. Por sua vez, também acabam ocorrendo mudanças quanto à compreensão do conceito de família, que mudou muito desde quando, pela primeira vez, foi objeto de expressa referência no texto constitucional de 1934.

Procedendo as pessoas de uma família e geralmente de um conjunto familiar, cabe ao Estado preservar a segurança familiar, como assevera Guilherme Calmon Nogueira da Gama:[1] "É certo que inúmeros problemas vêm afetando seriamente a segurança familiar, como questões de ordem social (miséria, fome), econômica (desemprego, instabilidade monetária), política (crises dos regimes políticos, guerras, revoluções), mas não há de se perder de vista que sempre a família será a célula básica da sociedade, cabendo aos Estados-Nações promoverem medidas concretas e efetivas no sentido de assegurar a real proteção da família como entidade e organismo fundamental para a própria sobrevivência da espécie humana."

E neste sentido a Constituição Federal de 1988 foi um marco na evolução do Direito de Família no Brasil, deixando de lado uma ideologia com prevalência dos padrões clássicos de família, já bastante dissociados da realidade fática, a nova Constituição passou a reconhecer não só mais o casamento civil como formador e legitimador da família, mas também a união estável entre um homem e uma mulher, como entidade familiar, afora a comunidade formada por qualquer dos pais e seus descendentes.

Para Arnaldo Rizzardo:[2] "no sentido atual, a família tem um significado estrito, constituindo-se pelos pais e filhos, apresentando certa unidade de relações jurídicas, com idêntico nome e o mesmo domicílio e residência, preponderando identidade de interesses materiais e morais, sem expressar, evidentemente, uma pessoa jurídica. No sentido amplo, amiúde empregado, diz respeito aos membros unidos pelo laço sangüíneo, constituída pelos pais e filhos, nestes incluídos os ilegítimos ou naturais e os adotados. Num segundo significado amplo, engloba, além dos cônjuges e da prole, os parentes colaterais até determinado grau, como tios, sobrinhos, primos; e os parentes por afinidade - sogros, genro, nora e cunhado."

Pontes de Miranda,[3] por sua vez, aponta vários significados de família: "Ainda modernamente, há multiplicidade de conceitos da expressão 'família'. Ora significa o conjunto das pessoas que descendem de tronco ancestral comum, tanto quanto essa ascendência se conserva na memória dos descendentes; ou nos arquivos, ou na memória dos estranhos, ora o

---

[1] GAMA, Guilherme Calmon Nogueira da. *O Companheirismo, uma espécie de família*. São Paulo: Editora Revista dos Tribunais, 2001, p. 46.

[2] RIZZARDO, Arnaldo. *Direito de Família*. Rio de Janeiro: Forense, 2004, p. 11.

[3] MIRANDA, Pontes de. *Direito de Família*. Tomo I, p. 47, *Apud* Rizzardo, Arnaldo. *Op. cit.*, p. 11.

conjunto de pessoas ligadas a alguém, ou a um casal, pelos laços de consangüinidade ou de parentesco civil; ora o conjunto das mesmas pessoas, mais os afins apontados por lei; ora o marido e a mulher, descendentes e adotados; ora, finalmente, marido, mulher e parentes suscetíveis de um e de outra."

Diante de o conceito de família ter sofrido uma profunda alteração com o desenvolvimento da sociedade, alargando-se para abrigar os vínculos gerados da presença de um elo afetivo, não mais se restringindo o reconhecimento de uma entidade familiar apenas à célula advinda do casamento civil, para Maria Loredo Moreira de Souza,[4] a conclusão é de que: "o conceito de família respalda nas idéias de Lacan e Levi-Strauss, sendo possível afirmar que a família apresenta-se, em seu sentido jurídico, como uma instituição que surge do conúbio entre o homem e a mulher e que não mais se estrutura, basicamente, em torno de vínculos biológicos, mas de ligações afetivas, seja oriunda ou não do matrimônio. Vale dizer: a família nuclear cedeu seu espaço à família eletiva, agrupada em função de laços de amor, onde o elo que a cria é o fundamento psíquico estruturante, dando, a cada um de seus membros, um lugar: lugar do pai, da mãe e dos filhos, sem estarem necessariamente ligados por laços biológicos."

Enfim, a família decorre da criação humana e, por esta razão, é mutável na medida em que os costumes e os usos da sociedade vão se alterando, basta ver o artigo 226 da Constituição Federal, onde são reconhecidas como entidades familiares aquelas sacralizadas pelo matrimônio, como aquelas decorrentes de união estável, afora as comunidades formadas por qualquer dos pais e seus descendentes, as chamadas famílias monoparentais.

2. Do conceito de casamento

Existem não só várias teorias em relação à origem da família, como também são muitas as contradições apontadas ao longo da história da organização primitiva da família, pois, ao passo que a Teoria da Monogamia Originária prega a afeição conjugal para a vida toda, dela tendo nascido o amor filial, a Teoria da Promiscuidade Primitiva relata ter existido um estágio tão primitivo, no qual imperava o comércio sexual promíscuo, anterior à monogamia e, por fim, a Teoria das Uniões Transitórias afirma que o homem e a mulher permaneciam juntos apenas por algum tempo após o nascimento do filho.

---

[4] SOUZA, Maria Loredo Moreira de. *Aspectos polêmicos da união estável*. Rio de Janeiro: Lúmen Júris, 2000, p. 10.

O fato é que o intuito de legalizar as uniões surgiu na medida em que passou a preponderar a exclusividade das uniões, pois, como bem assevera Pontes de Miranda:[5] "a monogamia é o estado mais adequado e, quiçá, o único compatível, no plano jurídico, com a solidariedade social e as demais condições necessárias do aperfeiçoamento e do progresso humano. O homem ou a mulher que se sente bem na convivência sexual, e não só sexual, com a sua companheira ou o seu companheiro, busca conservar as circunstâncias que lhe permitam essa convivência. Só a monogamia atende a esse dado. As próprias uniões estáveis são provas da excelência da forma monogâmica. A sua meta histórica, perceptível hoje, é a união entre o homem e a mulher nas condições mais favoráveis possíveis, no momento e no lugar, à liberdade, à igualdade, à felicidade e à ordem social. No tocante à felicidade, havemos de entender que abrange a satisfação do mínimo exigido pela psicanálise à vida em comum."

São três os caracteres que constituem a expressão 'casamento' através dos tempos: 1) *biologicamente*, união do homem com a mulher; 2) *legalmente,* convenção individual, devido ao seu caráter de consenso espontâneo e pressupostos exigidos para que as pessoas o possam contrair; 3) *sociologicamente,* o casamento é a união de sexo protegida pela lei, capaz de efeitos especiais e de prerrogativas, linha divisória entre legítimo e ilegítimo, entre o que é feito dentro da lei e o que se fez *fora* das raias da legalidade.[6]

Ana Elizabeth Lapa Wanderley Cavalcanti,[7] ao apresentar vários posicionamentos e teses diferenciadas, destaca que, para Maria Helena Diniz, o casamento é uma das mais importantes instituições de direito privado, pois: "é o vínculo jurídico entre o homem e a mulher que visa o auxílio mútuo material e espiritual, de modo que haja uma integração fisiopsíquica e a constituição de uma família legítima" e, para Álvaro Villaça Azevedo: "o casamento pode ser demonstrado como um elo espiritual que une esposos, sob a égide da moralidade e do direito."

Enfim, em apertada síntese, possível concluir que o casamento é a união entre homem e mulher, que implica a igualdade de vida e comunhão de corpos e de espíritos, formalizada através de um contrato de Direito de Família que regula a vida em comum, cujo registro lhe dá existência jurídica e gera efeitos civis, de acordo com as regras estabelecidas no Código Civil brasileiro.

---

[5] MIRANDA, Pontes de. *Tratado de Direito de Família.* Volume I, Direito Matrimonial. Campinas-SP: Bookseller, Editora e Distribuidora, 2001, p. 66.

[6] MIRANDA. *Op., cit.*, p. 91.

[7] CAVALCANTI, Ana Elizabeth Lapa Wanderley. *Casamento e união estável, requisitos e efeitos pessoais.* São Paulo: Manole, 2004, p. 25.

3. Da união estável

Ao analisar a família à vista da atual Constituição Federal, Heloísa Helena Barboza[8] adverte: "ter-se rompido o que tradicionalmente se instalara em matéria de família, desde o início da era republicana. A despeito de ratificada, expressamente, como base da sociedade e de gozar da especial proteção do Estado, a família não mais se vincula, com exclusividade, ao casamento".

Estendida a proteção também à união estável, reconhecida como espécie de família, imprescindível não esquecer que, não obstante as profundas transformações que vêm ocorrendo na estrutura familiar, o elemento essencial para o surgimento e a manutenção das uniões entre homem e mulher será sempre a *affectio maritalis*, pois, como bem leciona Guilherme Calmon Nogueira da Gama:[9] "na matéria em apreço, é freqüente a utilização de variados vocábulos para expressar o mesmo instituto, o que evidentemente enfraquece sobremaneira a sua perfeita compreensão, diante da necessidade de tornar clara a abrangência do instituto e, portanto, o seu campo de aplicação, o que se mostra relevante dada a repercussão das noções conceituais e terminológicas."

E esta preocupação quanto à definição da união estável se mostra absolutamente justificável, uma vez que, desde a edição das Leis nº 8.971, de 29 de dezembro de 1994 e nº 9.278 de 10 de maio de 1996, dificuldades vem sendo enfrentadas para compreender o verdadeiro conceito do companheirismo e sobretudo, o alcance dos efeitos decorrentes de sua legislação.

De sorte que, para Rodrigo da Cunha Pereira,[10] o texto do artigo 1º do Substitutivo do Projeto de 1988/91 resume muito bem a evolução do companheirismo ao conceituar que: "considera-se união estável o concubinato *more uxório*, público, contínuo e duradouro, entre homem e mulher, cuja relação não seja incestuosa ou adulterina."

Já a lição de Caio Mário da Silva Pereira, citada por Guilherme Calmon Nogueira da Gama,[11] dá conta de esmiuçar o conceito dizendo que: "os que vivem em união estável devem ser tidos como tais perante os amigos e a sociedade, embora a utilização do nome de companheiro, pela mulher, não seja requisito fundamental. Igualmente não nos preocupamos com o 'tempo de duração', que pode ser mais ou menos longo. O

---

[8] BARBOZA, Heloísa Helena. *Família – casamento – união estável: conceitos e efeitos à luz da Constituição de 1988*, Renovar, p. 131.
[9] GAMA. *Op. cit.*, p. 115.
[10] PEREIRA, Rodrigo da Cunha. *Concubinato e União Estável*. Belo Horizonte: Del Rey, 1996, p. 42.
[11] GAMA. *Op. cit.*, p. 117.

que importa é ser a união duradoura, inspirada no elemento anímico, a gerar a convicção de que pode marchar para a relação matrimonial".

E o próprio Guilherme Calmon Nogueira da Gama[12] define o companheirismo como sendo: "a união extramatrimonial monogâmica entre o homem e a mulher desimpedidos, como vínculo formador e mantenedor da família, estabelecendo uma comunhão de vida e d'almas, nos moldes do casamento, de forma duradoura, contínua, notória e estável".

4. Uma noção da diferenciação de concubinato puro e impuro

A partir da Constituição Federal de 1988, doutrina e jurisprudência passaram a fazer uma distinção entre o que seria o concubinato puro e o impuro e, a despeito desta dicotomia, Rolf Madaleno,[13] com escólio na lição de Jander Maurício Brum, destaca que: "o primeiro configura-se na *união estável*, ou seja, transformável em casamento, seja entre solteiros, viúvos, separados de direito ou separados de fato, materializado o outro pela adulterinidade ou incestuosidade, esta na união de parentes com impedimento para núpcias, e aqueles, quando relação clandestina convive com o matrimônio lícito do concubino adúltero."

Esta diferença foi se esboçando com o passar dos tempos, pois decorre da própria dificuldade quanto à compreensão do conceito de união estável, pelo que uma elucidação neste sentido se fazia necessária a fim de confirmar as espécies, e suas conseqüências no campo do direito.

Tal diferenciação, para Álvaro Villaça Azevedo,[14] consiste na existência ou não de impedimento matrimonial ou circunstancial, pois, o concubinato puro se dá "quando se constitui a família de fato, sem qualquer detrimento da família legítima ou de outra família de fato e o concubinato impuro ocorre se for adulterino, incestuoso ou desleal, como, respectivamente, o de um homem casado, que mantenha, paralelamente a seu lar, outro de fato; o de um pai com a sua filha; e o de um concubino formando um outro concubinato".

Contudo, diante do novo Código Civil, mais especificamente do seu artigo 1.723, possível constatar que a união estável reconhecida como

---

[12] GAMA. *Op. cit.*, p. 125.

[13] MADALENO, Rolf. *Direito de Família – aspectos polêmicos.* Porto Alegre: Livraria do Advogado Editora, 1998, p. 73.

[14] AZEVEDO, Álvaro Villaça. A recente Lei 8.971/94 que concede aos concubinos o direito a alimentos e à sucessão poderá ser revogada, *Revista Literária de Direito*, 4/26-33, São Paulo, ano I, mar.-abr. 1995.

entidade familiar trata do concubinato não adulterino, ou seja, do concubinato puro, pois o concubinato adulterino ou impuro não recebe a proteção do Estado como uma forma de família em razão do princípio jurídico da monogamia.

Por esta razão, jamais pode ser confundida como sendo uma união estável uma mera relação de concubinato adulterino, por mais tempo que a infidelidade tenha durado, por mais prole que tenha gerado, a relação imprópria, mesmo havendo filhos, porque filhos não são gerados apenas no casamento, jamais podendo configurar uma união estável acaso presentes os impedimentos do artigo 1.521 do Código Civil, consoante demonstra o § 1º, do artigo 1.723 do mesmo Diploma Civil.

5. Casamento e relação concomitante

Não obstante o novo Código Civil tenha assentado o entendimento de que a união estável, configurada como entidade familiar, protegida pelo Estado, é aquela formada por um homem e por uma mulher, *desimpedidos e portanto, livres, aptos a contraírem matrimônio*, representada na convivência pública, contínua e duradoura, estabelecida com o objetivo de constituição de família, questão tormentosa, é justamente aquela relativa à situação de homem ou mulher com casamento vigente, não separado de fato de seu cônjuge e que passa a manter união extramatrimonial com quase todas as características da união estável, mas que de união estável na verdade não se trata.

Com efeito, não pode configurar uma união estável uma relação extraconjugal, ainda que tenha se estendido no tempo e gerado filhos, pois sempre se ressentirá dos requisitos próprios e específicos de uma união estável, tal qual considerada como entidade familiar pela Carta Magna em seu artigo 226, § 3º, e pelo artigo 1.723 do CCB. É que a relação, além de precisar ser absolutamente às claras, e não apenas em um restrito segmento da sociedade, deve prescindir ainda de outros relevantes pressupostos, como a fidelidade, a exclusividade e a vida em comum sob o mesmo teto.

Ou seja, quando a relação buscada tutelar é uma união paralela ao casamento, onde um dos integrantes mantém duas relações, uma oficial – que trata do casamento – e outra extra-oficial, mesmo que se assemelhe à união estável em quase todos os seus aspectos, sempre lhe faltarão os requisitos essenciais de fidelidade, exclusividade e coabitação, tão caros à constituição de uma verdadeira união estável, identificada como entidade familiar a ensejar a proteção do Estado. Não pode ser estável uma relação adulterina, de encontros ocasionais, carente de coabitação e sobretudo quando esta relação adulterina, de mero concubinato, carrega a ininterrupta coexistência de um casamento que nunca foi desfeito, de fato ou de direito.

Como assevera Rodrigo da Cunha Pereira:[15] "a amante, amásia – ou qualquer nomeação que se dê à pessoa que, paralelamente ao vínculo do casamento, mantém uma outra relação, uma segunda, uma terceira...-, será sempre a outra, ou o outro, que não tem lugar oficial em uma sociedade monogâmica."

Para Belmiro Pedro Welter:[16] "somente os solteiros, separados judicialmente, divorciados ou viúvos podem constituir união estável. Contudo, há indignação na doutrina devido à exclusão das pessoas casadas, *mas separadas de fato*, que vivam sob o manto da autêntica união estável."

Em síntese, a questão envolve não somente a característica da unicidade de vínculo, mas também e, impreterivelmente, a ausência de impedimento matrimonial.

Desta sorte, inexistindo qualquer separação de fato entre pessoas casadas, é lógico que sob este indissociável prisma de uma relação de concubinato puramente adulterino, uma vez presente o impedimento matrimonial, ela configura um simples e censurável fato social, que não alcança a categoria de fato jurídico e muito menos ao ponto de equipará-lo a uma entidade familiar.

Como destaca Rodrigo da Cunha Pereira:[17] "é um paradoxo para o Direito proteger as duas situações concomitantemente. Isto poderia destruir toda a lógica do nosso ordenamento jurídico, que gira em torno da monogamia."

Ademais, proteger as relações concubinárias adulterinas como entidades familiares, implicaria também punir o próprio cônjuge, não partícipe do adultério, acaso reconhecidos, por exemplo, efeitos patrimoniais decorrentes do concubinato, tirando de seu patrimônio os recursos de um benefício construído ao longo de uma contínua vida conjugal, castigando a verdadeira vítima que suportou estoicamente as adversidades que lhe foram escondidas e pior, para premiar quem, co-culpado, permaneceu por livre consciência e vontade, nesta relação adulterina.

O princípio da monogamia determina que uma pessoa não pode contrair e manter simultaneamente dois ou mais vínculos matrimoniais, pois este é o princípio adotado pelo Direito brasileiro, sendo vetada a bigamia, tipificada inclusive como crime, de sorte que, tratar as uniões adulterinas como enti-

---

[15] PEREIRA, Rodrigo da Cunha. *Concubinato e união estável de acordo com o novo Código Civil.* Belo Horizonte: Del Rey, 2001, p. 63.
[16] WELTER, Belmiro Pedro. *Direito de Família: questões controvertidas.* Porto Alegre: Síntese, 2000, p. 109.
[17] PEREIRA. *Op. cit.*, p. 63.

dades familiares seria compensar o imoral, seria socializar o insocial, legalizar o ilegal e socialmente condenável, colocando em risco, portanto, a própria segurança em si das relações familiares, cujo índice de valor restaria abalado, eis que a proteção estatal engloba também a manutenção do conjunto familiar, uma vez que a família, sendo a base da sociedade, se mostra sobretudo fundamental para a própria sobrevivência do ser humano.

E não tem sido outra a interpretação jurisprudencial maciça, como pode ser absorvido da rotina das decisões dos tribunais brasileiros, como disto é exemplo o julgamento do Tribunal de Justiça do Rio Grande do Sul na Apelação Cível nº 70002993145, em 16/10/2003, pela 8ª Câmara Cível:

> "*Concubinato adulterino*. A mulher que alega ter sido concubina de um homem casado, cujo casamento não desconhecia, é cúmplice de adultério, que através dos tempos sempre mereceu reprovação. Por se tratar de concubinato com homem casado, que não se separou da esposa, descabida a pretensão da autora em ver-se incluída como dependente do falecido junto ao INSS. Apelo improvido"

Do mesmo modo, a decisão proferida na Apelação Cível nº 70001037332, em 28/06/2000, pela 7ª Câmara Cível também do Tribunal de Justiça do Rio Grande do Sul e que bem reflete e traduz a mesma posição:

> "*Concubinato. Adulterino*. Ação declaratória. Pedido de Pensão Previdenciária. 1. Concubinato é fato que, por si só, não produz efeito jurídico. A união estável sim, embora com natureza concubinatória, é entidade familiar, merecendo especial proteção do Estado e, por esta razão, produz amplos efeitos jurídicos e sociais. O concubinato que tem cunho adulterino, paralelo a um casamento que perdurou por quase cinqüenta anos, não tem agasalho nas Leis nº 8.971/94 ou nº 9.278/96. A autora é carecedora de ação, pois não é possível postular mera declaração de fato. Inteligência do artigo 4º do CPC. 2. Descabido o pedido de pensão previdenciária, pois o IPE não é parte no processo, o direito a tal pensionamento decorre de lei, não havendo previsão legal da extensão do direito para concubina de homem casado e, finalmente, pois deferir tal direito a autora implicaria aplaudir o relacionamento adulterino, punindo com a perda de parte da pensão, aquela que foi a efetiva companheira do *de cujus* durante quase meio século. Recurso desprovido".[18]

---

[18] Ainda com o mesmo posicionamento, a Apelação Cível nº 70002127603, julgada em 29/05/2001 pela 2ª Câmara Especial Cível do Tribunal de Justiça gaúcho: *Alimentos. Relacionamento adulterino. Não configuração de União Estável*. Sendo o apelado casado e mantendo convivência familiar com a esposa, o seu envolvimento amoroso paralelo mantido com a apelante não configurou união estável, tendo sido apelante simples concubina e não a sua companheira. Assim, não faz jus ao recebimento de alimentos. Sentença mantida. Apelação desprovida."

Contudo, ainda que implique contradizer o princípio jurídico ordenador da monogamia, insta referir que jurisprudência também existe para agasalhar a tese de que ainda assim é possível conceder direitos às relações paralelas ao casamento.

Neste sentido, Rodrigo da Cunha Pereira[19] cita a seguinte decisão também do próprio Tribunal de Justiça gaúcho:

> "*União Estável*. A lei que regulamenta a união estável não distingue o concubinato puro de impuro para extrair efeitos jurídicos do relacionamento. Basta o atendimento aos requisitos postos na Lei nº 9278/96, entre os quais não se encontra a proibição de os conviventes manterem convivência marital. Apelo provido, por maioria." (TJRS, AG. 598.153.815, 7ª Cciv., Rel. Desa. Maria Berenice Dias, j. 14/10/1998)

Alguns dos argumentos utilizados para fulcrar o posicionamento que confere proteção do Estado ao concubinato adulterino têm por escopo o entendimento de que seria desumano não reconhecer direitos a quem amou e foi amado por alguém casado, pois tal maneira de ver as coisas, negando o reconhecimento da união estável quando uma das partes é casada, implicaria uma postura conservadora e preconceituosa e que na verdade só estaria por beneficiar aquele que justamente desrespeitou a regra da unicidade relacional, sendo este o entendimento da Desembargadora Maria Berenice Dias na Apelação Cível nº 70001494236, quando disse que:

> "sob o fundamento de que o sistema monogâmico é a forma eleita pelo Estado para a reestruturação das famílias, a ponto de a bigamia figurar como delito sujeito as sanções penais, tende-se a não aceitar que mais de um relacionamento logre sua inserção no mundo jurídico. Ao menos há a resistência de que se identifiquem ambos no contexto do Direito de Família, com o fito de empresta-los as benesses que este ramo do Direito outorga. (...) A outra conclusão que se extrai desta tentativa classificatória é de que quem acaba sendo beneficiado é justamente aquele que infringiu este princípio tido como o maior bem da vida em sociedade, ou seja, que é o da monogamia. Ora, o resultado que quer se obter, ou seja, punir a poligamia, acaba, ao fim e ao cabo, somente vindo a beneficiar exatamente quem infringiu a dito cânone. Reconhecida a concomitância dos relacionamentos, a um ou quem sabe com relação a ambos os vínculos, se subtrai qualquer responsabilidade exatamente de quem agiu da maneira que merece a reprovação social. Ou seja, quem desrespeitou a regra da unicidade relacional resta por ser premiado, pois nenhuma obrigação lhe é reconhecida e nenhum encargo atribuído."

---

[19] PEREIRA. *Op. cit.*, p. 64.

Por outro lado, cumpre referir que há também uma situação diversa em que uma das partes, embora já esteja unida estavelmente com uma pessoa, mas ainda mantenha um casamento civil com seu cônjuge, mantém este seu matrimônio apenas formalmente, ou seja, quando já existe uma separação de fato entre os cônjuges. Logo, neste caso, havendo a separação fática dos cônjuges, o casamento se sustenta apenas em mera formalidade, tão-só na aparência, e não mais na convivência e nos interesses em comum, quando o casamento é somente no papel, e não mais no viver.

De acordo com Ney de Mello Almada:[20] "entende-se por separação de fato a situação resultante da quebra da coabitação, praticada por um dos cônjuges ou ambos, à revelia de intervenção judicial e em caráter irreversível."

Sendo assim, o elo afetivo não mais decorre do casamento, mas sim, foi redirecionado e está assentado na união estável, pois, sendo reconhecidos efeitos jurídicos à separação de fato, o impedimento previsto no inciso VI do artigo 1.521 do Código Civil deixa de existir, daí a razão pela qual esta exceção inclusive já foi expressamente prevista no § 1º do artigo 1.723 do mesmo Diploma Civil.

Portanto, existindo uma relação estável entre pessoas casadas, mas separadas de fato, não há que falar em concomitância desta relação com o casamento, pois, constância significa a convivência, e esta, por evidente, é rompida com a separação fática, pelo que, neste caso, o reconhecimento da união estável se mostra procedente e correto para os fins legais contemplados no § 3º do artigo 226 da CF.

Assim, havendo uma separação de fato entre os cônjuges, prendendo-se o casamento a uma mera formalidade cartorial, a união estável e duradoura, onde exista uma verdadeira comunhão de afeto e interesses, deve sim se sobrepor a um casamento desfeito ainda que apenas de fato, pois não há mais como falar em comunhão onde tudo já se rompeu.

Por outro lado, não há como olvidar uma terceira situação, em que uma mulher vive com um homem casado não separado de fato da esposa; contudo, esta mulher não tem ciência do casamento de seu parceiro, tratando-se, portanto, de burla da boa-fé da convivente ludibriada, enganada por aquele com quem se envolveu.

Neste caso, assevera Zeno Veloso:[21] "tratar-se-á de uma união estável *putativa*, que tem de gerar conseqüências patrimoniais à companheira, sem prejuízo da esposa, é óbvio (...) a união estável é uma convivência qualificada, 'more uxorio', de caráter notório, dotada de estabilidade, perma-

---

[20] *Apud* CAVALCANTI. *Op. cit.*, p. 149.
[21] VELOSO, Zeno. *União Estável – Doutrina, Legislação, Direito Comparado, Jurisprudência*. Pará: Editora Cejup, 1997, p. 76.

nência, com um substrato moral relevante e o ânimo de permanecer juntos, de constituir família. Os partícipes vivem maritalmente, embora sem casamento. Conforme antes mencionamos, a união estável de um casal transmite a todos a aparência de um casamento ('marriage apparent', 'ménage de fait', como se diz na doutrina francesa). Trata-se, pois, de situação paraconjugal, paramatrimonial, estabelecendo uma comunidade de vida, à qual se aplicam, até pela íntima semelhança, quase igualdade, os princípios do casamento. E nosso sistema, nossa civilização só admite o casamento monogâmico. Não iria transigir com uma 'união estável'poligâmica ou poliândrica. Mas pode acontecer de um dos parceiros estar de boa-fé, convicto que integra uma entidade familiar, com todos os requisitos que a lei estipula, sem saber que o outro mantém diversa união ou, até, outras uniões. Podemos falar aqui, igualmente, com relação ao convivente de boa-fé, numa união estável 'putativa', para efeito de gerar conseqüências para este parceiro inocente."

Contudo, sempre deve ser tido em linha mestra de consideração que o concubinato adulterino, como dito, não significa união estável, uma vez que sendo adulterino ou impuro, é porque ocorre algum dos impedimentos previstos no artigo 1.521 do CCB e, sendo assim, não caracteriza uma entidade familiar como previsto no artigo 226, § 3º, da CF, c/c o artigo 1.723 do CCB, com exceção de a pessoa estar separada de fato do seu cônjuge, como previsto no § 1º do referido artigo 1.723 do Código Civil.

Ou seja, ainda que admitida a hipótese da situação putativa, onde haveria a boa-fé da companheira ou do companheiro que mantém uma relação estável com pessoa já casada, mas de cujo casamento não tem ciência, tampouco estaria configurada uma união estável com características de entidade familiar, haja vista a existência do impedimento previsto no inciso VI do artigo 1.521 do CC e, ainda que conseqüências eventualmente gerassem para o parceiro inocente, em respeito ao princípio da vedação do enriquecimento sem causa, estas não seriam afetas ao Direito de Família, mas aplicáveis as regras do Direito das Obrigações, e somente quando comprovada a sociedade de fato, e a contribuição de cada um dos sócios na constituição de acervo comum, consoante já decidiu a 1ª Câmara Cível do Tribunal de Justiça do Estado do Paraná quando do julgamento da apelação cível nº 23427, em 09/09/2003:

> "*Apelação Cível. Sociedade de fato. Não comprovada. Dissolução. Concubinato impuro. Meação. Indenização. Improcedência.* Sem demonstração da existência de uma sociedade de fato, onde os companheiros tenham juntado esforços para a obtenção de um bem ou objetivo comum, não há como se reconhecer o direito a indenização ou a meação para a mulher que, sem provar o auxílio que prestou para

o enriquecimento do patrimônio do réu, com ele manteve apenas relacionamento adulterino. Apelação não provida."

Destarte, sendo da índole do ordenamento jurídico brasileiro o princípio da monogamia, não é possível legitimar uma união paralela a um casamento a ponto de reconhecê-la como uma união estável, pois a entidade familiar deve respeitar os pressupostos legais exigidos para sua configuração, como a exclusividade e o dever de fidelidade, ausentes quando há uma duplicidade de uniões.

Ainda que a relação paralela ao casamento tenha perdurado no tempo, inclusive gerando prole comum, não configura uma união estável, típica entidade familiar, pois, sua característica essencial é a de assemelhar-se ao casamento, de forma tal, que indique a comunhão de vida e de interesses, por período sobradamente revelador de estabilidade e com vocação de permanência de induvidosa vida familiar atenta às finalidades essenciais da vida social, revestida de suficiente condição moral, que não se apresente socialmente *imoral*. Isenta de qualquer incontornável impedimento para o eventual matrimônio.

A amante de pessoa casada, dispensada de fidelidade, exclusividade e de coabitação está impossibilitada de formalizar uma nítida entidade familiar, vedada pelo empecilho da indispensável monogamia, única fonte geradora de direitos e de efeitos jurídicos.

Ou como disse o Desembargador Sérgio Fernando de Vasconcellos Chaves na Apelação Cível nº 597206499: "Afeto não tem expressão econômica e relação sexual constitui troca e não serviço, sendo, ademais, grandezas incompensáveis pela nobreza que encerram, porque dizem respeito a sentimentos, o que transcende a limitação econômica. Houve concubinato adulterino insuscetível de gerar efeitos, pois o Direito de Família pátrio não admite a bigamia..."

A existência de uma união concomitante a um casamento sempre representará uma relação de total adultério, acaso o cônjuge que mantém esta duplicidade de relações jamais tenha se desvinculado no plano fático de seu casamento, pois, para a configuração de uma verdadeira união estável reconhecida como entidade familiar, mister seja provado o rompimento da relação conjugal.

Não constitui família quem mantém um relacionamento à margem do casamento e prossegue residindo com o cônjuge e com os filhos conjugais, pois, a constituição inequívoca de uma entidade familiar inevitavelmente deve passar pela situação ostensiva de duas pessoas que, embora não sejam legalmente casadas, mostram-se reciprocamente livres para formalizar uma união de fato, vivenciando e externando aos olhos de todos uma sacra imagem conjugal.

Duas pessoas que preservam e mantêm uma relação paralela ao casamento de um ou de ambos, como uma união informal o tempo todo e o todo do tempo, não demonstram aos olhos da sociedade e tampouco do Poder Judiciário, uma sociedade afetiva única, de coabitação e de exclusividade com o intuito evidente de formar uma família, pois, se assim efetivamente o fosse, seriam fieis e exclusivos, rompendo a relação conjugal impeditiva.

A relação paralela ao casamento ressente-se de pressupostos capazes de lhe gerar efeitos jurídicos, posto que apresenta apenas uma ligação de sexos opostos, sem laços de *affectio conjugalis*, onde não há real comunhão de vida e de interesses, sofrendo, a pecha da absoluta impureza. A Constituição e a legislação aplicáveis afastam o reconhecimento do concubinato ou concubinagem adulterina e concomitante ao casamento que desta forma carece da proteção legal ou do propalado amparo do Estado, por se tratar de uma relação infiel, sob pena de ser colocada em risco a própria segurança familiar, já afetada por problemas de ordem social, moral, econômica e política.

O adultério e a infidelidade não desaparecem pela estabilidade da infidelidade ou do adultério e nem há regra expressa ou tácita que só configure adultério em relações fugazes, curtas e pouco intensas.

Ademais, a lei prescreve como característica da união estável a convivência duradoura, pública e contínua, de um homem e uma mulher, com o objetivo de constituir uma família, e isto pressupõe, como regra, a residência comum, pois a coabitação demonstra aparência de casamento, a vida comum de cama e negócios, a vida sob o mesmo teto, e o corolário desta coabitação implica também a fidelidade ou exclusividade de vida íntima, tal qual deve ocorrer no casamento e, para tanto, para esta legítima comunidade de vida, não há espaço para outra relação concomitante, pois esta sempre vai incorrer no impedimento do inciso VI do artigo 1.521 do CCB.

Logo, se o relacionamento é concomitante ao casamento, onde não há separação de fato, mas convivência com o cônjuge legítimo, constitui-se o concubinato, a impedir o reconhecimento da união estável como entidade familiar, sob pena de a relação paralela se enlaçar no conceito de entidade familiar e assim ferir de morte o princípio constitucional da *monogamia*, recepcionado pela Constituição, em seu artigo 226, § 3º, e o novo Código Civil ao referir ser do *Estado o dever de proteção de apenas uma família, justamente em respeito ao princípio da monogamia das relações familiares.*

Ainda neste sentido, imperioso destacar a conclusão tomada pela 7ª Câmara Cível do Tribunal de Justiça do Rio Grande do Sul, quando do julgamento da Apelação Cível nº 70003337508, em 27/02/2002, com a seguinte ementa:

> *"União Estável. Concubinato Adulterino.* O Concubinato adulterino é insuscetível de gerar outros efeitos que não o meramente patrimonial, sendo admissível sociedade de fato, pois o Direito de família pátrio não admite a bigamia. A autora invoca existência de união estável visando a pensão previdenciária, mas o "de cujus" era casado e convivia com a sua esposa, não se podendo cogitar de união estável paralela ao casamento. Recurso desprovido, por maioria".[22]

Anota Francisco José Cahali[23] que: "As relações adulterinas são reprovadas não só pelo ordenamento jurídico, como também pelos valores morais da sociedade, sendo inafastável, pois, o impedimento á caracterização da união estável se um ou ambos os conviventes mantém vida conjugal".

Portanto, mesmo com a evolução da sociedade no plano moral e social, assim também secundado pelo ordenamento jurídico, ao considerar a união sem o vínculo do matrimônio como entidade familiar, ainda assim não alcançou o estágio de legalizar os relacionamentos paralelos, mantidos à margem do matrimônio vigente, e sem a existência de uma separação de fato.

Apenas pode ser reconhecida como entidade familiar e merecedora de proteção estatal a união estável existente entre companheiros imitando o casamento, aquele relacionamento às claras, sem ocultação, sendo essencial no seu conteúdo a ocorrência fática de exclusividade, fidelidade, vida em comum e durabilidade, apresentando-se aos olhos da sociedade os conviventes como se efetivamente fossem casados e, portanto, esta

---

[22] Também reforçando este mesmo entendimento, foi a decisão da 21ª Câmara Cível do Tribunal de Justiça gaúcho ao julgar a Apelação Cível de nº 70004304333, em 19/03/2003, restando assim concluído o acórdão: *"Apelação Cível. Concubinato. Dependência Previdenciária junto ao IPERGS. Pensão.* Se o relacionamento é concomitante com o casamento, onde não há separação de fato, mas convivência com a esposa legítima, constitui-se concubinato adulterino, que impede o reconhecimento da qualidade de dependente da concubina. (art. 9º, II, da Lei Estadual nº 7.672/82) Pensionamento indevido. Precedentes. Ademais, não há nos autos elementos suficientes para comprovar a união estável mesmo após a viuvez do ex-segurado. Apelação Improvida."Da mesma forma, o julgamento da 7ª Câmara Cível do Tribunal de Justiça do Rio Grande do Sul na Apelação Cível nº 599262839, com a seguinte ementa: "Indenização, reparação de danos. União Estável. Inocorrência. Se a autora tinha conhecimento da situação de casado do apelado, que mantinha o seu casamento incólume e mesmo assim aceitou conscientemente o relacionamento, que posteriormente se desfez, não pode pretender qualquer indenização. Não pode também alegar tenha sido usada, pois manteve tal situação durante quatro anos, dela tirando grande proveito econômico. Ademais, não se compensa nem tem expressão econômica o grau de dedicação dos amantes, cada um se doando ao outro na medida de sua capacidade ou da sua disponibilidade. É incompatível com a união estável o relacionamento adulterino, pois é ele desprovido de coabitação, fidelidade e publicidade, sendo paralelo ao casamento, que sempre se manteve hígido, tendo o varão sempre convivido com a sua esposa. Recuso desprovido."
[23] CAHALI, Francisco José. *União Estável e alimentos entre companheiros.* São Paulo: Saraiva, p. 61.

relação não pode ser mantida na clandestinidade, concomitante com um matrimônio, daí a razão pela qual o duplo relacionamento amoroso implica o concubinato adulterino, não amparado pelo Direito de Família.

Neste sentido a lição de Edgar de Moura Bittencourt:[24] "Argumenta-se que nenhum interesse pode ter o direito pela mulher que toma por seu concubino um homem casado e que tira proveito econômico do sacrifício da esposa e dos filhos legítimos. O concubinato prolongado pode gerar uma obrigação natural, suscetível de transformar-se em obrigação civil, dando causa válida, por exemplo, a uma prestação cuja finalidade será a de assegurar a subsistência da concubina, Mas, tal não ocorre, tratando-se de relações adulterinas, cujo caráter ilícito impede que possam elas servir de base a qualquer obrigação."

Como reforço conclusivo, calha acrescentar, ser preciso para o reconhecimento de uma relação como entidade familiar, sobretudo esteja o relacionamento em conformidade não só com o lícito, mas com o próprio sistema legal, como faz ver com toda clareza Ana Elizabeth Lapa Wanderley Cavalcanti:[25] "isto não quer dizer necessariamente que os princípios do 'matrimônio' devam estar presentes, mas sim, os princípios basilares da 'relação familiar' contidos no nosso direito de família, sob pena de estar desvirtuando o próprio direito do qual o relacionamento deve fazer parte e, dentre esses princípios, podemos relacionar o respeito, a consideração, a assistência, a lealdade, a exclusividade e a igualdade dos partícipes e filhos".

Daí a razão pela qual a união entre um homem e uma mulher, concomitante ao casamento, não pode ser reconhecida como uma entidade familiar, por carecer dos pressupostos de exclusividade e de fidelidade, vai de encontro ao princípio da unicidade relacional e, afronta o princípio da monogamia, base do Direito de Família, pondo em risco a segurança das relações familiares, a ser mantida pela lúcida proteção estatal.

6. Referências Bibliográficas

AZEVEDO, Álvaro Villaça. A recente Lei 8.971/94 que concede aos concubinos o direito a alimentos e à sucessão poderá ser revogada, *Revista Literária de Direito,* 4/26-33, São Paulo, ano I, mar.-abr. 1995.

BARBOZA, Heloísa Helena. *Família – casamento – união estável: conceitos e efeitos à luz da Constituição de 1988.* Renovar.

BITTENCOURT, Edgar de Moura. *O Concubinato no Direito.* 1º volume, nº 74.

---

[24] BITTENCOURT, Edgar de Moura. *O Concubinato no Direito.* 1º volume, nº 74, p. 250.
[25] CAVALCANTI. *Op. cit.,* p. 187.

CAHALI, Francisco José. *União Estável e alimentos entre companheiros*. São Paulo: Saraiva.

CAVALCANTI, Ana Elizabeth Lapa Wanderley. *Casamento e união estável, requisitos e efeitos pessoais*. São Paulo: Manole, 2004.

GAMA, Guilherme Calmon Nogueira da. *O Companheirismo, Uma espécie de família*. São Paulo: RT, 2001.

MADALENO, Rolf. *Direito de Família – aspectos polêmicos*. Porto Alegre: Livraria do Advogado, 1998.

MIRANDA, Pontes de. *Tratado de Direito de Família*. Volume I, Direito Matrimonial. Campinas-SP: Bookseller, 2001.

PEREIRA, Rodrigo da Cunha. *Concubinato e união estável.* Belo Horizonte: Del Rey, 1996.

PEREIRA, Rodrigo da Cunha. *Concubinato e união estável de acordo com o novo Código Civil*. Belo Horizonte: Del Rey, 2001.

RIZZARDO, Arnaldo. *Direito de Família*. Rio de Janeiro: Forense, 2004.

SOUZA, Maria Loredo Moreira de. *Aspectos polêmicos da união estável*. Rio de Janeiro: Editora Lúmen Júris, 2000.

VELOSO, Zeno. *União Estável – Doutrina, Legislação, Direito Comparado, Jurisprudência*. Pará: Cejup, 1997.

WELTER, Belmiro Pedro. *Direito de Família: questões controvertidas*. Porto Alegre: Síntese, 2000.

— 10 —

Algumas considerações sobre o Direito de Família no novo Código Civil e seus reflexos no regime supletivo de bens

LIA PALAZZO RODRIGUES
Professora de Direito Civil da Faculdade de Direito da
Universidade Federal de Pelotas, onde atualmente é Diretora.
Membro do IBDFAM

Sumário: 1. Transformações da família; 2. Estrutura do Código de 1916 e do de 2002; 3. A nova dimensão social, a Constituição Federal de 1988 e o Direito de Família; 4. O Código Civil de 2002 e o Regime Supletivo de Bens; 5. Conseqüências das mudanças do Código Civil de 1916 pelo Código Civil de 2002 em relação ao regime da comunhão parcial de bens; 6. A Constituição Federal de 1988 e a proteção à dignidade da pessoa humana; 7. Adequação do Código Civil à Constituição Federal; 7. Conclusão; Referências bibliográfica.

1. Transformações da família

Superada a polêmica da pertinência da elaboração de um novo código civil ante a proliferação de microssistemas jurídicos e o conseqüente desprestígio dos sistemas codificados, completou a Lei nº 10.406, de 10 de janeiro de 2002, um ano de vigência entre calorosos aplausos e severas críticas.

Na verdade, o que houve foi uma reformulação, uma atualização, uma adaptação do Código Civil de 1916 aos ditames da Constituição Federal de 1988, retrato da modernidade brasileira, sendo conservado tudo o que dele podia ser mantido sem que comprometida ficasse a sua atualidade.

Embora fixado o critério de preservar sempre que possível o Código Civil de 1916, conforme salientou o prof. Miguel Reale,[1] profundas mo-

---
[1] Miguel Reale. 1999:4.

dificações foram feitas nessa lei que reproduzia, como não poderia deixar de ser, a estrutura sociopolítico-econômica de sua época, pois elaborado para atender aos interesses daquela sociedade.

No que diz respeito à família, o Código Civil de 1916, em termos de organização, traduziu aquilo que Alvim Toffler[2] considerou como uma das características da Sociedade da Primeira Onda, eminentemente agrária: grupos multigeracionais, formados por tios, tias, afins, avós ou primos, todos vivendo sob o mesmo teto, todos trabalhando juntos numa unidade econômica de produção.

A família que serviu de molde à legislação civilista de 1916 desempenhava diversas funções que condicionavam sua estrutura. Em primeiro lugar, tinha função econômica, ou seja, a própria família produzia a maioria dos bens necessários à sua sobrevivência. Também a ela incumbia a tarefa de repassar valores, transmitir cultura e educar seus membros, haja vista que as primeiras e não raro as últimas letras eram aprendidas no seio familiar. Desempenhava ainda a família a importante função assistencial, ou seja, os pais tinham a certeza do amparo dos filhos na velhice, quando não fossem mais aptos para o trabalho.

Diante dessas diversas funções não era de estranhar que a família fosse numerosa. Quanto maior o número de seus membros, maior também a segurança do grupo que contaria com mais braços para atender a todas as suas necessidades.

Esse grupo, constituído por expressivo número de pessoas, exigia estruturação compatível com suas finalidades.

No Brasil de 1916, a família, hierarquizada e patrimonializada, se constituía legitimamente pelo casamento, que assegurava a sua proteção e continuidade, inclusive no que dizia respeito à transmissão dos bens.

Influenciada fortemente pelo Direito Romano, a legislação brasileira outorgou ao marido a incumbência de chefiar a família, imprimindo-lhe a feição patriarcal.

À mulher casada cabia a importante tarefa de procriar, assegurando, dessa forma, a continuidade da família provedora que, necessariamente, deveria ser numerosa.

Algumas características apontadas por diversos autores em relação à família do Código Civil de 1916 dizem respeito a ser ela marcada essencialmente pelo patrimônio, ficando relegados a um segundo plano os valores inerentes à dignidade da pessoa como ser humano.[3] Não estava nesse

---

[2] Alvim Toffler. p. 41.
[3] Maria de Lourdes Isaía Pinheiro. 2002:62.

projeto parental a construção de espaço plural do existir humano, fomento de aspirações, protagonista de um projeto parental de esperança possível.[4]

Nesse ponto, creio ser indispensável a citação do grande jurista Sá Pereira:[5]

> "Encarando-se a constituição da família romana, sob a influência das idéias jurídicas do presente, ela nos aparece sob um aspecto pouco simpático de rudeza e brutalidade. Esta impressão porém se adoçará um pouco se tomarmos uma outra posição para ver o painel. Depois, nada menos justo que julgar o passado com as idéias do presente. ... Reconhecer a *potestas* do chefe de família é fazer da casa romana o que ela deve ser, o santuário inviolável do amor. Dá-lhe a *potestas* o meio jurídico de realizar esta destinação da casa de afastar as discórdias trazidas do exterior, e de esmagar no nascedouro as intestinas. As dissensões íntimas da família jamais poderão ser *juridicamente* dirimidas fora da casa romana. Uma ação entre os membros da família, seja do chefe contra os seus, seja destes contra ele, é uma impossibilidade jurídica."

Verifica-se que o modelo de família que acabou plasmado no Código Civil de 1916 era necessariamente solidário na medida em que o esforço de todos se fazia necessário à sobrevivência de cada um dos seus membros. Era inimaginável, àquela altura, cogitar-se da dignidade da pessoa humana, tal como a concebemos hoje, assim como o era normatizar a proteção às crianças e aos idosos. A família, ao cumprir suas funções, dava aos seus integrantes a possibilidade de uma vida digna, embasada na força dos vínculos sangüíneos e da conservação patrimonial. A presença do afeto pode somente ser presumida.[6] O sacrifício dos interesses individuais em prol do todo era a forma encontrada, como o foi no clã, nas tribos, nos feudos, de assegurar, pela sobrevivência do todo, a de cada um individualmente.

As condições que moldaram a família tradicional, todavia, se alteraram em profundidade, forçando a sua adaptação aos novos padrões sociais.

Segundo Francisco Amaral,[7] o Código Civil de 1916 "elaborado para atender aos interesses da sociedade de seu tempo, agrária e escravocrata, rapidamente se viu superado pelo Brasil crescente e industrial. A partir de 1920, que assinala o início da modernidade brasileira, surgem novos desafios para o direito privado, com a crise da economia exportadora e o desenvolvimento de uma economia urbana e industrial".

---

[4] Luis Edson Fachin. p. 61.
[5] Virgílio de Sá Pereira. 1959:48-49.
[6] Silvana Maria Carbonera, p. 282.
[7] Francisco Amaral. p. 77.

Vale a pena transcrever outro trecho de Alvin Toffler:[8] "Antes da revolução industrial, por exemplo, as formas de família variavam de lugar para lugar. Mas onde quer que a agricultura predominasse, as pessoas tendiam a viver em grandes grupos ... E a família era imóvel, enraizada no solo. Quando a Segunda Onda começou a avançar através da sociedade da Primeira Onda, as famílias sentiram a tensão da mudança. Dentro de cada casa a colisão de frentes de onda tomou a forma de conflito, de ataques à autoridade paterna, de relações alteradas entre filhos e pais, de novas noções de propriedade. A produção econômica deslocou-se do campo para a fábrica, a família não mais trabalhava junta como unidade. Para liberar trabalhadores para o serviço na fábrica, funções básicas da família eram distribuídas para novas instituições especializadas. A educação das crianças era entregue às escolas. O cuidado dos idosos era entregue a asilos de indigentes ou casas de saúde. Acima de tudo, a nova sociedade exige mobilidade. Precisava de trabalhadores que seguissem os empregos de um lugar para o outro. Sobrecarregada por parentes velhos, doentes e incapazes, e uma grande ninhada de crianças, a família ampliada era tudo menos móvel. Gradual e penosamente, por conseguinte, a estrutura familiar começou a mudar. Desagregada pela migração para as cidades, abalada por tempestades econômicas, as famílias livraram-se de parentes indesejáveis, ficaram menores, mais móveis e mais adequadas às necessidades da nova tecnosfera. A chamada família nuclear – pai, mãe e algumas crianças, sem o estorvo de parentes – tornou-se o modelo padrão "moderno socialmente aprovado em todas as sociedades industriais, capitalistas ou socialistas".

A família, pois, deixou de ser uma unidade de produção para ser uma unidade de consumo. A nova realidade econômica, forjada pelo divórcio entre aqueles que produziam e aqueles que consumiam, a industrialização e o consumo em massa, acabaram por forçar a completa reestruturação da sociedade como um todo, projetando-se tais mudanças por tudo, inclusive no campo do direito.

No Brasil, esse fenômeno explica a multiplicação de microsistemas jurídicos, já que o Código Civil de 1916 não conseguia acompanhar o evoluir social.[9]

Embora reconhecida a excelência técnica do Código Civil de Beviláqua, não mais se justificava sua permanência sobretudo em razão do seu individualismo, incompatível com o *ethos* da sociedade brasileira.[10]

---

[8] Alvim Toffer. Op. cit., p. 41-42.
[9] Francisco Amaral. Op. cit., p. 78.
[10] Judith Martins Costa. 2001:212.

Do descompasso havido entre a realidade e a legislação então em vigor veio a exigência de elaborar um novo Código Civil que absorvesse e refletisse a nova conformação social e respondesse às suas necessidades e aplacasse suas inquietudes. Nasceu, assim, o Projeto de Lei nº 635/75, que acabou se transformando na Lei nº 10.406, de 10/01/02 – o Novo Código Civil.

2. Estrutura do Código de 1916 e do de 2002

O Código Civil de 1916 não foi cópia servil de nenhum Código. A sua principal fonte foi o Esboço de Teixeira de Freitas a que se seguiram as influências de códigos estrangeiros (Code Civil, BGB, e outros). A distribuição das matérias é a do Projeto Clóvis Beviláqua.[11]

O Código de 1916 foi dividido em uma parte geral e uma parte especial. Segundo Pontes de Miranda,

> "a preferência pela colocação do Direito de Família no princípio da parte especial obedece, no Brasil, a certo sentimentalismo de sociedade em que o máximo de organização ainda se acha no círculo social da família. Não há outro fundamento melhor".[12]

Analisando a estrutura social, política e econômica da época da elaboração do Código de 1916, parece fácil entender a ordem dos livros da sua parte especial.

O Direito de Família, seu livro inaugural, refletia a importância desse grupo que, a par de unidade de produção, respondia por diversas funções, muitas delas repassadas, senão total, pelo menos parcialmente ao Estado. Nenhum outro rivalizava em importância com o grupo familiar, e a legislação civil pátria só fez externar essa primazia.

A seu turno, numa sociedade eminentemente agrária, a propriedade imobiliária era fundamental até mesmo para atender às necessidades estruturais e de fixação geográfica do grupo familiar. Em razão disso, o Livro II corresponde ao Direito das Coisas, cujo cerne é o direito de propriedade, notadamente a dos imóveis.

O Direito das Obrigações, cuja fonte primordial é o contrato, que àquela época era mero instrumento de manifestação volitiva, nele não se vislumbrando função social, vinha, coerentemente, em terceiro lugar.

Por fim, encerrando a parte especial, vinha o Direito das Sucessões, o que foi conservado no Código Civil de 2002.

---

[11] Pontes de Miranda. 1982:92.
[12] Idem. p. 165.

Em resumo: a ordem dos livros da parte especial retratava com fidelidade a ordem de importância de cada um dos pilares do direito privado: família, propriedade e contrato.

A sociedade, todavia, não é estática porque não o é o homem, sua fonte e destinação, ser em constantes modificações que acabam desaguando no campo do direito.

Os institutos jurídicos formam-se no tecido social e dele se nutrem. Assim, as alterações havidas na economia mundial, principalmente em razão do industrialismo, trouxeram suas conseqüências para o mundo do direito, tal qual o movimento de uma peça define um jogo de xadrez. Sistemas foram rompidos, paradigmas substituídos, institutos renovados, criadas novas figuras jurídicas.

A estrutura do Código Civil de 2002 dá a exata dimensão do reflexo desses fenômenos sociais no campo jurídico.

Numa sociedade industrializada e estruturada de forma capitalista, a produção e o lucro estão no comando. A esse respeito leciona Rippert:[13]

> "En la sociedad igualitaria de los tiempos modernos, la sola distinción que se hace entre los hombres viene de su desigualdad económica. Antiguamente, se presumia que aquel que ejercia el poder era rico; hoy día se puede afirmar que la persona que es rica es poderosa."

A família, ao deixar de ser unidade de produção para se transformar em unidade de consumo, esvaziou-se da maioria das suas principais finalidades. Perdeu, em conseqüência, seu espaço privilegiado.

O contrato, por sua vez, assumiu o papel de principal via de acesso aos bens e serviços necessários à satisfação das necessidades humanas. Investiu-se de função social. Tornou-se instrumento indispensável à sociedade de consumo. Em vista da atrofia e afrouxamento dos laços familiares e do incremento das relações contratuais diante do novo panorama socioeconômico, o Direito das Obrigações no Código de 2002 mereceu o primeiro livro da sua Parte Especial, seguido da regulamentação da atividade empresarial, elementar para o desempenho da atividade econômica na modernidade.

Nesse passo é impossível deixar de transcrever outro trecho da obra de Rippert,[14] já mencionada:

> "Para el lector del Código Civil la sociedad moderna es semejante a la antigua. El buen padre de família, de quien se habla a menudo, es el proprietário que concedía una importancia casi exclusiva a su tierra

---

[13] Georges Rippert. p. 388.
[14] Idem. p. 345.

y a sua casa y que contrataba lenta y atentamente. Pero, ya lo temos dicho, la formación de nuevas riquezas ha alterado la composición de las fortunas y de la vida económica. El derecho mercantil va a dominar la sociedad ... El Codigo Civil ha dejado de ser el breviario de la vida corriente. Es el libro de razón que se abre solamente en las circunstancias excepcionales de la vida familiar: matrimonio y sucesión. En la vida diaria hay que tratar con los comerciantes."

O capital, nova forma de acumulação de riqueza, combustível que faz girar a roda da produção e sustenta a atividade empresarial, desbancou até mesmo o direito de propriedade que, em 1916, se vinculava principalmente àquela imobiliária. Em razão disso, o Direito das Coisas foi deslocado para o Livro III da Parte Especial.

Ao Direito de Família, no Código Civil de 2002, coube, como conseqüência da nova estrutura social, política e econômica, o Livro IV da Parte Especial.

3. A nova dimensão social, a Constituição Federal de 1988 e o Direito de Família

Despojada de suas funções, a dúvida que surge inquietante é que papel restou à família moderna.

Luis Edson Fachin[15] afirma que a família perde sua dimensão econômica como unidade, mas ganha, por meio do redimensionamento da *afectio*, uma nova função.

"A família converteu-se apenas, ao fim de cada semana, num lugar de refúgio da intimidade das pessoas contra a massificação da sociedade de consumo. Ela constitui hoje um centro de restauração semanal da personalidade do indivíduo contra o anonimato da rua".[16]

Segundo José Lamartine Correa de Oliveira e Francisco José Ferreira Muniz,[17] "A família transformou-se no sentido de que se acentuaram as relações de sentimentos entre os membros do grupo: valorizam-se as funções afetivas da família que se torna o refúgio privilegiado das pessoas contra a agitação da vida nas grandes cidades, e das pressões econômicas e sociais. É o fenômeno social da família conjugal, ou nuclear ou de procriação, onde o que mais conta, portanto, é a intensidade das relações

---

[15] Luis Edson Fachin. p. 33.
[16] Antunes Varela. 1993:48.
[17] José Lamartine Correa de Oliveira. 2001:13.

pessoais dos seus membros. Diz-se por isso que é a 'comunidade de afeto e entre ajuda'".

Em excelente artigo, Maria Celina B. M. Tepedino[18] ensina que "os objetivos constitucionais de construção de uma sociedade livre, justa e solidária e de erradicação da pobreza colocaram a pessoa humana – isto é, os valores existenciais – no vértice do ordenamento jurídico brasileiro, de modo tal que é o valor que conforma todos os ramos do direito".

Maria de Lourdes Uisaía Pinheiro[19] afirma que "No Brasil o advento da Constituição de 1988 demonstra acentuada preocupação com a construção de um Estado fundado no bem-estar social, resultando em maior interferência nas relações interpessoais. A proteção da pessoa é destacada como princípio orientador no seu tratamento em todas as esferas, priorizando, em consequência, a proteção dos componentes da família em relação ao grupo".

No mesmo sentido a lição de Silvana Carbonera:[20]

"Outro ponto de significativa importância dever ser destacado: a valorização da pessoa na família, em sentido diverso do encontrado no Código Civil Brasileiro, nitidamente transpessoal. Esta valorização está coerente com as linhas gerais da Constituição Federal, uma vez que o art. 1°, III, consagra como fundamento da República Federativa do Brasil a *dignidade da pessoa humana*. Neste sentido, a proteção à pessoa, recebendo *status* constitucional, deve ser princípio orientador no seu tratamento em todas as esferas. A proteção aos componentes da família não constitui exceção à regra, o que conduz à sua priorização em relação ao grupo" (grifos da autora).

Assim, a família ganhou novos contornos, afirmou-se pelos vínculos afetivos e mereceu especial guarda da Constituição Federal a que se submetem todas as demais regras do ordenamento jurídico.

4. O Código Civil de 2002 e o Regime Supletivo de Bens

Coerente com a estrutura da família e suas finalidades, o Código Civil de 1916 erigiu o regime da comunhão universal como o legal ou supletivo da vontade dos nubentes. O casamento era visto como instituição, e o vínculo matrimonial, indissolúvel.

---

[18] Maria Celina B. M. Tepedino. p. 26.
[19] Maria de Lourdes Isaía. Op. cit., p. 259.
[20] Silvana Carbonera. Op. cit., p. 295.

Sob essa ótica, correto é o entendimento apontado por Eduardo Vaz Ferreira:[21] "Cierto que los partidarios de la comunidad universal dicen que el matrimonino debe producir una fusión de los patrimonios tan completa como lo de las personas, y que en el matrimonio no debe ser uno de los cónjuges rico y el outro pobre".

Portanto, numa sociedade eminentemente agrária, em que só o casamento, que era indissolúvel, originava a família legítima, merecedora da proteção legal, e celebrado com a finalidade de criar a mais estreita comunidade de existência entre um homem e uma mulher, era o regime da comunhão universal de bens o mais adequado àquela estrutura.

Com o advento da Lei nº 6.515, de 26 de dezembro de 1977, o sistema jurídico pátrio admitiu o divórcio numa época em que, segundo Nilson Lage,[22] era intensa a pregação ideológica do individualismo e do consumismo, evidências do milagre econômico dos anos 70.

O perfil da família brasileira, tal como a concebera o codificador de 1916, estava radicalmente desfigurado. A era do consumismo estava definitivamente instalada no Brasil, lançando seus tentáculos em todas as direções.

Ainda de Alvin Toffler[23] a observação:

"Como vimos, esta cunha invisível produziu todo o sistema monetário com suas instituições bancárias centrais, suas bolsas de valores, o seu mercado internacional, seus planejadores burocráticos, seu espírito quantitativo e calculador, sua ética contratual, sua tendência materialista, sua ilimitada medida de sucesso, seus sistemas de recompensa e seu poderoso aparelho de contabilidade, cuja significação cultural nós subestimamos rotineiramente. A civilização da Segunda Onda não alterou apenas a tecnologia, a natureza e a cultura, mas alterou também a personalidade, ajudando a produzir um novo caráter social. As relações pessoais, elos de família, amor, amizade, relações de cordialidade e comunidade, tudo foi manchado ou corrompido pelo interesse comercial."

Além dos fenômenos do industrialismo e do consumismo, é importante ressaltar a influência social do capitalismo no direito. Segundo Mário Lucio Quintão Soares e Lucas Abreu Barroso,[24]

"o capitalismo é parte integrante do ambiente cultural em que se vive e, conseqüentemente, parâmetro obrigatório na análise de qualquer

---

[21] Eduardo Vaz Ferreira. 1959:27.
[22] Nilson Lage. 1981:175.
[23] Alvim Toffler. Op. cit., p. 125-54.
[24] Mário Lucio Quintão *et al.* 2003:53.

propositura jurídica que se estabeleça no Estado brasileiro. Não se pode, assim, esquecer que qualquer abordagem dentro do ordenamento jurídico pátrio deve, necessariamente, perpassar pela noção de que o intérprete está diante de uma ordem jurídica constitucional que não só reconhece, como impõe que a liberdade econômica somente seja limitada pelos ditames constitucionais acima tratados e por outros de menor valor na escala jurídica, ética e social."

Sentenciou Rippert:[25]

"Existe, efectivamente, un espiritu capitalista. El capitalismo no se caracteriza solamente por ciertas instituiciones y una cierta estructura de las empresas sino por un cierto estado de espiritu. Viene a ser como un clima, uma atmosfera moral ... No existe solamente una estructura capitalista, sino un espiritu y una moral capitalista. Este espiritu y esta moral podrían caracterizarse por la prosecusion de um provecho ilimitado."

Para fechar o exame da nossa realidade, é indispensável ainda uma referência sobre o neoliberalismo e sua influência no direito tão bem analisada por Tarso Genro,[26] que chama a atenção a respeito da terceira revolução científico-tecnológica como instigadora do individualismo e da solidão do homem.

O Direito de Família não passou incólume por essa radical mudança de mentalidade, pois na década do proclamado milagre econômico brasileiro era discutida a reforma do Código Civil de 1916.

O individualismo marcante aliado à dissolução do vínculo matrimonial entre os fatores sociais já apontados à exaustão parecem ter determinado a escolha do regime da comunhão parcial como sendo o supletivo da vontade dos nubentes em substituição ao da comunhão universal.

"La adopción de la comunidad de gananciales como régimen legal sería, además, conforme con una evolución general, que se caracteriza por tendencias individualistas, sin cesar, aumentadas y que consisten en separar cada vez más netamente los intereses personales de los esposos y sus intereses comunes", revelaram Marcelo Planiol e Jorge Rippert.[27]

Estanislau Fischlowitz[28] aponta, entre as características da família moderna, o individualismo no que diz respeito à sua constituição e fun-

---

[25] Georges Rippert. Op. cit., p. 337.
[26] Tarso Genro. *Revista da Ajuris* nº 70, p. 38-39.
[27] Marcelo Planiol *et al.* p. 202.
[28] Estanislau Fischlowitz. 1963:84.

cionamento. Lembra que "um dos sintomas mais expressivos da crise familiar, sob o prisma econômico, é o freqüente desmembramento do orçamento comum da família em orçamentos separados dos integrantes isolados dessa entidade."

Percebe-se, a toda evidência, que o atual Código Civil, no que tange ao regime supletivo de bens andou de acordo com as características da sociedade para a qual se destina, criando, todavia, alguns problemas a seguir enfocados.

5. Conseqüências das mudanças do Código Civil de 1916 pelo Código Civil de 2002 em relação ao regime da comunhão parcial de bens

O regime de bens pode ser definido como o complexo normativo que regula as relações patrimoniais dos cônjuges a partir da celebração do casamento.

O Código Civil de 1916, ao tratar dos direitos e deveres do marido, estabelecia no art. 235, I, que ele não poderia, sem o consentimento da mulher, qualquer que fosse o regime de bens do casamento, alienar, hipotecar ou gravar de ônus real os bens imóveis, ou direitos reais sobre imóveis alheios.

Tal exigência tinha sua razão de ser num Código que privilegiava a família e se preocupava com a manutenção do seu patrimônio.

Ao comentar o art. 235 do Código Civil de 1916, J. M. de Carvalho Santos[29] expõe que "há necessidade da outorga uxória da mulher para os atos de alienação de bens imóveis, qualquer que seja o regime de bens, porque tais atos podem, de qualquer forma, comprometer a estabilidade econômica da família".

Para Orlando Gomes,[30] no interesse da família, exige a lei a outorga uxória para a prática, pelo marido, de alguns atos de conteúdo patrimonial.

No mesmo sentido a lição de Antônio Chaves,[31] para quem o Código Civil obriga sejam determinados atos praticados pelo marido com a concordância da esposa, uma vez que poderiam afetar o patrimônio da família.

O saudoso professor Silvio Rodrigues[32] assim se manifestou sobre a necessidade de outorga uxória: "Daí a razão pela qual a lei, visando

---
[29] J. M. de Carvalho Santos. 1950:362.
[30] Orlando Gomes. 1981:150.
[31] Antônio Chaves. 1975:54.
[32] Silvio Rodrigues. 2002:152.

justamente preservar a família, impede que qualquer dos cônjuges alienem bens de raiz, *seus ou comuns,* sem a ciência e mesmo sem o consentimento do outro" (grifei).

Também opinou Eduardo Espínola:[33] "Embora chefe da sociedade conjugal, o marido não pode, sem o consentimento da mulher, praticar certos atos que interessam direta ou indiretamente ao patrimônio da mesma sociedade ou aos elementos de que dispõe para a manutenção da família".

Claro está que o legislador de 1916 viu nos bens imóveis uma base segura para o bem-estar da família ou um abrigo na desventura. Escreveu Clóvis Beviláqua:[34] "É o lar, a terra nutrix, que o código defende das possíveis dilapidações, no interesse da família, mas sem retirar os bens do commércio, instituindo, apenas, a fiscalização, por um dos cônjuges, dos actos do outro".

Confirma Sá Pereira:[35] "Qualquer que seja o regime matrimonial, a família vive à custa das rendas dos bens que os cônjuges trouxeram para a sociedade conjugal. Se o regime é comum, há um só patrimônio indiviso, e as rendas se comunicam como igualmente se comunicam se há separação parcial; se a separação é geral, cada cônjuge concorre na proporção das suas rendas. A situação assim se apresenta: há uma sociedade a manter, e ela se mantém, não pelas rendas dum patrimônio que lhe seja próprio e não dos sócios, que a compõem, mas pelas rendas dum patrimônio que é desses sócios, pró indiviso ou separadamente. Mas não é menos verdade que a constituição da sociedade imprimiu a esse patrimônio dos sócios uma finalidade diferente da que ele tinha, antes da sociedade constituir-se. Essa finalidade consiste precisamente em mantê-la. A orientação do legislador nesta matéria não podia ser outra senão, tendo em vista a finalidade desse patrimônio, poupá-lo à dissipação. É dos rendimentos dele que a sociedade vive, se o marido os dissipa, de que irá ela viver? Não se mata a galinha dos ovos de ouro."

O Código de 2002 inovou. Em profundidade. No seu artigo 1647, que está nas disposições gerais dos regimes de bens, repetiu o artigo 235 do Código Civil de 1916, abrindo uma exceção: se o regime de bens do casamento for o da separação absoluta, qualquer dos cônjuges pode praticar atos de alienação ou de imposição de gravame real aos bens imóveis sem necessidade do consentimento do outro. Entende-se, à primeira vista, tal liberdade tendo em vista que, nessa espécie de regime, que reclama a

---

[33] Eduardo Espínola. 2001:320.
[34] Clóvis Beviláqua. 1976:593.
[35] Virgílio Pereira. 2002:152.

feitura de pacto antenupcial, manifestação do livre querer dos cônjuges, não há patrimônio comum deliberadamente.

Vejo com preocupação tal dispositivo e mais ainda o disposto no artigo 1665 da nova lei, que tratando do regime da comunhão parcial, abre outra exceção à restrição dos cônjuges de praticar atos de alienação ao prescrever: "A administração e a disposição dos bens constitutivos do patrimônio particular competem ao cônjuge proprietário, salvo convenção diversa em pacto antenupcial".

Ao fazer a leitura do mencionado artigo, parece que o legislador, diante do fato que no regime da comunhão parcial os cônjuges podem ter seu patrimônio particular, dispensou o consentimento do outro para os atos de alienação que lhes digam respeito.

Ressalte-se que armou o legislador uma verdadeira arapuca para os aplicadores da lei, eis que criou regra excepcional inexistente no direito anterior e não a colocou entre as exceções previstas na parte geral do regime de bens onde, tecnicamente, deveria estar.

A respeito da novidade, assim entendeu meu prestigiado colega Fabrício Zamprogna Mattielo:[36] "Como conseqüência da incomunicabilidade dos patrimônios individuais dos cônjuges, e diante da necessidade de viabilizar a livre movimentação dos respectivos acervos, o legislador determina que a administração e disposição dos bens que integram cada universo exclusivo seja de competência do proprietário. Ele é que tem condições de avaliar a conveniência de fazer negócios, acréscimos, reduções, alterações e promover outras medidas do gênero, nos limites impostos pelo ordenamento jurídico. Eventual cerceamento perpetrado diretamente pela norma iria de encontro ao princípio da autonomia da vontade, de amplo espectro em se tratando de domínio privado".

Ainda temos que "o dispositivo vem estabelecer a plena liberdade de administração e disposição dos bens particulares, sejam eles móveis ou imóveis, excepcionando a norma do artigo 1647, que deveria ter previsto expressamente a hipótese".[37]

6. A Constituição Federal de 1988 e a proteção à dignidade da pessoa humana

De tudo o que até aqui foi exposto percebe-se que a família foi duramente atingida em relação ao número de seus membros, estrutura,

---

[36] Fabrício Zamprogna Mattielo. 2003:1090.
[37] Heloisa Maria Daltro Leite (Coord.). p. 346.

finalidades e funcionamento. O vínculo matrimonial tornou-se dissolúvel. Aquela união destinada a promover a mais estreita comunhão de vida entre os cônjuges foi abalada por sucessivas e irreversíveis mudanças. O individualismo parece ter-se cristalizado em várias disposições legais, entre elas a que permite aos cônjuges livremente dispor dos seus bens próprios.

O que se entende da leitura do artigo 1665 é: os meus bens particulares a mim pertencem com exclusividade e deles eu posso dispor da maneira que entender, visando aos meus próprios interesses, sem a intervenção de quem quer que seja. Em outras palavras, é o brado do individualismo levado para o regime de bens supletivo. É o extremado princípio da autonomia da vontade, que há muito tempo vem perdendo terreno no campo obrigacional, revigorado agora no direito de família, ao arrepio de todo o avanço jurídico até aqui conquistado.

A questão, todavia, não pode ser analisada tão-somente à luz do Código Civil, pois, como quer Pietro Perlingiere[38] ao tratar da norma constitucional como norma de comportamento, ao civilista cabe o desafio de individuar um sistema de direito civil mais harmonizado aos princípios fundamentais e, em especial, às necessidades existenciais da pessoa humana.

A Constituição Federal de 1988, em seu artigo 1º, inciso III, coloca a dignidade da pessoa humana como um dos fundamentos da República Federativa do Brasil.

O princípio aí esculpido, o da dignidade da pessoa humana, informa todo o texto legislativo e as normas infraconstitucionais, em especial aquelas do Direito de Família.

Ainda a Constituição Federal, no seu artigo 226, reconhece ser a família a base da sociedade, sendo, por isso, merecedora de proteção especial do Estado.

Em excelente artigo, o inigualável jurista Antônio Junqueira[39] ensina que "O princípio da dignidade, como fundamento da República, *exige como pressuposto a intangibilidade da vida humana.* Sem vida não há pessoa e sem pessoa, não há dignidade". Diz mais : "Diferentemente, o pressuposto desse princípio fundamental impõe concretização radical; ele logicamente não admite atenuação. Se afastado, nada sobra do princípio da dignidade. E esse princípio, se pudesse ser totalmente eliminado, não seria princípio fundamental. *O preceito da intangibilidade da vida humana, portanto, não admite exceção; é absoluto e está, de resto, confirmado pelo caput do art. 5º da Constituição da República"* (grifei).

---

[38] Pietro Perlingiere. 2002:12.
[39] Antônio Junqueira. 2002:14-18.

Prossegue o preclaro mestre: *"Além da vida em si e da integridade física e psíquica, a concretização da dignidade da pessoa humana exige o respeito às condições mínimas de vida (2ª conseqüência direta do princípio). Trata-se aqui das condições materiais de vida"* (grifei).

Impossível, nessa esteira, deixar de mencionar a profundidade do pensamento do brilhante professor Dr. Sérgio Resende de Barros[40] que, ao tratar dos Direitos Humanos e Direito de Família, afirma que o *direito ao lar* é um dos direitos humanos operacionais. Esclarece que o direito ao lar, por sua vez, está ligado aos direitos que zelam pela *estrutura econômica* da família, como o direito ao condomínio patrimonial, o direito à gratuidade do casamento, entre outros que menciona.

Aproveitando a lição do mestre, incluiria entre os direitos que zelam pela estrutura econômica aquele que diz respeito ao direito que tem um cônjuge de opinar sobre os atos de alienação de bens particulares praticados pelo outro, pois o que está em jogo é o interesse familiar de preservação patrimonial.

Vê-se que o Código Civil de 2002, ao estabelecer a regra do artigo 1665, o fez ameaçando o preceito constitucional do respeito às condições mínimas de vida, essencial à materialização da dignidade da pessoa humana, pois tais condições mínimas, que pressupõem pelo menos o atendimento básico à saúde, alimentação, habitação, e educação, só poderão ser atendidas pela família se contar ela com patrimônio razoável.

A questão patrimonial, seu incremento e conservação, diz respeito, portanto, não só aos cônjuges, mas à família como entidade grupal, eis que dela depende a sua vida digna nos termos constitucionais.

Aliás, essa idéia está presente com clareza meridiana no pensamento dos juristas que comentaram o artigo 235 do Código Civil de 1916. O valor ali contido não é o interesse individual de um dos cônjuges, mas antes interesse da família como um todo que tem no patrimônio a segurança da sua sobrevivência.

Ainda segundo Perlingieri,[41]

"as situações subjetivas encontram a sua justificação e o seu ponto de confluência na relação jurídica. Esta deve ser colocada ao centro do direito civil ... . Na maioria das vezes, a atenção detem-se nas situações individualmente consideradas, independentemente das suas relações, enquanto seria necessário não se limitar à análise de cada direito e obrigação, mas, sim, examinar as suas corrrelações. Não é suficiente aprofundar o poder atribuído a um sujeito se não compreendem ao

---

[40] Sérgio Resende de Barros. www.srbarros.com.br
[41] Pietro Perlingieri. Op. cit., p. 113.

mesmo tempo os deveres, as obrigações, os interesses dos outros. Em uma visão conforme os princípios de solidariedade social, o conceito de relação representa a superação da tendência que exaure a construção dos institutos civilísticos em termos exclusivos de atribuição de direitos. O ordenamento não é somente um conjunto de normas, mas também um sistema de relações."

O legislador de 2002, andando na contramão dos princípios constitucionais de proteção da dignidade da pessoa humana e da família, desconhecendo a cumplicidade que deve existir entre o casal e o dever que assumem os cônjuges de sustento, guarda e educação dos filhos, vem permitir alienações patrimoniais por um deles sem a participação do outro, atribuindo tal direito sem considerar suas correlações.

Atingindo o patrimônio familiar, atingida está a sobrevivência digna dos membros da família que a Constituição Federal protege através do pressuposto da intangibilidade da pessoa humana, que não admite abrandamentos ou excepcionalidades.

Vale dizer que a Constituição Federal, ao tratar da Ordem Social no seu Título VIII, destinou o Capítulo VII para cuidar da família como um todo, o que o fez no artigo 226, *caput*, e para proteger os seus componentes individualmente, o que o fez no § 5º do artigo 226, artigos 227 e 230. Assim, pode-se afirmar que a Constituição Federal protegeu a família como grupo e nessa proteção se inclui o que diz respeito ao patrimônio familiar, indispensável ao atendimento das condições mínimas de sobrevivência de cada um dos seus membros.

7. Adequação do Código Civil à Constituição Federal

O legislador de 2002, ao preceituar as restrições contidas no artigo 1647, utilizou a expressão "autorização" de um dos cônjuges para que o outro possa praticar os atos ali mencionados.

É do jurista Arnaldo Rizzardo[42] o entendimento que do emprego dos termos *consentimento* e *autorização* não repercute nenhuma conseqüência, havendo tão-só mera distinção terminológica.

Já segundo o Dicionário Aurélio da Língua Portuguesa,[43] *autorizar* significa consentir expressamente em, enquanto *assentir* tem o sentido de concordar, anuir, aquiescer.

---

[42] Arnaldo Rizzardo. 1994:209.
[43] Novo Dicionário da Língua Portuguesa. 1986:184.

Para que os artigos 1647 e 1665 do Código Civil de 2002 não sejam eivados de inconstitucionalidade pelas razões já apontadas, mister se faz recorrer à lição do grande jurista Pontes de Miranda,[44] que distingue *consentimento* de *assentimento* de um cônjuge para que o outro possa praticar atos de disposição em relação a bens imóveis.

Transcrevo o pensamento do mestre que, ao tratar da limitação da atuação marital, assevera:

"Capacidade e vontade jurídica da mulher, o que o marido, *sem o assentimento da mulher,* não pode praticar (Código Civil artigo 235). Interessada na construção dos haveres do casal, não perde a mulher a sua capacidade e vontade jurídica. Por isso, a lei exige como requisito essencial, em certos atos de importância real quanto ao patrimônio, a sua intervenção livre, a sua anuência, a sua co-participação nas decisões do marido."

Prossegue:

"Daí resulta que esse não pode *sem o consentimento da mulher,* qualquer que seja o regime de bens (Código Civil artigo 235) : I – alienar, hipotecar, ou gravar de ônus real os bens imóveis e os direitos reais sobre imóveis alheios. (*Quanto aos comuns precisa consentir*). *A outorga uxória é necessária para alienação dos imóveis particulares do marido.* O Código Civil a doutrina – aí – pois que, mesmo no regime de separação de bens, só deu aos cônjuges o direito de alienar livremente os bens móveis. Se o bem é comum, precisaria do consentimento, e não só de assentimento. Se o marido quer alienar bem comum, a espécie não é de assentimento, mas de consentimento. Se a mulher o nega, cabe pedir-se o suprimento pelo juiz, – suprimento de consentimento e não só de assentimento. Se o marido aliena bem imóvel comum, sem consentimento da mulher, aliena sem outorga uxória a metade e sem consentimento da mulher, portanto ineficazmente, a outra metade. Se aliena bem imóvel seu sem assentimento da mulher, aliena com infração da falta de assentimento."

Seguindo esse entendimento, nos regimes de comunhão – universal ou parcial em que há bens comuns – o cônjuge para alienar necessita do consentimento do outro. Naqueles regimes que admitem patrimônios particulares dos cônjuges – separação total, comunhão parcial ou participação final nos aqüestos – o cônjuge proprietário, para alienar o bem que lhe pertence, necessitará não do consentimento, mas do assentimento do outro, levando-se em conta que existe entre eles uma sociedade que é a conjugal,

---

[44] Pontes de Miranda. 2001:44-45.

de modo que, embora possa haver patrimônios distintos, os interesses dos sócios são comuns.

Essa a forma que parece harmonizar o Código Civil aos preceitos constitucionais examinados, pois assim o interesse da família, que se sobrepõe aos interesses particulares dos cônjuges, fica resguardado, não havendo espaço para a autonomia da vontade.

Outro ponto merece destaque para reforçar o argumento de que, para os atos de disposição dos seus bens particulares, o cônjuge proprietário necessita do assentimento do outro no regime da comunhão parcial.

É que, de acordo com o artigo 1660, inciso V, entram na comunhão os frutos dos bens comuns ou dos particulares de cada cônjuge, percebidos na constância do casamento ou pendentes ao tempo de cessar a comunhão.

Ora, se não houvesse necessidade de assentimento, um dos cônjuges poderia, de uma hora para outra, se ver privado dos frutos dos bens particulares do outro, a que tem direito pela regra mencionada, através da prática de ato unilateral de disposição do proprietário. Sua sobrevivência, inclusive, poderia ser ameaçada, se não tivesse outros meios de subsistir.

Há ainda que cogitar que o bem de propriedade particular de um dos cônjuges poderia ser aquele imóvel residencial da família. Num piscar de olhos estaria ela, a família, grupo constitucionalmente reconhecido como base da sociedade, ao relento, sem um abrigo, sem um teto, por ato de disposição do seu dono.

Por todas essas razões, entendo não poder o interesse particular do cônjuge proprietário se sobrepor aos interesses da família de conservação do patrimônio.

Disse Ruggiero:[45]

> "Estes direitos, que oram imitam figuras correspondentes do direito patrimonial comum, ora são figuras especiais, absolutamente próprias do consórcio familiar, têm sempre qualquer coisa distinta, com aspecto e características especiais;de modo que não se pode, para dar sua noção, remeter aos princípios dos restantes ramos do direito privado. Também aqui se apresenta o fim superior em virtude do qual a família é organizada, reproduzindo-se, conseqüentemente, aquele caráter de dever que acompanha sempre qualquer direito subjetivo familiar. É certo que a família moderna não é organizada patrimonialmente, porque nem é uma pessoa jurídica a que pertence um patrimônio próprio da entidade, nem, apesar de ser organismo sob vários aspectos unitário, tem um patrimônio comum destinado a fins superiores. No entanto, e apesar da falta de uma organização com base patrimonial, há

---

[45] Roberto Ruggiero. 1972:27.

ainda um desenvolvimento das forças patrimoniais do grupo para aquele fim superior, cuja consecução é essencial para a vida da família."

7. Conclusão

Muito já se escreveu sobre a importância da família para o normal e saudável crescimento do ser humano, sendo o terreno fértil para o pleno florescimento da cidadania. Ali, no seio familiar, o homem estabelece suas primeiras relações, que irão marcá-lo para o resto da vida, apreende valores e desenvolve a consciência da sua dignidade.

Nesse momento tão confuso por que passa a humanidade, sacudida por toda a sorte de catástrofes, desde as naturais até as sociais, nunca a família foi tão necessária.

Numa sociedade marcada pelo individualismo brutal, pela competição desmedida, pelo consumismo desenfreado, está minada a estabilidade familiar. Como hodiernamente estamos sob o império dos produtos descartáveis, essa característica passou como que por osmose para os relacionamentos humanos, cada vez mais superficiais, descompromissados e fugazes.

Entretanto, o homem não pode mudar a sua natureza que exige, para o seu efetivo maturamento, receba ele amor e segurança.

Os membros da família são os responsáveis pelo cultivo dos laços de afeto. Para que o afeto vingue e seja o elo de união do grupo familiar, há que se cultivar o espírito de renúncia e de solidariedade. As famílias podem se desagregar por força do acaso. Mas aquelas famílias unidas o são a custa de muito esforço, perdão, paciência, compaixão, de muito amor enfim. E quem ama, compartilha. A família em que não haja amor ligando seus componentes não pode ser como tal considerada, não passando de um mero agrupamento descaracterizado.

O patrimônio é o responsável pela segurança material da família. Sem amparo patrimonial, a família se torna extremamente vulnerável, pois como diziam nossos avós, quando a necessidade bate à porta, o amor sai pela janela. Sabe-se por inúmeras pesquisas realizadas que a desagregação das famílias está em muito ligada à falta de condições mínimas de sobrevivência do grupo.

Amor e segurança são, pois, indispensáveis à família na sua incessante procura de um LAR: lugar de afeto e respeito.[46]

---

[46] Cristiano Chaves de Farias. 2002:35.

Numa sociedade em que o consumo é uma necessidade, e não uma opção e em que o endividamento das pessoas em busca dos bens e serviços necessários à sua sobrevivência é uma constante dramática a merecer, inclusive, análise diferenciada como quer José Reinaldo Lima Lopes,[47] urge uma proteção cada vez maior do patrimônio da família.

Essa proteção, para que se atenda aos ditames da Constituição Federal em relação à dignidade da pessoa humana, será outorgada na exigência de que ambos os cônjuges participem, consentindo ou assentindo, dos atos de alienação de bens imóveis, que ainda são a garantia mínima de um teto para o abrigo da família.

Para finalizar, o pensamento de Erich Fromm (48): "Nossa sociedade é dirigida por uma burocracia gerencial, por políticos profissionais; o povo é motivado pela sugestão da massa, seu alvo é produzir mais e consumir mais, como finalidades em si. Todas as atividades se subordinam a metas econômicas; os meios tornaram-se fins; o homem é autômato, bem alimentado, bem vestido, mas sem qualquer preocupação última pelo que constitui sua qualidade e função peculiarmente humanas. Para que o homem seja capaz de amar, deve ele ser colocado em seu lugar supremo. A máquina econômica deve serví-lo, em vez de servir-se dele. Deve ele ficar capacitado a compartilhar do trabalho, em vez de, no melhor dos casos, compartilhar dos lucros. A sociedade deve ser organizada de modo tal que a natureza social e amorosa do homem não se separe de sua existência, mas se unifique com ela. Se é verdade, como venho tentando mostrar, que o amor é a única resposta sadia e satisfatória ao problema da existência humana, então qualquer sociedade que exclua relativamente o desenvolvimento do amor deve, no fim das contas, perecer vitimada por sua própria contradição com as necessidades básicas da natureza humana".

E nós queremos viver.

Referências bibliográficas

AMARAL, Francisco. Historicidade e Racionalidade do Direito Brasileiro. *Revista Brasileira de Direito Comparado*, n. 20, p. 77.

BARROS, Sérgio Resende. *Direitos Humanos e Direito de Família*. Disponível em www.srbarros.com.br.

BEVILÁQUA, Clóvis. *Código Civil dos Estados Unidos do Brasil*. Rio de Janeiro: Ed. Rio, 1976, v.1.

CARBONERA, Silvana Maria. *O papel jurídico do afeto nas relações de família, in Repensando os Fundamentos do Direito Civil Contemporâneo*. Luis Edson Fachin (Coord.), Editora Renovar, p. 282.

---

[47] José Reinaldo Lima. *Revista de Direito Consumidor*, n. 17.

CHAVES, Antonio. *Lições de Direito Civil.* vol. II, São Paulo: Ed. RT, 1975.

COSTA, Judith Martins. O Novo Código Civil Brasileiro: em busca da 'Ética da Situação', *in Revista da Faculdade de Direito da UFRGS*, v. 20, outubro de 2001, p. 212.

ESPÍNOLA, Eduardo. *A Família no Direito Civil Brasileiro.* São Paulo: Editora Bookseller, 2001.

FACHIN, Luis Edson. O Direito de Família Gauche. *Revista Trimestral de Direito Civil.* Padma Editora, v. 9, p. 61.

———. Comentários sobre o Projeto de Código Civil Brasileiro. *In Cadernos do Centro de Estudos Judiciários do Conselho da Justiça Federal,* n. 20, p. 33.

FARIAS, Cristiano Chaves de. A Família da pós-modernidade: em busca da dignidade perdida da pessoa humana. *In Revista Trimestral de Direito Civil,* v. 12, out/dez 2002, Editora Padma, p. 35.

FERREIRA, Eduardo Vaz. *Tratado de la sociedad conjugal, Biblioteca de Publicaciones Originales de la Facultad de Derecho y Ciencias Sociales de la Universidad de La Republica.* Montevideo, 1959, p. 27.

GENRO, Tarso. Reflexão Preliminar sobre a influência do neoliberalismo no Direito. In *Revista da Ajuris* n. 70, p. 38-39, grifos do autor.

FISCHLOWITZ, Estanislau. *Proteção Social à família.* Rio de Janeiro: Serviço de publicações da Fundação Getúlio Vargas, 1963.

FROMM, Erich. *A arte de amar.* Belo Horizonte: Ed. Itatipia Limitada.

GOMES, Orlando. *Direito de Família.* 4. ed. Rio de Janeiro: Forense, 1981.

HOLLANDA, Aurélio Buarque. *Novo Dicionário Aurélio da Língua Portuguesa*, Rio de Janeiro: Nova Fronteira, 1986.

JUNQUEIRA, Antonio. Caracterização jurídica da dignidade da pessoa humana. *In Revista Trimestral de Direito Civil.* Editora Padma, v. 9, jan./mar. 2002, p. 14-18.

LAGE, Nilson. História de Jornais, *in Os grandes enigmas de nossa história.* Rio de Janeiro: Otto Pierre editores, 1981 p. 175.

LEITE, Heloisa Maria Daltro (Coord.) *O Novo Código Civil.* Livro IV, Do Direito de Família, Ed. Freitas Bastos, p. 346.

LOPES, José Reinaldo Lima. *Revista de Direito do Consumidor,* n. 17.

MATTIELO, Fabrício Zamprogna. *Código Civil Comentado.* São Paulo: Ed. LTr, 2003.

MIRANDA, Pontes de. *Fontes e Evolução do Direito Civil Brasileiro.* Editora Forense, 2. ed. 1981.

———. *Tratado de Direito de Família.* v. II, São Paulo: Bookseller editora, 2001.

OLIVEIRA, José Lamartine Correa; MUNIZ, Francisco José Ferreira. *Curso de Direito de Família.* Curitiba: Editora Juruá, 2001.

PEREIRA, Virgilio de Sá. *Direito de Família*, Rio de Janeiro: Freitas Bastos, 1959.

PERLINGIERI, Pietro. *Perfis do Direito Civil, Introdução ao Direito Civil Constitucional.* Rio de Janeiro: Renovar, 2002.

PINHEIRO, Maria de Lourdes Isaía. *Pessoa, Gênero e Família, Uma visão Integrada do Direito.* Porto Alegre: Livraria do Advogado, 2002.

PLANIOL, Marcelo; RIPPERT, Jorge. *Tratado practico de Derecho Civil Frances.* Habana, Cuba: Cultural S/A.

REALE, Miguel. *O Projeto do Novo Código Civil.* São Paulo: Saraiva, 1999.

RIPPERT, Georges. *Aspectos Juridicos del capitalismo moderno.* Bosch y Cia. Editores, p. 388.

RIZZARDO, Arnaldo. *Direito de Família*. 1. ed. Rio de Janeiro: Ed. Aide, v. I, 1994, p. 209.

RODRIGUES, Silvio. *Direito Civil*. São Paulo: Editora Saraiva, v. 6, 2002, p. 152, grifamos.

RUGGIERO, Roberto. *Instituições de Direito Civil*. v. II, São Paulo: Saraiva, 1972.

SANTOS, J. M. de Carvalho. *Código Civil Interpretado*. Rio de Janeiro: Livraria Freitas Bastos, 1950.

SOARES, Mario Lucio Quintão; BARROSO, Lucas Abreu. Os princípios informadores do novo Código Civil e os princípios constitucionais fundamentais. *In Revista de Direito Privado* n. 14, RT, 2003, p. 53.

TEPEDINO, Maria Celina B. M. A caminho de um Direito Civil constitucional. *In Revista de Direito Civil*, RT, n. 65, p. 26.

TOFFLER, Alvim. *A Terceira Onda*. 19. ed. Sao Paulo: Record, p. 41.

VARELA, Antunes. *Direito de Família*. Lisboa: Editora Petrony, 1993.

— 11 —

Autonomia de vontade e os regimes matrimoniais de bens

LUIZ FELIPE BRASIL SANTOS
Desembargador do TJRS. Presidente do Instituto Brasileiro de
Direito de Família – Seção RS (IBDFAM-RS).
Professor da Escola da Magistratura (AJURIS) e da
Escola do Ministério Público do RS.

Sumário: 1. Princípios informadores; 2. A opção do Código Civil de 2002; 3. Requisitos para a mudança de regime; 3.a. Processo Judicial, 3.b. Consensualidade; 3.c. Motivação; 3.d. Direitos de terceiros; 4. A separação obrigatória de bens; 5. Efeitos da alteração; 6. Os casamentos anteriores ao Código Civil de 2002; 7. Conclusão; Bibliografia.

1. Princípios informadores

O ordenamento jurídico brasileiro, como a maior parte dos sistemas contemporâneos, em respeito à autonomia de vontade dos cônjuges, tem sido tradicionalmente informado pelos princípios (1) da variedade dos regimes matrimoniais de bens, (2) da livre estipulação e (3) da imutabilidade. Assim já o era nas Ordenações Filipinas, que oportunizavam que se fizessem quaisquer convenções antenupciais, para regular o modo de administrar e dispor dos bens dos cônjuges, na constância do casamento. Como noticia Beviláqua,[1] *a essa ampla liberdade do velho Código filipino, apenas opunham-se as restrições nascidas da ofensa às leis, aos bons costumes e aos fins naturais e sociais do casamento.* O revogado Código Civil de 1916 (art. 256) manteve tais princípios, com similares restrições

---
[1] BEVILÁQUA, Clóvis. *Direito de Família*. Editora Rio, 1976, p. 172.

(art. 257), o mesmo ocorrendo com o vigente diploma (art. 1.639), o qual, no entanto, nenhuma referência faz às limitações no alcance das disposições antenupciais, o que não significa que as tenha abolido.[2]

De acordo com o princípio da variedade, o Código oferece aos nubentes uma ampla diversidade de estatutos para regrar suas relações patrimoniais durante o casamento, limitando-se a impor um deles (o da separação de bens – art. 1.641 e incisos) somente em situações excepcionais, em que é presumida a hipossuficiência de um dos nubentes.

Conforme o princípio da livre estipulação, é deixada à escolha do casal não apenas a opção por um dos regimes regrados no Código, como também a possibilidade de combinar suas regras, formando regimes mistos, diversos daqueles imaginados pelo legislador. Assim, é lícito pactuar um regime em que houvesse a comunicação de bens móveis e a não-comunicação de imóveis, ou ao contrário. Essa ampla liberdade de convenção foi mantida no *caput* do art. 1.639 do atual Código Civil.

É certo que o parágrafo único do art. 1.640, em sua primeira parte, parece limitar a liberdade de escolha dos nubentes apenas ao restrito elenco de regimes matrimoniais de bens relacionados no Código, o que eliminaria a possibilidade de criação de estatutos diferenciados. Não é assim, entretanto, uma vez que a regra matriz encontra-se no *caput* do art. 1.639, preservando a ampla liberdade de escolha. Assim, o dispositivo do parágrafo único do art. 1.640 tem apenas a função de indicar o momento em que deve ocorrer a opção pelo regime de bens, o que se dará ao ensejo do processo de habilitação para o casamento.

Como assinala Rémy Cabrillac, em lição trazida por Paulo Luiz Netto Lôbo,[3] a história dos regimes matrimoniais demonstra que a liberdade de convenções matrimoniais sempre foi mais ampla que a liberdade contratual ordinária. A justificação desse princípio era outra: ao permitir aos futuros esposos o direito de escolher um regime matrimonial adaptado às suas necessidades e desejos, o legislador encorajava o casamento.

Entretanto, a essa relativamente dilatada liberdade contratual, o legislador antepunha um freio, em nome da segurança de terceiros e dos próprios cônjuges. Essa limitação estava consubstanciada no derradeiro princípio regente nessa matéria: o da imutabilidade dos regimes matrimo-

---

[2] A propósito, assinala REGINA BEATRIZ TAVARES DA SILVA, em comentário ao vigente diploma: *devem ser havidas como inválidas as cláusulas que violem norma legal imperativa ou cogente, em prejuízo de direitos conjugais ou paternos, como, por exemplo, a renúncia ao direito-dever de fidelidade, a privação de um dos cônjuges quanto ao exercício do poder parental, a venda de imóvel, em regime que não seja o da separação absoluta de bens, sem a outorga conjugal* (in FIUZA, Ricardo. Coord. *Novo Código Civil Comentado*. São Paulo: Saraiva, 2002, p. 1.454).
Observe-se que o art. 1.656 permite que também no regime da participação final nos aqüestos seja estipulada, no pacto antenupcial, a livre disposição dos bens imóveis, desde que particulares.
[3] LÔBO, Paulo Luiz Netto. *Código civil comentado*: Direito de Família, relações de parentesco, direito patrimonial. São Paulo: Atlas, 2003, v. XVI, p. 232.

niais de bens. Era o que constava no art. 230 do Código de 1916. Ou seja, uma vez escolhido o regime de bens, essa opção valia para todo o tempo de duração da sociedade conjugal, jamais podendo ser alterada.

Essa vedação já fora temperada, é certo, pela excepcionalíssima hipótese do artigo 7º, § 5º, da Lei de Introdução ao Código Civil (Decreto-Lei 4.657/42), que passou a contemplar a situação do estrangeiro que viesse a se naturalizar brasileiro, permitindo-lhe a opção, no ato de entrega do decreto de naturalização, pelo regime da comunhão parcial de bens, desde que houvesse, é claro, anuência do outro cônjuge.

Na doutrina, estavam divididas as opiniões acerca da conveniência de manter ou não a imutabilidade como característica desse sistema, polarizando-se no debate ilustres autores (contra: Orlando Gomes e Carvalho Santos; a favor: Silvio Rodrigues e Caio Mário da Silva Pereira). Em defesa da manutenção da imutabilidade, invocava-se o argumento da preservação do interesse de terceiros, bem como a necessidade de proteger o cônjuge mais débil da possível pressão que o outro viesse a exercer para obter a alteração que lhe fosse mais conveniente.

Orlando Gomes, que se destacou como um dos maiores críticos da regra da imutabilidade, perorava:

> "Por que proibir que modifiquem cláusulas do contrato que celebraram, mesmo quando o acordo de vontades é presumido pela lei? Que mal há na decisão de cônjuges casados pelo regime da separação de substituírem-no pelo da comunhão? Necessário, apenas, que o exercício desse direito seja controlado a fim de impedir a prática de abusos, subordinando-o a certas exigências. Assim é que a mudança somente deve ser autorizada se requerida por ambos os cônjuges, justificadamente. Seu acolhimento deverá depender de decisão judicial, verificando o juiz se o pedido foi manifestado livremente e se motivos plausíveis aconselham seu deferimento. Finalmente, só é de ser acolhido se não for feito com o propósito de prejudicar terceiros, cujos interesses, em qualquer hipótese se ressalvam – para o que se deve exigir a publicidade necessária através da obrigação de transcrever a sentença no registro próprio. Protege-se, desse modo, o interesse de quem quer que tenha contra qualquer dos cônjuges um direito cujo título seja anterior ao registro da mudança de regime".[4]

Coerente com esse entendimento, o ilustre doutrinador o consagrou em seu Anteprojeto de Código Civil, de 1963, onde era permitida, no art. 167, a alteração do regime matrimonial de bens (exceto quando obrigatório o da separação), mediante requerimento justificado de ambos os cônjuges, submetido à apreciação judicial.

---

[4] *Direito de Família*. 4. ed. Rio de Janeiro: Forense, 1981, p. 182/183.

2. A opção do Código Civil de 2002

Justamente nessa linha seguiu o Código Civil atual, que passa a admitir a alteração do regime de bens no curso do casamento, nas condições postas pelo artigo 1.639, § 2º.

No que diz com os efeitos patrimoniais do casamento, a nova codificação civil brasileira, na esteira das legislações mais atualizadas (Bélgica, Itália, Holanda, Espanha), amplia consideravelmente a autonomia de vontade dos cônjuges. Isso porque passa a admitir que ela não mais se expresse apenas em momento anterior ao matrimônio, por meio da pactuação do regime de bens que o casal adotará ao casar, como também oportuniza sua modificação posterior, já no curso da sociedade conjugal, diante de circunstâncias, muitas vezes imprevistas, que a extraordinária dinâmica da vida venha a lhes apresentar.

3. Requisitos para a mudança de regime

Para que se viabilize a modificação, diversos requisitos estão postos na lei, objetivando afastar riscos à segurança de terceiros e dos próprios cônjuges entre si, quais sejam: a) exigência de processo judicial; b) consensualidade na postulação; c) motivação; d) ressalva do direito de terceiros. Por isso, pode-se afirmar que o Código Civil de 2002 adotou o princípio da mutabilidade controlada dos regimes matrimoniais de bens.

3.a. Processo judicial

O primeiro requisito refere-se à necessidade de intervenção judicial, cautela que se mostra adequada ante a relevância da medida, uma vez que, como assinalado, objetiva-se resguardar tanto os interesses dos próprios cônjuges como de terceiros, evitando, quanto possível, eventuais abusos que, de outra forma, teriam melhor oportunidade de sucesso. Nessa perspectiva, de todo recomendável seja realizada audiência para fins de ratificação do pedido – nos moldes da separação e do divórcio consensuais – ocasião em que o magistrado terá a oportunidade de, em contato direto com as partes, melhor aferir as verdadeiras razões do pedido, esclarecendo o casal sobre as conseqüências de sua nova opção.

No que diz com a intervenção do Ministério Público – embora controvertido o tema –, mostra-se necessária, ante o disposto nos artigos 1.105 e 82, II, do CPC, considerando que se trata de causa atinente ao casamento, não obstante de conteúdo meramente patrimonial. Ocorre que os dispositivos em foco não operam tal distinção, e determinam que a intervenção se dê em atenção à natureza do instituto.

Deferida a alteração por sentença, isso basta para todos os fins, não sendo necessário lavrar escritura pública posterior, o que se caracterizaria como absurda superfetação, tendo em vista que a petição onde for postulada a modificação do regime de bens deverá conter todas as cláusulas do novo ajuste patrimonial, não sendo demais lembrar que o processo judicial, em sentido amplo, constitui um escrito público.

Para a indispensável publicização da modificação, do que surgirá sua eficácia *erga omnes*, algumas providências se fazem indispensáveis: a) averbação no assento de casamento; b) registro no Ofício de Imóveis do domicílio dos cônjuges, conforme determina o artigo 1.657 do novo Código; c) caso já exista um pacto antenupcial registrado no álbum imobiliário – o que, segundo remansosa doutrina, deve ocorrer no primeiro domicílio conjugal –, e se encontre o casal agora em outro domicílio, impositivo novo registro, agora no domicílio atual, além de averbar-se no registro original a alteração levada a efeito; d) averbação nas matrículas dos imóveis de propriedade do casal; e) na hipótese de um ou ambos os cônjuges ser empresário, averbação no registro público de empresas mercantis.

Dessa opinião comunga Euclides de Oliveira,[5] para quem a sentença que autoriza a mudança do regime de bens vale como instrumento hábil à revogação do pacto antenupcial, passando a produzir efeitos a partir de seu trânsito em julgado. Desnecessária a lavratura de novo pacto: mais que a solenidade da escritura vale a decisão judicial.

O Tribunal de Justiça do Rio Grande do Sul, por sua Corregedoria-Geral de Justiça, por meio do Provimento 24/03,[6] regulamentou o proce-

---

[5] *In* ALVES, Jones Figueiredo e DELGADO, Mário Luiz. Coord. *Questões controvertidas no novo Código Civil*. São Paulo: Método, 2003, p. 393/394.

[6] PROVIMENTO Nº 024/03-CGJ (Publicado no DJ nº 2694, Edição de 19/09/2003, fls. 02). ESTABELECE DIRETRIZES PARA A MODIFICAÇÃO DO REGIME DE BENS DO CASAMENTO, NOS TERMOS DA LEI Nº 10.406, DE 10 DE JANEIRO DE 2002 (NOVO CÓDIGO CIVIL):
O excelentíssimo senhor Desembargador Marcelo Bandeira Pereira, Corregedor-Geral da Justiça, no uso de suas atribuições legais; considerando que a Lei nº 10.406, de 10 de janeiro de 2002 (Código Civil Brasileiro) admite, em seu art. 1.639, § 2º, a alteração do regime de bens do casamento, mediante autorização judicial, em pedido motivado de ambos os cônjuges, apurada a procedência das razões invocadas e ressalvados os direitos de terceiros; Considerando a necessidade de uniformizar-se o procedimento judicial visando à modificação de regime de bens, para que não haja prejuízo ao princípio da segurança jurídica;
Resolve prover:
Art. 1º - a modificação do regime de bens do casamento decorrerá de pedido manifestado por ambos os cônjuges, em procedimento de jurisdição voluntária, devendo o juízo competente publicar edital com prazo de trinta (30) dias, a fim de imprimir a devida publicidade à mudança, visando resguardar direitos de terceiros;
Art. 2º - a intervenção do Ministério Público é necessária para a validade da mudança;
Art. 3º - após o trânsito em julgado da sentença, serão expedidos mandados de averbação aos cartórios

dimento para alteração dos regimes matrimoniais de bens, estabelecendo, entre outras regras, a dispensabilidade de nova escritura pública, a obrigatória intervenção do Ministério Público, a publicação de editais para tornar público o pleito, a averbação no registro de empresas mercantis (caso qualquer dos cônjuges seja empresário) e a competência do juízo da Vara de Família da comarca onde se processar a mudança.

3.b. Consensualidade

Como segundo requisito, dispõe a norma que o pedido deverá ser formulado por ambos os cônjuges, de forma consensual. Trata-se de procedimento de jurisdição voluntária, como bem assinalado no Provimento nº 24/03, da Corregedoria-Geral de Justiça do Tribunal gaúcho. Assim, inadmissível postulação unilateral, que, se formulada, deverá ser de pronto rejeitada, por carência de ação. Sinale-se que não é cabível pedido de suprimento judicial de vontade para a alteração desejada, pois é reconhecido o direito de o cônjuge negar seu assentimento, independentemente de apontar qualquer motivo, razoável ou não.

A exigência da consensualidade não é feita em outros ordenamentos jurídicos, que adotam sistemas diversos para a mudança do regime de bens. Como informa Zeno Veloso,[7] os Códigos da França, Portugal e Argentina possibilitam a separação judicial de bens, no curso do casamento, mediante pedido unilateral de qualquer dos cônjuges, quando comprovado que a má administração do outro está pondo em risco os bens comuns. É, como se vê, solução bem diversa daquela adotada em nosso sistema.

3.c. Motivação

A motivação e sua prova constituem a terceira condição do pleito. A lei não explicita em quais circunstâncias será considerada justificável a modificação postulada. Deixa, assim, à jurisprudência, na análise dos casos concretos, fixar os casos em que se permitirá a modificação pretendida. Adequada a opção legislativa, pois sabido que a enumeração jamais

---

de registro civil e de imóveis, e, caso qualquer dos cônjuges seja empresário, ao registro público de empresas mercantis;
Art. 4º - a modificação do regime de bens é de competência do juízo da vara de família da respectiva comarca onde se processar a mudança;
Art. 5º - este provimento entrará em vigor na data de sua publicação, revogadas as disposições em contrário.
Publique-se. Cumpra-se.
Porto Alegre, 10 de setembro de 2003.
Des. Marcelo Bandeira Pereira
Corregedor-Geral da Justiça.
[7] PEREIRA, Rodrigo da Cunha. Coord. *Direito de Família contemporâneo*. Belo Horizonte: Del Rey, 1997, p. 93/94.

teria o condão de esgotar todas as hipóteses concretas. No entanto, não deverá ser por demais rígida a verificação dos motivos que sirvam para justificar o pedido, caso contrário ficará esvaziada a própria finalidade da norma. A casuística forense tem indicado que a motivação mais comum para o pedido de alteração está no art. 977 do Código Civil, que impede que casais que tenham adotado o regime da comunhão universal possam contratar sociedade, entre si ou com terceiros.[8]

3.d. Direitos de terceiros

Não há que se ter receio quanto a possíveis prejuízos que venham a ser causados a terceiros que já sejam detentores de direitos com relação ao casal, ou a qualquer dos cônjuges, uma vez que estão expressamente ressalvados os respectivos direitos. Logo, nenhuma eficácia terá contra eles a alteração produzida. Neste contexto, parece-me excessiva a cautela recomendada no enunciado interpretativo do art. 1.639, aprovado ao ensejo da Jornada sobre o novo Código Civil, levada a efeito no Superior Tribunal de Justiça de 11 a 13 de junho de 2002, no sentido de que a autorização judicial para alteração do regime de bens deva ser precedida de comprovação acerca da inexistência de dívida de qualquer natureza, inclusive junto aos entes públicos, exigindo-se ampla publicidade.

4. A separação obrigatória de bens

Não será possível, evidentemente, a modificação do regime de bens daqueles casais que celebraram o matrimônio nas circunstâncias do artigo 1.641, incisos I, II e III, estando sujeitos, assim, ao regime obrigatório da separação de bens, salvante a hipótese de terem obtido a não-aplicação das causas suspensivas, conforme previsão do parágrafo único do artigo 1.523, caso em que não se submeterão obrigatoriamente a esse regime, podendo, portanto, vir a alterar aquele que houverem escolhido. Interessante hipó-

---

[8] Em uma das pioneiras decisões sobre o tema, a Juíza de Direito Jucelana Lurdes Pereira dos Santos, da 3ª Vara de Família de Porto Alegre-RS, no Processo n. 00113454988, em 22 de setembro de 2003, deferiu, por essa motivação, a alteração de regime de bens, salientando que: o pedido está motivado no fato de o casal ser sócio de uma empresa, e ao tentarem abrir filiais desta empresa, sua pretensão esbarrou na negativa do Registro Civil das Pessoas Jurídicas desta Capital, em razão de os sócios serem casados pelo regime da comunhão universal de bens, pois o art. 977 do novo Código Civil, vedou que cônjuges casados por esse regime sejam sócios, entretanto, a mesma lei abriu a possibilidade para que eles possam alterar o regime de bens. Na audiência de ratificação do pedido (fl. 44), os autores expuseram a este Juízo a sua situação, e ficou bastante evidente que a alteração do regime tem a finalidade apenas de expandir os negócios da empresa familiar, e não há prejuízo para nenhum deles, pois todos os bens foram adquiridos na constância do casamento, muito menos para terceiros, já que a própria lei se encarregou de fazer a ressalva.

tese, no entanto, ocorrerá quando o casamento for celebrado com infração a causa suspensiva (art. 1.523) sem que tenha sido obtido beneplácito judicial (portanto, com adoção obrigatória do regime da separação de bens), vindo, mais tarde, ao longo do casamento, a desaparecer a causa suspensiva (v.g., um divorciado que não realizara a partilha e que venha depois a completá-la). Nesse caso, tenho que nenhuma razão haverá que impeça a mudança do regime de bens, uma vez cessado, por circunstância superveniente, qualquer potencial prejuízo a terceiro ou ao outro cônjuge, únicas justificativas que impõem a adoção daquele regime.

5. Efeitos da alteração

O Código não explicita se os efeitos da alteração serão *ex tunc* ou *ex nunc* entre os cônjuges (porque com relação a terceiros que já sejam detentores de direitos perante o casal, é certo que serão sempre *ex-nunc*, uma vez que se encontram ressalvados os direitos destes). No particular, se houver opção por qualquer dos regimes que o código regula, a retroatividade é decorrência lógica, pois, p. ex., se o novo regime for o da comunhão universal, ela só será UNIVERSAL se implicar comunicação de todos os bens, posteriores e anteriores à alteração. Impossível seria pensar em comunhão universal que acarretasse comunicação apenas dos bens adquiridos a partir da modificação. Outro, por certo, seria o regime em vigor daí em diante, porém não o da comunhão universal. Do mesmo modo, se a opção for pela separação absoluta, necessariamente será retroativa a mudança, ou absoluta não será a separação! E mais: se o escolhido agora for o da separação total de bens, imperiosa será a partilha daqueles até então adquiridos, a ser realizada (de forma necessariamente consensual, ou não haverá consenso na mudança...) concomitantemente à mudança de regime, no mesmo feito (repito: sem eficácia essa partilha com relação a terceiros já detentores de direitos perante qualquer dos cônjuges). Assim, por igual quanto à comunhão parcial e, até, à participação final nos aqüestos. Em suma, sempre que o novo regime adotado determinar uma comunicação mais restrita que o estatuído até então, em relação aos bens já integrantes do acervo patrimonial, imperiosa será a divisão do ativo e do passivo, uma vez que, a partir daí, cessa a responsabilidade de cada cônjuge em relação aos credores do outro (art. 1.671, CC). Novos credores, frise-se, pois, com relação aos anteriores, seus direitos estão expressamente ressalvados.

Entretanto, face ao princípio da livre estipulação, sendo possível convencionar regime não regrado no Código, a mudança poderá, a critério dos cônjuges, operar-se a partir do trânsito em julgado da sentença, caso em que se terá um regime não previsto em lei, mas cuja estipulação é facultada, pela ampla liberdade de escolha de que desfrutam os cônjuges (art. 1.639, *caput*, CC).

6. Os casamentos anteriores ao Código Civil de 2002

Por fim, não obstante as abalizadas opiniões em contrário de Maria Helena Diniz[9] e Leônidas Filipone Farrula Júnior,[10] em verdade o art. 2.039, constante nas Disposições Finais e Transitórias, não impede a mudança do regime de bens para os casamentos celebrados antes da vigência do Código Civil de 2002. Ao dispor que *o regime de bens nos casamentos celebrados na vigência do Código Civil anterior (...) é o por ele estabelecido*, claramente visa a norma a resguardar o direito adquirido e o ato jurídico perfeito. Isso porque ocorreram diversas modificações nas regras próprias de cada um dos regimes de bens normatizados no Código de 2002 em relação aos mesmos regimes no Código de 1916. Exemplificativamente: 1) no regime da separação de bens, não há mais necessidade de autorização do cônjuge para a alienação de bens imóveis, e instituição de gravames, conforme dispõe o art. 1.687; 2) no regime da comunhão universal, não estão mais excluídos da comunhão os bens antes relacionados nos incisos IV, V, VI, X e XII do artigo 263 do CC/16; 3) no regime da comunhão parcial, não mais se excluem os bens relacionados no inciso III do artigo 269 do CC/16; 4) passam a inequivocamente não mais comunicar os proventos do trabalho pessoal de cada cônjuge (inc. VI do art. 1.659), expressamente incluídos antes pelo inciso VI do art. 271, sob a denominação de *frutos civis do trabalho, ou indústria de cada cônjuge, ou de ambos* (sabida a controvérsia que existia, sob a vigência do Código anterior, acerca da vigência desse último dispositivo, colidente que era com o art. 269, inc. IV c/c o art. 263, inc. XIII, do mesmo diploma). Como se percebe, alterações houve na estruturação interna de cada um dos regimes de bens e, não fosse o disposto no artigo 2.039, a incidência das novas regras sobre os casamentos anteriormente realizados caracterizaria ofensa ao direito adquirido e ao ato jurídico perfeito, uma vez que operaria alteração *ex lege*, independentemente da vontade do casal, no regime por eles antes escolhido, expressa ou tacitamente. Saliente-se que, em decorrência, os casamentos preexistentes ao novo Código regem-se pelas normas do respectivo regime de bens, conforme regrado na lei vigente à época

---

[9] *Comentários ao Código Civil*. vol. 22. São Paulo: Saraiva, 2003.
[10] *In* LEITE, Heloisa Maria Daltro. Coord. *O novo Código Civil*: do Direito de Família. Rio de Janeiro: Freitas Bastos Editora, 2002, p. 315.

da celebração – ou seja, o Código Civil de 1916 – não sendo, dessa forma, alcançados pelas alterações trazidas na nova codificação.[11] Esse entendimento vem sendo consagrado na jurisprudência do Tribunal de Justiça do Rio Grande do Sul, por sua 7ª Câmara Cível, em dois precedentes, até o momento.[12]

7. Conclusão

A possibilidade de alteração do regime de bens constitui uma das mais significativas alterações trazidas pelo novo Código Civil na seara do Direito de Família. Reflete uma tendência que se observa nas legislações mais avançadas no sentido de respeitar a autonomia de vontade do casal, manifestada não apenas no momento anterior ao casamento, como também em seu curso, tendo em vista que a dinâmica da vida reconhecidamente pode trazer novas realidades que recomendem a adequação do regime de bens. É, assim, modificação salutar, na medida em que permite maior flexibilidade ao casal quanto aos ajustes matrimoniais de bens. No entanto, exige redobrada cautela do Estado-Juiz no exame de cada caso, a fim de não permitir lesão ao interesse da parte hipossuficiente, ou de terceiros. Por isso, de todo recomendável a realização de audiência de ratificação, impondo-se, ademais, a ampla publicidade da alteração ocorrida.

---

[11] Dessa opinião comunga EUCLIDES DE OLIVEIRA (op.cit., p. 394/395), para quem o dispositivo do art. 2.039 apenas determina que, para os casamentos anteriores ao Código Civil de 2002, não poderão ser utilizadas as regras do novo Código Civil referentes às espécies de regimes de bens, para efeito da partilha do patrimônio do casal. Ou seja, somente as regras específicas acerca de cada regime é que se aplicam em conformidade com a lei vigente à época da celebração do casamento, mas, quanto às disposições gerais comuns a todos os regimes, aplica-se o novo Código Civil.

[12] Na Apelação Cível nº 70006423891, Rel. o Des. Sérgio Fernando de Vasconcellos Chaves, julgada em 13 de agosto de 2003, ficou assentado que: *Pedido de alvará judicial. Pedido de autorização para lavrar escritura pública de pacto antenupcial. Possibilidade jurídica da alteração de regime. Desnecessidade de escritura pública*. 1. Não tendo havido pacto antenupcial, o regime de bens do casamento é o da comunhão parcial sendo nula a convenção acerca do regime de bens, quando não constante de escritura pública, e constitui mero erro material na certidão de casamento a referência ao regime da comunhão universal. Inteligência do art. 1.640 NCCB. 2. A pretensão deduzida pelos recorrentes que pretendem adotar o regime da comunhão universal de bens é possível juridicamente, consoante estabelece o art. 1.639, § 2º, do novo Código Civil e as razões postas pelas partes são bastante ponderáveis, constituindo o pedido motivado de que trata a lei e que foi formulado pelo casal. Assim, cabe ao julgador *a quo* apreciar o mérito do pedido e, sendo deferida a alteração de regime, desnecessário será lavrar escritura pública, sendo bastante a expedição do competente mandado judicial. O pacto antenupcial é ato notarial; a alteração do regime matrimonial é ato judicial. 3. A alteração do regime de bens pode ser promovida a qualquer tempo, de regra com efeito *ex tunc*, ressalvados direitos de terceiros. Inteligência do artigo 2.039, do NCCB. 4. É possível alterar regime de bens de casamentos anteriores à vigência do código civil de 2002. Recurso provido.
Em igual sentido foi a APC nº 70006709950, do mesmo relator, julgada em 22 de outubro de 2003.

Bibliografia

ALVES, Jones Figueiredo e DELGADO, Mário Luiz. Coord. *Questões controvertidas no novo Código Civil*. São Paulo: Método, 2003.

BEVILÁQUA, Clóvis. *Direito de Família*. Editora Rio, 1976.

BRASIL. *Provimento nº 024/03-CGJ* – Diário da Justiça, nº 2.694, de 19/09/2003.

DINIZ, Maria Helena. *Comentários ao Código Civil*. São Paulo: Saraiva, 2003, vol. 22.

FIUZA, Ricardo. Coord. *Novo Código Civil comentado*. São Paulo: Saraiva, 2002.

GOMES, Orlando. *Direito de Família*. 4. ed. Rio de Janeiro: Forense, 1981.

LEITE, Heloisa Maria Daltro. Coord. *O novo Código Civil*: do Direito de Família. Rio de Janeiro: Freitas Bastos Editora, 2002.

LÔBO, Paulo Luiz Netto. *Código civil comentado*: Direito de Família, relações de parentesco, direito patrimonial. São Paulo: Atlas, 2003, v. XVI.

PEREIRA, Rodrigo da Cunha. Coord. *Direito de Família contemporâneo*. Belo Horizonte: Del Rey, 1997.

— 12 —

A obrigação alimentar dos avós

MARIA ARACY MENEZES DA COSTA
Mestre em Direito; Pós-graduada em Planejamento Educacional;
Juíza de Direito aposentada; professora de Direito de Família e
Direito das Sucessões na PUC-RS e na Escola Superior da Magistratura do RS;
Vice-Diretora da Faculdade de Direito da PUC-RS; advogada.

Sumário: 1. O problema; 2. Obrigação alimentar decorrente do poder familiar e decorrente do parentesco - a condição social do alimentado - alimentos civis e naturais; 3. A característica da divisibilidade e a ausência de solidariedade - a prevalência do grau mais próximo; 4. O idoso, a criança, direitos fundamentais e dignidade.

1. O problema

A questão dos alimentos a serem alcançados pelos avós tem suscitado grandes discussões nos meios jurídicos, tanto mais após a vigência do novo Código Civil.

Se na vigência do Código Civil de 1916 a interpretação da lei já se prestava a compelir os avós a pagarem alimentos para os netos de uma forma imperativa e indiscriminada, após o novo Código a leitura equivocada dos dispositivos em vigor pode levar à prática de injustiças.

A *Convenção Internacional sobre os Direitos da Criança*,[1] o art. 227 da Constituição Federal[2] e o Estatuto da Criança e do Adolescente – ECA

---

[1] Adotada pela Resolução n.º L. 44 (XLIV) da Assembléia Geral das Nações Unidas, em 20 de novembro de 1989 e ratificada pelo Brasil em 20 de setembro e 1990.

[2] Art. 227 da Constituição Federal da República Federativa do Brasil: "É dever da família, da sociedade e do Estado assegurar à criança e ao adolescente, com absoluta prioridade, o direito à vida, à saúde, à alimentação, à educação, ao lazer, à profissionalização, à cultura, à dignidade, ao respeito, à liberdade, e à convivência familiar e comunitária, (...)"

Afundamentam decisões judiciais que defendem *o melhor interesse da criança*.

Quando a ação de alimentos tem como partes avós e netos, a criança/adolescente partícipe do litígio tem seus direitos previstos na Carta Magna, e regrados em estatuto especial, Lei nº 8.069/90 – Estatuto da Criança e Adolescente – ECA, cujo art. 4º dispõe:

> "É dever da família, da comunidade, da sociedade em geral e do poder público assegurar, com absoluta prioridade, a efetivação dos direitos referentes à vida, à saúde, à alimentação, à educação, ao esporte, ao lazer, à profissionalização, à cultura, à dignidade, ao respeito, à liberdade e à convivência familiar e comunitária..."

Por outro lado, os avós, geralmente idosos, por sua vez, também estão sob a proteção do art. 230 da Constituição Federal,[3] que deu origem à Lei nº 10.741, de 1º.10.2003, denominada Estatuto do Idoso, que determina:

> "Art. 3º É obrigação da família, da comunidade, da sociedade e do Poder Público assegurar ao idoso, com absoluta prioridade, a efetivação do direito à vida, à saúde, à educação, à cultura, ao esporte, ao lazer, ao trabalho, à cidadania, à liberdade, à dignidade, ao respeito e à convivência familiar e comunitária."

Então, quando o idoso e a criança/adolescente, ambos com proteção de "absoluta prioridade" e cuja dignidade está constitucionalmente assegurada, se deparam frente a frente, na Justiça, nos papéis de avô e neto, qual o caminho a ser tomado pelo julgador? Qual deles é o detentor da "absoluta prioridade"? Como lidar com a situação em que, aparentemente, há conflito de normas, de valores, de princípios e inclusive de dignidades? Se ambos os protagonistas passam por necessidades? E se o avô não é pobre, mas por toda uma vida criou os filhos com sacrifício e juntou economias para uma velhice melhor, e agora um neto adolescente vem lhe pedir pensão de alimentos para manter o "padrão de vida", deve o avô ser compelido a abdicar do merecido conforto programado ao longo de uma existência? Não poderiam os pais desse adolescente prover suas necessidades? Quais as reais necessidades do neto? Até que ponto deve o avô ser sacrificado para beneficiar o neto? Deve o avô suprir os alimentos civis do neto? Devem ser priorizados pura e simplesmente os interesses da criança/adolescente em detrimento dos interesses dos avós, adulto maior,[4]

---

[3] Art. 230 CF: "A família, a sociedade e o Estado têm o dever de amparar as pessoas idosas, assegurando sua participação na comunidade, defendendo sua dignidade e bem-estar, e garantindo-lhe o direito à vida."

[4] *Adulto maior* é aquele que, embora não esteja ainda na terceira idade, já não mais pertence à categoria dos jovens; é mais do que adulto, e menos do que idoso.

ou idoso? A academia de judô do neto adolescente é mais importante do que a viagem de lazer do avô idoso?

Perguntado a uma pessoa quem teria prevalência no caso de avô e neto necessitados estarem disputando alimentos, respondeu ela que, assim como em naufrágio de navio, as crianças e as mulheres têm a primazia do salvamento, em detrimento dos velhos, o mesmo se aplicaria aos alimentos. Ignora essa pessoa que a família não é um navio; e a vida não é o mar.

Este trabalho se propõe a abordar a questão.

2. Obrigação alimentar decorrente do poder familiar e decorrente do parentesco - a condição social do alimentado - alimentos civis e naturais

Muito embora a redação do novo Código Civil tenha reunido em um só subtítulo a obrigação alimentar de qualquer natureza, provavelmente para facilitar sua aplicação, na prática se constata que não foi feliz o legislador.

Entende Francisco Cahali que o novo Código Civil, do artigo 1.694 ao 1.710, trata "promiscuamente" dos alimentos, desrespeitando a natureza jurídica da obrigação, que tem *caráter indenizatório-punitivo* nos alimentos decorrentes do casamento e da união estável, de *solidariedade familiar* no parentesco, e de *dever de sustento* com relação aos filhos menores.[5]

Deixando de lado a natureza jurídica dos alimentos no casamento, cabe, para o caso em estudo, analisar o caráter de *solidariedade familiar* e de *dever e sustento* com relação aos filhos menores.

A solidariedade familiar está mais intimamente ligada aos alimentos *naturais*, em que o alimentante supre as necessidades básicas do alimentado, exercitando o seu dever de solidariedade (no sentido leigo, e não jurídico), de humanidade. Já o dever de sustento com relação aos filhos menores, por sua vez, compreende, além do suprimento das necessidades básicas, além dos alimentos *naturais,* também os alimentos *civis,* que abrangem as necessidades intelectuais e morais, bem como o lazer.[6]

Seguindo a esteira do entendimento de Francisco Cahali, dois artigos do novo Código Civil causam apreensão:

a) Conforme determina o artigo 1.694, "Podem os parentes, os cônjuges ou companheiros pedir uns aos outros os alimentos de que neces-

---

[5] CAHALI, Francisco, in DIAS, Maria Berenice e PEREIRA, Rodrigo da Cunha (org.). *Direito de Família e o novo Código Civil*. Belo Horizonte: Del Rey, 2001, p. 182.

[6] CAHALI, Yussef. *Dos alimentos.*, p. 18.

sitem para viver *de modo compatível com a sua condição social*, inclusive para atender às necessidades de sua educação. § 1º Os alimentos devem ser fixados na proporção das necessidades do reclamante e dos recursos da pessoa obrigada. §2º Os alimentos serão apenas os indispensáveis à subsistência, quando a situação de necessidade resultar de culpa de quem os pleiteia." (grifo da Autora).
b) Por outro lado, dispõe o artigo 1.695 que "são devidos os alimentos quando quem os pretende não tem bens suficientes, nem pode prover, pelo seu trabalho, à própria mantença, e aquele, de quem se reclamam, pode fornecê-los, *sem desfalque do necessário ao seu sustento*". (Grifo da autora)

As situações postas nesses dois artigos causam preocupação porque quando o *caput* do art. 1.695 determina que quem alcança alimentos deve fazê-lo *"sem desfalque do necessário a seu sustento"*, pode levar a uma interpretação equivocada de que o alimentante deve fazê-lo até o limite extremo de suas posses, ficando para ele apenas com o indispensável para sua sobrevivência, ao passo que, de conformidade com o art. 1.694 *caput*, quem os recebe, por outro lado, terá a garantia da mantença de sua *"condição social"*. A ser interpretado dessa forma, se põe uma situação de absoluta inversão de valores, em que aquele que presta alimentos deve se sacrificar ao extremo, reservando para si somente o mínimo indispensável, ao passo que aquele que recebe os alimentos deve receber, além do mínimo indispensável, o necessário para manter sua "condição social". Dessa forma, reservaria para si o alimentante apenas os alimentos "naturais", enquanto o alimentado receberia, além dos naturais, também os "civis".

Quatro questões básicas podem ser identificadas no artigo 1.694: 1) inclui expressamente no Código Civil a obrigação alimentar na união estável; 2) equipara quanto à obrigação alimentar os institutos do parentesco, casamento e união estável; 3) limita os alimentos para o cônjuge culpado somente aos necessários a sua sobrevivência, excluindo os alimentos civis; 4) determina que os alimentos a serem pagos ao cônjuge inocente sejam os *civis*, isto é, não só os meramente indispensáveis para a sobrevivência, mas tudo o que for compatível com a condição social do requerente e atenda às necessidades de sua educação, podendo inclusive comportar lazer, recreação, passeios, viagens, etc.

Para que seja mantida a condição social do alimentado, vários aspectos devem ser considerados. De regra, torna-se impraticável a manutenção do mesmo padrão, mesmo no casamento ou na união estável.

Por certo, a disposição legal visava à proteção aos filhos menores de um casamento ou união estável desfeitos, e a mantença do padrão de vida e condição social seria para os filhos da família dissolvida.

As obrigações decorrentes do parentesco e do poder familiar não são as mesmas. Os pais têm a obrigação de educar e sustentar os filhos menores sob o seu poder familiar (antigo pátrio-poder) de forma absoluta; no entanto, a obrigação para com os filhos maiores (exceto os que estudam e estão na faixa dos vinte e poucos anos) assume as mesmas proporções reduzidas da obrigação para com os parentes. E a obrigação dos avós para com os netos é decorrência do parentesco, e não do poder familiar. Esse o entendimento jurisprudencial:

> "Ao contrário do que sucede com os genitores, a obrigação alimentar dos progenitores decorre do dever genérico de assistência entre parentes, e não do dever de sustento, que é inerente ao poder familiar e, por isso, incondicionado. Assim, somente em situações excepcionais é que cabe a fixação de alimentos a serem pagos por avós, e isso sempre condicionado à demonstração de que o valor dos alimentos não ocasionará prejuízo ao sustento do próprio alimentante."[7]

Dessa forma, a obrigação alimentar dos pais para com os filhos menores é mais ampla, envolvendo, *sempre,* alimentos naturais e civis, ao passo que a obrigação com os filhos maiores e os parentes não têm a mesma abrangência. Nesse sentido, julgamento da 7ª CC do TJRS: "Alimentos. Parentes. Arts. 1.694 e 1.695, CCB. A obrigação alimentar decorrente genericamente do parentesco é de menor intensidade do que o dever alimentar que decorre do poder parental. Este último é prioritário sobre o sustento do próprio prestador. O primeiro, no entanto, condiciona-se à possibilidade do prestador atendê-lo sem prejuízo, em primeiro lugar, da satisfação de suas próprias necessidades".[8] (...)

A expressão *compatível com sua condição social* contida no texto do art. 1.694 melhor estaria se substituída pela palavra *digno*.[9] Da forma como está, corre-se o risco de uma interpretação em que o credor dos alimentos (seja qual for a natureza da obrigação) não poderá diminuir o seu padrão de vida, quando, na realidade, a simples divisão matemática de

---

[7] Apelação Cível Nº 70005946926, Sétima Câmara Cível, TJRS, Relator: Luiz Felipe Brasil Santos, Julgado em 14/05/2003.

[8] Apelação Cível Nº 70006634414, Sétima Câmara Cível, TJRS, Relator: Luiz Felipe Brasil Santos, Julgado em 22/10/2003.

[9] Projeto de Lei de autoria de Ricardo Fiúza, que acolheu sugestão do IBDFAM originária do RS, a cuja equipe pertence a Autora: "Art. 1.694. Podem os parentes, os cônjuges ou companheiros pedir uns aos outros os alimentos de que necessitem para viver com dignidade. (...) Art. 1.694: Deve ser acolhida a proposta realizada pelo IBDFAM - Instituto Brasileiro de Direito de Família -, pela qual bem pondera que é inadequado o atendimento à necessidades de educação do cônjuge ou do companheiro". Ainda, conforme a mesma proposta, a expressão "compatível com sua condição social" deve ser alterada e substituída por "digno", já que a primeira poderá ser interpretada como impossibilidade de diminuição do padrão de vida, sabendo-se que, a depender da situação econômica e financeira dos envolvidos, especialmente dentre aqueles com menos recursos, a diminuição do padrão de vida é inevitável.

um casal que se separa (duas casas, duas estruturas etc.) muitas vezes impede a manutenção do padrão anterior de vida para os filhos e até para o casal envolvido. Porém, se possível a manutenção do padrão de vida aos filhos, devem os pais preservá-lo, conforme decisão do Egrégio TJRS: "Alimentos. Possibilidades. Necessidades. Verificada a possibilidade do alimentante em arcar com o valor fixado na sentença, não há que se falar em redução, principalmente quando destinado a três filhas, que estavam acostumadas com o elevado padrão de vida oferecido pelo pai. Apelo desprovido".[10] "Separação judicial. Alimentos provisórios ao filho. Provas. Majoração. Considerando o padrão de vida usufruído pela família antes do rompimento da sociedade conjugal, bem como tendo em vista as provas trazidas com a inicial, eleva-se o valor da verba alimentar devida ao menor. (...) Agravo provido em parte".[11]

Para que seja preservada a condição social, vários são os aspectos a serem sopesados. No geral, torna-se impraticável a mantença do mesmo padrão para o casal. No entanto, não é justo que filhos do mesmo casal separado, que estejam sob guarda diversa, tenham o padrão de vida diferenciado porque um pai guardião tem melhor situação financeira que o outro. Nesse sentido: "Alimentos. Filha menor. Adequação do valor da pensão. Tratamento isonômico a prole. 1. Mostra-se adequada a pensão alimentícia estabelecida na sentença, pois situa-se dentro da capacidade econômica do alimentante e é suficiente para garantir ao alimentando um padrão de vida digno. 2. Compete ao genitor assegurar o tratamento isonômico a todos os filhos. Recurso desprovido".[12]

Entretanto, há que distinguir que a condição social a ser preservada, o padrão de vida a ser garantido, deve ser *o dos pais para os filhos, e não o padrão de vida dos avós para os netos*. Tal conclusão deriva da natureza do "poder-dever parental", hoje denominado equivocadamente "poder familiar" em substituição do *pátrio poder* (*familiar* abrange toda a família, ao passo que *parental* diz respeito a ambos os pais). A obrigação alimentar dos avós não é decorrência do poder familiar. Inaplicável o dispositivo legal aos alimentos alcançados pelos avós, visto que o padrão de vida dos filhos é determinado e proporcionado pelos pais, como componente do poder familiar.

O entendimento jurisprudencial predominante acompanha a esteira de pensamento que não deve se estender também aos cônjuges a garantia da mantença da condição social da vida de casados após a separação,

---

[10] Apelação Cível Nº 70005894753, Sétima Câmara Cível, TJRS Relator: Des. José Carlos Teixeira Giorgis. julgado em 02/04/03.

[11] Agravo De Instrumento Nº 70005555305, Sétima Câmara Cível, TJRS Relator: Des. José Carlos Teixeira Giorgis. Julgado em 12/03/03.

[12] Recurso: Apelação Cível 70005797501 Relator: Sérgio Fernando de Vasconcellos Chaves. julgado em 12/03/03.

quando ambos já alcançaram a igualdade constitucional. Mulher jovem e em condições de trabalho deve procurar ela própria a sua mantença e definir a sua própria condição social: "1. A obrigação de sustento dos filhos é primordialmente dos pais, estendendo-se aos avós apenas na ausência ou falta da condição dos mesmos. Sendo os pais jovens, capazes e aptos ao trabalho, devem atender as necessidades da prole no padrão de vida que puderem. 2. Se a genitora vive momentaneamente situação de desemprego, cabe-lhe buscar o mercado de trabalho, sendo inaceitável que busque desfrutar da pensão das filhas por osmose.(...)".[13]

No mesmo sentido: "(...) evidencia-se, a priori, a sua desnecessidade em receber alimentos do ex-marido, sabido que, em princípio, o dever de mútua assistência entre cônjuges, com a máxima vênia de respeitáveis entendimentos diversos, não vai ao ponto de assegurar o padrão de vida do que postula alimentos".[14]

Por evidente que, em se tratando de alimentos, jamais será ignorado o exame da possibilidade de quem alcança e da necessidade de quem pede. No entanto, quando se trata de obrigação avoenga, a possibilidade dos avós prepondera sobre a necessidade dos netos. Nessa linha: "Alimentos. Obrigação dos avós. A obrigação alimentar dos avós encontra respaldo no art. 1.696 do CCB, que dispõe que a obrigação alimentar recai nos parentes mais próximos em grau, inicialmente em linha reta ascendente, uns em falta de outros. Entende-se como 'falta' a ausência física dos pais ou a ausência de condições para atender às necessidades dos filhos. Ocultando-se o genitor para não adimplir com o pagamento de pensão já arbitrada, e não possuindo a genitora condições para satisfazer as necessidades dos menores, a avô é parte legítima para figurar no pólo passivo da demanda. Entretanto, não possuindo esta renda disponível sequer para seu próprio sustento, não se pode obrigá-la ao pagamento de pensão aos netos.Inteligência dos artigos 1.696 e 1698 do Código Civil".[15]

3. A característica da divisibilidade e a ausência de solidariedade - a prevalência do grau mais próximo

A obrigação relativa aos avós tem seu fundamento jurídico particularmente nos artigos 1.694, 1696 e 1698 do Código Civil brasileiro.

---

[13] Apelação Cível nº 70005523345, Sétima Câmara Cível, TJRS, Relator: Sérgio Fernando De Vasconcellos Chaves. Julgado em 19/02/2003.

[14] Agravo de Instrumento 599 204 443, Sétima Câmara Cível, TJRS, Relator: Des. Luiz Felipe Brasil Santos. Julgado em 02.6.1999.

[15] Agravo de Instrumento nº 70006624753, Sétima Câmara Cível, TJRS, Relator: Luiz Felipe Brasil Santos. Julgado em 13/08/2003.

O artigo 1.698 determina que "Se o parente que deve alimentos em primeiro lugar não estiver em condições de suportar totalmente o encargo, serão chamados a concorrer os de grau imediato; sendo várias as pessoas obrigadas a prestar alimentos, todas devem concorrer na proporção dos respectivos recursos, e, intentada ação contra uma delas, poderão as demais ser chamadas a integrar a lide".

Está expresso na lei que a obrigação primordial é do parente mais próximo. Dessa forma, não há sequer suporte legal para impingir primeiro a obrigação alimentar aos avós, ascendentes de segundo grau, desconsiderando a obrigação prevalente dos pais, detentores do poder-dever parental relativamente aos filhos menores.[16] [17]

Ademais, a obrigação alimentar não é solidária,[18] o que tem sido ratificado por nossos Tribunais.[19] Em não sendo solidária, mas conjunta, na proporção das possibilidades de cada um dos obrigados relativamente às necessidades do credor,[20] vem a ser divisível.[21] E não há que confundir a divisibilidade jurídica com a divisibilidade matemática. A leitura apressada do Artigo 1.698 do Código Civil pode levar a uma conclusão equi-

---

[16] PENSÃO ALIMENTÍCIA. CAPACIDADE FINANCEIRA DOS PAIS. OBRIGAÇÃO SUBSIDIÁRIA DOS AVÓS. Não é razoável exigir-se da avó paterna o pagamento da pensão alimentícia aos netos quando provada a capacidade financeira dos pais. A obrigação avoenga possui caráter subsidiário e complementar. Portanto, somente na ausência dos pais, ou na impossibilidade deles alcançarem a verba aos filhos é que o pedido será dirigido aos avós. (Agravo provido, por maioria. Agravo de Instrumento nº 70005536131, Sétima Câmara Cível, TJRS, Relator: José Carlos Teixeira Giorgis. Julgado em 19/03/2003)

[17] EMENTA: AÇÃO DE ALIMENTOS. PEDIDO DIRIGIDO AO GENITOR E AOS AVÓS PATERNOS. HONORÁRIOS ADVOCATÍCIOS. COMPENSAÇÃO. POSSIBILIDADE. A obrigação de prover o sustento da prole é, primordialmente, dos genitores. Somente se demonstrada a incapacidade econômica dos pais do menor é que se justifica o chamamento dos avós, o que não se verifica no caso. Além disto, o pensionamento deve seguir a lógica do binômio necessidade/possibilidade, permitindo-se discreto ajuste, no intuito de dar um maior conforto ao infante. (...). Deram parcial provimento. (Apelação Cível nº 70006939276, Sétima Câmara Cível, TJRS, Relator: José Carlos Teixeira Giorgis. Julgado em 08/10/2003)

[18] CAHALI, Yussef Said. *Dos alimentos*. 4. ed.rev., ampl. e atual. de acordo com o novo Código Civil. São Paulo: RT, 2002, p. 141.

[19] EMENTA: APELAÇÃO CÍVEL. ALIMENTOS. AVÓS PATERNOS. É o dever alimentar dos avós subsidiário, e não solidário, mostrando-se possível sua fixação com o intuito de complementar o valor que já vem sendo alcançado pelo genitor do alimentado. Não merece ser majorado o valor dos alimentos, uma vez que fixados de conformidade com as necessidades do menor e as possibilidades do alimentante. Apelo improvido. Apelação Cível nº 70005439625, Oitava Câmara Cível, TJRS, Relator: Antônio Carlos Stangler Pereira. Julgado em 18/12/2003.

[20] EMENTA: ALIMENTOS. OBRIGAÇÃO AVOENGA. Demonstrada a impossibilidade de compelir o genitor a arcar com pensionamento, cabível a busca de alimentos junto aos avós paternos. LITISCONSÓRCIO. Ainda que reconhecida a obrigação complementar dos avós, movida a ação contra um deles, para que outro ascendente seja chamado à juízo, imperativa a existência de prova de sua possibilidade de alcançar alimentos e da ausência de sua participação no sustento do alimentando. À unanimidade, 1º apelo desprovido, e, por maioria, desprovido o 2º apelo. Apelação Cível nº 70007295793, Sétima Câmara Cível, TJRS, Relatora: Maria Berenice Dias. Julgado em 03/12/2003.

[21] CAHALI, Yussef Said. *Dos alimentos*, p. 161.

vocada de que a obrigação alimentar dos avós maternos e paternos seja de metade para cada uma das linhas, o que não corresponde à determinação legal.[22] Da mesma forma, com relação aos pais. Inexiste responsabilidade *por linhas,*[23] mas sim uma responsabilidade divisível na proporção das possibilidades de cada um dos pais, e dos avós, sejam paternos ou maternos. Participar da obrigação não implica divisão matemática da obrigação.[24] Também não há que confundir a *solidariedade* jurídica com a "solidariedade humana". Juridicamente não existe solidariedade na obrigação alimentar.[25]

5. O idoso, a criança, direitos fundamentais e dignidade

"(...) temos por dignidade da pessoa humana a qualidade intrínseca e distintiva de cada ser humano que o faz merecedor do mesmo respeito

---

[22] EMENTA: ALIMENTOS. AGRAVO. Já tendo ocorrido a audiência de instrução na origem, resta prejudicado em parte o agravo. OBRIGAÇÃO ALIMENTAR É DIVISÍVEL E NÃO-SOLIDÁRIA. A decisão agravada equivoca-se ao estipular verba única a ser paga solidariamente pelo pai e avós paternos dos menores. Isso porque é sabido que dentre as características específicas da obrigação alimentar sobressai a divisibilidade e não-solidariedade. Isso porque os alimentos devem guardar proporção à possibilidade individual de cada prestador, o que é absolutamente incompatível com o caráter solidário da obrigação. Há, pois, que, por primeiro, analisar a situação de cada um dos chamados a prestar os alimentos para, somente após, individualizar o quantitativo devido individualmente por eles. (...) (Agravo De Instrumento Nº 70007206709, Sétima Câmara Cível, TJRS, Relator: Luiz Felipe Brasil Santos, Julgado em 03/12/2003)

[23] CIVIL. FAMÍLIA. ALIMENTOS. RESPONSABILIDADE COMPLEMENTAR DOS AVÓS. Não é só e só porque o pai deixa de adimplir a obrigação alimentar devida aos seus filhos que sobre os avós (pais do alimentante originário) deve recair a responsabilidade pelo seu cumprimento integral, na mesma quantificação da pensão devida pelo pai. Os avós podem ser instados a pagar alimentos aos netos por obrigação própria, complementar e/ou sucessiva, mas não solidária. Na hipótese de alimentos complementares, tal como no caso, a obrigação de prestá-los se dilui entre todos os avós, paternos e maternos, associada à responsabilidade primária dos pais de alimentarem os seus filhos. Recurso especial parcialmente conhecido e parcialmente provido, para reduzir a pensão em 50% do que foi arbitrado pela Corte de origem. RESP 366837/RJ; Recurso Especial 2001/0121216-0, 22/09/2003 Min. Ruy Rosado de Aguiar (1102) Data da Decisão: 19/12/2002 - Quarta Turma STJ.

[24] EMENTA: AGRAVO DE INSTRUMENTO. ALIMENTOS FIXADOS SOLIDARIAMENTE EM DESFAVOR DO GENITOR E DOS AVÓS PATERNOS. A obrigação alimentar entre genitor e avós não é solidária, mas sim divisível. Merece ser desconstituída a decisão que fixa alimentos em desfavor do genitor e dos avós paternos, responsabilizando-os solidariamente... (Agravo De Instrumento nº 70005396072, Oitava Câmara Cível, TJRS, Relator: Rui Portanova. Julgado em 19/12/2002)

[25] EMENTA: (...) INTELIGÊNCIA DO ARTIGO 12 DO ESTATUTO DO IDOSO. A Lei 10.741, de 01 de outubro de 2003, prevê, em seu artigo 12, que a obrigação alimentar é solidária, podendo o idoso optar entre os prestadores;. Trata-se, à evidência, de regra que, ao conferir à obrigação alimentar a característica da solidariedade, contraria a própria essência da obrigação, que, consoante dispõe o artigo 1.694, parágrafo primeiro, do Código Civil, deve ser fixada na proporção da necessidade de quem pede e da possibilidade de quem é chamado a prestar. Logo, por natureza, trata-se de obrigação divisível e, por conseqüência, não-solidária, mostrando-se como totalmente equivocada, e à parte do sistema jurídico nacional, a dicção da novel regra estatutária... (Apelação Cível nº 70006634414, Sétima Câmara Cível, TJRS, Relator: Luiz Felipe Brasil Santos. Julgado em 22/10/2003)

e consideração por parte do Estado e da comunidade, implicando, neste sentido, um complexo de direitos e deveres fundamentais que assegurem a pessoa tanto contra todo e qualquer ato de cunho degradante e desumano, como venham a lhe garantir as condições existenciais mínimas para uma vida saudável, além de propiciar e promover sua participação ativa e co-responsável nos destinos da própria existência e da vida em comunhão com os demais seres humanos".[26]

Luiz Edson Fachin aponta o conceitualismo imposto ao Direito Civil pela estrutura da codificação, "que reduz a pessoa a mero elemento da relação jurídica",[27] enfatizando-se a necessidade de uma interpretação tópico-sistemática que leve a uma "correção hermenêutica"[28] do Direito Civil, em atendimento aos preceitos constitucionais de tutela e promoção dos direitos fundamentais. Ensina também o eminente jurista que o Direito Civil não pode ser visto como um sistema fechado, em que estejam separados o Código Civil e Constituição, sob pena de uma prevalência da racionalidade sistêmica em prejuízo da dignidade da pessoa e dos direitos fundamentais.[29] O Direito Civil deve atender à racionalidade emancipatória da pessoa humana sem se esgotar no texto positivado, mas se abrindo à "porosidade" de um sistema aberto de forma a proteger o sujeito, pois o modelo é um instrumento, e não um fim.[30]

Conforme preleciona Maria Celina Bodin de Moraes, "quando se reconhece a existência de outros iguais, daí dimana o princípio da igualdade; se os iguais merecem idêntico respeito à sua integridade psicofísica, será preciso construir o princípio que protege tal integridade (...) ...embora possa haver conflitos entre duas ou mais situações jurídicas subjetivas, cada uma delas amparada por um desses princípios, logo, conflito entre princípios de igual importância hierárquica, o fiel da balança, a medida de ponderação, o objetivo a ser alcançado, já está determinado, a priori, em favor do conceito da dignidade humana. Somente os corolários, ou subprincípios em relação ao maior deles, podem ser relativizados, ponderados, estimados. A dignidade, do mesmo modo como ocorre com a justiça, vem à tona no caso concreto, quando e se bem feita aquela ponderação".[31]

---

[26] SARLET, Ingo Wolfgang. *Dignidade da pessoa humana e direitos fundamentais na Constituição Federal:* Porto Alegre, Livraria do Advogado, 2001, p. 60.

[27] FACHIN, Luiz Edson e RUZYK, Carlos Eduardo Pianovski. *Direitos Fundamentais, dignidade da pessoa humana e o novo Código Civil: uma análise crítica.* In SARLET, Ingo (Org.) *Constituição, Direitos Fundamentais e Direito Privado.* Porto Alegre: Livraria do Advogado Editora, 2003, p. 88.

[28] Idem, ibidem.

[29] Idem, p. 97.

[30] Idem, p. 102-103.

[31] MORAES, Maria Celina Bodin de. *O conceito de dignidade humana: substrato axiológico e conteúdo normativo.* In SARLET, Ingo (Org.). Constituição, Direitos Fundamentais e Direito Privado. Porto Alegre: Livraria do Advogado, 2003, p. 117.

Ao comentar Norberto Bobbio, e a teoria tridimensional, diz o Prof. Miguel Reale que Bobbio declarou ter-se aproximado de sua posição, pois o mundo do Direito tem de ser visto sob três pontos de vista inseparáveis para que se tenha uma visão completa da experiência jurídica: o ponto de vista dos valores, o ponto de vista das normas e o ponto de vista dos fatos.[32]

Ensina Juarez Freitas que, hierarquizando, o intérprete jurídico sabe priorizar princípios, normas e valores, pautando sua visão rumo aos elementos mais altos e nobres do sistema; que manejando o metacritério da hierarquização axiológica ele reconhece as premissas preexistentes na construção dos silogismos, purificando-as sob o prisma da racionalidade intersubjetiva, no intuito de alcançar uma escolha axiológica fundamentada, não arbitrária e livre na garantia da coexistência das demais liberdades; bem diagnosticando, ele realiza a observação da totalidade dos fatos coletados e efetua um diagnóstico seguro, para, a seguir, no bojo do sistema, encontrar o melhor e mais conciliatório tratamento para as controvérsias, no sentido de, ao mesmo tempo, superá-las e conservar a sistematicidade do Direito; e, para concretizar a máxima justiça possível, ensina o hermeneuta que deve o intérprete jurídico, à base do sistema objetivo, lutar para a superação das antinomias de avaliação ou injustiças, sem se sobrepor autoritariamente ao Direito.[33]

Assim, com as lições de Norberto Bobbio, Miguel Reale, Ingo Sarlett, Luiz Edson Fachin, Maria Celina Bodin de Moraes e Juarez Freitas, podemos responder as angústias postas. A obrigação alimentar que é dos pais não pode simplesmente ser repassada aos avós; na questão alimentar envolvendo avós e netos, o critério da possibilidade prevalece sobre a necessidade;[34] avós mais velhos ou menos velhos; doentes ou sãos; avós sofridos; avós felizes; avós menos ou mais favorecidos pela fortuna: todos os avós devem ser respeitados e ter mantida a sua dignidade. Assim como a criança é protegida constitucionalmente, também o idoso o é. Da mesma forma como existe lei protetiva da criança/adolescente, também há lei para o idoso. Ambos, avós e netos, recebem proteção. E essa proteção não dispensa criterioso exame da situação contextual em que se inserem os

---

[32] REALE, Miguel. *Os legados de Norberto Bobbio*. Disponível em www.migalhas.com.br Migalhas de peso.

[33] FREITAS, Juarez. *Interpretação sistemática do Direito*. 3ª ed. rev. ampl. São Paulo: Malheiros, 2002, p. 113-145.

34 EMENTA: AGRAVO DE INSTRUMENTO. AÇÃO DE ALIMENTOS CONTRA OS AVÓS PATERNOS. Em sede de ação de alimentos direcionada contra os avós, a possibilidade tem maior relevância do que os outros elementos do trinômio alimentar. No caso, não existem elementos capazes de formar efetiva convicção acerca da possibilidade dos agravantes em suportar os alimentos provisoriamente fixados, sem prejuízo do próprio sustento. Assim, não pode subsistir o pensionamento fixado em desfavor dos avós... (Agravo De Instrumento nº 70005360425, Oitava Câmara Cível, TJRS, Relator: Rui Portanova. Julgado em 13/02/2003)

protagonistas do litígio. Neto adolescente pode ter aulas de judô no futuro; o avô idoso pode não ter futuro para fazer sua viagem de lazer. A responsabilidade alimentária dos avós não se esgota no texto positivado. Valores, normas e fatos se constituem em tripé indissociável. A escolha axiológica fundamentada confere segurança à decisão tomada. A dignidade preservada assegura avós e netos contra todo e qualquer ato de cunho degradante e desumano.

A dignidade e a Justiça emergem no caso concreto.

— 13 —

O fim do fim sem fim

MARIA BERENICE DIAS

Desembargadora do Tribunal de Justiça do Rio Grande do Sul
Vice-Presidente Nacional do IBDFAM – Instituto Brasileiro de Direito de Família
www.mariaberenice.com.br

Sumário: 1. Da indissolubilidade ao rompimento; 2. Do rompimento à dissolução; 3. Dupla via; 4. Vontade comum; 5. A farsa; 6. A vontade de um; 7. As (des)semelhanças; 8. A (des)vantagem; 9. O tempo; 10. A palavra; 11. O obstáculo; 12. Estágio fugaz; 13. Duplicidade inócua; 14. A pergunta que não quer calar; 15. O desuso.

1. Da indissolubilidade ao rompimento

O conservadorismo da sociedade do início do século passado, sujeita a forte influência da Igreja, fez do casamento uma instituição indissolúvel até por preceito constitucional.[1]

"O casamento, no entanto, sempre conviveu, no Brasil, com outras situações de fato: a união não matrimonializada entre casais, freqüente desde o período colonial, e a família monoparental socialmente caracterizada pela figura da mãe solteira e da mulher que foi abandonada pelo companheiro.
Esta antinomia entre o contido no Código e a vida cotidiana engendrou o surgimento de um sem-número de relações familiais de fato, sem nenhum reconhecimento jurídico".[2]

---

[1] CF de 1934, art. 144; CF de 1947, art. 124; CF de 1946, art. 163; CF de 1967, art. 167 e redação originária da Emenda Constitucional nº 1 de 1969, art. 175.

[2] RAMOS, Carmen Lucia Silveira. Família constitucionalizada e pluralismo jurídico. *In:* PEREIRA, Rodrigo da Cunha (coord.). *Anais do II Congresso Brasileiro de Direito de Família*. A família na travessia do milênio. Belo Horizonte: IBDFAM; OAB-MG e Del Rey, 2000. p. 63.

A possibilidade do desquite admitida pelo Código Civil,[3] em 1916, nada mais foi do que uma tentativa de contornar a perpetuação de situações de fato insustentáveis frente à ordem jurídica. Como somente a morte de um dos cônjuges possuía o condão de "dissolver"[4] o casamento, foi criada a possibilidade de a sociedade conjugal "terminar" pelo desquite, para evitar rotulações como bigamia, infidelidade e adultério a quem buscava outros vínculos afetivos.

Apesar da proibição, casamentos terminavam, e faz parte da natureza da pessoa humana buscar novas chances de felicidade, pois, conforme bem diz Rodrigo da Cunha Pereira, *enquanto houver desejo, ele sempre escapará ao normatizável*.[5]

2. Do rompimento à dissolução

A evolução dos costumes, fruto principalmente da emancipação feminina e do surgimento dos métodos contraceptivos, ensejou uma verdadeira revolução do próprio conceito de família. Ainda assim, grande foi a resistência de alguns segmentos quando da instituição do divórcio no Brasil. A Emenda Constitucional nº 9/77, ao dar nova redação ao art. 175[6] da Emenda Constitucional nº 1/69, introduziu a dissolubilidade do vínculo do casamento, após prévia separação judicial por mais de três anos ou se decorrido, antes de 28 de junho de 1977, o prazo de cinco anos da separação de fato.

Para viabilizar a aprovação da lei regulamentadora do divórcio (Lei nº 6.515, de 26/12/1977), alguns abrandamentos se fizeram necessários, restrições, limitações e concessões foram feitas para obter a chancela legislativa. Assim, a Lei, em sua versão primeira, autorizava o pedido de divórcio uma única vez.[7] Somente em uma hipótese era possível o chamado "divórcio direto", e isso em caráter emergencial, tanto que previsto nas

---

[3] Art. 315 do CC de 1916: A sociedade conjugal termina: (...) III. Pelo desquite amigável ou judicial.

[4] Parágrafo único do art. 315 do CC de 1916: O casamento válido só se dissolve pela morte de um dos cônjuges (...)

[5] PEREIRA, Rodrigo da Cunha. *Direito de família:* uma abordagem psicanalítica. 2 ed. Belo Horizonte: Del Rey, 2003. p. 30.

[6] Art. 175, § 1º da Emenda Constitucional nº 1/69: O casamento somente poderá ser dissolvido, nos casos expressos em lei, desde que haja prévia separação judicial por mais de três anos. Art. 2º da Emenda Constitucional 9/77: A separação, de que tratado § 1º do art. 175 da Constituição, poderá ser de fato, devidamente comprovada em Juízo, e pelo prazo de cinco anos, se for anterior à data desta Emenda.

[7] Art. 38 da Lei 6.515/77: O pedido de divórcio, em qualquer dos seus casos, somente poderá ser formulado uma vez.

disposições finais e transitórias da Lei.⁸ A concessão do divórcio, portanto, estava condicionada ao atendimento cumulativo de três pressupostos: (a) estarem as partes separadas de fato há cinco anos; (b) que esse prazo estivesse implementado antes da data da alteração constitucional; e (c) ser comprovada a causa da separação.

Nítida a intenção do legislador de autorizar a dissolução do casamento somente para atender à especial circunstância de quem já se encontrava separado de fato há mais de cinco anos quando da constitucionalização do divórcio. Assim, hipoteticamente, quando houvessem se divorciado todos os que preenchiam os requisitos legais, desapareceria a possibilidade de obter o divórcio de forma direta. Exauridas tais ações, somente após a prévia separação judicial é que seria possível o divórcio, por meio do procedimento de conversão.

Após alguns anos de vigência da lei divorcista, quando situações novas aportaram nos tribunais, a jurisprudência emprestou interpretação mais elástica a esse dispositivo legal. Passou a ser admitido que bastava a cessação da convivência antes da data indicada na lei para a decretação do divórcio, mesmo que o período de cinco anos se implementasse em momento posterior. Começou-se a autorizar o divórcio direto, quando decorrido o lapso qüinqüenal, bastando que a separação de fato tivesse iniciado antes da data da vigência da Emenda Constitucional que chancelou o divórcio.

Quando a sociedade se convenceu de que o divórcio não destruiu a família nem acabou com a instituição do casamento, mais uma vez o vanguardismo de algumas decisões judiciais levou a reformulações constitucionais e legais.

A Constituição Federal de 1988, no entanto, de maneira injustificável, manteve a dupla via para sacramentar o fim do casamento, limitando-se a operar singela redução de prazos. Para a concessão da separação judicial, diminui o tempo de separação de fato de três para um ano. Para o divórcio direto, o período da separação fática foi reduzido de cinco para dois anos.⁹

Profunda a transformação operada pela Lei nº 7.841/89, ao dar nova redação ao artigo 40 da Lei do Divórcio.¹⁰ Institucionalizou o divórcio

---

⁸ O art. 40 da Lei nº 6.515/77 possuía a seguinte redação: No caso de separação de fato com início anterior a 28 de junho de 1977, e desde que completados 5 (cinco) anos, poderá ser promovida ação de divórcio, na qual se deverão provar o decurso do prazo da separação e sua causa. § 1º: O divórcio, com base nesse artigo, poderá ser fundado nas mesmas causas previstas nos arts. 4º e 5º e seus parágrafos.

⁹ Art. 226, § 6º, da Constituição Federal: O casamento civil pode ser dissolvido pelo divórcio, após prévia separação judicial por mais de um ano nos casos expressos em lei, ou comprovada a separação de fato por mais de dois anos.

¹⁰ Art. 40 da Lei nº 6.515/77: No caso de separação de fato, e desde que completados 2 (dois) anos consecutivos, poderá ser promovida ação de divórcio, na qual deverá ser comprovado o decurso do tempo da separação.

direto, no momento em que possibilitou sua obtenção mediante a mera comprovação da ruptura da vida em comum por dois anos consecutivos. Além de haver perdido a característica de modalidade temporária de dissolução da sociedade conjugal, também se tornou despicienda a dupla via procedimental para sua obtenção. Superado o obstáculo que condicionava sua concessão a um termo inicial em data determinada, consolidou-se o divórcio como instituto autônomo, afastando a necessidade de prévia separação judicial como pressuposto para ser deferido o divórcio por meio do procedimento de conversão.

A nova sistemática legal, além de subtrair o caráter de transitoriedade do divórcio direto, afastou a exigência de identificação de um responsável para a sua concessão, ao revogar o parágrafo primeiro do art. 40, que fazia expressa remissão aos dispositivos legais indicativos das causas da separação: imputação ao réu de culpa ou doença mental (arts. 4º e 5º e seus parágrafos).

Diante desses significativos avanços, não há como não lastimar a mantença do instituto da separação, bem como a imposição de prazos para ser decretada a dissolução do casamento.

"Além de dispensável, a separação, como modalidade de terminar o casamento, traz em suas entranhas a marca de um conservadorismo que não mais se justifica no atual estágio de desenvolvimento da sociedade. O alargamento conceitual dos vínculos afetivos, iniciado pela jurisprudência e chancelado pela nova ordem jurídica instituída constitucionalmente, redimensionou as relações interpessoais. Agora não é mais exclusivamente ao casamento que o Estado empresta juridicidade. Relacionamentos outros se encontram enlaçados no conceito de família e passaram a merecer a especial proteção do Estado".[11]

3. Dupla via

A Lei nº 6.515/77, que passou a ser chamada de Lei do Divórcio, foi editada para dar efetividade à reforma constitucional que instituiu o divórcio. Mas não se limitou a cumprir sua função, já que deveria tão-só regulamentar as formas e os procedimentos para sua concessão. Não fosse a resistência de segmentos conservadores para a sua aprovação, suficiente seria mera normatização de natureza processual. Quiçá algumas regras

---

[11] DIAS, Maria Berenice. Da separação e do divórcio. *In*: ——.; PEREIRA, Rodrigo da Cunha. (coord.) *Direito de Família e o Novo Código Civil*. 3. ed. Belo Horizonte: Del Rey, 2003. p. 78.

sobre alimentos e proteção aos filhos, se tanto. Porém, a Lei acabou, praticamente, por manter o desquite, cingindo-se a proceder a mera substituição de palavras, singela alteração terminológica. O que anteriormente era nominado de "desquite" passou a ser chamado de "separação judicial", com idênticas características: "termina" a sociedade conjugal e *põe termo aos deveres de coabitação, fidelidade recíproca e ao regime matrimonial de bens, como se o casamento fosse dissolvido* (art. 3º). Tanto quanto o desquite, a separação judicial "solve" o casamento, mas não o "dissolve", atributo de que só a morte e o divórcio dispõem (parágrafo único do art. 2º). A Lei do Divórcio nada mais fez do que exaustivamente regulamentar a separação (arts. 3º a 24, 34, 39 e 41 a 49) e a conversão da separação em divórcio (arts. 35 a 37). Do divórcio, tratava só em um artigo das disposições transitórias, pois o art. 38, que restringia o pedido a uma única vez, foi revogado pela Lei nº 7.841/89.

> "A tentativa não muito feliz de o legislador estabelecer a distinção entre separação e divórcio, por si só, seria suficiente para evidenciar a total inutilidade da mantença de uma dupla via para pôr termo ao casamento. Duplicidade que se poderia chamar de verdadeiro 'pleonasmo jurídico'".[12]

O atual Código Civil, por ter sido gestado antes mesmo da introdução do instituto do divórcio,[13] também disciplina o instituto de forma bastante tímida. O divórcio está previsto no § 2º do art. 1.580: *O divórcio poderá ser requerido, por um ou ambos os cônjuges, no caso de comprovada separação de fato por mais de dois anos*. Dispositivo outro (art. 1.571 do CC) se limita a dizer que o divórcio "termina" a sociedade conjugal, além de ter o condão de "dissolver" o casamento (art. 1.571, § 1º, do CC). As outras referências que existem na lei são a identificação dos legitimados para a ação de divórcio (art. 1.582 do CC) e a dispensa da partilha de bens para sua decretação (art. 1.581 do CC). O art. 1.597 proclama a inalterabilidade do poder familiar quando do divórcio dos pais, dispositivo de todo despiciendo, face à obviedade de seu enunciado.

Mudou a sociedade, mas acanhou-se a lei em acompanhar os avanços que transformaram a estrutura familiar. O legislador constituinte teve coragem de alargar o conceito de família, verdadeiro dogma que gozava de um significativo sentido sacralizado. Como afirma Euclides Benedito de Oliveira: *Caíram por terra, em boa hora, as antigas discriminações que nosso vetusto ordenamento civil aplicava às uniões concubinárias e*

---

[12] DIAS, Maria Berenice. Da separação e do divórcio. *Op. cit.* p. 74.
[13] O projeto original, de nº 634, data de 1975.

aos filhos havidos fora do casamento.[14] No entanto, a Constituição não teve a mesma ousadia ao tratar da dissolução do casamento. Olvidou-se de acabar com a separação judicial, instituto de todo despiciendo e que dispõe de limitado período de vigência, impõe a identificação de causas ou o decurso de tempo, até para sua concessão de maneira consensual.

Despicienda, no entanto, a tentativa de manter o vínculo matrimonial, não mais se justificando a exacerbada interferência estatal obstaculizando a vontade das partes, a configurar verdadeira afronta ao princípio da liberdade e negativa de vigência da regra maior da Constituição Federal, que é a da preservação da dignidade da pessoa humana.

Evidente o verdadeiro conflito entre o cânone maior do sistema jurídico e as limitações postas no § 6º do art. 226 da Constituição Federal, ao manter a separação e impor limites para a concessão do divórcio. Entre princípios fundamentais e regras de caráter disciplinar, há que prevalecer aqueles, subtraindo-se a eficácia da norma menor. *Configurando esse aparente conflito, ou seja, mostrando-se uma norma constitucional contrária a um princípio constitucional ou apresentando ela incompatibilidade com um direito supralegal consagrador das garantias e dos direitos individuais, o dispositivo carece de legitimidade.*[15]

4. Vontade comum

Quando por mútuo acordo o casal busca a separação, a única exigência legal é estarem os cônjuges casados há mais de um ano (art. 1.574 do CC). A redução do lapso de tempo levada a efeito pela nova lei civil decorreu da tendência jurisprudencial que já havia dividido ao meio o prazo de dois anos estipulado na Lei do Divórcio.[16] O fundamento era dos mais lógicos: a partir do momento em que a lei viabilizou a separação judicial litigiosa mediante a comprovação da ruptura da vida em comum por tempo superior a um ano,[17] *idêntico requisito deve bastar para que se defira a separação na modalidade consensual, sob pena de consagrar-se interpretação atentatória aos princípios maiores do direito.*[18]

---

[14] OLIVEIRA, Euclides Benedito de. Impedimentos matrimoniais na união estável. *In:* PEREIRA, Rodrigo da Cunha (coord.). *Anais do III Congresso Brasileiro de Direito de Família.* Família e Cidadania. O novo CCB e a *Vacatio Legis*. Belo Horizonte: IBDFAM/Del Rey, 2002. p. 174.

[15] VELOSO, Zeno. *Controle Jurisdicional de Constitucionalidade.* Belém: Cejup, 1999. p. 227.

[16] Art. 4º da Lei nº 6.515/77: Dar-se-á a separação judicial por mútuo consentimento dos cônjuges se forem casados há mais de 2 (dois) anos, manifestado perante o juiz e devidamente homologado.

[17] Redução levada a efeito pela Lei nº 8.408/92, ao dar nova redação ao § 1º do art. 5º da Lei nº 6.515/77: A separação judicial pode, também, ser pedida se um dos cônjuges provar a ruptura da vida em comum há mais de 1 (um) ano consecutivo, e a impossibilidade de sua reconstituição.

[18] SANTOS, Luiz Felipe Brasil. *A separação consensual e o prazo para obtê-la.* Revista do Instituto dos Advogados do RS – COAD. Ed. especial. out./nov. 1996. p. 79.

Agora, após o prazo de um ano da vigência do casamento, sem necessidade de apontar qualquer motivação, o par pode consensualmente buscar a separação. No entanto, se antes desse prazo acabar o vínculo afetivo, embora não mais convivam os cônjuges sob o mesmo teto, o Estado, de forma aleatória e arbitrária, impõe a mantença do matrimônio, sem que se possa identificar o motivo da negativa de chancelar a vontade do casal ante um fato já consumado: o casamento acabou. Parece tratar-se de verdadeiro "estágio probatório", durante o qual o desejo dos cônjuges não possui o mínimo significado. Antes desse interstício, mesmo que os cônjuges tenham desistido do casamento, resiste a Justiça em cristalizar a manifestação de vontade das partes, o que, na ausência de outra justificativa, parece ser imposição de um "prazo de purgação". Quem sabe melhor é identificar esse interregno como um verdadeiro purgatório. Nítido o caráter punitivo dessa restrição à liberdade dos cônjuges. Será a determinação de um período de reflexão? Ou não se admite que o amor possa ter acabado antes desse prazo?

Imperioso questionar a legitimidade do Estado em se opor à vontade de pessoas maiores, capazes e no pleno exercício de seus direitos. Não se pode olvidar que o cânone maior da ordem constitucional é o respeito à dignidade da pessoa humana, que se cristaliza no princípio da liberdade. Dizer que o bem maior é preservar os sagrados laços do matrimônio é proceder a uma inversão valorativa não chancelada pelos direitos humanos, que dão prevalência ao indivíduo, até porque o casamento não mais existe. Se livremente casaram, inquestionável que deveriam dispor da mesma liberdade para pôr fim ao casamento. Portanto, no que a lei chama de separação consensual, o "consenso" não é respeitado, nem é tão livre assim a vontade das partes.

5. A farsa

Para contornar essa injustificável vedação legal e abreviar a separação, antes de festejarem um ano de casados, acabam os cônjuges protagonizando uma farsa. Simulam uma separação litigiosa. Um dos cônjuges, dizendo-se inocente, ingressa com ação de separação imputando ao outro a culpa pela ruptura do vínculo matrimonial. Ao pedido não se opõe o demandado, que acaba se confessando culpado, o que torna desnecessária a produção de provas. Ainda que não haja a dispensa da fase instrutória, por óbvio que não é difícil arrolar testemunhas que roborem o afirmado na inicial. Mas forjar litigiosidade tão-só para obter a separação revela postura desleal e inconcebível, é usar o Poder Judiciário para protagonizar essa verdadeira fraude. Porém, essa prática decorre da rigidez da própria lei, não se podendo recriminar a tentativa do casal de se libertar de um casamento que já acabou.

Outra modalidade indevida de contornar a intransigência legal, de largo uso, é a busca consensual da separação de corpos, modalidade que não dispõe de referendo na lei. Como inexiste pretensão resistida, trata-se de procedimento de jurisdição voluntária, não guardando qualquer identidade com a medida provisional de afastamento de um dos cônjuges da morada do casal, prevista no inciso VI do art. 888 do CPC, nem com a possibilidade assegurada pelo art. 1.562 do Código Civil. Também já é consagrada a prática de pedir a separação de corpos por quem se afastou do lar conjugal. Acaba o juiz concedendo singelo "alvará de separação de corpos", artifício que pode mascarar a verdadeira causa da separação, como, por exemplo, o abandono do lar.

Em qualquer das hipóteses, o Poder Judiciário é utilizado para fins meramente certificatórios do término da vida em comum, para a só finalidade de fixar o termo *a quo* para a conversão da separação em divórcio. Mister reconhecer o absoluto descabimento de tais posturas, que só encontram justificativa na vedação da separação ou mesmo do divórcio, pela simples manifestação de vontade de um do par, independente de uma causa ou do implemento de prazos, quer da celebração do casamento quer do seu fim.

6. A vontade de um

O art. 1.563 do Código Civil prevê a separação chamada litigiosa. A iniciativa da ação é de um dos cônjuges, mas para tal o pedido precisa ser motivado, ou seja, há necessidade da indicação de uma causa de pedir: ou o decurso do prazo de um ano da separação de fato ou a existência de uma postura culposa imputável ao demandado.

O § 1º do art. 1.572 da lei civil autoriza o pedido de separação por qualquer dos cônjuges mediante a prova da ruptura da vida em comum há mais de um ano. Basta um único pressuposto de ordem objetiva, qual seja o adimplemento do prazo temporal, sem necessidade de apontar a causa da separação ou identificar o responsável pelo fim da relação. Mas se há a intenção de buscar a desconstituição do casamento antes de tal prazo, imperioso que o autor responsabilize o réu pelo fim do relacionamento. Depois de um ano do término do período de convívio, porém, o Estado deixa de se preocupar com os motivos da falência do casamento e se desinteressa em identificar e punir o culpado.

Para ser buscada a separação judicial antes do prazo de um ano da separação de fato, é imposto ao autor o ônus de alegar e provar motivos.

A causa de pedir da ação é complexa: além de atribuir ao réu uma das condutas elencadas no art. 1.563 do Código Civil, deve o autor demonstrar que tais posturas tornaram insuportável a vida em comum. Portanto, duplo é o requisito para a sua concessão, um imputável ao réu (adultério, tentativa de morte, sevícia ou injúria grave, abandono voluntário do lar conjugal durante um ano contínuo, condenação por um crime infamante, conduta desonrosa ou fatos outros assim considerados pelo juiz segundo o parágrafo único do art. 1.573 CC) e outro de ordem subjetiva, isto é, que tais comportamentos hajam tornado insuportável a mantença da vida a dois.

Talvez o mais paradoxal seja que, não provada a "culpa", a ação é julgada improcedente, criando uma situação no mínimo esdrúxula: o juiz, por não ter ficado convencido da responsabilidade de quem figura no pólo passivo da ação, mantém casados aqueles que se digladiaram durante a tramitação de uma demanda em que foram desvendadas mágoas e confessados ressentimentos, o que, ao certo, aumenta o estado de beligerância do casal a inviabilizar a permanência do casamento.

A perquirição da causa da separação já vinha sendo abandonada pela jurisprudência. A partir da constitucionalização da primazia da dignidade da pessoa humana, tendo merecido significativo realce o direito à privacidade e à intimidade, deixou-se de investigar a culpa ou apontar culpados para ser decretada a separação.[19] Ainda que tenha sido revitalizado o instituto da culpa no atual Código Civil, continua sua identificação perdendo prestígio e sendo desprezada pela Justiça,[20] seja porque é difícil atribuir a um só dos cônjuges a responsabilidade pelo fim do vínculo afetivo, seja porque é indevido obrigar a um cônjuge que revele a intimidade, invadindo a auréola de privacidade do outro. Mesmo tendo sido

---

[19] Separação. Culpa. Não tem mais justificativa a atribuição da culpa pelo rompimento da vida em comum, quando nenhuma conseqüência pode advir dessa declaração, bastando, para a decretação da separação, o reconhecimento do fim do vínculo afetivo. Embargos rejeitados. (Embargos Infringentes nº 70001797711, 4º Grupo de Câmaras Cíveis do Tribunal de Justiça do Rio Grande do Sul, Relatora Desembargadora Maria Berenice Dias, julgado em 09/3/2001).

[20] Apelação cível. Separação litigiosa cumulada com alimentos. Preliminar. Ausência do exame da culpa pelo juízo de origem. Conforme entendimento das Câmaras de Família deste Tribunal, descabe perquirir sobre culpa nas relações afetivas, haja vista ser conseqüência e não causa da separação. Nulidade afastada. Intempestividade do recurso do recorrido não configurada. Recurso do réu desprovido - unânime. Recurso da autora provido, em parte - voto vencido. (Apelação Cível nº 70005481742, 8ª Câmara Cível do Tribunal de Justiça do Rio Grande do Sul, Relator Desembargador Alfredo Guilherme Englert, julgado em 03/4/2003).
Separação Judicial. Culpa. Identificação do responsável pelo término da relação conjugal. Desnecessidade. Segundo entendimento já sedimentado nesta Câmara, não se pode atribuir a qualquer uma das partes, mas tão-somente à corrosão dos sentimentos, ao desamor que se instala no seio da relação. Afastada a imposição de culpa, mantém-se o decreto da separação judicial. Apelos desprovidos. (Apelação Cível nº 70005842380, 7ª Câmara Cível do Tribunal de Justiça do Rio Grande do Sul, Relator Desembargador José Carlos Teixeira Giorgis, julgado em 18/6/2003).

repristinada a culpa, inclusive com mais forte colorido no Código Civil, posteriormente à Constituição Federal, cabe reconhecer a inconstitucionalidade dessa imposição legal. Refoge ao âmbito de atuação do Estado impor a alguém a violação ao direto à privacidade de outrem, para o juiz, de forma estéril e desnecessária, lhe atribuir a pecha de culpado, uma vez que *não tem sentido averiguar a culpa com motivação de ordem íntima, psíquica*, conforme assevera Luiz Edson Fachin, concluindo que a conduta pode ser apenas *sintoma do fim*.[21]

7. As (des)semelhanças

A grande diferença que se pode vislumbrar entre a separação e o divórcio é que, para se obter a separação, basta o fim da vida conjugal pelo período de um ano (§ 1º do art. 1.572 do CC), enquanto para a concessão do divórcio, quer de forma consensual, quer por iniciativa de somente um dos cônjuges, é necessário que a ruptura da vida em comum tenha completado dois anos consecutivos (§ 2º do art. 1.580 do CC).

Injustificáveis as incongruências da lei. Quando a separação decorre do mútuo acordo de vontades, a única exigência é estarem os cônjuges casados há mais de um ano (art. 1.524 do CC). Não há a necessidade de apontar qualquer motivação nem o implemento de prazo da separação de fato para a busca do término da relação. No entanto, para alcançar o divórcio, ainda que de forma consensual, mister estarem os cônjuges separados de fato há mais de dois anos.

Quando apenas um do par quiser a separação, somente tem legitimidade para a ação o "inocente", sendo imprescindível que ele comprove a culpa do réu pelo desenlace do relacionamento (art. 1.572 do CC). Por conseqüência, o cônjuge "responsável" pela separação não pode pedir a chancela judicial para pôr fim ao vínculo matrimonial antes de estar o casal separado por um ano. Quando inexistir causa que permita identificar o infrator pela falência do casamento, nenhum dos cônjuges pode tomar a iniciativa de pedir a separação, sendo necessária a espera do escoamento de um ano da ruptura da vida em comum para qualquer deles buscar o que se chama de separação "remédio". Mas se, em vez de esperarem um ano, aguardarem o decurso de dois anos, é possível a qualquer dos cônjuges pedir o divórcio. Antes desse prazo, é incabível o pedido, fazendo-se necessário usar previamente a via da separação e depois sua conversão em divórcio.

---

[21] FACHIN, Luiz Edson. *Elementos críticos do Direito de Família*. Rio de Janeiro: Renovar, 1999, p. 179.

"Também aqui se flagra uma certa incongruência do legislador. Depois de um ano do rompimento da vida conjugal, torna-se despicienda a invocação de alguma causa, e qualquer dos cônjuges, tanto o 'culpado' como o 'inocente', pode buscar a separação, independente da identificação de um responsável (art. 1.572, § 1º, do CC). Mas para isso é preciso esperar que decorra o período de um ano, como se o tempo tivesse o condão de gerar inimputabilidades. Poder-se-ia, quem sabe, fazer uma espécie de analogia com o Direito Penal e reconhecer a 'prescrição' do crime, e o 'delinqüente' – isto é, aquele que praticou o delito de deixar de amar – acaba reabilitado, podendo, então, livrar-se do casamento.

É de ser nominado no mínimo de estranho que, em se tratando de separação, não implementado o prazo de um ano de ruptura da vida em comum, a culpa é elemento indispensável para sua concessão. Mas a expressa vedação a qualquer referência aos motivos que ensejaram o decreto da separação quando de sua conversão em divórcio (§ 1º do art. 1.580 do CC) mostra a absoluta desnecessidade de tais perquirições e apenações. No divórcio, por outro lado, o elemento culpa é absolutamente descabido. Somente o decurso do prazo de separação de fato por dois anos autoriza sua concessão, quer seja divórcio consensual, quer seja litigioso (art. 1580, § 2º, do CC). A causa de pedir é unicamente a questão temporal do fim da vida em comum."

8. A (des)vantagem

Nem só desvantagens decorrem da separação. Ao menos um benefício parece trazer, qual seja a possibilidade de os separados se reconciliarem. Se houver o casal se divorciado, o restabelecimento da união conjugal só poderá ocorrer mediante novo casamento. Era o que dizia o art. 33 da Lei do Divórcio. Ainda que esse dispositivo não tenha sido reproduzido no Código Civil, persiste a vedação, que não decorre do afirmado na lei. A separação só "rompe" o casamento, que pode ser reconstituído, e o divórcio "dissolve" o vínculo matrimonial, que deixa de existir e não pode ser refeito.

É até enfático o art. 1.577 do CC ao proclamar: *Seja qual for a causa da separação judicial e o modo como esta se faça, é lícito aos cônjuges restabelecer, a todo tempo, a sociedade conjugal (...)*. Considera a lei "lícita" a reconciliação, apontando-a quase como uma medida redentora. No entanto, para que tal ocorra, é necessária a intervenção judicial. Assim, se os separados, ao fazerem as pazes, resolverem desfazer a separação, terão que contratar advogado, que irá requerer o desarquivamento do processo de separação. Além do tempo que tal busca despende, o pedido deverá ser apreciado pelo juiz, que necessariamente dará vista ao Ministério Público. Mesmo que não seja necessária a realização de audiência, a decisão judicial terá que aguardar o trânsito em julgado da sentença. Só após será expedida certidão ao Registro Civil. Não se pode olvidar que todos esses procedimentos envolvem o desembolso de emolumentos, custas e honorários advocatícios.

Ao se comparar esse processo com o casamento, que, além de gratuito (art. 226, § 1º, da CF), é muito mais romântico e rápido, não se pode dizer que a manutenção da separação se justifica pela sua reversibilidade.

9. O tempo

Como a lei impõe o decurso do prazo de dois anos de separação de fato para a obtenção do divórcio, a comprovação desse interstício vem sendo alvo de abrandamentos, o que tem levado os cônjuges a não mais fazer uso da via da separação. É que no divórcio consensual, apesar da exigência do inciso III do art. 40 da Lei do Divórcio,[22] a coleta da prova testemunhal e a realização de audiência de ratificação estão sendo dispensadas.

Para alcançar o divórcio, independente do tempo de cessação da vida em comum, as partes arrolavam duas testemunhas que, ouvidas em conjunto pelo juiz, se limitavam a singelamente afirmar que o casal estava separado há mais de dois anos. Não precisou grande esforço para se flagrar que o Judiciário se tornara palco de uma verdadeira encenação. Em momento posterior, passaram a acompanhar a inicial da ação de divórcio simples declarações das testemunhas dizendo estar o casal separado pelo lapso legal. Aos poucos, deixaram os juízes de proceder à oitiva em audiência dos firmatários dos indigitados documentos. Começaram a ser aceitas as declarações trazidas pelas partes, dispensando-se o que antes se tinha por indispensável: a ouvida das testemunhas em juízo.[23]

---

[22] Este dispositivo da Lei do Divórcio permanece em vigor face ao seu conteúdo processual.

[23] Divórcio consensual. Prova testemunhal. Ante a afirmativa dos cônjuges de estarem separados de fato há dois anos, desnecessária declaração ou ouvida de testemunhas, pois não há outro motivo para emprestar maior credibilidade à palavra de terceiros do que à das próprias partes. Apelo improvido. (Apelação Cível nº 70003153350, 7ª Câmara Cível do Tribunal de Justiça do Rio Grande do Sul, Relatora Desembargadora Maria Berenice Dias, julgado em 31/10/2001).
Divórcio litigioso. Audiência. Prova testemunhal. Mostra-se viável a comprovação do lapso temporal exigido para a decretação do divórcio mediante declaração prestada por testemunhas com firma reconhecida, sem a necessidade de realização de audiência de instrução. (...) Apelo provido em parte. (Apelação Cível nº 70006857429, 7ª Câmara Cível do Tribunal de Justiça do Rio Grande do Sul, Relatora Desembargadora Maria Berenice Dias, julgado em 03/9/2003).

Porém, na ação de divórcio consensual, não há sequer a necessidade de apresentação de declarações de testemunhas, que se limitam a confirmar o que as partes já declararam, ou seja, que estão separadas há mais de dois anos. De todo injustificável emprestar maior credibilidade à manifestação de duas pessoas e não aceitar a assertiva dos cônjuges como verdadeira. Por que a palavra dos divorciandos não basta para se ter por atendido o encargo probatório exigido pela lei? Se há convergência de vontades sobre o fim do casamento, a declaração dos divorciandos na inicial é mais do que suficiente para se ter por adimplida a comprovação do requisito temporal.

10. A palavra

Apesar do que determina o inciso III do art. 40 da Lei do Divórcio, quando o divórcio é buscado consensualmente, sequer se faz obrigatória a realização de audiência de ratificação, principalmente quando inexiste prole e bens a partilhar. Deve ser suficiente a afirmativa constante da petição inicial de que o casamento faliu, sendo livre a intenção de ambos de se divorciar. Despicienda a imposição a pessoas maiores, capazes e no amplo gozo de seus direitos civis de ratificar, na presença do juiz, a manifestação livre da vontade já externada de forma escrita. Ao depois, a audiência de ratificação também se tornou um ato meramente formal, muitas vezes limitando-se as partes a firmar um termo impresso no balcão dos cartórios.

Mas outros questionamentos se impõem. Para que tentará o juiz reconciliar as partes que não vivem juntas há mais de dois anos e não querem mais ficar casadas? Procuraram um advogado e intentaram uma ação buscando simplesmente a chancela judicial – que até dispensável seria – para desfazer um vínculo que foi firmado espontaneamente, inclusive sem a interferência judicial.

É de atentar-se em que, na conversão da separação em divórcio, quer por mútuo acordo, quer por ausência de contestação, o juiz conhecerá diretamente do pedido sem a ouvida das partes, conforme dispõe o art. 37 da Lei do Divórcio.[24] Igualmente quando a partilha de bens é relegada a momento posterior ao decreto da separação ou do divórcio, não há necessidade da audiência para saber se a partilha proposta corresponde à vontade livre das partes.

---

[24] Dispositivo ainda em vigor face ao seu conteúdo processual.

Essas exceções à ouvida das partes mostram não ser imperiosa a audiência de ratificação para a concessão do divórcio. Aliás, de forma freqüente vem sendo dispensada essa solenidade.[25]

11. O obstáculo

Outro ponto merece atenção, a evidenciar o descabimento da mantença desta figura híbrida da separação depois do advento do divórcio. Decretada a separação judicial, resta afastada a possibilidade de se atender ao aparente interesse do Estado de as pessoas se vincularem pelo casamento. Ora, as pessoas separadas judicialmente não podem casar, mas podem viver em união estável, sendo pertinente a reflexão de Zeno Veloso:

> "Uma coisa é não poder a união estável, num caso concreto, converter-se em casamento, e outra, muito diferente, é garantir-se que, por isto, não há união estável. Aliás, se um ou ambos os conviventes são separados judicialmente, também não pode haver a conversão, e ninguém ousaria negar a existência da união estável, se os requisitos legais estão sendo atendidos".[26]

Assim, a condição de separado de um ou ambos os conviventes impede que cumpra o Estado o compromisso – diga-se, o *mais inútil de todas as inutilidades*[27] – de facilitar a conversão da união estável em casamento. Portanto, estando um dos conviventes impedido de casar, por ser separado de fato ou judicialmente, tal veda a transformação da união estável em casamento. Ora, se o aparato estatal assumiu o encargo de facilitar aos unidos de fato a formalização de sua união, nada justifica a sobrevivência de um instituto que, mesmo levando ao fim do casamento, impede a constituição de nova relação formal.

---

[25] Divórcio consensual. Prova testemunhal. Ante a afirmativa dos cônjuges de estarem separados de fato há dois anos, desnecessária declaração ou ouvida de testemunhas, pois não há motivo para emprestar maior credibilidade à palavra de terceiros do que à das próprias partes. Audiência de ratificação. Dispensável a realização da audiência de ratificação quando nada há a ser estipulado, seja sobre filhos, alimentos ou partilha de bens. Basta a assertiva da inicial da livre intenção das partes para que seja chancelado o divórcio, uma vez que alegam eles que a separação já perdura por mais de dois anos. Apelo desprovido. (Apelação Cível nº 70003044567, 7ª Câmara Cível do Tribunal de Justiça do Rio Grande do Sul, Relatora Desembargadora Maria Berenice Dias, julgado em 28/9/2001). Divórcio consensual. Audiência de ratificação. Ainda que a ouvida dos divorciandos se revele útil, *in casu*, inexistindo filhos, bens a partilhar ou obrigação alimentar, é de todo desnecessária a formalidade da audiência para a ouvida das partes. Apelo desprovido, por maioria. (Apelação Cível nº 70005525779, 7ª Câmara Cível do Tribunal de Justiça do Rio Grande do Sul, Relatora Desembargadora Maria Berenice Dias, julgado em 19/3/2003).

[26] VELOSO, Zeno. *União estável*. Belém: Editora Cejup, 1997. p. 75.

[27] Conforme HIRONAKA, Giselda Maria F. Novaes. *Família e casamento em evolução*. In Direito Civil: Estudos. Belo Horizonte: Del Rey, 2000. p. 27.

12. Estágio fugaz

Depois de uma demanda litigiosa, normalmente demorada e desgastante, em face da imprescindível identificação de um culpado, a vitória é pífia. As severas sanções impostas a quem deu causa ao fim do relacionamento, além de cruéis e injustificáveis, são flagrantemente inconstitucionais. Descabida a limitação do direito a alimentos a quem não tem condições de prover o próprio sustento (arts. 1.694, § 2º, e 1702, e parágrafo único, do CC), pois se trata de obrigação que tem por parâmetro exclusivamente o critério da proporcionalidade, ou seja, mensuram-se as possibilidades do alimentante e as necessidades do alimentando. Também descabida a possibilidade da perda de um dos direitos personalíssimos de alguém por sede de vingança de outrem. É que fica ao alvedrio do "dono" do nome subtrair a identidade de quem o adotou (art. 1.578 do CC) e que foi o "culpado" pelo fim do amor. Além de indevida, deve-se qualificar de atentória à dignidade a interferência de terceiro na identidade de alguém, pois o nome é um *bem jurídico que tutela a intimidade, atributo ínsito da personalidade humana*.[28] Assim, de todo descabido deixar em mãos do "inocente", sem que haja sequer necessidade de justificar tal desejo, a imposição da penalidade da perda do nome. Dita faculdade tem nítido caráter punitivo e vingativo.[29]

A indispensável comprovação da culpa para a obtenção da separação perde completamente o sentido quando da sua conversão em divórcio, pois é vedado que conste da sentença a causa que o determinou. A "pecha" de culpado dura, no máximo, um ano, já que o prazo para a conversão flui, não da data da sentença que imputou a culpa ao réu, mas de simples decisão judicial que faça presumir a separação dos cônjuges (art. 1.580 do CC).

Há mais um motivo que subtrai qualquer justificativa à manutenção da separação judicial. Normalmente, como a demanda exige dilação probatória, sua tramitação se estende no tempo, e dificilmente o processo chega à sentença ou o recurso aporta no tribunal antes de um ano da propositura da ação. Determinando o art. 462 do CPC a qualquer dos graus de jurisdição que considere os fatos supervenientes que possam alterar o resultado da ação, implementado o prazo legal durante a tramitação da ação ou do recurso, imperativo que seja decretada a separação chamada

---

[28] ALMEIDA, Silmara Juny de Chinelato e. *Do nome da mulher casada*. São Paulo: Forense Universitária. 2001. p. 66.
[29] Divórcio. (...) Nome. Direito de personalidade. Descabe impor na sentença do divórcio o retorno ao nome de solteira, contra expressa vontade da mulher. A partir da adoção do apelido do marido esse integra o direito à identidade. Rejeitada a preliminar de nulidade de citação, proveram o apelo em parte, por maioria (Apelação Cível nº 599400285, 7ª Câmara Cível do Tribunal de Justiça do Rio Grande do Sul, Relatora Desembargadora Maria Berenice Dias, julgado em 08/9/1999).

remédio tão-só pelo fundamento temporal.[30] Independente do requerimento de qualquer das partes, da eventual discordância de algum dos cônjuges, impositivo que o julgador considere o novo fato e atente exclusivamente no decurso do prazo para decretar a separação. Nada obsta o decreto do divórcio na própria ação de separação tão logo adimplido o prazo de dois anos da separação de fato. Trata-se de salutar providência, pois se estará evitando a imediata propositura de nova ação para obter a conversão da separação em divórcio.

13. Duplicidade inócua

Diante de todas essas incongruências, uma certeza salta aos olhos. A partir do momento em que a lei assegurou a possibilidade do divórcio direto, mediante o só implemento do prazo de dois anos do término da relação, perdeu utilidade a mantença do instituto da separação judicial. Inclusive, cabe questionar a vantagem de alguém se socorrer da ação de separação, por decorrido um ano da separação de fato, quando o transcurso de mais um ano autoriza o divórcio direto. Como após o decurso do biênio da data da separação de corpos ou do prazo de um ano do decreto da separação judicial necessitam as partes retornar a juízo para a sua conversão em divórcio, essa duplicidade procedimental, além de inócua, é desgastante e onerosa. Certamente acaba por ser mais demorado obter o rompimento do casamento se forem usados os dois expedientes legais em vez de se buscar diretamente o divórcio, ainda que se faça necessária a espera de dois anos para sua propositura. Não se pode desprezar um outro dado: o que essa duplicidade de ações congestiona os foros e onera o Poder Judiciário. Em época em que tanto se reclama da morosidade e aparente ineficiência da Justiça, mister eliminar demandas inúteis e desnecessária duplicidade procedimental para atender a uma única vontade, a uma só pretensão, que é a de desconstituir o vínculo do casamento.

---

[30] Separação. Decurso do prazo. Decorrido o prazo para a concessão da separação por implemento do prazo legal, despiciendo perquirir o elemento subjetivo para a identificação do responsável pelo fim do vínculo afetivo, por incidência do art. 462 do CPC. Agravo desprovido. (Apelação Cível nº 70006347769, 7ª Câmara Cível do Tribunal de Justiça do Rio Grande do Sul, Relatora Desembargadora Maria Berenice Dias, julgado em 21/5/2003).
Razoável decretar-se o divórcio quando durante o curso da demanda de separação se exaure o prazo detonado com a separação de fato. (Apelação Cível nº 70003263142, 7ª Câmara Cível do Tribunal de Justiça do Rio Grande do Sul, Relator Desembargador José Carlos Teixeira Giorgs, julgado em 27/3/2003).
Superveniência de fato novo deve ser levada em consideração de ofício, em qualquer grau de jurisdição. Princípio da economia processual que impõe o aproveitamento do processo. (Apelação Cível nº 70000026708, 7ª Câmara Cível do Tribunal de Justiça do Rio Grande do Sul, Desembargador Luiz Felipe Brasil Santos, julgado em 27/3/2003).

14. A pergunta que não quer calar

Ao atentar-se em todos esses pontos, não há como deixar-se de se surpreender ao constatar a total inversão valorativa a que a superposição de leis e o descaso do legislador deu ensejo. Para formar uma família, que é a *base da sociedade* e merece a *especial proteção do Estado* (art. 226 do CF), *entidade responsável por garantir, com absoluta prioridade, todos os direitos assegurados à criança e ao adolescente* (art. 227 da CF), é suficiente um mero procedimento de habilitação. Depois, basta dizer "sim" ao Juiz de Paz, que sequer serventuário da Justiça é, sendo a solenidade chancelada por um oficial cartorário.

Para desfazer esse vínculo, no entanto, é necessário o aparato do Poder Judiciário, que impõe a implementação de prazos, a identificação de culpas e se arvora o direito de aplicar sanções. É de se perguntar o porquê de tais entraves. Esses limites e obstáculos afrontam o princípio da liberdade, sem falar no direito à privacidade e no próprio direito à felicidade. Pelo alargamento dos direitos e garantias fundamentais, cada vez mais se questiona a legitimidade de o Estado imiscuir-se na vida do cidadão. Lapidar a lição de Rodrigo da Cunha Pereira: *é preciso demarcar o limite de intervenção do Direito na organização familiar para que as normas estabelecidas por ele não interfiram em prejuízo da liberdade do 'ser' sujeito.*[31]

Será que o Poder Judiciário pode se negar a chancelar a vontade das partes que manifestam de forma livre o desejo de romper o vínculo do matrimônio? Que interesse maior se estaria tentando proteger? Se, para a realização do casamento, basta a manifestação de vontade dos nubentes, para sua extinção é despiciendo exigir mais do que a assertiva do casal de que o casamento ruiu e de que eles não mais querem seguir unidos pelos laços do matrimônio.

Talvez, de forma singela, até se devesse transpor para o campo do Direito de Família o princípio insculpido no art. 472 do Código Civil, que diz: *O distrato faz-se pela mesma forma exigida para o contrato*. O pedido de divórcio, ao menos quando consensual, poderia ser formulado mediante mero requerimento dirigido ao Cartório do Registro Civil em que ocorreu o casamento, que fará a devida averbação à margem do registro de casamento, solução que, com certeza, melhor atenderia ao atual momento que vive a sociedade, que está a exigir soluções rápidas, eficientes e inteligentes.

---

[31] PEREIRA, Rodrigo da Cunha. *Direito de Família:* uma abordagem psicanalítica. 2 ed. Belo Horizonte: Del Rey, 2003, p. 3.

15. O desuso

Tanto a Constituição Federal como o Código Civil perderam uma bela oportunidade de expungir do sistema jurídico o procedimento da separação. Impositivo que se conceda o divórcio pelo simples desejo dos cônjuges, independente do lapso de vigência do casamento ou do implemento de prazo da separação. Não há mais como exigir a identificação de qualquer motivo para que o Estado dê por findo o casamento.

"A proteção da família é proteção mediata, ou seja, no interesse da realização existencial e afetiva das pessoas. Não é a família per se que é constitucionalmente protegida, mas o 'locus' indispensável de realização e desenvolvimento da pessoa humana".[32]

Para casar, é suficiente manifestar a vontade de fazê-lo, o que pode ocorrer até por procuração. Para romper o casamento, não se pode exigir formalidades maiores, limitando somente aos cônjuges a legitimidade para pedir a separação[33] ou o divórcio.[34] Basta a afirmativa dos cônjuges de que não mais desejam manter a união, para que o Estado chancele a vontade do par, decretando, sem maiores delongas, o divórcio.

Com certeza é a jurisprudência que deve dar mais um passo, deixando cair em desuso a separação, simplesmente deixar de decretá-la, passando a conceder o divórcio. Aliás, para a Justiça, adequar o pedido ao posicionamento jurisprudencial não é uma novidade. A jurisprudência, por exemplo, abandonou o reconhecimento do vínculo laboral entre os parceiros ao passar a ver na relação extramatrimonial uma sociedade de fato, sem atentar no que havia sido pedido pela autora. Ainda hoje, quando é proposta ação de dissolução de sociedade de fato, é reconhecida judicialmente a união estável. Buscada indenização por serviços prestados, acabam sendo deferidos alimentos ou determinada partilha de bens. Assim, nada impede que, intentada ação de separação, o juiz decrete o divórcio, pois as partes nada mais querem do que o fim do casamento. Igual poderá ser o resultado até nas ações de separação de corpos, pois a pretensão é romper a vida em comum, em face do fim do casamento, o que justifica sua desconstituição imediata pela decretação do divórcio. Cabe invocar o velho adágio *damihi factum dabo tibi jus*, isto é, a parte denuncia o desfazimento do laço de afetividade e pede a separação porque sua pretensão é a dissolução do casamanto. Como o desfazimento do vínculo matrimonial

---

[32] LÔBO, Paulo Luiz Netto. Entidades familiares constitucionalizadas. *In:* PEREIRA, Rodrigo da Cunha (coord.). *Anais do III Congresso Brasileiro de Direito de Família*. Família e Cidadania. O novo CCB e a *Vacatio Legis*. Belo Horizonte: IBDFAM/Del Rey, 2002, p. 96.

[33] Art. 1576, parágrafo único, do CC.

[34] Art. 1582 do CC.

pode ocorrer pela separação ou pelo divórcio, é muito mais vantajoso, tanto para as partes como para a Justiça, a imediata decretação do divórcio, tão logo decorrido o lapso temporal. Nominar a ação de separação ou divórcio é de todo indiferente, pois o que quer a parte é a desconstituição do casamento. Ainda que nomine o autor a demanda de ação de separação, nada impede a decretação do divórcio, não só pelo princípio de economia processual, mas até para economia das partes.

Como sempre vem ocorrendo, são os juízes, que, trabalhando mais rente ao fato social, acabam por mostrar o norte e levar o legislador a chancelar, por meio da lei, o que a Justiça já reconheceu como a solução mais acertada e coerente.

É chegada a hora de, mais uma vez, assumir o Judiciário uma postura de vanguarda, pois o juiz tem o compromisso de fazer justiça, assegurar o direito às partes que, afinal, nada mais querem do que se livrar do casamento para enfim buscar a felicidade sem fim.

— 14 —

O pluralismo no Direito de Família brasileiro: realidade social e reinvenção da família

MARIA CLÁUDIA CRESPO BRAUNER

Doutora em Direito pela Université de Rennes I, França.
Professora e Pesquisadora em Direito de Família, Bioética e Biodireito.
Professora nos Cursos de Graduação, Mestrado e Doutorado da UNISINOS.
Graduação e Mestrado da Universidade de Caxias do Sul - UCS.
Advogada, membro do IARGS e do IBDFAM.

Sumário: Introdução; 1. Diversas formas de constituir família; 2. Famílias do casamento; 3. Famílias de uniões estáveis; 4. Famílias de uniões estáveis homoafetivas; 5. Famílias monoparentais; 6. Famílias reconstituídas; 7. Notas conclusivas; 8. Referências bibliográficas

Introdução

A família constitui um fenômeno da natureza e da cultura e, em decorrência da trama de interesses sociais envolvidos, tem sido institucionalizada pela lei. Se a família tem uma natureza privada, sendo tradicionalmente considerada, um objeto da doutrina do Direito privado, esta característica não a mantém desvinculada do público. É preciso reconhecer que os problemas que a família enfrenta, enquanto fato social, constitui na verdade, uma problemática de direito público, questão que vincula a instituição estatal com a coletividade, atribuindo, portanto, uma conotação publicista ao tratamento das questões familiais. Este fato parece fácil de perceber pelo interesse do Estado, através do Direito, em organizar de maneira acentuada as relações no âmbito da família.

O tratamento dispensado pelo Direito à família é constantemente colocado à prova tendo em vista as renovadas transformações à que submetidas as entidades familiais. Isto se deve à necessidade de responder às exigências, cada vez maiores, de realização do indivíduo no plano afetivo e relacional, conjugando-se, igualmente, a realização profissional e econômica de cada um dos membros, e a proteção dos filhos. Uma forte vontade de integração nos levou a redescobrir a família, como núcleo de construção da identidade do sujeito.

Observar a família e pesquisar os motivos que levam às mudanças é tarefa dos sociólogos, historiadores e antropólogos, que nos apresentam um cenário caracterizado pelas mais variadas transformações das estruturas familiais, acompanhadas das inquietações persistentes que envolvem as relações de família. O espectro de culturas é amplo, e os problemas da vida em sociedade se intensificam.

A necessidade de adaptação das soluções para os descompassos e rupturas enfrentados nestas relações exige uma constante adaptação do Direito interno, na tentativa de compor os conflitos surgidos no cotidiano da vida familiar.

Estabelecer o papel do Direito na busca do reequilíbrio entre as partes, nos conflitos de família, representa uma fonte inesgotável de desafios, no sentido de se construir soluções ajustadas às expectativas dos indivíduos a partir de uma renovação de conhecimentos e experiências, fundadas em uma necessária abordagem multidisciplinar.

No caso brasileiro, o Direito de Família passou a ser um valor constitucional na medida em que a Constituição Federal de 1988 acolheu as expectativas da sociedade na tutela das relações de família e dedicou um capítulo, composto de cinco artigos e diversos parágrafos, definindo os direitos dos entes familiais e as obrigações do Estado para com eles. Dessa forma, atribuiu-se uma dimensão constitucional ao tratamento da família. Denominamos esse fenômeno de *publicização* ou *constitucionalização* do Direito Privado.

Por sua vez, o novo Código Civil brasileiro de 2002 pouco inovou no que concerne ao Direito de Família, incorporando necessariamente as inovações implementadas pela Constituição de 1988, mas desconhecendo diversas conquistas emergidas da formulação doutrinária e jurisprudencial posterior. Determinadas leis ordinárias, elaboradas para assegurar a efetividade dos princípios constitucionais, foram restringidas em sua aplicação pelo novo Código, fato que requererá a produção de uma doutrina e jurisprudência ainda mais inovadora e criativa, não subjugadas aos limites do texto da codificação civil.

Uma breve análise das mudanças importantes que foram incorporadas pelo Direito brasileiro, na busca de alternativas concretas e de maior adequação à realidade familiar brasileira, em especial, no que tange à proteção às diferentes entidades familiares, parece abrir as portas da presente proposta.

Vamos empreender um itinerário que pretende abordar as diversas formas de manifestação de vida familiar, as formas renovadas e elevadas a um dos pilares da modernidade, por terem sobrevivido corajosamente às turbulências econômicas e políticas das últimas décadas, merecendo, portanto, tratamento constitucional.

1. Diversas formas de constituir família

Compreender a evolução do Direito de Família deve ter como premissa a construção e a aplicação de uma nova cultura jurídica, que nos conduz a conhecer a proposta de proteção às entidades familiais, estabelecendo um processo de *repersonalização* destas relações e, devendo centrar-se na manutenção do afeto, sua maior preocupação.

O desafio lançado consiste em aceitar o princípio democrático do pluralismo na formação de entidades familiais e, respeitando as diferenças intrínsecas de cada uma delas, efetivar a proteção e prover os meios para resguardar o interesse das partes, conciliando o respeito à dignidade humana, o direito à intimidade e à liberdade com os interesses sociais e, somente quando indispensável, recorrer à intervenção estatal para coibir abusos.

A busca de respostas aos conflitos nas famílias leva-nos a perceber a realidade e a diversidade social brasileira, predominando as disparidades intensas entre os aspectos culturais, econômicos e sociais. O policulturalismo, característico de nossa sociedade, representa um grande desafio para os intelectuais por representar um verdadeiro laboratório da pós-modernidade.

A organização familiar está sempre vinculada à mudança, entretanto, o tratamento auferido pelo Direito brasileiro às relações familiares ficou, durante muito tempo, alheio ao processo de transformação das relações de família e de suas necessidades. Foi preciso criar um novo paradigma, instituído pelo modelo constitucional, que operou uma substituição ao modelo consagrado pelo Código Civil de 1916. Este último, centrado no individualismo, caracterizou-se pelo predomínio do patriarcado e da proteção às relações patrimoniais oriundas da relação conjugal matrimonializada. A proposta constitucional revolucionou o tratamento jurídico das relações familiares.

Na sociedade brasileira dos últimos anos, em virtude de diversos fatores, especialmente, o ingresso massivo da mulher no mercado de trabalho resultou na redefinição dos papéis feminino e masculino na gestão da vida familiar. Houve preocupação com o diálogo e a divisão de tarefas, fato que estimulou transformações importantes, tanto nas relações entre os cônjuges ou companheiros quanto nas relações entre pais e filhos. Esta nova realidade deu origem a um processo de democratização das relações interindividuais, fruto da transformação de valores e princípios relativos à vida afetiva e familiar.

O reconhecimento formal da igualdade de direitos entre o homem e a mulher na vida pública trouxe a igualdade entre os cônjuges na vida familiar e rompeu com o modelo hierarquizado de família, impulsionando a participação de ambos os cônjuges nas atividades do cotidiano familiar, tanto nas questões de administração quanto nos encargos derivados do sustento, guarda e educação dos filhos.

Essa mudança, lenta e progressiva, leva a perceber ainda a predominância do poder de mando masculino, em virtude de questões culturais, mesmo se, na parte relativa ao sustento do lar, as mulheres estejam contribuindo de modo crescente, enfrentando a denominada dupla jornada de trabalho.

No que concerne à dicotomia entre a igualdade entre homem e mulher na vida pública, e a persistente diferenciação nas relações envolvendo a vida privada, Jean-Louis Baudouin explica que:

> "A filosofia da igualdade se inscreve na corrente moralista do final do século que favorece os direitos e liberdades fundamentais e considera a discriminação fundada sobre o sexo como interdita e socialmente inaceitável. O ideal de igualdade diverge da percepção tradicional da família, onde se encontram, ainda, traços na sociedade atual".[1]

Os traços que permanecem do modelo diferenciado dos papéis feminino e masculino demonstram o gradual processo de emancipação feminina. Ademais, essa transição é percebida distintamente na cultura das grandes e pequenas cidades, nas zonas urbana e rural.

O modelo de família nuclear permanece dominante, mas já não há um único modelo ocidental de família, posto que o plural se impõe e essa pluralidade enseja, paradoxalmente, o exercício de igualar e diferenciar, em diversos momentos, o homem e a mulher, levando em conta as peculiaridades dos conflitos de família ora judicializados.

No contexto variável de realidades culturais, a afirmação da socióloga francesa Martine Segalen abre outros horizontes:

> "Se ultrapassarmos nosso etnocentrismo cultural, verificamos que a família conjugal que associa dois parceiros escolhidos, mais ou menos livremente, é um caso pouco corrente na variedade dos modelos fami-

---

[1] BAUBOUIN, Jean-Louis. L'évolution du droit canadien: égalité, protection et judiciarisation. In: MEULDEURS-KLEIN (direção). *Familles et Justice*. Paris: LGDJ, 1997, p. 170.

liares e, essas características que parecem relevar da 'normalidade', são culturais e surgem, ainda na época contemporânea, como uma aberração, relativamente à forma de celebrar os casamentos noutras sociedades do mundo onde os cônjuges são escolhidos pelos pais e se casam freqüentemente jovens e, em que os laços de filiação predominam sobre os laços da conjugalidade".[2]

Com efeito, o reconhecimento da pluralidade de formas de constituição de família é uma realidade que tende a se expandir pelo amplo processo de transformação global, repercutindo na forma de tratamento das relações interindividuais. A reivindicação e o reconhecimento de direitos de igualdade, respeito à liberdade e à intimidade de homens e mulheres, assegura a toda pessoa o direito de constituir vínculos familiares e de manter relações afetivas, sem qualquer discriminação.

A pluralidade de formas de constituição de família representa uma grande ruptura com o modelo único de família, instituído pelo casamento. Aceitar que outras formas de relação merecem, igualmente, a proteção jurídica implica reconhecer o princípio do pluralismo e da liberdade que vem personificar a sociedade pós-moderna.

Fachin descreve este novo Direito de Família como sendo:

"... o Direito não imune à família como refúgio afetivo, centro de intercâmbio pessoal e emanador da felicidade possível, família como sendo o mosaico da diversidade, ninho da comunhão no espaço plural da tolerância, valoriza o afeto, afeição que recoloca novo sangue para correr nas veias de um renovado parentesco, informado pela substância de sua própria razão de ser e não apenas pelos vínculos formais ou consangüíneos. Tolerância que compreende o convívio de identidades, espectro plural, sem supremacia desmedida, sem diferenças discriminatórias, sem aniquilamentos. Tolerância que supõe possibilidade e limites. Um tripé que, feito desenho, pode-se mostrar apto a abrir portas e escancarar novas questões. Eis então o direito ao refúgio afetivo".[3]

A noção de afeto pode parecer vaga e imprecisa, mas suas manifestações podem revestir diversas realidades envolvendo cônjuges, companheiros, amantes, pais e filhos e, essas relações envolvendo ainda, outros indivíduos. Mesmo sendo difícil penetrar na esfera subjetiva do ser, é possível que o Direito venha a demonstrar sensibilidade às questões afe-

---

[2] SEGALEN, Martine. *Sociologia da Família*. (Trad. de Ana Santos Silva). Lisboa: Terramar, 1999, p. 327.
[3] FACHIN, Luiz Edson. *Elementos críticos do Direito de Família*. Rio de Janeiro: Renovar 1999. p. 306.

tivas, suas irrupções, seus excessos, buscando reparar situações, proteger aqueles que foram maltratados em suas relações de afeto. Os sentimentos podem, então, ser apropriados pelo Direito?

O reconhecimento do afeto nas relações familiares, a construção da igualdade entre homem e mulher e a aceitação do pluralismo na forma de constituição das relações de família vêm representar grandes desafios, frente à tradição conservadora em negar-se novas realidades. Em várias legislações, tudo parece apontar para uma consagração do afeto, uma irresistível ascensão deste sentimento na esfera jurídica.[4]

Necessário evitar que persista uma hierarquia entre os modelos de família, retomando-se novamente, como paradigma, o casamento, ajustando-se arbitrariamente todas as outras entidades familiares aos seus pressupostos.

Afinal, respeitar a diferença entre as formas de constituir família é um desafio permanente frente ao reducionismo que tende a confundir e banalizar a vontade dos indivíduos em suas relações afetivas. Nesse sentido, a afirmação de Carmen Lúcia Silveira Ramos é ilustrativa:

> "Embora o pluralismo da família brasileira tenha sido recepcionado pelo Direito, a ideologização de um novo quadro familiar pelo texto constitucional, substituindo a sociedade conjugal patriarcal pela igualitária, superando a exclusão e o formalismo em matéria de união entre casais e eliminando as discriminações aos filhos havidos fora do casamento, não teve o condão de reverter a atitude tradicional de falseamento da verdade familiar no Brasil".[5]

Na construção da igualdade entre homem e mulher nas relações afetivas e familiais é necessário reconhecer que o modelo matrimonializado não representa mais a forma "normalizadora" das relações conjugais.

Durante muito tempo, o estigma do adultério e a proteção ao casamento como única forma de constituição de família fez com que se considerasse o concubinato estranho ao direito, não suscetível de produzir efeitos jurídicos. Essa hostilidade passa a ceder lugar ao acolhimento de soluções jurídicas ajustadas às situações de fato, fazendo-se uma distinção conceitual entre concubinato *puro*, estabelecido entre pessoas desimpedidas para casar, e concubinato *impuro*, quando pelo menos um dos companheiros se encontra impedido pelo casamento preexistente ou em virtude de parentesco próximo. Tal formulação deu ensejo à edição da conhecida

---

[4] Sobre essa questão, ler a bela obra de POUSSON, Jacqueline e Alain. *L'affection et le droit*. Toulouse: CNRS. 1990.

[5] SILVEIRA RAMOS, Carmen Lúcia. Família constitucionalizada e pluralismo jurídico. In: *A família na travessia do milênio*. Anais do II Congresso Brasileiro de Direito de Família. PEREIRA, Rodrigo da Cunha (coord.). Belo Horizonte: IBDFam, 2000, p. 67.

súmula 380 do Supremo Tribunal Federal, que previu, quando comprovada a existência da sociedade de fato entre os concubinos, ser cabível a sua dissolução judicial, com a partilha do patrimônio adquirido pelo esforço comum.[6]

O caminho para o reconhecimento de outras formas de constituir família foi gradual e criativo, exigindo dos julgadores e dos doutrinadores o enfrentamento das realidades plúrimas que emergem nas relações afetivas. Este fato revela a necessidade de desconstruir o modelo herdado da família patriarcal, que envolve extrema complexidade do ponto de vista cultural e social. Nesse sentido, as previsões inovadoras presentes no texto constitucional atribuíram um novo sentido às entidades familiares, exigindo a produção de uma nova literatura do Direito que venha a incorporar este programa transformador.

Se neste estudo optou-se por iniciar a abordagem a partir da relação matrimonial redimensionada, o objetivo foi marcar as diferenças e similitudes com as outras formas de constituição de família. Não havendo, em nenhum momento, a intenção de evidenciar uma hierarquia entre os modelos de vida familiar, reconhecidos e presentes na sociedade brasileira.

2. Famílias do casamento

A Constituição Federal de 1988, quando buscou contemplar uma nova concepção familiar tratando da diversidade das entidades familiais, da união estável, da família monoparental e da família adotiva, não deixou de dar ênfase ao casamento civil, principalmente quando estabeleceu a controvertida possibilidade de conversão de união estável em casamento, prevista no § 3º do artigo 226 do texto constitucional.

Paradoxalmente, percebe-se que na medida em que o texto reconhece a união estável como entidade familiar, ordena ao Estado que facilite sua conversão em casamento, na intenção de normalizar as uniões lastreadas na informalidade. Aqui reside uma evidência que comprova a dicotomia entre duas correntes: uma que reconhece e tutela a pluralidade de formas de constituir família; e outra que pretende transformar em casamento as uniões livres e estáveis.

Conquistado o reconhecimento constitucional das relações afetivas de fato, percebe-se que não houve a intenção de se manter uma hierarquia ou estabelecer discriminações a uma ou outra forma de manifestação de

---

[6] TEPEDINO, Gustavo. Novas formas de entidades familiares: efeitos do casamento e da família não fundada no matrimônio. In: *Temas de Direito Civil*. Rio de Janeiro: Renovar, 2001, p. 331.

vida familiar. Houve, sim, o reconhecimento de outras formas de conjugalidade, quebrando-se a supremacia da família matrimonializada.

Uma redefinição nítida dos papéis conjugais nos últimos anos estimulou a busca da divisão das responsabilidades entre marido e mulher, além de um maior equilíbrio na relação. A família matrimonializada de hoje apresenta-se e desenvolve-se a partir de uma modalidade de co-gestão, onde os interesses comuns e individuais dos cônjuges e dos filhos devem ser buscados e conquistados conjuntamente.

A igualdade entre os cônjuges, inscrita no § 5º do artigo 226 do texto constitucional, bem como a isonomia entre todos os filhos, afirmada no § 6º do artigo 227, devem ser consideradas como marcos fundamentais da reforma do Direito de Família, ficando demonstrada a superação do modelo patriarcal clássico, concebido na codificação civil.

O casamento tem em sua base o ato de vontade que se exprime por meio do consentimento livre pelo qual cada um dos cônjuges se compromete publicamente com o outro, daquele dia em diante. A solenidade que compõe o rito nupcial tem simbolismo e adquire caráter público, pelo fato de que o compromisso dos cônjuges se define pelo estabelecimento de uma comunidade de vida e pelo respeito aos direitos e deveres recíprocos, que vinculam os cônjuges, a partir do casamento.

A relação conjugal encontra seu fundamento na manutenção da vontade dos cônjuges em permanecerem juntos e dar continuidade ao projeto de vida comum. A existência de filhos do casal deixou de ser função essencial do casamento, podendo ser uma conseqüência natural, não mais o motivo primeiro do casamento.

A eventual quebra do afeto mútuo retira o significado da união que, muitas vezes, é acompanhada de um sentimento de perda ou fracasso. Depreende-se dos novos princípios que o casamento não está em decadência, mas simplesmente transformou-se e fortaleceu-se como uma comunidade afetiva vocacionada ao crescimento individual e do grupo familiar. As relações na família matrimonializada tornaram-se mais autênticas, embora possam apresentar a tendência de serem mais efêmeras, haja vista o incremento das separações e dos divórcios.

Françoise Dekeuver-Défossez, em um relatório oficial apresentado ao Ministro da Justiça francês, versando sobre a necessidade de renovar o Direito de Família, assim se manifestou sobre o casamento:

"No espírito de nossos contemporâneos, como na legislação moderna, o casamento deixou de ser uma estrutura patriarcal organizando uma regulação que constrange as relações do casal. Antes de tudo, o casamento constitui o reconhecimento, pela sociedade, das relações afetivas e materiais, livremente consentidas, por dois adultos. Mais do que nunca, a liberdade, a igualdade e a responsabilidade governam as relações entre cônjuges".[7]

Mais adiante, ela enfatiza que a responsabilidade do casal se mede pelos comportamentos adotados por ambos quando se separam, tendo em vista que quando eles assumem a decisão pelo divórcio assumem, igualmente, as conseqüências que dele derivam. Portanto, a legislação deve favorecer o movimento que permite aos cônjuges serem atores de seu próprio destino.[8]

O respeito à autonomia dos indivíduos passa a ter papel preponderante na escolha da solução aos conflitos familiares, no respeito à liberdade e intimidade dos envolvidos. No processo de resolução dos conflitos, reconhece-se o *direito ao descasamento*, restabelecendo-se maior liberdade aos cônjuges para pôr fim ao contrato de casamento, segundo suas conveniências e interesses.

Nesse sentido, o papel inovador que vem sendo atribuído à mediação nos conflitos de família, a fim de possibilitar aos cônjuges a oportunidade de restabelecer o diálogo e construir a solução mais apropriada a seus problemas e evitar os longos e desgastantes litígios judiciais.[9] Entretanto, se um certo formalismo para os desenlaces ainda parece necessário, a permeabilidade para o diálogo e acordo dos envolvidos parece mais conveniente à dinâmica das relações conjugais.

O afeto passa a ter relevância para o Direito e transforma-se em um elemento importante tanto para a continuação, quanto para o desfazimento das relações conjugais, quando fraturado o vínculo afetivo. Separações, divórcios, dissoluções de uniões estáveis também fazem parte da dinâmica incessante das relações entre os indivíduos, tendo em vista que envolvem os mais complexos e instáveis sentimentos. Igualmente, em virtude da valorização do afeto e a busca da realização individual, as rupturas das uniões formais ou informais devem ser desdramatizadas, não mais fundadas na noção de culpa, mas, ao contrário, incorporando a noção de ruptura do vínculo afetivo.

As palavras de Rodrigo da Cunha Pereira são reveladoras do despropósito de verificação de culpados pelo fim do casamento:

"É exatamente por procurarmos um culpado pelo fracasso de nossa relação que nos impedimos de pensar as outras possibilidades de vida, as quais não estão exatamente no campo da objetividade. O Direito de

---

[7] DEKEUVER-DEFOSSEZ, Françoise. *Renover le Droit de la Famille*. Propositions pour un droit adapté aux realités et aux aspirations de notre temps. Rapport au Garde des Sceaux, Ministre de la Justice. Paris: La documentation française. 1999, p. 108.

[8] Idem, p. 108.

[9] GENET, Louis. *Conflit conjugal et médiation*. Liège: Editions Jeunesse et Droit, 1988, p. 12.

Família não pode mais ignorar que a subjetividade permeia praticamente todas as suas questões, com as quais lidamos no dia a dia".[10]

Em um estudo original sobre o ressurgimento do afeto na literatura jurídica, Jacqueline Pousson-Petit e Alain Pousson constatam:

"O afeto logrou se impor ao jurista em seu estado puro. Ele não tem mais que se associar a outros dados, se esconder sob outras concepções, ou mesmo revestir outras aparências pelo medo de chocar. Sua presença é freqüentemente admitida, sua inclusão, quando indireta tende a tornar-se imediata. Mesmo que não possamos afirmar categoricamente, alguns espaços parecem tolerar sem reserva a existência do afeto".[11]

Se o sentimento constitui a base de sobrevivência das relações familiais, a sua extinção justifica a separação judicial e o divórcio. A Constituição de 1988 simplificou o acesso ao divórcio, diminuindo os prazos para sua concessão. Portanto, o divórcio não representa mais o fim trágico de um casamento. A busca de realizações no campo afetivo e relacional faz com que seja menos dramático divorciar do que manter uma relação de simples aparência. Basta considerar que nos países desenvolvidos a metade dos casamentos termina pelo divórcio, e que a maioria das pessoas refaz a vida de casal (casa ou une-se novamente), permanecendo somente alguns celibatários.[12] A tendência no Brasil não parece muito distinta desta realidade.

Por outro lado, o texto constitucional demonstrou a preocupação com a coibição à violência familiar, que constitui a face mais dolorosa dessas relações. A agressão pelo marido ou companheiro constitui a principal causa de ferimentos e morte de mulheres em todo mundo. A violência contra os filhos ou enteados é um problema de imensa gravidade no país, onde a palmada, os castigos físicos e psicológicos são consideradas formas de "educar". Muitos defendem que pais ou padrastos têm direito de "corrigir" o comportamento das crianças.

A gravidade do problema da violência intrafamiliar requer a participação de todos, bem como a elaboração de políticas públicas para amparar e tratar as famílias atingidas. Este tipo de violência constitui um problema sério que atinge todas as camadas sociais, independentemente do grau de instrução ou da classe social dos envolvidos.

Se o mito do casamento eterno se desfaz, uma crise e uma possível ruptura são inevitáveis, e a separação pode ser menos traumatizante, de-

---

[10] CUNHA PEREIRA, Rodrigo da. *A sexualidade vista pelos tribunais*. Belo Horizonte: Del Rey. 2000. p. 48.

[11] POUSSON, Jacqueline e Alain. *L'affection et le droit*. Toulouse: CNRS. 1990, p. 27.

[12] DEKEUWER-DÉFOSSEZ, Françoise et al. *Inventons la famille*. Paris: Bayard. 2001, p.15-16.

pendendo das condições permitidas aos indivíduos para construir a solução mais adequada aos seus interesses. Os direitos dos filhos a continuar recebendo atenção e cuidados do pai e da mãe devem ser priorizados, estimulando-se a guarda conjunta ou compartilhada exercida pelos pais separados.

A pluralidade de formas de constituir família impulsiona de certo modo a revalorização do casamento atribuindo um novo sentido à relação baseada na igualdade conjugal e na relevância dos laços afetivos, no compromisso assumido e pactuado pelos cônjuges, quando da solenidade que os uniu.

O casamento, mantendo seu espaço e interesse no cenário familiar, deverá, entretanto, existir sem se confundir com a relação informal, ou seja, a união estável.

3. Famílias de uniões estáveis

A abertura de horizontes no novo Direito de Família surgiu a partir do enfrentamento de realidades que foram habilmente enclausuradas no sótão do esquecimento e da negação. A inclusão das uniões de fato no ordenamento jurídico brasileiro vem a comprovar a aceitação de outras realidades e a necessidade de reavivar e dar novas cores ao campo jurídico.

A mudança na forma de perceber a união estável, lastreada na informalidade, serviu para concebê-la enquanto uma entidade familiar, um modo alternativo ao casamento, como manifestação da liberdade dos companheiros em viver juntos. Essa ruptura para o plural é descrita por Fachin:

> "Espaços de não-direito geram fatos que, em certos casos, acabam se impondo ao jurídico, o que gera transformação naquilo que foi refinado pela ordem jurídica. Desta certa mudança sem ruptura vem a nova ordem, e o ciclo produtivo das passagens se mantém. Lacunas convertem-se em regras. Foi o que ocorreu com o concubinato. No contexto da família, a concepção matrimonializada forma um espaço de não-direito, mas a produção de relações sociais nesse espaço acabou gerando uma certa imposição, e o que está na "dobra" do Direito passou, gradativamente, a ocupar parte do núcleo no modelo plural de família".[13]

A expressão "união estável" foi escolhida pela Constituição Federal de 1988, substituindo o sentido preconceituoso e moralizador da expressão *concubinato*. A denominação *concubinato*, imbuída de um sentido pejora-

---

[13] FACHIN, Luiz Edson. *Teoria crítica do Direito Civil*. Rio de Janeiro: Renovar. 2000. p. 200.

tivo, de relação *hors la loi* ou clandestina estigmatizava, especialmente, a mulher designada de *concubina*.

A união estável passou a receber *status* de família no Direito brasileiro em 1988, mas esse fato foi antecedido por uma vasta construção jurisprudencial que teve o efeito de preparar e fixar as bases para o reconhecimento jurídico.

Mesmo com o reconhecimento constitucional, a promoção da união estável enquanto relação familiar sofre resistências e gera divergências marcantes e presentes tanto na formulação doutrinária quanto jurisprudencial.

As maiores dificuldades se encontram na análise dos fundamentos dessa união, no tempo de sua duração, na existência de impedimentos matrimoniais entre os companheiros, na possibilidade de conversão em casamento, nos direitos sucessórios do companheiro sobrevivente, entre outras questões que dividem e criam uma sensação de fluidez de conceitos. A contradição está, justamente, em querer aprisionar ou apreender uma realidade que se afirma pelos fatos e manifestações externas, não necessariamente comprováveis ou revestidos de aspectos formais, como seria o caso, de formalização de contrato entre os companheiros.

Como modo alternativo ao casamento, a família formada pela união estável ocupa, igualmente, um grande espaço no palco da vida familiar brasileira. Portanto, esta relação não rivaliza com o casamento e nem sempre é fruto de uma opção livre do casal. Ela pode vir a ser uma contingência que atinge muitas pessoas economicamente desfavorecidas, tendo em vista que a gratuidade dos casamentos civis, embora prevista constitucionalmente e incluída em disposição do novo Código Civil, na prática, não só continua onerando os contraentes em virtude da necessidade de publicação de editais, e ainda, lamentavelmente, submete o indivíduo à declaração de pobreza, situação humilhante e discriminatória.[14]

Contrariamente, nas camadas mais abastadas da sociedade brasileira, a escolha pela união informal parece representar a expressão livre de um ato refletido e pleno da afirmação de liberdade, de modo que o "velho" modelo previsto pelo casamento não se imponha.

A escolha pelas uniões informais tende a aumentar, não constituindo mais uma ofensa aos costumes e valores de uma sociedade que observa a tolerância e o respeito à intimidade das pessoas. Viver juntos, sob um mesmo teto, passa a significar viver em família.

---

[14] Conforme o parágrafo único do artigo 1.512, do Código civil: *A habilitação para o casamento, o registro e a primeira certidão serão isentos de selos, emolumentos e custas, para as pessoas cuja pobreza for declarada, sob as penas da lei.*

Todavia, o avanço relativo à proteção jurídica da união estável, notadamente os amplos direitos concedidos aos companheiros, respectivamente, pelas Leis ordinárias 8.971/94 e 9.278/96, resultaram restringidos pelo Código Civil de 2002 que, visando a enquadrar a relação dos companheiros, definiu critérios restritivos para o reconhecimento desta relação. Igualmente, foram introduzidas delimitações aos direitos sucessórios dos companheiros, nos artigos 1.723 e 1.790 do Código Civil.

Estes fatos demonstram claramente um retrocesso atinente à matéria, revelando, mais uma vez, a tendência de se retomar a idéia de supremacia do casamento sobre as uniões informais. Infelizmente, no novo Código Civil, a referência ao *concubinato* serviu exclusivamente para restringir os direitos dos companheiros. É lamentável impor aos companheiros a condição de preencher os requisitos de uma "habilitação à união estável", nos moldes das condições impostas àqueles que querem casar, para terem seus direitos reconhecidos. Aqui reside o elemento moralizador, que desconhece situações comuns em nossa sociedade, de pessoas que vivem relações afetivas sem preencher as condições para o casamento, e, em alguns casos, vivendo duas relações estáveis concomitantemente. Como eleger uma das relações como merecedora de proteção e, simplesmente, desconsiderar a existência de efeitos a outra?

Além disso, a nova codificação prevê a interdição à nomeação do *concubino* como herdeiro ou legatário do testador casado, salvo no caso de inexistência de culpa e havendo separação de fato do cônjuge, pelo prazo de mais de cinco anos, conforme dispõe o art. 1.801, inciso III, do Código Civil. Tal delimitação, além de ser extremamente constrangedora da liberdade de disposição dos bens pelo autor da herança, resgata a noção de *culpa* nos casos de separação de fato do casal, situação que a jurisprudência e a doutrina atual já afastam para concessão de alimentos, estabelecendo a presunção de ruptura de relação conjugal, contando prazo para concessão do divórcio direto, após dois anos da separação de fato.

Frente a esses e outros retrocessos, a jurisprudência e a doutrina levarão tempo para dar contornos à interpretação da codificação civil relativa à união estável, quando estabelecida entre um homem e uma mulher. Entretanto, no que concerne à união entre pessoas do mesmo sexo, esta questão enfrenta uma maior resistência no meio jurídico brasileiro, mesmo havendo a abertura de possibilidades para sua aceitação.

4. Famílias de uniões estáveis homoafetivas

A aceitação recente das uniões afetivas entre iguais no âmbito do Direito de Família representa uma nova face do conceito de cidadania, transpondo a barreira do interdito, buscando a afirmação da diferença a partir da manifestação da liberdade de expressão e do direito ao livre desenvolvimento da personalidade. A eliminação das discriminações inscritas nas normas jurídicas leva à universalidade do Direito.

A homossexualidade, não sendo mais considerada uma doença e não constituindo um crime, progressivamente vem sendo aceita e reconhecida em lei, nos países democráticos. As relações afetivas entre duas pessoas do mesmo sexo constituem uma realidade vista e reconhecida em muitos lugares. A visibilidade abriu o caminho para a aceitação.

Sobre as uniões estáveis homossexuais, também denominadas relações *homoeróticas* ou *homoafetivas*, sabe-se que a possibilidade de reconhecimento jurídico destas relações emerge nos anos noventa, com maior expressão e visibilidade a partir dos movimentos mundiais defensores da causa homossexual.

De certo modo, o impulso a essa reivindicação se deu em decorrência da propagação da AIDS, que abriu espaço para pensar em proteger essas relações consideradas, "fora da lei e contra a natureza", evitando-se, deste modo, a precariedade das uniões e a situação frágil daqueles que se viam abandonados ou isolados, após a morte do(a) companheiro(a).

A inserção recente das *uniões entre iguais* teve maior expressão em alguns países europeus. Entre aqueles que editaram lei especial para as referidas uniões, destacam-se: Dinamarca, Lei n° 372, de 27 de junho de 1989; Noruega, Lei n° 32, de abril de 1993; Suécia, Lei n° 1994.1117, de 23 de junho de 1994; Islândia, Lei n° 87/1996 de 1996; Bélgica, Lei de 23 de novembro de 1998; França, Lei n° 99-944, de 15 de novembro de 1999; e Holanda, Lei n° 26.672, de 21 de dezembro de 2000.

Entretanto, Flora Leroy-Forgeot e Caroline Mècary assinalam:

"Contrariamente à opinião comumente conhecida, existem no passado e, mais particularmente na Antigüidade, numerosas referências às uniões homossexuais, sendo que essa constatação relativiza, em parte, o caráter revolucionário do reconhecimento contemporâneo das referidas uniões. Entretanto, as uniões entre pessoas do mesmo sexo, no período pagão, obedeciam a características diferentes das uniões homossexuais contemporâneas".[15]

Nos tempos atuais, a elaboração de leis protegendo as uniões homoafetivas constitui o resultado de reivindicações relacionadas diretamente com os movimentos emancipatórios que envolveram a discussão pela igualdade, a não-discriminação em função de sexo, idade e orientação

---

[15] LEROY-FORGEOT, Flora e MÈCARY, Caroline. *Le couple homossexuel et le droit.* Paris: Editions Odile Jacob, 2001, p. 11.

sexual, a partir da ruptura com os dogmas religiosos sobre casamento e sexualidade. A gradual aceitação dessas relações por parte da sociedade demonstra a observância do princípio da tolerância, do respeito ao direito de liberdade e à intimidade dos indivíduos.

No Brasil, essa reivindicação é muito recente e gera grande controvérsia no que se refere ao seu tratamento no âmbito do Direito de Família. Mesmo havendo grande resistência ao reconhecimento destas uniões no meio jurídico, alguns juízes têm tratado de maneira inovadora essa questão e vêm atribuindo efeitos jurídicos a tais relações. Nesse sentido, podemos citar Maria Berenice Dias, que argumenta:

> "O Estado, para opor-se ao reconhecimento das relações não vincadas pela diversidade de gênero dos parceiros, alega que a família heterossexual é a base da sociedade moderna. Nega sua proteção à união homossexual sob o fundamento de que desvalorizaria o sentido social do sexo, tido como o fim da vida familiar".[16]

Nesse caso, aduz a autora que a diversidade de sexos não constitui requisito que exclua o reconhecimento da entidade familiar formada por pessoas do mesmo sexo, desde que a convivência seja duradoura, estável, pública e baseada nas relações de afeto. Toda a formulação feita à união estável heterossexual se aplicaria, então, à união entre pessoas do mesmo sexo.[17]

Noutro sentido, Roger Raupp Rios destaca:

> "A atualização do Direito de Família hoje exigida pela realidade social requer, além da superação do paradigma da família institucional, o reconhecimento dos novos valores e das novas formas de convívio constituintes das concretas formações familiares contemporâneas, que alcançam não só a citada 'família fusional' mas também, a família pós-moderna".[18]

Este autor interpreta, ainda, ser importante criar uma lei especial reconhecendo e protegendo as uniões de mesmo sexo:

> "Sem depender da sujeição aos tradicionais esquemas de casamento, união estável ou de concubinato, tais relações apresentam todas as notas distintivas do fenômeno humano, ora juridicizado pelo Direito de família, portanto, sua concretização reclama a adequada intervenção legislativa, criadora de um regime jurídico peculiar".[19]

---

[16] DIAS, Maria Berenice. *União homossexual*. O preconceito e a Justiça. Porto Alegre: Livraria do Advogado, 2000, p. 57.
[17] Ibidem.
[18] RIOS, Roger Raupp. *A homossexualidade no Direito*. Porto Alegre: Livraria do Advogado, 2001, p. 105.
[19] Idem, p. 127.

Parcela dos movimentos feministas e homossexuais refutam a idéia de um casamento homossexual, na medida em que eles consideram que a homossexualidade conduz o indivíduo a estar à margem, a ser diferente, e que o casamento seria uma forma de "normalizar" a diferença homossexual.

Esta posição não é partilhada por outra parte dos grupos homossexuais que sustenta não haver impeditivo em se autorizar o casamento daqueles casais que assim o desejarem. A outra solução, já referida, seria a de não reproduzir o modelo tradicional do casamento heterossexual, que representou, ainda muito recentemente, um modelo de opressão à mulher, mas de criar um outro caminho para tutelar esta relação. A proposta, por exemplo, do modelo dos *Pacs*: os pactos de associação civil ou de parceria civil, ou pacto civil de solidariedade, nos moldes europeus, serviria a proteger o interesse das partes.

Dentre as críticas esboçadas, a solução inserida na proposta dos pactos de parceria civil define, exclusivamente, efeitos patrimoniais à relação afetiva homossexual, desviando, ou melhor, postergando o verdadeiro debate e enfrentamento político e cultural que representa a aceitação da união entre pessoas do mesmo sexo como sendo uma relação familiar.

Se a escolha legislativa fosse a de reconhecer o *status* familiar das uniões homoafetivas, portanto, como consectário, estaria diretamente compreendido o direito de constituir vínculos de filiação, seja através da adoção, ou por meio do recurso às modernas tecnologias reprodutivas, denominadas técnicas heterólogas, quando necessária participação de uma terceira pessoa para geração do filho.[20]

No Brasil, em decorrência da ausência de lei especial, embora existindo projeto de lei que visa a regulamentar a parceria civil, uma parcela de decisões jurisprudenciais tem enfrentado essa questão de forma corajosa e criativa, notadamente alguns tribunais que reconhecem a união homoafetiva como entidade familiar, atribuindo aos companheiros do mesmo sexo os mesmos direitos concedidos aos companheiros de sexos diferentes.[21]

A aceitação de que o casal homossexual possa ter o direito de constituir vínculos comuns de filiação anunciaria a possibilidade de revisão das bases das relações de parentesco até agora vigorantes, fato este que se revela em países como o Brasil, como sendo o maior obstáculo para o reconhecimento do caráter familiar destas relações. O tema requer maior

---

[20] Sobre esta questão, ver reflexões da autora na obra. *Direito, sexualidade e reprodução humana. Conquistas médicas e o debate bioético*. Rio de Janeiro: Renovar: 2003, p. 87.
[21] Muitas decisões estão referidas no anexo, do livro de autoria de Maria Berenice Dias, mencionado neste texto.

atenção e, frente ao preconceito ainda existente contra a homossexualidade, o reconhecimento destas relações merece profunda reflexão e elaboração teórica.

O debate sobre a temática está apenas aflorando e exigirá maior coerência nos posicionamentos adotados pela jurisprudência. Repensar os fundamentos do casamento e, principalmente do parentesco, representa o maior desafio a ser enfrentado pelo Direito, implicando aceitar as transformações das relações humanas, quebrando-se as barreiras homofóbicas, ainda persistentes em nossa cultura e que esbarram na noção de cidadania, pilar das sociedades democráticas.

5. Famílias monoparentais

Dentre as diversas manifestações de vida familiar, a família monoparental caracteriza-se por ser constituída por apenas um dos pais e seu(s) filho(s). Normalmente as famílias monoparentais envolvem a relação pós-separação, divórcio ou viuvez, quando um dos genitores exerce isoladamente a guarda e a criação do filho, ou também, referem-se à relação de maternidade celibatária (voluntária ou involuntária), podendo ser uma filiação biológica ou afetiva (no caso de adoção).

A monoparentalidade não é um fato novo, apesar de ter recebido proteção jurídica somente a partir de 1988, no artigo 226, § 4º, do texto constitucional, nos seguintes termos: "entende-se, também como entidade familiar, a comunidade formada por qualquer dos pais e seus descendentes."

Embora o texto tenha restringido o conceito de família monoparental à relação de um dos pais com seus filhos não envolvendo a relação existente, por exemplo, entre um avô, ou avó, e seu neto, a previsão constitucional serviu para atribuir visibilidade e proteção às famílias monoparentais. A partir de uma interpretação mais aberta, uma pessoa não ligada pelos laços do parentesco, tendo assumido a criação de uma criança, concedendo-lhe uma filiação socioafetiva, estaria constituindo uma família monoparental.

Na maioria dos casos, a formação das famílias monoparentais tem como fator desencadeador o abandono da mãe pelo pai da criança. Por esse fato, a família monoparental é chefiada, na maioria dos casos, pela mulher, e essa situação revela mais uma face injusta de nossa realidade social, de modo que a discriminação do mercado de trabalho induz as mulheres a enfrentar a necessidade de sustentar os filhos e de aceitar menores salários:

"O descaso da figura paterna ao cabo dos relacionamentos e, ao contrário - ao menos na maioria dos casos -, a atitude nobre da mãe em ficar com os filhos advindos da união, ainda que à mercê de toda a sorte de dificuldades, tem gerado uma situação grave que deve, imediatamente, ser alijada de nossa realidade: a discriminação pelo mercado do trabalho feminino e a dificuldade econômica que fazem com que as crianças e adolescentes trabalhem muito cedo".[22]

Em muitos casos, a família monoparental se enquadra no rol de situações sociais de vulnerabilidade, em decorrência das dificuldades econômicas da mãe em arcar exclusivamente com o cuidado dos filhos, sem o apoio do pai. A situação é mais grave, pois mesmo havendo a obrigação do pai em pagar alimentos ao filho e, em dividir com a mãe as despesas com seu sustento, o grau de inadimplência deste dever é alto e se banalizou em nossa cultura.

Assim, "o baixo nível de rendimento familiar acompanha, inexoravelmente, as famílias chefiadas por mulheres, reafirmando as conclusões da atualidade, no sentido de que a situação das mulheres-chefes de família é, materialmente falando, mais difícil que a de seus ex-cônjuges, sempre que ocorre a ruptura da relação e a monoparentalidade se instaura".[23]

Ademais, quando as mulheres de baixa escolaridade e com filhos conseguem um emprego que lhes proporcione uma renda capaz de sustentar a si e a seus filhos, deparam-se com a questão da estrutura social, pois normalmente não têm com quem deixar os filhos durante o período de trabalho, tendo em vista que são poucos os empregadores que oferecem serviço de creches para suas funcionárias e, por outro lado, a colocação da criança em escola de turno integral é inacessível economicamente a essas mulheres.[24]

Embora normalmente sejam as mães que ficam com os filhos após as rupturas conjugais, há situações excepcionais de paternidade celibatária, biológica ou adotiva, que se apresenta, do mesmo modo, como uma situação de monoparentalidade.

O crescente aumento de famílias monoparentais levou à necessidade de protegê-las, estimulando a criação de políticas públicas para apoiar a mãe ou pai que se responsabiliza isoladamente por seu filho.

A adoção por pessoa solteira prevista no ordenamento jurídico brasileiro passa a ser um fato mais corriqueiro, sabendo-se que um lar se estrutura pelo afeto e o cuidado, e que uma pessoa pode oferecer à criança

---

[22] OLIVEIRA, José Sebastião de. *Fundamentos Constitucionais do Direito de Família.* São Paulo: RT. 2002, p. 219.

[23] LEITE, Eduardo de Oliveira. *Famílias monoparentais.* São Paulo: Revista dos Tribunais, 1997, p. 163.

[24] COSTA, Demian Diniz da. *Famílias monoparentais. Reconhecimento jurídico.* Rio de Janeiro: Aide Editora, 2002, p. 62.

um ambiente favorável ao seu desenvolvimento. Portanto, a adoção por solteiro constitui uma alternativa justa, quebrando-se as discriminações que existiam, ao encontro das famílias monoparentais. Poderá adotar aquele que tem condições de oferecer sustento, educação e afeto a uma criança, haja vista que o bem-estar e o interesse desta significam os elos fundamentais da filiação adotiva.

Quanto às famílias monoparentais, decorrentes do recurso às técnicas de reprodução artificial humana por pessoa solteira, a questão gera controvérsias por envolver o recurso à contribuição genética de doador anônimo para realização do projeto parental, situação essa que foi designada pela expressão *produção independente*. Em outra oportunidade, sustentou-se sobre essa problemática a seguinte argumentação:

> "O direito de gerar não é absoluto, ou que o direito ao filho não pode ser um argumento que abra as portas a todas as possibilidades de reprodução artificial. De fato, o interesse da criança deve ser preponderante, mas isso não implica concluir que seu interesse se contraponha, à possibilidade de vir integrar uma família monoparental, desde que o genitor isolado forneça todas as condições necessárias para que o filho se desenvolva com dignidade e afeto. A família deste novo século, não se define mais pela triangulação clássica: pai, mãe e filho, sendo que o critério biologista, ligado aos valores simbólicos da hereditariedade, deve ceder lugar a noção de filiação de afeto, de paternidade ou maternidade social ou sociológica".[25]

Uma futura lei, que venha regular o recurso à reprodução humana assistida não deveria fazer distinção quanto ao estado civil, condição familiar ou orientação sexual daqueles que buscam o auxílio da medicina para a realização do projeto parental. Tal discriminação, se adotada, feriria o princípio constitucional da igualdade, da liberdade e da pluralidade de modelos de família.

As famílias monoparentais originadas de qualquer das circunstâncias acima referidas, pelo fato de se tornarem muito comuns, devem receber proteção especial e, em caso de risco que a pessoa não disponha de condições de sustentar e educar o filho, a família deverá ser incluída em programa de assistência, a ser oferecido pelo Estado.

Por outro lado, a família monoparental, em virtude da possibilidade de recomposição familiar, pode vir a tornar-se uma família biparental no momento em que o pai ou a mãe venha a restabelecer uma relação afetiva estável. Neste caso, verificamos a formação de uma nova entidade familiar, que podemos denominar de família reconstituída ou seqüencial.

---

[25] BRAUNER, Maria Cláudia Crespo. A monoparentalidade projetada e o direito do filho a biparentalidade. In: *Revista Estudos Jurídicos*. São Leopoldo, Unisinos, n° 83. vol. 31, ano 1998, p. 137-153.

6. Famílias reconstituídas

As separações, os divórcios e as dissoluções de uniões estáveis são situações comuns no contexto familiar contemporâneo. Certos fatores levam a compreender esse fenômeno: a expectativa de vida de homens e mulheres aumentou de modo importante nas últimas décadas, a expressão "até que a morte nos separe", pode vir a significar mais de cinqüenta anos de convivência. Os desgastes da relação podem determinar seu fim, tendo em vista que os relacionamentos são reavaliados freqüentemente pelo casal, as pessoas toleram menos o fim do amor, ou do interesse sexual. A infidelidade sendo menos tolerada, além do que o *status* de divorciado ou de separado não alija o indivíduo da vida social, como acontecia há algumas décadas.

A busca de realização afetiva em novas relações de conjugalidade é situação comum. Faz parte de nossa realidade social o fato de as pessoas separadas, ou solteiras, que compõem as famílias monoparentais, encontrarem a possibilidade de restabelecer a vida conjugal. Esse acontecimento se processa alheio ao Direito de Família brasileiro, que não elaborou regramentos para a proteção destes novos arranjos. As novas famílias têm sido denominadas de famílias reconstituídas, recompostas, seqüenciais, heterogêneas, ou mesmo, famílias em rede.

Se o tema resta ainda pouco conhecido no âmbito jurídico brasileiro, cabe apresentar inicialmente, uma definição: por famílias reconstituídas, reconstruídas, seqüenciais ou heterogêneas entende-se o núcleo familiar formado por pessoas que saíram (através do divórcio, separação ou dissolução de uma união estável) de uma primeira união, da qual tiveram filhos, ou os adotaram, e ingressam em uma nova relação, unindo-se ou casando-se novamente (rematrimônio). É preciso que exista ao menos um filho de uma união anterior de um dos pais.[26]

O aparecimento mais freqüente destas famílias leva-nos a prever que a família dirigida por um só genitor monoparental, bem como a família reconstituída, será mais numerosa, de modo que os especialistas em Direito de Família deverão dar maior atenção e construir soluções ajustadas aos problemas e conflitos emergentes nestes novos agrupamentos familiais.

Normalmente nestas famílias tendem a ocorrer acordos e definições de novos papéis no ciclo de vida familiar. As vetustas expressões de *padrasto* ou *madrasta* e *enteados*, não parecem mais servir a essa nova configuração. Visando à estabilização da vida familiar e, pelos ajustes das relações entre os filhos da primeira união e o novo cônjuge ou companhei-

---

[26] DEKEUWER-DÉFOSSEZ, Françoise. Op. cit. p. 15.

ro do genitor, surgem situações que devem ser protegidas pelo Direito, no interesse das crianças e adolescentes envolvidos. O apoio dos familiares e amigos possibilita maior sucesso do rematrimônio e estimula o equilíbrio das relações parentais. Nestes momentos, surge a figura da *coparentalidade*, quando o novo cônjuge ou companheiro passa a desempenhar funções e papéis no cuidado dos filhos do outro cônjuge.

No Direito brasileiro, as famílias reconstituídas continuam desconhecidas e, mesmo, relegadas à completa liberdade e autonomia dos indivíduos. Contrariamente, em outros países, elas estão sendo consideradas uma questão de grande relevância para elaboração teórica dos direitos e das responsabilidades do pai ou da mãe, no âmbito social e afetivo.[27]

A inclusão destas novas famílias deve ser buscada na tentativa de tutelar os direitos dos filhos afetivos, preexistentes às novas relações conjugais, fazendo-se necessário discutir as alternativas visando a garantir a solução dos conflitos que podem resultar dessas relações. Alguns destes problemas vinculam diretamente os interesses do filho, do pai ou mãe biológica, junto ao novo cônjuge ou companheiro, tanto durante a relação conjugal, quanto após a ruptura desta união.

Para tanto, não nos parece haver a necessidade de se criar dispositivos protegendo a família reconstituída, que venham a definir o papel da mãe ou do pai social ou afetivo, ou que prevejam a possibilidade de exercício de guarda, visita, participação na educação e prestação de alimentos. Ao contrário, seria importante destinar esforços para se construir soluções doutrinárias e jurisprudenciais que assegurem o interesse superior da criança a viver em um ambiente familiar equilibrado e acolhedor, mesmo após as separações e recomposições conjugais.

E, pelo fato de a filiação socioafetiva consistir em construção recente em nosso país, defendida por alguns doutrinadores e, paulatinamente, incorporada na jurisprudência, sustenta-se que esta noção deveria nortear as decisões acerca das famílias reconstituídas, mantendo-se vínculos afetivos e preservando o interesse dos filhos nas novas uniões.

As referidas famílias reconstituídas integram a variedade dos arranjos familiares, devendo receber amparo e proteção jurídica pelas circunstâncias peculiares que caracterizam sua constituição e, principalmente, pela oportunidade promissora para os filhos, muitas vezes, esquecidos pelos pais biológicos, após as rupturas conjugais.

---

[27] MEULDERS-KLEIN, Marie Thérese e THÈRY, Irène. *Quels repères pour les familles recomposées?* Revue Droit et Société. Paris: L.G.D.G, 1995. No Brasil, indica-se a obra de Rosane Felhauer, *Famílias reconstituídas*, a ser publicada pela Editora Renovar, RJ, no ano de 2004, trabalho que foi fruto de uma dissertação de Mestrado, orientada por essa autora no Programa de Pós-Graduação da UNISINOS-RS.

7. Notas conclusivas

O reconhecimento da pluralidade de formas de constituição de família ser tornou realidade no Direito brasileiro, a partir da Constituição Federal de 1988. A aplicação dos dispositivos de tutela e proteção às diversas entidades familiais requer uma interpretação aberta e criativa, ajustando-se à variedade de conflitos familiais, fundando-se as decisões nos princípios da igualdade, da liberdade, da dignidade da pessoa humana e de proteção à intimidade e à privacidade.

O Código Civil deixou de ser a constituição do Direito Privado, em virtude da constitucionalização das matérias do Direito Civil. Assim, a constitucionalização do Direito Civil vem assegurar a supremacia da Constituição e, conseqüentemente, a codificação deverá ser lida à luz da Constituição Federal de 1988, por ter tratado, de forma inovadora, das relações familiais.

Os princípios constitucionais, as cláusulas gerais deverão constituir os instrumentos para a interpretação e solução das lacunas e incongruências presentes na lei civil, levando ao abandono da tradição da técnica da codificação, na busca dos resultados sociais e, especialmente, da solução dos problemas enfrentados no âmbito das relações familiares, sendo a família concebida numa acepção plural.

A ideologia do individualismo e do patrimonialismo, característica do Código Civil, é suplantada, transcendendo-se ao sentido humano de justiça, quebrando-se finalmente, a visão distorcida das realidades sociais presentes na sociedade brasileira. Prever e operacionalizar a proteção à pessoa humana, oferecer soluções para apaziguar os sofrimentos resultantes das relações familiais são as preocupações de um Direito a serviço da vida digna, a partir de uma visão antropocêntrica, tendo em vista que, quando tratamos das relações familiais, estamos lidando com vidas e sentimentos humanos.

O Direito de Família, pela dinâmica incessante de mudanças nas relações afetivas, deve ser merecedor de melhor tratamento jurídico e de maior facilidade de atualização. O novo Código Civil deverá sofrer reformulações abrangentes, pois as propostas de modificações já constituem objeto de estudo de muitos pesquisadores e profissionais da área.

Para esse Direito de Família renovado, as diversas configurações de família não significam mais uma ameaça à comunidade e, muito menos, à ordem social. No confronto entre uma política familiar libertária e uma política conservadora, deve preponderar a noção de interesse social da coletividade. Assim, o legislador deverá adaptar a lei aos costumes e comportamentos da sociedade, respeitando as escolhas pessoais.

Não devemos incorrer nos mesmos erros do passado, ressuscitando os dogmas que acorrentaram e negaram a diversidade das relações afetivas. O respeito aos princípios consensuais da humanidade, consubstanciados na dignidade da pessoa humana, na igualdade, na liberdade e na intimidade, servirão de fundamento para a construção da nova literatura jurídica do Direito de Família e das decisões judiciais no âmbito dessas relações.

Finalizando, com as palavras de Elisabeth Roudinesco: "A família é reivindicada como um valor seguro, ao qual ninguém quer renunciar. Ela é amada, sonhada e desejada por homens, mulheres e crianças, de todas as orientações sexuais e de todas as condições."

Essa realidade a qual estamos confrontados nos impõe a *reinvenção da família*.

8. Referências bibliográficas

BOULANGER, François. *Droit Civil de la Famille: Aspects comparatifs et internationaux*. Vol.I e II, Paris: Econômica, 1994.

BRAUNER, Maria Cláudia Crespo. *Direito, sexualidade e reprodução humana. Conquistas médicas e o debate bioético*. Rio de Janeiro: Renovar, 2003.

——. A monoparentalidade projetada e o direito do filho a biparentalidade. *In: Revista Estudos Jurídicos*, São Leopoldo: Unisinos, Set/dez 1998, vol. 31, nº 83.

——. Novas tecnologias reprodutivas e projeto parental.Contribuição para o debate no Direito brasileiro. *In: Revista Trimestral de Direito Civil*. RTDC, Rio de Janeiro. Ano 3. Vol. 12. Out/dez. 2002. p. 237-252.

CAMPOS, Diogo Leite de. *Lições de Direito de Família e das Sucessões*. Coimbra: Almedina, 1997.

CARBONNIER, Jean. *Droit Civil. La Famille*. Paris: PUF, 1993.

COMMAILLE, Jacques. *L'esprit sociologique des lois. Collection Droit*, Éthique et Société. Paris: PUF. 1994.

COSTA, Demian Diniz da. *Famílias monoparentais. Reconhecimento jurídico*. Rio de Janeiro: Aide Editora, 2002.

CUNHA PEREIRA, Rodrigo da. *A sexualidade vista pelos tribunais*. Belo Horizonte: Del Rey. 2000.

DEKEUVER-DÉFOSSEZ, Françoise. Renover le Droit de la Famille. Propositions pour un droit adapté aux realités et aux aspirations de notre temps. *Rapport au Garde des Sceaux, Ministre de la Justice*. Paris: La documentation française. 1999.

—— et al. *Inventons la famille*. Paris: Bayard. 2001.

DIAS, Maria Berenice. *União homossexual. O preconceito e a Justiça*. Porto Alegre: Livraria do Advogado, 2000.

FACHIN, Luiz Edson. *Teoria crítica do Direito Civil*. Rio de Janeiro: Renovar. 2000.

——. *Da Paternidade. Relação biológica e afetiva*. Belo Horizonte: Del Rey, 1996.

——. *Elementos críticos de Direito de Família*. Rio de Janeiro: Renovar, 1999.

FINE, Agnès, NEIRINCK, Claire. (direção). Parents de sang. Parents adoptifs. *Coleção Droit et Société*. Paris: L.G.D.J. 2000.

GENET, Louis. *Conflit conjugal et médiation*. Liège: Editions Jeunesse et Droit, 1988.

LEITE, Eduardo de Oliveira. *Famílias monoparentais*. São Paulo: RT, 1997.

LEROY-FORGEOT, Flora e MÈCARY, Caroline. *Le couple homosexuel et le droit*. Paris: Odile Jacob, 2001.

MEULDERS-KLEIN, Marie-Thérese. (direção). *Familles e Justice. Justice civile et évolution du contentieux familial en droit comparé*. Bruxelas: Bruylant; Paris: L.G.D.G, 1997.

——; THÈRY, Irène. Quels repères pour les familles recomposées? *Revue Droit et Société*. Paris: L.G.D.G, 1995.

OLIVEIRA, José Lamartine Correa e MUNIZ, Francisco José Ferreira. *Direito de Família. Direito matrimonial*. Porto Alegre: Sergio Antonio Fabris Editor, 1990.

OLIVEIRA, José Sebastião de. *Fundamentos Constitucionais do Direito de Família*. São Paulo: RT. 2002.

PERLINGIERI, Pietro. *Perfis do Direito Civil. Introdução ao Direito Civil Constitucional*. Rio de Janeiro: Renovar, 1999.

POUSSON, Jacqueline e Alain. *L'affection et le droit*. Toulouse: CNRS. 1990.

RAUPP RIOS, Roger. *A homossexualidade no Direito*. Porto Alegre: Livraria do Advogado, 2001.

ROUDINESCO, Elisabeth. *A família em desordem*. Trad. por André Telles. Rio de Janeiro: Jorge Zahar Editor. 2003.

RUBELLIN-DEVICHI, Jacqueline (dir.). Regards sur le Droit de Famille dans le Monde, *Annual Survey of Family Law*. Lyon: Presses Universitaires de Lyon, 1992-1993.

SEGALEN, Martine. *Sociologia da família*. (Trad. de Ana Santos Silva). Lisboa: Terramar, 1999.

SILVEIRA RAMOS, Carmem Lúcia. *Família sem casamento: de relação existencial de fato a realidade jurídica*. Rio de Janeiro: Renovar, 2000.

TEPEDINO, Gustavo. *Temas de Direito Civil*. Rio de Janeiro: Renovar, 2001.

——. (coord.) *Problemas de Direito Civil-Constitucional*. Rio de Janeiro: Renovar, 2000.

WELTER, Belmiro Pedro. *Igualdade entre as filiações biológica e socioafetiva*. São Paulo: RT. 2003.

— 15 —

A criança no novo Direito de Família

MARIA REGINA FAY DE AZAMBUJA

Procuradora de Justiça do Ministério Público do RS,
Especialista em Violência Doméstica pela USP, Mestre em Direito pela
UNISINOS, Professora do Curso de Graduação da Faculdade de Direito da PUCRS.
Membro da Diretoria do IBDFAM, sócia do IARGS e SORBI.

Sumário: Introdução; A criança no novo Direito de Família; Conclusão; Referências bibliográficas.

"O homem, desde antes de seu nascimento e para além da morte, está preso na cadeia simbólica que fundou a linhagem, antes que nela seja bordada a história".

J. Lacan

Introdução

Com a vigência da Constituição Federal de 1988, marco referencial da instituição do princípio da dignidade humana, novo cenário se descortina no país, com reflexos que atingem diversas áreas da vida do homem contemporâneo, tanto na esfera pública como privada. A proteção aos direitos humanos, fundamento do Estado Democrático de Direito, passa, doravante, a embasar a organização da nação brasileira.

De outro lado, o art. 227 da Constituição Federal de 1988 elucida o compromisso do Brasil com a Doutrina da Proteção Integral, assegurando às crianças e aos adolescentes a condição de sujeitos de direitos, de pessoas em desenvolvimento e de prioridade absoluta. Inverteu-se, desde então, o foco da prioridade. No sistema jurídico anterior, privilegiava-se o interesse do adulto. Com a Nova Carta, o interesse prioritário passa a ser o da criança.

A mudança de paradigmas tem exigido a substituição de práticas que caracterizaram a Doutrina da Situação Irregular, representada pelo segundo Código de Menores, por ações que garantam o melhor interesse da criança, segundo as disposições trazidas pelo Estatuto da Criança e do Adolescente. Os reflexos da norma abrangem não só as situações que são levadas às Varas da Infância e Juventude, casos em que a situação de risco a que a criança está exposta é flagrante, mas, igualmente, os feitos que tramitam nas Varas de Família, quando, por vezes, os maus-tratos e a violência vêm envoltos em artimanhas construídas pelo mundo adulto, notadamente pelo pai e pela mãe do infante, não raro com a conivência dos advogados contratados para defender os genitores litigantes.

O presente artigo busca enfocar a Doutrina da Proteção Integral, dentro do contexto do novo Direito de Família, com ênfase no exame das questões que envolvem a garantia do direito à convivência familiar, na tentativa de, quiçá, alertar os profissionais que atuam na área para a imensa responsabilidade que sobre eles recai quando estão diante de um caso em que haja criança envolvida.

A criança no novo Direito de Família

A família de hoje, pode-se afirmar, não apresenta a mesma configuração da família de séculos anteriores. A mudança de cultura, de hábitos e as exigências da vida contemporânea provocaram alterações, não só no dia-a-dia das famílias, como também na sua própria concepção legal.

Na Roma Antiga, a palavra família significava "o conjunto de empregados de um senhor"; "o pertencimento a uma família era determinado mais pela autoridade a que a pessoa estava submetida do que pelos laços de sangue".[1] Já no decorrer dos séculos XVI e XVII, "os dicionários franceses e ingleses traziam definições de família ora pontuadas na questão da co-habitação, ora na do parentesco e da consangüinidade".[2] Na pós-modernidade, a família, "mais do que uma unidade emocional, constitui uma unidade sociológica, incumbindo-se de transformar organismos biológicos em seres sociais", cabendo aos pais a responsabilidade pela transmissão de padrões culturais, valores ideológicos e morais.[3] Em outras palavras, a família pode ser vista como "um caleidoscópio de relações que

---

[1] WERNER, Jairo; WERNER, Maria Cristina Milanez. Direito de Família e Psiquiatria Forense da Criança e do Adolescente. In: TABORDA, José J. V.; CHALUB, Miguel; ABDALLA-FILHO, Elias. *Psiquiatria Forense*. Porto Alegre: Artmed, 2004, p. 79.

[2] Idem. Ibidem.

[3] WERNER, Jairo; WERNER, Maria Cristina Milanez. *Op. cit.*, nota 2, p. 79.

muda no tempo de sua constituição e consolidação em cada geração, que se transforma com a evolução da cultura, de geração para geração".[4]

A Constituição Federal de 1988 define a entidade familiar como a constituída pelo casamento civil ou religioso com efeitos civis (art. 226, §§ 1º e 2º); a constituída pela união estável entre o homem e a mulher, devendo a lei facilitar sua conversão em casamento (art. 226, § 3º), bem como a comunidade formada por qualquer dos pais e seus descendentes (art. 226, § 4º).

A família, sob o ponto de vista jurídico, é constituída pelo conjunto de pessoas ligadas pelo casamento, pela união estável, pelo parentesco ou, ainda, pela comunidade formada por qualquer dos pais e seus descendentes.[5] Com o passar do tempo, "a imagem da família-instituição dá lugar à família funcionalizada à formação e ao desenvolvimento da personalidade de seus componentes, nuclear, democrática, protegida, na medida em que cumpra com o seu papel educacional, e na qual o vínculo biológico e a unicidade patrimonial são aspectos secundários".[6] O ente familiar "é um corpo que se reconhece no tempo; uma agregação histórica e cultural como espaço de poder, de laços e de liberdade";[7] como fato e fenômeno, "antecede, sucede e transcende o jurídico".[8] A família pode ser entendida como "uma estruturação psíquica, onde cada um dos seus membros ocupa um lugar, uma função".[9] De qualquer forma, o direito à convivência familiar significa também "o direito de ser amado e de, conseqüentemente, aprender a amar o outro".[10]

Indiscutivelmente, o Direito de Família

"é o mais humano de todos os ramos do direito; em razão disso, e também pelo sentido ideológico e histórico das exclusões, é que se

---

[4] GROENINGA, Giselle Câmara (coord.). Família: um caleidoscópio de relações. In: ———; PEREIRA, Rodrigo da Cunha (coord.). *Direito de Família e Psicanálise, rumo a uma nova epistemologia.* Rio de Janeiro: Imago, 2003, p. 125.

[5] SCHREIBER, Elizabeth. *Os Direitos Fundamentais da Criança na violência intrafamiliar.* Porto Alegre: Ricardo Lenz, 2001, p. 46.

[6] TEPEDINO, Gustavo. A Disciplina Jurídica na Filiação. In: TEIXEIRA, Sálvio de Figueiredo (coord.). *Direitos da Família e do Menor: inovações e tendências.* 3.ed. Belo Horizonte: Del Rey, 1993, p. 234.

[7] FACHIN, Luiz Edson. Direito além do novo Código Civil: novas situações sociais, filiação e família. *Revista Brasileira de Direito de Família,* Porto Alegre: Síntese, IBDFAM, v. 5, n. 17, abr./maio 2003, p. 8.

[8] Idem. *Elementos críticos do Direito de Família: Curso de Direito Civil.* Rio de Janeiro: Renovar, 1999, p. 14-15.

[9] PEREIRA, Rodrigo da Cunha. *Direito de Família: uma abordagem psicanalítica.* Belo Horizonte: Del Rey, 1997, p. 24.

[10] WEBER, Lídia Natália Dobriansky. Olhando através do espelho: abandono, pobreza, institucionalização e o direito à convivência familiar. *Revista Igualdade,* Curitiba: Centro de Apoio Operacional das Promotorias da Infância e Juventude do Ministério Público do Paraná, v. 7, n. 23, abr./jun. 1999, p. 9.

torna imperativo pensar o Direito de Família na contemporaneidade com a ajuda e pelo ângulo dos Direitos Humanos, cujas bases e ingredientes estão, também, diretamente relacionados à noção de cidadania".[11]

No atual Direito de Família, "é preciso verificar novos sujeitos em face de alguns direitos constitucionais",[12] sendo que, "nessa nova perspectiva, são retomadas categorias fundantes para compreender as transformações que se passam e que sugerem revelar transição" (...), "não há mais a família no sentido clássico", mas, na essência, o fenômeno espelhando o que têm de central na família: "os nós desatando-se, mas não o ninho".[13]

Pela sistemática adotada pelo Código Civil de 2002, pode-se afirmar que o Direito de Família vem disciplinado através de um texto caracterizado por uma maior liquidez, passando a contemplar: a) o *direito pessoal*, onde se incluem o casamento e as relações de parentesco; b) o *direito patrimonial*, que se ocupa do regime de bens entre os cônjuges, do usufruto, da administração dos bens dos filhos menores, dos alimentos e do bem de família; e, em título distinto, c) *a união estável*; *a tutela e a curatela*, através das disposições contidas nos artigos 1.511 a 1.783.

Partindo dos ditames constitucionais da dignidade humana, bem como da Doutrina da Proteção Integral à Criança e ao Adolescente, o Direito de Família, suas práticas e seus novos desafios, como as inseminações e fertilizações artificiais, os úteros de aluguel, as cirurgias de mudança de sexo, os relacionamentos afetivos entre pessoas do mesmo sexo e a clonagem de células precisam ser constantemente repensados, lembrando que "o reconhecimento da dignidade do ser humano é um dos princípios mais antigos e, talvez mesmo, latente da civilização, desde seus primórdios".[14] Na expressão de Sérgio Resende de Barros,

> "a dignidade humana é versão axiológica da natureza humana. Mas, ambas, igualmente dóceis à malversação entre si, se não forem fixadas à substância histórica que as comunica: a preservação da humanidade em tudo o que ela é comum e essencial, vale dizer, a preservação da comunidade humana fundamental".[15]

Alicerçado no contexto constitucional vigente, no Estatuto da Criança e do Adolescente e nos princípios da Convenção das Nações Unidas

---

[11] PEREIRA, Rodrigo da Cunha (coord.). Família, Direitos Humanos, psicanálise e Inclusão Social. In: ——; GROENINGA, Giselle Câmara (coord.). *Op. cit.*, nota 5, p. 156.

[12] FACHIN, Luiz Edson. *Teoria Crítica do Direito Civil*. Rio de Janeiro: Renovar, 2003, p. 266.

[13] Idem, p. 267.

[14] BRAUNER, Maria Cláudia Crespo. Nascer com dignidade frente à crescente instrumentalização da reprodução humana. *Revista do Direito*, Santa Cruz do Sul, n. 14, jul./dez. 2000, p. 10.

[15] BARROS, Sérgio Resende de. *Direitos Humanos: paradoxo da civilização*. Belo Horizonte: Del Rey, 2003, p. 460.

sobre os Direitos da Criança, é que o novo Direito de Família há de construir seus caminhos, em especial, quando, nos conflitos que examinar, houver criança envolvida.

Entre outras diretrizes, a Convenção das Nações Unidas sobre os Direitos da Criança[16] afirma: o direito de a criança conhecer e conviver com seus pais, a não ser quando incompatível com seu melhor interesse; o direito de manter contato com ambos os pais, caso seja separada de um ou de ambos; as obrigações do Estado, nos casos em que tais separações resultarem de ação do Poder Judiciário, assim como a obrigação do estado de promover proteção especial às crianças desprovidas do seu ambiente familiar, assegurando ambiente familiar alternativo apropriado ou colocação em instituição, considerando sempre o ambiente cultural da criança.

Ao debruçar-se sobre a Convenção, menciona Miguel Cillero Bruñol:

> "A convenção representa uma oportunidade, certamente privilegiada, para desenvolver um novo esquema de compreensão da relação da criança com o Estado e com as políticas sociais, e um desafio permanente para se conseguir uma verdadeira inserção das crianças e seus interesses nas estruturas e procedimentos dos assuntos públicos".[17]

Não há como deixar de ressaltar, dentro do contexto histórico, a postura de vanguarda do Brasil, ao assumir, em 1988, o compromisso com a Doutrina da Proteção Integral, através do art. 227 da Constituição Federal. Portanto, mesmo antes da aprovação do texto que deu origem à Convenção das Nações Unidas sobre os Direitos da Criança, a nação brasileira já se comprometera com a defesa dos direitos da infância. Doravante, entre os direitos fundamentais assegurados à criança, encontramos, ao lado do direito à vida, à saúde, à educação, à liberdade, ao respeito, à dignidade, o direito à convivência familiar.

Ao referir-se aos direitos humanos fundamentais, Sérgio Resende de Barros assinala:

> "Quando se pensa em direitos humanos fundamentais o primeiro que vem à mente é o direito à vida. Mas, já neste instante primário se evidencia o quão fundamental é a família, pois no mundo dos seres humanos - e, portanto, dos direitos humanos, - não se pode pensar a vida sem pensar a família. Uma implica a outra, necessariamente, a partir do nascimento e ao longo do desenvolvimento do ser humano.

---

[16] A Convenção das Nações Unidas sobre os Direitos da Criança, adotada pela Assembléia Geral das Nações Unidas, em 20.11.89, foi ratificada pelo Brasil em 26.01.90, aprovada pelo Decreto legislativo n. 28, de 14.9.90, vindo a ser promulgada pelo Decreto presidencial n. 99.710, de 21.11.90.

[17] BRUÑOL, Miguel Cillero. O interesse superior da criança no marco da Convenção Internacional sobre os Direitos da Criança. In: MENDEZ, Emílio García (org.); BELOFF, Mary (org.). *Infância, Lei e Democracia na América Latina*. Blumenau: FURB, 2001, v. 1, p. 92.

Daí que – também necessariamente – o direito à vida implica o direito à família, fundando-o primordialmente: como o primeiro na ordem jurídica da família, o mais fundamental dos direitos de família".[18]

A família, até pouco tempo, era vista como um espaço inviolável. Os fatos que aconteciam no ambiente privado não interessavam à sociedade e ao Estado, reservando-se a intervenção estatal aos casos muito graves, que contrariavam práticas culturais aceitas até então. À criança, muito pouco restava, porquanto, somente a partir de 1988, adquiriu, frente ao ordenamento jurídico, a condição de sujeito de direitos.

O avanço ocorrido em várias áreas do conhecimento, em especial, nas últimas décadas, tem apontado para a importância dos cuidados que devem ser dispensados à criança, visando ao seu desenvolvimento saudável, não só na área física, como social e psíquica. Sabe-se, na atualidade, que as agressões ambientais, "entendidas como desde as provocadas por um vírus sobre o embrião até a violência de um pai sobre o bebê, a morte prematura de um dos pais ou o abuso sexual – podem danificar, em variados graus de intensidade, tanto o aparelho psicológico como, conseqüentemente, o genético, dada à plasticidade do sistema nervoso central".[19]

A Constituição Federal de 1988, ao atribuir à família, à sociedade e ao poder público a responsabilidade de assegurar à criança a gama de direitos fundamentais que arrola em seu artigo 227, acerta o passo com a história, possibilitando, em nosso país, o desenvolvimento de políticas e programas voltados à prevenção primária.

Nos dias atuais, muitas demandas que são levadas ao Poder Judiciário decorrem da carência de investimentos nas políticas sociais básicas de atendimento à criança e à família, em que pesem as disposições constitucionais e infraconstitucionais existentes. Passa o Judiciário, por vezes, a ser o depositário das crises e dos conflitos pessoais e interpessoais, bem como da falência do próprio Estado, sobrecarregando as Varas de Família e da Infância e Juventude com problemas que fogem às suas alçadas de atuação e de resolução, ao menos, em curto prazo.

Sabe-se que a violência intrafamiliar e os maus-tratos praticados contra a criança "atingem milhares de crianças e adolescentes e não costumam obedecer a algum nível sócio-cultural específico, como se pode pensar".[20]

---

[18] BARROS, Sérgio Resende de. Direitos Humanos da família: Dos fundamentais aos operacionais. In: GROENINGA, Giselle Câmara (coord.); PEREIRA, Rodrigo da Cunha (coord.). *Op. cit.*, nota 5, p. 147/148.

[19] ZAVASCHI, Maria Lucrécia; COSTA, Flávia; BRUNSTEIN, Carla. O bebê e os pais. In: EIZIRIK, Cláudio Laks; KAPCZINSKI, Flávio; BASSOLS, Ana Margareth Siqueira. *O ciclo da vida humana: uma perspectiva psicodinâmica*. Porto Alegre: Artmed, 2001, p. 46.

[20] BRAUM, Suzana. *A violência sexual infantil na família: do silêncio à revelação do segredo*. Porto Alegre: AGE, 2002, p. 16.

Ademais, na história particular das famílias, observa-se que as gerações repetem padrões de relacionamento, muitas vezes de forma inconsciente, necessitando a intervenção de um terceiro, que possa compreender e interromper o padrão abusivo estabelecido.[21]

É provável que, em muitos casos de separação e divórcio, bem como em disputas de guarda e regulamentação de visitas que tramitam nas Varas de Família, esteja-se diante de situações que encobrem violência contra as crianças e os adolescentes pertencentes a essas famílias, sem que as partes tenham consciência da gravidade de seu agir, ou, mesmo conscientes, deixam de revelá-los aos profissionais, fazendo com que nada conste nos autos do processo, impedindo, em conseqüência, a adoção de medidas de proteção àqueles que ainda não atingiram os dezoito anos de idade. Nesses casos, a correta avaliação da situação da família, em especial, da criança, inclusive quanto ao seu desenvolvimento físico, social e psíquico;[22] a redobrada atenção aos fatos que se sucedem no tramitar do feito, bem como a compreensão das relações familiares, constituem-se em instrumentos que não podem ser desprezados pelo sistema de Justiça. Não é mais possível que os profissionais envolvidos em disputas de família examinem as questões postas, sob o âmbito restrito da pretensão dos adultos, sem averiguar, com atenção, a real situação das crianças pertencentes a essas famílias.

Enquanto nas Varas da Infância e Juventude já se criou uma cultura de proteção à infância, nas Varas de Família, com certa freqüência, ainda se trabalha de forma não condizente com a Doutrina da Proteção Integral. Limita-se, como já se disse, a resolver os conflitos vividos pelos adultos, deixando de investigar, ainda que de forma sumária, a situação das crianças envolvidas. Fruto da ordem constitucional em vigor, "o que está em questão, no caso da guarda dos filhos menores, é qual dos cônjuges tem melhores condições de exercê-la - e não quem é o culpado pela separação: se um ou ambos".[23]

Aplicar o princípio do melhor interesse da criança, nas disputas de guarda, não se constitui tarefa fácil. Como saber o que é melhor para a criança, quando ambos os pais pleiteiam, em Juízo, a guarda do filho? Não estariam, aparentemente, ambas as partes buscando o melhor para a criança?

---

[21] GROENINGA, Giselle Câmara. *Op. cit.*, nota 5, p. 135.

[22] Pesquisas têm mostrado que "o fato de uma criança estabelecer ligações seguras depende da qualidade de cuidado que recebe; crianças que sofrem abuso ou negligência muito provavelmente não desenvolverão uma ligação segura com seus cuidadores" (SHORE, Rima. *Repensando o cérebro, novas visões sobre o desenvolvimento inicial do cérebro*. Porto Alegre: Mercado Aberto, 2000, p. 81).

[23] WERNER, Jairo; WERNER, Maria Cristina Milanez. *Op. cit.*, nota 2, , p. 78.

Confundir o interesse do adulto com o da criança é fato corriqueiro nos conflitos que são levados às Varas de Família, sendo os filhos "colocados como epicentro da disputa paterna, como se fossem meros objetos numa relação de forçada convivência em que se lhes renega a posição de sujeito de direitos".[24] A criança, via de regra, tem poucas oportunidades de ser ouvida, em que pese o disposto no artigo 28, § 1º, do Estatuto da Criança e do Adolescente, ao passo que os adultos, através de seus advogados, são responsáveis pelos pleitos que vêm expressos ao longo da demanda judicial, valendo referir que são freqüentes "as decisões que priorizam os interesses e condições dos pais",[25] em detrimento da melhor alternativa para a criança.

Como saber quem tem melhores condições para o desempenho da guarda? Como regulamentar adequadamente as visitas do filho ao (à) pai/mãe? Somente através de uma criteriosa avaliação, com o auxílio de uma equipe interdisciplinar, que permita conhecer a realidade da família e o tipo de vínculo estabelecido entre a criança e cada um dos genitores, poderá, ao lado da escuta da criança, fornecer elementos mais seguros à decisão judicial que efetivamente venha contemplar o melhor interesse do infante.

Desde muito cedo, os bebês devem merecer cuidados especiais por parte dos pais e cuidadores, como alerta a autora de recente publicação:

"... bebês que recebem cuidado altamente irregular são mais inclinados a tornarem-se muito dependentes e ansiosos na vida adulta; crianças que recebem cuidado persistentemente irresponsivo são mais propensas do que outras a calarem-se emocionalmente e a agirem de forma a manter os outros a uma certa distância; por outro lado, crianças que recebem cuidado consistente e responsivo nos primeiros anos de vida tendem a desenvolver grandes habilidades sociais mais tarde".[26]

Como se vê, os fatos a serem avaliados nem sempre são de fácil percepção e constatação: exigem uma visão interdisciplinar e uma capacitação específica dos profissionais. Advogados, técnicos, promotores e procuradores de Justiça, assim como os Magistrados, devem estar cientes das múltiplas facetas que compõem as relações familiares, especialmente porque, "muitas vezes, o rompimento da vida em comum altera as habilidades que as pessoas têm para cuidar dos filhos",[27] gerando um cenário com

---

[24] OLIVEIRA, Euclides. Os operadores do direito frente às questões da parentalidade. *Revista Brasileira de Direito de Família*, Porto Alegre: Síntese, IBDFAM, n. 20, out./nov. 2003, p. 151.
[25] PEREIRA, Tânia da Silva (coord.). O melhor interesse da criança. In: —— et. al. *O melhor interesse da criança: um debate interdisciplinar*. Rio de Janeiro: Renovar, 1999, p. 49.
[26] SHORE, Rima. *Op. cit.*, nota 23, p. 67.
[27] PEREIRA, Tânia da Silva. *Op. cit.*, nota 26, p. 49/50.

novas configurações nas relações entre pais e filhos. De nada adianta, nesses casos, trazer aos autos exclusivamente provas do relacionamento da época em que a família não experimentava o conflito da separação. Há que se resgatar a história familiar, a fim de que a decisão judicial possa alcançar a efetividade que todos almejam. Caso contrário, corre-se o risco de a decisão "exacerbar ainda mais o conflito entre os pais, com resultados incertos, mantendo climas tensos e hostis, conduzindo a uma insatisfação geral",[28] com prejuízos ao desenvolvimento da criança. Nesse sentido, vale lembrar que "os conflitos sociais e os de família são os mais sensíveis; não se resolvem com um decreto judicial, que somente pode advir do último escolho"; "(...) os conflitos de família podem compor-se tecnicamente pela sentença, mas com ela não se solucionam. Pelo contrário, com freqüência, o comando judicial, muitas vezes, agrava um problema sem resolvê-lo".[29]

O ciclo da vida humana vem marcado por crises de transição que também são experimentadas pelo grupo familiar, constituindo-se "pontos de maior vulnerabilidade", momentos em que podem aparecer os sintomas, inclusive sob a forma de litígios, valendo lembrar que uma demanda judicial pode, muitas vezes, "contribuir para cronificar um conflito ou *engessar* o processo evolutivo de uma família".[30] Dentro desse contexto, torna-se essencial uma ampla compreensão das relações humanas, por parte dos profissionais, a fim de que efetivamente possam "auxiliar a desfazer estes nós".[31]

Pode-se afirmar, na linguagem jurídica, "que o processo judicial é um ritual, sob o comando do juiz, que ocupa a importante função de representante da lei e simbolicamente também de 'um pai', que vem, principalmente, fazer um corte, pôr fim, (sentença) a uma demanda, amigável ou litigiosa, instalando uma nova fase da vida das pessoas".[32]

Importante distinguir, dentro desse cenário, os aspectos socioculturais que caracterizam a família que chega ao sistema de Justiça, valendo referir que, em função do contexto social, "a criança ocupa diferentes posições na família: na classe média, em geral, é o centro de atenção e de investimento familiar, enquanto, nas camadas populares, filhos e pais estão lado a lado na luta pela sobrevivência".[33]

---

[28] PEREIRA, Tânia da Silva. *Op. cit.*, p. 49.
[29] VENOSA, Sílvio de Salvo. *Direito Civil: Direito de Família*. 3.ed. São Paulo: Atlas, 2003, v. VI, p. 26.
[30] GROENINGA, Giselle Câmara. *Op. cit.*, nota 5, p. 135.
[31] Idem. Ibidem.
[32] PEREIRA, Rodrigo da Cunha (coord.). Separação e Rituais de Passagem. In: ———; GROENINGA, Giselle Câmara (coord.). *Op. cit.*, nota 5, p. 362.
[33] WERNER, Jairo; WERNER, Maria Cristina Milanez. *Op. cit.*, nota 2, p. 81.

Não é mais possível desvincular, diante da sistemática atual, o Direito de Família do Direito da Criança e do Adolescente. Ambos formam uma teia, um emaranhado de conexões que não podem ser desmembradas na atuação dos profissionais do Direito, em especial, nos casos que são submetidos à apreciação do Juízo de Família,[34] valendo lembrar que a positivação dos direitos peculiares da criança e do adolescente "caracteriza benfazeja revolução em nosso ordenamento jurídico", modificando "a estrutura sistemática e principiológica do anterior e clássico direito de família".[35]

Urge que os profissionais, além da habilidade legal para o exercício da profissão, sejam portadores de competência técnica específica para a função a ser desempenhada, eis que, na atualidade, "o tradicional papel do advogado litigante cede lugar ao do advogado negociador, que, juntamente com o juiz conciliador, aponta ao interessado o modo mais conveniente para obter a solução do conflito que lhe aflige",[36] respeitando, sempre, em qualquer hipótese, o direito da criança. Nenhum outro campo do Direito exige do jurista, do legislador, do advogado, do técnico, do magistrado e do membro do Ministério Público, em igual grau, "uma mente aberta, suscetível para absorver as modificações e pulsações sociais que os rodeiam",[37] porquanto, o profissional que não acompanha a evolução social, jurídica e científica do seu tempo se conduzirá em desarmonia com as necessidades das partes envolvidas no litígio, comprometendo sobremaneira a efetividade da prestação jurisdicional, causando um desserviço à sociedade.

Digna de registro, por inovadora e atenta aos ditames constitucionais, é a decisão proferida pela 7ª Câmara Cível do Tribunal de Justiça do Rio Grande do Sul, ao julgar a Apelação Cível n. 70002351161, originária de Canoas, que condenou o guardião de fato a pagar alimentos a adolescente, com doze anos de idade, que se encontrava aos seus cuidados desde os dois anos, sem que tivesse adotado as providências necessárias à regulamentação da adoção, como havia se comprometido com a mãe biológica do alimentando.

Os autos tratam de pedido de alimentos, promovido pela ex-companheira e pelo adolescente, pretendendo ver o varão condenado a pagar

---

[34] Segundo o ECA (artigos 1º e 2º), a Lei nº 8.069/90 dispõe sobre a proteção integral de todas as crianças e os adolescentes, não se limitando apenas a um ou outro grupo deles, estejam envolvidos em feitos que tramitam na Vara da Infância e Juventude ou na Vara de Família.

[35] NERY JUNIOR, Nelson; MACHADO, Martha de Toledo. O Estatuto da Criança e do Adolescente e o Novo Código Civil à luz da Constituição Federal: princípio da especialidade e direito intertemporal. *Revista de Direito Privado*, São Paulo: Revista dos Tribunais, v. 12, out./dez. 2002, p. 27.

[36] VENOSA, Sílvio de Salvo. *Op. cit.*, nota 30, p. 26.

[37] Idem. Ibidem.

alimentos, tanto à ex-companheira como ao adolescente. Em primeiro grau, o Juízo de Família deixou de condenar o alimentante a alcançar a verba alimentar à ex-companheira, porquanto detentora de pensão que recebia desde antes de constituir a união estável; bem como ao adolescente, em razão de não ser ele o responsável legal pelo alimentando, uma vez que não havia guarda, tutela ou adoção previamente deferida.

O adolescente, irresignado, apela da sentença de primeiro grau, vindo o feito a ser distribuído à 7ª Câmara Cível do TJRS. A Câmara, por unanimidade, entendeu em dar provimento parcial ao recurso, a fim de condenar o alimentante a pagar pensão alimentícia ao adolescente. Segundo os autos, o casal, na vigência da união estável, recebeu da genitora a criança, então com dois anos de idade, assumindo o compromisso de pleitear em Juízo a sua adoção. Passam-se dez anos, rompe-se a união estável sem que os companheiros tivessem sequer buscado a guarda judicial da criança. Diante das dificuldades da companheira para manter o adolescente, ajuíza a ação de alimentos, alegando que o companheiro era o provedor da família, não tendo condições de, sozinha, arcar com as despesas para a sua manutenção. Em sessão de julgamento, ocorrida em 18.04.01, tendo como Relator o eminente Des. José Carlos Teixeira Giorgis, a Câmara, por unanimidade, decidiu:

> "Alimentos. União estável. Necessidade. Menor. Guarda de fato. Relação de afeto. (...) É coerente fixar alimentos para o menor, que há dez anos está sob a guarda de fato do casal, que tinha a intenção de adotá-lo, considerando a relação de afeto entre eles e a necessidade do pensionamento. Apelo provido, em parte".[38]

Antes da vigência do Estatuto da Criança e do Adolescente, certamente não encontraríamos decisões do porte da acima mencionada, com evidente priorização do direito do adolescente sobre os interesses do adulto, como demonstra o acórdão oriundo da 7ª Câmara Cível do Tribunal de Justiça do Rio Grande do Sul.

Dentro da cadeia de transformações que são vivenciadas pelo novo Direito de Família, neste nascer de século, o mais importante parece ser a percepção que começa a florescer no meio jurídico no sentido da necessidade de se buscar uma capacitação mais específica para os profissionais lidarem com os dramas familiares, porquanto, na maioria das universidades, ainda não se encontram disponíveis em seus currículos noções sobre os direitos da criança, condizentes com o atual Direito de Família.

---

[38] BRASIL. Tribunal de Justiça do Estado do Rio Grande do Sul, Apelação Cível n. 70002351161, Sétima Câmara Cível, Relator Des. José Carlos Teixeira Giorgis, 18 de abril de 2001, Canoas. Participaram do julgamento, além do Relator, a Desa. Maria Berenice Dias e o Des. Luiz Felipe Brasil Santos.

Do profissional que atua na área do Direito de Família, exige-se, cada vez mais, além do conhecimento dos institutos contemplados no Código Civil, a compreensão do funcionamento da estrutura psíquica, porquanto, "compreender o funcionamento da estrutura psíquica é compreender também a estrutura do litígio conjugal, em que o processo judicial se torna, muitas vezes, uma verdadeira história de degradação do outro".[39]

O tratamento dispensado às famílias que chegam ao sistema de Justiça em muito influenciará o seu destino, ocasionando um efeito importante nas pessoas envolvidas no conflito, "mesmo que de forma não perceptível, inconsciente", porquanto, para as partes, o Estado e o Poder Judiciário são representantes da figura paterna.

É comum, nas demandas que chegam ao Juízo de Família, observar a inclusão da criança na conflitiva do casal, mostrando-se necessário, nestes casos,

> "auxiliar os pais num trabalho de discriminação entre seus conflitos conjugais mal elaborados e as necessidades da criança. Estas incluem a possibilidade de seguir tendo uma relação de continuidade, o que envolve uma relação de confiança e proteção que será proporcionada, se puder ser valorizado aquele que representa para a criança uma figura de apego. Num segundo momento, é preciso auxiliar os pais a reconhecerem a importância do papel de ambos na criação dos filhos".[40]

Ponto a ser destacado é a forma de colher a oitiva da criança nos feitos em que está em jogo a alteração de guarda ou mesmo a regulamentação de visitas a um dos genitores. Dispõe o artigo 28, § 1º, do Estatuto da Criança e do Adolescente, que, sempre que possível, a criança ou o adolescente deverá ser previamente ouvido, e a sua opinião, considerada. Como realizar a oitiva da criança nos feitos em que os genitores arduamente disputam a guarda dos filhos ou mesmo a regulamentação de visitas? Como preservar a criança da violência que sobre ela recai nestas oportunidades, em especial, pela imaturidade, inabilidade e incapacidade dos pais em proteger os filhos?

Além de buscar conhecimentos advindos de outras áreas do conhecimento, como a psicologia, a psicanálise, a sociologia, devem os profissionais agir com criatividade e competência, utilizando os recursos disponíveis para o fim de preservar, ao máximo, a integridade da criança.

---

[39] PEREIRA, Rodrigo da Cunha. *Op. cit.*, nota 12, p. 160.
[40] GUIMARÃES, Marilene Silveira; GUIMARÃES, Ana Cristina Silveira. Guarda – Um olhar interdisciplinar sobre casos jurídicos complexos. In: ZIMERMAN, David (org.); COLTRO, Antônio Carlos Mathias (org.). *Aspectos psicológicos na prática jurídica*. Campinas: Millennium, 2002, p. 460.

Neste contexto, vale lembrar a iniciativa desenvolvida junto à 7ª Câmara Cível do Tribunal de Justiça do Rio Grande do Sul, ao julgar a Apelação Cível n. 70002444693, em que foi Relator o eminente Des. Sérgio Fernando de Vasconcellos Chaves.

Tratava-se de acirrada disputa de regulamentação de visitas, requerida pelo pai, sobre quem recaía uma suspeita de abuso sexual à filha, uma criança, do sexo feminino, com sete anos de idade. No curso do volumoso processo, a criança já havia sido submetida a inúmeras avaliações, realizadas por diversos profissionais que, *de forma isolada*, haviam emitido seus laudos. Por ocasião do julgamento, por não se mostrar suficientemente esclarecida a alegada suspeita, por proposição do Ministério Público, através da Procuradora de Justiça Ângela Célia Paim Garrido, devidamente acolhida pelas partes, entendeu a Câmara de suspender o julgamento do recurso, a fim de que as partes fossem submetidas à avaliação, agora por equipe interprofissional, sob a coordenação de Médica Psiquiatra nomeada no ato.

Composta a equipe, integrada por duas psiquiatras, uma pediatra, uma ginecologista infanto-puberal, três assistentes sociais e igual número de psicólogas, partiram os profissionais para a realização da tarefa que incluía a avaliação do casal e de suas respectivas famílias de origem, bem como da menina, com posterior elaboração de parecer técnico, contendo "diagnósticos, indicações terapêuticas e sugestões quanto ao regime de visitas" (fl. 260 dos autos da Apelação Cível n. 70002444693, 7ª Câmara Cível do TJRS). Durante a avaliação, a criança foi entrevistada apenas por uma das Médicas Psiquiatras que, mediante expressa autorização dos responsáveis, filmou a entrevista, possibilitando que o material viesse a ser analisado pela segunda Perita Psiquiatra, evitando novas e desnecessárias exposições da criança.

A avaliação, firmada pela equipe interprofissional, após elencar várias justificativas, recomenda:

"a) Estabelecimento de um processo progressivo de visitas paternas, assistidas por um profissional previamente indicado;
b) Estabelecimento de um esforço importante de proteção urgente da menina através da limitação imediata do massacre representado pelas reiteradas exposições da mesma a processos de avaliação;
c) Acompanhamento psicoterápico individual do pai, da mãe e da filha comprovado;
d) Atenção especial aos vínculos mãe-filha e pai-filha deverá ser considerada no curso dos atendimentos individuais e do acompanhamento das visitas, com vistas a avaliar a necessidade de uma intervenção de terapia familiar;

e) Embora a criança não deva decidir quanto ao regime de visitação, ela deve ser ouvida na sua forma, ritmo e momento;

f) Avaliação do curso do desenvolvimento das visitas pelo profissional assistente. A ele caberá: observar o comportamento e as reações tanto da criança quanto de seus pais; orientar possíveis manejos durante o contato; informar e orientar aos demais profissionais e familiares as reações da menina, que julgar importantes; avaliar os benefícios dos encontros e sua evolução na qualidade de interação; interromper os contatos ou sugerir sua interrupção sempre que considerar que estes encontros não estão sendo nem adequados nem benéficos para a menina;

g) O pai não pode ficar sozinho com a filha, considerando o desgaste deste vínculo, o sentimento de ameaça, desproteção e animosidade da menina. Este prazo deverá ser mantido até o momento do próximo relatório do profissional que acompanha a família.

Sempre que o pai estiver em contato com a menina o profissional assistente deverá estar presente.

O relato do profissional que acompanha as visitas deverá ser feito de forma oficial, no período de 18 meses, aproximadamente, e através deste será avaliado o seguimento do trabalho junto a esta família".[41]

Feitos envolvendo suspeita de violência sexual intrafamiliar costumam vir revestidos de dificuldades de avaliação, especialmente em decorrência do mecanismo de negação, impedindo, muitas vezes, que se possa definir a melhor maneira de oferecer eficaz proteção à criança.

A experiência relatada mostra alternativa que deveria ser mais explorada pelo sistema de Justiça, isto é, a utilização de equipes interdisciplinares, integradas por profissionais capacitados, ou equipes interdisciplinares, vinculadas a Instituições reconhecidas na comunidade e/ou ligadas a Centros Hospitalares ou Instituições de Ensino, devidamente reconhecidas.

Aspecto relevante diz respeito, ainda, à relação que se estabelece entre a criança a ser periciada e o perito, em especial, o perito psiquiatra, para assinalar que a relação com a criança e o adolescente nunca é diádica (o periciando e o psiquiatra), e sim poliádica, uma vez que "entram em cena outros atores sociais relacionados com a criança, como pais, cuidadores, instituições, etc.".[42] De outro lado, não se mostrará ética a conduta do psiquiatra-perito que, em disputas de guarda dos filhos, por exemplo,

---

[41] BRASIL. Tribunal de Justiça do Estado do Rio Grande do Sul, Apelação Cível n. 70002444693, Sétima Câmara Cível, Relator Des. Sérgio Fernando de Vasconcellos Chaves, 13 de março de 2002, Porto Alegre. Participaram do julgamento, além do Relator, o Des. José Carlos Teixeira Giorgis e o Des. Luiz Felipe Brasil Santos.

[42] WERNER, Jairo; WERNER, Maria Cristina Milanez. *Op. cit.*, nota 2, p. 90.

ouvir apenas uma das partes ou só a criança, valendo lembrar que "é necessário que as partes se sintam adequadamente contempladas para darem sua versão, em termos de tempo e de número de sessões",[43] explicando, com clareza, mesmo para crianças pequenas, o objetivo e a natureza dos encontros de avaliação.

De outra banda, cabe salientar que não bastam os laudos e pareceres se limitarem a apontar os problemas detectados na família examinada, cabendo aos técnicos, dentro de sua esfera de atuação, oferecer propostas de encaminhamento ao conflito que desembocou no sistema de Justiça, sob pena de servirem unicamente para acirrar os ânimos e atribuir a culpa de um ou de outro, negligenciando, mais uma vez, a proteção da criança.

O novo Direito de Família descortina inúmeras e valiosas oportunidades de garantia dos direitos fundamentais à criança e ao adolescente, estando nas mãos dos profissionais que atuam nos conflitos de família a responsabilidade de dar eficácia aos direitos que a Constituição Federal de 1988, com tanta sensatez, lhes outorgou.

Conclusão

A família, assim como o novo Direito de Família, passa por profundas modificações, acompanhando a evolução do conhecimento científico, dos movimentos sociais e políticos, bem como do processo de globalização, exigindo uma capacitação maior dos profissionais que integram o sistema de Justiça, a fim de que suas ações tenham eficácia na vida daqueles que vêem seus traumas expostos ao Juízo de Família.

Na atualidade, não há como desvincular o novo Direito de Família do Direito da Criança e do Adolescente, urgindo que se invista em ações interdisciplinares, sem perder de vista a aplicação dos princípios da dignidade humana e da prioridade absoluta à infância, em atenção ao comando constitucional vigente.

Novos investimentos devem ser dirigidos na formação e na capacitação dos profissionais que se dedicam a atuar nas áreas de Família e da Criança e do Adolescente, alargando as fronteiras do Direito para abranger, também, a compreensão da alma humana, por demais atuante nos conflitos que são levados ao sistema de Justiça.

Não há como retroceder em face do atual estágio de desenvolvimento da civilização. Doravante, os esforços dos profissionais que integram o sistema de Justiça devem se voltar a acompanhar os avanços verificados

---

[43] Idem. Ibidem.

na área dos direitos humanos fundamentais, a começar pelo direito à convivência familiar, em especial, à criança e ao adolescente, sem o que contribuiremos muito mais para o descompasso dos modernos paradigmas que estruturam o Estado Democrático de Direito do que para o bem-estar da civilização.

Referências bibliográficas

BARROS, Sérgio Resende de. *Direitos Humanos: paradoxo da civilização*. Belo Horizonte: Del Rey, 2003, 488p.

BRASIL. Tribunal de Justiça do Estado do Rio Grande do Sul, Apelação Cível n. 70002351161, Sétima Câmara Cível, Relator Des. José Carlos Teixeira Giorgis, 18 de abril de 2001, Canoas.

BRASIL. Tribunal de Justiça do Estado do Rio Grande do Sul, Apelação Cível n. 70002444693, Sétima Câmara Cível, Relator Des. Sérgio Fernando de Vasconcellos Chaves, 13 de março de 2002, Porto Alegre.

BRAUM, Suzana. *A violência sexual infantil na família: do silêncio à revelação do segredo*. Porto Alegre: AGE, 2002, 102p.

BRAUNER, Maria Cláudia Crespo. Nascer com dignidade frente à crescente instrumentalização da reprodução humana. *Revista do Direito*, Santa Cruz do Sul, n. 14, p. 7/26, jul./dez. 2000.

EIZIRIK, Cláudio Laks; KAPCZINSKI, Flávio; BASSOLS, Ana Margareth Siqueira. *O ciclo da vida humana: uma perspectiva psicodinâmica*. Porto Alegre: Artmed, 2001, 200p.

FACHIN, Luiz Edson. Direito além do novo Código Civil: novas situações sociais, filiação e família. *Revista Brasileira de Direito de Família*, Porto Alegre: Síntese, IBDFAM, v. 5, n. 17, p. 7/35, abr./maio 2003.

———. *Elementos críticos do Direito de Família: Curso de Direito Civil*. Rio de Janeiro: Renovar, 1999, 346p.

———. *Teoria crítica do Direito Civil*. Rio de Janeiro: Renovar, 2003, 359p.

GROENINGA, Giselle Câmara (coord.); PEREIRA, Rodrigo da Cunha (coord.). *Direito de Família e Psicanálise, rumo a uma nova epistemologia*. Rio de Janeiro: Imago, 2003, 399p.

MENDEZ, Emílio García (org.); BELOFF, Mary (org.). *Infância, Lei e Democracia na América Latina*. Blumenau: FURB, 2001, v. 1, 137p.

NERY JUNIOR, Nelson; MACHADO, Martha de Toledo. O Estatuto da Criança e do Adolescente e o Novo Código Civil à luz da Constituição Federal: princípio da especialidade e direito intertemporal. *Revista de Direito Privado*, São Paulo: Revista dos Tribunais, v. 12, p. 9/49, out./dez. 2002.

OLIVEIRA, Euclides. Os operadores do Direito frente às questões da parentalidade. *Revista Brasileira de Direito de Família*, Porto Alegre: Síntese, IBDFAM, n. 20, p. 150/161, out./nov. 2003.

PEREIRA, Rodrigo da Cunha. *Direito de Família: uma abordagem psicanalítica*. Belo Horizonte: Del Rey, 1997, 200p.

PEREIRA, Tânia da Silva (coord.). *O melhor interesse da criança: um debate interdisciplinar*. Rio de Janeiro: Renovar, 1999, 746p.

SCHREIBER, Elizabeth. *Os Direitos Fundamentais da criança na violência intrafamiliar*. Porto Alegre: Ricardo Lenz, 2001, 152p.

SHORE, Rima. *Repensando o cérebro, novas visões sobre o desenvolvimento inicial do cérebro*. Traduzido por Iara Regina Brazil. Porto Alegre: Mercado Aberto, 2000, 158p.

TABORDA, José J. V.; CHALUB, Miguel; ABDALLA-FILHO, Elias. *Psiquiatria Forense*. Porto Alegre: Artmed, 2004, 350p.

TEIXEIRA, Sálvio de Figueiredo (coord.). *Direitos da Família e do Menor: inovações e tendências*. 3.ed. Belo Horizonte: Del Rey, 1993, 478p.

VENOSA, Sílvio de Salvo. *Direito Civil: Direito de Família*. 3.ed. São Paulo: Atlas, 2003, v. VI, 473p.

WEBER, Lídia Natália Dobriansky. Olhando através do espelho: abandono, pobreza, institucionalização e o direito à convivência familiar. *Revista Igualdade*, Curitiba: Centro de Apoio Operacional das Promotorias da Infância e Juventude do Ministério Público do Paraná, v. 7, n. 23, p. 8/14, abr./jun. 1999.

ZIMERMAN, David (org.); COLTRO, Antônio Carlos Mathias (org.). *Aspectos psicológicos na prática jurídica*. Campinas: Millennium, 2002, 618p.

— 16 —

O patrimônio na união estável – na constância da união e na sucessão

MARILENE SILVEIRA GUIMARÃES
Advogada. Integrante da Comissão Nacional de Mediação do IBDFAM.
Diretora Cultural do IBDFAM/RS.

"Época triste a nossa em que é mais difícil quebrar um preconceito do que um átomo".
Albert Einstein

Sumário: 1. Introdução; 2. Da necessidade de uma interpretação valorativa; 3. Evolução dos direitos da união estável; 4. Conceito de união estável; 4.1. União estável e concubinato; 5. Administração e partilha do patrimônio comum; 6. Os direitos na sucessão; 6.1. Direito real de habitação; 7. Conclusão; 8. Bibliografia consultada.

1. Introdução

A união estável, introduzida no sistema jurídico brasileiro pela Constituição Federal de 1988, é entidade familiar que recebe a proteção do Estado e passa a ser regulamentada pelo Código Civil de 2002 nos livros do Direito de Família e do Direito das Sucessões.

No Direito de Família, o Código faculta para a união estável dois regimes patrimoniais: o convencional, que respeita a autonomia dos sujeitos, cuja vontade é estabelecida através de um contrato, e o regime legal, da comunhão dos aquestos, que é o objeto deste trabalho. No Direito das Sucessões, o Código assegura a meação e o direito de participar da sucessão do outro através de normas diferentes daquelas endereçadas ao casamento, revelando falta de harmonização entre o Direito de Família e o Direito das Sucessões e manifesto retrocesso em relação a direitos já conquistados.

A união estável nasce do desejo da convivência livre, com comunhão de vidas e de patrimônios. A *ratio* dessas uniões é o afeto, a comunhão de vidas, e não meros interesses obrigacionais.[1] Esta situação fática, na verdade, não deveria ter sido tão minutamente normatizada, pois quanto mais genéricas fossem as definições, maiores possibilidades teria o intérprete de avaliar casuisticamente, invocando os princípios gerais e normas previstas para situações semelhantes, como o casamento, evitando a ingerência normatista do Estado no projeto de vida amorosa dos companheiros.[2]

2. Da necessidade de uma interpretação valorativa

O Código Civil de 2002 atualiza o direito brasileiro a partir das normas e princípios democráticos assegurados pela Constituição Federal de 1988. A interpretação do novo diploma legal deve ser feita a partir de uma fundamentação teórica baseada na Constituição, que está no vértice do sistema jurídico e de onde emanam os princípios e regras organizadoras da sociedade. Os operadores do direito necessitam despir-se da fundamentação teórica privatista que serviu de base à interpretação dada ao Código de 1916 e fazer um esforço para assimilar os princípios que fundamentam o novo ordenamento jurídico, tendo por foco a dignidade[3] do cidadão e o interesse social.

A tendência mundial pós-guerra é de redemocratização, a começar pela Declaração dos Direitos do Homem, de onde emanam novos valores que influenciam o Direito Privado.[4] Como decorrência, um sistema de princípios fundamentais de conduta passa a ser aceito e norteia a organização social e jurídica com importantes efeitos na interpretação sistemática voltada para valores como a dignidade da pessoa humana.[5] Esses

---

[1] GUIMARÃES, Marilene Silveira. "Reflexões acerca de questões patrimoniais nas uniões formalizadas, informais e marginais". *Repertório de Jurisprudência e Doutrina sobre Direito de Família — Apectos constitucionais, civis e processuais*. Coord. Teresa Arruda Alvim, RT, 1995, p. 199.

[2] VILLELA, João Batista. "Família hoje". Entrevistado por Leonardo de Andrade Mattietto. *A nova família: problemas e perspectivas*. Renovar, 1997, p. 83.

[3] O Estado Democrático brasileiro tem como fundamento, entre outros, a dignidade da pessoa humana, como assegurado no inciso III do art. 1º da Constituição Federal.

[4] LOTUFO, Renan. "Da oportunidade da codificação civil e a Constituição". *O novo Código Civil e a Constituição*. Org. Ingo Wolfgang Sarlet. Livraria do Advogado, 2003, p. 20/26.

[5] FREITAS, Juarez. *A interpretação sistemática do direito*. Malheiros Editores, 1998, p. 151/159 e 205.

valores passam a liderar os princípios que alicerçam a nova teoria jurídica. Assim, o Código passa a ter uma função intermediária entre a Constituição e os microssistemas, como é o caso do Direito de Família.[6] Como se observa, foi esgotada a tendência de "decodificação" que era sustentada pela doutrina italiana e, assim, assistimos a uma espécie de "recodificação". Como conseqüência, o Código Civil passa a ter uma finalidade menos "regulativa" e mais "ordenatória", no sentido de "pôr ordem", ordenar as relações interprivadas segundo certas técnicas e certos valores e regras postos como diretrizes, como garantias a direitos fundamentais na Constituição.[7] Portanto, estamos diante de um Código que não quer ser o centro, e sim um corpo de normas com cláusulas abertas para servir e viabilizar a atuação de todo o Direito privado.[8] Assim o Código Civil deixa de ser o centro de informações da vida civil, que passa a ser exercido pela Constituição.[9]

No entanto, a doutrina e a jurisprudência brasileiras não estão totalmente alinhadas a este pensamento. Observa-se, ainda, a influência de mais de uma escola teórica, o que justifica as diferentes formas de interpretação dos fatos e, conseqüentemente, a diversidade na elaboração e na aplicação da mesma lei. O pensamento jurídico no Rio Grande do Sul, em Santa Catarina e em Pernambuco filia-se à escola germânica,[10] que prioriza os direitos fundamentais como a dignidade, enquanto o resto do Brasil filia-se à escola francesa,[11] ainda fundamentada no Código de Napoleão de 1804, que valoriza mais a propriedade e o contrato. Para o sistema francês, que fixou as bases de boa parte da teoria jurídica brasileira ministrada nas Faculdades de Direito, o Código era o centro do sistema jurídico e valia mais do que a Constituição,[12] sendo que ao juiz não cabia interpretar a lei, e sim ser a boca da lei, o escravo da lei.

> "A adaptação pretoriana da ordem jurídica às realidades emergentes do meio social, tirando o máximo proveito da Constituição, é amplamente utilizada pelo direito anglo-saxão, que considera a Suprema

---

[6] LOTUFO, Renan. Obra citada, p. 23.

[7] MARTINS-COSTA, Judith. "Os direitos fundamentais e a opção culturalista do novo Código Civil". *Constituição, Direito Fundamentais e Direito Privado*. Org. Ingo Wolfgang Sarlet. Livraria do Advogado. 2003, p. 76/77.

[8] LOTUFO, Renan. Obra citada, p. 26.

[9] Obra citada, p. 23.

[10] Esta escola passa a valorizar a dignidade da pessoa humana após as atrocidades cometidas na 2ª Guerra Mundial.

[11] Obra citada, p. 19. Boa parte da doutrina brasileira fundamenta-se na teoria francesa decorrente do Código de Napoleão. Este Código afastou-se dos ideais da Revolução Francesa, que se mostraram uma utopia a serviço da tomada do poder, para tornar-se o código da propriedade e do contrato, favorecendo a submissão do fraco ao forte, mantendo os princípios da família patriarcal.

[12] Obra citada, p. 19 e 20.

Carta a fonte primeira dos direitos. Naquele sistema, as normas positivas são consideradas como um sistema vivo e dinâmico, capaz de acomodar-se às realidades sociais, traduzindo os sentimentos e aspirações da comunidade nacional. Apesar de a Constituição Federal Brasileira de 1988 ter sido inspirada nas famílias constitucionais do direito anglo-saxão, a formação dos operadores do Direito no Brasil é fundamentada na teoria do direito privado, o que justifica o método de interpretação utilizado e a conseqüente resistência em aplicar o comando constitucional. Neste sentido, o mestre italiano Mauro Capelletti[13] lembra que a norma constitucional, sendo também norma positiva, traz, em si, uma reaproximação do direito à justiça. Porque norma naturalmente mais genérica, vaga, elástica, ela contém aqueles conceitos de valor que pedem uma atuação acentuadamente criativa e, assim, suscetível de adequar-se às mutações inevitáveis, do próprio valor".

Reforçando este entendimento, o Magistrado gaúcho Ingo Wolfgang Sarlet[14] conclui que "o abismo por vezes já quase intransponível entre norma e realidade, há que ter como referência permanente os valores supremos e as circunstâncias de cada ordem constitucional (material e formal), razão pelo qual deverá prevalecer, também aqui, a noção do equilíbrio e da justa medida".[15]

Assim, os princípios constitucionais passam a iluminar também o Código Civil. Por outro lado, a inclusão de inúmeras cláusulas gerais também comprova o abandono do sistema de rígida codificação para privilegiar a interpretação valorativa.[16] O temor de insegurança do tráfico jurídico é afastado pela fundamentação das sentenças,[17] que deverão estar conforme os novos princípios que balizam o ordenamento jurídico.

A partir desta linha de interpretação, fundamentada nos princípios constitucionais da dignidade, da isonomia, da liberdade e autonomia, este trabalho analisa a união estável no Código Civil de 2002.

---

[13] CAPPELLETTI, Mauro. *O Controle judicial de constitucionalidade das leis no Direito Comparado*, Sergio Antonio Fabris Editor, 1992, p. 130.

[14] SARLET, Ingo Wolfgang. *A eficácia dos direitos fundamentais*. Livraria do Advogado, 1998, p. 374.

[15] GUIMARÃES, Marilene Silveira. "As leis da união estável e o direito intertemporal". Nova realidade do Direito de Família, tomo 1. COAD,1.998, p. 51 e *Revista da Ajuris*, n.71, p.261 e site www.gontijo-familia.adv.br

[16] Segundo a opinião de Sérgio Gischkow Pereira: "O Direito de Família evolui para um estágio em que as relações familiares se impregnam de autenticidade, sinceridade, amor, compreensão, diálogo, paridade, realidade. Trata-se de afastar a hipocrisia, a falsidade institucionalizada, o fingimento, o obscurecer dos fatos sociais, fazendo emergir as verdadeiras valorações que orientam as convivências grupais " PEREIRA, Sérgio Gischkow. Tendências modernas do Direito de Família, *Revista AJURIS*, n. 42, p. 52.

[17] Art. 93º, IX, da CF: "todos os julgamentos dos órgãos do Poder Judiciário serão públicos, e fundamentadas todas as decisões, sob pena de nulidade, podendo a lei, se o interesse público o exigir, limitar a presença, em determinados atos, às próprias partes e a seus advogados, ou somente a estes".

3. Evolução dos direitos da união estável

O Código de 1916 apenas reconhecia a união formada pelo casamento civil, introduzido no Brasil em 1891, e as relações extramatrimoniais eram denominadas concubinato, somente referidas na lei para afastar direitos. Foi a jurisprudência que, a partir da aceitação do fato social e para evitar o enriquecimento sem causa, passou a conceder direitos aos integrantes das relações não formalizadas pelo casamento, considerando o patrimônio de tais uniões como sociedade de fato, conforme decidiu o Supremo Tribunal Federal através da Súmula 380, editada em 1963.[18] Além da Súmula, inúmeras foram as disposições legais[19] que passaram a garantir algum direito às uniões fora do casamento.

O progressivo número de uniões de fato[20] e sua crescente aceitação na sociedade resultou na legitimação de tais uniões pela Constituição, que passou a denominá-las união estável, garantindo-lhes a proteção do Estado.[21] Apesar do comando constitucional, enorme foi a resistência dos tribunais brasileiros em atribuir direitos a estas uniões antes da edição de leis especiais.

Entre a promulgação da Constituição Federal em 1988 e a edição da primeira lei especial sobre a união estável, em 1994, houve um hiato legislativo de seis anos. Neste período, a colaboração da doutrina foi significativa, e os Tribunais proferiram arrojadas decisões, destacando-se o Tribunal de Justiça do Rio Grande do Sul que, desde 1991, estabeleceu a competência das Varas da Família para decidir as questões de união estável através da Súmula 14.[22] Direitos a alimentos,[23] à partilha,[24] à

---

[18] STF, Súmula 380: "Comprovada a existência de sociedade de fato entre os concubinos, é cabível a sua dissolução judicial, com a partilha do patrimônio adquirido pelo esforço comum".

[19] Rodrigo da Cunha Pereira sintetiza as conquistas legais do concubinato desde 1912, na obra *Concubinato e União Estável*. Del Rey, 2001. Segismundo Gontijo também elenca direitos reconhecidos à união estável administrativamente, através da jurisprudência e de leis especiais no artigo "Das uniões: a formal e as informais, seus regimes de bens e a sucessão." Disponível no site www.gontijo-familia.adv.br

[20] A união estável em 1991 era de 18,3% dos casais brasileiros e em 2000 era de 28,3%, segundo dados do IBGE.

[21] Artigo 226, § 3º, da CF: "Para efeito da proteção do Estado, é reconhecida a união estável entre o homem e a mulher como entidade familiar, devendo a lei facilitar sua conversão em casamento".

[22] TJRS, Súmula 14: "É da Vara de Família, onde houver, a competência para as ações oriunda de união estável".

[23] TJRS: "Com o advento da nova Carta Constitucional, que deferiu à união estável proteção estatal, comprovada sua existência, exsurge a obrigação alimentar entre ambos". Rel. Desa Maria Berenice Dias. Apel. 590069308. Julgado em 20.12.1990.

[24] TJRS: "Dissolução de sociedade de fato. Provado o contunérbio, a partilha não tem causa, apenas, no fator aquisição, mas também na tarefa da manutenção e conservação do patrimônio, pelo esforço comum, pela melhoria, transformação e aumento do mesmo". Rel. Des. Clarindo Favretto. Apel. 591013149. Julgado em 31.10.1991.

sucessão,[25] foram sendo declarados através de decisões históricas que mudaram o panorama doutrinário, jurisprudencial e legal do país, afastando a humilhante indenização por serviços prestados que era concedida numa tentativa de evitar o total desamparo.

Somente em 30 de dezembro de 1994 foi publicada a Lei 8.971, primeira lei ordinária regulamentadora da união estável que, para aplicação de seus efeitos, exigia cinco anos de convivência ou existência de prole e ainda desimpedimento para o casamento, assegurando direitos a alimentos, bem como direito à meação, à sucessão e ao usufruto dos bens do falecido, na falta de herdeiros necessários. Apesar das restrições da lei, acertadamente, a jurisprudência avançou, reconhecendo direitos também ao separados de fato.[26]

Em 13 de maio de 1996, foi editada a Lei 9.278, que trouxe a definição de união estável e incluiu os separados de fato entre seus beneficiários, estabelecendo direitos e deveres semelhantes aos do casamento. A lei afastou a Súmula 380 do STF, estabelecendo a presunção de participação patrimonial na formação de um "condomínio" representado pelos bens amealhados onerosamente na constância da união e também assegurou aos companheiros o direito real de habitação. Apesar da vigência das leis especiais nº 9.278/96 e nº 8.971/94, a jurisprudência progrediu, afastando os requisitos do artigo 1º da Lei 8.971/94 para reconhecer direitos sucessórios para todos os companheiros que comprovassem, principalmente, o ânimo de constituir família.

TJRS: "Sociedade de fato. Dissolução. Partilha de bens. Manutenção e conservação do patrimônio comum. Regime de bens. Critério após CF-88 União estável. Regime de bens. Equiparação ao casamento com comunhão parcial de bens. Efeitos. Direito à meação. Concurso para manutenção e conservação do patrimônio comum". Bem. Infringentes nº 593035066. 4º Grupo CC. Rel. Des. Alceu Binato de Moraes. Julgado em 11.03.1994.

[25] TJGO:"União estável. Companheira. Herdeira. Inventário requerido por colateral. Considera-se írrito o processo de inventário aberto por irmão do de cujus, quando, *in casu*, sucessora é a companheira do extinto e segundo o artigo 1.611 do Código Civil ela é que tem a legitimidade para tal, na ausência de descendentes ou ascendentes". Rel. Des Fenelon Teodor Reis ,Apel. nº 32.341-8/188, 2ª CCC, julgado em 01.02.94.

TJRS: "União estável. Falecimento do réu no curso da ação de reconhecimento. Partilha de bens. Desnecessidade de comprovação da contribuição na aquisição do bem". Rel. Des. Eliseu Gomes Torres. Apel. 594125098. 8ª CC, Julgado em 27.10.1994.

TJRS: "Concubinato - Direito Sucessório. Deferida à união estável status de entidade familiar pela Constituição Federal, as repercussões no Direito Sucessório levam ao reconhecimento do direito da concubina ao usufruto da quarta parte dos bens do companheiro falecido (art. 1611, CC)" - Rel. Dra. Maria Berenice Dias. Apel. nº 194.204.087, 8º CC. Julgado em 08.11.1994.

[26] STJ: "É irrelevante o fato de o companheiro ser legalmente casado pelo regime da comunhão para reconhecer direito à partilha de bens entre os concubinos". Rel. Min. Athos de Gusmão Carneiro.RE nº 0013785. Julgado em 1992.

STJ: "Separados de fato "Concubinato. Partilha de bens. Concubino casado. O fato de ser o concubino casado com outra mulher, não elimina o direito da companheira de receber, depois do falecimento dele, parte do patrimônio que ajudou a formar, precedentes deste tribunal". Rel. Min. Ruy Rosado de Aguiar Júnior. Rec. Esp. nº 0098096, julgado em 07.10.96.

O Código Civil de 2002 introduziu a união estável nos livros do Direito de Família e da Sucessão, tratando-a de forma isonômica ao casamento para os atos *inter vivos* e de forma inferiorizada quando da sucessão. No entanto, vale lembrar que o projeto do Código deu entrada no Congresso em 1972, quando a união estável era reconhecida apenas como sociedade de fato e, assim, mesmo com a atualização promovida após a edição da Constituição Federal, a matéria foi tratada de forma assistemática.

4. Conceito de união estável

No artigo 1.723,[27] o Código mantém a definição de união estável trazida pela Lei 9.278/96, considerando-a como a convivência pública contínua e duradoura, que tenha por objetivo constituir família, independentemente do tempo de duração, da existência de prole ou de convivência sob o mesmo teto, denominando seus integrantes como "companheiros". Estes podem ser solteiros, separados de fato, divorciados ou viúvos, que passam a viver uma nova relação. O Código referenda as decisões jurisprudenciais que de há muito haviam afastado os requisitos do artigo 1º da Lei 8.971/94 para conceder efeitos à união estável.

Embora diferentes, as definições legais de casamento e união estável convergem nos mesmos valores,[28] pois a comunhão plena de vidas acontece tanto no casamento como na união estável, dando início à constituição de uma família. Essa constitui-se em uma agência do amor,[29] ou seja, a família é o espaço em que o ser humano busca suprir a sua natural incompletude através do laço amoroso e da solidariedade que deve ser assegurada também na questão patrimonial. A situação fática da união estável é semelhante ao casamento, pois em ambas as pessoas se unem pelo afeto e pelo desejo de comungar suas vidas. A diferença está na formalização, pois o casamento nasce de um ato jurídico expresso enquanto a união estável geralmente é declarada a *posteriori*, pois um de seus requisitos é a continuidade e a duração.[30]

---

[27] Art. 1.723: "É reconhecida como entidade familiar a união estável entre o homem e a mulher, configurada na convivência pública, contínua e duradoura e estabelecida com o objetivo de constituição de família.
§ 1º A união estável não se constituirá se ocorrerem os impedimentos do art. 1.521; não se aplicando a incidência do inciso VI no caso de a pessoa casada se achar separada de fato ou judicialmente.
§ 2º As causas suspensivas do art. 1.523 não impedirão a caracterização da união estável".

[28] Art. 1.511: "O casamento estabelece comunhão plena de vida, com base na igualdade de direitos e deveres dos cônjuges".

[29] LÔBO, Paulo Luiz Netto. "A personalização das relações de família". *O Direito de Família e a Constituição de 1988*. São Paulo: Saraiva, 1989, p. 65.

[30] Na hipótese de a união iniciar já regulamentada por um contrato, acontece uma relativização dos requisitos do artigo 1.723, pois os companheiros formalizam o desejo de publicizar sua união e o contrato serve como marco inicial da convivência.

4.1. União estável e concubinato

Mantendo a tradição monogâmica, o Código estabelece textualmente a diferença entre união estável e concubinato.[31] A união estável passa a ser tratada isonomicamente ao casamento, desde que seus integrantes tenham rompido vínculos anteriores de fato ou de direito. Já o concubinato é a união que acontece concomitantemente ao casamento ou até mesmo à união estável e se mantém à margem do sistema jurídico, apesar de o Código de 2002 ter garantido alguma proteção patrimonial,[32] quando provado o esforço comum na aquisição de algum bem. A jurisprudência e a doutrina já vinham reconhecendo o concubinato como sociedade de fato, à qual pode ser aplicada a Súmula 380 do STF para evitar o enriquecimento ilícito.[33]

---

[31] Rodrigo da Cunha Pereira elaborou importante síntese histórica e de direito comparado sobre concubinato e união estável na obra *Concubinato e união estável*. Del Rey, 2001.

[32] Os cônjuges podem, conforme o art. 1.642, V: "reivindicar os bens comuns, móveis ou imóveis, doados ou transferidos pelo outro cônjuge ao concubino, desde que provado que os bens não foram adquiridos pelo esforço comum destes, se o casal estiver separado de fato por mais de cinco anos".

[33] A jurisprudência dominante considera o concubinato uma sociedade de fato, embora algumas decisões concedam os direitos patrimoniais como meação:
TJRS: "Sociedade de fato. Caracterização. Coexistência com lar conjugal. Existência. Direito à meação. Deferimento. Bens resultantes do esforço comum. Prova de sua existência. Comprovada a existência da sociedade de fato, ainda que concomitante ao lar conjugal, cabível a atribuição de meação à concubina, partilhando-se os bens adquiridos pelo esforço mútuo". Rel Des. Márcio de Oliveira Pugina, Apelação nº 591011655, julgado em 07.11.1991.
STJ: "Concubinato. Sociedade de fato. Homem casado. A sociedade de fato mantida com a concubina rege-se pelo direito das obrigações e não pelo direito de família. Inexiste impedimento a que o homem casado, além da sociedade conjugal, mantenha outra, de fato ou de direito, com terceiro. Não há cogitar de pretensa dupla meação. A censurabilidade do adultério não haverá de conduzir a que se locuplete, com esforço alheio, exatamente aquele que o pratica". Rel Min Eduardo Ribeiro, REsp. nº 47.103-SP, 3ª Turma, julgado em 13.02.1995.
TJRS: "União estável não se configura, em se tratando de relação adulterina, eis que comprovado que jamais o varão esteve separado da mulher enquanto manteve um vínculo afetivo com outra mulher. Partilha de bens. Ainda que não reconhecida a união estável cabe deferir ao outro a meação sobre o imóvel para cuja aquisição contribuiu. Rel. Desa. Maria Berenice Dias. Apel. nº 597262195. Julgado em 01.04.1998.
TJRS: "A doutrina nacional e estrangeira revela esta preocupação, admitindo o reconhecimento do direito da concubina à parte do acervo havido pelo esforço comum." Rel. Des. José Carlos Teixeira Giorgis, Apel. 597.095.421 7ª CC. Julgado em abril de 1998.
TJRS: "Concubinato e casamento. Duplicidade de união afetiva. Efeitos. Caso em que se reconhece que o *de cujus* vivia concomitantemente em estado de união estável com a apelante (inclusive com filiação) e casamento com a apelada, caso concreto em que, em face da realidade das vidas, se reconhece direito à concubina a 25% dos bens adquiridos na constância do concubinato". Rel. Des. Rui Portanova, Apelação nº 70004306197. 8ª CC, julgado em 27.02.2003.
TJRS: "Dissolução de sociedade de fato. Relação não eventual entre homem e mulher. Concubinato. Efeitos patrimoniais. O estatuto material vigente não protege, como união estável, a relação entre homem casado, que ainda está vinculado à família matrimonializada, e mulher desimpedida. Cuida-se de concubinato, cujos efeitos são avessos ao Direito de Família, mas ao campo obrigacional e que, anteriormente, por sua ação clandestina, era tido como "concubinato adulterino impuro". Rel vencida Desa. Maria Berenice Dias, voto vencedor revisor Des. José Carlos Teixeira Giorgis. Apelação nº 70005330196. 7ª CC, julgado em 07.05.2003.

O artigo 1.727 do CC considera o concubinato como a relação não-eventual mantida por homem e mulher impedidos de casar. No entanto, esta não é a melhor definição, uma vez que os casados e separados de fato também podem constituir uniões estáveis, embora também estejam impedidos de casar. Melhor seria definir[34] o concubinato como a união mantida concomitantemente ao casamento ou à união estável, de forma não-eventual e por um prazo de duração razoável, com ou sem existência de filhos, introduzindo um parágrafo no qual conste que será partilhável o patrimônio amealhado na constância do concubinato, com a colaboração direta ou indireta do outro, para evitar enriquecimento ilícito.

5. Administração e partilha do patrimônio comum

No artigo 1.725, o Código estabelece nova disciplina para a união estável, afastando de vez o conceito de "sociedade de fato" e de "condomínio" e inaugurando a "comunhão legal" do patrimônio amealhado pelos companheiros durante a vigência da união, estabelecendo regras sobre a administração e a partilha em vida, o que resulta em importantes e inovadores efeitos, a exigir uma reavaliação de conceitos.

A norma do artigo 1.725[35] inclui um conceito aberto ao estabelecer que se aplicam às relações patrimoniais as mesmas regras do casamento pelo regime da comunhão parcial de bens "no que couber". Dependendo da escola de formação do operador do direito, a interpretação deste artigo será extensiva ou restritiva de direitos, de acordo com o nível de consciência, senso de conseqüência e responsabilidade que a decisão possa acarretar.[36]

Consoante a interpretação valorativa já manifestada, a equiparação ao regime da comunhão parcial de bens permite invocar todas as regras previstas nos artigos 1.658 a 1.666.[37] Assim, comunicam-se entre os com-

---

[34] GUIMARÃES, Marilene Silveira. *Os vínculos afetivos e sua tradução jurídica quanto ao patrimônio – no casamento – união estável – namoro – concubinato – união homossexual*. Coord. Giselle Câmara Groeninga e Rodrigo da Cunha Pereira. Imago. 2003, p. 189.

[35] Art. 1.725: "Na união estável, salvo contrato escrito entre os companheiros, aplica-se às relações patrimoniais, no couber, o regime da comunhão parcial de bens".

[36] NEQUETE, Eunice. "A norma e a conjugalidade". *Direito de Família e interdisciplinaridade*. IDEF – Instituto Interdisciplinar de Direito de Família - RS. Juruá, 2.001, p. 25.

[37] Art. 1.658: "No regime de comunhão parcial, comunicam-se os bens que sobrevivem ao casal, na constância do casamento, com as exceções dos artigos seguintes".
Art. 1.660: "Entram na comunhão: I – os bens adquiridos na constância do casamento por título oneroso, ainda que só em nome de um dos cônjuges; II – os bens adquiridos por fato eventual, com ou sem o concurso de trabalho ou despesa anterior; III – os bens adquiridos por doação, herança ou legado, em favor de ambos os cônjuges; IV – as benfeitorias em bens particulares de cada cônjuge; V – os frutos dos bens comuns, ou dos particulares de cada cônjuge, percebidos na constância do casamento, ou pendentes ao tempo de cessar a comunhão".
Art. 1.662: "No regime da comunhão parcial, presumem-se adquiridos na constância do casamento os bens móveis, quando não se provar que foram em data anterior".

panheiros os bens móveis e imóveis adquiridos na constância da união estável de forma onerosa. Também integram a comunhão os bens adquiridos por fato eventual, como os prêmios de loteria, ou aqueles doados a ambos os companheiros. Ainda constituem bens da comunhão os frutos, tanto dos bens comuns, como dos bens particulares que forem percebidos durante a comunhão ou que estiverem pendentes quando cessar a convivência, além das benfeitorias realizadas, mesmo em bens particulares de cada companheiro.

Excluem-se da comunhão[38] apenas os bens particulares de cada um, que são aqueles adquiridos antes do início da união, bem como aqueles recebidos por herança ou doação a apenas um deles. Não se comunicam também os bens adquiridos em sub-rogação a bens particulares ou os bens de uso pessoal, os livros e instrumentos de profissão. Apesar da injustiça que pode gerar a regra, excluem-se da comunhão também os proventos do trabalho pessoal de cada companheiro ou as pensões e outras rendas semelhantes. Neste particular, a jurisprudência tem entendido que também a poupança capitalizada durante a convivência será partilhável,[39] bem como o patrimônio adquirido com FGTS.[40] As obrigações assumidas anteriormente ao início da união estável não se comunicam, bem como aquelas provenientes de atos ilícitos, exceto se provado que tenham revertido em benefício dos companheiros.

A administração[41] do patrimônio comum compete a qualquer um dos companheiros, e as dívidas contraídas por um deles, em benefício do

---

[38] Art. 1.659: "Excluem-se da comunhão: I – os bens que cada cônjuge possuir ao casar, e os que lhe sobrevierem, na constância do casamento, por doação ou sucessão, e os sub-rogados em seu lugar; II os bens adquiridos com valores exclusivamente pertencentes a um dos cônjuges em sub-rogação dos bens particulares; III – as obrigações anteriores ao casamento; IV – as obrigações provenientes de atos ilícitos, salvo reversão em proveito do casal; V – os bens de uso pessoal, os livros e instrumentos de profissão; VI – os proventos do trabalho pessoal de cada cônjuge; VII – as pensões, meios-soldos, montepios e outras rendas semelhantes".
Art. 1.661: "São incomunicáveis os bens cuja aquisição tiver por título uma causa anterior ao casamento".
Art. 1.659, V: "os bens de uso pessoal, os livros e instrumentos de profissão" – Art. 1.642, I: "praticar todos os atos de disposição e de administração necessários ao desempenho de sua profissão, com as limitações estabelecida no inciso I do art. 1.647".

[39] Decisão endereçada ao casamento pelo regime da comunhão parcial de bens pode ser usada para a união estável: "Valor depositado em caderneta de poupança. Sendo incontroversa a existência de saldo expressivo em caderneta de poupança, imperiosa a partilha eis que o numerário foi reunido durante a vida conjugal, sendo o regime matrimonial o da comunhão parcial". Rel. Des. Sérgio Fernando de Vasconcellos Chaves. TJRS. Apel. Cível Nº 70005557228, 7ª Câmara Cível. Julgado em 26.03.2003.

[40] TJRS:"União estável. Partilha de bens. Exame de alegada sub-rogação na aquisição de vários bens, comprovada a utilização do FGTS na aquisição do imóvel – cálculo diferenciado". Rel. Des. Luiz Felipe Brasil Santos. Apel. 70004613139. Julgado em 16.10.2002.

[41] Art. 1.663: "A administração do patrimônio comum compete a qualquer dos cônjuges. § 1º - As dívidas contraídas no exercício da administração obrigam os bens comuns e particulares do cônjuge que os administra, e os do outro na razão do proveito que houver auferido; § 2º - A anuência de

patrimônio comum ou da manutenção da família, obrigam tanto os bens comuns como os bens particulares de quem os administra, só atingindo os bens particulares do outro se este aferiu algum proveito. A administração do patrimônio particular compete ao companheiro proprietário, salvo disposição diversa que venha a constar do contrato convivência. Já as dívidas assumidas na administração e em benefício dos bens particulares, não obrigam os bens comuns.

Além das regras específicas para o regime da comunhão parcial, ainda cabe invocar a aplicação por analogia de todas as demais regras gerais que normatizam o regime de bens do casamento, como por exemplo aquelas que regulamentam a administração e a disposição do patrimônio.[42] Dentre estas, está a que exige a anuência de ambos os cônjuges para a disposição de imóveis comuns, mesmo que estejam registrados em nome de apenas um dos companheiros, numa aplicação analógica da regra geral do artigo 1.647.[43] Como nem sempre o adquirente tem conhecimento da existência da união estável, porque esta não é publicizada, o companheiro lesado em sua meação pode pleitear a anulação do negócio jurídico, no prazo de dois anos a contar da dissolução da união estável, como dispõe o artigo 1.649,[44] cabendo-lhe o ônus da prova. Porém, não pode valer-se da ação reivindicatória, pois é da natureza desta o título de propriedade que o companheiro lesado não possui. O terceiro de boa-fé[45] que sofrer os efeitos da sentença de anulação do negócio jurídico terá direito regressivo contra o alienante ou seus herdeiros. Da mesma forma, analogicamente ao casamento, se o companheiro prestar fiança ou aval sem autorização do outro,[46] poderá o lesado buscar a anulação de tais atos no prazo do artigo 1.649. Ao proteger a meação, o Estado também está protegendo a entidade

---

ambos os cônjuges é necessária para os atos, a título gratuito, que impliquem cessão do uso ou gozo dos bens comuns; § 3º - Em caso de malversação dos bens, o juiz poderá atribuir a administração a apenas um dos cônjuges".
Art. 1.664: "Os bens da comunhão respondem pelas obrigações contraídas pelo marido ou pela mulher para atender aos encargos da família, às despesas de administração e às decorrentes de imposição legal".
Art. 1.665: "A administração e a disposição dos bens constitutivos do patrimônio particular competem ao cônjuge proprietário, salvo convenção diversa em pacto antenupcial".

[42] Arts. 1.642 a 1.652.

[43] Nenhum dos cônjuges pode, como determina o art. 1.647, I: "alienar ou gravar de ônus real os bens imóveis".

[44] Art. 1.649: "A falta de autorização, não suprida pelo juiz, quando necessária (art.1.647), tornará anulável o ato praticado, podendo o outro cônjuge pleitear-lhe a anulação, até dois anos depois de terminada a sociedade conjugal".

[45] Art. 1.646: "No caso dos incisos III e IV do art. 1.642, o terceiro, prejudicado com a sentença favorável ao autor, terá direito regressivo contra o cônjuge, que realizou o negócio jurídico, ou seus herdeiros".

[46] É necessária a autorização para "prestar fiança ou aval". Art. 1.647, III. GUIMARÃES, Marilene Silveira. "Família e empresa, questões controvertidas". *Novo Código Civil - Questões controvertidas*, Vol. 1, Método, 2003,p. 307.

familiar.⁴⁷ Para evitar a insegurança do tráfego jurídico, bem como a perpetuação de dogmas superados, necessário que o intérprete busque no sistema jurídico a resposta para as novas questões postas, em consonância com os princípios gerais de direito e os valores emergentes da sociedade.⁴⁸

6. Os direitos na sucessão

No Direito das Sucessões, o Código de 2002 deveria ter assegurado à união estável o mesmo tratamento estabelecido no Direito de Família, ou seja, a equiparação aos direitos previstos para o casamento pelo regime da comunhão parcial de bens.

No entanto, as regras do artigo 1.790⁴⁹ retrocedem em relação às conquistas legais e jurisprudenciais que a união estável já obtivera, denunciando falta de unidade valorativa entre os preceitos do Direito de Família e do Direito das Sucessões. Até a colocação topográfica do artigo 1.790, na parte geral do livro das Sucessões, expressa a discriminação do legislador, pois o companheiro deveria estar referido nos artigos 1.845 e 1.829 ao lado do cônjuge e concorrer com os demais herdeiros como no regime da comunhão parcial de bens, recebendo na sucessão o mesmo tratamento assegurado em vida.⁵⁰

Conforme já sintetizado no item 3, desde que a Constituição Federal de 1988 trouxe para dentro do sistema jurídico a união estável, assegurando-lhe a proteção do Estado,⁵¹ parte da doutrina e da jurisprudência já se manifestavam a favor da imediata aplicação de direitos equiparados aos do casamento.⁵² Após, a Lei Especial 8.971⁵³ de 1994 assegurou o bene-

---

⁴⁷ GUIMARÃES, Marilene Silveira. "A necessidade de outorga e anulação de alienação de bens imóveis no casamento e na união estável, segundo o Código Civil de 2.002". *Novo Código Civil - Questões controvertidas*, Vol. 2, Método, 2004.

⁴⁸ GUIMARÃES, Marilene Silveira. "As leis da união estável e o direito intertemporal". Nova realidade do Direito de Família, tomo 1. COAD. 1.998, p. 51 e site www.gontijo-familia.adv.br

⁴⁹ Art. 1.790: "A companheira ou o companheiro participará da sucessão do outro, quanto aos bens adquiridos onerosamente na vigência da união estável, nas condições seguintes: I – se concorrer com filhos comuns, terá direito a uma quota equivalente à que por lei for atribuída ao filho; II – se concorrer com descendentes só do autor da herança, tocar-lhe-á a metade do que couber a cada uma daqueles; III - se concorrer com outros parentes sucessíveis, terá direito a 1/3 (um terço) da herança; IV – não havendo parentes sucessíveis, terá direito à totalidade da herança".

⁵⁰ No México, a concubina é incluída na ordem da vocação hereditária desde 1928, conforme informa Rodrigo da Cunha Pereira na síntese sobre direito comparado apresentada na obra *Concubinato e união estável*, Del Rey, 2001, p. 23.

⁵¹ Artigo 226, § 3º, da CF/88, nota 21.

⁵² Ver nota 25.

⁵³ Lei 8.971/94: Art. 1º: "A companheira comprovada de um homem solteiro, separado judicialmente, divorciado ou viúvo, que com ele viva há mais de cinco anos, ou dele tenha prole, poderá valer-se

fício do usufruto e o recolhimento de toda a herança na hipótese de inexistirem descendentes e ascendentes, estabelecendo requisitos rígidos que, acertadamente, foram afastados pela jurisprudência.[54]

O artigo 1.790 estabelece que a companheira ou o companheiro participa da sucessão do outro, quanto aos bens adquiridos onerosamente na vigência da união estável, e recebe: a) quota equivalente a que receberem os filhos comuns; b) se concorrer com descendentes só do autor da herança, toca-lhe metade do que couber a cada um daqueles; c) se concorrer com outros parentes sucessíveis, terá direito a um terço da herança; d) não havendo parentes sucessíveis, tem direito à totalidade da herança. O Código garante ao companheiro supérstite a meação dos aquestos e sua participação na herança juntamente com descendentes, ascendentes e colaterais até o quarto grau.[55] Na hipótese de prevalecer a interpretação de que, pela regra do *caput* do artigo 1.790, o companheiro só concorre sobre os aquestos, estar-se-á cometendo uma enorme injustiça. Porém, como o inciso IV do mesmo artigo assegura ao companheiro a totalidade da herança, não havendo parentes sucessíveis, é possível a interpretação valorativa de que o companheiro a recolhe por inteiro. Do contrário, o patrimônio será recebido por parentes, muitas vezes afastados, favorecendo o enriquecimento sem causa. Na falta destes, o ente público recolhe os bens,[56] em detrimento dos direitos daquele que viveu ao lado do falecido em comunhão de vida e auxiliando, se não na aquisição, na conservação do patrimônio. Esta interpretação quebra o sistema protetivo da união estável, emanado da norma constitucional.

---

do disposto na Lei 5.478, de 25 de junho de 1.968, enquanto não constituir nova união e desde que prove a necessidade".
Art. 2º: "As pessoas referidas no artigo anterior participarão da sucessão do(a) companheiro(a) nas seguintes condições: I – o(a) companheiro(a) sobrevivente terá direito enquanto não constituir nova união, ao usufruto de quarta parte dos bens do de cujus, se houver filhos deste ou comuns; II – o(a) companheiro(a) sobrevivente terá direito, enquanto não constituir nova união, ao usufruto da metade dos bens do *de cujus*, se não houver filhos, embora sobrevivam ascendentes; III – na falta de descendentes e de ascendentes, o(a) companheiro(a) sobrevivente terá direito à totalidade da herança".

[54] TJRS: "União Estável. Sucessão. Ausentes ascendentes ou descendentes, o companheiro tem direito a meação e a herança, afastando os colaterais, auto-aplicabilidade do § 3º do artigo 226 da CF. Retroação dos efeitos da Lei 8971/94, companheiro equiparado ao cônjuge (art. 1.603, II, CC)". Rel. Ivan Leomar Bruxel. Apel. nº 596179739. 8ª CC, julgado em 10.04.97.
STJ: "Direito Sucessório. União Estável. Aplicação do artigo 1.603, III, do Código Civil. 1. Não nega vigência ao artigo 1.603, III, do Código Civil o acórdão que considerou companheira, comprovada a união estável por longo período, na ordem da vocação hereditária". Rel. Min. Carlos Alberto Menezes. Rec. Esp. nº 0074467, julgado em 30.06.97.

[55] Art. 1.592: "São parentes em linha colateral ou transversal, até o quarto grau, as pessoas provenientes de um só tronco, sem descenderem uma da outra".

[56] Art. 1.844: "Não sobrevivendo cônjuge, ou companheiro, nem parente algum sucessível, ou tendo eles renunciado a herança, esta se devolve ao Município ou ao Distrito Federal, se localizada nas respectivas circunscrições, ou à União, conforme se acham ou não no mesmo grau".

Por outro lado, nada há que justifique o tratamento dado à união estável de forma diferente daquele endereçado aos casados pelo regime da comunhão parcial de bens que concorrem com descendentes e ascendentes apenas sobre os bens particulares do morto. A discriminação[57] desfavorável ao companheiro está contida também na graduação das parcelas a serem recebidas, quer quando o companheiro concorre com filhos comuns ou não, ou, ainda, com ascendentes e colaterais. Em qualquer destas hipóteses, o sistema confere ao cônjuge parcela maior de patrimônio, tratando o companheiro de forma inferiorizada. Para[58] evitar situação de flagrante injustiça, o intérprete vale-se da antinomia do dispositivo do artigo 1.790, que, no *caput*, diz que o companheiro terá direito de herdar apenas os bens adquiridos no curso do relacionamento, enquanto no inciso IV dispõe que, não havendo parentes sucessíveis, terá direito à totalidade da herança. Ora, a expressão totalidade da herança não deixa dúvida de que abrange todos os bens deixados, sem a limitação contida no *caput,* tornando-se a antinomia entre a cabeça do artigo e seu inciso. Entretanto, uma interpretação construtiva, que objetive fazer acima de tudo justiça, pode extrair daí a solução que evite o absurdo de deixar um companheiro, em dadas situações, no total desamparo. Portanto, não havendo outros herdeiros, o companheiro, por força do claro comando do inciso IV, deverá receber não apenas os bens havidos na constância da relação, mas a totalidade da herança.

Nos relacionamentos estabelecidos entre adultos maduros, muitas vezes inocorre aquisição patrimonial na constância da união, porém, o companheiro que passou a comungar sua vida com o outro e colaborou na manutenção do patrimônio merece concorrer com descendentes e ascendentes e, na falta destes, receber a totalidade a herança. Com certeza, não é intenção do legislador desamparar o companheiro sobrevivo e muito menos favorecer parentes muito afastados, levando-os ao enriquecimento sem causa. A solução deverá ser sempre casuística, buscada a partir da avaliação dos requisitos da união estável, em especial sobre o desejo de constituir família, que compreende a comunhão de vidas e a solidariedade.

O tratamento discriminado no momento da sucessão decorre de fatores inconscientes e outros nem tanto. Uns traduzem valores da família patriarcal, enquanto outros denunciam a falta de harmonização entre os diversos microssistemas do Código e uma deliberada desobediência do legislador ao princípio constitucional da isonomia, tratando de forma diferente situações fáticas semelhantes. Na verdade, as restrições do direito

---

[57] Rolf Madaleno considera distorcivo *e* discriminatório o tratamento dado à união estável. O Novo Direito Sucessório brasileiro. Disponível em www.gontijo-familia.adv.br

[58] SANTOS, Luiz Felipe Brasil. *A Sucessão dos companheiros no novo Código Civil.* Disponível em www.ibdfam.com.br

sucessório revelam um preconceito em relação às mulheres, pois, como via de regra têm maior longevidade, são elas que sofrerão as restrições patrimoniais no momento da abertura da sucessão.

Neste sentido, a antropologia[59] auxilia na compreensão do porquê da dificuldade de tratar isonomicamente os companheiros e os cônjuges no direito sucessório. Desde que as tribos deixaram de ser nômades, com o aumento da população e a conseqüente escassez de alimentos, o homem passou a caçar grandes animais e a participar de guerras na defesa do território, enquanto as mulheres cuidavam dos filhos, semeavam e colhiam cereais. O homem partia para o espaço público, e a mulher se fixava no espaço privado, dando início à família patriarcal. Neste período, também começou a haver sobra de alimentos, surgindo o comércio e o acúmulo de patrimônio. O desejo de transmitir este patrimônio a herdeiros legítimos fez com que o homem desejasse se "apropriar" da mulher para ter certeza de sua sucessão. Em decorrência disto, apenas a mulher formalmente reconhecida como esposa e que assegurava a certeza da descendência, era merecedora de direitos. Esta a origem da família patriarcal, que por sua vez deu origem ao casamento e atravessou os séculos construindo, a partir do interesse econômico, a subjetividade psicológica e a conseqüente identidade do homem e da mulher. Estes valores inconscientes ainda estão na cultura e, com certeza, impregnaram a redação do Direito das Sucessões do Código de 2002.

A concessão de direitos sucessórios aos integrantes da união estável sempre dividiu a doutrina e a jurisprudência. Neste particular, como já foi dito no início, impõe-se investigar a posição jurídica e ideológica de quem interpreta a lei e o fato social, pois esta será conforme os valores da escola de sua formação jurídica e sua visão de mundo. Para aqueles juridicamente fundamentados nos princípios do Código de Napoleão e impregnados dos valores da família patriarcal, o sentimento de propriedade é muito forte e se traduz na valorização do casamento, pois, como antes referido, este era a única forma de garantir a certeza da filiação biológica e, por conseqüência, da transmissão da propriedade acumulada aos "legítimos" herdeiros. Para esta corrente doutrinária, a união estável nunca poderá ser tratada de forma igual no direito sucessório, pois a liberdade do encontro amoroso afronta os estatutos judaico-cristãos e, no seu imaginário, traz insegurança quanto à prole e, assim, a propriedade acumulada pode parar em mãos que não sejam necessariamente a de sucessores biológicos. Esta também a explicação para a concessão da herança de bens particulares aos colaterais em detrimento do companheiro com quem convivia o falecido no momento de sua morte.

---

[59] BADINTER, Elisabeth. *Um é o outro*. Nova Fronteira, 1986.

A moderna doutrina fundamenta-se na aplicação das normas e princípios constitucionais e ideologicamente aceita a união estável como uma comunhão de vidas e de patrimônios semelhantes ao casamento, com efeitos jurídicos equiparados, clamando por alteração dos dispositivos do Código de 2002 no Livro do Direito das Sucessões. Neste sentido, cita-se a posição de Giselda Maria Fernandes Novaes Hironaka,[60] que, ao tratar da inclusão do cônjuge como herdeiro necessário, conclui que perdeu o legislador de 2002 a oportunidade de prever, de forma expressa, tal proteção também para o companheiro supérstite, sugerindo a supressão do artigo 1790 e a inclusão do companheiro ao lado do cônjuge nos artigos 1.829, 1.831, 1.832, 1.845. Também Zeno Veloso[61] entende que "a lei não está imitando a vida, nem está em consonância com a realidade social, quando decide que uma pessoa que manteve a mais íntima e completa relação com o falecido, que sustentou com ele uma convivência séria, sólida, qualificada pelo *animus* de constituição de família, que com o autor da herança protagonizou, até a morte deste, um grande projeto de vida, fique atrás de parentes colaterais dele, na vocação hereditária". Segundo o referido autor, o próprio tempo se incumbe de destruir a obra legislativa que não segue os ditames do seu tempo, que não obedece às indicações da história e da civilização. Também inconformado com o indevido rebaixamento da capacidade sucessória do companheiro, Euclides de Oliveira[62] invoca a regra da igualdade na proteção legal à entidade familiar, seja ela constituída pelo casamento ou pela união estável e conclui pela equiparação no tratamento dos respectivos direitos hereditários, contemplando-se o companheiro supérstite da mesma forma que o viúvo. Para Belmiro Pedro Welter,[63] todo o direito outorgado e todo o dever imposto aos casados e aos companheiros será creditado e debitado respectivamente na união estável. Já Guilherme Nogueira da Gama[64] invoca a inconstitucionalidade do artigo 1.790.

Na sociedade atual, ganha realce a família nuclear e minora-se a consideração da família patriarcal,[65] passando o novo Direito de Família

---

[60] HIRONAKA, Giselda Maria Fernandes Novaes. "Concorrência do companheiro e do cônjuge na sucessão dos descendentes". *Novo Código Civil* - Questões controvertidas, Vol. 1, Método, 2003, p. 424, 442 e 443.

[61] VELOSO, Zeno, "Do Direito sucessório dos companheiros". *Direito de Família e o Novo Código Civil*. Del Rey, 2001, p. 237.

[62] OLIVEIRA, Euclides, *União Estável – Do concubinato ao casamento*. Método, 2003, p. 210.

[63] WELTER, Belmiro Pedro. "Casamento.União estável .Concubinato". *Revista do Ministério Público do RGS*, POA, nº 38, p. 71/72.

[64] GAMA, Guilherme Nogueira da. *Direito Civil. Sucessões*. Atlas, 2003, p. 44/48.

[65] LEITE, Eduardo de Oliveira. "A nova ordem da vocação hereditária e a sucessão dos cônjuges". *Novo Código Civil* - Questões controvertidas, vol. 1, Método, 2003, p. 446. O mesmo autor posiciona-se a favor dos dispositivos endereçados à união estável no direito sucessório recriminando entendimento doutrinário diverso. O autor lembra que o Código Civil argentino e o uruguaio não tratam

a privilegiar o círculo familiar mais restrito e a valorizar a comunhão de vidas, de onde decorre a comunhão patrimonial.

Portanto, se a família nuclear está sendo mais valorizada, se a solidariedade e o afeto têm valor jurídico, não há por que tratar diferentemente os companheiros pois, além de ferir o preceito constitucional da isonomia, nada há que justifique tal tratamento, a não ser o preconceito inconscientemente herdado da família patriarcal. Enquanto não for alterado o texto legal para reconhecer ao companheiro o mesmo tratamento endereçado ao cônjuge casado pelo regime da comunhão parcial de bens também nos direitos sucessórios, impõe-se uma interpretação jurisprudencial extensiva, no sentido do proteger o companheiro que esteve ao lado do falecido e o ajudou a conservar e a manter o patrimônio particular.

Enquanto não houver alteração legislativa, caberá à doutrina e à jurisprudência tentar superar as injustiças da opção ideológica e cultural excludente do legislador de 2002.[66] Faz-se necessário que o conteúdo das ações dos operadores jurídicos atenda, efetivamente, às necessidades que emanam da dignidade da pessoa, lembrando que a capitulação a um modelo de direito meramente reprodutivo e de uma racionalidade sistêmica excludente, é, por certo, a pior das alternativas.[67]

---

da matéria e que "na sistemática do direito francês, os componentes de um casal fora do casamento não herdam um do outro porque, entre partenaires da união livre, não existe nenhum laço de parentesco". E, citado Bernet-Gravereaux, pontifica: "O casal fora do casamento não cria, em direito, uma família, pois não há 'aliança' entre membros. Em conseqüência, salvo disposições testamentárias ou doações, eles não herdarão um do outro porque a lei ignora sua união no direito das sucessões. Daí resulta que, no caso de um dos conviventes morrer sem deixar filhos ou parentes próximos, a sucessão será devolvida eventualmente a um colateral, sem que aquela que foi a companheira de sempre possa reclamar a menor parte (Christiane Bernet-Gravereaux, L'union libre- Lê couple hors marriage,p.81)" (ob. cit., p. 47). In *O novo Código Civil e as propostas de aperfeiçoamento*. Ricardo Fiúza. Saraiva 2.004, p. 291.

[66] Neste sentido, Renan Lotufo, cita pronunciamento do Ministro Moreira Alves, para quem,"os códigos geralmente não surgem muito bons, mas, pouco a pouco, com o trabalho da doutrina e da jurisprudência, vão-se lendo o que neles não está escrito, deixando-se de ler, muitas vezes, o que nele está e, no final de certo tempo, por força da sua utilização, da comutação dessas lacunas, da eliminação de certos princípios da sua literalidade, o código vai melhorando e, no final de certo tempo, já se considera que é bom código. E mais: toda vez que se fala em mudanças, começa-se a pensar se valerá ou não a pena, se não dará trabalho ter de estudar novamente o Direito Civil ou, àqueles que já escreveram manuais e tratados de Direito Civil, revê-los. Em suma, haverá o problema de se estar diante daquilo que o homem mais teme, que de certa forma decorre do desconhecimento dos efeitos daquilo de novo apresenta-se, principalmente em uma legislação dessa grandeza, que é um Código Civil – a constituição da vida comum dos homens, que nos disciplina desde antes do nosso nascimento até depois de nossa morte". Obra citada p. 26/27.

[67] FACHIN, Luiz Edson e Carlos Eduardo Pianovski Ruzyk. "Direitos Fundamentais, dignidade da pessoa humana e o novo Código Civil: uma análise crítica". *Constituição, direitos fundamentais e direito privado*. Org. Ingo Wolfgang Sarlet. Livraria do Advogado. 2003, p. 102 e 103.

6.1. Direito Real de Habitação

O direito real de habitação é assegurado aos cônjuges pelo artigo 1.831[68] em qualquer dos regimes de bens, silenciando quanto ao companheiro. No entanto, essa proteção se mantém, garantida pela Lei 9.682 de 1996,[69] enquanto o companheiro viver ou não constituir nova união ou casamento, relativamente ao imóvel destinado à residência da família, pois o Código é lei geral, enquanto a norma do artigo 7º é lei especial que, uma vez não revogada expressamente,[70] permanece vigorando naquilo que a lei geral não tratou. Portanto, no que tange ao direito real de habitação, não aconteceu uma normatização excludente ou uma revogação expressa, pois o novo ordenamento simplesmente silenciou.[71] Esse entedimento é coerente com as demais normas do sistema protetivo da união estável[72] e com os interesses sociais como a habitação do companheiro sobrevivo, numa exegese que favorece a aplicação da justiça.

Além do mais, segundo o magistério de Ingo Wolfgang Sarlet, pode-se, ainda invocar o princípio de proibição de retrocesso a direito já conquistado, uma vez que a garantia à habitação assegura o direito fundamental a uma vida digna. "Após ter emanado uma lei requerida pela Constituição para realizar um direito fundamental, é interdito ao legislador revogar esta lei, repondo o estado de coisas anterior".[73] Portanto, para manter um nível mínimo de continuidade da ordem jurídica contra medi-

---

[68] Art. 1.831: "Ao cônjuge sobrevivente, qualquer que seja o regime de bens, será assegurado, sem prejuízo da participação que lhe caiba na herança, o direito real de habitação relativamente ao imóvel destinado à residência da família, desde que seja o único daquela natureza a inventariar".

[69] Art. 7º da Lei 9.278/96, parágrafo único: "Dissolvida a união estável por morte de um dos conviventes, o sobrevivente terá direito real de habitação, enquanto viver ou não constituir nova união ou casamento, relativamente ao imóvel destinado à residência da família".

[70] A *revogação* pode ser *expressa*, quando assim constar textualmente no texto da lei nova, ou, *tácita*, sempre que a lei nova estabelecer regras que contrariem ou sejam conflitantes com as regras anteriores. Para Carlos Maximiliano, a *revogação* é expressão genérica que serve tanto para derrogação como para ab-rogação. Acontece *derrogação* quando cessa em parte a autoridade da lei, quando apenas uma parte dela deixa de subsistir; acontece *ab-rogação* quando a lei se extingue totalmente, quando a norma inteira perde o vigor. MAXIMILIANO, Carlos. *Hermenêutica e aplicação do Direito*. Forense, 1992, p. 356/357.

[71] Cabe invocar o artigo 2º da LICC e seus parágrafos: Art. 2º: "Não se destinando à vigência temporária, a lei terá vigor até que outra a modifique ou revogue; § 1º - A lei posterior revoga a anterior quando expressamente o declare, quando seja com ela incompatível ou quando regule inteiramente a matéria de que tratava a lei anterior; § 2º - A lei nova, que estabeleça disposições gerais ou especiais a par das já existentes, não revoga nem modifica a lei anterior".

[72] Este é o entendimento de Francisco José Cahali, ao analisar a vigência de outras leis especiais como a de locação e a do imposto de renda, na obra *União estável e alimentos entre os companheiros*. Saraiva, 1996, p. 165.

[73] Ao analisar a proibição de retrocesso a direitos sociais, Ingo Wolfgang Sarlet cita jurisprudência de Portugal. SARLET, Ingo Wolfgang. *Direitos Fundamentais sociais e proibição de retrocesso*: algumas notas sobre o desafio da sobrevivência dos direitos sociais num contexto de crise. In "(Neo)Constitucionalismo ontem, os Códigos hoje, as Constituições". Revista do Instituto de Hermenêutica Jurídica, Porto Alegre, 2004, p. 150.

das retroativas ou de atos retrocessivos, cabe invocar o princípio da dignidade humana, o princípio da proteção da confiança do cidadão no poder público e, por conseqüência, o princípio da proibição de retrocesso para impedir a frustração da efetividade constitucional na hipótese de o legislador revogar ato que tornou viável o exercício de um direito.[74]

Estes argumentos, que objetivam manter o direito real de habitação para a união estável, justificam-se não só por razões humanistas, como para tratar isonomicamente a união estável e o casamento. A alteração legislativa que se impõe poderá ocorrer com a inclusão do companheiro no texto do artigo 1.831, preferentemente, ou o direito real de habitação poderá ser acrescido no texto do artigo 1.790.[75] O benefício deve ser assegurado até que o companheiro, assim como o cônjuge, venha a constituir nova família.

A doutrina tem manifestado opiniões divergentes quanto à concessão de direito real de habitação ao companheiro supérstite. Silvio Venosa opina pela manutenção deste direito para atender às necessidades de amparo do sobrevivente.[76] Giselda Maria Fernandes Novaes Hironaka[77] e Euclides de Oliveira[78] argumentam pela subsistência do artigo 7º da Lei 9.278/96, enquanto Francisco José Cahali[79] opta pela interpretação de que houve revogação tácita deste dispositivo. Por outro lado, Zeno Veloso,[80] apesar de inconformado com o silêncio do Código, entendendo que o artigo 1.790 "regulou a sucessão *mortis causa* de forma acanhada, miúda, retrógada, lastimável, e não conferiu ao companheiro sobrevivente o direito real de habitação" como o fazia a Lei 9.278, cita farta doutrina, concluindo pela necessidade de alteração legislativa.Guilherme Calmon Nogueira da Gama,[81] muito antes da edição do novo Código, já se mani-

---

[74] Obra citada, p. 149/149.
[75] Giselda Maria Fernandes Novaes Hironaka conclui que o ideal seria a supressão do artigo 1.790 e a inclusão do companheiro nos artigos 1.829 e 1.831. Obra citada, p. 442.
[76] VENOSA, Sílvio de Salvo. *Direito Civil – Direito das Sucessões*. Atlas, 2003, p. 121.
[77] Obra citada, p. 427.
[78] Obra citada, p. 213.
[79] CAHALI, Francisco José. *Curso Avançado de Direito Civil*, vol. 6. RT, 2003, p. 227.
[80] VELOSO, Zeno, "Direito real de habitação na união estável". *Novo Código Civil* - Questões Controvertidas, Vol 1, Método, 2003, p. 410 e 413.
[81] GAMA, Guilherme Calmon Nogueira da. *O companheirismo, uma espécie de família*. RT, 1998, p. 407. O mesmo autor cita Basílio de Oliveira, para quem o "direito real de habitação assegurado aos cônjuges legalmente matrimoniados (e de suma importância na proteção da família), a nosso ver e na omissão da lei, pode ser aplicado no âmbito da união estável em determinadas circunstâncias, mesmo concorrendo herdeiros necessários à sucessão do companheiro falecido. Ora, se a Constituição determina a proteção estatal à entidade familiar, por que não reconhecer o direito real de habitação ao companheiro sobrevivo que, por mais de um qüinqüênio ou décadas, viveu harmoniosamente em união estável no único imóvel que serviu de lar e morada comum do casal na mais perfeita comunhão de vida e interesse?" Idem, p. 404.

festava a favor do benefício, considerando inexistir incompatibilidade na coexistência do direito real de habitação com os demais direitos sucessórios.

Nenhuma justificativa lógica existe que autorize o discrime entre os casados e os companheiros quanto ao direito real de habitação. Cabe à doutrina e à jurisprudência[82] promover a análise valorativa entre os novos dispositivos legais e o retrocesso que representa o tratamento diferenciado entre duas situações que de fato são semelhantes, como casamento e união estável, para superar o tratamento legal que estabelece diferenças. A função do sistema na Ciência do Direito reside em traduzir e desenvolver a adequação valorativa e a unidade anterior da ordem jurídica.[83]

Por outro lado, também faz-se necessário garantir a dignidade do companheiro sobrevivo, impedindo que parentes que muitas vezes nem conviviam com o falecido venham a desalojá-lo do lar conjugal. É própria do homem a ânsia de descobrir uma "hierarquia" das leis e garanti-la[84] e a proteção à moradia está entre os direitos que asseguram a dignidade da pessoa, de hierarquia superior. Ao aplicar os princípios constitucionais, o juiz não está criando lei, mas está, na qualidade de intérprete qualificado que é, promovendo a dinâmica e permanente "concretização" da norma constitucional. Ao buscar uma interpretação valorativa, também é possível invocar a norma do artigo 226, § 8º,[85] da Constituição Federal, que assegura a assistência à família na pessoa de cada um dos que a integram. Na procura do direito aplicável à espécie, todos os caminhos estão abertos ao

---

[82] TJRS: "União Estável. Direito Real de Habitação. Doação, pelo varão, de imóvel que servia de residência aos companheiros. Mesmo que o imóvel que era de propriedade exclusiva do companheiro tenha sido por ele doado ao filho (com reserva de usufruto ao doador) na vigência da convivência, estando edificado sobre aquela área a residência na qual moravam os conviventes, deve ser à mulher assegurado o *direito real de habitação*, em atendimento aos princípios constitucionais de *proteção à dignidade da pessoa humana, solidariedade e mútua assistência*. Em relação à proteção das pessoas no âmbito do Direito de Família, após lenta evolução legislativa, a Constituição Federal de 1988 instituiu como fundamento da República Federativa do Brasil a dignidade da pessoa humana. Em assim sendo, a aplicação normativa jamais poderá se afastar de tal princípio fundante. Portanto, a definição de todo e qualquer direito individual há que refletir a proteção especial que a Carta constitucional confere, visto que ao aplicador do direito não é dado ser insensível a certas situações que a realidade apresenta. Há que ter em mente que a *ratio* que disciplina o direito real de habitação está inspirada em tais princípios e se volta para a solidariedade familiar, o que afasta a interpretação restritiva e assegura à companheira supérstite o direito de moradia, ainda que o imóvel já não mais pertencesse ao varão quando de sua morte". TJRS. Rel. Des. Luiz Felipe Brasil Santos, Nº 7000653587, 7ª Câmara Cível. Julgado em 20.08.03.

[83] CANARIS, Claus-Wilhelm. *Pensamento Sistemático e Conceito de Sistema na Ciência do Direito*, Fundação Calouste Gulbenkian, Lisboa, 1989, p. 280.

[84] CAPPELLETTI, Mauro. *O Controle judicial de constitucionalidade das leis no Direito Comparado*, 2ª ed. Sergio Fabris Editor, Porto Alegre, 1992., p. 11. No mesmo sentido: FREITAS, Juarez. *A interpretação sistemática do direito*. Malheiros Editores, 1998, p. 155/156.

[85] Artigo 226, § 8º, da CF: "O Estado assegurará a assistência à família na pessoa de cada um dos que a integram, criando mecanismos para coibir a violência no âmbito das relações".

juiz que o legará segundo a sua ciência e consciência.[86] Portanto, cabe ao magistrado fazer a exegese necessária para manter direitos antes assegurados aos companheiros, pois a jurisprudência também constitui fonte de direito.

7 . Conclusão

No Direito de Família, o Código estabelece que o patrimônio acumulado seja regulamentado através de um contrato ou, inexistindo este, pelas mesmas regras estabelecidas para o casamento pelo regime da comunhão parcial de bens, o que permite invocar as regras dos artigos 1.658 a 1.666 e, por analogia, todas as demais normas que regulamentam a matéria no matrimônio. Como decorrência, as aquisições patrimoniais, que inicialmente eram partilháveis como "sociedade de fato" e depois tratadas como "condomínio", passaram a ser reconhecidas pelo Código de 2002 como "comunhão", com presunção legal de plena participação nos aquestos.

No entanto, no Direito das Sucessões, o novo diploma civil retrocedeu em relação às leis especiais editadas em 1.994 e 1.996 e às conquistas jurisprudenciais. Na sucessão, o sistema apresenta uma contradição valorativa que demonstra a opção ideológica de hierarquização do casamento, desatendendo a garantia constitucional de isonomia e de proteção a esta outra forma de família legitimada, curvado a mecanismos culturais inconscientes, herdados da família patriarcal. Enquanto não houver alteração legislativa, é possível uma interpretação valorativa que, com coerência sistemática, proteja a dignidade do companheiro garantindo-lhe o direito real de habitação, bem como, na falta de descendentes ou ascendentes, lhe assegure o direito de recolher o patrimônio que, se não ajudou a adquirir, auxiliou a conservar.

Bibliografia consultada

BADINTER, Elisabeth. *Um é o outro*. São Paulo: Nova Fronteira, 1986.

CAHALI, Francisco José. *União estável e alimentos entre os companheiros*. São Paulo: Saraiva, 1996.

——. *Curso avançado de Direito Civil*, Vol. 6. São Paulo: RT, 2003.

CANARIS, Claus-Wilhelm. *Pensamento sistemático e conceito de sistema na ciência do Direito*. Lisboa: Fundação Calouste Gulbenkian, 1989.

---

[86] MIRANDA, Pontes de Miranda. *Comentários ao Código de Processo Civil*, Tomo II, Forense, p. 413.

CAPPELLETTI, Mauro. *O Controle judicial de constitucionalidade das leis no Direito Comparado*. Porto Alegre: Sergio Fabris Editor, 1992.

FACHIN, Luiz Edson e Carlos Eduardo Pianovski Ruzyk. "Direitos Fundamentais, dignidade da pessoa humana e o novo Código Civil: uma análise crítica". *Constituição, direitos fundamentais e direito privado*. Org. Ingo Wolfgang Sarlet. Porto Alegre: Livraria do Advogado, 2003.

FREITAS, Juarez. *A interpretação sistemática do direito*. São Paulo: Malheiros Editores, 1998.

FIUZA, Ricardo. *O Novo Código Civil e as propostas de aperfeiçoamento*. São Paulo: Saraiva, 2004.

GAMA, Guilherme Calmon Nogueira da. *O Companheirismo*. São Paulo: RT, 1998.

——. *Sucessões*. São Paulo: Atlas. 2003.

GONTIJO, Segismundo "Das uniões: a formal e as informais, seus regimes de bens e a sucessão." Disponível em www.gontijo-familia.adv.br.

GUIMARÃES, Marilene Silveira. "Reflexões acerca de questões patrimoniais nas uniões formalizadas, informais e marginais". *Repertório de Jurisprudência e Doutrina sobre Direito de Família – Apectos constitucionais, civis e processuais*. Coord. Teresa Arruda Alvim. São Paulo: RT, 1995.

——. "A união estável e a lei 9.278" Caderno de Estudos nº 2 – Direito de Família e Ciências Humanas. Instituto Brasileiro de Estudos Interdisciplinares de Direito de Família. São Paulo. Jurídica Brasileira. 1.998 e *Revista da AJURIS*, v. 68, Porto Alegre, 1996.

——. "As leis da união estável e o direito intertemporal". Nova realidade do Direito de Família, tomo 1. COAD. 1998 e *Revista da Ajuris* e site www.gontijo-familia.adv.br.

——. "Os vínculos afetivos e sua tradução jurídica quanto ao patrimônio – no casamento – união estável – namoro – concubinato – união homossexual. Coord. Giselle Câmara Groeninga e Rodrigo da Cunha Pereira. Imago, 2003.

——. "Família e empresa, questões controvertidas". *Novo Código Civil - Questões controvertidas*, vol. 1, Método, 2003.

——. "A necessidade de outorga para alienação de bens imóveis no casamento e na união estável, segundo o Código Civil de 2003". *Novo Código Civil - Questões controvertidas*, Vol. 2, Método, 2004.

HIRONAKA, Giselda Maria Fernandes Novaes. "Concorrência do companheiro e do cônjuge na sucessão dos descendentes". *Novo Código Civil - Questões controvertidas*, Vol. 1, Método, 2003.

LEITE, Eduardo de Oliveira. "A nova ordem da vocação hereditária e a sucessão dos cônjuges". *Novo Código Civil - Questões controvertidas*, Vol. 1, Método, 2003.

LÔBO, Paulo Luiz Netto. "A personalização das relações de família". *O Direito de Família e a Constituição de 1988*. São Paulo: Saraiva.

LOTUFO, Renan. "Da oportunidade da Codificação Civil e a Constituição". *O novo Código Civil e a Constituição*. Org. Ingo Wolfgang Sarlet. Porto Alegre: Livraria do Advogado, 2003.

MADALENO, Rolf. O Novo Direito Sucessório Brasileiro. Disponívem em www.gontijo-familia.adv.br

MARTINS-COSTA, Judith. "Os direitos fundamentais e a opção culturalista do novo Código Civil". *Constituição, Direitos Fundamentais e direito privado*. Org. Ingo Wolfgang Sarlet. Porto Alegre: Livraria do Advogado, 2003.

MAXIMILIANO, Carlos. *Hermenêutica e aplicação do Direito*. Rio de Janeiro: Forense.

MIRANDA, Pontes de Miranda. *Comentários ao Código de Processo Civil*, Tomo II. Forense.

NEQUETE, Eunice. "A norma e a conjugalidade". Direito de Família e interdisciplinaridade. *IDEF – Instituto Interdisciplinar de Direito de Família - RS*. Juruá, 2001.

OLIVEIRA, Euclides de. *União Estável – Do concubinato ao casamento, antes e depois do novo Código Civil*. São Paulo: Método, 2003.

PEREIRA, Rodrigo da Cunha. *Concubinato e união estável*. Belo Horizonte: Del Rey, 2001.

PEREIRA, Sérgio Gischkow .Tendências modernas do Direito de Família, *Revista AJURIS*, n. 42.

SANTOS, Luiz Felipe Brasil. *A sucessão dos companheiros no novo Código Civil*, Disponível em www.ibdfam.com.br

SARLET, Ingo Wolfgang. *A eficácia dos direitos fundamentais*. Porto Alegre: Livraria do Advogado. 1998.

———. "Direitos Fundamentais sociais e proibição de retrocesso: algumas notas sobre o desafio da sobrevivência dos direitos sociais num contexto de crise". In (Neo) Constitucionalismo ontem, os Códigos hoje, as Constituições. *Revista do Instituto de Hermenêutica Jurídica*, Porto Alegre, 2004.

VELOSO, Zeno, "Do direito sucessório dos companheiros". *Direito de Família e o Novo Código Civil*. Org. Rodrigo da C. Pereira e Mario Berenice Dias. Del Rey, 2001.

———, "Direito real de habitação na união estável". *Novo Código Civil* - Questões controvertidas, Vol 1, Método, 2003.

VENOSA, Sílvio de Salvo. *Direito Civil – Direito das Sucessões*. São Paulo: Atlas, 2003.

VILLELA, João Baptista. "Família hoje" - entrevista realizada por Leonardo de Andrade Mattietto. A nova família: problemas e perspectivas. Org. Vicente Barretto. Renovar, 1997.

WELTER, Belmiro Pedro. "Casamento, união estável. Concubinato". *In: Revista do Ministério Público do RGS*, Porto Alegre, n° 38.

— 17 —

O princípio da igualdade aplicado à família

MÔNICA GUAZZELLI ESTROUGO
Advogada e Mestre em Direito pela PUC/RS
Membro do IBDFAM/RS e do IARGS

Sumário: 1. Considerações iniciais – a família, o público e o privado; 2. A Igualdade como Direito Fundamental; 3. A Família Brasileira no Séc. XXI; 4. O Princípio Constitucional da Igualdade e seu reflexo no Direito de Família – algumas conclusões

"As questões humanas são complexas começando por isso: dificilmente se podem estabelecer com justiça e justeza regras gerais, quando se trata de costumes, sentimentos, tradições, legados familiares emocionais e conceituais, tipos de relacionamento."

Lya Luft[1]

1. Considerações iniciais – a família, o público e o privado

"Testemunha-se, no atual momento histórico, verdadeira revisão crítica dos estatutos fundamentais do Direito. O momento é de perplexidade diante da 'crise'[2] do Direito, em razão das constantes e

---

[1] LUFT, Lya. *Pensar é transgredir*, Rio de Janeiro: Record, 2004, p. 81.
[2] "A palavra 'crise', de acordo com sua raiz etimológica (deriva de krinen que, em grego, designa 'separar', decidir), significa que algum determinado processo (...) atingiu um ponto culminante, em que ele vai sofrer um destes dois destinos possíveis: 1) tanto pode deteriorar, até o ponto de terminar; 2) em um prazo, curto ou longo, vai acontecer modificação importante, que pode representar ser um crescimento de natureza muito sadia, embora seja, quase sempre, bastante dolorosa" ZIMERMAN, Davi. *Fundamentos Psicanalíticos*. Porto Alegre: Artmed, 1999, p. 459.

significativas alterações, ocorridas na sociedade, que não mais condizem com os moldes, então existentes da Ciência Jurídica."

"Como sabido, Direito e sociedade estão em permanente interação e, para que aquele permaneça como meio regulador do convívio social, diante das substanciais mudanças, ocorridas no corpo social nas últimas décadas, necessário é renovar as premissas para readaptar o Direito e sua aplicação aos fatos coevos e aos novos fenômenos que surgem no contexto social.

No Direito de Família, especialmente, há que se atentar na aplicação da norma positiva a cada caso concreto,[3] tendo em vista a extrema importância das peculiaridades de cada situação nesta seara."

Por decorrência do vínculo entre fato e norma e das transformações da sociedade, as relações jurídicas em si e o modo de enxergar estas relações jurídicas são, paulatinamente, alterados. A evolução dos paradigmas clássicos para os contemporâneos não implica, todavia, o absoluto desaparecimento daqueles. Quando se fala em mudança no Direito, tanto o material quanto o instrumental, está se falando no movimento socializante do Direito e, antes de tudo, em uma "recentralização das relações jurídicas mais em torno da pessoa (em seu sentido concreto e pleno) e menos ao redor do patrimônio em si mesmo".[4]

"Como uma das resultantes da crise dos institutos jurídicos e da evolução do Direito surge a renovação dos conceitos jurídicos, em geral

---

[3] A aplicação da norma e a crítica feita ao positivismo jurídico ilustra esta idéia. Com efeito, ao relegar o papel da justiça como um ideal a ser buscado – constituindo um fator alheio ao direito, ou seja, 'somente seria jurídico aquilo que existisse no sistema normativo positivo' – o positivismo jurídico apregoa a aplicação das normas do sistema, levando em conta apenas o texto legal e o fato enquadrado na lei (fenômeno da subsunção), reduzindo toda a realidade jurídica na regra de direito. O positivismo pensava o Direito antes como uma Ciência, que definiria ou abrangeria, por meio das normas jurídicas, a realidade ou os fatos considerados relevantes socialmente: "Na medida em que a ciência jurídica apenas apreende a conduta humana enquanto esta constitui conteúdo de normas jurídicas, isto é, enquanto é determinada por normas jurídicas, representa uma interpretação normativa destes fatos de conduta" (KELSEN, Hans. *Teoria Pura do Direito*. São Paulo: Martins Fontes, 1997, p. 80). Neste sentido, a conduta humana só será jurídica se perfeitamente condizente com a previsão normativa, numa aplicação automática da norma jurídica ao fato concreto. O pensamento do passado recente está marcado pelo isolamento entre norma e realidade (HESSE, Konrad. *A força normativa da constituição*, Porto Alegre, Fabris, 1991, p. 13.) Tal compreensão, por assim dizer, restou superada com o fenômeno que poderíamos cunhar de "pós-positivismo", em que a aplicação de regras deve levar em conta a peculiaridade do caso concreto. Além disto, urge a aplicação, também, de princípios e valores norteadores da ordem jurídica, caracterizando uma "reintrodução de juízos de valor na construção do raciocínio jurídico, admitindo que a atividade jurisdicional é formada por um ato de inteligência, sim no sentido de clarificação do texto legal, mas igualmente constituída por um ato criador de direito, portanto, um ato também de vontade." (SILVA, Ovídio Araújo Baptista, *Da Jurisdição e Execução*, São Paulo, RT: 1996, p. 213).

[4] FACHIN, Luiz Edson. "O *aggiornamento* do direito civil brasileiro e a confiança negocial", in: *Repensando Fundamentos do Direito Civil Brasileiro Contemporâneo*. Rio de Janeiro: Renovar, 1998, p. 116.

e, dentro desta modificação dos antigos paradigmas, reaparece, dentre outras, a análise das perspectivas privada e pública da vida dos cidadãos".[5]

Tanto a esfera pública como a privada compõem o universo da pessoa e, na esteira de Hannah Arendt, pode-se afirmar que "no mundo moderno, as duas esferas constantemente recaem uma sobre a outra, como ondas no perene fluir do próprio processo da vida".[6] Em verdade, estes dois planos da vida sempre existiram para o homem, porém, valoriza-se, neste momento histórico, sua correlação ou interpenetração inexorável.[7]

"Nesta perspectiva da coexistência e interação entre a vida pública e a privada do ser humano é que se apresentam as relações familiares. Com efeito, a família é, ao mesmo tempo, a base da sociedade e o seio de formação da pessoa, traduzindo uma clara penetração recíproca entre as esferas pública e privada. Nesta seara da família, a função do Direito se torna ainda mais importante e delicada, na medida em que se observam, a cada dia, importantes mudanças nas estruturas familiares que exigem do sistema jurídico um cuidado e adaptação especiais".[8]

Em sintonia com essa tendência, a Constituição brasileira, de 1988, apresenta esse vínculo, entre os planos público e privado, numa posição de destaque. O fenômeno da chamada "constitucionalização do direito civil" foi materializado pela Carta Constitucional, claramente, visto, *v.g.*, na tutela à ordem econômica e, principalmente, nas relações em família, reeditando a interpenetração das duas esferas (pública e privada) e, ao mes-

---

[5] "...a separação entre público e privado, que depois fundamentou a formação do Estado liberal, foi introduzida por Hobbes." (Carl Schmitt, "Scritti su Thomas Hobbes", *apud* SILVA, Ovídio Baptista da, *Jurisdição e Execução*, 1996, p. 113).

[6] ARENDT, Hannah. *A Condição Humana*. trad. Roberto Raposo, Rio de Janeiro:Forense Universitária, 2001, p. 43.

[7] "Há de se superar, de qualquer modo, a mentalidade pela qual o Direito Privado é liberdade de cada um de cuidar, por vezes arbitrariamente, dos próprios interesses, enquanto o Direito Público, manifestação de autoridade e soberania, dispõe de estruturas e serviços sociais para permitir ao interesse privado a sua livre e efetiva atuação." (PERLINGIERI, Pietro. *Perfis do Direito Civil – Introdução ao Direito Civil Constitucional*. Rio de Janeiro: Renovar, 1997, p. 55).

[8] Esta visão, ainda, vem aliada à observância que deve ser dada ao princípio da dignidade humana nas relações familiares que, por si só, já impõe ao direito o dever de acompanhar as mudanças fáticas e sociais ainda não previstas no ordenamento jurídico:"a noção da dignidade de pessoa humana e da família como espaço e instrumento de sua realização deve, assim, permear toda a leitura dos institutos típicos do direito de família (...) toda a lei, todo o artigo, parágrafo e alínea devem ser lidos sob a ótica e perspectiva do princípio da dignidade humana" (SILVA, Eduardo."A Dignidade da Pessoa Humana e a Comunhão Plena de Vida: O Direito de Família entre a Constituição e o Código Civil" in MARTINS-COSTA, Judith. *A Reconstrução do Direito Privado*. São Paulo: Revista dos Tribunais, 2002, p. 447-482).

mo tempo, apontando para a necessidade de considerar as peculiaridades de cada família.[9]

Quando se pretende, portanto, pensar sobre direitos fundamentais e Direito de Família, necessário ter presente e considerar as duas dimensões que coexistem na vida das pessoas, como salienta Judith Martins-Costa: "...a existência de um espaço entre o público e o privado, protegido pela lei, suscita o questionamento de uma relação que, na modernidade, se apresentou sob a forma de espessa dicotomia, cujo destino perverso foi o de, atribuindo ao direito público a preocupação com o bem comum, com o interesse social, conotar ao direito privado os seus antônimos atributos, conectando-o com um individualismo estreito, um 'individualismo possessivo'. No entanto, se é bem verdade que, 'para o indivíduo, viver uma vida inteiramente privada significa, antes de tudo, ser destituído de coisas essenciais à vida verdadeiramente humana', pois só na esfera pública, enquanto 'mundo comum', podemos reunir-no uns aos outros, também é verdade que a humana condição reclama a proteção daquilo que é íntimo, vale dizer, de um espaço onde não somos atingidos pelas 'exigências niveladoras do social' ou do 'conformismo inerente a toda sociedade'".[10]

Como dito, tanto na vida familiar, como no âmbito do Direito de Família, percebe-se, com maior nitidez, a acentuação dessa correlação entre os dois planos da existência. Vale dizer, dita correlação, na órbita da família, potencializa esse fenômeno que não se trata, à evidência, de uma revelação nova, mas de uma conclusão lógica, retirada da dinâmica fática das relações familiares. Nelson Saldanha, em seu ensaio, fazendo uma alusão a esta mesma idéia – "o jardim, que concentra a privacidade retendo uma porção da natureza, e a praça, que contradiz a natureza para dar espaço a vida pública..."[11] – já evocava o desdobramento destes dois planos ou duas dimensões do viver.

O questionamento que ora apresentamos parte da consideração da família como sendo a principal ponte entre a vida pública e a privada do cidadão e reside na relação de igualdade, estabelecida na aplicação da norma jurídica aos litígios em família, ou seja, a forma como se analisa a dinâmica das relações familiares ante a lei. Com efeito, comumente, tem-

---

[9] Veja-se, por exemplo, a tutela dada às famílias monoparentais, a igualdade entre os filhos e o reconhecimento da união estável como entidade familiar, realidades até então não reconhecidas pelo ordenamento jurídico. Como refere Maria Berenice Dias,"o Direito de Família, ao receber o influxo do Direito Constitucional, foi alvo de uma profunda transformação. Basta lembrar que o princípio da igualdade ocasionou uma verdadeira revolução ao banir as discriminações que existiam no campo das relações familiares" (DIAS, Maria Berenice. *União Homossexual – O Preconceito e a Justiça*. Porto Alegre: Livraria do Advogado, 2000, p. 68).

[10] MARTINS-COSTA, Judith. *A Reconstrução do Direito Privado*. São Paulo, RT, 2002, p. 10 e 11.

[11] SALDANHA, Nelson. *O Jardim e a praça, ensaio sobre o lado privado e público da vida social e histórica*. Porto Alegre: Sergio Antonio Fabris Editor, 1986.

se visto a "positivação" de *standards* familiares ou padrões definidores de uma entidade familiar e sua conseqüente aplicação, de forma idêntica a todos os casos concretos que surgem na prática jurídica, sem considerar-se as peculiaridades de cada família.[12]

Não se pode pretender tutelar as mais variadas formações de entidades familiares de maneira, absolutamente, igualitária, posto que, diante da idéia inicial de mudança dos paradigmas do Direito, tal orientação vai de encontro à moderna ciência jurídica, que busca estabelecer modelos de relações jurídicas que sirvam como base para aplicação da lei (e, não, como uma nova regra jurídica estanque), sempre preservando as peculiaridades de cada situação fática.

Dentro dessa idéia da igualdade jurídica no tratamento das relações familiares é que delineamos o tema do presente trabalho. Num primeiro momento, tentaremos definir os contornos do conceito de "igualdade"; após, procuraremos situar a família brasileira neste momento histórico,[13] mas, sobretudo, considerar as distintas formações de entidades familiares existentes e, ainda, o sistema interno de cada uma destas estruturas, alertando para os diferentes papéis e ou funções desenvolvidos por cada um de seus membros - pai, mãe e filhos. Ao final, tentaremos concluir se é, ou não, possível aplicarmos uma igualdade plena da norma e do ordenamento jurídico nas diferentes famílias e, do mesmo modo, aos membros de cada um dos entes familiares.

Em síntese, o que se pretende é analisar a relatividade do princípio da igualdade entre as diferentes organizações familiares existentes e entre os distintos papéis e funções atribuídas a cada personagem que integra o sistema de cada família, considerando que coexistem os aspectos público e privado, já referidos, tanto na família em si, como para cada um de seus membros.

---

[12] Está se formando o costume de padronizar, por exemplo, a união estável. Assim, se determinada relação jurídica de direito material não preenche os exatos requisitos definidos não só pela lei, mas, também pela jurisprudência, não poderia ser, a princípio, considerada como uma união estável, ainda que apresente certas peculiaridades que admitiriam, sim, uma nova interpretação. Isto quer dizer que está ocorrendo uma verdadeira "positivação" da união estável, excluindo desta categoria 'união estável' outras relações afetivas e familiares. Já dissemos que o ideal na questão das uniões estáveis (relações que têm como essência a opção pela ausência de regras) seria a ausência de uma regulamentação, ou, se esta exigir, seja estabelecida como uma cláusula geral, a qual pudesse abranger este tipo de união que desde seu nascimento é livre. ESTROUGO, Mônica Guazzelli. "Sobre a união estável e a Lei Nº 8971/94" in *Revista da AJURIS*, ano XXII, n. 65, 1995, p. 218.

[13] A análise histórica torna-se imprescindível e, na lição eterna de Marco Túlio Cícero, "Historia vero testim temporum, lux veritatis, vita memoriae, magistra vitae, nuntia vetusta tis." ("A história é a testemunha dos tempos, a luz da verdade, a vida da memória, a mestra da vida, a mensageira da antiguidade") 11106/433 a.C. *in* CÍCERO, Marco Antonio 'De Oratore', Livro II, capítulo 9,36.

2. Igualdade como direito fundamental

Cumpre, pois, tentar compreender o real significado do conceito de igualdade, enquanto "postulado normativo",[14] preconizado pela Constituição. Consideremos, primeiro, o vocábulo *igualdade*: "Vem do latim *aequalitas*, de *aequalis* (igual, semelhante), é indicativo da semelhança de caracteres ou elementos componentes de duas coisas. Assim a igualdade é a uniformidade de grandeza, de razão, de proporção (...) enfim, de tudo que possa haver entre duas ou mais coisas. (...) Embora a igualdade tenha consigo o sentido de identidade, as coisas iguais não se confundem numa só, distinguem-se de per si, mostrando, entanto, estreita uniformidade entre elas.Em certos casos porém, a igualdade não deve ser tomada em tamanho rigor de modo que se exija um realismo absoluto, em relação a seu conceito jurídico".[15]

Sob uma perspectiva histórica, mesmo que sucinta, dentro do contexto desta abordagem, consideremos, primeiro, a análise de Aristóteles, que referia a igualdade substancial entre os cidadãos atenienses, como um dos fatos da vida política, mas propunha uma distinção em duas espécies de igualdade no convívio social na antiga Grécia: a igualdade numérica, que gerava a todos os mesmos direitos; e a igualdade proporcional, que dava direitos aos homens, de acordo com seus méritos, defendendo que a segunda é que concretizava justiça.[16]

Ainda, na visão do filósofo, a igualdade na família era vista de forma diferente à igualdade (ou justiça) que regia as relações entre os cidadãos atenienses. A relação entre pais e filhos era emanada pelo respeito e obediência. A relação entre cônjuges não era tratada como uma relação de iguais, nos moldes das relações sociais, nem destes para com seus filhos, posto que a família era definida como uma estrutura pré-política, ou seja, não pertencente às relações de justiça da *polis*.[17]

Em outra perspectiva, os juristas romanos pressupunham a igualdade perante a lei, fundada na racionalidade comum da espécie humana.[18] Na

---

[14] A expressão é adotada por ÁVILA, Humberto. *Teoria dos princípios da definição à aplicação dos princípios jurídicos.* São Paulo: Malheiros, 2003, p. 60.

[15] SILVA, De Plácido e. *Vocabulário Jurídico*, Rio de Janeiro: Forense, 1982, vol. I, p. 405.

[16] ARISTÓTELES, *Ética a Nicômaco*. Tradução de Mário da Gama Kury, 3 ed., Brasília: Editora da UNB, 1999, p. 96 a 101.

[17] Como expõe Hanna Arendt: "A distinção entre uma esfera de vida privada e uma esfera de vida pública corresponde à existência das esferas da família e da política como entidades diferentes e separadas, pelo menos desde o surgimento da antiga cidade-estado...a esfera da polis, ao contrário, era a esfera da liberdade, e se havia uma relação entre essas duas esferas era que a vitória sobre as necessidades da vida em família constituía a condição natural para a liberdade na *polis*" (ARENDT, Hannah. *A Condição Humana, op. cit.,* p. 39 e 40).

[18] SILVA, Benedicto, MIRANDA NETTO, Antonio Garcia de. *Dicionário de Ciências Sociais*. Rio de Janeiro: Fundação Getúlio Vargas, 1986, p. 572.

era cristã, acrescenta-se à igualdade humana o olhar de Deus, idêntico para todos, ou seja, todos são iguais, pois, participam, na sua humanidade, da divindade de Cristo.[19]

Com o advento do liberalismo, a teoria do contrato social revive a noção de igualdade fundamental entre os homens, especialmente, perante a lei, enquanto a teoria dos contratos privados e bilaterais pressupõe a igualdade entre as partes contratantes. Hobbes, nesta esteira, ressaltou a igualdade a partir do estado de natureza do homem, que renuncia todos os seus direitos para o Estado (*Leviatã*) e este, em função do pacto social, rege, por meio da lei, a todos igualmente, conferindo segurança e ordem mínima para evitar os conflitos imanentes à sociedade.[20] O modelo do estado de natureza permanece em Locke, porém, numa visão mais positiva do homem: a igualdade é vista, a partir das mesmas oportunidades de iniciativa de cada indivíduo, cuja natureza estava assentada na propriedade e no labor (o que resultaria numa desigualdade posterior, na medida em que, na visão lockeana, o Estado já não mais interfere nas relações sociais ou na liberdade do indivíduo).[21] Rosseau,[22] ainda que pertencente à mesma tradição liberal de Locke, enfatiza a igualdade entre os homens perante a lei, posto que todos nascem livres; no entanto, admite limitações à igualdade, na medida em que esta possa vir a ferir o bem comum ou bem do povo (ou, ainda, a utilidade comum, como preferem alguns).

A nova tônica, acerca da igualdade, aparece com Hans Kelsen. Preconizador da separação absoluta da ciência do Direito de outras ciências (como a Sociologia e a Ciência Política) e, enaltecendo o papel do jurista como cientista positivo, ou seja, investigador do Direito como um sistema fechado de normas, Kelsen enfatiza a igualdade na aplicação da lei. Sob seu ponto de vista, embora sociológica e politicamente existam diferenças ou desigualdades entre os homens, para o ordenamento jurídico, emanado

---

[19] Sobre o assunto, e fazendo um paralelismo interessante da filosofia escolástica com o humanismo cristão, vide CASSIRER, Ernst. *A filosofia do iluminismo,* trad. Álvaro Cabral. Campinas: Editora da Unicamp, 1992, p.193. O Cristianismo salienta a "utilidade do gênero humano em sua origem em Deus, em sua natureza composta de um corpo e uma alma, em seu fim, imediato e em sua missão no mundo, em seu fim sobrenatural" (Pio XII, *Encíclica Summi Pontificatus.*)

[20] "A natureza fez os homens tão iguais, quanto às faculdades do corpo e do espírito que, embora por vezes se encontre um homem manifestamente mais forte de corpo, ou de espírito mais vivo do que outro, mesmo assim, quando se considera tudo em conjunto, a diferença entre um e outro homem não é suficientemente considerável para que qualquer um possa com base nela reclamar qualquer benefício a que outro não possa também aspirar, tal como ele." HOBBES, Thomas. *Leviatã ou Matéria, forma e poder de um estado eclesiástico e civil* (Parte I, cap. XIII) trad. de João Paulo Monteiro e Maria Beatriz Nizza da Silva, São Paulo: Abril Cultural, 1983, p. 74.

[21] CASSIRER, Ernst. *Filosofia do Iluminismo, op.cit.,* p. 344.

[22] ROUSSEAU, Jean Jacques. *Discurso sobre a origem e os fundamentos da desigualdade entre os homens.* Coleção Os pensadores. Trad. por Lourdes Santos Machado, São Paulo: Abril Cultural, 1983, p. 235 e ss.

pela coação, todos os homens estão submetidos, igualmente, à mesma regra. A norma jurídica criada deverá, ao ser aplicada, abranger apenas os sujeitos que em seu suporte fático se enquadrem.[23]

Na análise do Direito pós-moderno, vemos que a igualdade, consubstanciada como um princípio, representa fonte primordial de direito na nossa ordem legal[24] e funda-se na dignidade da pessoa humana (que, também, é um princípio), e não mais no critério rígido da obediência ou sujeição à lei. Quer dizer, todas as pessoas (e não mais "homens" ou "indivíduos") são iguais, na medida de sua dignidade, o que pode resultar, inclusive, em limitações na aplicação da própria norma jurídica.

A igualdade como princípio constitucional resta consagrada no art. 5º da Carta de 1988.[25] No Capítulo que trata da família, da criança, do adolescente e do idoso, a Carta Maior reedita, especificamente, a noção de igualdade, tanto no § 5º do art. 226, *in verbis:* "Os direitos e deveres referentes à sociedade conjugal são exercidos igualmente pelo homem e pela mulher", como no § 6º do art. 227, ao estabelecer: "Os filhos, havidos ou não da relação do casamento, ou por adoção, terão os mesmos direitos e qualificações, proibidas quaisquer designações discriminatórias relativas à filiação."

Sem dúvida, a igualdade constitui direito fundamental, constitucionalmente garantido e, como bem ensina Humberto Ávila, "A igualdade pode funcionar como regra, prevendo a proibição de tratamento discriminatório; como princípio, instituindo um estado igualitário com o fim a ser promovido; e como postulado, estruturando a aplicação do Direito em função de elementos (critério de diferenciação e finalidade da distinção) e da relação entre eles (congruência do critério em razão do fim). A concretização do princípio de igualdade depende do critério-medida objeto da diferenciação".[26]

Com efeito, a designação - igualdade - dada ao princípio jurídico, instituído na Constituição, não preconiza uma igualdade absoluta, até porque as coisas, os direitos e as obrigações podem se apresentar, materialmente, distintos e, no entanto, podem exprimir uma igualdade, *v.g*; "assim ocorre na divisão ou partilha de bens em que a igualdade se infere

---

[23] KELSEN, Hans. *Teoria Pura do Direito, op. cit.,* p. 33.

[24] SILVA, Luis Renato Ferreira da, *"O princípio da igualdade e o Código de Defesa do Consumidor",* In: Revista de Direito do Consumidor, n.8, out/dez/ 1993, São Paulo, RT, 1993, p. 146/156.

[25] "Todos são iguais perante a lei, sem distinção de qualquer natureza, garantindo-se aos brasileiros e aos estrangeiros residentes no País a inviolabilidade do direito à vida, à liberdade, à segurança e à propriedade, nos termos seguintes: I – homens e mulheres são iguais em direitos e deveres nos termos desta Constituição".

[26] ÁVILA, Humberto. *Teoria dos princípios da definição à aplicação dos princípios jurídicos.* São Paulo: Malheiros, 2003, p. 93.

da equivalência ou proporção do quinhão, quanto a seu valor, atendida, quanto possível a natureza ou qualidade dos bens. Traz, aí, o sentido de proporcionalidade".[27]

Com isso, queremos reforçar a idéia de que, por mais que se fale numa igualdade absoluta entre os membros de uma família, por exemplo, e, mesmo que a família brasileira esteja, hoje, muito mais democratizada e muito menos hierarquizada ou patriarcal que outrora, o fato é que a plena igualdade entre seus membros não se faz presente. Com efeito, "o conceito de igualdade acolhido, inclusive como princípio de interpretação às normas infraconstitucionais em matéria de família, buscou resgatar a idéia jurídica de isonomia, ou seja, só existe a proibição legal de que o essencialmente igual seja tratado de forma diferente".[28]

Contudo, deve-se reconhecer que a consolidação da igualdade como direito fundamental constitui verdadeira conquista no Direito, ainda que em meio à crise jurídica que analisávamos anteriormente. Na família, o advento da igualdade foi causa determinante para o avanço das relações familiares, tanto entre cônjuges ou companheiros, quanto entre pais e filhos.

3. A família brasileira no Séc. XXI

Em consonância com Carbonnier,[29] podemos afirmar que a Família (projeto parental), o Patrimônio (titularidade) e o Contrato (trânsito jurídico) formam, tradicionalmente, os três pilares da ordem jurídica ou os institutos fundamentais do Direito Civil.

Assim, qualquer alteração na sociedade, inevitavelmente, acaba se refletindo num desses três institutos e, pois, influencia toda a ordem jurídica. Por decorrência e na mesma linha desenvolvida por Maria Celina Tepedino, constata-se que para a construção de uma sociedade livre, justa e solidária, a pessoa humana deverá estar "no vértice do ordenamento jurídico brasileiro, de modo que tal é o valor que conforma todos os ramos do Direito".[30]

Analisando a família e as mais diversas configurações dessas entidades, agora, ainda mais complexas com o surgimento do fenômeno das

---

[27] SILVA, De Plácido e. *Vocabulário Jurídico*. Rio de Janeiro: Forense, 1982, vol. I, p. 405.

[28] MARQUES, Claudia Lima; CACHAPUZ, Maria Cláudia; VITÓRIA, Ana Paula da Silva. *Igualdade entre filhos no Direito Brasileiro atual – direito pós-moderno*. Igualdade, Curitiba, v.8, n.26, p1/54 – jan/mar, 2000.

[29] CARBONNIER, Jean. *Flexible Droit: pour une sociologie du droit sans riguer*. Paris:LGDJ, 1992.

[30] TEPEDINO, Maria Celina B.M. A caminho de um direito civil constitucional. *Revista de Direito Civil*, São Paulo, n,65, p. 21-32.

"famílias reconstituídas", o que se percebe, com clareza, neste momento histórico, é que "Há um desassossego no ar. Temos a sensação de estarmos na orla do tempo, entre um presente quase a terminar e um futuro que ainda não nasceu".[31] Justamente, em sintonia com esta idéia pode-se afirmar que no âmbito da família e do Direito de Família atravessamos verdadeira transição.

Desde Rousseau, a família era compreendida como "a mais antiga de todas as sociedades e a única natural é a da família".[32] Na história evolutiva da família fala-se em três distintos períodos: "numa primeira fase, a família dita 'tradicional' serve acima de tudo para assegurar a transmissão de patrimônio (...) numa segunda fase, a família dita 'moderna' torna-se o receptáculo de uma lógica afetiva cujo modelo se impõe entre o final do século XVIII e meados do XX (...), finalmente a partir dos anos 1960, impõe-se a família dita 'contemporânea' – ou 'pós-moderna' –, que une, ao longo de uma duração relativa, dois indivíduos em busca de relações íntimas ou realização sexual".[33]

Com efeito, a proteção da família, devido à posição fundamental por ela ocupada na sociedade, está, expressamente, garantida na Declaração Universal dos Direitos Humanos, em seu art.XVI, 3: "A família é o núcleo natural e fundamental da sociedade e tem direito à proteção da sociedade e do Estado."

O conceito de família, pois, sempre, tenta demarcar o seu espaço, especialmente, em relação e para fins de Direito; como bem ensina Rodrigo da Cunha Pereira,"A idéia de família para o Direito brasileiro sempre foi a de que ela é constituída de pais e filhos unidos a partir de um casamento regulado e regulamentado pelo Estado".[34]

Sob o ponto de vista jurídico, no Brasil, a evolução ocorreu, como se sabe, sobretudo, a partir da Constituição de 1988, quando o conceito de família foi ampliado, principalmente, no reconhecimento, pelo constituinte, como entidade familiar a comunidade formada por qualquer dos pais e seus descendentes e a união estável entre homem e mulher. Porém, as transformações e a evolução da família brasileira já ocorreram antes, factualmente, para, só depois de sedimentadas na sociedade, adentrarem no universo jurídico, como comumente ocorre.

---

[31] SANTOS, Boaventura de Sousa. "Para um novo senso comum: a ciência, o direito e a política na transição pragmática", 3ª ed., Conteúdo V.1. *A crítica da razão indolente – contra o desperdício da experiência*. São Paulo: Cortez Editora, 2001.

[32] ROUSSEAU, Jean Jacques, *O Contrato Social*, Capítulo II – Das primeiras sociedades. Coleção Os pensadores. Trad. por Lourdes Santos Machado, São Paulo: Abril Cultural, 1983, p. 23.

[33] ROUDINESCO, Elisabeth. *A Família em Desordem*. Trad. André Telles. Rio de Janeiro: Jorge Zahar Ed., 2003, p. 19.

[34] PEREIRA, Rodrigo da Cunha. "A família – estruturação jurídica e psíquica" In: *Direito de Família contemporâneo*. Belo Horizonte, Del Rey, 1997.

Cumpre, brevemente, apontar as grandes modificações da família desde o direito clássico até o direito contemporâneo, já delineadas, acima. Assim, em apertada síntese, podemos dizer que: primeiro, anteriormente, a preservação e a proteção da família eram o mais importante, inclusive, mais que a proteção dos seus membros; hoje, os sujeitos são mais importantes que a entidade em si. Segundo, a família era uma organização baseada na hierarquia; hoje, a relação entre seus membros se estabelece, democraticamente, numa verdadeira comunhão de vida. Terceiro, antes o casamento era sua fonte única, legalmente admitida; hoje, temos uma pluralidade de fontes ao lado do matrimônio (união estável, família monoparental, e outras). Quarto, tínhamos uma família autoritária, hoje, ela é, sobretudo, *hedonista*; por último, antes, tinha-se uma comunidade de sangue e, hoje, acima de tudo, tem-se uma comunidade de afeto.

Sabemos, pois, que não estamos mais diante daquela família hierarquizada e patriarcal de outrora. E, também, sabemos que a família não é um grupo apenas natural, mas cultural, aonde cada um dos seus membros ocupa uma função interna e externa (sistema). Há o lugar da mãe, o do pai e o dos filhos, sem estarem, necessariamente, ligados pelo vínculo biológico, como alertou-nos João Baptista Villela.[35]

Outrossim, a família deixou de ser apenas um núcleo econômico e de reprodução para ser um espaço de companheirismo com a livre expressão de afeto, desempenhando, ainda, o papel de transmissão de cultura: "A desigualdade de saberes deixou de ser de cima para baixo. Os pais perderam seus papéis de iniciadores do saber (...) o que altera profundamente o relacionamento familiar. Estamos condenados a inovar".[36]

Há, por isso, no "novo" Direito de Família, o que se denominou de "repersonalização" das relações de família em que, por princípio, a proteção do patrimônio não deve suplantar a proteção das pessoas. Assim, a tônica reside no indivíduo, e não mais nos bens ou coisas que guarnecem a relação familiar: "O interesse a ser tutelado não é mais o do grupo organizado como esteio do Estado, e das relações de produção existentes, mas das condições que permitam à pessoa humana realizar-se íntima e afetivamente, nesse pequeno grupo social".[37]

Com efeito, a família-instituição foi substituída pela família-instrumento, ou seja, ela existe e contribui, tanto para o desenvolvimento da

---

[35] VILLELA, João Baptista. "Desbiologização da paternidade", in: *Revista da Faculdade de Direito da Universidade Federal de Minas Gerais*, n. 21, 1979.

[36] PERROT, Michele. "O nó e o ninho". Revista VEJA 25 anos: reflexões para o futuro. São Paulo: Abril, 1993, p. 75-81.

[37] NETTO LÔBO, Paulo Luiz. "A repersonalização das relações de família" In: *O Direito de Família e a Constituição de 1988*. Coordenador: Carlos Alberto Bittar. São Paulo: Saraiva, 1989, p. 53 e ss.

personalidade de seus integrantes, como para o crescimento e formação da própria sociedade, justificando, com isto, a sua proteção pelo Estado.

Um outro fator a considerar, nessa evolução delineada, é que o desenvolvimento científico também acabou interferindo, definitivamente, na concepção da família. Antes, para um ser humano ser concebido, presumia-se necessário, ao menos, um encontro sexual entre um homem e uma mulher. Hoje, com a evolução genética, isto está totalmente ultrapassado!

Todos esses fatores contribuem para as mudanças constantes que sofre a família, neste novo século, a qual acaba obedecendo, efetivamente, a novos conceitos, critérios e formas. A troca de paradigmas é uma constatação inegável!

Ocorre que, num período de transição paradigmática (como toda a transição é, simultaneamente, semi-invisível e semicega), é impossível situar com exatidão a situação atual.[38] Ainda, dita imprecisão cresce com a crise do Direito, denunciada, anteriormente, em que se percebe a ausência de respostas jurídicas a esta dinâmica social.

Embora possa, inicialmente, transparecer que a mudança dos paradigmas e a flexibilização das relações familiares resulta numa solução, pronta e acabada, isto não é verdade. Com efeito, as transformações vêm acompanhadas de novos problemas, porque o formato mais hierárquico da família, por ser rígido, tinha uma estrutura conhecida e enraizada em cada ente familiar, fato que, mal ou bem, mantinha a coesão entre seus membros. No entanto, esta nova família, sustentada por relações mais igualitárias e situada num novo paradigma, derruba certas garantias, antes existentes, evidenciando, sobretudo, o medo ínsito, em cada pessoa, de ser diferente, o medo do diferente.

Sem dúvida, demonstra-se mais justa essa família fortemente democrática e construída sobre relações de afeto; mas, também, é de se considerar a sua complexidade e a imprevisibilidade, muitas vezes, de seu início ou formação.

Sabe-se, igualmente, que, além de ainda ser a família a célula fundamental da sociedade, é a principal organização que dá ao indivíduo as condições para ele desenvolver suas potencialidades, por isto, sua enorme importância (o que ocasiona reflexos nos planos privado e público) e, portanto, a necessidade de que suas relações íntimas ou internas sejam permeadas por relações igualitárias, baseadas na comunhão de afeto e interesse mútuo.

Com a proteção do Estado, deslocada da família-instituição para a família-função, o ente familiar recebe e tem assegurada sua proteção legal

---

[38] SANTOS, Boaventura de Sousa. "Para um novo senso comum...". *Op. cit.*, p. 49.

e jurídica, se e enquanto mantém a função de propiciar e assegurar a formação e desenvolvimento da personalidade de seus componentes, ou melhor, deve ser protegida, na medida em que cumpra seu papel principal, qual seja contribuir para o equilíbrio entre as relações sociais.[39]

A fim de viabilizar a organização familiar e, por conseqüência, a sociedade, como um todo, tem-se o desafio de levar em conta tanto as dimensões privada e pública, antes mencionadas, como a proteção exercida pelo Estado para a família, como célula social e instrumento a serviço do indivíduo.

Nesse diapasão, importa referir que existe uma fronteira importantíssima a ser observada por todos os operadores do Direito, que diz com o limite da intervenção do Estado nas relações familiares. Com efeito, as normas para reger estas organizações e as decorrências de seu desfazimento devem se limitar ao essencial, para que não interfiram na liberdade ou autonomia do sujeito, ou impliquem violabilidade da privacidade do cidadão. Portanto, entre as dimensões do público e do privado, nas relações de família, deve sempre, buscar-se o equilíbrio.

Assim, podemos estabelecer algumas premissas: a primeira, que a transição fático-social da família brasileira não é só profunda, como irreversível; a segunda, que estamos a viver, desde a Constituição Federal de 88, uma revolução na seara do Direito de Família, não se sabendo, ainda, quando acabará; e a terceira, que os sinais nos permitem, tão-somente, especular acerca do paradigma que emergirá deste período revolucionário, mas que desde já - pode-se afirmar, com segurança - colapsarão com o paradigma clássico dominante, antes referido.

Como se viu, a família desenvolve vários papéis. Dentre os fundamentais, estão a função de inserir a criança no mundo - socializando-a, dando afeto, educando-a, tornando-a um indivíduo. Por outro lado, a família também tem função de possibilitar que duas pessoas adultas mantenham-se juntas, numa relação constante de troca afetiva e que gere crescimento pessoal, unindo projetos de vida, vida sexual e segurança.

Tem-se conhecimento, hoje, de importantes mudanças no comportamento das pessoas e, estatisticamente, constata-se o crescimento, de forma vertiginosa, das separações e, também, das uniões livres, isto é, a junção do casal sem a tradicional celebração do casamento religioso e sem o casamento civil. No Brasil, o Instituto Brasileiro de Geografia e Estatística (IBGE) traz algumas constatações relevantes da modernização dos costumes da sociedade brasileira, demonstrando, por exemplo, que os brasilei-

---

[39] TEPEDINO, Gustavo. "A tutela jurídica da filiação (aspectos constitucionais e estatutários)", In: *Estatuto da criança e do adolescente – estudos sócio-jurídicos*. T. Silva Pereira (coord). Rio de Janeiro: Renovar, 1991.

ros estão dando cada vez menos importância ao "papel" na hora de casar.[40] Os casamentos, atualmente, são mais raros, mais tardios e menos duráveis.

Como dados estatísticos brasileiros, consoante a mesma pesquisa referida, podemos citar, *v.g.*, a diminuição do número de casamentos oficiais, num percentual de 40% (quarenta por cento), do ano de 1980 para cá, tratando-se, na verdade, de uma tendência mundial, aliada ao aumento das uniões não-oficiais e, como citado, das separações. Apenas para ilustrar, mais da metade dos casamentos desfeitos duram menos de 10 (dez) anos.

Assim, as relações familiares continuam, prevalentemente, nascendo a partir da formação de um casal, seja ele formal ou informalmente constituído (união de fato). Contudo, também existe (e não se pode deixar de referir) o crescimento, em número cada vez maior, das relações familiares em que o papel de pai e mãe são exercidos pela mesma pessoa, caracterizando as famílias que têm, na sua base de formação, a uniparentalidade ou monoparentalidade.[41]

Em paralelo, temos ainda um crescente número de nascimentos - filhos - advindos de relacionamentos não-oficiais ou extraconjugais, somado, também, ao aumento do número de pessoas que já estão no segundo ou terceiro vínculo familiar (reconfigurações familiares), cujo fenômeno é designado por "família reconstituída".

Como resultado das grandes transformações que atravessou,[42] temos a família brasileira do Século XXI, cada vez mais plural, democrática e igualitária.

Não obstante tais mudanças, há desigualdade fática e real entre os membros da família. Analisemos, inicialmente, a diferença existente entre a categoria dos pais e dos filhos. Todos constituem membros de uma família e, *a priori* poderiam ser, igualmente, considerados, mas não o podem pela própria diferença dos papéis e funções exercidos por cada categoria. Pais e filhos, pois, são diferentes dentro do sistema familiar; suas características próprias, suas funções, seus direitos e suas obrigações não são e nem poderiam ser, exatamente, "iguais". Há diferenças essen-

---

[40] Revista VEJA, ano 35, nº 19, 15 de maio de 2002.

[41] "Uma família é definida como monoparental quando a pessoa considerada (homem ou mulher) encontra-se sem cônjuge, ou companheiro, e vive com uma ou várias crianças" (LEITE, Eduardo de Oliveira, *Famílias monoparentais*, São Paulo, RT, 1997, p. 22).

[42] Transformações que, salienta-se, sob o aspecto legal ocorreram tardiamente. Note-se que a disciplina concernente ao divórcio, por exemplo, surgiu apenas em 1977, passados mais de 60 anos do advento do Código Civil de 1916. A disciplina legal concernente ao regime jurídico e demais efeitos da união estável só aparece no novel Código Civil de 2002, a partir da disposição expressa a respeito na Constituição Federal de 1988.

ciais as quais devem ser respeitadas e, dentro desta perspectiva, há deveres dos primeiros em relação aos segundos[43] e a recíproca não é, e nem poderia ser, verdadeira. Tudo dependerá do caso concreto, do momento histórico daquela entidade familiar, da idade dos filhos, enfim, da situação fática a ser, topicamente, analisada.

Na relação entre pais e filhos, portanto, não se pode identificar uma igualdade absoluta e irrestrita, até por causa da questão temporal e física, ou seja, a vivência parental e o papel dos pais na "iniciação" da vida dos filhos. Ao contrário, ainda que com mais maturidade e aprendizado, pela decorrência do tempo e inexorável mutação a que as entidades familiares estão sujeitas, os pais podem vir a aprender muitas coisas novas com seus filhos e, noutro momento, até passar a deles depender, traduzindo, assim, uma relação não mais baseada tão-somente na obediência, mas, também, na comunhão de vida, na troca e respeito mútuos.

Assim, a relação familiar deve ser pautada, em lugar da pura e simples igualdade entre iguais (ou desigualdade entre desiguais),[44] na solidariedade entre seus membros, caracterizada, da mesma forma, por afeto e amor. Eis que entre os filhos, os reflexos da aplicação do princípio da igualdade se fazem presentes na lei e no ideal de ausência de qualquer discriminação entre eles, seja qual for sua origem.[45] Entretanto, existe o entendimento de que mesmo esta igualdade entre a prole pode ser, em alguns casos, relativizada. Um exemplo característico é nas situações envolvendo o reconhecimento da paternidade, mediante investigação por exame de DNA. Assim, comprovado o vínculo biológico, o filho, então, reconhecido, a princípio, merece ser tratado de forma igual aos demais, porém, dita igualdade poderá ser relativizada e minimizada, na prática, se

---

[43] Como por exemplo o sustento da prole enquanto são dependentes.

[44] "A regra de igualdade não consiste senão em quinhoar desigualmente aos desiguais, na medida que se desigualam. Nessa desigualdade social, proporcionada à desigualdade natural, é que se acha a verdadeira lei da igualdade. Tratar com desigualdade a iguais, ou a desiguais com igualdade, seria desigualdade flagrante, e não, igualdade real." (BARBOSA, Rui. *Oração aos Moços*, São Paulo:Revista Arcádia, 1944, p. 11.) Nesta perspectiva, a reflexão de Celso Bandeira de Mello: "o que permite radicalizar alguns sob a rubrica de iguais e outros sob a rubrica de desiguais? Em suma: qual o critério legitimamente manipulável – sem agravos à isonomia- que autoriza distinguir pessoas e situações em grupos apartados para fins de tratamentos jurídicos diversos? Afinal, que espécie de igualdade veda e que tipo de desigualdade faculta a discriminação de situações e de pessoas, sem quebra e agressão aos objetivos transfundidos no princípio constitucional da isonomia? Só respondendo a estas indagações poder-se-á lograr o adensamento do preceito, de sorte a emprestar-lhe cunho operativo seguro, capaz de converter sua teórica proclamação em guia de uma 'praxis' efetiva, reclamada pelo próprio ditame constitucional." (BANDEIRA DE MELLO, Celso Antônio. *O conteúdo jurídico do princípio da igualdade*, São Paulo: RT, 1984, p. 15 e 16.

[45] A estrutura familiar estabelecida a partir do Código Civil de 1916, baseada na distinção entre filhos naturais, adotivos, legítimos e ilegítimos hoje não mais subsiste, considerando-se uma relação de igualdade absoluta entre os filhos, em termos de nascimento, condições de sobrevivência e vida em família.

considerada a relação afetiva do investigante com a outra família (família de criação). Cumpre ressaltar, aqui, o fenômeno da conhecida "paternidade socioafetiva"; neste caso, o investigante, mesmo que, comprovadamente, seja filho biológico do investigado, poderá ser considerado "filho" como os demais, para alguns efeitos jurídicos, mas não para todos, igualmente.

Recente julgamento da Sétima Câmara Cível do Tribunal de Justiça do Estado do Rio Grande do Sul entendeu que naquele caso, a autora, embora não fosse filha biológica do pai registral, mantinha com ele uma relação de filiação (paternidade socioafetiva) e, por esta razão, deixou de conceder-lhe os efeitos jurídicos decorrentes da filiação biológica que se investigava e foi confirmada pelo exame de DNA, impedindo e limitando direitos, tais como o direito ao nome e os hereditários.[46]

Por isso, embora se deva aplicar as normas positivas, considerando o princípio da igualdade plena entre os filhos, nem sempre é assim que acontece, sendo, por vezes, relativizado o princípio constitucional da igualdade, conforme a circunstância do caso trazido à apreciação judicial.

Diante de tais situações que implicam a relativização da igualdade entre os filhos, alguns questionamentos podem ser invocados. Será possível, ante a correlação entre os princípios da igualdade e da dignidade humana, o Direito admitir situações em que os filhos são diferenciados? Não se estaria incorrendo com tais relativizações em verdadeira agressão ao enunciado da isonomia? Ora, por este motivo é que se faz pertinente o debate, que ora fazemos, acerca da igualdade na família, a fim de estabelecer critérios jurídicos que definam as relações familiares, os quais não incorram em quaisquer injustiças ou desigualdades gritantes. Neste ponto, também, faz-se necessária a análise da aplicação deste princípio nos casos concretos, envolvendo litígios familiares, questionando-se se a norma jurídica pode ser aplicada, de forma igual, a todos os casos, de modo que não fira critérios de justiça.[47]

A igualdade, na aplicação da lei, exige cuidados redobrados no que concerne aos litígios de família. Há situações em que se deve reconhecer a desigualdade e considerar a diversidade de cada caso concreto, fator que se faz presente, principalmente, nas questões envolvendo a união estável.

Como referimos acima, ocorrem equívocos, principalmente, na prática forense ou, mesmo nas decisões judiciais, em específico, no que tange à aplicação igualitária da norma jurídica que estabelece os requisitos da união estável a todos os casos concretos. Com efeito, criou-se um padrão

---

[46] Apelação Cível n. 70005458484, julgada em 19 de fevereiro de 2003.
[47] É preciso realizar uma compreensão mais concreta e existencial da igualdade, como leciona Miguel Reale, entendendo-se aí o direito reconhecido a cada pessoa de participar do 'bem-estar social'. REALE, Miguel. *Pluralismo e Liberdade*, São Paulo: Saraiva, 1963, p. 295.

para reconhecer-se, judicialmente, um vínculo afetivo que tem como fundamento, justamente, a atipicidade. Assim, não se pode aplicar a mesma regra pertinente à união estável (relação duradoura, constante, ininterrupta), com todos os seus requisitos, a todas e quaisquer situações fáticas levadas ao Judiciário. Isto quer dizer que os aspectos peculiares da relação afetiva, bem como suas características subjetivas (a efetiva existência de vínculo afetivo) e objetivas (a publicidade e notoriedade da relação) e, principalmente, a forma como o casal administra e constitui sua própria (e única) relação devem ser consideradas, para fins de aplicação da regra.

Aliás, a idéia vem para reforçar a moderna tendência de interpretação das normas e regras jurídicas, nas quais prevalece os princípios da razoabilidade, proporcionalidade e eqüidade. Com isto, pode-se afirmar que a igualdade de aplicação kelseniana resta superada, entendendo-se que até mesmo a regra sofre relativizações em sua aplicação, a fim de preservar os critérios de justiça tão buscados pelo Direito. Tal direcionamento se faz sentir no direito de família, na medida em que as relações familiares devem ser consideradas, em todas as suas características e peculiaridades, caso a caso, preservando, ao mesmo tempo, a aplicação integral da regra jurídica.

"O repúdio ao individual, ao estudo do caso e à tradição foram os pressupostos para o normativismo e a conseqüente recusa da busca da justiça do caso concreto, pois o critério para a determinação do justo e do injusto passara a ser tarefa da legislação e não do juiz"[48] e isto, na verdade, é o que, muitas vezes, acontece quando o julgador, no afã de aplicar, plenamente, o princípio da igualdade, desconsidera as particularidades do caso posto à apreciação e acaba cometendo injustiças.

4. O princípio constitucional da igualdade e seu reflexo no Direito de Família – algumas conclusões

Diante do princípio constitucional da igualdade e da posição da família brasileira, na atualidade, considerada tanto no seu âmbito público como no privado, algumas conclusões podem ser sugeridas.

A igualização dos cônjuges na administração da família transformou esta em célula do companheirismo, acentuando a desnecessidade de uma maior ingerência do Estado na economia interna da família, mas, ao mesmo tempo, "abre para o casal os mais ousados desafios para o exercício cooperativo da conjugalidade".[49]

---

[48] SILVA, Ovídio Baptista da, *Jurisdição e execução*, op.cit., p. 127.
[49] VILLELA, João Baptista, Liberdade e família. *Revista da Faculdade de Direito da Universidade Federal de Minas Gerais*, 1980, p. 28.

A igualdade de direitos entre homens e mulheres, sem dúvida, é uma conquista importantíssima que se alcançou. Contudo, não se pode, simplesmente, tratar e aplicar a "plena" e "absoluta" igualdade jurídica a homens e mulheres sem considerar as diferenças que podem se fazer presentes.[50]

Com efeito, "parece banal ver-se, hoje, homens e mulheres lado a lado no espaço público",[51] contudo, a metamorfose, ocorrida nas últimas décadas com a entrada da mulher no mundo masculino, representa uma ruptura na medida em que estabelece verdadeira "migração da vida privada ao espaço público que está inviabilizando a manutenção das estruturas tradicionais da família, que repousavam sobre a presença da mulher no lar',[52] sendo que 'o mundo público foi invadido pelas mulheres, mas a vida privada continuou estruturada, em termos de emprego de tempo e assunção de responsabilidades, como se as mulheres ainda vivessem como suas avós, como se nada tivesse acontecido".[53]

Dentro dessa nova moldura da entidade familiar em que a família está muito mais plural, será que ainda devemos continuar pensando que o mais correto seria organizar a família mediante uma codificação? Por certo que o Estado vai sempre intervir, especialmente, para garantir a observância dos princípios constitucionais, dentre eles, o da igualdade, mas não podemos olvidar que esta ingerência tem limite, e este limite se encontra na privacidade da pessoa, no sujeito e, ainda, não apenas na pura e simples aplicação da lei, mas, na consideração do caso concreto que requer, no âmbito do Direito de Família, como se disse, uma análise ainda mais acurada.

Certo é que o legislador não pode a tudo prever, por isto o Código nunca será completo, aliás, o próprio Direito, enquanto ciência, também, não pode ser tido por completo. Há, sem ressalvas, muitos espaços não alcançados pela malha jurídica os quais, na seara de família, devem ser

---

[50] Vejam-se as diferenças oriundas de uma diversa formação educacional e profissional. Tomemos, por exemplo, um casal onde a mulher, à moda antiga, dedicou-se à atividade de cuidar da casa e dos filhos. O homem, por seu turno, era o único provedor. Em havendo uma ruptura, embora homem e mulher sejam iguais perante a lei, não se pode esperar que essa mulher, digamos já na casa dos 60 anos, simplesmente, adentre no mercado de trabalho e passe a prover sua subsistência. Seria injusto e, por que não dizer, desigual, deixar de proteger a mulher, negando a fixação de uma pensão alimentícia. Note-se que isto já constitui quase o passado em Direito de Família, mas ainda se faz presente nas lides forenses, embora o princípio da "plena" igualdade. Com efeito, na atualidade, a maioria das mulheres, especialmente, as 'privilegiadas', isto é, as urbanas e que dispõem de uma formação educacional, não querem sequer depender dos maridos e/ou companheiros, que dirá dos ex. Aliás a fixação de uma pensão para muitas destas mulheres modernas, urbanas e com formação educacional/profissional, redundaria, inclusive, numa humilhação.

[51] OLIVEIRA, Rosiska Darcy de. *Reengenharia do tempo*. Rio de Janeiro: Rocco, 2003, p. 20.

[52] Idem, ibidem.

[53] Idem, ibidem.

valorizados, até porque o que ocorre, no mais das vezes, é que o direito codificado está em permanente mora com os fatos sociais.

Por melhor que seja, a norma sempre será uma maneira de engessar a família, teremos até mesmo uma nova estratificação quando deveríamos, ao contrário, reduzir o campo das imposições e alargar o espaço da liberdade.

Tentar organizar a família mediante uma codificação, talvez, tenha de ser um esquema repensado. Um dos desafios que temos pela frente é construir um sistema de organização (familiar, social e do Direito), num projeto não-monolítico e fechado, mas um sistema plural, poroso, usando a acertada definição de Luiz Edson Fachin,[54] que conviva com a instabilidade e com as mudanças constantes e inerentes à sua própria existência e com a possibilidade de uma atualização construtiva contínua, até para que o direito posto não fique mais tão em mora com os fatos sociais.

Estamos de acordo com os que pensam que "a família é muito mais uma fonte de reflexão do que uma fonte de conclusão",[55] mesmo, assim, alinhamos algumas idéias a título de encerramento do trabalho:

Assim como o Direito Processual está para o Direito Substancial, constituindo-se em um instrumento deste, a família do Século XXI está para o sujeito dela integrante.

O Direito Privado Clássico tinha um modelo de família. Para a família do Século XXI, falta uma moldura única ou fixa para definir a entidade familiar, pois estamos diante da ampla pluralidade.

Por isso é que sustentamos que os juízes, os promotores, os advogados, precisam, assim como o sistema, tornarem-se porosos, maleáveis e, acima de tudo, capazes de perceber as importantes sutilezas de cada família que está posta diante de si e considerar cada membro desta família como uma pessoa individual.

No Direito Contemporâneo – ou pós-moderno – especialmente no âmbito do direito de família, não se pode fechar as portas para a força criadora dos fatos e a importância da força construtiva da jurisprudência, a qual se orienta além do código, pois a jurisprudência poderá compor modelos de família que o legislador ainda levará algum tempo para sistematizar.

Importa considerar que a construção doutrinária e jurisprudencial é uma realidade que reflete muito melhor a família contemporânea e só, então, se projeta na legislação.

---

[54] FACHIN, Luis Edson. *"A família como fato cultural está 'antes do direito e nas entrelinhas do sistema jurídico'"*. Elementos críticos do Direito de Família, Rio de Janeiro: Renovar, 1999, p. 14.
[55] Idem, p. 291.

Como se disse, a família brasileira do Séc. XXI comporta: "De um lado, os avanços da Constituição brasileira, de outro a força avassaladora dos fatos, na engenharia genética e na bioética; de uma parte, grandes progressos; de outra, enormes dúvidas e incertezas".[56]

A concepção da família do Séc. XXI compreende e equilibra a relação biológica e a relação socioafetiva. Estamos nos despedindo de alguns referenciais, mas acreditamos que seja uma despedida para melhor, a caminho de novas paragens que se vislumbra de forma otimista.

Todo crescimento e conhecimento implica uma trajetória, uma progressão de um ponto ou estado *A* para um ponto ou estado *B*. Estamos, nesta travessia, que nos levará a esse novo paradigma da família.[57]

Nesse novo paradigma de família que deixa de ser um núcleo preponderantemente econômico e de reprodução, para ser uma entidade em que o amor e o companheirismo são o eixo, temos maior solidariedade e um lar que acolhe o sujeito,[58] mas, também temos um horizonte com múltiplas direções e repleto de novos questionamentos.

"A travessia parece interminável. A família continua, e mais empenhada que nunca em ser feliz. (Não quero dizer que seja mais feliz, e sim que queremos, todos, ser felizes; assim a manutenção da família, hoje, depende, sobretudo de se buscar, por meio dela, a felicidade). Nada disso põe termo ao casamento ou à família, justamente porque mantê-la não é mais obrigatório, ela só sobrevive quando vale a pena. É um desafio. (...) por isso a travessia, por essas águas do afeto, ora revoltas, ora mansas, exige delicadeza".[59]

Por derradeiro, podemos concluir, afirmando que o passaporte para a melhor aplicação da lei na seara de família repousa na sensibilidade e, ainda, na necessidade efetiva da consideração de cada caso concreto.

Sim à igualdade, mas sem perder de vista as diferenças que cada família, individualmente considerada, possui, bem como sem descurar das diferenças entre os indivíduos que a integram.

---

[56] FACHIN, Rosana. Da Filiação, *in Direito de Família e o novo Código Civil*, Belo Horizonte, Del Rey, 2001, p. 110-124.

[57] FACHIN, Luis Edson. *Elementos críticos do Direito de Família*, op. cit., p. 289 e ss.

[58] "O lar oferece, num mundo duro, um abrigo, uma proteção, um pouco de calor humano". PERROT, Michele. O nó e o ninho. *Revista VEJA 25 anos: reflexões para o futuro*. São Paulo, abril, 1993, p. 75-81.

[59] RIBEIRO, Renato Janine. *A família na travessia do milênio, Direito de Família, Anais do II Congresso Brasileiro de Direito de Família*, IBDFAM, Belo Horizonte: Del Rey, 2000, p. 15 a 24.

— 18 —

A guarda compartilha pela ótica dos direitos fundamentais

ROLF HANSSEN MADALENO

Advogado e Professor de Direito de Família, Diretor Nacional do
IBDFAM – Instituto Brasileiro de Direito de Família, Vice-Presidente do
IARGS – Instituto dos Advogados do Rio Grande do Sul
www.rolfmadaleno.com.br

Sumário: 1. O poder familiar; 2. Conteúdo do poder familiar; 3. A guarda dos pais; 4. A guarda unilateral; 5. A cultura da guarda materna; 6. O genitor não-guardião; 7. As visitas como forma de convivência e fiscalização; 8. Inversão da guarda pela negativa das visitas; 9. A guarda alternada; 10. A guarda compartilhada; 11. A guarda compartilhada pressupõe consenso; 12. Bibliografia.

1. O poder familiar

O Código Civil de 1916 e o próprio Estatuto da Criança e do Adolescente identificavam, no pátrio poder, a tarefa delegada aos pais na educação e formação de seus filhos enquanto ainda menores e incapazes, dizendo serem eles os representantes da vontade jurídica da prole e os administradores legais dos bens dos filhos que se achem sob o seu poder.

Adverte Roberto João Elias[1] não se poder afirmar que o titular do pátrio poder não tenha direitos, porém eles só devem ser exercidos a bem dos filhos. Portanto, todo o enfoque do pátrio poder do Código Civil de 1916 estava voltado para o interesse do infante, e disso não se desgarrou o atual Código Civil, em vigor desde janeiro de 2002.

---

[1] ELIAS, Roberto João. *Pátrio poder, guarda dos filhos e direito de visitas*. São Paulo: Saraiva, 1999, p. 6.

O poder familiar é a denominação adotada pelo novo Código em substituição à expressão *pátrio poder*, já superada pela igualdade constitucional, fazendo ver Paulo Luiz Netto Lôbo,[2] a impropriedade da nova designação *poder familiar*, por gerar a falsa idéia de um poder exercido no interesse conjunto dos pais, como se fosse restrito ao avanço da igualdade dos gêneros sexuais, quando em realidade o Estatuto da Criança e do Adolescente, já havia revertido todo o sistema pertinente aos filhos menores e incapazes, ao destacar como prioridade de ordem pública tutelar o interesse supremo do filho.

E nessa direção segue Denise Damo Comel[3] ao afirmar que o novo Código Civil carrega uma proposta de maior intensidade e não se limita tão-somente a repartir o poder familiar entre os pais, em iguais condições, porque a mudança social trazida com a Carta Federal de 1988 foi muito mais ampla:

"na medida em que o interesse dos pais está condicionado ao interesse do filho, ou melhor, no interesse de sua realização como pessoa em formação."

Prevalece, portanto, o interesse único do menor, detendo os pais, em igualdade de condições, o exercício do seu poder parental, como sujeitos ativos do dever constitucional de gerir os interesses dos menores, proporcionando-lhes as "adequadas condições de sobrevivência e desenvolvimento".[4]

2. Conteúdo do poder familiar

O substrato legal do poder familiar deve ser focalizado pelo teor do artigo 229 da Carta Política de 1988, afirmando ser dos pais o dever de assistir, criar e educar os filhos menores, em nada diferindo do artigo 1.634 do Código Civil brasileiro, com o reforço do art. 22 do ECA, que prescreve ser da competência dos pais, em qualquer modelo de formação familiar, dirigir a criação e educação dos filhos; além de tê-los sob a sua companhia; representá-los até os 16 anos e assisti-los também nos atos da vida civil até os 18 anos; deles exigindo obediência, respeito e os serviços próprios de sua idade e condição, tudo voltado no único propósito de lhes assegurar hígida formação pessoal.

---

[2] LÔBO. Paulo Luiz Netto. "Do poder familiar", *In Direito de Família e o novo Código Civil*, Coord. DIAS, Maria Berenice e PEREIRA, Rodrigo da Cunha. 3. ed. Belo Horizonte: Del Rey, 2003, p. 178.

[3] COMEL, Denise Damo. *Do poder familiar*. São Paulo: RT, 2003, p. 55.

[4] STRENGER, Guilherme Gonçalves. *Guarda de filhos*. São Paulo: LTr, 1998, p. 51.

3. A guarda dos pais

O domicílio dos pais será de hábito o domicílio dos filhos, pois devem mantê-los sob a sua custódia, zelando por sua integridade moral, material e física, cuidando de sua formação e educação. Acresce Denise Damo Comel:[5]

> "(...) a função de ter os filhos em sua companhia deve ser entendida como uma forma de estabelecer com eles relação de tal proximidade que gere uma verdadeira comunidade de vida e interesses, em que haja constante troca de experiência, sentimentos e informações."

E tudo faz sentido quando os pais mantêm sua união e o conjunto de seus componentes em harmônica relação familiar, permitindo repartam a singular experiência de testemunhar o crescimento, e a sólida formação dos filhos sob a sua companhia.

Mas nem sempre pais e filhos têm a graça da recíproca convivência, sucedendo, por vezes, chamados da natureza, ou distúrbios no relacionamento dos pais, como amantes, que impedem o prosseguimento da mútua convivência, bifurcando-se o domicílio familiar, gerando, ordinariamente, a definição da custódia fática e jurídica dos filhos para apenas um dos genitores, ou excepcionalmente na repartição dessa guarda.

4. A guarda unilateral

A guarda unilateral pode decorrer da separação fática, judicial ou do divórcio dos pais; como pode advir do abandono de um ou de ambos os genitores, do óbito de um genitor, e também por conseqüência da paternidade não revelada, própria da modelagem monoparental.

Mas, separados os pais, impõe-se a guarda a pelo menos um dos genitores, geralmente selecionado pelo prisma dos melhores interesses dos filhos. A guarda ideal, nestes casos, deve ser definida por acordo dos pais, na ruptura consensual de sua união, ou por sentença judicial se os genitores não se encontrarem aptos a discernirem na identificação dos melhores interesses de seus rebentos.

Ao contrário do direito experimentado na década de 1960, não mais interfere na custódia a culpa de um dos cônjuges pelo fracasso do casamento, sendo elemento determinante o bem-estar do menor. A guarda é resolvida fora do eixo da culpa conjugal, como aliás cada vez mais tem

---

[5] COMEL, Denise Damo. Ob. cit., p. 111.

desimportado aos juízes e tribunais a identificação de um responsável pelo fim do matrimônio, cuidando o decisor de examinar as circunstâncias fáticas na pesquisa casuística da noção mais exata do real interesse do menor.

Não é outra a conclusão extraída da leitura do artigo 1.584 do Código Civil de 2002, atribuindo a guarda na separação judicial ou no divórcio, e o mesmo vale para a dissolução da união estável, "a quem revelar melhores condições para exercê-la", ou deferi-la a terceiro que revele compatibilidade com a natureza da guarda, levando em conta o grau de parentesco, a relação de afinidade e de afetividade para com o menor. Já de algum tempo foi definitivamente sepultado o princípio do revogado artigo 10 da lei divorcista, que considerava a inocência conjugal como critério judicial de atribuição da guarda dos filhos menores em processo litigioso.

Eduardo de Oliveira Leite, em exauriente pesquisa, aponta direções tomadas pela jurisprudência na atribuição da guarda do menor:

"o desenvolvimento físico e moral da criança, a qualidade de suas relações afetivas e sua inserção no grupo social (...); a idade da criança, o sexo (sendo as filhas comumente confiadas à mãe), a irmandade (cuidando de não separar irmãos), o apego ou a indiferença que a criança manifesta em relação a um de seus pais, ou a estabilidade da criança (...); da mesma forma, as condições que cercam a pessoa dos pais também podem ser levadas em consideração: condições materiais ou condições morais".[6]

5. A cultura da guarda materna

Em tempos mais remotos, na generalidade das decisões proferidas em demandas separatórias, era outorgada a guarda judicial materna dos filhos, concluindo os tribunais que:

"Se a mulher não teve a pecha de mau comportamento e se é boa mãe, embora tenha falhado como esposa ao praticar adultério, a ela deve ser conferida a guarda do filho, pois o interesse e bem-estar do menor devem ser o tribunal maior a decidir o seu destino, sobretudo tendo-se em conta que a profissão do pai o leva a estar sempre ausente de casa".[7]

Prevalecia a guarda materna nas relações conjugais desfeitas pela crença de ser a mãe a natural guardiã da prole, por dispor do dom de quem

---

[6] LEITE, Eduardo de Oliveira. *Famílias monoparentais*, RT: São Paulo, 1997, p. 197.
[7] TJMG, Rel. Des. Francisco Figueiredo – RT 694/161.

abriga o filho desde sua concepção, e do tempo livre para se dedicar às tarefas domésticas, em contraponto ao trabalho externo, e a menor dedicação do pai.

A própria Lei do Divórcio já dispunha no primeiro parágrafo do 10º artigo, ficarem os filhos com a mãe, se ambos os cônjuges fossem considerados responsáveis pela separação. Claro que o texto se mostrava totalmente desfocado da regra prática de a guarda não mais estar conectada à culpa separatória dos pais, e, sobretudo, por já prevalecer o princípio dos melhores interesses do menor. No entanto, apesar de a igualdade de direitos dos pais diante das relações familiares, ainda hoje a guarda segue "sendo sistematicamente deferida à mãe, sem contestação, salvo nos casos em que algo grave, de valor moral, pese sobre ela".[8]

Realidade não desmentida pelos variados segmentos doutrinários, sendo deles um frisante exemplo o trabalho de Silvana Maria Carbonera, ao recordar a preferência do legislador em conferir à mãe a guarda na família matrimonializada, pois assim:

> "'deu seqüência à rígida bipartição dos papéis familiares assentada na mística feminina.' E acresce, agora escorando suas razões na lição de Silvio Rodrigues, existirem duas razões para a eleição da guarda materna: '(...) uma de caráter tradicional, outra de ordem prática. Com efeito, no Brasil, em geral, não é pequeno o número de senhoras que se ocupam dos afazeres domésticos, não exercendo profissão fora do lar, enquanto a maioria dos homens tem seus dias ocupados pelo trabalho fora de casa. (...)'. A segunda razão de regra, esta de ordem prática, é a inescondível conveniência, se não mesmo a necessidade, de confiar-se à mãe os filhos de tenra idade. A mulher tem, ordinariamente, refinamentos de sensibilidade que o homem, por mais bondoso que seja, nem sempre apresenta...".[9]

Adicione-se o preconceito contra a guarda paterna dos filhos, a considerar que o "tradicional papel da mãe *naturalmente* boa, abnegada, apegada aos filhos, continua exercendo um poderoso fascínio sobre os julgadores que não conseguem se desembaraçar de uma tradição...".[10]

Tal realidade desencoraja os homens de lutarem pela custódia judicial dos filhos, especialmente quando não contam com algum fato de extrema gravidade, capaz realmente de abalar a tradicional guarda materna.

Mas os tempos registram uma mudança saudável nos hábitos e costumes sociais, em um salutar processo de aproximação da equalização dos

---

[8] BARROS, Fernanda Otoni de. *Do direito ao pai*. Belo Horizonte: Del Rey, 2001, p. 67.

[9] CARBONERA, Silvana Maria. *Guarda de filhos na família constitucionalizada*. Porto Alegre: Sergio Antonio Fabris Editor, 2000, p. 114.

[10] LEITE, Eduardo de Oliveira. Ob. cit., p. 200.

papéis feminino e masculino, buscando alterar, aos poucos, a história das abjetas desigualdades dos gêneros sexuais. Nessa direção, cuida a legislação brasileira de sublinhar a emancipação da mulher, ao elevar a princípio constitucional a igualdade do homem e da mulher, como direito fundamental positivado no § 5º do artigo 226 da Constituição.

Flávio Guimarães Lauria registra essa mudança nos costumes e seu reflexo nos tribunais, ao proceder minucioso levantamento jurisprudencial, para concluir ao cabo que:

"nos dias atuais, em que a mulher conquistou importantes espaços na sociedade, sobretudo no mercado de trabalho e que não se encara mais com reprovação o ato do pai de cuidar dos filhos e realizar tarefas que antes eram exclusividade das mulheres, (....) o fato da maternidade por si só, já não goza mais de presunção absoluta de melhores condições para o exercício da guarda dos filhos".[11]

Devem, portanto, ser computados os dois princípios constitucionais que gravitam em torno da guarda judicial dos filhos menores e não-emancipados, tomando como o fundamento de que em temário de tal importância, prevalece, em primeiro, o maior interesse da criança e, se porventura, de algum modo pudesse existir alguma inclinação pela custódia materna, já não mais devem interferir os elementos culturais que privilegiavam a guarda materna, pois como sublinha Marco Túlio de Carvalho Rocha.[12]

"(...) se dados fisiológicos, psicológicos, históricos, culturais e econômicos aconselham deva a guarda ser atribuída à mulher, a verificação desses dados somente é possível nos casos concretos, atendendo-se às peculiaridades de cada um".

Isto porque ambos concorrem em absoluta igualdade de condições, não mais existindo diferenças sequer na coleta de folga temporal dos pais, também a mulher agora deve buscar seu sustento adiante do recesso do lar, e ausentando-se de casa.

6. O genitor não-guardião

A simples destituição da guarda física de filho pela separação dos pais não implica, sob nenhum aspecto, a perda do poder familiar, e talvez até reforce o seu exercício pela redução do contato do genitor não-guar-

---

[11] LAURIA. Flávio Guimarães. *A regulamentação de visitas e o princípio do melhor interesse da criança*, Lúmen Júris: Rio de Janeiro, 2002, p. 73.
[12] ROCHA, Marco Túlio de Carvalho. *A igualdade dos cônjuges no direito brasileiro*, Del Rey: Belo Horizonte, 2001, p. 217.

dião com o seu filho que ficou sob a guarda do outro ascendente. Nem significa admitir sob qualquer pretexto, pudesse a cisão da guarda prejudicar por alguma forma o direito-dever dos genitores manterem uma sadia convivência familiar.

Nem seria preciso ressaltar ser direito dos filhos a convivência e comunicação com os seus pais, fonte de seu crescimento, e da sua lúcida formação, fornecendo-lhes todos os substratos materiais e imateriais, tão caros ao sadio desenvolvimento de uma criança em crescimento, dependente da proteção e do zelo de seus pais. Não desaparece com a separação dos ascendentes o exercício das prerrogativas inerentes ao dever parental de acompanhar de perto e de interferir positivamente na formação do filho, sempre voltado para a consecução dos seus melhores interesses, não no sentido de outorgar privilégios, liberdades e excessos, mas de consignar com a sua presença e com a sua constante vigília, o porto seguro e as condições de alimento, carinho, educação, orientação e repreensão, adotando na sua função educativa para com a sua prole, todos os cuidados e atenções modeladores da conveniente estrutura psíquica e moral que deve estar presente no processo de crescimento, desenvolvimento e de socialização do filho em contato com o mundo.

7. As visitas como forma de convivência e fiscalização

As visitas são um expediente jurídico forjado para preencher os efeitos da ruptura da convivência familiar antes exercida no primitivo domicílio conjugal. Representam, em realidade, um desdobramento da guarda definida com a separação dos pais, e como tal, detém a tarefa de assegurar a:

"adequada comunicação e supervisão da educação dos filhos, do pai ou da mãe não convivente a respeito dos filhos, cuja guarda foi outorgada ao outro, a parente, a terceiro ou, mesmo, a instituição, (...) consiste no direito de manter um contato pessoal com o menor, da maneira mais ampla e fecunda que as circunstâncias possibilitam".[13]

Falar em visitas acarreta reconhecer a soberania constitucional do menor ser visitado, porquanto, é direito basilar na organização social dos filhos serem criados por seus pais, como direito fundamental da criança, e, estando seus genitores apartados pelas contingências das relações afetivas que se desfazem pelos mais variados motivos, jamais podem os pais

---

[13] GRISARD FILHO, Waldyr. *Guarda compartilhada: um novo modelo de responsabilidade parental*. São Paulo: RT, 2000, p. 93.

permitir restem seus filhos privados da sua presença, ainda que em menor quantidade, mas compensando ao oportunizarem maior qualidade.

A convivência da criança com a sua família é direito assegurado pelo artigo 227 da Constituição Federal, com absoluta prioridade, e considerado como direito fundamental da criança, matéria-prima indispensável para a construção de sua personalidade, como faz ver e refletir Martha de Toledo Machado,[14] ao dizer que:

"no direito à convivência familiar de crianças e adolescentes repousa um dos pontos de esteio da chamada doutrina da *proteção integral*, na medida que implica reconhecer que a personalidade infanto-juvenil tem atributos distintos da personalidade adulta, em decorrência da particular condição de pessoa ainda em fase de desenvolvimento, e que, portanto, crianças e adolescentes são *sujeitos de direitos* e não meros *objetos de intervenção das relações jurídicas dos seres adultos*, já que titulares de direitos fundamentais especiais em relação aos adultos."

Portanto, não se pode falar verdadeiramente em um *sagrado direito de visitas do guardião não-custodiante*, tocando consignar a existência de um sagrado direito do filho de ser visitado, tanto que não tem sido incomum decisões judiciais impondo multas pecuniárias pelo não-exercício das visitas. As visitas devem atender aos interesses do menor, podendo ser limitadas e até suspensas quando a conduta do genitor visitante desaconselhe o seu exercício, tanto que Fábio Maria de Mattia, citado por Eduardo de Oliveira Leite,[15] conclui que:

"o direito de visita não é absoluto, pois, por humana que se apresente a solução de nunca privar o pai ou a mãe do direito de ver seus filhos, situações se podem configurar em que o exercício do direito de visita venha a ser fonte de prejuízos – principalmente no aspecto moral – sendo certo que todos os problemas devem ser solucionados à luz do princípio de que é o interesse dos menores o que deve prevalecer."

8. Inversão da guarda pela negativa das visitas

Juízos de visitas são os mais conflitivos, certamente porque colocam no centro da disputa o mais caro valor dos genitores, que, em litígio,

---

[14] MACHADO, Martha de Toledo. *A proteção constitucional de crianças e adolescentes e os Direitos Humanos*. São Paulo: Manole: 2003, p. 161.
[15] MATTIA, Fábio Maria de. "Direito de visita e limites à autoridade paterna", *In: Enciclopédia Saraiva de Direito*, v. 77, p. 431, cf LEITE, Eduardo de Oliveira. "O direito (não sagrado) de visita", *In: Direito de Família, aspectos constitucionais, civis e processuais*. Coord. Teresa Arruda Alvim Wambier e Alexandre Alves Lazzarini, v. 3. São Paulo: RT, 1996, p. 73.

costumam se fazer mútuas imputações, menosprezando a sua dignidade humana, e talvez traumatizando suas relações para o resto de suas vidas, não se dando conta ou numa incompreensível mostra do mais puro egoísmo, serem os filhos as maiores vítimas, quase sempre silenciosas do ódio que as separa de seus pais.

Há reservas ao próprio vocábulo *visitas*, por evocar uma relação de índole protocolar, mecânica, como uma tarefa a ser executada entre ascendente e filho, com as limitações de um encontro de horários rígidos, e de tenaz fiscalização. Outros países substituem a expressão "direito de visitas" por "direito à convivência", ou "direito à comunicação", quando ao certo nem de direito do visitante se trata, mas de um direito do filho de ser visitado, e de um dever de seu genitor em visitá-lo quando não se apresenta como titular da sua guarda judicial ou fática. Será que em sã consciência poderia ser verdadeiramente ignorada a omissão voluntária de um genitor que não procura o seu filho, numa clara e deplorável mostra de abandono, ou pior ainda, será que todo o esforço de um genitor guardião ao criar toda a sorte de obstáculos para que um pai não se aviste com o filho, não estaria permitindo, com esse agir, que o Judiciário se movimentasse para reverter a guarda da prole?

São inenarráveis os sofrimentos causados pela privação do convívio do menor, quando um pai se afasta deliberadamente do seu rebento, geralmente movido pelo insano desejo de causar sofrimento à sua ex-mulher, mãe da criança, que nada fez para passar por esta reflexa e tão desumana punição. Noutra ponta, aparecem nos registros forenses demandas geradas pelos obstáculos e embaraços opostos pela mulher ao direito de visita do pai ao filho. "São batalhas muitas vezes dramáticas e desgastantes deflagradas pela obstinação de certas mães – guardiãs, inconformadas com o direito do pai de conviver com o filho comum, nos estreitos horários que lhe são reservados pelo calendário de visita judicialmente fixado".[16]

Sentimentos de retaliação são os propulsores desse censurável comportamento que impede a convivência paterno-filial e distancia as necessárias relações de afeto da criança para com o seu genitor não custodiante, causando induvidosa fissura na formação, no desenvolvimento, e na inserção social da criança ou adolescente, privado da normal comunicação com os seus pais. Parece esquecerem que a separação já causa suficiente impacto emocional para os amantes, mas que são maiores os efeitos desencadeados nos filhos, testemunhando o alijamento de um de seus genitores da habitação familiar, sendo depois levados a conviver com um outro núcleo familiar.

---

[16] OLIVEIRA, Basílio de. *Guarda, visitação e busca e apreensão de filho, doutrina, jurisprudência, prática, comentários ao Estatuto da Criança e do Adolescente*. Rio de Janeiro: Editora Destaque, 1997, p. 150.

O maltrato psíquico que danifica o filho, mental e emocionalmente, é fonte de preocupação do Estatuto da Criança e do Adolescente, quando externa no seu 18º artigo: "ser dever de todos velar pela dignidade da criança e do adolescente, pondo-os a salvo de qualquer tratamento desumano, violento, aterrorizante, vexatório ou constrangedor."

Viceja o respeito à dignidade da pessoa, ponto de partida das relações humanas, tanto que elevado a valor supremo pela Constituição Federal, e inserido na leitura dos novos primados de convivência, com realce para os primordiais interesses dos menores, amostra única possível, para retratar a paternidade verdadeiramente responsável, como quer o artigo 3º do Estatuto da Criança e do Adolescente, ao regrar que a criança e o adolescente gozam de todos os direitos fundamentais.

Havendo, portanto, qualquer comportamento do genitor guardião estando inclinado a quebrar a saudável convivência e a necessária comunicação do filho com o ascendente não-convivente, causando um distanciamento, e apartando a essencial integração entre filho e genitor, deve ser autorizada a modificação da guarda ou a sua suspensão judicial, de acordo com a gravidade das circunstâncias, especialmente quando se sabe que um adulto conflituado terá muitas dificuldades para formar uma família sadia.[17]

9. A guarda alternada

A guarda alternada tem sua verdadeira gênese no direito de visitas, quando ajustam os pais, ou sentença judicial determina que os filhos fiquem na posse física de um dos genitores, garantindo ao outro um período próprio de visitação, normalmente em finais de semana intercalados, acrescidos de um ou mais dias de visitas durante a semana, alternando sua estadia na casa dos pais, de acordo com o calendário de visitas ajustado por acordo, ou ordenado por sentença. Nessa regulamentação também ingressam datas festivas, como o dia de Natal, o período da Páscoa, o Dia dos Pais, das Mães e o Ano Novo, afora os períodos das férias escolares da prole de inverno e de verão.

Por sua notória inconveniência, não tem sido prática judicial brasileira a exata divisão pela metade do tempo, de permanência dos pais com os seus filhos, num arranjo muito mais voltado para os interesses dos pais do que no benefício dos filhos. A divisão exata do tempo cria a ausência de identidade dos filhos no respeitante à sua habitação, e também no que respeita à freqüente mudança do domicílio, fragilizando ou perdendo ami-

---

[17] BASSET, Lídia N. Makianich de. *Derecho de visitas*. Buenos Aires: Hammurabi Editor, 1993, p. 66.

zades, programações, estabilidade e referências. Basta imaginar, por exemplo, esse arranjo residindo os pais em cidades diversas, ou em bairros afastados entre si, e todos os inconvenientes de locomoção para a escola, afora os embaraços da divisão deste período, a ser justamente conciliado com os estudos em casa e no colégio, e a própria programação dos filhos, seu descanso, e seus interesses pessoais e circunvizinhos.

É claro que essa guarda pode ser alternada em períodos em que, durante o ano letivo, os filhos fiquem com um dos genitores, e com o outro no período de férias, o que por si só já causaria problemas visíveis, pois um dos pais terá o encargo mais penoso de acompanhar os estudos e a rotina dos filhos, além de encaminhá-los diariamente para a escola, enquanto o outro terá assegurado todo o tempo reservado ao descanso, ao lazer e à diversão, afora outros contratempos de ordem material, relacionados com a responsabilidade do poder familiar.

Waldyr Grisard[18] diz existirem vários arranjos de guarda alternada para garantir igualdade de tempo de convivência dos pais para com os filhos, sendo uma variante delas, a prole permanecer na mesma casa, e seus pais alternarem a sua estadia na residência que passaria a ser a moradia oficial dos filhos, intercalando a presença e aparição de seus pais. Também não é difícil identificar toda a sorte de contratempos gerados por essa variante da guarda alternada, afora o elevado custo que implicaria manter residência permanente dos filhos, os seus pais ainda teriam de custear duas outras moradias, para onde se deslocariam quando não estivessem com os filhos comuns, gerando incertezas e inseguranças no tocante à adequada administração dos bens e valores dos filhos.

Também no plano prático seria extremamente dificultoso aos pais adotarem duas residências por ano, em tempos agendados talvez por semanas, meses, estações, semestres ou em períodos de férias, ficando também os filhos inseguros em sua programação, e no deambular de sua criação, eis que mais se parecem confinados num espaço físico, com os períodos de troca de seus guardiões, mudança de hábitos, restrição ou ampliação de liberdades, e quem sabe, uma eterna disputa dos pais pela aprovação dos filhos, eternamente provocados a reconhecerem qual seria o melhor genitor.

Arnaldo Rizzardo é contrário ao revezamento da guarda, acrescentando que a necessidade básica de qualquer cidadão é ter um lar ou moradia fixa, pois do contrário, a instabilidade e insegurança tendem a aumentar, além de possíveis conflitos na orientação e formação que normalmente difere entre os pais.[19]

---

[18] GRISARD, Waldyr. Ob. Cit., p. 107.
[19] RIZZARDO, Arnaldo. *Direito de Família*. 2ª ed. Rio de Janeiro: Forense: 2004, p. 266.

Bem agiu o julgador brasileiro ao preferir a adoção do direito de visitas, que deve ser exercido com suficiente amplitude, não para permitir a divisão igualitária do tempo, e do espaço, mas para permitir salutar qualidade do contato dos pais com os filhos, pois o valor da convivência não reside na quantidade das visitas, mas na proximidade afetiva, atendendo de perto, e com intensidade, os reais interesses dos filhos. Tem peso e efeito a espontânea distribuição de afeto, atenção e orientação, harmonizando liberdades e interesses para bem balizar a dignidade do menor, porque na atilada observação de Caetano Lagrasta Neto:[20]

> "a guarda alternada irá facilitar o conflito, pois ao mesmo tempo que o menor será jogado de um lado para o outro, náufrago numa tempestade, a inadaptação será característica também dos genitores, facilitando-lhes a fuga à responsabilidade, buscando o próprio interesse, invertendo semanas ou temporadas, sob as alegações mais pueris ou mentirosas (...) Não existe autoridade alternada; existe autoridade definida."

10. A guarda compartilhada

Na guarda compartilhada ou conjunta, os pais conservam mutuamente, o direito de guarda e responsabilidade dos filhos, alternando em períodos determinados, sua posse.[21] A noção de guarda conjunta está ligada à idéia de uma co-gestão da autoridade parental, como mostra Grisard:

> "a guarda conjunta, é um dos meios de exercício da autoridade parental (....) é um chamamento dos pais que vivem separados para exercerem conjuntamente a autoridade parental, como faziam na constância da união conjugal".[22]

Conjunta, portanto, é a prática do poder familiar, considerando que só mesmo unidos pelo casamento ou pela estável convivência, em relação familiar de total integração e harmonia, seria factível a adoção da guarda compartilhada, pois neste caso estariam os pais compartilhando a custódia dos filhos, conciliando com a sua estável relação, sem alternar o tempo de estadia com a prole, como parece para muitos, se confundir a custódia compartilhada.

---

[20] LAGRASTA NETO, Caetano. *Direito de Família – A família brasileira no final do Século XX*, São Paulo: Malheiros, 2000, p. 128.

[21] CARCERERI, Pedro Augusto Lemos. *Aspectos destacados da guarda de filhos no Brasil*, disponível em Jus Navigandi, www.jusnavigandi.com.br/doutrina/texto.asp.

[22] GRISARD, Waldyr. Ob. cit., p. 111.

Não é por outra razão que Leila Maria Torraca de Brito conclama urgente realização de amplos debates nacionais, visando à devida explicação do significado fático e jurídico da guarda conjunta, pois como consigna, para boa parcela dos operadores do direito, a guarda compartilhada "significa a divisão dos dias da semana nos quais cada pai permanece com os filhos".[23]

É a partilha da guarda jurídica, da autoridade de pai, que não se esvai pela perda da companhia do filho em troca pelas visitas decorrentes da separação dos pais.

Eduardo de Oliveira Leite fornece os pontos didáticos que dão a necessária clareza à real noção do instituto da guarda conjunta, dizendo que:

"em Direito Civil, a expressão não tem sentido, ou é imprópria, como já alertara Fulchiron, porque o conceito civilista da guarda é indissociável da presença da criança. Enquanto a família permanece unida, a guarda conjunta é perfeitamente admissível, questionar-se-ia sobre a realidade de tal expressão quando a família já se encontra separada. A separação dos pais e o inevitável afastamento de um dos genitores da presença do filho impediria a 'guarda conjunta'".[24]

E arremata que guarda conjunta não é guarda, é atribuição de prerrogativas.[25]

Nisso é secundado por Karen Nioac de Salles[26] quando afirma ser o objetivo da guarda conjunta o exercício em comum da autoridade parental em sua totalidade, estendendo aos pais as mesmas prerrogativas na tomada de decisões acerca dos destinos de seus filhos agora criados sob a ótica da separação dos pais. Importante, portanto, para o desate da guarda compartilhada será a cooperação dos pais, não existindo espaço para aquelas situações de completa dissensão dos genitores, sendo imperiosa a existência de uma relação pacificada dos pais, e um desejo mútuo de contribuírem para a sadia educação, e formação de seus filhos, especialmente por se apresentarem psicologicamente traumatizados pela separação de seus pais.

Fique, portanto, plenamente clarificado que na guarda compartilhada não interessa quem estará detendo a custódia física do filho, como acontece na guarda unilateral, ou no seu arremedo de guarda alternada, pois na

---

[23] BRITO, Leila Maria Torraca de. Impasses na condição da guarda e da visitação – o palco da discórdia In Família e cidadania, *o novo CCB e a* "vacatio legis", Anais do III Congresso Brasileiro de Direito de Família, Del Rey, IBDFAM, 2002, p. 446.

[24] LEITE, Eduardo de Oliveira. Ob. cit., p. 264.

[25] Ibidem.

[26] SALLES, Karen Ribeiro Pacheco Nioac de. *Guarda compartilhada.* Rio de Janeiro: Lumen Juris, 2001, p. 97.

guarda conjunta não conta o tempo de custódia, tratando os pais de repartirem suas tarefas parentais, assumindo a efetiva responsabilidade pela criação, educação e lazer dos filhos – e não só a um deles, como usualmente sucede.[27]

11. A guarda compartilhada pressupõe consenso

A guarda conjunta não é modalidade aberta ao processo litigioso de disputa da companhia física dos filhos, pois pressupõe para o seu implemento, total e harmônico consenso dos pais. A guarda compartilhada exige dos genitores um juízo de ponderação, imbuídos da tarefa de priorizarem apenas os interesses de seus filhos comuns, e não o interesse egoísta dos pais. Deve ser tido como indissociável pré-requisito uma harmônica convivência dos genitores; como a de um casal que, embora tenha consolidado a perda de sua sintonia afetiva pelo desencanto da separação, não se desconectou da sua tarefa de inteira realização parental, empenhados em priorizarem a fundamental felicidade da prole.

Para essa modalidade de guarda repartida – compartilhada – sua adoção exige "que ambos os pais manifestem interesse em sua implementação, pois não haveria como compelir um genitor a cooperar em uma guarda conjunta quando ele não a deseja, sob o risco de não atingir o seu resultado inicial".[28]

Não é da índole da guarda compartilhada a disputa litigiosa, típica dos processos impregnados de ódio e de ressentimentos pessoais, que pensam ser compensados pela decisão judicial, de definir a guarda a um dos contendores, mostrando a sentença ao outro, pensam os contendores, que o julgador reconheceu no vencedor da demanda a existência de maiores e melhores atributos como genitor, ao lhe outorgar a "propriedade" sobre o filho.

A guarda compartilhada pressupõe o consenso, que não podem exercê-la casais separados, que não mantenham qualquer diálogo e relação de espontâneo entendimento, com espíritos pacificados pela total resolução das diferenças, e das represadas, que precisam ser desfeitas a tempo de permitir a serena adoção da guarda conjunta, só praticável por mútuo consenso.

Como observa José Sebastião de Oliveira, na guarda compartilhada:

---

[27] OLIVEIRA, José Sebastião de. *Fundamentos constitucionais do Direito de Família*. São Paulo: RT, 2002, p. 308.
[28] SALLES, Karen Ribeiro Pacheco Nioac de. *Ob. cit.*, p. 101.

"tudo é feito em conjunto (...) Diante do magistrado que dirige os trabalhos e procura manter o diálogo entre os ex-cônjuges são fixadas todas as diretrizes que ambos cumprirão, em conjunto, para que não sofram seus filhos as conseqüências da separação ou do divórcio".[29]

Nem haveria condições de forçar a guarda compartilhada em sentença judicial, embora inexista na lei brasileira qualquer vedação à sua adoção, sua escolha só encontra admissão na ação consensual de guarda ou de separação, como faz ver Pedro Augusto Lemos Carcereri:[30]

"(...) a sentença judicial não pode impor à parte o exercício de um direito subjetivo. Seria, na verdade, atribuir um dever, que, no caso da guarda conjunta, por não possuir respaldo legal, ofenderia o princípio constitucional de que *ninguém será obrigado a fazer ou deixar de fazer alguma coisa senão em virtude de lei* (CF, art. 5º, II)."

Não há lugar para a guarda conjunta entre casais amargos, conflituosos, e que encontram no filho o troféu de todas as suas dissensões pessoais, sendo inevitável a denegação da guarda conjunta no litígio.[31]

"*Alteração de guarda, de visitação e de alimentos. Guarda compartilhada. LItígio entre os pais. Descabimento.* 1. Não é a conveniência dos pais que deve orientar a definição da guarda, mas o interesse do filho. 2. A chamada guarda compartilhada não consiste em transformar o filho em objeto, que fica a disposição de cada genitor por um semestre, mas uma forma harmônica ajustada pelos genitores, que permita ao filho desfrutar tanto da companhia paterna como da materna, num regime de visitação bastante amplo e flexível, mas sem que o filho perca seus referenciais de moradia. Para que a guarda compartilhada seja possível e proveitosa para o filho, é imprescindível que exista entre os pais uma relação marcada pela harmonia e pelo respeito, onde não existam disputas nem conflitos. 3. Quando o litígio é uma constante, a guarda compartilhada é descabida. Recurso desprovido." AC nº 70005760673 da 7ª CC do TJRS, Rel. Des. Sérgio Fernando de Vasconcellos Chaves, j. em 12.03.2003.

Guarda conjunta não é guarda repartida, como se a divisão do tempo fosse a solução de todos os problemas e de todas as aflições de casais em dissenso conjugal. Existindo sensíveis e inconciliáveis desavenças entre

---

[29] OLIVEIRA, José Sebastião de. *Ob. cit.*, p. 310.

[30] CARCERERI, Pedro Augusto Lemos. *site* citado.

[31] "Guarda conjunta de filho menor. Impossibilidade por não preservar os interesses da criança. A chamada " custódia conjunta", mostra-se prejudicial à formação psicológica da criança, por importar em situação não definida e ausência de um lar estável. Recurso conhecido e provido em parte." (AC nº 3852396, Relatora Desa. Haydevalda Sampaio – j. em 06.05.1996 – *in* DJU 07.08.1996, p. 13.094).

os separandos, não há como encontrar lugar para uma pretensão judicial à guarda compartilhada, apenas pela boa vontade e pela autoridade do julgador, quando ausente a boa e consciente vontade dos pais. É seguro aduzir que nesse quadro dos acontecimentos, a cena reverteria para o acirramento dos ânimos e para a perpetuação dos conflitos, repercutindo este ambiente hostil de modo negativo, para causar severos danos à saúde psicológica dos filhos, e comprometer sua estrutura emocional. Relações de chantagens e excesso de liberdade são prejudiciais ao desenvolvimento dos filhos, são artifícios de pais em atrito, para cativarem o agrado da prole, desconectados do altíssimo risco de essas licenciosidades criarem uma incontornável crise de autoridade e de adaptação dos filhos, que devem ser conduzidos para sua estável inserção na vida social.

A guarda compartilhada tem por objetivo dar continuidade ao exercício recíproco da autoridade parental, e não para servir como fomento aos nefastos mecanismos já presentes de patológica hostilidade, onde imperam as graves desavenças do casal, causa da ruptura e de seu insepulto desafeto.

Desse modo, apenas factível a guarda conjunta por acordo em processo amistoso de separação judicial, ou de guarda, pois apenas por consenso e consciência dos pais será possível aplicar a custódia compartilhada, que se mostra de todo inviável no litígio, com os pais em conflito, já que atentaria contra a saúde psíquica e emocional da prole, que perde seus valores, seu norte e suas referências, mantendo problemas reais de adaptação, e perdidos num mundo de disputa insana, de crise da dupla autoridade dos pais, que só terão olhos para construírem uma relação de amor unilateral compensando com a atenção exagerada dos filhos a dor sofrida pela ausência daquele amante, co-genitor, que já não mais habita em seu lamurioso coração.

12. Bibliografia

BARROS, Fernanda Otoni de.*Do direito ao pai*. Belo Horizonte: Porto Alegre, 2001.

BASSET, Lídia N. Makianich de. *Derecho de visitas*, Buenos Aires: Hammurabi Editor, 1993.

BRITO, Leila Maria Torraca de. "Impasses na condição da guarda e da visitação – o palco da discórdia". In *Família e cidadania, o novo CCB e a "vacatio legis"*, Anais do III Congresso Brasileiro de Direito de Família. Belo Horizonte: Del Rey, IBDFAM, 2002.

CARBONERA, Silvana Maria. *Guarda de filhos na família constitucionalizada*. Porto Alegre: Sergio Antonio Fabris Editor, 2000.

CARCERERI, Pedro Augusto Lemos. *Aspectos destacados da guarda de filhos no Brasil*, Disponível em Jus Navigandi, www.jusnavigandi.com.br/doutrina/texto.asp.

COMEL, Denise Damo. *Do poder familiar*. São Paulo: RT, 2003.

ELIAS, Roberto João. *Pátrio poder, guarda dos filhos e direito de visitas.* São Paulo: Saraiva: 1999.

GRISARD FILHO, Waldyr. *Guarda compartilhada: um novo modelo de responsabilidade parental.* São Paulo: RT, 2000.

LAGRASTA NETO, Caetano. *Direito de Família – A família brasileira no final do Século XX.* São Paulo: Malheiros, 2000.

LAURIA. Flávio Guimarães. *A regulamentação de visitas e o princípio do melhor interesse da criança.* Rio de Janeiro: Lúmen Júris, 2002.

LEITE, Eduardo de Oliveira. *Famílias monoparentais.* São Paulo: RT, 1997.

LÔBO. Paulo Luiz Netto. "Do poder familiar", *In Direito de Família e o novo Código Civil*, Coord. DIAS, Maria Berenice e PEREIRA, Rodrigo da Cunha. 3ª ed. Belo Horizonte: Del Rey, 2003.

MACHADO, Martha de Toledo. *A proteção constitucional de crianças e adolescentes e os Direitos Humanos.* São Paulo: Manole, 2003.

MATTIA, Fábio Maria de. "Direito de visita e limites à autoridade paterna". *In: Enciclopédia Saraiva de Direito*, v. 77, p. 431, cf LEITE, Eduardo de Oliveira. "O direito (não sagrado) de visita", *In: Direito de Família, aspectos constitucionais, civis e processuais*, v.3, Coord. Teresa Arruda Alvim Wambier e Alexandre Alves Lazzarini. São Paulo: RT, 1996.

OLIVEIRA, Basílio de. *Guarda, visitação e busca e apreensão de filho, doutrina, jurisprudência, prática, comentários ao Estatuto da Criança e do Adolescente.* Rio de Janeiro: Destaque, 1997.

OLIVEIRA, José Sebastião de. *Fundamentos constitucionais do Direito de Família.* São Paulo: RT, 2002.

RIZZARDO, Arnaldo. *Direito de Família.* 2ª ed. Rio de Janeiro: Forense, 2004.

ROCHA, Marco Túlio de Carvalho. *A igualdade dos cônjuges no direito brasileiro.* Belo Horizonte: Del Rey, 2001.

SALLES, Karen Ribeiro Pacheco Nioac de. *Guarda compartilhada.* Rio de Janeiro: Lúmen Juris, 2001.

STRENGER, Guilherme Gonçalves. *Guarda de filhos.* São Paulo: LTr, 1998.

— 19 —

Responsabilidade civil no Direito de Família*

RUY ROSADO DE AGUIAR JÚNIOR
ex-Ministro do STJ

1. O tema relacionado com a responsabilidade civil no Direito de Família tem, mais do que outros, o sentido da bipolaridade, podendo ser visto de pontos de vista antagônicos sob mais de um aspecto.

Começo por lembrar que são dois os valores constitucionais em confronto. De um lado, o princípio da dignidade da pessoa humana (art. 1º, III), que deve ficar protegida de qualquer agressão, princípio que se expande também para o direito privado e tem vigência no Direito de Família. Neste, a necessidade de proteção da dignidade do membro da família, como pessoa, pode entrar em conflito com o interesse da entidade familiar, pois, do outro lado, está a norma-objetivo que atribui ao Estado o dever de preservar a família, instituição social valiosa, "base da sociedade, que tem especial proteção do Estado" (art. 227). Esse fim por certo fica dificultado ou pelo menos abalado com a possibilidade de pleitos judiciais entre os cônjuges, reparatórios de ofensas e prejuízos, ou entre pais e filhos, que podem ir desde a definição da filiação à conservação do nome.

A seguir, surge uma segunda ordem de fatores divergentes. Como facilmente se percebe das alterações do nosso ordenamento nos últimos quinze anos, o Direito Civil cada vez mais se constitucionaliza, mercê das inúmeras disposições inseridas na Carta, cujos muitos princípios, regras e políticas dizem diretamente com o direito privado. Nessa linha, o Direito de Família se abre a considerações de ordem social e mostra uma tendência à "socialidade", de que nos fala o Mestre Reale. Porém, o ordenamento

---

*Texto básico de palestra proferida na Associação dos Advogados de São Paulo, em 11.12.2003.

tende a deixar cada vez mais a critério das pessoas a decisão sobre o casamento e sua dissolução, amplia o direito do filho, e nesses pontos reforça o individualismo e a autonomia da vontade; o interesse predominante passa a ser o da pessoa, não o da entidade familiar.

De sua vez, – e este é o terceiro fator da contradição entre as forças que orientam o estudo do Direito de Família, – o posicionamento da pessoa como centro da ordem jurídica não se harmoniza com a regra do Código Civil que prescreve: o casamento "estabelece comunhão plena de vida" (art. 1.511). Essa regra de integração absoluta já estava no Gênesis e era aceita no antigo Direito inglês, segundo o qual a unidade resultante do casamento fazia com que "o marido e a mulher sejam uma única pessoa em direito. Assim, o ser ou a existência legal da mulher se suspende durante o matrimônio ou, ao menos, se incorpora e consolida na do marido", conforme observava Blackstone, no Século XVIII. Segundo essa idéia de plena integração, o princípio da supremacia da pessoa, sobre o qual se fundamenta o pedido indenizatório para reparação de toda ofensa à pessoa, se mostra incompatível com aquela velha concepção sobre o "consortium" e, também, com essa unidade de vida descrita no art. 1.511 do Código Civil, que significa menos do que a idéia antiga, mas que sempre representa uma espécie de integração. Ou há uma unidade plena de vida, com supressão ou limitação de demandas entre os conviventes, ou bem se resguarda a integridade da pessoa, inclusive com o incentivo a demandas judiciais indenizatórias.

Ainda lembro que o casamento visto como instituição – cujas regras não são alteráveis pelos cônjuges, que por isso mesmo se submetem ao seu regramento, não ampliável por disposição judicial – é diferente do casamento concebido como contrato, a que seriam aplicáveis supletivamente as regras do Direito das Obrigações, entre elas as que dispõem sobre a obrigação de indenizar o dano.

Por fim, o nosso tema se situa no vértice de duas tendências modernas: de uma parte, a ampliação do instituto da responsabilização civil, cujo eixo se desloca do elemento *fato ilícito,* para cada vez mais se preocupar com a reparação do *dano injusto*, qualquer que seja a sua natureza e o ambiente onde ocorra, o que facilita o deferimento do pedido de indenização; de outra, a abstração do elemento culpa para a separação e o divórcio, o que elimina a possibilidade de incidência do instituto da responsabilidade subjetiva nessas situações. Quer dizer: a dissolução da relação conjugal é momento propício para aflorar pedidos indenizatórios, cujo deferimento está hoje facilitado com a importância que se atribui à demonstração do dano injusto, mas o modo pelo qual se resolve a separação ou o divórcio inibe qualquer exame de elemento subjetivo, a afastar eventual pedido de reparação. Já a extensão que cada vez mais se concede à responsabilidade objetiva não se ajusta à situação familiar, onde o normal será a exigência de fator de atribuição de natureza subjetiva.

2. Acredito que a presença dessa questão na doutrina e na jurisprudência, sempre com maior intensidade, decorre da preocupação com o tema da dignidade da pessoa humana, "núcleo duro" do sistema constitucional de 1988, parâmetro para a interpretação do sistema.

Como observou Judith Martins-Costa, "o conceito de dano não é dado, mas construído", modificando-se no mesmo passo em que a comunidade altera sua idéia do que deva ser juridicamente protegido; lembrou a participação da psicanálise, algum tempo atrás, e da Internet, nos dias de hoje, como fatores determinantes da mudança de concepção dos interesses que podem ser violados e, por conseqüência, do próprio conceito de dano ("Os danos à pessoa no *Direito Brasileiro e a natureza da sua reparação*", RT, 789/21).

Para o que nos interessa, "a reconstrução do conceito de pessoa" serviu para estimular o estudo dos direitos da personalidade e da sua ofensa. Nesse novo tempo, continua a ilustre Professora, passou "o Direito a construir princípios e regras que visam à tutela dessa dimensão existencial, não patrimonial, mas ligada fundamentalmente à proteção da pessoa e da personalidade humana e daquilo que é o seu atributo específico, a qualidade de ser humano." (Bioética e Dignidade da pessoa humana, *Revista da Faculdade de Direito da UFRGS*, 18/160).

A idéia de pessoa vem acompanhada da dos direitos da personalidade, aqueles "que exigem um absoluto reconhecimento, porque exprimem aspectos que não podem ser desconhecidos sem afetar a própria personalidade humana" (José Oliveira Ascensão, *Os direitos de personalidade no Código Civil brasileiro*, For. 342/125). São os direitos que visam à defesa de valores inatos, como a vida, a intimidade, a honra e a higidez física, no dizer de Carlos Alberto Bittar Fº (Tutela da personalidade no atual direito brasileiro, *Rev. Inf. Legislativa*, 125, 46), e também a integridade psíquica, a privacidade, a imagem, o nome, a criação intelectual, e se estendem para o campo da bioética.

Na medida em que se alcança a exata compreensão do conceito "dignidade da pessoa humana" e se lhe dá o devido desdobramento na definição dos correspondentes "direitos da personalidade", logo se percebe o aumento das hipóteses de ofensa a tais direitos, e se ampliam as oportunidades para a existência do dano (ver sobre isso: Carlos Fernández Sessarego, Protección a la persona humana, *Ajuris*, 56/87, que refere o dano psíquico, o dano biológico, o dano ao projeto de vida, etc). E essa constatação é importante no direito que trata da família, a menor célula social em que a pessoa convive, porque no seu seio sempre se deu prevalência à instituição da família, ainda que com sacrifício eventual do interesse da pessoa.

O principal enunciado da Constituição hoje não enaltece a subordinação da pessoa aos interesses da família, mas sim realça o valor da pessoa humana que participa da família, os cônjuges, companheiros, pais, filhos, parentes, ainda que isso possa afrouxar o laço familiar. Enquanto a legislação do início do século XX criava presunções absolutas sobre a paternidade e impedia a busca do seu reconhecimento, ou de sua negação, para a proteção da família, a tendência de hoje, para atender ao princípio da dignidade da pessoa, no qual se inclui o direito de saber quem são os pais e quais são os filhos, é a de admitir as ações que levam à verdade real, com o estreitamento das hipóteses de decadência e flexibilização do princípio da coisa julgada.

Nessa linha de entendimento, é preciso aceitar, em primeiro lugar, a possibilidade de incidência imediata dos princípios constitucionais sobre as relações de direito privado, inclusive as familiares (ver, sobre isso, Joaquim de Souza Ribeiro, *Constitucionalização do Direito Civil, Boletim da Faculdade de Direito*, Coimbra, 1998, LXXIV, p. 729; Gustavo Tepedino, *Temas de Direito Civil*, p. 50; Maria Celina Bodin de Moraes, A caminho de um Direito Civil constitucional, *Revista Direito, Estado e Sociedade*, 1/59; Luis Afonso Heck, Direitos Fundamentais e sua influência no Direito Civil, *Revista da Fac. Dir. da UFRGS*, 16/111; Ingo Wolfgang Sarlet, Eficácia dos Direitos Fundamentais, p. 205 e seguintes; Luiz Edson Fachin e Carlos Eduardo Ruzyk, Direitos fundamentais, dignidade da pessoa humana e o novo Código Civil, "in" *Constituição, Direitos Fundamentais e Direito Privado*, p. 87).

Em segundo lugar, é preciso buscar critérios de hermenêutica para a solução dos conflitos que surgem com a colisão dos princípios (Gilmar Ferreira Mendes, Inocêncio Mártires Coelho e Paulo Gustavo Gonet Branco, Hermenêutica Constitucional e Direitos Fundamentais, p. 241 e seguintes; Maria Celina Bodin de Moraes, O conceito de dignidade humana: substrato axiológico e conteúdo normativo, "in" Constituição, Direitos Fundamentais e Direito Privado, p. 105). E, nesse ponto, há de se concluir com a doutrinadora por último citada: "O único princípio capaz de dar harmonia, equilíbrio e proporção ao ordenamento jurídico de nosso tempo: a dignidade da pessoa humana, onde quer que ela, ponderados os elementos contrapostos, se encontre."

3. Feitas essas considerações de ordem genérica, devo estabelecer algumas classificações, para o efeito deste estudo, que se limita ao exame da responsabilidade entre os cônjuges ou companheiros:

a) quanto ao fato gerador da responsabilidade, pode ele ser a infração cometida pelo cônjuge *durante* a convivência, ordinariamente prevista como causa da separação ou do divórcio; ou constituir-se no dano *decorrente* da separação ou do divórcio;

b) ainda quanto ao fato gerador, pode ele estar *tipificado* na lei, ou decorrer da aplicação da *cláusula geral* de responsabilização do ato ilícito extracontratual, independente de prévia definição legal tipificadora;

c) os atos ofensivos podem ser os que se caracterizam como *fato ilícito absoluto*, e o seriam em quaisquer circunstâncias da vida civil, ou fica seu conceito restrito aos atos contrários às *disposições do Direito de Família*, na regulação das relações entre os cônjuges;

d) os danos podem ser de natureza patrimonial ou extrapatrimonial;

e) do ponto de vista subjetivo, os danos a considerar podem ser os praticados *pelos cônjuges*, um contra o outro e os praticados *por terceiro* contra um dos cônjuges ou companheiros;

f) pode haver o *prejuízo por ricochete* ou reflexo, de que nos fala Clóvis do Couto e Silva: "Os casos mais comuns relacionam-se a alguém que tenha sofrido um dano que o impede de pagar alimentos a quem deveria fazê-lo, seja em razão de lei, seja por motivo de casamento. Se existir um vínculo de parentesco do qual decorre o direito de haver alimentos, admite-se a existência do direito de requerê-los em juízo" (O conceito de dano no direito brasileiro e comparado, "in" *O Direito Privado Brasileiro na visão de Clóvis Verissimo do Couto e Silva*, p. 217).

g) a responsabilidade seria extracontratual para os que vêem no casamento uma instituição; seria contratual, se definido como contrato;

h) a inocência do cônjuge tem sido exigida por alguns como condicionante do direito à indenização;

i) a finalidade da condenação à reparação do dano pode ser apenas para a cobertura dos prejuízos ou pode se estender para atingir também a finalidade sancionadora.

4. Os sistemas para o tratamento dessas questões podem ser sumariamente classificados entre:

– os que *admitem amplamente* a responsabilização por danos materiais e morais causados pelo cônjuge contra o outro, seja por ofensas anteriores à separação, seja pelo dano que decorre da separação ou do divórcio;

– os que *negam peremptoriamente* a possibilidade dessa ação;

– em *posição intermediária*, há os que admitem a responsabilidade por ato do cônjuge, com restrições quanto à natureza, ao fato gerador e à gravidade do prejuízo.

5. O estudo do direito comparado evidencia a diversidade de tratamento dispensado ao tema.

– No direito anglo-americano, a partir da idéia de *consortium*, segunda a qual, pelo matrimônio, o marido e a mulher são uma única pessoa em direito, com o que se inadmitia qualquer reclamação entre eles, evoluiu-se para a *Law Reform (Husband and Wife)*, 1962, na Inglaterra, e o *Married Women's Act*, nos EEUU, que admitem ação de um cônjuge contra o outro pelos danos causados, por dolo ou culpa (Prosser, *Handbook of the Law of Torts,* 4ª. Ed., p. 860 e seguintes).

Na Espanha, "o princípio geral contido no art. 1902 do CC segundo o qual quem causa dano a outrem deve repará-lo, se aplica no âmbito das relações familiares, mas se constrói de forma distinta quando o dano é ocasionado nas relações entre os cônjuges e entre determinados parentes. Quer dizer, não existe imunidade, com o que não se rompe o princípio de que o causador do dano deve ressarci-lo. O que ocorre é que a lei tipificou determinados danos, prevendo qual será a sua conseqüência. Portanto, o princípio geral se aplica através das normas que tipificam determinados danos" (Encarna Roca I Trias, *La responsabilidad civil en el Derecho de Faimilia*, in *Perfiles de la Responsabilidad Civil*, Juan A.M. Martinez, Coordenador, Dykinson, 2000, p. 539).

Na vizinha República Argentina, a maioria da doutrina admite a reparação dos danos materiais e morais derivados do divórcio ou da separação, em si mesmos, assim como também autoriza ação indenizatória dos danos derivados de fatos que autorizam o decreto de divórcio (Cecília Grosman, Daños derivados del proceso de divorcio, *in Nuevos Daños*, Carlos Ghersi, Coordenador, Hammurabi, p. 391 e seguintes, com ampla exposição das diversas correntes).

Na França. Jean Carbonnier lecionava, ainda antes da reforma da legislação sobre a família: "Também se pode imaginar outros danos (além do desaparecimento do dever de auxílio) e assim o reconhece a Lei de 1941 que alude ao art. 301 segundo parágrafo, segundo o qual o cônjuge inocente tem direito ao ressarcimento do prejuízo material (não reparado mediante a pensão alimentícia) ou moral causado por dissolução do matrimônio. A lei se propôs a combater o divórcio mediante uma sanção moralizadora" (*Derecho Civil*, I/II, p. 189). Com a reforma de 1975, "segundo o art. 266 CC, o cônjuge autor da ação que deu causa ao divórcio pode ser condenado a reparar o prejuízo material ou moral que a dissolução do casamento causou ao seu consorte; as causas que justificam o pagamento de indenização são idênticas às que existiam antes da reforma de 1975: isto é, ele poderá agir, por exemplo, pela perda de uma situação material interessante (prejuízo material) ou a desconsideração em um certo meio social (prejuízo moral) (Claude Colombe, *La famille*, PUF, p. 349).

O Prof. Fábio Siebeneichler de Andrade resumiu as soluções encontradas em França, Portugal e Alemanha:

"Do exame do regramento do problema no *direito francês*, chega-se à conclusão de ser preponderante a concepção de que o regime da responsabilidade civil abrange as relações entre os cônjuges, sem que se estabeleça uma distinção técnica entre o Direito de Família e o Direito das Obrigações (...).
Muito embora a jurisprudência portuguesa demonstre ter o cuidado de estabelecer contornos rígidos para a concessão do dano moral, também *em Portugal* é dominante a concepção de que a responsabilidade civil abrange as relações conjugais (...)
O direito de divórcio alemão baseia-se desde 1977 exclusivamente no princípio da ruptura conjugal. Isso significa, na pratica, que não se examinam no direito alemão fatores como a culpa de um dos cônjuges para a concessão do divórcio. O único pressuposto para o divórcio é, em essência, a constatação de fracasso da relação conjugal (...).
Nestas circunstâncias, seria incoerente ao sistema que se previsse no âmbito do Direito de Família o dever de indenizar o cônjuge culpado pela dissolução. A responsabilização extracontratual está limitada ao dano a certos bens (vida, corpo, saúde, liberdade, propriedade, um direito especial), entendimento que também dificulta a aceitação da sua incidência no âmbito do Direito de Família. Nem o desenvolvimento dos estudos sobre o princípio de proteção aos direitos da personalidade tem sido aceito como fundamento para a responsabilização: Considera-se que a perturbação do matrimônio não constitui uma causa da falência matrimonial, e, isto sim, um efeito. Em vista disso, no direito alemão parte-se do princípio de que o reconhecimento do dever de indenizar constituiria uma limitação à esfera de liberdade de um dos cônjuges, que estaria constrangido a manter-se vinculado ao regime matrimonial." (A reparação de danos morais por dissolução do vínculo conjugal e por violação por deveres pessoais entre cônjuges, *RT* 802, p. 11/26).

6. É difícil para o intérprete vencer a controvérsia sobre a responsabilidade civil por ato praticado no âmbito do Direito de Família, uma vez que a resposta deve levar em linha de conta inúmeros fatores de ordem jurídica, e até moral, além de considerar a evolução histórica de diversos institutos. Por isso, o seu estudo passa por distintos caminhos, todos eles confluentes para o encontro da resposta à seguinte indagação: *no âmbito do Direito de Família, cabe a responsabilidade civil do cônjuge (ou companheiro) autor do dano?*

Para essa resposta, devemos atender a que o fato pode ser ilícito absoluto, ou apenas infração a dever conjugal, familiar ou sucessório; o fato pode estar tipificado na lei, ou não; a lei definidora da conduta pode ser civil ou criminal; o autor pode ser cônjuge ou companheiro que atinge a vítima na posição que lhe decorre do Direito de Família; o dano pode ser patrimonial ou extrapatrimonial; o dano pode ser específico, por atingir direito regulado no Livro da Família ou das Sucessões, ou constituir-se em dano a direito assegurado genericamente às pessoas, assim como disposto no art. 186 do CCivil; a conseqüência da infração ao direito pode ser a sanção prevista na norma de direito de família, ou a reparação aplicada de acordo com as regras próprias do instituto da responsabilidade civil, assim como disposto nos arts. 944 e seguintes, com ou sem aplicação cumulativa.

Deve ainda ser ponderada a colisão de princípios, a exigir ou não, conforme a posição a ser adotada, tratamento diferenciado na solução das diversas hipóteses.

7. Exponho, de modo sucinto, os argumentos que são apresentados, de parte a parte, no exame da questão.

Os que respondem negativamente à indagação costumam aduzir:

– não há previsão legal para esse tipo de imputação;

– a tendência do Direito de Família é a de reservar a dissolução do casamento à livre disposição das partes, o que seria contrariado com a condenação de um deles pelos danos causados ao outro;

– a preocupação com a negociação entre as partes envolvidas com as questões de família fica comprometida com o incentivo à ação indenizatória;

– a tese afirmativa em nada contribui para a melhoria das relações familiares, não elimina nem diminui o número de separações, não beneficia os filhos;

– ao contrário, a sua aceitação seria motivo de discórdia entre os casados, entre pais e filhos, contribuindo para o esfacelamento da harmonia familiar;

– a violação aos deveres familiares gera sanções específicas, previstas no âmbito do Direito de Família, sendo-lhe inadequada a extensão das disposições sobre responsabilidade civil;

– o casamento é uma instituição, e como tal não se afeiçoa à aplicação analógica de normas do direito das obrigações;

– há preceito ético que afasta a possibilidade de o cônjuge atingido pelo adultério do outro procurar ressarcimento para "cobrar-se do preço de sua honra";

– não cabe indenização pela dissolução do casamento porque no sistema que o admite amplamente, a hipótese é sempre uma alternativa a considerar por quem pretende se casar, pelo que não pode depois pleitear indenização pelo que o ordenamento prevê e admite como solução adequada para vencer a crise conjugal;

– o casamento existe em razão de uma relação afetiva, cujo rompimento não pode ser objeto de indenização pecuniária;

– a infração do cônjuge às regras do casamento pode ser a conseqüência de causas de ordem afetiva e psicológica postas pelo outro, sendo absolutamente inconveniente que o direito ingresse nessa seara de ordem pessoal e íntima para avaliar danos e ressarci-los com pecúnia.

Os partidários da responsabilização ponderam:

– o direito moderno preocupa-se com o respeito à pessoa humana e com a pronta responsabilização dos que a ofendem; para isso, a responsabilidade civil é instrumento eficaz;

– a obrigação de indenizar é genérica, devendo ser reconhecida sempre que presentes seus pressupostos;

– o familiar não tem direito a uma posição privilegiada, ficando exonerado da reparação dos prejuízos que causar;

– a falta de previsão genérica para o Direito de Família não impede a incidência, além das regras específicas, do instituto da responsabilidade civil;

– a separação ou o divórcio pode ocasionar danos próprios, que não são ressarcidos com as conseqüências previstas no Direito de Família; a condenação em alimentos, que mais se aproxima dessa idéia, tem outro fundamento e diferente propósito;

– a indenização deve atender tanto aos danos ocorridos durante a convivência, dando causa à separação, como também aos provenientes da separação em si, com a dissolução do vínculo;

– a indenização deve contemplar, além do propósito reparatório, também a finalidade sancionadora.

8. O sistema legal brasileiro não dispõe de regra geral, como acontece em alguns códigos europeus, prevendo expressamente a indenização dos danos praticados contra o cônjuge.

Enumero regras do Código Civil de 2002 sobre condutas a serem observadas pelos cônjuges, parentes, herdeiros, tutores e curadores, cujo descumprimento gera direito à indenização: art. 1572; art. 1573; art. 1637; art. 1638; art. 1752; art. 1774; art. 1814; art. 1995; art. 12.

Essas disposições legais referem-se a condutas que podem levar à responsabilização do seu autor, desde que presentes os demais pressupostos da responsabilidade civil (ação ou omissão, dano injusto, relação de causalidade, fator de atribuição, que ordinariamente é a culpa em sentido lato).

9. A nossa jurisprudência inclui alguns precedentes sobre o tema (Ap. Civ. 5.97.155.167, 7ª. CC TJRS, de 11.02.98; Ap. n. 14.156, 14ª. Câm. Cív, TJRJ, rel. Des. Marlan de Moraes Marinho; Ap. Cív. 36.010, 17.3.81, do TJRS, na RT 560/178; Ac. da 2ª. Câm de Dir. Privado do TJSP, de 23.01.99, na RT 765/191, comentado por Regina Beatriz Tavares da Silva, em " Responsabilidade civil dos conviventes", *Rev. Bras. de Direito de Família*, I/3/1999, p. 24; AI 136.366-4.1, da 6ª. Câm, de Direito Privado do TJSP, Revista Bras. de Direito de Família, n. 7, 2000, p. 64; ver, sobre isso, Dano moral e juízo de família, José Rogério Cruz e Tucci, na Tribuna do Direito, out/2000, p. 12; Ap. Civ. 000.268.411-6/000, da 5ª. Câm. Cív. do TJMG, julgado em 6 de março de 2003, rel. Des. Aluízio Quintão; Ap. Civ. 338.374-2/000, 6ª. Câm. Cív. TJMG, rel. Des. Jarbas Ladeira; Recurso Especial 412.684/SP, 4ª. Turma, de 20.08.2002, de minha relatoria; Ap. Cív. 70001046937, 9ª. Câm. Cív. TJRS, de 28.11.2001. Rel. Desa. Ana Lúcia Pinto Vieira; Embargos Infringentes nº 500360169, 1º Grupo de Câmaras Cíveis, ac. de 5.5.89, rel. Des. Elias Elmyr Manssour).

Desses, menciono o mais antigo, que foi o voto vencido proferido pelo Des. Athos Gusmão Carneiro, na Ap. Cív. 36.010, no TJRS, em 17.3.81, deferindo a indenização em favor do cônjuge inocente:

"Rogo vênia para julgar procedente em parte a apelação. E o faço porque me parece que, em princípio, nos casos de separação contenciosa, é possível ao cônjuge inocente postular indenização a ser prestada pelo cônjuge culpado, quando os motivos da dissolução da sociedade conjugal são de molde a causar ao cônjuge inocente um grave dano moral (...). No caso concreto, o desquite foi decretado por haver o marido cometido agressões físicas, sevícias, e ainda por injúria grave contra a mulher. Da agressão física não resultaram apenas as eventuais conseqüências no âmbito penal, nem apenas a indenização pelos prejuízos no âmbito patrimonial que a lesão à saúde, em conseqüência da agressão, possa ter provocado. Tenho que a agressão física acarreta ao injustamente agredido um dano moral, aliás, mais relevante em se tratando de agressão de um cônjuge contra o outro. E esse dano moral, creio, impende seja ressarcido".

Por último, transcrevo a ementa do *leading case* do STJ, no Recurso Especial n. 37.051/SP, 3ª. Turma, rel. Min. Nilson Naves, julgado em 17.04.2001:

"Separação judicial. Proteção da pessoa dos filhos (guarda e interesse). Danos morais (reparação). Cabimento. ... 2. O sistema jurídico brasileiro admite, na separação e no divórcio, a indenização por dano moral. Juridicamente, portanto, tal pedido é possível: responde pela indenização o cônjuge responsável exclusivo pela separação. 3. Caso em que, diante do comportamento injurioso do cônjuge varão, a Turma conheceu do especial e deu provimento ao recurso, por ofensa ao art. 159 do Código Civil, para admitir a obrigação de se ressarcirem os danos morais."

Os julgados mostram a grande divergência que lavra entre os tribunais, mas de sua leitura se percebe forte orientação no sentido favorável ao pedido de indenização por danos decorrentes de infrações ao dever imposto aos cônjuges e aos companheiros, com destaque para o acórdão do STJ, sendo que foram deferidos alguns pedidos de indenização pelo rompimento da relação.

10. Na doutrina, pode-se dizer, com alguma segurança, que a maioria se inclina pela admissibilidade da responsabilização no âmbito do direito de família, como se colhe das seguintes fontes:

I) artigo de doutrina do ilustre advogado José de Castro Bigi (RT 679/46, de 1992);

II) lições de Aguiar Dias (*Da responsabilidade civil*, 2, n. 160), Caio Mario (Instituições, V/156), Carlos Roberto Gonçalves, (*Responsabilidade Civil*, p. 69);

III) Yussef Said Cahali lamenta que a lei não tenha contemplado a hipótese de indenização pelos danos afligidos ao cônjuge inocente (*Divórcio e Separação*, 8ª. ed. p. 953), mas no seu *Dano Moral*, p. 666, alude à crescente manifestação doutrinária favorável à tese da indenização do dano moral;

IV) Belmiro Pedro Welter, em *Separação e Divórcio* aceita a tese, nos limites que propõe (p. 365 e seguintes); Regina Beatriz Tavares da Silva, no seu clássico *Reparação civil na separação e no divórcio* e no artigo acima citado; Rolf Madaleno, em *Divórcio e dano moral*, quando comenta acórdão do TJRJ, na *Revista Brasileira de Direito de Família*, n. 2, 1999, p. 59, e põe em evidência as limitações do pedido indenizatória, preconizando a imediatidade do pedido de indenização no caso de da dano decorrente da separação; Fernanda e Vitor Hugo Oltramari, em "As tutelas da personalidade e a responsabilidade civil na jurisprudência do direito de família", na *Revista Brasileira de Direito de Família*, n. 13, 2002, p.53.

11. Feito esse breve escorço das questões que me parecem as mais relevantes para o exame da matéria, com referência ao direito comparado, à nossa legislação, aos precedentes jurisprudenciais e à doutrina, posso propor algumas conclusões:

I) A colisão entre os princípios de proteção da dignidade da pessoa humana e o da conservação da família e preservação da intimidade das pessoas deve ser resolvida de modo a que prevaleça a regra geral da responsabilização civil do autor do dano, ainda que o ato tenha sido praticado contra cônjuge. O fato do casamento ou da união estável não é causa eximente da responsabilidade civil, nem causa privilegiadora de isenção.

II) A existência do conflito de princípios exige que essa regra geral de responsabilidade seja aplicada com temperamento no âmbito do Direito de Família, de modo a não destruir os outros valores em voga, que são os da proteção da família, da intimidade dos cônjuges, de respeito ao interesse dos filhos. Por isso, a ação somente será cabível quando demonstrada a gravidade da ofensa, a justificar que essas restrições sejam afastadas para permitir a justa indenização do ofendido.

III) Um bom critério é o de começar por admitir a indenização nos casos tipificados na lei como infração ao dever de cônjuge ou companheiro, desde que demonstrada a existência do dano material ou moral, e da gravidade do resultado. Além disso, como já observado por Rolf Madaleno, conveniente, no caso de pedido de indenização por separação, seja apresentado imediatamente após a separação.

IV) Considerando a peculiaridade de ser o casamento resultado de uma relação afetiva, o juiz há de evitar reconhecer a responsabilidade do cônjuge apenas porque se retirou da relação pelo desaparecimento do afeto, salvo quando a conseqüência dessa conduta é altamente lesiva, como no caso do noivo que abandonou a cerimônia religiosa do casamento, obrigando a noiva e sua família a mudarem-se da cidade, ou causadora de dano material.

V) A responsabilização pode decorrer de ato ilícito absoluto, nos termos dos arts. 186 e 187 do CC, ou de fato tipificado no direito de família ou no das sucessões. Assim, por exemplo, as lesões culposamente causadas na esposa, pelo marido, em acidente de trânsito, são atos ilícitos reparáveis, pelo que pode ser requerido o pagamento do seguro contratado pelo marido, para cobertura de tais situações.

VI) As regras do Código Penal são úteis para orientar a decisão sobre responsabilidade no Direito de Família. Se no direito criminal é isento de pena o cônjuge que pratica crime contra o patrimônio em prejuízo do outro, não seria adequado admitir-se ação civil para obtenção de indenização de dano moral por essa infração cometida pelo cônjuge na constância do casamento. Se na seara penal o Estado tem por inconveniente deflagrar processo, a mesma razão deve ser causa obstativa de tal demanda no juízo cível. De outra banda, nos casos em que a lei criminal agrava ou aumenta especialmente a pena, ou inclui como elementar do crime o fato de ser casado, essa também deve ser uma causa a influir na aceitação do processo civil de reparação do dano.

VII) O cônjuge que tenha sido julgado como o único culpado pela separação ou divórcio não tem o direito de pedir indenização por violação a deveres do casamento; mas não se pode eliminar a possibilidade de o cônjuge que também seja culpado pela dissolução vir a juízo pedir indenização contra o outro, também culpado, pelo fato a este atribuído.

VIII) A indenização deve reparar o dano material e também o extrapatrimonial.

12. Em conclusão, há de se admitir no nosso direito a possibilidade de ser intentada ação de responsabilidade civil pelo dano a cônjuge ou companheiro, por ilícito absoluto ou infração à regra do Direito de Família, (a) por fato ocorrido na convivência do casal, com infração aos deveres do casamento, ou (b) por dano decorrente da separação ou do divórcio, aceitas as restrições que a peculiaridade da relação impõe. Em especial, cabe ao juiz ponderar os valores éticos em conflito, atender à sua finalidade social da norma e reconhecer que o só fato de existir a família não pode ser causa de imunidade civil, embora possa inibir a ação quando dela surgir dano social maior do que o pretendido reparar. De outra parte, deve perceber que, na especificidade da relação fundada no amor, o desaparecimento da afeição não pode ser, só por si, causa de indenização.

— 20 —

A família e a união estável no novo Código Civil e na Constituição Federal

SÉRGIO FERNANDO DE VASCONCELLOS CHAVES
Desembargador do Tribunal de Justiça do Rio Grande do Sul

Sumário: 1. Considerações introdutórias; 2. A família e o Direito; 3. O casamento civil e a união estável; 4. A união estável: conceito e efeitos jurídicos; 5. Conclusão.

1. Considerações introdutórias

Inicialmente, destaco que o universo de temas jurídicos que cercam o novo Código Civil tem incomensurável significação para a própria vida das pessoas e, não raro, transcendem os aspectos de cunho meramente patrimonial, mormente quando se focalizam as noções de família e de casamento.

Por um prisma menos dogmático e menos técnico, para uma compreensão mais acessível a estudantes e até para pessoas não iniciadas nas letras jurídicas, a matéria será enfocada de uma forma ampla e contextualizada, buscando-se a essência dos institutos, de forma a tornar mais simples o que a uma primeira vista possa parecer estéril ou mesmo complexo.

Com esse propósito, lembro que o homem é um ser social, gregário, e as relações sociais tendem à informalidade. E isso ocorre, sobremodo, nos envolvimentos de cunho afetivo.

Sempre houve o "flerte", a "paquera", a "amizade colorida" e, cada geração cunhando esse fenômeno social de aproximação afetiva descompromissada, caracterizada pela Psiquiatra Dra. Simone Sotto May como "puro entretenimento, experiência sensorial compartilhada",[1] com o nome que melhor lhe aprouver, com os contornos compatíveis com os costumes locais, sendo que, mais recentemente, essa relação é denominada de "ficar". Com esse conceito, seria possível evocar a idéia de "ficar" como sendo um "verbo de ligação"...

Assim, as relações humanas, mormente as que partem – ou chegam – na afetividade, mas que apresentam caráter erótico-afetivo, têm início não raro em algum "ficar", expressão cunhada pelos jovens de hoje para indicar os relacionamentos de sempre sem o necessário comprometimento, que acontece de forma natural e espontânea, e cujo limite está na vontade, na cautela diante das conseqüências ou nas imposições meramente circunstanciais, observados os usos e costumes de cada época e de cada grupo social.

Mas em que ponto, o "ficar", o "flerte", a "paquera", a "amizade colorida" ou, em outras palavras, esse namoro eventual e descompromissado, esse mero namorico, interessa ao Direito?

De um sorriso correspondido a um beijo roubado, temos a conquista, que pode não significar nada além disso, sequer ingressando no mundo do Direito, como pode evoluir para um envolvimento sexual, que pode gerar filho, como pode não passar do mero relacionamento mais íntimo, sem gerar prole ou, mesmo, seqüela patrimonial.

Se gerar filho, teremos o estabelecimento de vínculos biológicos, que ingressam no mundo jurídico, delineando a relação parental de pais e filhos. Surge, então, o liame obrigacional entre ambos, pois pai e mãe são responsáveis pela prole.

Aliás, o nascimento do filho gera imediatamente a obrigação de proceder o registro perante o ofício do Registro Civil competente, definindo juridicamente a relação de parentesco. Caso o pai se recuse a fazê-lo, deve a genitora, na representação do filho, reclamar o reconhecimento forçado, pela via da ação de investigação de paternidade, através da qual, se for o caso, será declarada a paternidade. Com a paternidade reconhecida, de forma voluntária ou não, cuida-se da questão da guarda, do direito de visitas do genitor não-guardião, e da obrigação de prestar alimentos, pois a ambos os pais compete prover o sustento dos filhos comuns. Tudo isso obviamente interessa ao Direito.

No entanto, pode essa relação antes referida não gerar filho e prosseguir de forma eventual ou descompromissada, como um mero namoro, sem qualquer seqüela jurídica, pois afeto e sexo, por si, não produzem

---

1 MAY, Simone Sotto. A consagração do "ficar" disponível em www.riototal.com.br/feliz-idade/psicologia09.htm.

efeitos jurídicos. Nesse caso, o namoro, que é fato da vida e, por conseguinte, fato social, não ingressa no mundo jurídico.

Se, no entanto, a relação íntima perdurar de forma descompromissada, mas gerar seqüelas de ordem patrimonial, como, por exemplo, aquisição de algum bem, móvel ou imóvel, com o concurso de ambos, esse patrimônio deve ser partilhado, cada qual recebendo parte proporcional ao recurso dispendido. E isso interessa ao Direito, pois se está diante de uma sociedade de fato.

Se, porém, a relação antes referida prosseguir com o estabelecimento de uma comunhão de vida, de forma duradoura, pública e com intuito de constituírem uma família, teremos então uma união estável, que constitui fato jurídico, dele decorrendo o estabelecimento de um vínculo obrigacional e próprio do Direito de Família. E é esse, precisamente, o tema da presente exposição.

Não obstante seja uma questão corriqueira e até pareça simples, enquanto fato da vida, o tema em foco somente pode ser compreendido na sua plenitude a partir da perfeita compreensão do que sejam família e casamento, tendo em mira a forma como está estruturado o nosso sistema jurídico, especialmente no âmbito do Direito de Família.

Lembro, pois, que sistema jurídico é um conjunto ordenado de princípios e regras decorrentes dos institutos que o compõem e que se sustentam e se explicam reciprocamente, a partir dos valores e princípios cultuados pela sociedade.

Ou seja, é importante compreender a função do sistema, que é promover a unidade interior da ordem jurídica, isto é, traduz e promove, nos seus institutos, a adequação dos valores cultuados pela sociedade e, sobretudo, dos princípios fundamentais insculpidos na Constituição Federal.

Com essa visão, cumpre destacar que o sistema jurídico pátrio parte de alguns princípios, como o da monogamia, o da dignidade da pessoa humana, o da solidariedade social, o da igualdade jurídica entre homens e mulheres, o da igualdade dos filhos, não se podendo ignorar que também está consolidada na Carta Magna a prevalência do casamento como instituto fundamental do Direito de Família.

Nesse passo, para a adequada abordagem da temática da união estável, imperioso que se focalize, primeiro, o que é família e qual a abrangência do Direito de Família, visualizando-se depois o casamento como instituto paradigma da união estável, e ao final, se examinará a união estável, a sua evolução no ordenamento jurídico pátrio e a conquista – e perda – de direitos, numa visão comparativa entre a legislação anterior, a Constituição e o NCCB.

2. A família e o Direito

Primeiramente, convém lembrar que a vida em sociedade é regida por normas de várias naturezas, isto é, normas religiosas, normas de trato social ou de cortesia, normas de moral e de ética, e também de normas jurídicas, que obviamente regulam as relações de família.

As normas jurídicas são, pois, regras imposto-atributivas, que organizam a vida das pessoas em sociedade, pois o homem encontra-se necessariamente inserido em um determinado contexto social e, dessa forma, a sua conduta fica submetida a regras expressas ou tácitas vigentes no grupamento onde se encontra integrado.

A norma jurídica tem a finalidade de esclarecer ao agente como, onde e quando agir, mercê de padrões de comportamento social impostos pelo Estado, de forma a tornar possível e civilizada a convivência dos homens em sociedade, constituindo verdadeiras fórmulas de agir, fixando os parâmetros do comportamento inter-individual, estabelecendo limites e espaços sociais.

Em outras palavras, pode-se afirmar que a norma jurídica visa a delinear a conduta das pessoas a partir de um modelo de organização social. E, se este modelo legal estiver em descompasso com as exigências da sociedade, as regras legais tendem a ser aplicadas com maior flexibilidade, até em obediência ao que dispõe o art. 5º da Lei de Introdução ao Código Civil, isto é, "na aplicação da lei, o juiz atenderá aos fins sociais a que ela se dirige e às exigências do bem comum".

No início do Século XX, quando entrou um vigor o Código Civil em 1916, havia uma preocupação em consolidar o casamento como única forma de constituição de uma família, não se admitindo mais sequer o casamento religioso, e houve então um brutal rigor contra o concubinato e todas as uniões livres, de forma tal que até os filhos gerados nessas condições recebiam qualificação depreciativa (eram chamados legalmente de filhos naturais ou, se um dos pais fosse casado, seria espúrio, isto é adulterino).[2]

Como referido, o conteúdo das normas jurídicas vigentes devem regular a conduta humana, bem como os processos de organização e interação social, disciplinando as relações interpessoais e administrando os interesses cambiantes, que não raro se contrapõem.

Assim, a ordem social é regida por leis e princípios que a disciplinam, mas que, de outra banda, devem refletir, também, os anseios, os sentimentos e os valores cultuados pela sociedade, em determinado momento histórico.

---

[2] BEVILÁQUA, Clóvis. *Direito de Família*, Ed. Rio, edição histórica, 1976.

Portanto, o ordenamento jurídico vigente no início do século passado contemplava uma determinada estrutura social, que se alterou profundamente com o passar do tempo, dando margem, assim, a outro sistema jurídico, impregnado de outros princípios e outros valores.

Feitas tais considerações, pode-se conceituar o Direito de Família, segundo Carlos Alberto Bittar,[3] como sendo "o conjunto de princípios e de regras que regem as relações entre o casal e os familiares, vale dizer, pessoas ligadas por vínculos naturais ou jurídicos, conjugais ou de parentesco", além dos liames jurídicos tutelares, previstos para a proteção de incapazes e ausentes, enfatizando o jurista "a tendência gregária natural do homem, que procura formar núcleo comum de vida".

De forma mais simplificada ainda, pode-se dizer que o Direito de Família é o conjunto de regras aplicáveis às relações pessoais e econômicas entre pessoas ligadas pelo casamento, por união estável (entre homem e mulher) ou pelo parentesco e aos institutos protetivos que são a tutela e a curatela.

Particular relevância ganham, então, os conceitos jurídicos que cercam cada um dos institutos do Direito de Família, pois são eles os instrumentos de que se vale o jurista para interpretar e sistematizar a norma jurídica, cujo conteúdo varia de acordo com o contexto social, econômico, político e cultural de cada grupo social.

Convém lembrar, por oportuno, que a maioria das normas de Direito de Família é cogente e de ordem pública, constituindo-se, não raro, em direitos-deveres, dada a peculiar bilateralidade e reciprocidade das relações contempladas.

E, além disso, as normas legais são interpretadas, no âmbito do Direito de Família, de forma que prevaleçam a proteção das necessidades da família sobre as do indivíduo, tendo prevalência as relações pessoais e não-econômicas, sobre aquelas de caráter preponderantemente econômico, tendo em mira, sempre, o princípio de solidariedade, que preside as relações familiares.

Assim, imperioso destacar que a norma, a par do alcance restritivo de conduta, tem também conteúdo autorizante, sendo o meio próprio para também garantir direitos subjetivos.

A propósito, Roberto De Ruggiero[4] lembra que "todo o Direito de Família repousa nesta idéia: os vínculos se estabelecem e os poderes se outorgam não tanto para criar direitos, mas para impor deveres". Pode-se concluir, então, que a norma jurídica é que garante ou assegura os interesses privados, públicos e sociais.

---

[3] BITTAR, Carlos Alberto. *Direito de Família*. Ed. Forense Universitária, 1991.
[4] RUGGIERO, Roberto de. *Instituições de Direito Civil*. Vol. II, 3ª ed. São Paulo: Saraiva, 1972.

A forma de estruturação familiar que temos hoje no mundo ocidental e, especialmente no Direito Brasileiro, parte do casamento e, até em razão da marcante intervenção do Estado e de seu excessivo formalismo,[5] e chegou à união estável, de caráter informal e privado, passando pelas famílias monoparentais, sendo que a afirmação das entidades familiares se deu a partir da previsão e da respectiva regulamentação, através de normas jurídicas.

Tanto a forma de casamento regida pela lei civil, como a união estável, que passou a ser regulamentada, não decorrem de uma mera invenção e muito menos de qualquer convenção, nem surgiu do dia para a noite. A norma jurídica apenas tratou de consolidar o fato social preexistente.

Aliás, toda a sucessão de leis encarregadas de regulamentar as múltiplas relações familiares, regendo direitos e deveres de homens e mulheres entre si, e também de ambos em relação à prole comum, e o complexo de relações parentais, foi sendo trabalhada criteriosa e responsavelmente através do tempo, numa árdua tarefa de construção social.

Não é possível ignorar, pois, que as regras sociais relativamente à família foram, são e certamente continuarão sendo alvo de constante elaboração e burilamento, pois devem acompanhar o próprio desenvolvimento social, cultural e econômico de cada povo.

Como afirma Spencer, a evolução dos tipos familiares está em correlação com a evolução do sentimento e da inteligência dos povos.

As regras jurídicas que disciplinam as relações de família estabelecidas no direito positivo foram, outrora, meras normas de conduta social. E a razão de ser desse regramento, cada vez mais minucioso, flexível e abrangente, foi decorrência necessária da importância social do grupamento familiar. E o rigor da disciplina legal reflete o rigor com que a sociedade tratava o fato social.

Com esse enfoque, lembro que o próprio concubinato foi intensamente repudiado já em Roma, no ano 326 d.C., o que culminou com sua completa eliminação por Leão, o Sábio (886 a 912 d. C.).[6] A própria Igreja, que inspirou as relações de família no mundo ocidental, a partir de normas do Direito Canônico, estabeleceu até punições severas, buscando a afirmação da monogamia, a fim de manter a ordem e a estabilidade dos organismos familiares, com vistas à definição de uma sociedade organizada, pois a família era, também para a Igreja, a célula básica, e o casamento constitui um dos mais importantes sacramentos. E tanto o ideário da Igreja

---

[5] AZEVEDO, Álvaro Villaça. *Estatuto da família de fato – De acordo com o novo Código Civil, Lei nº 10.406, de 10-01-2002*, Ed. Atlas, 2ª ed., 2002.

[6] MALHEIROS FILHO, Fernando, *União estável*, Ed. Síntese, 2ª ed.1998, p. 13.

influenciou, de forma indelével, a legislação pátria que somente em 1977 é que passou a ser admitido o divórcio, banindo-se a figura do desquite, que era o chamado "divórcio canônico", pois dissolvia a sociedade conjugal, mas ainda assim mantinha o vínculo do matrimônio...

Como se percebe, tanto as disposições contidas nas normas religiosas, como nas regras de conduta social e também nas normas jurídicas destinam-se de tutelar esse grupamento social de tamanha significação para a própria vida em sociedade, pois é a partir das relações próprias da família que se constitui um tecido social capaz de ensejar uma convivência cada vez melhor, mais civilizada e harmônica.

Historicamente, a idéia da família sempre esteve voltada para caracterização de um ambiente ético por excelência, onde a função procriativa pudesse ser exercitada, e a prole encontrasse espaço para se desenvolver de forma natural e segura.

A noção do que é uma família foi sendo construída e reconstruída muitas vezes, em processos sociais lentos, durante a longa, tormentosa, conflitada e surpreendente caminhada do homem sobre a Terra, sempre em função de se estabelecer e manter a vida social, com vistas à edificação de um mundo melhor.

Pontes de Miranda[7] focalizou a evolução da família referindo-se a diversas formas de família, esclarecendo que "forma de família" é o critério pelo qual se estabelecem as relações entre os cônjuges e entre esses e os filhos, e examina criticamente (a) a teoria da monogamia originária, pregadas por zoólogos e etnólogos (p.ex. Darwin e Ziegler), (b) a teoria da promiscuidade primitiva, sustentada por Bachofen, que aponta o matriarcado como estado intermediário entre a anomia e o patriarcado, e que foi desenvolvida por Morgan e Mc'Lennan e (c) a teoria das uniões transitórias.

Embora as múltiplas explicações e profundas discussões entre sociólogos, penso ser razoável a linha evolutiva mostrada por Clóvis Beviláqua,[8] para quem "a família é uma criação natural que a sociedade molda e aperfeiçoa".

Clóvis, que trilha a teoria de Morgan e Mc'Lennnan, (a) parte da idéia da promiscuidade esporádica absoluta; (b) aponta o aparecimento do sentimento de repulsa aos relacionamentos incestuosos, primeiro vedando o relacionamento entre pais e filhos e, depois, entre irmãos; (c) mostra o aparecimento da família matriarcal poliândrica, onde a paternidade é incerta; (d) revela a evolução para a família patriarcal poligâmica onde a

---

[7] PONTES DE MIRANDA. *Tratado de Direito de Família*. Ed. Max Limonad, São Paulo, 1947.
[8] BEVILÁQUA, Clóvis. *Direito da Família*. Ed. Rio, 1976.

paternidade é definida, e (e) chega à atual família monogâmica, mais equilibrada e estável.

Assim, se em tempos já longínquos tivemos o império da promiscuidade, que evoluiu com a humanidade para relações poligâmicas, mais ou menos ordenadas, e que culminou com a civilização estabelecendo o império da família monogâmica, que sempre constituiu princípio no nosso ordenamento jurídico pátrio, observo que esse modelo é visto agora, no limiar desse novo século, até com certo desprezo, tantos são os apelos para a retomada da promiscuidade sexual.

Uns apregoam ao máximo a liberdade sexual, vendo como natural o relacionamento múltiplo, o que mais se confunde com situação de libertinagem, e outros até proclamam que as uniões homossexuais também constituem núcleo familiar...

Essa tendência encontra respaldo na doutrina e também na jurisprudência.

Ora, é certo que a sociedade vive novos tempos, com uma maior abertura e maior aceitação de comportamentos sociais menos ortodoxos, de questionamento de todas as estruturas, de crises de valor, de expectativas, de perspectivas e também das correspondentes e inevitáveis frustrações, onde temos a marca da competitividade, onde o ter supera o ser, os bens materiais superam os espirituais...

E o Direito não pode fechar os olhos para essa realidade circunstancial. Mas sem dúvida, a família monogâmica e o casamento ainda são os principais referenciais para a constituição de uma família, que é, em si mesma, um grupo afetivo de cooperação social e, acima de tudo, tem a finalidade de se constituir um ambiente próprio para receber uma prole, natural ou adotiva, e onde, em verdade, deve ser formado o novo cidadão, que deverá ser educado, receber afeto e a devida formação moral, forjando o seu caráter. Essa é a notável função social da família.

Convém lembrar que, numa acepção ampla, a família pode ser vista como o conjunto de pessoas ligadas pelo vínculo de consangüinidade e afinidade, seja em linha reta ou colateral.

A palavra *família*, aliás, tem origem romana, e vem de *famulus*, que significa escravo, tendo se originado, segundo alguns, da expressão *osca famel,* que se refere a servo, isto é, indicava o conjunto de pessoas que se submetiam a uma mesma religião doméstica, isto é, cultivavam a mesma divindade familiar, numa cerimônia, que era presidida pelo *pater familias*, como explica com maestria Fustel de Coulanges, na sua obra clássica "A Cidade Antiga".

A precisa noção do que seja uma família é importante. Numa acepção restrita, pode-se dizer que é o grupo formado pelos cônjuges (ou conviventes), ou ainda qualquer deles, e a prole (é o que se chama de família nuclear), mas a extensão do conceito de família é flexível e variável.

Por exemplo, (a) no direito sucessório, compreende os parentes em linha reta e os colaterais até o 4º grau e o cônjuge ou companheiro; (b) para efeitos alimentares, compreende ascendentes, descendentes e irmãos, além do cônjuge ou companheiro; (c) para efeito penal, pais e filhos, nos casos de isenção de pena, agravamento ou qualificação do crime, ou até mesmo integrando o próprio tipo penal.

A extensão do conceito de família pode ser focalizada em função do seu alcance (a) biológico, podendo ser vista como um grupamento natural onde se desenvolve a função procriativa; (b) sob o prisma psicológico seria o ambiente onde os indivíduos desenvolvem a afetividade (daí falar-se em amor conjugal, filial, paternal, fraternal...), sentimento que é imprescindível para o equilíbrio emocional e o próprio desenvolvimento espiritual da pessoa.

Vista (c) sob o prisma econômico, a família seria o grupo onde é marcante a cooperação recíproca para a realização material de todos; (d) sob o enfoque religioso, a família pode ser vista como sendo uma instituição moral ou ética por excelência, onde se desenvolve a religiosidade (valendo lembrar que a Igreja definia a família como sendo a sua célula básica).

Focalizada sob o enfoque (e) político, a família é a célula da sociedade e só existe na sociedade, a partir dos valores religiosos, jurídicos e morais, segundo Durkheim, e sob o enfoque jurídico, a família seria a estrutura orgânica regulada por normas jurídicas.

O certo, porém, é que o conceito de família não é fechado, consistindo num "sistema de relações que se traduz em conceitos e preconceitos, idéias e ideais, sonhos e realizações" (Giselle Câmara Groetinga, *in Direito de Família e Psicanálise*).

Nas minhas aulas, costumava conceituar núcleo familiar como sendo um grupo afetivo de cooperação social, composto pelo casal, vinculado pelo matrimônio ou por uma união estável, ou qualquer dos pais e os filhos, unidos pela convivência próxima.

O certo, pois, como ensina Clóvis Beviláqua, é que a família, ao lado da religião, é o único fenômeno social que se encontra em todos os tempos e em todas as culturas ao longo da história da humanidade.

Como se vê, a família é muito mais do que uma mera relação de afeto. O afeto pode – e deve – ser a mola propulsora da relação, que inicia informalmente no "ficar" ou mesmo no namoro, mas é muito mais do que isso.

Em cunho meramente ilustrativo, ressalto a importância que o afeto – *affectio maritalis* - já tinha no matrimônio clássico romano - sendo um de seus requisitos – quando se tinha que o matrimônio existia enquanto existisse o afeto e a vontade dos cônjuges em seguirem unidos. Assevera o Catedrático Espanhol Manuel Garcia Garrido que, inclusive se um dos cônjuges se tornasse louco, o matrimônio seria mantido se o outro mantivesse sua vontade de parmanecer unido.[9]

Na atualidade, porém, tenho que o legislador constituinte, quando cuidou de dar à união estável a feição de entidade familiar, ele não procurou proteger o amor nem os amantes, ele procurou proteger a família, vista como sendo a base do edifício social.

Ou seja, a família é muito mais do que uma mera união livre de duas pessoas de sexos diferentes, ou de pessoas de sexos iguais, como pretendem alguns juristas, pois família não é apenas um pacto de relação amorosa. Não é o afeto que produz seqüelas jurídicas.

É imperioso, pois, que se respeite a privacidade e a intimidade de cada pessoa, afinal, cada um tem o direito de ser feliz da maneira como puder. Algumas relações afetivas podem envolver dois homens ou duas mulheres, com o caráter de homossexualidade, e outras podem envolver pessoas casadas ou comprometidas em união estável com uma terceira pessoa, tendo nesse caso o caráter de uma relação adulterina, todas elas tendo a marca do afeto e até podendo perdurar no tempo. Mas isso, *data venia*, está muito longe do conceito de família, e não é disso que cuida a Constituição Federal quando trata da família e diz ser merecedora da especial proteção do Estado.

A família foi concebida na Constituição Federal como sendo a base do edifício social, isto é, a estrutura formal que constitui o ambiente natural e próprio para a procriação e desenvolvimento da prole. E foi concebida no ordenamento jurídico pátrio, como sendo decorrente do casamento ou da união estável entre um homem e uma mulher ou, também, na modalidade monoparental, isto é, da relação de um homem ou uma mulher com a sua prole, natural ou adotiva. E, ainda, consoante o Estatuto da Criança e do Adolescente, constitui família natural "a comunidade formada pelos pais ou qualquer deles e seus descendentes" (art. 25, ECA).

E foi utilizada, propositalmente, a expressão "estrutura formal" pois, como se viu, a forma concebida não partiu de uma idéia ou de uma convenção, mas de uma construção social consolidada através dos séculos.

Feitas tais considerações, cabe enfatizar que a união estável concebida pelo legislador não comporta a abrangência que vem sendo dada por alguns juristas, incluindo nesse conceito as uniões amorosas livres, inclusive paralelas ao casamento, e também as uniões homossexuais.

---

[9] GARRIDO, Manuel Jesus Garcia,*Derecho Privado Romano - Casos, acciones, instituciones.* 7ª ed., Ed. Dykinson, Madri, 1998.

E cumpre fazer esse destaque, pois vêm sendo trazidas aos Tribunais, com freqüência crescente, ações propostas por pares homossexuais, que discutem ora direitos patrimoniais, ora direitos sucessórios, ora pedidos de alimentos, enfim, pleitos peculiares às relações de família.

Explica a psicóloga Giselle Câmara Groetinga que a família é "um caleidoscópio de relações, que muda no tempo de sua constituição e consolidação em cada geração, que se transforma com a evolução da cultura, de geração para geração" (*in Direito de Família e Psicanálise*), mas isso diz evidentemente com as relações internas, já que o grupamento familiar exerce uma função social, que se mantém hígida. E a família é protegida pelo Estado, precisamente, em razão desse papel que ocupa na estrutura da sociedade.

Não há núcleo familiar na união de dois homens ou duas mulheres apenas pelo fato de que, entre eles, exista afeto ou por decidirem residir sob o mesmo teto. Não é o afeto, nem é a intimidade sexual existente entre eles o fato jurígeno; o fato jurígeno e que demanda a especial proteção do Estado é a constituição de uma família, tendo em mira, acima de tudo, a sua função social.

Cumpre ressaltar, porém, que esta não é uma questão totalmente pacífica, como pode-se observar:

"União homossexual. Reconhecimento. Partilha do patrimônio. Meação paradigma. Não se permite mais o farisaismo de desconhecer a existência de uniões entre pessoas do mesmo sexo e a produção de efeitos jurídicos derivados dessas relações homoafetivas. Embora permeadas de preconceitos, são realidades que o judiciário não pode ignorar, mesmo em sua natural atividade retardatária. Nelas remanescem conseqüências semelhantes as que vigoram nas relações de afeto, buscando-se sempre a aplicação da analogia e dos princípios gerais do direito, relevado sempre os princípios constitucionais da dignidade humana e da igualdade. Desta forma, o patrimônio havido na constância do relacionamento deve ser partilhado como na união estável, paradigma supletivo onde se debruça a melhor hermenêutica. Apelacao provida, em parte, por maioria, para assegurar a divisão do acervo entre os parceiros. (55fls.) (Apelação Cível nº 70001388982, Sétima Câmara Cível, Tribunal de Justiça do RS, Relator: José Carlos Teixeira Giorgis, julgado em 14/03/2001)".

"União estável homoafetiva. Direito sucessório. Analogia. Incontrovertida a convivência duradoura, pública e contínua entre parceiros do mesmo sexo, impositivo que seja reconhecida a existência de uma união estável, assegurando ao companheiro sobrevivente a totalidade do acervo hereditário, afastada a declaração de vacância da herança.

A omissão do constituinte e do legislador em reconhecer efeitos jurídicos as uniões homoafetivas impõe que a justiça colmate a lacuna legal fazendo uso da analogia. O elo afetivo que identifica as entidades familiares impõe seja feita analogia com a união estável, que se encontra devidamente regulamentada. embargos infringentes acolhidos, por maioria. (Segredo de Justiça - 100fls - d.) (Embargos Infringentes nº 70003967676, Quarto Grupo de Câmaras Cíveis, Tribunal de Justiça do RS, Relator: Sérgio Fernando de Vasconcellos Chaves, julgado em 09/05/2003)".

Essas relações erótico-afetivas entre dois homens ou duas mulheres, isto é, relações homossexuais, que o Des. José Carlos Teixeira Giorgis denomina de "uniões homoeróticas" e que a Desa. Maria Berenice Dias cunhou de "uniões homoafetivas", devem ser tratadas dentro do Direito de Família, como são tratadas também as relações entre homens e mulheres que não constituem união estável, pois do vínculo erótico-afetivo que une tais pessoas pode resultar, dentro do clima de intimidade, carinho e confiança, aquisição de patrimônio, gerando, então, uma sociedade de fato, sendo que tais relações merecem tratamento diferenciado das demais sociedades de fato que apresentam um caráter exclusivamente patrimonial, peculiar às relações de negócio. Mas evidentemente tais relações não constituem uma família, nem merecem a *especial* proteção do Estado.

Na verdade, quando o legislador privilegia ou protege as relações próprias de família, que resultam do casamento ou da união estável, ele está convertendo em obrigação jurídica um compromisso ético que vincula duas pessoas que se propuseram a dividir a vida, a somar esforços, que estabeleceram um compromisso amplo de solidariedade irrestrita, com o propósito de constituir família e ter uma prole ou formar um ambiente próprio para receber uma prole e, assim, construir o seu legado social.

Penso que dependem de um melhor amadurecimento, no plano social, estas estruturas novas e entendo prematuro, inadequado ou, talvez, impróprio, considerá-las como núcleo familiar, embora admita, como já disse, que essas outras estruturas sociais mereçam receber uma regulamentação legal.

Aliás, a própria união de um homem e uma mulher não-casados deve ser examinada restritivamente no plano dos efeitos jurídicos, pois a própria união estável já excepciona a regra de que a família começa com o casamento. E o novo Código Civil encarregou-se de disciplinar o que é união estável e o que não é, constituindo mero concubinato, como se vê dos arts. 1.723 e art. 1.727.

Com efeito, a Constituição Federal diz, no art. 226, § 1º, que a família inicia com o casamento e que, "para efeito de proteção do Estado, é reconhecida a união estável (...)" e que "entende-se, também, (...) a comunidade formada por qualquer dos pais e seus descendentes", está excepcionando a regra geral de que a família começa com o casamento, como consta, aliás, no § 1º do art. 226 da Constituição. E não se pode, por princípio elementar de hermenêutica, interpretar ampliativamente a exceção.

Assim, a família começa a partir do casamento, porque assim está estruturado o ordenamento jurídico, mas o legislador constituinte deu um passo fabuloso ao reparar o erro histórico e reconhecer as famílias que tinham estrutura igual à do casamento mas que eram discriminadas, pelo só-fato de o vínculo não ter sido chancelado pelo Estado.

As uniões estáveis hoje ornamentam o tecido social e estão integradas ao ordenamento jurídico ostentando a dignidade e a respeitabilidade social que sempre mereceram.

Observo que o estudo da família é importante, pois mostra o desenvolvimento da própria estrutura política e social de um povo, sua economia, seus valores e sua cultura. A família é a primeira mostra de humanização e sociabilidade do homem.

No Brasil, o Código Civil de 1916 veio concebido sob os influxos da sociedade rígida e conservadora do Século XIX, e, como foi dito, admitia apenas o casamento civil como válido e proscrevia, terminantemente, o concubinato, ao qual somente se referia com enfoque punitivo, estabelecendo limitações ou censura, e a expressão era utilizada na doutrina não raro com sentido pejorativo. A uniões livres, que surgiam à margem do casamento, recebiam até mesmo uma reprovação social.

É preciso voltar no tempo para melhor compreender as mudanças havidas no último século.

A revolução industrial aumentou a participação social da mulher que, pela primeira vez, rompeu os umbrais do lar e tornou-se economicamente produtiva, e passou, progressivamente, a concorrer em igualdade de condições com o homem. Passando a ser remunerada, tratou de qualificar-se intelectualmente e, de forma progressiva, libertou-se do jugo masculino, advindo com isso a liberação sexual.

Dessa forma, operou-se também uma profunda revolução dos nossos costumes, com a queda dos tabus e o enfraquecimento da Igreja, que perdeu seu espaço por manter uma visão crítica e conservadora frente a tais mudanças, a sociedade passou a ser consumista e os valores materiais passaram a ter prevalência, o desenvolvimento dos meios de comunicação gerou mecanismos de interação social e a economia encarregou-se de transformar o mundo numa verdadeira "aldeia global".

Essas mudanças transformaram profundamente as relações sociais e, por conseguinte, também a estrutura da família, que inclusive reduziu a sua dimensão, com a prevalência da família nuclear, que pode ser constituída formal ou informalmente.

Não obstante tais mudanças, o casamento continuou a ser a instituição social mais importante, a tal ponto que as uniões estáveis têm nele seu paradigma, e dele decorreram todos os efeitos jurídicos que vieram a nortear as relações concubinárias *more uxorio*.

Considerando que as relações sociais são dinâmicas e que as transformações sociais vêm acontecendo de forma alucinante até, destaco lição de Eduardo e Oliveira Leite,[10] citando Carbonier ("Flexible Droit", p. 187/209), a apontar os próprios rumos do próprio Direito de Família:

a) *estatização*: marcado pela crescente ingerência do Estado nas relações familiares, isto é, pela publicização de questões tipicamente privadas;

b) a *retração*: tendência de redução do grupo familiar, com a substituição da família patriarcal pela família nuclear;

c) *proletarização*: a família deixa de ser um grupo cuja coesão era marcada pelo poder econômico, decorrente do patrimônio, mas estabelecida numa relação de solidariedade, sendo os direitos e obrigações fixados em relações do tipo alimentar, ou seja, traduzível na fixação de direitos e obrigações incidentes em salários;

d) *democratização*: a família passa a ser um grupo social igualitário, e a hierarquia é substituída pelo companheirismo. Os filhos chamam os pais de "tu", e desapareceu a figura do chefe da casa, sendo tal papel ocupado igualitariamente pelo casal.

É possível gizar que a evolução da família é marcada pela tendência de se tornar cada vez menos organizada e hierarquizada, priorizando cada vez mais o sentimento e a afetividade (conforme pensa Levy-Brul lembrado por Eduardo de Oliveira Leite), o que levou Carlos Alberto Bittar a dizer que o casamento é cada vez mais uma agência de amor e cada vez menos de negócios. E isso vale, evidentemente, para a união estável que, ontologicamente, se equipara ao casamento, como entidade familiar.

3. O casamento civil e a união estável

Assim, prosseguindo a exposição inicial, depois do "ficar", observo que o casal, em vez de apenas viver juntos, informalmente, pode contrair

---

[10] LEITE, Eduardo de Oliveira. O Concubinato Frente à Nova Constituição: Hesitações e certezas. *In Direito de Família – Aspectos Constitucionais, Civis e Processuais*. Coord. Teresa Arruda Alvim Wambier. São Paulo: RT, 1993.

casamento, e teremos, então, um negócio jurídico que é, em si mesmo, a própria base da estrutura familiar, como tal concebida pelo legislador de 1916, e cuja relevância foi mantida em todas as Constituições do país, inclusive na de 1988.

O casamento continua a ser, pois, a base de toda a estrutura jurídica do direito de família, tendo a Constituição de 1988 abrandado as disposições do vetusto Código Civil, que apontava o matrimônio civil como sendo a única forma de constituição de uma família.

Hoje, a família já não resulta apenas do casamento. Embora este tenha sido revigorado na Carta Magna de 1988, que o põe como paradigma para as uniões estáveis, que conquistaram o *status* de entidade familiar, sendo merecedoras também da especial proteção do Estado.

É que "o princípio da autonomia privada está presente em matéria matrimonial na liberdade de casar-se, na liberdade de escolha do cônjuge, e também, vistas a coisas pelo ângulo reverso, na liberdade de não casar", lembram José Lamartine C. de Oliveira e Francisco J. Ferreira Muniz.[11]

Assim, a família constituída por um homem e uma mulher tanto se inicia pelo casamento, como também pela união estável. E, como se infere, tudo, no Direito de Família, começa mesmo com um olhar, um flerte, uma aproximação e uma intimidade, totalmente correspondida, ou mesmo pouco correspondida.

Toda a relação inicia de maneira informal e pode evoluir até a formalidade máxima, que decorre da forma tradicional de se estabelecerem vínculos familiares, que é através do casamento civil ou religioso, ao qual se atribui efeitos civis quando, observadas todas as formalidades legais, é ele registrado no Ofício do Registro Civil.

Para o insigne jurista Clóvis Beviláqua, o casamento era "a regulamentação social do instinto de reprodução, trabalhada de um modo lento, através de muitas e diversíssimas vicissitudes, até a acentuação de sua forma vigente entre os povos cultos" e, então, lançou o seu conceito tradicional, de citação obrigatória em todas as obras de Direito de Família:

> "Casamento é um contrato *bilateral e solene*, pelo qual um homem e uma mulher se unem indissoluvelmente, *legalizando por ele suas relações sexuais*, estabelecendo a mais estreita comunhão de vida e de interesses, e *comprometendo-se a criar e educar a prole, que de ambos nascer*".

Esse conceito revela a visão do casamento no Brasil, no início do século XX, com os ranços peculiares da sociedade conservadora do século

---

[11] OLIVEIRA, José Lamartine Corrêa de; MUNIZ, Francisco José Ferreira. *Direito de Família (Direito Matrimonial)*. Porto Alegre: Sergio Antonio Fabris Editor, 1990.

XIX, bastante comprometida com a orientação ideológica da Igreja Católica. Daí a referência à indissolubilidade, que já está superada desde 1977.

Em todas as legislações modernas, o casamento sempre foi tratado com algum rigor formal, pois no plano social sempre mereceu destacada importância, precisamente por ser o meio pelo qual se fundava um núcleo familiar.

A propósito, observo que Beitzke (citado por José Lamartine Oliveira, na sua obra sobre Direito Matrimonial) dizia que o casamento "é a mais estreita das relações comunitárias", enquanto Roberto de Ruggiero sentenciava que "é o eixo de todo o sistema jurídico familiar". E, com o mesmo enfoque de Clóvis Beviláqua, Canton, citado por Orlando Gomes,[12] diz que casamento é a relação jurídica integrada pelo direito e pela obrigação que tem cada cônjuge com o outro relativamente aos "atos idôneos da procriação".

Maria Helena Diniz[13] refere-se ao casamento como sendo "a mais importante e poderosa de todas as instituições de direito privado", asseverando também que "é uma das bases da sociedade", ou ainda "a pedra angular da sociedade", ou "a peça-chave de todo o sistema social".

Como se infere, a noção de casamento passa, necessariamente, pelo compromisso do par com a procriação, mas também pela constituição de uma estrutura estabelecida em razão do relacionamento afetivo, que constitui, como diz Laurent (citado por Maria Helena Diniz), o "fundamento da sociedade, base da moralidade pública e privada".

Mas, é óbvio, existem outros conceitos ou preconceitos acerca do casamento, inclusive alguns que não são nada convencionais – e menos ainda jurídicos – mas que valem ser lembrados apenas pelo conteúdo crítico e jocoso, dada as restrições pelo seu aspecto formal e pelo temor das conseqüências, que advêm de relacionamentos conjugais frustrantes ou frustrados.

Assim, Huxlei dizia que o casamento "é um pacto inoportuno e obsceno"; Maugham, que o casamento "é uma ridícula instituição dos filisteus", enquanto Tolstoi afirmava que "é a mais odiosa das mentiras" ou "a forma suprema do egoísmo".

Já São Francisco de Sales teria afirmado que casamento "é uma espécie de convento onde, se o noviciado durasse um ano, não haveria nenhum professo" e Stendhal que "o casamento é uma instituição contra a natureza".

---

[12] GOMES, Orlando. *Direito de Família*, 3ª ed. Rio de Janeiro: Forense, 1978.

[13] DINIZ, Maria Helena. *Curso de Direito Civil Brasileiro – Direito de Família*. 5º vol., 17ª ed., Ed. Saraiva, São Paulo, 2002.

Menos sarcástico, Schopenhauer afirmava que "é um hemisfério homogênico", pois "casar é perder a metade dos direitos e adquirir o dobro das obrigações".

E finalmente, para Lincoln "casamento não é céu nem inferno, é simplesmente purgatório".

Tudo isso serve para demonstrar que, ao lado da importância do casamento, sempre houve uma relativa rejeição ao caráter estritamente formal próprio do casamento civil, como foi delineado pelas legislações ocidentais, não raro tido como indissolúvel.

As relações afetivas tendem a se tornar cada vez mais informais, tanto na constituição como no seu desfazimento, mas não podem prescindir de leis que disciplinem os seus efeitos.

Todas as pessoas querem ser livres e espontâneas, ainda mais nas questões afetivas, mas também todos querem segurança. No entanto, compatibilizar liberdade com segurança e direitos com deveres constitui uma tarefa complexa.

A brilhante e detalhista comparação da legislação acerca de ambos os institutos por Sílvio Venosa evidencia que o casamento prima pela formalidade, mas confere segurança e certeza no âmbito das relações e das suas seqüelas pessoais e patrimoniais, enquanto as relações livres situam-se no pólo oposto.[14]

No meio, situam-se as uniões estáveis, livres na formação, mas uma vez consolidadas, sujeitam os conviventes ao jugo legal, mesclando a liberdade e a segurança.

É controvertida a natureza jurídica do casamento e existem correntes doutrinárias que se digladiam: a tradicional, contratualista, a institucionalista e a eclética ou mista, mas estas também não fogem de uma concepção contratualista nem deixam de reconhecer as peculiaridades da relação familiar, que lhe dão uma "feição especial", como refere Orlando Gomes.

Como diz Silvio Rodrigues, trata-se de um "contrato de Direito de Família", pois é contrato na formação e instituição no conteúdo.

Assim, o contrato do casamento desprovido do fato social da convivência conjugal é vazio, e seus efeitos não são reconhecidos. O fato social da convivência marital é que tem relevância. Ou seja, a família resultante da efetiva convivência do casal é que merece proteção.

Enquanto o casamento é ato pessoal, solene e civil, a união estável é, em si, um comportamento volitivo, informal e que se consolida no plano dos fatos, a partir da publicidade da convivência *more uxorio*, isto é, o

---

[14] VENOSA, Sílvio de Salvo, *Direito Civil*, vol. 6, 3ª ed. São Paulo: Atlas, 2003.

convívio de duas pessoas como se casadas fossem, mas ambos os institutos têm em comum a fundação de um núcleo familiar.

Para Fernando Malheiros Filho, a união estável é consolidada não somente pela presunção da vontade de ambos, mas pela realidade fática, decorrendo dos fatos, "de sua continuada e ininterrupta sucessão, de modo que não é possível consolidá-la, senão pela soma, pela adição sedimentar de fatos até sua maturação metamórfica, que definitivamente converte o vínculo experimental no modelo acabado de família".[15]

A união estável, a exemplo do casamento civil, estabelece a mais ampla comunhão de vida, que é suporte da sociedade, e, tal como o instituto paradigma, também se sujeita aos princípios da monogamia, da liberdade na escolha do cônjuge, da exclusividade (que decorre do seu caráter monogâmico) e da comunhão de vida, o que diz, aliás, com a sua própria essência. Ou seja, como diz Carlos Alberto Bittar, o casal "comunga dos mesmos ideais" e cada um renuncia "aos instintos egoísticos ou personalistas" em função de um bem maior que é a família.

Santo Agostinho, focalizando os fins do casamento, falava da trilogia: *proles* (prole ou procriação), *fides* (fé de que os cônjuges devem se voltar um para o outro ao longo da vida) e *sacramentum* (sacramento, isto é, sujeição da vida conjugal aos desígnios divinos). É que, segundo o cânone nº 1.082, o casamento é uma *sociedade permanente* entre um homem e uma mulher *para* a procriação de filhos, e o direito canônico estabelecia como fins secundários do casamento ser ele um *remédio para a concupiscência* (desejo de gozo de bens materiais e também do desejo sexual) e a ajuda mútua. A Igreja via o casamento como sendo um vínculo perpétuo e exclusivo.

Mas hoje a família não é constituída apenas pelo casamento, e este já ganhou outros contornos, é exclusivo, não é perpétuo e não é, necessariamente, um remédio para a concupiscência, nem a concupiscência é vista como um mal ou uma doença do indivíduo...

Os fins do casamento são os mesmos da união estável e podem ser elencados como: (a) a constituição de uma família, (b) a procriação de filhos; (c) a solidariedade ou auxílio recíproco; (d) compromisso com a criação e educação da prole e (e) a constituição de uma sociedade, regularizando as relações econômicas e patrimoniais. É que mesmo na união estável o casal pode ajustar por escrito as questões relativas ao patrimônio.

Um dos juristas mais notáveis e preocupados com a questão do concubinato, como fato social que reclamava tutela foi Edgard Moura Bittencourt, que o definia como sendo "a união estável no mesmo teto ou em teto diferente do homem com a mulher, não ligados entre si pelo casamento".

---

[15] *Ob. Cit.*, p. 32.

Esse conceito tinha em mira o fato de que o casamento era juridicamente indissolúvel, e o ordenamento jurídico proscrevia o concubinato, tanto que, como já disse, o Código Civil de 1916 sempre que se referia ao concubinato, o apontava de forma negativa, em regra estabelecendo proibições.

A via da valorização extrema do casamento civil foi a forma encontrada pelo legislador do início século passado para estabelecer o controle social, impor a estabilidade da família e também paternidade responsável. Foi marcante a influência da Igreja Católica, não obstante o legislador tivesse estabelecido que apenas o casamento civil era válido no país.

Embora costume social arraigado pela tradição, pelos usos e costumes, o casamento religioso foi desconsiderado pelo Código Civil de 1916, que se apressou a dispor no art. 1807 que "ficam revogadas as Ordenações, Alvarás, Leis, Decretos, Resoluções, Usos e Costumes concernentes às matérias de direito civil reguladas neste Código".

Todavia, como o casamento religioso não era chancelado pelo Estado, constituía, a rigor, uma situação de concubinato e não gozava da proteção legal, mas, considerando a tradição, os usos e os costumes que se mantiveram, mesmo depois do Código de 1916, pois o casamento religioso ainda gozava de estima social, terminou o legislador emprestando efeitos civis a tal modalidade de matrimônio.

O casamento religioso passou a ter efeitos civis a partir da Constituição de 1934 – por seu art. 146 – sendo esse entendimento reforçado pela Lei nº 1.110, de 23.5.1950, e posteriormente regulamentado pela Lei dos Registros Públicos (Lei nº 6.015/73) e agora pelo novo Código Civil.

4. A união estável: conceito e efeitos jurídicos

A união estável já existia, a rigor, de longa data, valendo lembrar que as Ordenações Filipinas já concediam meação à companheira, pelo simples fato da convivência *more uxore* quando, "em pública voz e fama de marido e mulher por tanto tempo que, segundo direito, baste para presumir matrimônio entre eles, posto se não provem as palavras do presente ...".

O concubinato já era consagrado na Roma Clássica, tendo adquirido efeitos jurídicos na legislação matrimonial de Augusto. Era conceituado como "la unión estable del hombre y la mujer sin la recíproca intención de estar unidos en matrimonio".[16]

---

[16] GARRIDO, Manuel Jesus Garcia. *Ob. cit.*, p. 92/93.

Através do Decreto nº 181, de janeiro de 1890, o casamento civil foi instituído no país e passou a ser a única forma de constituição de família reconhecida pelo Estado, o que veio reforçado pelo Código de 1916, passando o concubinato a ser visto sempre sob o prisma negativo e de proibições.

Como o casamento somente era indissolúvel no papel e pelo prisma formal, no plano dos fatos as pessoas continuaram a romper a convivência com os cônjuges e, por tendência gregária natural, procuraram novos parceiros, com quem constituíam núcleos de convivência familiar, que o ordenamento jurídico, teimosamente, não reconhecia e não emprestava efeitos protetivos. Eram os concubinatos *more uxorio*.

Nessas relações, geralmente a mulher ficava ao desamparo, já que o homem era o provedor do grupamento familiar, tendo em vista que havia, na época, a ampla prevalência do homem na vida social.

A figura da companheira se inseriu no ordenamento jurídico através de norma legal de assistência social no Decreto nº 22.872, de 29 de junho de 1933, que criou o Instituto de Aposentadorias e Pensões dos Marítimos, permitindo que, na falta de herdeiros, o trabalhador incluísse, como sua beneficiária, "determinada pessoa" que vivesse sob sua dependência econômica exclusiva.

Já o Decreto nº 24.637, de 10 de julho de 1934, também de alcance previdenciário, utilizou pela primeira vez a expressão *companheira*, no art. 20, §4º, quando disse que, "para os efeitos desta lei, equiparam-se aos legítimos, os filhos naturais e à esposa a companheira, mantida pela vítima, que hajam sido declarados na carteira profissional".

Na mesma trilha, o Decreto-Lei nº 7036, de 10 de novembro de 1944, assegurou os direitos da companheira à indenização por morte do trabalhador.

O foco de proteção dada pela legislação era para aquelas famílias constituídas à margem da lei. Isto é, para aquelas pessoas que mantinham convivência marital, como se casados fossem, mas que estavam impedidas de receber a chancela legal ou que, por ponderáveis razões pessoais, não haviam formalizado o vínculo conjugal.

No âmbito do Direito Civil, depois de longa letargia, já que a proteção aos companheiros era dada apenas pelo Direito Previdenciário, a evolução iniciou-se a partir de meados da década de 40, quando surgiram as primeiras e corajosas decisões de Tribunais visando a evitar o locupletamento do varão às custas do trabalho da companheira, reconhecendo-se, então, em favor da concubina, a indenização por serviços domésticos prestados, com suporte legal nos arts. 1.216 e seguintes do Código Civil.

Depois, passou-se a reconhecer direito à partilha dos bens adquiridos com o esforço comum, o que não se confunde com o reconhecimento à meação. Essa partilha tinha em mira a proporcionalidade do quinhão, tendo em mira a possível contribuição prestada pela companheira, fazendo-se analogia com uma sociedade de fato, fundando-se no que dispunha o art. 1.363, Código Civil. Para tanto, exigia-se a prova de contribuição para formação do patrimônio.

Da reiteração desse entendimento, resultou a edição da famosa Súmula nº 380 do Supremo Tribunal Federal, que rezava o seguinte:

"Comprovada a existência de sociedade de fato entre os concubinos, é cabível a sua dissolução judicial com a partilha do patrimônio adquirido pelo esforço comum".

Tanto a indenização por serviços domésticos prestados pela mulher, como a partilha de bens, decorrente da sociedade de fato, tinham em mira a proteção da mulher, que era, na época, apenas a "rainha do lar" ou a mãe, que apenas "padecia no paraíso" doméstico. Ela dependia do seu companheiro para manter-se e, inexistente qualquer segurança, submetia-se aos caprichos dele, postando-se, não raro, em condições de vida pouco dignas.

A indenização por serviços domésticos prestados constituía, na verdade, um artifício para agasalhar uma obrigação alimentária inexistente no plano jurídico. Para que a mulher dependente de fato do companheiro não se visse na miséria, literalmente, deferia-se a ela uma prestação tipicamente alimentar, mas que somente poderia ser concebida, dentro do ordenamento jurídico, sob a motivação indenizatória...

"Concubinato. Indenização por serviços prestados. Entretendo as partes relacionamento durante 13 anos, do qual advieram cinco filhos, faz jus a mulher a indenização, não afastando a possibilidade de seu reconhecimento o fato de ter-se mantido o réu, durante esse período, convivendo com a esposa. Apelo provido, por maioria. (Apelação Cível nº 599289212, Sétima Câmara Cível, Tribunal de Justiça do RS, Relator: Sérgio Fernando de Vasconcellos Chaves, julgado em 16/06/1999)".

"Concubinato. Serviços domésticos. Indenização. I. São indenizáveis os serviços domésticos prestados pela concubina a seu compenheiro. II. Recurso Especial a que se deu provimento. III. Unânime. (TJRS. Nº:5099. Relator: Luiz Carlos Fontes de Alencar)."

Enquanto a legislação se mantinha rígida e contrária ao concubinato, o Poder Judiciário reconhecia aquela família constituída de fato, sem a chancela legal, e progressivamente assentava a proteção necessária em sólida orientação jurisprudencial.

Através da Lei nº 5.890, de 1973, que tratava da Previdência Social, foi permitido que o homem indicasse como dependente a sua companheira, que com ele vivesse há mais de cinco anos e, logo em seguida, a Lei dos

Registros Públicos, que é de 1973, permitiu que a companheira adotasse os apelidos de família do companheiro, nos seguintes termos:

"Art. 57, §2º - "A mulher solteira, desquitada ou viúva, que viva com homem solteiro, desquitado ou viúvo, excepcionalmente e havendo motivo ponderável, poderá requerer ao juiz competente que, no registro de nascimento, seja averbado o patronímico de seu companheiro, sem prejuízo dos apelidos próprios, de família, desde que haja impedimento legal para o casamento, decorrente do estado civil de qualquer das partes ou ambas".

Como se vê, a situação social das pessoas que mantinham casamento de fato era alvo da preocupação do legislador, que procurava dar a elas proteção assemelhada àquela dada aos cônjuges.

Preocupado em resolver definitivamente a questão, assegurando a prevalência do casamento civil, em 26 de dezembro de 1977, ingressou no ordenamento jurídico pátrio a Lei do Divórcio, permitindo primeiramente um único pedido e uma única ruptura, pretendendo que as famílias constituídas de fato pudessem ser legalizadas...

Como as pessoas continuaram casando, divorciando-se e mantendo uniões livres, a limitação a um único divórcio foi retirada. Mas isso também não impediu a proliferação das famílias constituídas de fato, a partir de uniões livres.

Sendo contundente o fato social e sobrevindo nova Constituição Federal em 1988, não restou ao legislador constituinte outro caminho senão reconhecê-lo, assegurando-lhe a devida proteção.

Com esse enfoque, reza o art. 226, § 3º, da Carta Magna que, "para efeito de proteção do Estado, é reconhecida a união estável entre homem e mulher como entidade familiar, devendo a lei facilitar sua conversão em casamento".

Passaram-se sete anos e somente em 1994 é que o legislador trouxe a primeira regulamentação legal à união estável, através da Lei nº 8971/94. Essa lei não trouxe o conceito do que seria união estável, dispondo no seu art. 1º que a proteção legal de alimentos se destinava à "companheira comprovada de um homem solteiro, separado judicialmente, divorciado ou viúvo, que com ele viva há mais de 5 anos ou dele tenha prole".

Essa lei era limitadora de avanços já concebidos pela jurisprudência, desde a edição da Carta Magna, quando se estendia para os companheiros toda a proteção dada aos cônjuges. Ou seja, o casamento irradiava para a união estável os seus efeitos legais, mas essa lei exigia o prazo de cinco anos de convivência ...

Sobreveio, então, em 1996, a Lei n.º 9.278/96, que dispunha no seu art. 1º, que "é reconhecida como entidade familiar a convivência duradoura, pública e contínua de um homem e uma mulher, estabelecida com objetivo de constituição de família". Essa lei trouxe nova terminologia, denominando de conviventes os companheiros.

E o conceito de união estável que foi trazido é bastante claro e lúcido, traduzindo com precisão a essência do instituto, tanto que o novo Código Civil praticamente o reprisou:

> "Art. 1.723. É reconhecida como entidade familiar a união estável entre o homem e a mulher, configurada na convivência pública, contínua e duradoura e estabelecida com o objetivo de constituição de família.
> § 1º A união estável não se constituirá se ocorrerem os impedimentos do art. 1.521; não se aplicando a incidência do inciso VI no caso de a pessoa casada se achar separada de fato ou judicialmente.
> § 2º As causas suspensivas do art. 1.523 não impedirão a caracterização da união estável."

Portanto, a união estável está plenamente afirmada, enquanto instituição no ordenamento jurídico pátrio, integrada ao Código Civil brasileiro, ficando caracterizada pelo relacionamento entre pessoas de sexos distintos, público, contínuo, duradouro e com a intenção de constituir família e, como muito bem observado por Guilherme Calmon Nogueira da Gama, "implicando inclusive o chamado débito conjugal, ou seja, o efetivo exercício da prática de relações sexuais entre os companheiros, à semelhança do que ocorre com o casamento".[17]

Destaco que a Constituição Federal não fixou tempo mínimo para o reconhecimento de uma união *more uxorio* para ser considerada como estável e merecer, por conseguinte, a proteção legal. A jurisprudência, no primeiro momento, tratou de buscar a essência da relação, a partir do fato concreto, para descobrir se ali havia ou não um "casamento de fato", sendo que alguns julgados reclamavam um tempo mínimo de dois anos, como razoável para exteriorizar a estabilidade.

Com o advento da Lei nº 8.971/94, veio a fixação de um termo legal: cinco anos. Essa regra estava em consonância com as Leis dos Registros Públicos e de Previdência Social, do já distante ano de 1973... Logo em seguida, entrou em vigor a Lei nº 9.278/96, afastando a exigência de um prazo mínimo, caminho que foi trilhado também pelo legislador do Código Civil. Hoje se busca, tal como ocorria quando entrou em vigor a Carta Magna, a essência da relação, para ver se, nela, existe um "casamento de fato", isto é, uma célula familiar. O lapso temporal é apenas um dos requisitos.

---

[17] NOGUEIRA DA GAMA, Guilherme Calmon. *O Companheirismo – Uma espécie de família*, 2ª ed. São Paulo: RT, 1998, p. 190.

Por falar em requisitos, lembro uma questão importante, que diz com o dever de coabitação sob o mesmo teto. A lei exige a convivência, conviver é viver com, isto é viver junto. A regra é o casal manter vida em comum sob o mesmo teto, embora possa isso não ocorrer, em situação excepcional, como bem ressaltou Francisco Cahali, "não é requisito indispensável, sendo permitida a constatação do instituto mesmo sem a sua verificação, desde que e mais importante, existente o *animus*, a convivência *more uxorio*, e não apenas um relacionamento informal entre duas pessoas".[18]

A Constituição Federal já dizia, também, que o legislador ordinário deveria facilitar a conversão da união estável em casamento. Portanto, a união estável prevista pelo constituinte era aquela que poderia ser convertida em casamento e, assim, não poderia haver entre os companheiros ocorrência de qualquer impedimento dirimente.

A Lei nº 8971/94 exigia que os companheiros fossem solteiros, separados judicialmente ou divorciados, enquanto a Lei nº 9278/96 silenciou a respeito, tendo o novo Código Civil estabelecido que não se configura uma união estável quando presentes os impedimentos matrimoniais (art. 1.521, NCCB), salvo a incidência do inciso VI (pessoas casadas), no caso de a pessoa casada se achar separada de fato ou judicialmente, pois nesse caso pode pleitear o divórcio e tornar possível a conversão em casamento, se o casal o desejar.

Observo que a verificação de qualquer das causas suspensivas do art. 1.523, que constituem os impedimentos impedientes do Código revogado, não impedem a caracterização de uma união estável, já que não são circunstâncias dirimentes, isto é, não atingem a validade nem a eficácia de um futuro matrimônio, caso os conviventes pretendam converter a união em casamento civil.

Aliás, a questão da conversão em casamento é bastante delicada. Dela não tratou a Lei nº 8.971/94, e a Lei nº 9.278/96 se limitou a reproduzir que "os conviventes poderão, de comum acordo e a qualquer tempo, requerer a conversão da união estável em casamento, por requerimento ao Oficial do Registro Civil da Circunscrição do seu domicílio". Não disse, porém, como fazê-lo, nem apontou os seus efeitos e a sua vigência.

O novo Código Civil mantém a mesma disposição, definindo, porém, que o pleito seja dirigido à autoridade judiciária.

No Rio Grande do Sul, a Egrégia Corregedoria-Geral de Justiça elaborou o Provimento nº 027/03-CGJ, disciplinando o procedimento e modificando a "consolidação normativa judicial". Mas, *data venia*, a so-

---

[18] CAHALI, Francisco José. *União Estável e alimentos entre companheiros*. São Paulo: Saraiva, 1996, p. 62.

lução também não é satisfatória, pois invade a seara do legislador, existindo lacunas a serem superadas.

São pertinentes as observações a respeito que faz o eminente Desembargador Luiz Felipe Brasil Santos (in "A união estável e o Novo Código Civil", publicado no *site* "Migalhas"), como se vê:

"O artigo 1.726 corresponde ao artigo 8º. da Lei 9.278/96. Explicita, com melhor técnica, que o pedido de conversão deverá ser formulado ao juiz. Entretanto, assim como o anterior, *omite-se quanto aos efeitos da conversão* (serão *ex-nunc* ou *ex-tunc*?). Deixa de explicitar, igualmente, a documentação necessária à instrução do pedido e as provas da existência da alegada união a ser convertida. Será a mesma documentação necessária à habilitação para o casamento? É de supor que sim. Nestas condições, *a única diferença com relação ao matrimônio comum será a dispensa de celebração*, além do possível efeito retroativo (...)."

"*Grave inconveniente, no entanto, está na determinação de que a conversão em casamento se dê mediante procedimento judicial. Descumpre aí o legislador, flagrantemente, o comando constitucional* (artigo 226, p. 3º., CF) no sentido de que deva ser facilitada a conversão da união estável em casamento. Ocorre que *o procedimento em juízo tornará, sem dúvida, mais morosa e onerosa a conversão*. Assim, melhor será aos companheiros celebrar um casamento comum, que será seguramente mais rápido, além de menos oneroso".

"Sensível a esta circunstância é que o PL 6960/02 (regimentalmente arquivado na Câmara, mas que, segundo se noticia, deverá ter seu conteúdo reaproveitado em nova proposta) propôs simplificação desse procedimento, eliminando a intervenção judicial e criando um processo de habilitação, em tudo semelhante à habilitação para o casamento, com manifestação do MP. Assim, a única diferença entre o casamento por conversão da união estável e o casamento comum será a dispensa, no primeiro, da celebração. É a seguinte a redação proposta ao artigo 1.726: 'A união estável poderá converter-se em casamento, mediante requerimento de ambos os companheiros ao oficial do Registro Civil de seu domicílio, processo de habilitação com manifestação favorável do Ministério Público e respectivo assento. Na justificação, lê-se : O artigo repete a regra inscrita no art. 8º da Lei 9278/96, acrescendo-lhe a necessidade de pedido dos companheiros ao juiz. O procedimento judicial é dispensável, já que, pelas regras do casamento, sempre será necessário o processo de habilitação para a sua realização, conforme os arts. 1.525 e seguintes deste Código. Além disso, a imposição de procedimento judicial dificulta a conversão da união estável em casamento, em violação ao referido artigo da Constituição Federal, devendo ser suprimida. Consoante a sugestão a seguir, o requerimento dos companheiros deve ser realizado ao Oficial do Registro Civil de seu domicílio e, após o devido processo de habilitação com manifestação favorável do Ministério Público, será lavrado o assento do casamento, prescindindo o ato da respectiva celebração'."

No que pertine aos deveres entre os companheiros, observo que o artigo 1.724 praticamente reprisa o que dispunha o art. 2º da Lei 9.278/96, enquanto a Lei nº 8.971/94 silenciou a respeito. A Lei de 1996 apontava os deveres de respeito e consideração mútuos, assistência moral e material recíproca, sustento, guarda e educação da prole comum, enquanto o novo Código acrescenta, também, o dever de lealdade.

Destaco, por oportuno, que esse dever de lealdade inclui, na verdade, o dever de fidelidade, tendo em mira o caráter monogâmico da união. Assim, não é possível a ocorrência de duas uniões estáveis paralelas, nem de um casamento e uma união estável, salvo situações putativas, onde um dos conviventes, de boa-fé, ignore que o outro mantenha outro envolvimento familiar.

A propósito desses deveres, ensina o eminente Desembargador Luiz Felipe Brasil Santos, no precitado artigo, que "diversamente do casamento, não possuindo a união estável natureza contratual, e sendo resultante de um mero fato da vida juridicizado, revela-se sem qualquer razão a previsão em lei de deveres a ele inerentes" e explica "a falta de sentido em tal disposição resulta da circunstância de que a infração a qualquer desses deveres está destituída de seqüela, uma vez que (adequadamente, por sinal) não se prevê desconstituição da união estável com imputação de culpa".

Destaca, ainda, o eminente jurista que, "quanto aos alimentos, o artigo 1.704 trata apenas da repercussão da culpa entre cônjuges, não se podendo, no caso, raciocinar por analogia, trazendo o questionamento da culpa por quebra de deveres para a união estável, pois se trata de regra restritiva de direito" e "parece certo, entretanto, que a única possibilidade de questionamento relativo à culpa na união estável está no parágrafo segundo do artigo 1.694. Ou seja, também o companheiro que tiver culpa pela sua *situação de necessidade* terá direito a alimentos apenas no limite do indispensável à sua subsistência".

Aliás, a obrigação alimentária entre os companheiros somente foi prevista em 1994, através da Lei nº 8;971/94 e referida na Lei nº 9.279/96 quando fala no dever de "assistência material", sendo que o Código Civil novo dispõe a respeito de forma expressa no art. 1694.

Tal como ocorre entre os cônjuges no casamento civil, a obrigação alimentar resulta da previsão legal, transformando em obrigação a relação de solidariedade natural existente entre o casal, que decide fundar um núcleo familiar. A fixação dos alimentos é balizada pelo binômio possibilidade-necessidade e está posto no art. 1694 do Código Civil.

O direito é recíproco entre o casal, não existindo o dever legal de o homem prover o sustento da companheira ou da família. Ao casal compete o sustento da prole comum e a cada um cabe prover o próprio sustento, quando rompida a relação. A obrigação de prestar alimentos tende a ser, cada vez mais, uma exceção entre pessoas maiores e capazes.

No que concerne à questão patrimonial, observo que, quando entrou em vigor a Constituição Federal, imediatamente a jurisprudência buscou no casamento civil os efeitos patrimoniais para reger as relações na união estável, aplicando-se, por conseguinte, as regras do regime legal, que é o da comunhão parcial.

Depois, a Lei nº 8.971/94, timidamente, admitiu que o companheiro faria jus à metade dos bens deixados pelo autor da herança que "resultarem de atividade em que haja a *colaboração*" do outro, enquanto a Lei nº 9.278/96 dispôs que "os bens móveis e imóveis adquiridos por um ou por ambos os conviventes, na constância da união estável e a título oneroso, *são considerados frutos do trabalho e da colaboração comum*, passando a pertencer a ambos em condomínio e em partes iguais, salvo estipulação em contrário em contrato escrito". Como se vê, a colaboração passa a ser presumida, e o legislador descreve, praticamente, o regime da comunhão parcial de bens, mas não utiliza expressamente essa terminologia.

Já o novo Código Civil dispõe, no seu artigo 1.725, de forma expressa, que o regime de bens que regula as relações patrimoniais entre os companheiros, na ausência de contrato escrito, é o da comunhão parcial. Ou seja, de certa forma, reprisa o que já havia sido estabelecido pela Lei nº 9.278/96.

Tanto a Lei nº 9.278/96 como o novo Código fazem referência ao contrato escrito no qual os companheiros podem dispor sobre a disciplina das relações patrimoniais, mas não faz exigência que seja feito através de escritura pública. Basta que seja escrito. Como adverte o eminente Desembargador Luiz Felipe, "diversamente do que ocorre com o pacto antenupcial, admite-se instrumento particular", frisando não haver previsão legal de registro, sendo que "os efeitos necessariamente deverão limitar-se aos signatários, por ausente publicidade, o que, por evidente, representa gravíssimo inconveniente da união estável em relação ao casamento".

Finalmente, passo ao exame da questão sucessória, que é bastante delicada e complexa.

Invoco, aqui, preciosa lição da Professora Dra. Maria Aracy Menezes da Costa,[19] que é Juíza de Direito aposentada e também Vice-Diretora da

---

[19] COSTA, Maria Aracy Menezes da. O Direito das Sucessões no Novo Código Civil Brasileiro *in Revista da AJURIS*, nº 8, tomo I, dezembro de 2002, p. 261/275.

PUC, que sintetizou, com propriedade a questão dos direitos sucessórios dos companheiros, numa síntese admirável e didática, que transcrevo:

"O companheiro participará da sucessão do outro somente quanto aos bens adquiridos a) onerosamente; b) na vigência da união estável, da seguinte forma:
1. Se o companheiro *concorrer com os filhos comuns* (art.1790, I), os bens serão partilhados *igualmente* (por cabeça), ou seja: o companheiro/a sobrevivente receberá a mesma quota atribuída a cada filho, *sejam quantos forem*: (diferentemente do casamento, em que lhe é garantido no mínimo 1/4 da herança)
2. Se o companheiro sobrevivente concorrer com descendentes só do autor da herança - Art. 1.790 inc. II- (não são filhos do sobrevivente), receberá *metade da quota que couber a cada descendente* (diferentemente do casamento, em que ele divide por cabeça com os herdeiros descendentes):
3. Se o companheiro concorrer com *outros parentes sucessíveis* - Art. 1.790 inc. III - (*ascendentes e colaterais*), receberá *um terço da herança* (diferentemente do casamento, onde herda em divisão matemática com os ascendentes, e é chamado antes dos colaterais):
4. *Somente se não houver parentes sucessíveis*, é que o companheiro vai herdar a *totalidade* dos bens adquiridos *onerosamente durante* a constância da união estável.
E os demais bens pertencentes ao falecido, adquiridos antes da união, ou por herança/doação em sua vigência, serão vacante!"

Como se infere, o novo Código Civil dá um tratamento duro aos companheiros, constituindo um retrocesso em relação às leis anteriores, já que a de nº 8971/94 reconhecia a condição de herdeiro, ocupando a ordem de vocação hereditária prevista para o cônjuge, além do usufruto vidual.

A Lei nº 9.278/96 acrescentou, ainda, o direito real de habitação. Mas o Código Civil novo não reconhece, em hipótese alguma, a condição do companheiro como herdeiro da totalidade dos bens. No máximo em relação aos bens adquiridos durante a convivência marital. O usufruto legal não foi previsto no novo Código nem para os cônjuges, que reconhece a estes o direito real de habitação, independentemente do regime de bens, silenciando em relação aos companheiros.

Esse direito pode ser assegurado na união estável apenas se for feito algum esforço interpretativo, a partir do que reza o parágrafo único do art. 7º da Lei nº 9.278/96, que não foi revogado expressamente, nem o Código disciplinou a questão de forma diversa...

Como se infere, o legislador civil deu prevalência mesmo para o casamento civil e, ao restringir direitos à união estável, parece ter deixado claro uma mensagem: a forma mais aconselhável e segura para se constituir uma família é, mesmo, a do casamento civil.

5. Conclusão

Assim, não há exagero algum em afirmar que o principal vínculo que interessa ao Direito de Família, dado o seu caráter de proteção, num sentido amplo, é o do casamento. Ou seja, a figura central do universo do Direito de Família surge mesmo quando o *ficar* se transforma em *casar*.

Como bem ressaltou Álvaro Villaça Azevedo, "a união familiar, seja de direito, seja de fato, deve surgir espontaneamente da convivência *more uxorio*. Cada qual deve escolher o modo vivencial que melhor lhe aprouver; todavia, o Estado deve restar vigilante na proteção da célula familiar, intervindo nos pontos fundamentais, para evitar ou dirimir os conflitos que possam existir entre os membros da família".[20]

O propósito deste brevíssimo trabalho é apenas destacar a importância dos vínculos jurídicos que interessam às relações de família, pois o Direito deve ser um instrumento posto à disposição da sociedade para que cada pessoa possa reger a sua própria vida de forma harmônica, buscando a sua felicidade e a sua realização pessoal e, dessa forma, possa também construir um mundo novo e melhor, com mais confiança, mais lealdade, mais fraternidade e, sobretudo, com mais liberdade e mais amor.

---

[20] AZEVEDO, Álvaro Villaça, *Ob. cit.*, p. 24.

— 21 —

Ação Revisional de Alimentos
Conteúdo e eficácia temporal das sentenças[1]

SÉRGIO GILBERTO PORTO
Professor Titular de Direito Processual Civil da Faculdade de Direito da PUC/RS.
Especialista em Direito Processual Civil, Mestre e Doutorando em Direito.
Membro do Instituto dos Advogados RGS. Membro do Instituto Brasileiro de
Direito Processual. Ex-Procurador-Geral de Justiça do RGS. Advogado.

Sumário: 1. Considerações preliminares; 2. As demandas e suas cargas de eficácia; 3. O caráter finalístico da compreensão das eficácias; 4. Ação de revisão da obrigação alimentar; 4.1 Ação modificativa; 4.2. Ação exonerativa; 5. Temas processuais nas ações revisionais; 5.1. Conteúdo das sentenças revisionais; 5.2. O instituto da coisa julgada em matéria alimentar; 5.3. Limites temporais da coisa julgada.

1. Considerações preliminares

Não é possível enfrentar qualquer espécie de demanda sem antes compreender, exatamente, seu propósito. Nesta linha, vale destacar que as ações não são definidas por eventual *nomem iuris* que venham receber no batismo, mas sim se definem pelo conteúdo que contemplam ou, mais precisamente, são identificadas a partir de seu núcleo e conhecendo-se este, naturalmente, será identificado seu propósito e potencialidade.

---

[1] O presente ensaio assemelha-se àquele por nós apresentado na obra *Tendências constitucionais no Direito de Família*. Porto Alegre: Livraria do Advogado, 2003, intitulado *Constituição e processo nas ações de revisão de alimentos*. Contudo, aqui, mais do que lá, acentua-se o debate da ampliação dos limites da coisa julgada que, segundo entendemos, vão para além dos objetivos e subjetivos corriqueiramente apontados pela doutrina, haja vista identificarmos também limites temporais nas decisões jurisdicionais e, mais especificamente, nas demandas revisionais.

Neste passo, cumpre esclarecer que o conteúdo das demandas é definido a partir da composição das cargas de eficácias das sentenças de procedência, daí sobremodo importante conhecer e dominar as possíveis cargas de eficácias destas, eis que ferramenta indispensável ao operador, pena de não ser factível concretizar processualmente a necessidade imposta pela realidade, ou seja, ou se conhece a potencialidade do conteúdo da sentença pretendida ou não é possível deduzir o pedido necessário, máxime em sede alimentar quando se pretende revisar encargo anteriormente fixado, vez que tal idéia encontra-se jungida, justamente, aos conteúdos das demandas modificativas ou exonerativas do encargo alimentar.

Afora o imprescindível domínio da composição das cargas de eficácia das sentenças, hodiernamente a processualística contemporânea também tem se preocupado com os limites eficaciais das sentenças e, ainda, mais recentemente, com um novo limite. Assim, ao lado dos clássicos limites subjetivos que dizem respeito a *quem* está sujeito aos efeitos do resultado da demanda e dos limites objetivos que definem *o quê*, na decisão, adquire eficácia, há, segundo autorizada doutrina, *limites temporais* na eficácia da sentença.

Ocorre que a sentença faz coisa julgada nas relações jurídicas continuativas durante e enquanto persiste a mesma situação fática do momento da decisão, de modo que a alteração substancial no suporte fático da demanda autoriza a possível alteração da eficácia jurídica do *decisum*.

Esta realidade opera com muito clareza nas demandas de alimentos, vez que a obrigação alimentar é estabelecida numa equação entre a necessidade do alimentado e as possibilidades do alimentante, em determinado momento histórico. Enquanto estiver íntegra esta situação não há que se falar em modificação do *quantum* devido. Solução diversa será tomada, contudo, quando houver alteração em uma das variantes do binômio necessidade/possibilidade.

Neste estudo, pretender-se-á apresentar algumas considerações sobre as demandas revisionais de alimentos, discorrendo sobre as suas espécies, conteúdo e adequando-as aos limites temporais da eficácia da sentença.

2. As demandas e suas cargas de eficácia

A doutrina brasileira sempre inclinou-se, tradicionalmente, por classificar as ações e, por decorrência, as sentenças, em declaratórias, constitutivas e condenatórias.[2] Tal orientação está, indubitavelmente, vinculada

---

[2] V.g. MOACIR AMARAL SANTOS. *Primeiras linhas de Direito Processual Civil*. Saraiva, 1977, 1º v. p. 147 e ss.; JOSÉ FREDERICO MARQUES. *Manual de Direito Processual Civil*, Saraiva,

à construção germânica do XIX, especialmente em Adolf Wach,[3] que se destaca como um dos corifeus desta linha de pensamento.

Significa isto que, em *ultima ratio*, a doutrina clássica nacional identifica como únicos caminhos a serem seguidos, para a satisfação de pretensões deduzidas, a via declaratória, a constitutiva e a condenatória.

Assim, deve ser compreendido que na demanda de natureza declaratória, ordinariamente, busca-se a declaração da existência ou inexistência de determinada relação jurídica ou, ainda, a declaração em torno da autenticidade ou falsidade de certo documento (art. 4º do CPC); busca-se, enfim, a certeza onde há incerteza. É exemplo típico a ação de investigação de paternidade, haja vista a eficácia de declaração da paternidade do investigando.[4]

Na ação de natureza constitutiva, busca o autor a criação, extinção ou modificação de uma relação jurídica. Esta ação pode ter cunho positivo ou negativo. É positivo quando cria uma nova relação jurídica a partir da sentença, e negativo quando, através da sentença, é extinta a relação jurídica preexistente. Esta última é também chamada, por parte da doutrina, de desconstitutiva ou constitutiva-negativa. É exemplo típico a ação de divórcio, pois nela se extinguirá a relação jurídica matrimonial que nasceu com o casamento.

Na ação de natureza condenatória, pretende o autor impor uma sanção ao demandado. São exemplos clássicos as ações de indenização em geral, nas quais, a partir da sentença, está o réu obrigado a reparar eventual prejuízo causado, e nessa obrigação de reparar é identificada a sanção imposta.

A presente orientação gozou de trânsito fácil e, quiçá, exclusivo na doutrina brasileira durante algum tempo, até que Pontes de Miranda, questionando a limitação de tal classificação, lançou as bases da chamada teoria quinária em torno da classificação das ações quanto às suas cargas de eficácia.

A teoria quinária sustenta, em síntese, que, além das ações tradicionalmente reconhecidas, outras duas devem ser acrescidas à classificação, quais sejam: as mandamentais e as executivas *lato sensu,* portanto existiriam cinco espécies de ações, e não apenas três.[5]

1975, 1º v., p. 164; HUMBERTO THEODORO JÚNIOR. *Curso de Direito Processual Civil*, Forense, 1986, p. 63/4; VICENTE GRECO FILHO. *Direito Processual Civil Brasileiro*, Saraiva, 1987, p. 85.

[3] Handbuch des deutschen Zivilprozerrechts, 1885, *apud* Teoria da Ações em Pontes de Miranda, CLÓVIS DO COUTO E SILVA, in *Ajuris* 43/69.

[4] Merecem especial meditação a ADIN e a ADC que, embora declaratórias, não se emolduram exatamente no contexto descrito.

[5] V. *in Tratado das Ações*, RT, 1979.

Quanto à ação mandamental, mais uma vez, o festejado mestre, buscando inspiração no direito alemão,[6] demonstra a existência de uma ação cujo objeto primordial é uma ordem do juízo para que alguém ou algum órgão faça ou deixe de fazer alguma coisa, pois é esse o sentido da pretensão deduzida. Constitui exemplo de ação mandamental a demanda cuja finalidade seja a de retificar um registro público, exatamente porque aquilo que mais pretende o autor é que o juízo ordene que o oficial de registro público proceda, no registro, à modificação desejada.

A ação executiva *lato sensu*, de sua parte, representa a possibilidade de que ações integrantes do processo de conhecimento tragam em si embutidas capacidade executória. Quer isso dizer que existe um determinado tipo de demanda na qual o juízo, ao reconhecer a procedência da postulação, determina, desde logo e independentemente de qualquer outra providência por parte do autor, a entrega do *bem da vida*,[7] que é objeto da lide. Note-se que nas ações em geral, por regra, embora condenado o réu, o *bem da vida* somente será outorgado ao autor se este tomar novas iniciativas. Assim, por exemplo, na ação de indenização, muito embora condenado o réu a indenizar, nada acontecerá no mundo fático se o autor não tomar a iniciativa de liquidar a obrigação e, posteriormente, executá-la. Somente após as referidas iniciativas (liquidação e execução) é que receberá o autor o bem pretendido (indenização), vale dizer: o recebimento deste, por parte do autor, está condicionado a novas iniciativas suas, embora a decisão anterior já lhe tenha reconhecido o direito que alega. Entretanto, há ações em que o juízo, como já dito, ao reconhecer a procedência da alegação feita pelo autor, lhe deferirá o objeto pretendido, provocando alterações na esfera jurídica do demandado, independentemente de outras iniciativas. Constitui exemplo de demanda dessa natureza a ação de despejo, pois, no momento em que é alegada – por exemplo, determinada infração contratual – e o juízo a reconhece como existente, resolve, a um só tempo, o contrato, e determina a desocupação do imóvel, provocando, portanto, uma alteração por decorrência da sentença, sem que tenha o autor de se socorrer de nova providência. E isso somente é possível em razão da capacidade executória que está embutida na sentença.

Contemporaneamente, Ovídio Baptista da Silva,[8] adepto inquestionável da classificação quinária de Pontes de Miranda, abre certo dissenso, relativamente a esta orientação, para excluir as ações mandamentais e executivas, *lato sensu*, do processo de conhecimento e incluí-las no processo de execução.

---

[6] GEORG KUTTNER, in Die Urteilwirkugem ausserhalb des Zivilprozesses e JAMES GOLDSCHIMIDT *in* Der Prozess als rechstlage, Idem nota 20.

[7] Conceito consagradamente destacado por CHIOVENDA ao longo de sua obra.

[8] In *Curso de Processo Civil*, vol. II, SAFE, Porto Alegre, 1990, p. 12 e ss.

Muito embora tal dissidência em torno da natureza do processo em que estas demandas integram, a verdade é que, no que diz respeito a seu conteúdo, esta circunstância não provoca qualquer invalidade, justamente por que, antes de mais nada, é reconhecido seu conteúdo eficacial ou, mais precisamente, a existência, no que diz respeito à carga de eficácia, de conteúdos mandamental e executivo.

Deste quadro resulta que, hoje, parcela significativa da doutrina admite a existência de cinco demandas de conteúdos diversos e, por decorrência, de propósito também diverso.

Oportuno, por derradeiro, registrar que as cargas de eficácias podem ser compostas, ou seja, as demandas em geral poderão contemplar mais de um conteúdo concomitantemente, havendo, pois, sentenças híbridas, eis que formadas por mais de uma carga de eficácia, muito embora uma carga esteja mais presente do que outra na definição do conteúdo da decisão.

A exposição deste debate tem por escopo, dentre outros propósitos, definir no presente ensaio, justamente, qual o conteúdo das sentenças proferidas em demandas de cunho revisional, em sede alimentar. Isto propiciará a perfeita identificação dos contornos objetivos, subjetivos e temporais da demanda, bem como do pedido e, finalmente, o alcance da coisa julgada.

3. O caráter finalístico da compreensão das eficácias

Após esta breve exposição envolvendo a classificação das ações e sentenças, emerge a necessária indagação relativa às conseqüências pragmáticas do perfeito domínio de tal construção. E a resposta é clara: não é possível deduzir pedido adequado (ou prolatar sentença) sem a perfeita compreensão do tema. Com efeito, ainda na fase pré-processual, é dever do operador do direito identificar aquilo que a parte necessita; descobrir o verdadeiro objeto da demanda, ou aquilo que o autor deseja obter com a sentença, para, ao depois, adaptar a necessidade ao pedido. Somente haverá congruência entre a sustentação das necessidades do autor e o pedido deduzido se o profissional que trata da questão descortinar com precisão os caminhos de que dispõe para a satisfação do interesse posto em causa (declaratório, constitutivo, condenatório, executivo ou mandamental).

O pedido, portanto, deverá ser compatível com as cargas de eficácia que integrarão a sentença pretendida, ou, mais concretamente, deverá o autor – e também o juiz, ao sentenciar – usar verbo núcleo que caracterize a carga de eficácia preponderantemente querida, *verbi gratia*, se for condenatória, é pertinente o uso do verbo *condenar*; se constitutiva negativa, o verbo *decretar*; se declaratória, o verbo *declarar*; se mandamental, o verbo *ordenar*; e se executiva, por igual, verbo que represente o comando pretendido. Assim procedendo, estar-se-á adequadamente definindo o conteúdo eficacial da sentença pretendida ou prolatada.

Outrossim, oportuno esclarecer que, na sentença executiva em sentido amplo, também o juízo expede uma ordem, a exemplo da mandamental. Todavia, tais ordens não se confundem, porquanto se distinguem na conseqüência jurídica. Com efeito, enquanto, na mandamental, o não-cumprimento da ordem importa – em tese – na responsabilidade criminal pela prática do delito de desobediência (art. 330 do Código Penal), já na executiva o não-atendimento da ordem emanada implica execução forçada, e não responsabilidade criminal.

Essencial, portanto, que o conteúdo final da sentença seja retratado exatamente pelo comando constante do dispositivo da decisão e, nesta medida, o juízo poderá apenas declarar, condenar, constituir, ordenar e/ou executar. Não existem outros caminhos ou comandos oferecidos pelo Estado, daí, pois, a importância de seu absoluto domínio, aos efeitos de promover uma perfeita adequação da necessidade da parte autora com as possibilidades do juízo.

4. Ação de Revisão da Obrigação Alimentar

A ação revisional do encargo alimentar, objeto do presente ensaio, apresenta-se de duas formas: a) quando a pretensão é meramente modificativa e b) quando a pretensão é exonerativa. Esta ação encontra suporte no artigo 471, inciso I, do CPC, que estabelece: "Nenhum juiz decidirá novamente as questões já decididas, relativas à mesma lide, salvo: – se, tratando-se de relação jurídica continuativa, sobreveio modificação no estado de fato ou de direito; caso em que poderá a parte pedir a revisão do que foi estatuído na sentença".

Este dispositivo consagra a cláusula *rebus sic stantibus* e é aplicável às decisões proferidas em processos alimentares, daí a possibilidade da revisão do encargo tanto em uma pretensão modificativa – para aumento ou diminuição do encargo – quanto numa pretensão exonerativa de alimentos.[9] Para isso, basta que se alterem as condições econômicas das partes, conforme estatuído no art. 1.699 do Código Civil.[10]

---

[9] Cf. PORTO, Sérgio Gilberto. *Doutrina e prática dos alimentos*. 3 ed. São Paulo: RT, 2003, p. 109.
[10] V. art. 401 do Código Civil de 1916.

Desta forma, constatamos que a possibilidade jurídica de alteração de pensão alimentar repousa em uma questão de fato, representada pelas oscilações da vida, mais precisamente na flutuação econômica dos envolvidos. Assim, se há um empobrecimento do obrigado ou um enriquecimento do alimentado, ocorre uma modificação de fortuna e, por conseguinte, as bases anteriormente ajustadas merecem ser revistas, para diminuição ou exoneração, eis que fica esta revisão também dentro dos parâmetros necessidade de um, possibilidade de outro (art. 1.694 do Código Civil[11]).

São incontáveis as situações que justificam a pretensão revisional, seja ela modificativa ou exonerativa, *v.g.*, a perda de emprego por parte do obrigado; a diminuição de ganhos do alimentante; o enriquecimento do alimentado; doenças que esgotem os recursos financeiros do obrigado; maioridade dos filhos beneficiados, enfim uma gama sem número de hipóteses pode gerar reflexos na situação fático-financeira tanto do obrigado, quanto do ou dos alimentados e, por conseqüência, torna-se imperiosa a revisão da situação pretérita, com o fito de buscar a proporcionalidade primitiva havida ao tempo da fixação dos alimentos originários. Porém, é necessário, para que o pedido encontre eco, que as circunstâncias modificativas tenham ocorrido posteriormente à fixação dos alimentos.

A ação revisional que busca a simples modificação dos alimentos, quer para aumentá-los, quer para reduzi-los, processar-se-á pelo rito estabelecido na Lei 5.478/68, ao passo que a ação que busca a exoneração do encargo é processável por via ordinária, consoante tem ensinado a doutrina.[12]

De outro lado, questão que tem merecido atenção dos operadores do direito diz respeito à competência de juízo para conhecimento da ação revisional. Existem aqueles que sustentam ser a ação revisional uma ação acessória e que só existiria em razão da demanda alimentar originária, e, como conseqüência deste fato, geraria necessariamente juízo prevento.

Nesta linha então seria sempre competente para a ação de revisão o juízo onde foi decidida a lide alimentar. Dentre estes destacamos Jorge Franklin Alves Felipe, Hélio Tornaghi, Domingos Sávio Brandão Lima, Nelson Carneiro e, inclusive, Pontes de Miranda.

Todavia, outra corrente doutrinária, respaldada basicamente em Yussef Said Cahali, sustenta que inocorre prevenção do juízo, devendo, portanto, prevalecer nas ações revisionais a regra constante do art. 100, II, do CPC.

---

[11] V. art. 400, Código Civil de 1916.
[12] FELIPE, Jorge Franklin Alves. *Prática das ações de alimentos*. Rio de Janeiro: Forense, 1984, p. 47; BITTENCOURT, Edgard de Moura. *Alimentos*. São Paulo, 1979, p. 101; LIMA, Domingos Sávio Brandão de. *A nova lei do divórcio comentada*. São Paulo: O. Dip Editores, 1978, p. 167, p. ex.

A nosso juízo, com a devida vênia do respeitável entendimento contrário, assiste razão a Yussef Said Cahali, pois efetivamente a ação revisional é uma nova ação, muito embora decorrente da demanda alimentar originária. Com efeito, contempla nova causa de pedir, com outro pedido, fundada em relação jurídica de direito material substancialmente modificada, vez que calcada na nova situação fática. Esta nova ação não é conexa à outra, pois somente serão conexas as ações quando lhes for comum o objeto ou a causa de pedir (art. 103 do CPC).

Prevento será o juízo que, correndo ações conexas em separado, despachar em primeiro lugar (art. 106 do CPC). Ora, na hipótese investigada não há conexão, vez que inexiste identidade de pedido ou de causa de pedir, por conseguinte, resulta excluída eventual prevenção.

Efetivamente, na ação originária de alimentos, a causa de pedir é a relação jurídica de direito material que vincula alimentante e alimentado (p. ex. relação de paternidade); o pedido é representado pelos próprios alimentos. Já na ação revisional, a causa de pedir é a mudança que sobreveio na fortuna de uma das partes; o pedido (objeto) é representado pelo aumento, redução ou exoneração que se pretende em relação ao encargo alimentar. Daí poder se afirmar que a ação revisional (quer modificativa, quer exonerativa) não se constitui em ação acessória ou conexa à demanda alimentar, mas ação autônoma, com identidade própria. Diante deste quadro não há razão para se falar em prevenção de juízo e, por conseqüência, entendemos também que a regra aplicável quanto à competência é a constante do art. 100, II, do CPC ou, em outras palavras, o foro competente para propositura da ação revisória é o da residência ou domicílio do alimentado.

4.1. Ação modificativa

A ação que visa a alterar o *quantum* devido pelo alimentante ao alimentado deve ser compreendida com ação meramente modificativa. Como se pode extrair do próprio *nomem iure*, a ação tem por fito modificar o valor da pensão alimentícia no sentido de majorá-la ou reduzi-la, tendo em vista alteração considerável no binômio necessidade-possibilidade.

Com efeito, para que seja procedida a alteração na relação jurídica estabelecida com a sentença proferida na ação de alimentos pretérita é necessária a demonstração da modificação substancial no binômio.[13] Con-

---

[13] A respeito da discussão, o Tribunal de Justiça do RS já firmou entendimento: "Apelação cível. Ação revisional de alimentos. Minoração. Prova. Binômio alimentar. Custas e honorários. A redução de pensão alimentícia, estipulada por acordo, somente e possível mediante prova cabal e robusta da modificação da situação de fazenda de quem presta os alimentos ou da diminuição das necessidades de quem os recebe, conforme exigência do artigo 401 do código civil e reiterada jurisprudência das câmaras especializadas em direito de família deste tribunal. Não estando nos autos prova com esse

soante exemplos da jurisprudência, a alteração substancial do binômio pode ser verificada quando o alimentante encontra-se desempregado,[14] ficando impedido de prover os alimentos no patamar estabelecido anteriormente. No entanto, a situação de desemprego não é capaz por si só de proceder modificação no *quantum debeatur,* devendo, nesse sentido, concorrer outros fatores que autorizem a modificação do encargo alimentar.[15]

De outra sorte, o aumento da necessidade do alimentante pode autorizar a majoração dos alimentos de acordo com as peculiaridades que o sustento do credor da prestação alimentícia impõem. É corrente o exemplo da família que, dividida pela separação dos pais, e que o cônjuge com a guarda do filho é impelido morar em nova residência, desencadeando uma série sucessiva de dispêndios, como, por exemplo, a locação de imóvel para residir.[16]

Outra questão emergente refere-se ao ônus probatório. A demonstração na alteração da situação fática dos litigantes é fator determinante para procedência da demanda. Dessa forma, a simples alegação de que houve aumento da necessidade por parte do alimentado ou a mera afirmação de que houve diminuição da possibilidade por parte do alimentante, não é capaz formar o convencimento do magistrado. É indispensável a formação

---

quilate o pleito de redução não pode ser atendido. O vencido responde por custas judiciais e honorários advocatícios. Sentença reformada. Primeiro apelo improvido. Segundo apelo provido". (Apelação Cível nº 70004818415, Oitava Câmara Cível, Tribunal de Justiça do RS, relator: José Ataídes Siqueira Trindade, julgado em 12/09/2002); "Alimentos revisão. Pedido de redução. Prova. Indemonstrada a substancial alteração das condições de vida dos litigantes desde a celebração do acordo em que os alimentos foram fixados, descabida se mostra a pretendida redução, ainda mais quando há indicativos de que permaneceu inalterado o binômio possibilidade-necessidade, sendo que o valor se mostra necessário para o sustento dos filhos. Inteligência do art. 401 do CPC. Recurso desprovido". (Apelação Cível nº 70005007026, Sétima Câmara Cível, Tribunal de Justiça do RS, relator: Sérgio Fernando de Vasconcellos Chaves, julgado em 06/11/2002); "Apelação cível. Ação revisional de alimentos. Binômio legal. A redução de pensão alimentar estabelecida mediante acordo, somente e possível quando suficientemente demonstradas modificações substanciais na situação de fazenda de quem presta os alimentos e/ou nas necessidades de quem os recebem, o que esta ausente nos autos. Apelação desprovida". (Apelação Cível nº 70004962890, Oitava Câmara Cível, Tribunal de Justiça do RS, relator: José Ataídes Siqueira Trindade, julgado em 03/10/2002).

[14] "Alimentos. Revisional. A situação inesperada de desemprego significa alteração substancial em sua possibilidade que não pode ser ignorada. Deram provimento, por maioria, vencido o relator". (Agravo de instrumento nº 70006305684, Sétima Câmara Cível, Tribunal de Justiça do RS, relator: José Carlos Teixeira Giorgis, julgado em 18/06/2003).

[15] "Alimentos. Revisão. Desemprego momentâneo. O desemprego momentâneo do prestador da verba, por si só, não autoriza a revisão do pensionamento. Apelo improvido". (Apelação Cível nº 70004962874, Sétima Câmara Cível, Tribunal de Justiça do RS, relator: José Carlos Teixeira Giorgis, julgado em 06/11/2002)

[16] "Revisão de alimentos. Aumento das necessidades. Possibilidade do alimentante. Sendo incontroverso o aumento das necessidades dos alimentandos, que passaram a residir em imóvel locado, diante da retomada daquele que fora cedido pelo avô paterno em comodato, e havendo indicativos de que o alimentante teve melhorada sua situação econômico-financeira, justificado está o redimensionamento do encargo alimentar. Recurso desprovido". (Apelação Cível nº 70006324180, Sétima Câmara Cível, Tribunal de Justiça do RS, Relator: Sérgio Fernando de Vasconcellos Chaves, julgado em 04/06/2003)

de provas robustas de tais modificações, sem as quais fica impossibilitado o acolhimento da pretensão.[17]

Ainda, dentro da problemática da prova nas demandas modificativas da prestação alimentícia, merece atenção dos operadores do direito a questão da antecipação da tutela requerida em tais litígios. Ocorre que o encargo alimentar foi estabelecido em processo ordinário com ampla cognição, não podendo ser agora alterado no limiar do novo processo sem a presença de subsídios para formar o convencimento do julgador. Por óbvio, devem restar demonstrados os requisitos autorizadores da antecipação de tutela previstos no artigo 273 do Código de Processo Civil, consoante reiteradamente aponta a jurisprudência.[18]

4.2. Ação exonerativa

Ao lado das ações modificativas do encargo alimentar, há as ações de cunho exonerativo. Vale dizer, o alimentante, para se ver desonerado da obrigação de alimentos, pode veicular demanda de exoneração que poderá suspender a exigibilidade do crédito temporariamente ou extinguir por completo a relação jurídica entre o credor e o devedor de alimentos.

Com efeito, a demanda de cunho exonerativo pode apresentar suportes fáticos que ensejam consequências jurídicas diferenciadas e, como consequência, gerar demandas de projeção distinta. Nesta linha, vale destacar que a exoneração poderá ser definitiva ou temporária. Será definitiva

---

[17] "Revisional de alimentos. Redução. A ação revisional de alimentos exige comprovação robusta acerca da diminuição nas possibilidades do alimentante ou nas necessidades da alimentada. As declarações de imposto de renda do genitor, por si só, não justificam a redução pleiteada, porquanto prestadas pelo próprio contribuinte ao fisco, não consistindo meio de prova apto a demonstrar a alegada redução nos ganhos. Apelo desprovido". (Apelação Cível nº 70006245575, Sétima Câmara Cível, Tribunal de Justiça do RS, relator: Maria Berenice Dias, julgado em 27/08/2003). "Apelação. Revisional de alimentos. A sentença que julgou improcedente a pretensão de reduzir os alimentos é adequada e não merece reparo. Não há prova de eventual alteração em algum dos elementos do trinômio alimentar. Negaram provimento. (Apelação Cível nº 70006160865, Oitava Câmara Cível, Tribunal de Justiça do RS, relator: Rui Portanova, julgado em 12/06/2003)

[18] "Alimento. Tutela antecipada. Revisional. O deferimento de antecipação de tutela exige a concorrência dos requisitos de existência de prova inequívoca, entendido como aquela que não admite dúvida razoável, e de fundado receio de dano. Tratando-se de revisional de alimentos, necessária prova inequívoca da alteração da possibilidade do alimentante e/ou necessidade do alimentando. Proverem. Unânime. (Agravo de Instrumento nº 70004867487, Sétima Câmara Cível, Tribunal de Justiça do RS, relator: Luiz Felipe Brasil Santos, julgado em 02/ 10/2002); "Revisão de alimentos. Antecipação da tutela . Indeferimento. Descabe a antecipação da tutela para reduzir a pensão alimentícia fixada recentemente por sentença, se não há prova inequívoca que convença sobre a redução das possibilidades do alimentante. Agravo de instrumento provido". (Agravo de Instrumento nº 70004956306, Oitava Câmara Cível, Tribunal de Justiça do RS, relator: José Ataídes Siqueira Trindade, julgado em 21/11/2002).

quando ocorrer, no plano material, fato capaz de extinguir a obrigação alimentar e temporária quando ocorrer, no plano material, fato apto apenas a, em determinado momento, reconhecer a incapacidade momentânea de adimplemento integral da obrigação, mas não a extinção material desta.

A demanda revisional de pretensão exonerativa, com foro de definitiva, poderá, por exemplo, ter por fundamento substancial a morte do beneficiado ou a indignidade de parte do alimentado.

Já a demanda exonerativa, temporária, não reconhece a extinção da obrigação, mas apenas admite a impossibilidade do adimplemento frente às circunstâncias fáticas postas a exame. Poderá ser tido como exemplo a circunstância de que o obrigado contraia doença que, durante determinado período, esgote, por completo, seus recursos financeiros. Superada a fase de dificuldades e recuperada a saúde, nada obsta seja demandado a adimplir sua obrigação que continuou existindo, apenas, frente a sua impossibilidade momentânea, deixou de se tornar exigível naquele determinado momento e frente àquelas circunstâncias específicas.

5. Temas processuais nas ações revisionais

Algumas questões, no que diz respeito aos propósitos deste ensaio, merecem atenção particular, eis que contemplam hipóteses não tão corriqueiras na doutrina. Dentre estas, como já destacado anteriormente, aquela referente ao conteúdo das sentenças das ações revisionais, bem como as eficácias destas, sua capacidade de adquirir autoridade de coisa julgada e sua projeção no tempo.

5.1. Conteúdo das sentenças revisionais

Questão decorrente da natureza do presente ensaio e vinculada a seu propósito, diz respeito à natureza da sentença proferida em demanda de conteúdo revisional, seja ele modificativo ou exonerativo.

Nesta linha, cumpre destacar que o conteúdo preponderante das demandas revisionais tem natureza diversa, dependendo, evidentemente, da situação substancial posta à apreciação do juízo e, portanto, sob o ponto de vista pragmático, ensejarão, como visto anteriormente, pedidos também diversos.

A demanda de exoneração de caráter definitivo tem conteúdo preponderantemente constitutivo (*rectius* desconstitutivo ou constitutivo-negativo), vez que extingue a obrigação alimentar, por sentença, ferindo de morte o encargo existente no plano material. A demanda, exonerativa temporária, de sua parte, tem conteúdo também preponderantemente constitutivo, porém não no plano da relação jurídica material, mas no plano da pretensão, haja vista que, embora persista a obrigação alimentar, a sentença outorga eficácia paralisante à pretensão, impedindo que o credor, diante das circunstâncias reconhecidas por sentença, exerça com eficácia sua pretensão. A decisão temporariamente desconstitutiva reconhece que, naquele momento, embora exista obrigação material alimentar, não há como exigir seu cumprimento, em face da não-incidência – naquele tempo – do binômio necessidade/possibilidade.

Nessa linha, cumpre lembrar que nenhuma destas demandas possui conteúdo exclusivamente constitutivo, eis que as sentenças de procedência, em realidade, como já destacado, combinam cargas de eficácia. Portanto, a demanda exonerativa com foros de definitividade ao lado do conteúdo preponderantemente constitutivo também disporá de conteúdo declaratório. O conteúdo constitutivo está representado pela extinção do vínculo obrigacional, e o declaratório, pelo reconhecimento da ocorrência da situação substancial alegada. A demanda exonerativa de índole temporária, além do conteúdo preponderantemente constitutivo-negativo, possuirá, também, conteúdo declaratório, representado este pelo reconhecimento da impossibilidade de exercício de pretensão material naquele momento e enquanto persistirem as mesmas circunstâncias reconhecidas na sentença.

A demanda meramente modificativa, de sua parte, possuirá conteúdo preponderantemente declaratório se tiver por fito a redução da verba alimentar e conteúdo preponderantemente condenatório se tiver por pretensão a majoração dos alimentos. Aquela, representado pelo reconhecimento da situação da necessidade de diminuição dos limites do encargo, reequalizando o binômio necessidade/possibilidade. Esta, de seu lado, impondo, cogentemente, o agravamento da sanção, portanto, sobrecondenando o demandado a majorar. Tudo, evidentemente, sem embargo de conteúdos de menor intensidade presentes tanto na sentença redutora, quanto na majorante.

5.2 O instituto da coisa julgada em matéria alimentar

O estudo das eficácias das sentenças desemboca, logicamente, no instituto da coisa julgada, a qual, para Enrico Tullio Liebman, se constitui na imutabilidade do comando emergente de uma sentença. "Não se identifica ela simplesmente com a *definitividade* e intangibilidade do ato que pronuncia o *comando*; é, pelo contrário, uma qualidade mais intensa e mais profunda, que reveste o ato também em seu conteúdo e torna assim imutáveis, além do ato em sua existência formal, os efeitos, quaisquer que sejam, do próprio ato".[19]

---

[19] LIEBMAN, Enrico Tulio. *Eficácia e autoridade da sentença com notas de Ada Pellegrini Grinover*. Rio de Janeiro: Forense, 1984, p. 50.

Esta orientação, embora aceita por parcela significativa da doutrina, gerou dissenso e mereceu a crítica da pena talentosa de Barbosa Moreira e de Ovídio Baptista da Silva, na medida em que os respeitáveis mestres não admitem a imutabilidade dos efeitos da sentença, vez que sustentam, justamente, a possibilidade de mudança dos efeitos da sentença passada em julgado.

Contudo, vênia deferida, em nosso sentir, como já exposto em outras oportunidades,[20] não há como enfrentar o tema sem antes identificar a *natureza do direito posto em causa*, quer sob o ponto de vista dos limites objetivos (representados pela tentativa de identificar *o quê*, da sentença, passa em julgado), quer sob o prisma dos limites subjetivos (representados pela tentativa de identificar *quem* está sujeito à autoridade da coisa julgada) ou ainda sob o enfoque dos limites temporais (representados *pela medida da eficácia da decisão no tempo*), consoante anteriormente já registrado.

Embora a divergência doutrinária reinante em torno da perfeita identificação dos limites da autoridade da coisa julgada, a verdade é que o instituto em si se forma a partir dos elementos identificadores da ação, os quais, segundo a clássica teoria dos *tria eadem*, intuída em tempos idos por Mateo Pescatore, são: partes, pedido e causa de pedir. *Parte*, em sentido processual, é aquele que demanda em seu próprio nome (ou em cujo nome é demandada) a atuação da vontade da lei, e aquele em face de quem essa atuação é demandada; *pedido*, de sua parte, se constitui no objeto da demanda, dividindo-se em mediato e imediato, como ensina, dentre tantos, Giancarlo Giannozzi;[21] ao passo que a *causa de pedir* é, segundo José Ignácio Botelho de Mesquita: "o fato ou o complexo de fatos aptos a suportarem a pretensão do autor, ou assim por ele considerados".[22]

Assim, torna-se clara a lição que em havendo entre uma e outra demanda identidade de partes, pedido e causa de pedir, haverá também identidade de ações. Desta forma, estando uma das demandas já decidida e com sentença passada em julgado, pode-se afirmar que há coisa julgada em relação àquela lide. Coisa julgada esta que poderá ser formal ou material.

A coisa julgada formal apresenta-se como a impossibilidade de ser submetida a demanda a novo julgamento por vias recursais, ou porque este julgamento foi proferido por órgão do mais alto grau de jurisdição, ou

---

[20] PORTO, Sérgio Gilberto. *Coisa julgada civil*. Rio de Janeiro: Aide Editora, p. ex.

[21] GIANOZZI, Giancarlo. *La modificazione della domanda nel processo civile*. Milano: Giuffrè, 1958, p. 95.

[22] MESQUITA, José Ignácio Botelho de. A causa "petendi" nas ações reivindicatória. *In: Revista da AJURIS* 20/169.

porque transcorreu o prazo para recorrer sem que o sucumbente apresentasse recurso contra a decisão. Vale dizer: operou-se a preclusão porque a parte vencida exerceu todos os recursos que podia; ou usou de uns e não usou de outros ou ainda porque não usou de nenhum dos recursos que podia e, por esta razão, surgiu a impossibilidade de nova impugnação. Seus efeitos limitam-se ao processo em que foi proferida a decisão. Já a *coisa julgada material* extrapola os parâmetros do processo em que foi proferida a decisão e caracteriza-se, segundo forte orientação doutrinária, pela imutabilidade do elemento declaratório da sentença. Declaração esta que, ao reconhecer a nova situação jurídica decorrente da sentença, torna-se imodificável tanto no processo em que foi pronunciada, como em qualquer outro.

Em matéria alimentar, o estudo da coisa julgada, a exemplo de outros ramos, também enfrenta alguma dificuldade de interpretação. Com efeito, muitas vezes encontram-se opiniões que afirmam que a decisão proferida em processo de alimentos não transita em julgado; outros, contudo, sustentam o inverso.[23]

Esta discórdia, por certo, radica no teor equivocado do art. 15 da Lei de Alimentos, que reza: *A decisão judicial sobre alimentos não transita em julgado e pode a qualquer tempo ser revista em face da modificação da situação financeira dos interessados.* Daí, parte dos estudiosos passarem a afirmar que, no máximo, a sentença proferida em ação de alimentos atingiria o estágio de coisa julgada formal. Nesta linha encontramos algumas vozes na doutrina, p. ex., Paulo Lúcio Nogueira e João Claudino de Oliveira e Cruz.

Todavia, com a máxima vênia daqueles que esposam este entendimento, não é esta a interpretação que deve ser dada ao texto legal, pois a

---

[23] "Alimentos. Revisional. Coisa julgada. Ante a inexistência de fato novo desde a data em que foram os alimentos acordados, a pretensão esbarra na coisa julgada material, que, consoante a melhor doutrina, é produzida pela decisão judicial sobre alimentos, não obstante a equivocada e atécnica dicção do art. 15 da lei 5.478/68. Inteligência do artigo 1.699 do código civil. Proveram. Unânime". (Apelação Cível nº 70006572283, Sétima Câmara Cível, Tribunal de Justiça do RS, relator: Luiz Felipe Brasil Santos, julgado em 20/08/2003). "REVISIONAL DE ALIMENTOS. O pressuposto para qualquer modificação no montante dos alimentos é a mudança na situação financeira de quem os supre, ou na de quem os recebe. Fora de tais parâmetros, rigidamente delimitados em lei, qualquer pretensão revisional esbarrará inexoravelmente na coisa julgada formada pela decisão anterior que fixou os alimentos (e que se produz, inclusive em sentido material, não obstante a equivocada redação do art. 15, da Lei 5.478/68, ver, por todos, ADROALDO FABRÍCIO, in REVISTA AJURIS 52/05). No caso, entretanto, atenta leitura da inicial e de todas as manifestações do apelado ao longo do feito, inclusive as razões recursais, evidencia que sua pretensão não se arrima em qualquer alteração seja em sua possibilidade contributiva seja na necessidade do alimentado, senão que espelha, única e exclusivamente, seu arrependimento com relação ao ajuste alimentar em vigor, o que esbarra na coisa julgada. PROVERAM. UNÂNIME. (Apelação Cível Nº 70005520317, Sétima Câmara Cível, Tribunal de Justiça do RS, Relator: Luiz Felipe Brasil Santos, JULGADO EM 02/04/2003).

sentença proferida em ação de alimentos, no que tange ao mérito, transita em julgado e atinge, sim, o estado de coisa julgada material.

Note-se, neste passo, que uma relação jurídica continuativa dá suporte material à ação de alimentos, ou seja, uma relação jurídica em que a situação fática sofre alterações com o passar dos tempos. Deste modo, quando se diz que "inexiste" coisa julgada material nas ações de alimentos, faz-se referência apenas ao *quantum* fixado na decisão, pois, se resultar alterada faticamente a situação das partes, poder-se-á alterar os valores da obrigação alimentar. Mas, uma vez reconhecida esta, que envolve inclusive o estado familiar das partes, transita ela em julgado e atinge a condição de coisa julgada material, não podendo novamente esta questão ser reexaminada. Aqui, a declaração da obrigação alimentar, por representar o mérito da demanda e definir a nova situação jurídica existente, adquire o selo da imutabilidade e, portanto, faz coisa julgada material. Neste sentido, p. ex., Ovídio Baptista da Silva e Pinto Ferreira.[24]

Na verdade, aqueles que argumentam que as sentenças proferidas em ação de alimentos não transitam em julgado confundem a "inexistência" de coisa julgada com a existência implícita da cláusula *rebus sic stantibus* (art. 471 do CPC) nas sentenças alimentares, pois representando estas dívidas de valor, sujeitam-se à correção, daí a pertinência dos limites temporais da coisa julgada, vez que a decisão é eficaz e possui autoridade apenas e enquanto não se alterarem as circunstâncias fáticas que a ditaram.

Assim, é certo que, modificando-se os valores por decisão judicial, a "nova" sentença não desconhece nem contraria a anterior. Ao revés, por reconhecê-la e atender ao julgado, que, como já se disse, contém implícita a cláusula *rebus sic stantibus*, a adapta ao estado de fato superveniente. E esta adaptação não atenua ou atinge a coisa julgada, mas antes a reconhece como tal.

Exatamente, com base nos fundamentos retro-expostos é que se define a orientação de que as decisões proferidas nas demandas revisionais não ofendam a autoridade da coisa julgada anterior e, tal qual, as ações de alimentos propriamente ditas, também transitem em julgado e, portanto, na medida e nos limites da eficácia temporal da decisão, também adquiram autoridade de coisa julgada material.

5.2.1. Limites temporais da coisa julgada

A matéria referente aos limites atribuídos à coisa julgada tem sido, ordinariamente, tratada pela doutrina brasileira apenas sob o ponto de vista

---

[24] SILVA, Ovídio Baptista da. *Comentários ao Código de Processo Civil. Do Processo Cautelar.* V. XI. Porto Alegre, 1985, p. 197 e FERREIRA, Pinto. *Investigação de paternidade, concubinato e alimentos.* 2ª ed. São Paulo: Saraiva, 1982, p. 153.

objetivo e subjetivo, vez que esta tem concentrado esforços prioritariamente na tentativa de identificar "quem" está sujeito à autoridade da coisa julgada e "o quê" na sentença, transita em julgado, torna-se imutável.

Contudo, vênia concedida, os limites de incidência da autoridade da coisa julgada não se esgotam somente nestas medidas, eis que as relações jurídicas, embora normadas por decisão jurisdicional, também estão sujeitas à variação dos fatos no tempo, ou seja, a autoridade da coisa julgada não é capaz de imunizar a relação jurídica contra fatos futuros, embora vinculados à relação jurídica anteriormente jurisdicionada. Merece, portanto, especial atenção a questão referente à *eficácia da decisão no tempo*, como se se tratasse de uma capacidade intertemporal da decisão jurisdicional.

Para que se conclua neste sentido, basta que se atente para a matéria referente à coisa julgada quando posta em causa, p. ex., relação jurídica de natureza continuativa, tais como as relações tributárias ou as relações alimentares, nas quais, por existirem prestações periódicas o julgamento regula – evidentemente – apenas a relação jurídica no seu tempo e vale na medida do debate estabelecido, sem, entretanto, definitivar as conseqüências e projeções frente a novos fatos nascidos em razão desta mesma relação jurídica que sofre adequação com o passar do tempo.[25]

Portanto, a idéia da existência de limites temporais para o caso julgado ou mais precisamente da triplicidade – e não apenas da duplicidade – dos limites da coisa julgada é realidade, e não é nova, encontrando, inclusive, qualificado respaldo doutrinário, tanto que é expressamente tratada por Othmar Jauernig:[26] "O caso julgado está triplamente limitado: objectivamente pelo objecto, subjectivamente pelo círculo das pessoas atingidas e temporalmente com respeito ao momento em que se aplica a constatação."

Segue Jauernig,[27] ilustre professor da Universidade de Heidelberg, elucidando que "A sentença transitada estabelece a situação jurídica ape-

---

[25] REMO CAPONI, ao discorrer sobre os efeitos temporais da sentença, faz distinção entre situação jurídica instantânea e situação jurídica duradoura, dizendo: "L'istantaneità o la durevolezza delle situazioni giuridiche rispecchiano invece l'istantaneità o la durevolezza dell'interesse Che esse mirano a realizzare. Instantâneo è solo l'interesse a conseguire um bene Che il soggetto desidera, ma non há. Durevole è sempre l'interesse a conservare um bene che il soggetto há già nella sua disponibilità e a difenderlo da ogni ingerenza altrui; durevole è tavolta anche l'interesse a conservare um bene Che il soggetto non há, quando il bisogno Che il bene da acquirere è diretto a soddisfare si ricollega ad um modo di essere Del soggetto o há comunque um apprezzabile sviluppo temporale (ad esempio: i bisogni soddisfatti daí contratti di somministrazione: artt. 1559 ss. c.c.)". CAPONI, Remo. *L'efficacia del Giudicato civile nel tempo*. Milão: Giuffrè, 1991.

[26] JAUERNIG, Othmar. *Direito Processual Civil*. 25 ed., Coimbra: Almedina, 2002, § 63. Trad. por F. Silveira Ramos.

[27] § 63, V.

nas em determinado momento, não para todo o porvir; pois normalmente a situação jurídica altera-se mais tarde: o direito é satisfeito e extingue-se, a propriedade reconhecida ao autor é transmitida, etc. A alegação destas alterações não pode ser excluída num novo processo pelo caso julgado."

Portanto, parece de lógica irrefutável a circunstância de que a decisão jurisdicional adquire a força de caso julgado em razão de fatos passados (aqueles alegados ou que deveriam ter sido alegados e que coexistiam com a decisão), e não em torno de fatos futuros, vez que estes ensejam, em face da teoria da substanciação,[28] nova demanda, pois representam outra causa de pedir. À toda evidência que a tese aqui sustentada se encaixa com perfeição às ações revisionais de alimentos, haja vista que a relação entre as partes é de caráter continuativo, merecendo, pois, adequação no tempo. Daí, pois, a existência dos limites temporais da coisa julgada, vez que a projeção de sua incidência também é limitada no tempo da decisão ou, mais uma vez, na palavra autorizada de Jauernig[29] "Tudo o que, antes deste momento, podia ser alegado, está excluído num processo posterior(...). Todas as posteriores alterações na configuração dos efeitos jurídicos declarados, não são atingidas pelo caso julgado." A propósito do tema aqui debatido, prossegue o mestre tedesco: "Nas prestações peródicas, por motivos práticos, condena-se o réu por longo período (importante sobretudo nos pedidos de alimentos), § 258; vd. Supra § 35 II 2 c. *O seu dever de prestar é fixado quanto à existência, duração e montante*, muitas vezes por muitos anos. Sendo o réu condenado no todo ou em parte, a sentença baseia-se num prognóstico das circunstâncias futuras. Isso legitima atribuir à sentença caso julgado a mostrar no futuro que também abrange no âmbito prognosticado as futuras prestações (de alimentos; BGHZ 103, 398; douto parecer, MK-ZPO § 323, 7, com outras notas). Os limites temporais do caso julgado são aqui, assim, mais largos que normalmente (vd. Supra V). O prognóstico pode constatar-se estar errado, pois as circunstância que foram determinantes para a condenação, evoluíram de modo diverso do admitido: o devedor de alimentos ganha mais ou empobreceu, o lesado supreendentemente curou-se ou incapacitou-se totalmente, o poder de compra do dinheiro e com isso o montante da sentença desceu, etc. Mudando assim as circunstâncias, seriam a existência, duração e montante do dever de prestar fixadas hoje diferentemente da sentença transitada; mas o caso julgado temporalmente impede outra condenação. Contudo, a discrepância entre a sentença e a situação actual excede o tolerável quando as circunstâncias se alteram substancialmente. Então o

---

[28] Vale lembrar que a teoria da substanciação identifica a causa de pedir na soma da relação jurídica afirmada aos fatos que a concretizam, fazendo com que o direito saia do mundo das hipóteses e espalhe-se pelo mundo dos sentidos.
[29] Idem nota 17.

caso julgado tem de ceder. A lei permite sua ofensa: ela concede uma acção para alteração da sentença (acção de reforma), § 323. Esta acção restringe-se aos casos em que tem de ser afastado o efeito de caso julgado (*H. Roth, NJW 88, 1234, 1236;* não tendo ainda transitado a sentença a alterar, está em jogo a ingerência na sua aptidão para o caso julgado, vd. STJ § 323, 1). A favor da (em princípio) ingerência no caso julgado fala já a colocação do § 323 a seguir ao 322, que regula os limites objectivos do caso julgado".[30]

Esta idéia parte da premissa de que a relação jurídica é somente normada nos limites da situação substancial posta à apreciação, vez que pode, com o transcurso do tempo, sofrer alterações fáticas. Contudo, deve ser registrado que esta limitação não ocorre apenas quando a relação jurídica controvertida for tipicamente continuativa, tais as antes citadas, ou seja, as alimentares e tributárias, dentre outras igualmente de periodicidade intrínseca. Com efeito, também as relações *não-continuativas* estão sujeitas as variações temporais, haja vista que toda a relação jurídica possui, com maior ou menor intensidade, a presença da cláusula *rebus sic stantibus*.[31] Assim, (a) o locatário que por força de decisão revisional está obrigado a pagar mil de aluguel, não está garantido que sempre pagará este valor, eis que uma nova realidade poderá determinar, mais uma vez, a revisão do valor locatício; (b) a decisão que regula a guarda dos filhos poderá, a qualquer tempo, ser revista com nova disciplina, basta que ocorram alterações fáticas que recomendem a revisão; (c) o credor que leva à penhora bem do devedor, perderá seu direito material expropriatório, mediante o adimplemento da obrigação e outras tantas hipóteses. Não há, nos exemplos, ofensa à autoridade da coisa julgada, vez que, muito embora se trate da mesma relação jurídica já normada por decisão, a nova situação não foi e nem poderia ser abrangida pela decisão anterior, vez que posterior a esta. Há, nos exemplos, mudança da situação substancial, portanto fora do alcance temporal da coisa julgada.

Assim, resulta evidenciado que a decisão jurisdicional regula a relação jurídica somente em face da situação substancial posta *sub judice*, e não para todo o sempre. Desta forma, pois, possível afirmar que a autoridade da coisa julgada tem sua capacidade eficacial também limitada pelo

---

[30] JAUERNIG, *op. cit.,* p. 332.

[31] A respeito do tema, REMO CAPONI ressalta que a origem da teoria é alemã, com difusão na *giustizia administrativa*. Segundo o autor: "la nozione di sentenza con la clausola 'rebus sic stantibus' può essere correttamente riferita a tutte quelle pronunce che contengono un accertamento condizionato al permanere invariato anche in futuro dello stato di fatto presente al tempo del processo, Che ha formato la base per la pronuncia. Si tratta dunque dei casi in cui il nostro ordinamento riferisce l'efficacia della dichiarazione giudiziale anche al futuro: le condanne in futuro concerneti situazioni durevoli collegate da um nesso permanente di condizionalità alla propria fattispecie costitutiva, a sua volta durevole". CAPONI, *op. Cit.,* p. 105.

tempo da decisão ou ainda, mais precisamente, quer as conseqüências jurídicas estejam sujeitas a adequações em face da natureza da relação jurídica de direito material ou não, a verdade é que a decisão tem seus limites também determinados pelo tempo dos fatos que foram considerados ou que deveriam ter sido considerados pela decisão, portanto preexistentes a esta.

Aliás, sobre a eficácia temporal, Remo Caponi, igualmente, observa que "Di efficacia della sentenza nel tempo si può parlare fondamentalmente in due sensi. Il primo porta a individuare il momento del tempo nel quale la sentenza comincia a produrre i suoi effetti e la loro stabilità. Il secondo concerne l'incidenza dell'efficacia della sentenza passata in giudicato nel tempo delle situazioni sostanziali oggetto del giudizio".[32]

O ilustrado mestre peninsular supra, como se pode verificar, aponta duas formas de eficácia temporal da coisa julgada. Uma vinculada a partir do momento em que a decisão começa a produzir efeitos e outra, exatamente, vinculada à situação substancial normada. Todavia, a matéria referente aos limites temporais da coisa julgada, como o próprio Caponi no mesmo ensaio adiante obtempera, não se esgota apenas nesta disciplina, vinculada a situação substancial normada ou na mera identificação do termo *a quo* da eficácia da decisão, mas envolve, por evidente, também as chamadas condenações para o futuro, onde a decisão consolida sua eficácia não para regular situação jurídica pretérita, mas sim, projetando sua eficácia para além do imediato, tem por escopo disciplinar previamente eventual comportamento futuro.

Aliás, essa posição não é desconhecida pela doutrina brasileira, e muitos enfrentaram a temática referente à condenação para o futuro.[33] Contemporaneamente, na Itália, como já destacado, a doutrina, por exemplo, sustenta que o objetivo da condenação para o futuro (*condanna in futuro*) é justamente regular condutas ainda não realizadas pelas partes: "in queste ipotesi laccertamento esprime dunque una regola di condotta per le parti che non è diretta a rimuovere un illecito del passato, ma si riferisce a fatti futuri".[34]

No direito indígena, também, a eficácia temporal da coisa julgada aparece com nitidez na chamada tutela inibitória, cujo fito primordial é evitar a prática de ato ilícito, cumprindo, desta forma, função de cunho preventivo. Assim é, exatamente, porque, a cognição e disciplina da situação projetada torna-se imune a discussões futuras, haja vista que já nor-

---

[32] CAPONI, Remo. *L'Efficacia del Giudicato Civile nel Tempo*. Milano: Giuffrè, 1991, p. 3.

[33] V, por todos, BARBOSA MOREIRA, Tutela sancionatória e tutela preventiva, *Temas de Direito Processual*, Segunda Série, p. 27.

[34] CAPONI. *Op. cit.*, p. 83.

mada situação por vir, portanto antes da própria violação do direito. A disciplina sentencial define a conseqüência do futuro ato e esta conseqüência é imunizada pelo trânsito em julgado da sentença, definindo, pois, também sob esta faceta, os limites temporais da coisa julgada, já que esta dispõe de autoridade sobre eventual fato futuro.

A idéia dos limites temporais da autoridade da coisa julgada está, pois, intensamente presente nas demandas revisionais, sejam estas de cunho simplesmente modificativo, sejam de cunho exonerativo, pois, como dito, contemplam relações jurídicas de índole marcadamente continuativa, reclamando, portanto, adequação no tempo.

Releva destacar, entretanto, que internamente merecem distinção. Com efeito, como visto no corpo deste ensaio, as demandas podem ser modificativas e exonerativas. Estas últimas, de seu turno, podem ser definitivas e temporárias, dependendo da situação substancial posta à apreciação. As definitivas, diversamente das demais, não ensejam posterior revisão, eis que a relação jurídica de direito material que obrigava ao encargo alimentar foi ferida de morte, estirpando o dever obrigacional do mundo jurídico. Isto, contudo, não significa que a decisão nela proferida seja destituída de limites temporais, na medida em que a sentença nela proferida por ter conteúdo constitutivo limita-se a produzir eficácia tão-somente *ex nunc,* ou seja, seus limites temporais de eficácia projetam-se apenas para o futuro, e não para o passado.

Como anteriormente destacado, nas ações de revisão de alimentos (modificativas ou exonerativas) o termo *ad quem* da sentença proferida é marcado pela alteração substancial da situação fática, que nas palavras de JAUERNIG é "a discrepância entre a sentença e a situação atual," excedendo o "tolerável". Prossegue o ilustre mestre, exemplificando com a legislação alemã: "Porém, a acção pode basear-se apenas nas modificações essenciais das circunstâncias de facto que só ocorreram após o momento em que deveriam ter sido, o mais tardar, invocadas no processo anterior (não: podiam, pois o conhecimento pela parte é irrelevante), portanto, no processo principal sobre tais modificações que apenas ocorreram após o último julgamento dos factos no processo anterior, p. ex., a elevação do custo de vida (para a terminologia, BB 72m 152 e seg.) perto de 15% (§ 323, II). As modificações anteriores não são de atender (mesmo se posteriormente ocorreram modificações essenciais; douto parecer, BGH NJW 87; 1553 e seg., para o caso em que o autor faz pleno vencimento, mas poderia ainda exigir mais, e agora ocorreu, posteriormente, uma modificação essencial; isso flui do conhecimento duma acção parcial dissimulada para além dos respectivos limites do caso julgado que, todavia, o BGH recusa, vd. Supra). As modificações posteriores não são de atender, em conta na sentença, como, por ex., o imediato atinger de novo nível etário, de relevo no plano dos alimentos (OLG Köln FamRZ 80, 398). Não se realiza a completa repetição do processo antigo (vd. BGH RR 90, 194). A sentença determina, no caso de julgar a acção procedente, a revogação da sentença anterior e eventualmente a nova condenação à prestação (mas sempre para o período após a interposição da ação, § 323 III; para isso, crítico, *Braun*, JuS 93, 353 e segs.)".[35]

Ainda valendo-se da experiência jurídica germânica, pode-se afirmar que há muito existe previsão legal para uma pretensão baseada em fato futuro, onde o exemplo clássico são as relações jurídicas continuativas, em especial as ações de alimentos.[36] Nessas demandas, a condenação é firmada com suposições de que no futuro a situação fática deduzida em juízo permanecerá idêntica. Dessa forma, considerando que a probabilidade de erro na prestação jurisdicional ou inadequação desta com a situação fática futura é grande, tornou-se necessário aparelhar o sistema processual alemão com ação própria para solucionar o problema.[37] Contudo, cumpre ressaltar que a posição majoritária na doutrina processual tedesca é a de que a modificação dos julgados é excepcional, admitida somente em casos que a decisão revela-se "substancialmente errada", ou melhor dizendo, temporalmente inadequada.[38]

De outro lado, na experiência italiana é possível encontrar previsão legal semelhante. A adequação da situação normada pela sentença com a realidade fática encontra guarida no ordenamento jurídico italiano nos

---

[35] JAUERNIG, *op. cit.*, p. 334.

[36] REMO CAPONI comenta o modelo germânico: "L'ordinamento processuale tedesco há ammesso, a partire dalla Novella del 1898, la possibilita di agire in giudizio per la condanna a prestazioni ancora da scadere nei casi previsti daí parr. 257 a 259 ZPO. La disposizione che interessa è il par. 258 ZPO, dove si prevede che, 'trattandosi di prestazioni periodiche, può proporsi domanda anche per il futuro pagamento delle prestazioni che verranno a scadere solo dopo, l'emanazione della sentenza'". *Op. cit.*, p. 92.

[37] Refere CAPONI que: "Giacché però uma decisione che si fonda su una previsione di fatti futuri può rivelarsi più facilmente e freqüentemente errata di uma che si fonda solo sull'accertamento di fatti passati, la ZPO prevede, per motivi di equità, un'azione per la modificazione (Abänderungsklage) di queste decisioni, disciplinata nel par. 323, che prevede, nella parte che interessa: 'ove si verifichi, in caso di condanna a prestazioni periodiche che scadono in futuro, una modificazione sostanziale di quelle circostanze che furono determinanti per la condanna al pagamento delle prestazioni, per la determinazione del loro ammontare o della loro durata, ciascuna parte può chiedere, in via di azione, una corrispondente modificazione della sentenza". Adiante, o autor enfatiza que "L'azione è ammissibile solo se i motivi, sui quali essa viene fondata, sono sorti dopo la chiusura dell'udienza di discussione, nella quale avrebbero potuto al più tardi avere luogo una modificazione della domanda o la sollevazione delle eccezioni, e se (detti motivi) non possono essere fatti valere con l'appello. La sentenza può essere modificata solo per il tempo successivo alla proposizione dell'azione". Idem, ibidem.

[38] Idem, p. 94. REMO CAPONI refere-se a dois limites: "In primo luogo ci si deve trovare davanti a uma modificazione esseziale (eine wesentliche Aenderung)delle circonstanze determinanti il contenuto della pronuncia. In secondo luogo successivo allá proposizione della Abänderungsklage".

artigos 440 a 445, que disciplina, especificamente as obrigações alimentares.[39] A doutrina italiana majoritária posiciona-se no sentido de que as normas legais antes referidas são, na verdade, manifestação expressa dos limites temporais da coisa julgada.

---

[39] A propósito do tema, assinala REMO CAPONI: "Nella parte che interessa l'art. 440 c.c. dispone: se dopo l'assegnazione degli alimenti mutano le condizioni economiche di chi li somministra o di chi li ricebe, l'autorità giudiziaria provvede per la cessazione, la riduzione o l'aumento, secondo le circostanze. L'art. 445 c.c. dispone, sempre nella parte che interessa: gli alimenti sono dovuti dal giorno della domanda giudiziale". Idem, p. 97.

— 22 —

A imprescritibilidade das ações de Estado e a socioafetividade: repercussão do tema no pertinente aos arts. 1.601 e 1.614 do Código Civil

SÉRGIO GISCHKOW PEREIRA

Desembargador aposentado do Tribunal de Justiça do Rio Grande do Sul, advogado em Direito de Família, professor de Direito de Família na Escola Superior da Magistratura, na Escola Superior do Ministério Público e na Escola Superior da Defensoria Pública; autor de vários livros e artigos jurídicos.

Sumário: 1. Introdução; 2. Os critérios de estabelecimento da paternidade (maternidade) ou filiação; 2.1 O critério da verdade socioafetiva; 3. O art. 1.601 do Código Civil, em sua segunda parte; 4. O art. 1.614, em sua segunda parte; 5. Conclusões; Bibliografia.

1. Introdução

O tema da filiação vem se apresentando, desde as alterações trazidas pela Constituição Federal de 1988, como o mais complexo e polêmico do Direito de Família. Boa parte dos manuais prefere contornar as dificuldades, repetindo antigas concepções. As inevitáveis e necessárias modificações em profundidade surgem, principalmente, através de algumas monografias, artigos e pela atuação jurisprudencial.

Com o evidente risco de equívocos, próprios de quem se aventura em searas tormentosas, quero alinhavar algumas idéias a respeito do aparente conflito entre a imprescritibilidade das ações de estado e o prestígio cada vez maior conferido à socioafetividade.

Isto implica considerações sobre dois dos mais importantes artigos referentes à filiação: artigos 1.601 e 1.614 do novo Código Civil.

Tentarei mostrar que a aceitação da socioafetividade, que se impõe, não é incoerente com a imprescritibilidade das ações de estado, consagrada pelo Código Civil de 2002. Também me esforçarei por demonstrar que o prazo de quatro anos do art. 1.614 tem a ver com rejeição *imotivada* da paternidade, com o que permanece imprescritível a ação do filho para averiguar a verdadeira paternidade biológica, quando fundamentada a sua reação (registro falso, por exemplo).

2. Os critérios de estabelecimento da paternidade (maternidade) ou filiação

Luiz Edson Fachin foi dos pioneiros em preconizar maior valorização da socioafetividade.[1] Distingue corretamente os três grandes critérios do direito ocidental para estabelecimento da paternidade (maternidade) ou filiação: critério da verdade legal, critério da verdade biológica e critério da verdade socioafetiva.[2] A última parte da idéia de que a paternidade se constrói e recupera a noção de posse de estado de filho.[3]

Oportuno recordar que até a Constituição Federal de 1988 prevalecia o critério da verdade legal. Depois, a predominância foi para a verdade biológica. Nos últimos anos, cresce o movimento para se emprestar maior importância ao critério socioafetivo.

Caso exemplar e cotidiano de predominância do critério da verdade legal residia no art. 344 do Código Civil de 1916, quando impunha curtíssimos prazos decadenciais para afastar a ação negatória de paternidade. Note-se a diferença com a imprescritibilidade prevista no art. 1.601 do Código Civil em vigor, que, neste particular, prestigiou o critério da verdade biológica.[4] É sabido que o novo Código Civil não foi feliz ao deixar de reger mais explicitamente o critério socioafetivo.

As restrições à verdade biológica, postas pelo Código Civil de 1916, em seus arts. 339, 340, 344, tinham a ver com o interesse da paz doméstica, como ensina Silvio Rodrigues.[5] Note-se que a doutrina tradicional admitia atenuação ao critério da verdade legal, distinguindo, por exemplo, entre ação de contestação de paternidade (= negatória de paternidade) e ação de

---

[1] *Estabelecimento da filiação e paternidade presumida.* Porto Alegre: Sergio Antonio Fabris Editor, 1992. E mais: *Da paternidade – relação biológica e afetiva.* Belo Horizonte: Livraria Del Rey Editora, 1996.

[2] Estabelecimento da filiação e paternidade presumida, obra já citada, p. 19 a 26.

[3] Idem, p. 23.

[4] Não o fez, porém, quando só atribuiu ao pai a legitimidade para propor a ação, assunto ao qual retornarei.

[5] *Instituições de Direito Civil.* 8ª ed. Rio de Janeiro: Forense, 1991. Vol. V, p. 180.

impugnação ou desconhecimento de paternidade. "A primeira tem por objeto negar o *status* de filho ao que goza da presunção decorrente da concepção na constância do casamento. A segunda visa a negar do fato da própria concepção, ou provar a suposição de parto, e, por via de conseqüência, a condição de filho".[6] Consoante Silvio Rodrigues, a ação de impugnação ou desconhecimento de paternidade tem lugar quando há falta de identidade entre a criança nascida da mulher e a pessoa que traz a condição de filho, quando há simulação de parto e quando existe falsidade ideológica ou instrumental do assento de nascimento. Esta ação não era privativa do marido e era imprescritível. Também era tida como imprescritível a denominada ação de vindicação de estado,[7] que cabia ao filho nascido na constância do casamento, quando lhe faltava ou lhe era negada a condição peculiar ao seu estado. Estas constatações evidenciam o que todos sabem: que as ações de estado são imprescritíveis (ou se preferir: não decaem), e só conhecem a decadência ou prescrição em caráter excepcional, quando a lei expressamente o determine (era o caso do art. 344 do Código Civil de 1916).

2.1. O critério da verdade socioafetiva

Como antes assinalado, cresce cada vez mais a relevância do critério da verdade socioafetiva. Pelo que há de mais novo nesta compreensão, reservarei espaço separado para versar sobre a matéria.

Sílvio de Salvo Venosa[8] disserta : "Lembremos, porém, que a cada passo, nessa seara, sempre deverá ser levado em conta o aspecto afetivo, qual seja, a paternidade emocional, denominada socioafetiva pela doutrina, que em muitas oportunidades, como nos demonstra a experiência de tantos casos vividos ou conhecidos por todos nós, sobrepuja a paternidade biológica ou genética. A matéria é muito mais sociológica ou psicológica do que jurídica. Por essas razões, o juiz de família deve sempre estar atento a esses fatores, valendo-se, sempre que possível, dos profissionais auxiliares, especialistas nessas áreas".

Rosana Fachin[9] ensina: "Sobressai a importância da engenharia genética no auxílio das investigações de paternidade; sem embargo dessa importante contribuição, é preciso equilibrar a verdade socioafetiva com a verdade de sangue. O filho é mais que um descendente genético e se

---

[6] Silvio Rodrigues, ob. e vol. cit., p. 180 e 181.

[7] Idem, p. 181 e 182.

[8] *Direito Civil – Direito de Família.* 2ª ed. São Paulo: Editora Atlas, 2002. Vol. 6, p. 264.

[9] *Da Filiação.* Artigo publicado em *Direito de Família e o novo Código Civil.* Vários autores, com coordenação de Maria Berenice Dias e Rodrigo da Cunha Pereira. Belo Horizonte: Del Rey e IBDFAM, 2001. p. 120.

revela numa relação construída no afeto cotidiano. Em determinados casos, a verdade biológica cede especo à 'verdade do coração'. Na construção da nova família deve se procurar equilibrar essas duas vertentes, a relação biológica e a relação socioafetiva".

Jacqueline Filgueras Nogueira[10] preconiza que o sistema jurídico brasileiro deve ser explícito no tratamento da posse de estado de filho, uma vez que "esta evidencia a verdadeira relação que deve estar presente entre pais e filhos, ou seja: concretiza os elementos essenciais da relação filial, como amor, afeto, carinho, cumplicidade, proteção...".

Julie Cristine Delinski[11] tem igual preocupação no sentido de que o nosso direito precisa ser claro no respeitante à significação da socioafetividade, pois vê-se que "a afeição tem valor jurídico, que a maternidade ou paternidade biológica de nada valem diante do vínculo afetivo que se forma entre a criança e aquele que trata e cuida dela, que lhe dá amor e participa da sua vida".

Zeno Veloso,[12] analisando as reformas legislativas feitas no estrangeiro, mostra que "A presunção de paternidade matrimonial foi mantida em todos os sistemas, sem exceção, embora tenham sido criados mecanismos para o seu afastamento e previstas as hipóteses em que a mesma cessa. Foi suprimido o monopólio do marido para impugnar a paternidade presumida. A velha regra *pater is est* não foi abolida, mas recebeu atenuações, foi relativizada. Inobstante todos os avanços e conquistas, o prestígio conferido à paternidade biológica, à paternidade real, em detrimento da paternidade jurídica (estabelecida pela presunção), não se admite que alguém se intitule genitor adulterino para, em nome próprio, com base nesta simples alegação, impugnar a paternidade presumida do marido da mãe, reconhecendo, depois, a paternidade natural (biológica, carnal). Priorizando-se os interesses da criança, o biologismo é contido quando se constata a posse do estado de filho diante do marido da mãe. Se coexistem a paternidade jurídica (estabelecida pela *regra pater is est*) e a paternidade afetiva, esta situação real e concreta em que se encontra o filho na família e na sociedade é barreira intransponível para que se introduza um questionamento nesta relação paterno-filial. A busca da verdade biológica, obviamente, tem de ter alguns limites, inclusive para garantir o que seja mais útil para a criança, para o seu equilíbrio psicológico, sua paz, tranqüilidade – enfim, o que seja melhor para o seu bem, para a sua felicidade".[13] Em apoio de suas asserções, o notável jurista traz ensinamento dos professores

---

[10] *A Filiação que se constrói: o reconhecimento do afeto como valor jurídico.* São Paulo: Memória Jurídica Editora, 2001, p. 194.

[11] *O novo direito da filiação.* São Paulo: Dialética, 1997, p. 96.

[12] *Direito brasileiro da filiação e paternidade.* São Paulo: Malheiros, 1997, p. 214 a 221.

[13] Ob. cit., p. 214.

João Baptista Villela (famoso e precursor artigo sobre "Desbiologização da paternidade") e Eduardo de Oliveira Leite. Note-se que Zeno Veloso, em louvável contraponto, também assevera que, em face do princípio constitucional da igualdade entre os filhos, é direito destes, "e direito fundamental, ter acesso a sua identidade, saber qual é a sua ascendência de sangue, conhecer sua procedência genética".[14]

Falando em direito estrangeiro, seria oportuno lembrar Florence Bellivier, Laurence Brunet e Catherine Labrusse-Riou,[15] quando querem "conjurer les dangers culturels dune biologisation du droit et dune vision à la fois techniciste et naturaliste de la filiation, évinçant la considération des structures anthropologiques et des engagements humains qui façonnent le rapport des parents et des enfants, ...".

José Bernardo Ramos Boeira[16] refere interessante questão que propôs em concurso público para ingresso na carreira do Ministério Público do Rio Grande do Sul, quando indagou sobre a possibilidade de pedido de estabelecimento da filiação tendo como suporte fático a "posse de estado de filho". A partir daí, sustenta a aceitabilidade da reqüesta, com base em uma interpretação sistemática que tem por origem a Constituição Federal (arts. 1°, II e III, e 227, § 6°) e passa por dispositivos do Estatuto da Criança e do Adolescente (arts. 20, 26 e 27). Mais adiante veremos que esta possibilidade é defendida também por Belmiro Pedro Welter. A doutrina tradicional não a tem como lícita no direito brasileiro.[17]

Maria Christina de Almeida[18] enuncia: "...a paternidade é hoje, acima de tudo, socioafetiva, moldada pelos laços afetivos cujo significado é mais profundo do que a verdade biológica, onde o zelo, o amor paterno e a natural dedicação ao filho pelo pai, dia a dia, revelam uma verdade afetiva, em que a paternidade vai sendo construída pelo livre desejo de atuar em integração e interação paterno-filial".

Paulo Luiz Netto Lôbo[19] ressalta que "A igualdade entre filhos biológicos e adotivos implodiu o fundamento da filiação na origem genética"

---

[14] Ob. cit., p. 215.

[15] La filiation, la génétique et le juge: où est passée la loi? Artigo publicado em *Revue trimestrielle de droit civil*, Dalloz, julho-setembro 1999, n° 3, p. 559.

[16] *Investigação de paternidade – posse de estado de filho*. Porto Alegre: Livraria do Advogado, 1999, p. 154 a 163.

[17] Por exemplo: Silvio Rodrigues. *Direito Civil – Direito de Família*. 23ª ed. São Paulo: Saraiva, 1998. Vol. 6, p. 321. Orlando Gomes. *Direito de Família*. 7ª ed. Rio de Janeiro: Forense, 1990, p. 335) reconhece que o Código Civil não incluiu a hipótese, mas deplora, considerando *"lacuna imperdoável"*.

[18] *Investigação de paternidade e DNA – aspectos polêmicos*. Porto Alegre: Livraria do Advogado, 2001, p. 161.

[19] *Código Civil Comentado: Direito de Família, relações de parentesco, direito patrimonial*: arts. 1.591 a 1.693, vol. XVI / Paulo Luiz Netto Lôbo; Álvaro Villaça Azevedo (coordenador). São Paulo: Atlas, 2003. P. 42 e 43.

e expõe os fundamentos constitucionais do princípio da afetividade na filiação: "a) todos os filhos são iguais, independentemente de sua origem (art. 227, § 6°); b) a adoção como escolha afetiva, alçou-se integralmente ao plano da igualdade de direitos (art. 227, §§ 5° e 6°); c) a comunidade formada por qualquer dos pais e seus descendentes, incluindo-se os adotivos, tem a mesma dignidade de família constitucionalmente protegida (art. 226, § 4°); d) o direito à convivência familiar, e não a origem genética, constitui prioridade absoluta da criança e do adolescente (art. 227, *caput*)".

O mesmo jurista (Paulo Luiz Netto Lôbo) produziu texto fundamental, capaz de provocar a superação de confusões e dúvidas desnecessárias que impregnam a matéria.[20] Partindo da relevância da afetividade em campos como a sociologia, a psicanálise, a antropologia, mostra como apenas recentemente a socioafetividade passou a ter o papel importante que lhe cabe no direito de família. Argumenta com extensão e profundidade no sentido de comprovar que o sistema jurídico brasileiro não se resume à filiação biológica, senão que também abriga a filiação socioafetiva. Indica como, no conflito entre filiação biológica e não-biológica, o critério do melhor interesse do filho pode oferecer a adequada solução, com o que é lícito manter o estado de filiação mesmo que verificada a ausência de vínculo biológico. *Em distinção essencial – aspecto em que mais colabora para esclarecimento de tumultos interpretativos dispensáveis – assinala que o estado de filiação nada tem a ver com o direito à origem genética, radicado no direito de personalidade.* A consolidação de uma paternidade ou maternidade socioafetiva não pode impedir que o filho busque conhecer, inclusive judicialmente, sua genealogia, suas raízes, suas origens, seus antepassados. Além do direito de personalidade envolvido, manifesto o interesse jurídico em tal descoberta, em face dos impedimentos matrimoniais, do sofrimento psicológico e emocional decorrente do desconhecimento das origens,[21] das compatibilidades em doações de órgãos, da análise de doenças geneticamente transmissíveis.

Belmiro Pedro Welter redigiu excelente obra sobre a filiação socioafetiva,[22] de leitura obrigatória para os estudiosos de direito de família. Um dos pontos culminantes de sua tese é quando busca demonstrar que se

---

[20] Direito ao estado de filiação e direito à origem genética: uma distinção necessária. Artigo publicado em *Revista Brasileira de Direito de Família*, Porto Alegre: IBDFAM-Síntese, v. 19, agosto-setembro 2003, p. 133 a 156.

[21] Para algumas pessoas este conhecimento revela-se importantíssimo para o equilíbrio emocional e psíquico. Porque algumas pessoas não têm igual preocupação, seria desumano e absurdo pretenderem generalizar e concluir que outros também não ligam.

[22] *Igualdade entre as filiações biológica e socioafetiva*. São Paulo: Editora Revista dos Tribunais, 2003.

revela viável, no direito brasileiro atual, a ação de investigação de paternidade socioafetiva.[23] A propósito do assunto da imprescindibilidade do conhecimento da origem biológica, mesmo admitida a socioafetividade, Belmiro sustenta, com correção e profundidade, como não pode ser afastado o direito a este conhecimento.[24]

3. O art. 1.601 do Código Civil, em sua segunda parte

O art. 1.601 do Código Civil é de extrema importância. Seu significado relevante está para o capítulo II do subtítulo II, título I, do Direito de Família, como o art. 1.614 está para o capítulo III do mesmo subtítulo II. Vai suscitar controvérsias intermináveis, em suas duas partes. O que denomino de primeira parte é aquela em que se estabelece que cabe ao marido o direito de contestar a paternidade dos filhos nascidos de sua mulher; a segunda parte é a que considera tal ação imprescritível.

A primeira parte, que não é ponto de estudo deste texto, pode provocar alegação de inconstitucionalidade, pois restringe a legitimidade para uma demanda em que pelo menos deveria se acatar o interesse jurídico da mãe, do filho e de quem se considera como verdadeiro pai biológico.

A segunda, ao contemplar a imprescritibilidade, desgosta forte corrente do pensamento brasileiro, que, em nome da estabilidade da família, visando ao interesse dos filhos, e em nome da socioafetividade, quer limitar o prazo. Este o aspecto que importa ao presente trabalho.

Regra geral, nas ações de estado das pessoas, é a imprescritibilidade, como lembra Paulo Luiz Netto Lôbo.[25] Prescrição ou decadência somente se admitem quando há texto legal expresso, como era o caso do art. 344 do Código Civil de 1916. Sou favorável à imprescritibilidade,[26] pois mais consentânea com a verdade biológica e com o estágio atual de evolução do Direito de Família brasileiro.

É por demais sabido que a Constituição Federal de 1988 trouxe alterações profundas no Direito de Família brasileiro. Foi o ramo de nosso direito que mais sofreu transformações em face daquela Carta Magna.

---

[23] Ob. cit., p. 198 a 204.
[24] Ob. cit., p. 176 a 188.
[25] *Código civil comentado* cit., vol. XVI, p. 76.
[26] Reconheço, porém, que provavelmente até a inconstitucionalidade poderia ser sustentada para elidir o caráter imprescritível da ação, com base no art. 227 da Constituição Federal, isto é, defesa dos interesses das crianças e adolescentes. Parece, contudo, que dificilmente esta construção teria base jurídica, pois resultaria em indeterminação completa sobre qual seria o prazo de prescrição, ou mais corretamente, de decadência, que regeria a espécie, revogado que foi o art. 344 do Código Civil, e, como seqüela, o art. 178, §3°, do mesmo diploma legal.

Trata-se de buscar um Direito de Família mais adequado às novas realidades sociais de convivência humana e buscar uma estrutura familiar menos produtora de psicopatologias, porque menos opressora, mais autêntica, mais verdadeira, mais sincera, menos impregnada de hipocrisias e falsidades, mais regada pela afeição, mais igualitária, mais solidária. Nosso direito apenas está se deixando orientar pelos princípios jurídicos do Direito de Família atual.

Mesmo antes do novo Código Civil, três grandes fontes normativas autorizavam a que se construísse um novo sistema jurídico-familiar, tendo como revogados vários artigos do Código Civil de 1916.

A primeira delas, evidentemente, é a Constituição Federal de 1988. Seu art. 227, § 6º, é incisivo: "Os filhos, havidos ou não da relação do casamento, ou por adoção, terão os mesmos direitos e qualificações, proibidas quaisquer designações discriminatórias relativas à filiação". O texto é claríssimo e imperativo. Por si só bastava para radical mudança do sistema do Código Civil de 1916. Era suficiente que os exegetas e aplicadores do direito compreendessem as vertentes sociológicas e psicológicas do novo Direito de Família, assim como seus princípios básicos. É elementar que o direito positivo pátrio permite, por exemplo, ao juiz que, calcado na Constituição Federal, possa deixar de aplicar qualquer norma infraconstitucional que a contrarie. A Constituição não apenas proíbe designações discriminatórias, mas também ordena que os filhos tenham os mesmos direitos e tenham as mesmas qualificações. Por sinal, com alicerce na norma constitucional, advieram muitos arestos que, com correção e felicidade, proclamaram estar revogada a Lei nº 883/49, resultando a possibilidade de reconhecimento voluntário ou judicial da paternidade mesmo se adulterino o filho e ainda antes da dissolução da sociedade conjugal.[27]

Importantíssimo é o art. 27 da Lei nº. 8.069, de 13 de julho de 1990 (Estatuto da Criança e do Adolescente): "O reconhecimento do estado de filiação é direito personalíssimo, indisponível e imprescritível, podendo ser exercitado contra os pais ou seus herdeiros, sem qualquer restrição, observado o segredo de Justiça". Observem-se as palavras "SEM QUALQUER RESTRIÇÃO". O emprego destes vocábulos, que poderiam ser reputados como redundantes ou supérfluos, deixa inquestionável que o legislador não mais admite a permanência de nenhuma norma jurídica que por qualquer forma ou subterfúgio, por qualquer maneira explícita ou implícita, crie embaraços à descoberta da verdadeira paternidade biológica.

---

[27] Já em 1989 a 6ª Câmara Cível do Tribunal de Justiça do R. G. do Sul, sendo Relator o Des. Adroaldo Furtado Fabrício, insigne jurista e depois Presidente daquela Corte, decidiu que a investigação de maternidade era lícita mesmo se para atribuir filho adulterino para a mulher: apelação cível nº. 589046564. Sobre reconhecimento do filho adulterino na constância do casamento: RT 652/138, 654/84, 710/60, 717/255; *Revista Jurídica*, 146/87; Lex - Jurisprudência do STJ e dos TRFs, 32/159.

O terceiro elemento do tripé legislativo era a Lei nº 8.560, de 29 de dezembro de 1992, que regulava a investigação de paternidade dos filhos havidos fora do casamento. Esta Lei não colocava absolutamente nenhum comando que por qualquer maneira pudesse implicar obstáculo ou percalço à plena investigação da paternidade e ao integral e irrestrito reconhecimento voluntário da paternidade. Quisesse o legislador criar tropeços à pesquisa plena da paternidade e teria emitido algum sinal neste sentido no diploma legislativo em análise.

Ora, a partir da Constituição Federal de 1988, adquiriu relevo no Brasil o critério da verdade biológica ou genética, em detrimento da paternidade por ficção, quando terminava alguém sendo considerado filho de outrem ainda que toda a comunidade soubesse que não havia tal relação parental no plano biológico. O art. 344 do Código Civil era totalmente incompatível com o critério da verdade biológica. Não podia permanecer aplicável o art. 344, inclusive quanto aos exíguos prazos decadenciais. Sílvio Rodrigues[28] admitia que a Lei nº 8.560/92 ilidiu a presunção "pater is" e censurou a pequenez dos prazos do art. 344, referindo que a mencionada Lei alterou o sistema. Deve merecer todo o destaque o fato de que já não mais era admissível o prazo exíguo de decadência constante do art. 344 do Código Civil de 1916, pois em forte conflito com a amplitude de verificação da verdadeira paternidade, como já o estava com a tradicional orientação de imprescritibilidade da ação investigatória de paternidade.[29]

Gustavo Tepedino também se rebelara contra o art. 344 do Código Civil, demonstrando como não se coadunava com a nova estrutura jurídica do Direito de Família.[30]

O Egrégio Superior Tribunal de Justiça, ao apreciar o Recurso Especial nº 146.548/GO, com julgamento definitivo em 22 de agosto de 2000, pela Colenda 4ª Turma, com apenas um voto vencido, deliberou pelo afastamento do prazo decadencial previsto no art. 178, § 3º, do Código Civil. Foi Relator originário o Ministro Barros Monteiro, e, Relator para o acórdão, o Ministro César Asfor Rocha. A ementa pode ser encontrada em *Revista AJURIS*, Porto Alegre, vol. 79, p. 696.

O Tribunal de Justiça gaúcho vinha resolvendo pela não-aplicação dos diminutos prazos decadenciais do art. 344 do Código Civil de 1916.Assim foi, por exemplo, nos embargos infringentes nº 596048322,

---

[28] *Direito Civil - Direito de Família*. 20ª ed.. São Paulo, Editora Saraiva, 1994. Vol. 6, nº. 122, p. 273. No nº 127, p. 276 e 277, retorna o ilustre jurista ao tema, falando do que denominou de "situação retrógrada" patrocinada pelo legislador de 1916.

[29] Sobre a matéria, no Tribunal de Justiça do R. G. do Sul: RJTJRS, 175/721.

[30] "A Disciplina Jurídica da Filiação", artigo publicado na *Coletânea de estudos Direitos de Família e do Menor*, sob a coordenação de Sálvio de Figueiredo Teixeira, Livraria Del Rey Editora, Belo Horizonte, 3ª ed., 1993, p. 225 a 241.

julgados pelo Egrégio 4° Grupo de Câmaras Cíveis em 8 de novembro de 1996 (decisão por maioria). Na apelação cível n° 595109216, julgada pela Colenda 8ª Câmara Cível em 21 de dezembro de 1995, foi o assunto tratado longamente.

O Tribunal de Justiça de São Paulo, por várias vezes, já proclamara a queda dos prazos decadenciais do art. 344 do Código Civil. Na apelação cível n° 64.598-4, julgada pela 5ª Câmara de Direito Privado, em 14.05.98, sendo Relator o Des. Marcus Andrade, foi resolvido que: "Negatória de paternidade – Imprescritibilidade – Sentença de indeferimento da inicial fundada no § 3° do artigo 178 do Código Civil, desconstituída para que a demanda tenha regular seqüência – Apelação provida. A orientação que se impõe, ante o atual estado da ciência e da técnica médicas, permitindo conclusão de, praticamente, certeza absoluta sobre a paternidade biológica, é a da perda de eficácia dos §§ 3° e 4° do art. 178 do Código Civil, não mais se configurando o óbice da prescrição (ou decadência) ao pedido de tutela jurisdicional direcionado à verdade da filiação".[31]

Ora, se assim já era antes do novo Código Civil, com muito maior razão agora, quando existe regra expressa pela imprescritibilidade no art. 1.601. A preocupação pela estabilidade familiar, naquilo em que preserva o interesse dos filhos menores, é atendida, a meu ver, exatamente pelo critério da socioafetividade. Assim, a imprescritibilidade não conflita com o interesse dos filhos menores e nem com a socioafetividade. Se demonstrada a socioafetividade, a ação do pai será repelida, mesmo sendo imprescritível. São planos totalmente distintos do mérito da causa. Melhor para os próprios filhos que assim seja, pois não se chancelará uma situação falsa e hipócrita (que facilmente escorrega para a morbidez) de paternidade pela singela passagem de curto lapso de tempo, como ocorria com o art. 344 do antigo Código Civil.

Apenas faço questão de ressaltar que não se pode simplesmente presumir a socioafetividade pela passagem do tempo, – equívoco que às vezes tenho observado em certos julgamentos – senão que deve se ensejar prova plena da existência ou não da relação socioafetiva. O filho matrimonial pode ser registrado em nome de um pai que sequer o viu após o nascimento! Onde estaria aí a socioafetividade, mesmo que muitos anos tenham se passado? É do interesse do filho que um tal pai, ausente, irresponsável e sem qualquer amor, permaneça nesta condição? Alguns argumentariam com os alimentos; ora, o filho irá solicitá-los do verdadeiro pai biológico.

---

[31] Fonte: *Repertório Jurisprudência Informatizada Saraiva* (JUIS), n° 21, 3° trimestre do ano de 2000, Saraiva. São Paulo – SP.

4. O art. 1.614, em sua segunda parte

A primeira parte do art. 1.614 do Código Civil (dispositivo correspondente ao art. 362 do Código Civil anterior) não oferece a menor dificuldade e nunca foi objeto de debate, ou seja, de que o filho maior não pode ser reconhecido sem o seu consentimento.

O grande problema está na segunda parte: "e o menor pode impugnar o reconhecimento, nos quatro anos que se seguirem à maioridade, ou à emancipação". Discussões imensas e antigas permeiam este prazo de quatro anos, resultando algumas opiniões, com todo o respeito, absolutamente equivocadas.

A doutrina seguidamente se confundiu no exame do art. 362 do Código Civil de 1916. A solução correta foi dada por Pontes de Miranda,[32] quando ensinou que o prazo de quatro anos nada tem a ver com inexistência, nulidade, anulabilidade e mesmo impugnabilidade por ser o reconhecimento contrário à verdade. Trata-se de hipótese de ineficácia por não-aceitação do reconhecido. *Este ângulo do tema é muito importante: o reconhecido pode rejeitar o pai registral, nos quatro anos, sem apresentar alegações de inexistência, nulidade, anulabilidade ou falsidade registral: basta que não concorde com a paternidade que lhe foi, digamos assim, imposta.* Constitui direito do filho maior ou emancipado rejeitar imotivadamente o pai, no contexto dos arts. 362 e 1.614, mesmo que se entenda ser imprescindível uma ação com tal escopo.

Percebe-se que a melhor doutrina nacional tendeu para a interpretação de recusa imotivada do pai, tanto que J. M. de Carvalho Santos sustentou que "Para a impugnação, basta que a pessoa perfilhada não queira a posição de filho natural do perfilhante e assim o declare".[33]

Errôneo transformar o prazo de quatro anos em um prazo de decadência que, uma vez ultrapassado, não permitiria mais ao filho reagir mesmo em situações de registro nulo, de registro falso, de manifesta inverdade de filiação biológica, e assim por diante. Seria transformar o imprescritível em uma decadência de quatro anos! A simples passagem de um prazo tão curto condenaria o filho a nunca mais poder afastar um pai manifestamente falso no plano biológico e a não poder buscar seu verdadeiro pai biológico. *Estas asserções, como insisto no presente texto, em nada prejudicam a socioafetividade.*

O Tribunal de Justiça gaúcho atinou com o caminho correto em acórdão de 1984: RJTJRS, vol. 108, p. 439 a 445, sendo Relator o Desem-

---

[32] *Tratado de Direito Privado.* 4ª ed.. São Paulo: Editora Revista dos Tribunais, 1983. Tomo IX, § 972, p. 99 e 100.

[33] *Código civil brasileiro interpretado.* 9ª ed. Rio de Janeiro-São Paulo: Livraria Freitas Bastos S.A., 1963. Vol. V, p. 473.

bargador Adroaldo Furtado Fabrício, jurista de renome nacional. Bem mais tarde, após divergências renovadas, no ano de 2000, o 4° Grupo de Câmaras Cíveis, por maioria, ficou com aquela orientação.[34] Infelizmente, com toda a vênia, o 4° Grupo, também por maioria, alterou aquela posição em 2003, passando a resolver que a imprescritibilidade da ação investigatória cede quando o filho deixa de questionar seu reconhecimento de filho natural no quatriênio seguinte a sua maioridade.[35]

Como se percebe, o Tribunal gaúcho percorreu caminho inverso ao do Superior Tribunal de Justiça. Este, após ter seguido a interpretação que considero equivocada,[36] esteve repensando e atenuando sua compreensão, até alterá-la totalmente em época mais próxima, passando a decidir que não se extingue o direito do filho investigar paternidade depois dos quatro anos.[37]

Reitero todos os argumentos que lancei no item 3 deste texto, no sentido de que prazos curtos de prescrição ou decadência não se harmonizam com os critérios do moderno direito de família. Não se pode condenar alguém a conviver com um falso pai biológico durante toda a vida, impedindo-o, além disto, de investigar o verdadeiro pai genético. De qualquer forma, lembro que pelo menos os que seguem orientação adversa devem aceitar que, mesmo consolidado o estado de filiação, possa o filho investigar a paternidade biológica para as várias finalidades antes enumeradas neste trabalho.

Ao que se nota, por exemplo, da mencionada última decisão do 4° Grupo Cível do Tribunal de Justiça do R. G. do Sul, foi impregnada pela tendência de prestigiar ao máximo o critério socioafetivo, mesmo que com o excesso de tornar prescritível o que é imprescritível. Aí o equívoco. A socioafetividade em nada é prejudicada pela imprescritibilidade! A solução não oferece dificuldade: rejeita-se a alegação de decadência em quatro anos, mas, prosseguindo no exame do mérito da investigatória, será rejeitada, *para fins de mudança no estado de filiação*, se comprovada a socioafetividade em relação ao pai registral.

Porém insisto e enfatizo – e este é outro problema: se comprovada a socioafetividade! Descabe presumir a socioafetividade, como se decorresse da passagem do tempo somente. O filho pode estar com 22 anos (18, que é a maioridade, + os quatro anos do art. 1.614) sem que nunca tenha

---

[34] *Revista Ajuris*, Porto Alegre, março de 2001, n° 81, tomo II, p. 447 a 457. EI 70000497420.

[35] RJTJRGS 223/139.

[36] LEX – Jurisprudência do Superior Tribunal de Justiça e Tribunais Regionais Federais, vol. 65, p. 239.

[37] RESP 208788-SP, julgado pela 4ª Turma em 20.02.03, Relator Ministro Ruy Rosado. RESP 440119-RS, julgado pela 3ª Turma em 05.11.02, sendo Relator o Ministro Castro Filho. RESP 435868-MG, julgado pela 3ª Turma em 29.11.02, sendo Relatora a Ministra Nancy Andrighi.

visto ou convivido com o pai registral. Precisa ser admitida prova plena a respeito da socioafetividade. Esta, por definição, radica em aspectos fáticos, sociais, psicológicos, etc, que exigem normal e ampla pesquisa probatória.

Por fim, volto a salientar, mesmo provada a socioafetividade, a ação pode ser aceita em parte, para que, mantido o estado de filiação no tocante ao pai registral, o autor da investigatória possa saber quem é seu verdadeiro pai biológico para fins de direito de personalidade e demais efeitos relevantes antes enunciados.

5. Conclusões

Da exposição desenvolvida, extraio as seguintes conclusões:

1ª) A imprescritibilidade para as ações de estado deve continuar sendo a regra – só admitido o contrário por expressa disposição legal -, com mais razão diante das bases do novo Direito de Família, considerando que prazos prescricionais e decadenciais prejudicam a apuração do verdadeiro estado de filiação biológico.

2ª) Em face da conclusão anterior, a imprescritibilidade do art. 1.601 do Código Civil deve ser bem recebida, afastadas as construções que tendem a relativizá-la.

3ª) Também diante da primeira conclusão, o prazo do art. 1.614 do Código Civil não deve ser visto como capaz de provocar a decadência de ação que vise apurar o verdadeiro pai biológico, até mesmo porque o prazo de quatro anos é destinado a uma rejeição *imotivada* do estado de filiação.

4ª) A socioafetividade deve ser plenamente acatada no direito brasileiro e não entra em choque com a imprescritibilidade. Mesmo imprescritível a ação de estado, pode o estado de filiação ser mantido em relação a um pai que não o é biologicamente, se comprovada a ocorrência da relação socioafetiva. Portanto, considero retrocesso e sério equívoco utilizar o belíssimo instituto da socioafetividade para tentar criar prazos decadenciais e prescricionais no Direito de Família, quando manifestamente o sistema legal não o quer, além do que é posição incompatível com o moderno direito de família.

5ª) Mesmo reconhecida a socioafetividade, e em conseqüência mantido estado de filiação não-biológico, deve ser permitido ao interessado que pesquise judicialmente seu verdadeiro liame biológico, por causas vinculadas ao direito de personalidade e outros relevantíssimos fatores apontados neste texto (doenças transmissíveis, transplante de órgãos, impedimentos matrimoniais).

6ª) A socioafetividade não pode ser presumida pela simples passagem do tempo, mas deve resultar de análise fático-probatória que a demonstre, sob pena de desvirtuamento do instituto e graves injustiças em casos concretos.

Bibliografia

Almeida, Maria Cristina de. *Investigação de paternidade e DNA – aspectos polêmicos*. Porto Alegre: Livraria do Advogado, 2001.

Bellivier – Brunet – Labrusse, Riou, Florence, Laurence e Catherine. La filiation, la génétique et le juge: où est passée la loi? *Artigo publicado em Revue trimestrielle de droit civil*, Dalloz, julho-setembro 1999, n° 3.

Boeira, José Bernardo Ramos. *Investigação de paternidade – posse de estado de filho*. Porto Alegre: Livraria do Advogado Editora, 1999.

Delinski, Julie Cristine. *O novo direito da filiação*. São Paulo: Dialética, 1997.

Fachin, Luiz Edson. *Estabelecimento da filiação e paternidade presumida*. Porto Alegre: Sergio Antonio Fabris Editor, 1992.

——. *Da paternidade – relação biológica e afetiva*. Belo Horizonte: Livraria Del Rey Editora, 1996.

Fachin, Rosana. Da filiação. *Artigo publicado em Direito de Família e o novo Código Civil*. Vários autores, com coordenação de Maria Berenice Dias e Rodrigo da Cunha Pereira. Belo Horizonte: Del Rey e IBDFAM, 2001.

Lôbo, Paulo Luiz Netto. *Código Civil comentado: direito de família, relações de parentesco, direito patrimonial*: arts. 1.591 a 1.693, vol. XVI. Coordenador: Álvaro Villaça Azevedo. São Paulo: Atlas, 2003.

—— Direito ao estado de filiação e direito à origem genética: uma distinção necessária. *Revista Brasileira de Direito de Família*, Porto Alegre: Síntese, v. 19, agosto-setembro 2003.

Miranda, Pontes de. *Tratado de Direito Privado*. 4ª ed. São Paulo: RT, 1983.

Nogueira. Jacqueline Filgueras. *A filiação que se constrói: o reconhecimento do afeto como valor jurídico*. São Paulo: Memória Jurídica Editora, 2001.

Rodrigues. Silvio. *Instituições de Direito Civil*. 8ª ed.. Rio de Janeiro: Forense, 1991.

Santos, J. M. de Carvalho. *Código Civil brasileiro interpretado*. 9ª ed. Rio de Janeiro – São Paulo: Livraria Freitas Bastos, 1963.

Tepedino, Gustavo. "A disciplina jurídica da filiação", in *Estudos Direitos de Família e do Menor*, coord. Sálvio de Figueiredo Teixeira. 3ª ed., Belo Horizonte: Livraria Del Rey Editora, 1993.

Veloso. Zeno. *Direito brasileiro da filiação e paternidade*. São Paulo: Malheiros, 1997

Venosa, Sílvio de Salvo. *Direito Civil – Direito de Família*. 2ª ed. São Paulo: Atlas, 2002.

Welter. Belmiro Pedro. *Igualdade entre as filiações biológica e socioafetiva*. São Paulo: RT, 2003.

Impressão e Acabamento
Rotermund
Fone/Fax (51) 589-5111
comercial@rotermund.com.br